LÁSZLÓ MOHOLY-NAGY

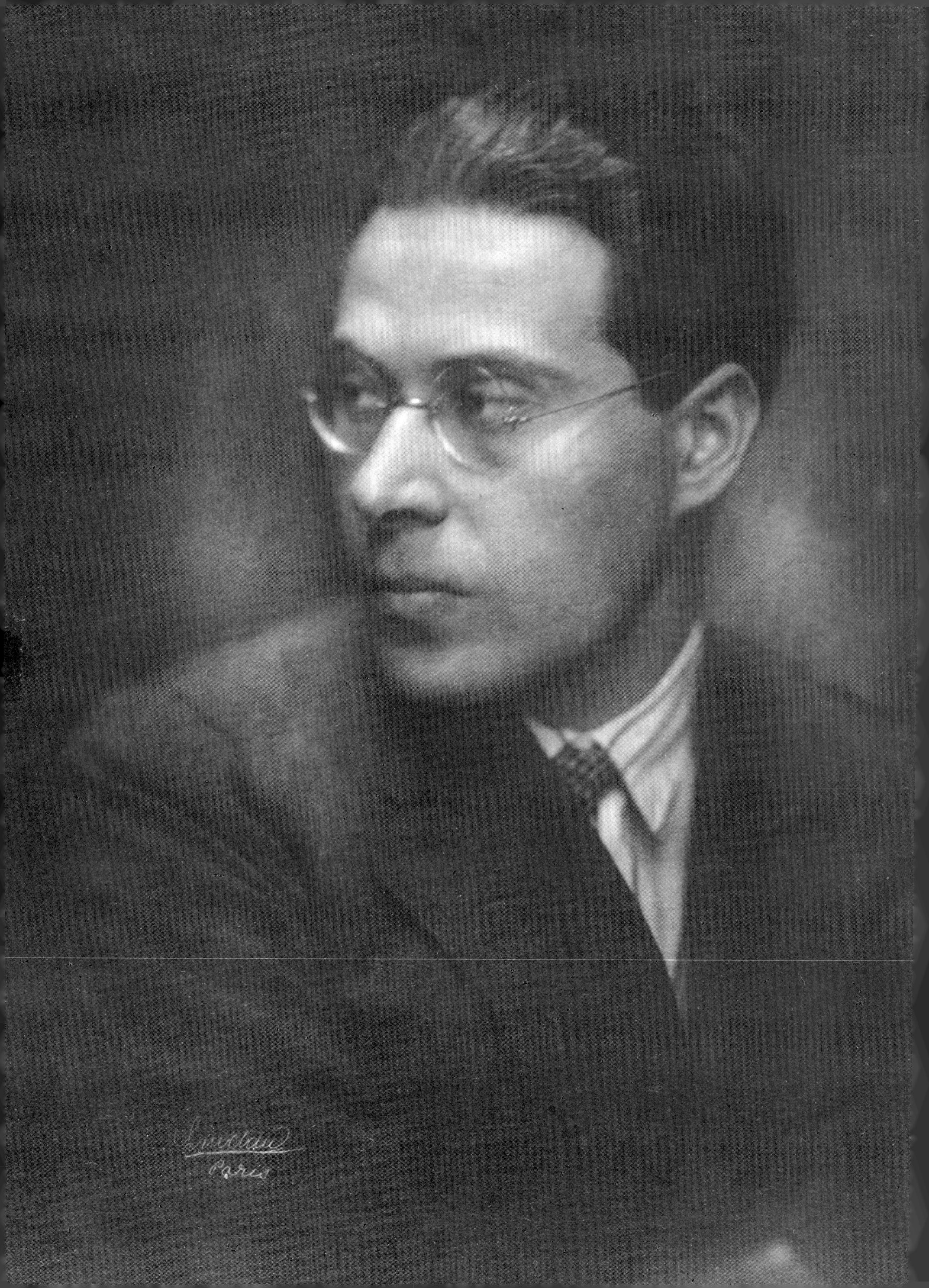
Paris

MOHOLY-NAGY

KRISZTINA PASSUTH

FLAMMARION

Traduit du hongrois par Véronique Charaire
Maquette : Simon Koppány

ISBN : 2-08-010943-X

Sources iconographiques:
Bildarchiv Preußischer Kulturbesitz, Berlin (31, 32, 139), Galerie Klihm, Munich (176), Landesbildstelle Rheinland, Düsseldorf (44, 47, 135), Robert E. Mates (170, 172, 216, 217), H. Milch Fotostudio, Essen (53), H. Moholy-Nagy (28), István Petrás (1, 7 à 9, 11, 13, 14, 16, 18, 21, 68, 73, 76, 78, 79, 80, 89 à 99, 101, 102, 105 à 121, 150, 152 à 160, 165, 185 à 192, 197, 209, 212, 214, 220, 221), Photo Lill, Hanovre (35, 51), F. Reinhard (205), Scala, Florence (57), Service de documentation photographique de la Réunion des musées nationaux, Paris (137), Károly Szelényi (27, 28, 37, 38, 48 à 50, 55, 140, 146, 147), János Szerencsés (2 à 5, 23 à 26, 41, 76, 77, 81 à 84, 100, 149, 162 à 164, 184, 193 à 196, 223, 225 à 228, 230, 231, 233 à 235, 249), Erzsébet Sztrés (12), Ch. Uht (134), L. Witzel (168), R.

SOMMAIRE

PREMIÈRE PARTIE

2. Documents

Ire PARTIE

DANS LE CHAMP D'ATTRACTION DE L'ACTIVISME HONGROIS

L'activisme hongrois se développe pendant la Première Guerre mondiale, à l'époque où Moholy-Nagy commence à peindre. Le style du jeune artiste est marqué par ce courant, et cette influence persiste au cours des années.
Le mouvement activiste est lié à la revue **A Tett** (« Action ») créée en 1915, puis à la revue **MA** (« Aujourd'hui ») qui la remplace lorsqu'elle est frappée d'interdiction en 1916. Lajos Kassák en est le fondateur, l'organisateur et le représentant artistique principal. En Hongrie, l'activisme constitue le premier mouvement artistique d'un niveau international, qui ne se cantonne pas derrière les frontières du pays. Dans toute l'Europe de l'Est, c'est à l'époque l'un des courants parmi les plus forts et les plus dynamiques.
C'est relativement tard que l'art détaché de la nature fait son apparition en Hongrie. Le groupe des Huit de Prague existe déjà depuis deux ans quand les Huit hongrois, d'un esprit comparable, organisent leur première exposition en 1909. A la même époque, en Russie, des groupes aux conceptions des plus radicales se succèdent: le Valet de carreau, la Queue d'âne, etc., qui franchissent rapidement les différentes étapes menant de Cézanne au futurisme et à l'abstraction.
En Hongrie, la transformation est plus lente, plus difficile; la colonie artistique de Nagybánya qui, à partir de 1896 et pendant de longues années, est le refuge de ceux qui veulent aller de l'avant tourne à la force d'inertie et devient un frein à l'évolution, à partir de 1910. Mais après l'épanouissement de l'art du groupe des Huit (entre 1911 et 1912), le rythme de l'évolution s'accélère et dépasse même celui des pays voisins. Au milieu des années dix, au moment où l'activisme, mouvement plus vigoureux et inventif que celui des Huit, s'impose en Hongrie, le groupe homonyme des Huit tchèque est déjà sur son déclin, alors que le groupe Formisti polonais n'est qu'à son début.
L'activisme hongrois présente une particularité: ses membres ont la conviction que la révolution artistique est étroitement liée au changement politique, à la révolution sociale. Il ne s'agit pas uniquement de transformer radicalement les moyens d'expression, le style des tableaux et des statues, il faut aussi transformer le monde dans lequel ces œuvres sont conçues. **MA** se préoccupe de l' «humanité», le renouveau de l'art hongrois n'étant qu'une faible partie du grand dessein. De tous les porte-parole des tendances de l'époque, c'est la revue **Aktion** de Berlin qui est la plus proche de **MA**; ses collaborateurs s'inspirent de l'engagement politique et social de la revue allemande surtout sur le plan littéraire. Il existe aussi une parenté entre le dynamisme sans frein des futuristes italiens et l'esprit activiste, mais plus en ce qui concerne la forme que le contenu. Car, malgré leur ton souvent pathétique et leurs conceptions utopiques, les activistes ont un programme plutôt réaliste, même si leurs écrits n'en témoignent pas à première vue.
Le but suprême de l'entreprise sociale et artistique des activistes est la libération intérieure et extérieure de l'homme, en un mot: son accomplissement. Le mouvement activiste ne reflète que la pensée d'une poignée d'intellectuels citadins, mais ces derniers connaissent à fond les conditions propres au pays, de même que les données et les nécessités historiques. Au cours des années, l'aspect social et politique de l'activisme devient presque aussi important que son apport artistique et littéraire. Cet engagement social tient en partie à la personnalité du chef du mouvement, Lajos Kassák. La prise de conscience de cet ancien ouvrier est due au mouvement socialiste; ses idées se développent sous l'influence de ce dernier.

L'attachement obstiné de Kassák à la révolution prolétarienne l'amène à la conception d'une société où la misère du prolétariat n'existe pas, où chacun accomplit sa tâche comme n'importe quel ouvrier. «Je façonne la matière, déclare-t-il. De l'acier, je fais des couteaux ; à partir de l'idée, j'élabore des mots ; je suis un simple artisan qui se couche tard, se lève fatigué et s'applique au travail.»

Malgré les aspirations de la plupart des mouvements artistiques internationaux, l'avant-garde n'établit de relations avec la classe ouvrière que dans des cas exceptionnels, et même alors il s'agit souvent de malentendus. Si l'on considère les autres pays européens, on constate qu'il n'y a aucun rapport entre la vision cubiste et la réalité quotidienne. En revanche, les futuristes sont les précurseurs puis les soutiens de la «révolution de droite» de Mussolini. Après la révolution de février, l'avant-garde russe s'attaque essentiellement aux enseignements académiques et n'accorde qu'un intérêt limité aux questions sociales.

Il convient de s'attarder un peu sur la personnalité de celui qui exerça une influence non négligeable sur Moholy-Nagy. En effet, Kassák, authentique prolétaire, demeure dans son milieu d'origine. Il habite une chambre de la banlieue ouvrière de Budapest et se trouve dans une situation matérielle précaire. Néanmoins, il suscite autour de lui la création d'un cercle dont la culture et le mode de vie portent l'empreinte de la conception radicale urbaine du début du siècle. Kassák assimile également les points de vue et les idées les plus modernes des mouvements culturels européens dont les engagements et le niveau artistique correspondent aux siens. Toute nouveauté l'intéresse. Il ne fait pas d'ouvriérisme dans sa revue : les actualités politiques, les relations fluctuantes entre les sociaux-démocrates et les prolétariens y sont examinées d'une façon universelle et analytique. On s'élève au-dessus du niveau du journalisme quotidien.

Aussitôt qu'ils se sont constitués en groupe (1915), les activistes hongrois déclarent que les problèmes sociaux doivent être résolus. Bien informés sur les mouvements sociaux hongrois et étrangers, ils entreprennent une véritable lutte politique, parallèlement à leur activité dans le domaine de la politique artistique.

Vis-à-vis de la guerre, les mouvements d'avant-garde sont partagés, ce qui témoigne de leur engagement social et de leur lucidité. Les futuristes italiens, eux, ont une attitude naïve mais belliciste. L'indifférence relative des artistes russes est surprenante. Lajos Kassák, quant à lui, est un antimilitariste virulent : dans le numéro international de **A Tett,** il n'hésite pas à publier les œuvres d'écrivains originaires de pays qui sont en guerre avec la Hongrie (Russie, France, Belgique, Italie, Angleterre, Serbie). La réaction est immédiate : par décret officiel, on interdit «la parution et la diffusion de la revue **A Tett** car son contenu nuit aux intérêts de la défense nationale».

Cette interdiction, ou plutôt son effet salutaire sur les membres du groupe dont l'enthousiasme se décuple, accélère l'épanouissement de l'activisme hongrois. La revue nouveau-née **MA** s'oppose à la guerre avec encore plus de virulence que **A Tett,** et son orientation internationale se marque davantage. L'essor de l'activisme est inséparable de la problématique et de l'atmosphère particulières des années de guerre. Moholy-Nagy a alors dix-neuf ans, et il va se trouver confronté à des circonstances d'une extrême intensité.

Le mouvement activiste surgit à un moment où les tensions sociales se renforcent. Tensions et contradictions sociales contribuent à développer l'identité du mouvement. La guerre mondiale va agir sur ces forces comme un catalyseur.

Les activistes hongrois comprennent et ressentent parfaitement les problèmes les plus graves du pays. Par exemple, de nombreuses publications prouvent leur sensibilité au problème des minorités. Kassák choisit (et ce n'est pas l'effet du hasard) le dessin d'un artiste tchèque pour la couverture du premier numéro de sa revue. Il consacre la première exposition de **MA** à un artiste de Brassó (aujourd'hui Brașov, en Roumanie), qui n'a participé dans le passé qu'à des mouvements roumains. Par la suite, des Croates et des Slovaques figurent parmi les exposants. Un parti pris semblable caractérise aussi les articles de **MA**. Kassák prend position en faveur des droits des minorités. Ainsi, il s'oppose totalement à la droite et parfois même aux représentants bourgeois des idées libérales.

La guerre ranime la lutte entre les points de vue nationalistes et internationalistes.

Au début, une partie de l'intelligentsia soutient la guerre. Très peu de penseurs échappent à l'influence de la propagande nationaliste. D'ailleurs, il s'agit d'un phénomène international: la violence et l'agressivité potentielle de la guerre ont séduit les futuristes italiens. A quelques exceptions près (Romain Rolland et Henri Barbusse), beaucoup de Français acceptent la guerre. Jean Cocteau s'engage avec enthousiasme, mais ne quitte pas Paris où il écrit **Parade.** Et Apollinaire, au moment où le Roumain Tristan Tzara envoie de Suisse ses poèmes français à un journal parisien d'avant-garde, rompt avec le poète dadaïste: « J'estime que la position antiallemande du journal dada suisse n'est pas assez ferme[1].»
Les futuristes italiens expriment leur enthousiasme dans des tableaux et des écrits. En 1915, au moment de l'entrée en guerre de l'Italie, Balla constitue un détachement cycliste; Marinetti, Boccioni, Russolo, Sant'Elia en sont les membres les plus connus. En 1917, les futuristes organisent une manifestation au cours de laquelle ils présentent une danse à la gloire des mitraillettes.
Parallèlement, deux centres antimilitaristes importants se constituent : Berlin, avec la revue **Aktion** éditée par Franz Pfemfert, et Zurich, avec le Club dada. Par sa position antimilitariste, **Aktion** exerce une forte influence artistique et idéologique sur **MA.** Se référant à cette parenté idéologique, Kassák adopte parfois le même ton et la même syntaxe qu'**Aktion.** Quant au dada zurichois, avec son côté ludique et anarchiste, il pénètre à peine en Hongrie. A l'époque, il n'y a pas de rapports véritables entre le centre international dada et le MA budapestois.
Les artistes russes d'avant-garde ne prennent conscience de la nécessité d'un engagement social qu'après 1917. Ainsi, à côté de Berlin et de Zurich, c'est **MA** de Budapest qui adopte la position idéologique la plus antimilitariste et internationaliste. Kassák publie en 1918 un extrait de **L'État et la Révolution** de Lénine. Pendant la guerre, toutes les expositions et publications de **MA** ont un caractère pacifiste. Au milieu de la guerre, en 1917, la couverture de la revue comporte un poème de Kassák favorable au peuple russe et intitulé **Russes, 1917.**
A Budapest, dès les premiers jours de la révolution bourgeoise et indépendantiste menée par Mihály Károlyi (1918), Kassák fait paraître un numéro spécial avec un hommage à la République soviétique communiste. Le numéro de **MA** du 10 avril 1919 publie la conférence de Kassák du 20 février intitulée « Activisme[2] ». Il prend position en faveur de la dictature du prolétariat, non sans, pour autant, mettre en garde contre des déformations éventuelles.
Pour Kassák et son cercle, la lutte politique s'identifie à l'antimilitarisme et à l'internationalisme. Mais que signifie pour eux l'avant-garde artistique? C'est, en premier lieu, l'esprit de synthèse, sorte de transposition esthétique de l'internationalisme politique.
Le mot « synthèse » veut mettre l'accent sur le fait que les artistes de **MA** ont assimilé plusieurs tendances en vue d'inventer un style nouveau. Déceler les influences futuristes, cubistes, expressionnistes dans l'activisme hongrois, signifie en quelque sorte déformer le tableau d'ensemble. En effet, la forme n'est-elle pas au centre de la conception activiste qui est le résultat d'un mélange des « ismes ». La conception du monde, l'éthique, l'attitude morale dominent. Mózes Kahána, l'un des principaux collaborateurs du périodique, en parle très lucidement dans le numéro du 1er juin 1919: « La revue **MA** a des buts moraux et artistiques, ces deux aspects forment un ensemble indivisible... La plus haute moralité et l'art n'en font qu'un... Pour atteindre des idéaux moraux, une morale dans la société, les membres de la revue font de l'art et le propagent... Si, à un moment donné, on a pu prétendre que nous imitions ou soutenions le futurisme, le cubisme, l'expressionnisme ou un autre 'isme', c'est sans doute qu'à cette époque justement l'un de ces styles nous a permis d'exprimer de la façon la plus suggestive, la plus ramassée et, surtout, la plus **agressive** ce que nous avions à dire... Notre art a un but: le développement quantitatif et qualitatif de la moralité, but éternellement révolutionnaire et au service de la révolution. Et c'est dans ce but que nous sommes futuristes, simultanéistes, expressionnistes, etc. Dire que nous sommes 'devenus' socialistes, anarchistes ou n'importe quoi d'autre, c'est faire preuve d'un jugement superficiel ou à courte vue : nous avons toujours été des **socialistes**

car, pour nous, la révolution ouvrière est le premier grand pas en avant... Nous étions **anarchistes** car nous trouvions inhumaine l'oppression matérielle ou morale de **l'homme en tant qu'individu**... Ainsi on peut dire que nous sommes à la fois socialistes et anarchistes, mais aussi que nous ne sommes ni l'un ni l'autre, car nous sommes des **activistes,** cela signifie que l'activité révolutionnaire comble notre vie[3]. »

Le paysage artistique

Ainsi se présente le monde qui entoure László Moholy-Nagy à l'époque où sa personnalité et son profil spirituel se développent ; il ne changera plus, malgré sa vie mouvementée et en dépit de ses émigrations successives. Comparée à celle de ses collègues, sa carrière connaîtra des débuts difficiles. Ses premiers souvenirs ne s'attachent pas à Budapest ou à une autre grande ville hongroise. Il passe son enfance dans trois grands villages retirés du sud de la Hongrie : Bácsborsod, Ada et Mohol. Il est né le 20 juillet 1895. On sait peu de chose de sa situation familiale : son père, Lipót Weiss, d'origine bourgeoise, part en Amérique en 1897 où sa trace se perd. Dans une nouvelle écrite en sa jeunesse[4], Moholy-Nagy fait arriver son père d'Amérique ; il est évident que l'absence du père l'a marqué. Et, de plus, sa mère, Karolina Stein, s'occupe peu de lui, pas plus que de ses deux frères. C'est un oncle Gusztáv qui se charge de les élever, et les enfants grandissent sans avoir connu une vraie vie de famille.
Son entrée au lycée de Szeged transforme son existence. Par la suite, trois grandes personnalités, souvent de passage à Szeged, jouent un rôle important dans son évolution : les poètes Gyula Juhász et Mihály Babits, le théoricien de l'esthétique Iván Hevesy. Il se lie d'amitié avec ces trois hommes, ce qui explique son intérêt pour la littérature, mais ses poèmes ne dépassent pas le niveau du dilettantisme. Il n'apprend pas encore à peindre.

Les premiers balbutiements

Comme il a des difficultés à trouver sa voie, après le baccalauréat, en 1913, il s'inscrit à la faculté de droit de Budapest. Il doit interrompre ses études peu après leur commencement, car il est mobilisé et part pour le front. On n'a pas une connaissance exacte des influences qu'il a subies sur le front ni des événements qu'il y a vécus, mais sa personnalité s'est affirmée. C'est à cette époque qu'il est devenu artiste. Pour la première fois, il se découvre un talent : la précision de ses relevés topographiques est appréciée de ses supérieurs. Il prend conscience de ses dons pour le dessin qui commencent à se développer dans des circonstances aussi inadéquates. Il fait ses premiers essais selon ses capacités et les possibilités du moment : sur des cartes postales militaires, il dessine avec des crayons noirs ou de couleur des personnages caractéristiques de la vie du soldat. Son style est naturaliste. Ses œuvres sont celles d'un dilettante. Parfois il y glisse une pointe d'humour, une nuance caricaturale. Mais son habileté, la légèreté de son trait laissent tout de même prévoir ses capacités encore latentes. Sans aucune étude préalable, sans aucune pratique, il reproduit sur le papier, sans effort, ce qu'il voit journellement.
Il envoie les cartes postales à l'écrivain Iván Hevesy qui, avec raison, ne les apprécie pas beaucoup. Mais cela lui permet d'établir des liens avec l'un des critiques hongrois les plus modernes et, à travers lui, avec le mouvement d'avant-garde naissant.

Influences diverses

Dans une lettre ultérieure[5], Moholy-Nagy déclare que **MA** a constitué le système de références de son travail et que cette revue a formé son horizon intellectuel. A partir de quand et avec quelle régularité lit-il **MA ?** Impossible de le savoir. Mais il est certain que **MA** a dû lui permettre de faire connaissance avec les tendances littéraires et artistiques de la gauche hongroise, et aussi avec le cubisme français, l'expressionnisme allemand, le futurisme italien. A quel groupe artistique, à quel cercle d'intellectuels doit-il adhérer ? Le cercle de la revue littéraire **Nyugat** (« L'Occident »), le milieu bourgeois, cultivé, riche, libéral de Babits, de Juhász, d'Ignotus, ce cercle, donc, exerce sur lui une certaine séduction, compte tenu de son attirance pour la littérature au même titre que l'activisme militant, né dans un environnement prolétarien, du groupe de Kassák ou de l'esprit radical des membres du cercle Galilée. Il fréquente ces cercles mais ne s'identifie à aucun des trois. On ne sait d'ailleurs s'il se préoccupe des questions politiques et sociales de la Hongrie d'alors.

L'épreuve du feu et un long séjour à l'hôpital militaire d'Odessa, à la suite d'une blessure en 1917, le marquent de leur empreinte. La souffrance et la réflexion solitaire transforment Moholy-Nagy tant sur le plan humain que sur le plan artistique. Le jeune homme, pour qui dessiner sur des cartes postales était un simple passe-temps, s'efforce de représenter les traits fatigués et tourmentés de ses camarades dans des aquarelles aux nuances sombres. Il s'agit déjà d'œuvres d'art, même si elles ne sont pas d'une qualité exceptionnelle. Le tracé est encore incertain, le pinceau hésite parfois, les couleurs ne sont pas assez pures, le fond est négligé, les proportions manquent de perfection. Mais les personnages, leurs regards et leurs gestes, sont emplis de passion. Les nuances brunes font valoir la luminosité des blancs. C'est dans ces circonstances défavorables de l'hôpital militaire que Moholy-Nagy devient un véritable artiste. Rares sont les œuvres de
8, 24 cette époque qui nous sont connues : **Soldat blessé, Paysage aux barbelés** et les cartes postales expédiées à Hevesy.

La guerre continue encore quand il rentre du front, après avoir été réformé. En 1918, il participe à l'exposition intitulée « Artistes combattants » du Salon national (Budapest), il y expose quelques aquarelles. La guerre l'a écœuré ; mais contraire-
2, 3, 4, 5, 10 ment aux dadaïstes suisses et allemands ou à Fernand Léger de retour du front, il ne proteste contre la destruction ni par des écrits, ni dans ses dessins. Ayant survécu, il essaie d'oublier. Il ne s'est jamais enthousiasmé pour la guerre ni n'a jamais manifesté un pacifisme actif. A cette époque, l'activisme hongrois le séduit de plus en plus. En mars 1919, il signe le manifeste révolutionnaire des activistes hongrois (seule occasion où son nom figure dans le cadre du groupe MA en Hongrie).

L'activisme exerce sur lui une double séduction : d'un côté, par sa conception sociale, son attitude humanitaire, de l'autre, par sa conception artistique. Les deux aspects sont d'égale importance. Entre 1918 et 1920, c'est surtout l'influence artistique qui domine, mais, même après plusieurs décennies, les idées des activistes hongrois restent perceptibles dans ses activités pédagogiques et colorent la trame idéologique de ses écrits.

Il adopte plusieurs idées fondamentales de Kassák et approfondit surtout celle-ci : « Selon une terminologie plus noble, l'art le plus moderne est un véritable mode de vie. » Effectivement, Moholy-Nagy transforme toujours son art en mode de vie pour lui-même et pour ses élèves. Aucun autre mode de vie que l'art ne peut exister pour lui ; ses relations, sa vie sociale, son travail et aussi ses distractions en dépendent.

L'art « synthétique »

C'est également Kassák qui lui inspire l'idée d'un art « synthétique », au service de la société, de la libération totale de l'homme. Cette idée devient l'un des principes fondamentaux de Moholy-Nagy. Il le développe dans presque tous ses écrits. Entre 1919 et 1922, l'art synthétique est encore étroitement lié à l'idée révolutionnaire, mais à partir de 1923, au début de la période du Bauhaus, il ne se préoccupe plus que de la révolution culturelle et éthique, et aussi des problèmes, liés à la création et au développement de l'individu « collectif ». La révolution politique, en tant que but réel ou même possibilité lointaine, est absente de ses pensées.

Dès 1918, son style subit l'influence activiste. Le premier tableau qui, par son style et sa force d'expression, prouve que Moholy-Nagy est devenu un artiste auto-
26 nome date de 1918 et s'intitule **Montagnes de Buda.** Le style plus que les motifs rapproche cette œuvre du tableau intitulé **Paysage** de Lajos Tihanyi, qui date de la même période.

Tihanyi est l'un des peintres hongrois les plus doués de son époque. La pureté de ses couleurs égale son talent de représentation. Il met toujours un peu de

lui-même dans ses portraits et jette sur ses modèles un regard teinté d'ironie. Une tension extrême fait vibrer ses personnages et semble faire éclater le cadre du tableau. Ce talent autonome assimile toutes les tendances et les transforme. L'inspiration fauviste qui anime le monde coloré de ses premiers tableaux, l'élan qui ressort de ses dessins et de ses peintures des années dix méritent un chapitre indépendant dans l'histoire de l'art hongrois.
Parmi les Huit, comme parmi les activistes, Tihanyi est l'un des plus talentueux. Après 1920, il se lie personnellement d'amitié avec Moholy-Nagy, mais auparavant, le style de Tihanyi et ses idées esthétiques ont beaucoup influencé le développement de la conception artistique de Moholy-Nagy. Le découpage de la composition de Moholy-Nagy, **Montagnes de Buda,** est semblable à celle du **Paysage** de Tihanyi. La façon dont l'artiste superpose les courbes des collines est analogue à la manière de Tihanyi. Il donne du mouvement, de la tension au tableau. Moholy-Nagy utilise les couleurs vert foncé et brun de façon traditionnelle. En comparaison des tableaux activistes de l'époque, l'œuvre de Moholy-Nagy est encore hésitante et inégale, mais laisse pourtant deviner les dons de l'artiste et l'originalité de sa conception.
De nombreux dessins, des esquisses et des aquarelles subsistent de l'époque activiste de Moholy-Nagy. Mais son œuvre maîtresse est constituée par la série de portraits, peinte en partie en Hongrie, en partie en émigration, vers 1920. Cette série date donc de deux années de bouleversement : d'abord l'artiste vit sous la République des Conseils, puis il doit changer de pays plusieurs fois.

L'art et le pouvoir

La révolution hongroise s'est imposée sans effusion de sang. La passation des pouvoirs s'est effectuée presque sans lutte en deux épisodes successifs : à l'automne de 1918 et au printemps de 1919. Les libéraux, et surtout les intellectuels d'avant-garde hongrois, attendaient cette révolution depuis longtemps ; ils la préparaient même. Les écrivains, les psychologues, les historiens de l'art, les peintres, les bibliothécaires, les politiciens, les philosophes hongrois, chacun dans leur domaine, prennent possession des postes clés, d'une façon très naturelle, sans avoir à lutter. Il n'y a pas de discussions violentes entre eux, tout au moins au début. La Russie et la Bavière servent de modèles. On peut penser que la vague révolutionnaire submergera l'Europe entière. Les artistes russes, comme les artistes allemands, se rallient au gouvernement révolutionnaire.
A Moscou, c'est Lounatcharski qui dirige la politique artistique. Il ne soutient pas inconditionnellement l'avant-garde, mais au cours de son long séjour parisien, avant 1917, il s'est familiarisé avec les tendances modernes et les a acceptées. Le temps des luttes intestines est arrivé : c'est l'époque des attaques de presse, des expositions contradictoires et des discussions virulentes.
En 1920, le rôle dirigeant passe momentanément entre les mains des constructivistes par le truchement de Vhutemas, sorte d'académie des beaux-arts réorganisée.
En Allemagne, la situation est différente : des foyers artistiques de gauche y sont actifs depuis un certain temps déjà. Les membres du cercle de la revue **Aktion** mènent, sous la direction de Franz Pfemfert, une lutte avant tout littéraire et politique. Les artistes et les architectes les plus célèbres de l'époque (Belling, Baumeister, Mendelsohn, Dix, etc.) fondent le Novembergruppe, le « Groupe de novembre ». Le groupe le plus actif et le plus mûr sur le plan de la théorie est Arbeitsrat für Kunst, le « Conseil ouvrier pour l'art », dirigé par Bruno Taut et Walter Gropius.
Dans **MA** (de juin 1919), Kassák publie une lettre ouverte : « Lettre adressée à Béla Kun au nom de l'art. » Il y cite comme représentants d'un courant apparenté au sien Franz Pfemfert, Ludwig Rubiner et Ivan Goll, tous membres du cercle de la revue **Aktion.** A l'époque, la conception révolutionnaire des artistes allemands est plus proche de **MA** que la conception des artistes russes.
En Hongrie, les membres du cercle MA, et même le groupe des Huit qui les a précédés, ont toujours eu un programme politique et éthique bien défini. En 1918 et en 1919, les membres de ces deux groupes dirigent la politique artistique.

Pendant cette période, Moholy-Nagy joue un rôle effacé. Il n'a pas mené de lutte antimilitariste et il ne participe pas à la révolution. Il n'occupe aucun poste, on ne lui confie aucune tâche. Pourtant la République des Conseils le découvre et apprécie son talent. On achète ses dessins pour la collection du Musée des Beaux-Arts de Budapest. Comme il s'agit d'un artiste inconnu, c'est un fait assez remarquable. Sans doute Moholy-Nagy ne peut pas recevoir une fonction importante dans la mesure où il ne compte pas suffisamment d'œuvres ni d'expositions derrière lui ; il manque de références. Ses opinions de gauche, son esprit révolutionnaire s'affirment plutôt par la suite, en émigration et non dans son pays natal. Seule marque d'un engagement personnel et public, Moholy-Nagy appose sa
230 signature au bas du **Manifeste des activistes révolutionnaires.**

Émigration

Après la défaite de la République des Conseils, il quitte le pays à l'instar des meilleurs éléments de l'intelligentsia de gauche, car il ne peut pas collaborer avec le régime au pouvoir. Avant d'émigrer, au mois de décembre de l'année 1919, il organise à Szeged une petite exposition avec le sculpteur activiste Sándor Gergely ; peu d'articles (notamment celui du poète Gyula Juhász) en parlent. C'est sa seule manifestation individuelle en Hongrie.

Il quitte le pays en compagnie de Gergely. Il arrive à Vienne où il reste six semaines, puis part s'installer à Berlin. En réalité, sa carrière artistique débute à ce moment-là. C'est pendant cette période ballottée et douloureuse qu'apparaissent ses plus belles œuvres figuratives.

LA SÉRIE DES PORTRAITS RÉALISTES: L'ÉPANOUISSEMENT DE L'ACTIVISME

Au moment où s'élabore sa série de portraits, Moholy-Nagy n'a pas encore une conception et un style entièrement indépendants. Mais les contours nets des portraits, les regards qui expriment une nervosité et une tension contenues, la vibration des lignes tourbillonnantes ne sont pas empruntés à la manière de l'un des maîtres de l'époque: il s'agit déjà d'un mode d'expression propre. La méthode de création de Moholy-Nagy, sa force, sa pureté, sa soif de clarté y apparaissent déjà.

La découverte de la ligne

Moholy-Nagy n'est peintre figuratif que pendant peu de temps. Dès qu'à l'aide de ses portraits et de ses paysages il réussit à maîtriser son tracé et l'harmonie des couleurs, il cherche un mode d'expression plus abstrait. Pourtant les œuvres de cette période que nous connaissons (bon nombre d'entre elles ont disparu) témoignent de la maturité du créateur. Les dessins tendent à exprimer l'essentiel: les modèles sont représentés d'une façon originale à l'aide de quelques lignes seulement. Tout cela prouve que Moholy-Nagy est un excellent peintre figuratif, bien que cet aspect de son talent soit peu connu. Selon sa propre définition, il s'inspire des méthodes de Van Gogh, de Rembrandt et de quelques artistes hongrois contemporains (Lajos Tihanyi, Béla Uitz, József Nemes Lampérth). De l'analyse de son œuvre, il ressort que sa première découverte indépendante est la ligne :

« Mon problème, qui était de tout exprimer avec des lignes, m'a fait faire des expériences passionnantes, surtout parce que j'ai trop accentué les lignes. Pour essayer d'exprimer les trois dimensions, j'ai utilisé des lignes secondaires dans des cas où, habituellement, on n'emploie pas de lignes. Un réseau compliqué d'une qualité spatiale particulière en était le résultat qui pouvait servir à résoudre des problèmes nouveaux. Par exemple, j'ai pu exprimer, grâce à ce réseau, la rondeur sphérique de ciel, comparable à l'intérieur d'une balle... Les dessins devenaient un réseau de lignes rythmiquement articulées qui ne montraient pas uniquement les objets, mais témoignaient surtout de l'émotion qu'ils éveillaient en moi[6]. »

Peintre réaliste

Le résultat de la découverte de la ligne est une série de portraits qui prouve que l'artiste, déjà en pleine possession de ses moyens, est aussi un excellent dessinateur. En à peine deux ans, il a acquis la maîtrise de son art: les réseaux soigneusement dessinés, les lignes élancées qui parcourent la surface blanche sont autant de preuves de la maturité de l'artiste et de l'assurance qu'il a acquise après avoir dominé les difficultés techniques. Il sait aussi capter l'essence du modèle. Aucune ligne n'est gratuite. Les boucles sinueuses des modèles plus jeunes, les rides du menton et du cou des modèles plus âgés s'imposent au regard. Les visages ne sont 11, 13-16
pas figés, les regards étincellent, les bouches, souvent charnues, semblent vouloir s'ouvrir. Dans leur ensemble, les compositions sont pourtant équilibrées, en dépit des tensions, des disproportions et des maladresses.

Au cours des années dix et vingt, Lajos Tihanyi avait fait, lui aussi, des dessins d'une force semblable. Le découpage, la posture, la vivacité du visage, les vêtements peu travaillés sont également comparables chez l'un et l'autre artistes. Mais une grande inquiétude émane des portraits de Tihanyi: sa conception est basée sur la psychologie, les impressions vagues, tandis que celle de Moholy-Nagy est plus rationnelle. Les ressemblances étant évidentes, on peut supposer que, outre les paysages, les portraits de Tihanyi ont également influencé Moholy-Nagy qui s'en est inspiré pour établir son propre mode d'expression. Tous les portraits de Tihanyi d'avant 1919 font partie d'un ensemble et expriment la forte tension de l'époque. C'est leur style commun qui fait l'unité des dessins de Moholy-Nagy: les modèles représentés n'appartiennent pas tous au même milieu social, les atmosphères, les arrière-plans sont dissemblables.

La première série
12 C'est en Hongrie, en 1919, qu'il dessine le premier de ses portraits qui représente
Lajos Hatvany dédicacé « A Laci Tölgy » ; le dernier, qui représente le **Dr Rein-**
18 **hold Schairer**[7], a été peint deux ans plus tard, à Berlin.
Pendant les deux années qui séparent ces œuvres s'amorce l'un des tournants les
plus importants de la carrière de Moholy-Nagy: il abandonne le style figuratif pour
se tourner vers l'abstraction. Donc, quand il dessine le portrait réaliste de Schairer,
il a déjà conçu des œuvres non figuratives. Pourtant, ses portraits ont beaucoup de
points communs, ils sont aérés, riches en espace libre (contrairement aux œuvres
antérieures surchargées). Chaque portrait de la série est une œuvre achevée, il ne
s'agit pas d'esquisses ou d'études, ce sont des travaux d'une qualité aussi évidente
que celle des peintures à l'huile. Les blancs et les noirs ne sont pas trop contrastés,
les réseaux, plus ou moins denses, forment en général une surface, exception faite
21 du portrait de **Mr. Hamilton.** A notre connaissance, le seul portrait en couleurs est
l'**Autoportrait** qui date de 1919 ; mais la technique du dessin ne diffère pas de
23 celle des autres portraits; des lignes vibrantes, en zigzag, parcourent toute la surface.
Pendant la période de transition très courte – six semaines environ – que l'artiste
passe à Vienne avant son installation à Berlin, il trace, à grands traits audacieux, le
15 **Portrait de Jolán Simon,** femme de Kassák. L'expression du visage d'une séré-
nité irréelle et la tension dynamique de la robe et des cheveux suscitent un curieux
dualisme. A l'exception de la main mal dessinée, cette œuvre qui date des premières
semaines de l'émigration témoigne d'une conception artistique longuement mûrie.
Le plus émouvant des portraits est celui intitulé **Ferenc** (à tort, car il représente
11 **Vorwerk**)[8], que Moholy-Nagy a dessiné à Berlin en 1920. Vorwerk aide beaucoup
Moholy-Nagy pendant le début de son séjour berlinois, les deux hommes nourrissant de solides liens d'amitié. Le jeune homme au profil fin arbore une attitude sereine; la pureté de son visage équilibre la vibration inquiète qui émane de ses cheveux et des plis de son vêtement rendus par de petits traits gris foncé. De minces contours délimitent son menton, son nez, son front haut, sa tête curieusement allongée. Comme l'un des bras semble s'échapper vers le bas de la feuille, les mains jointes sont proportionnellement trop petites. Les sillons du tissu accentuent le rayonnement du visage. A côté de ce beau dessin, celui qui représente le frère de
16 Moholy-Nagy, **Ákos**[9], semble plus faible. Les poses sont identiques, mais cette fois
le personnage entier est de nuance sombre, depuis sa veste jusqu'à ses grands yeux
noirs et sa chevelure en broussaille. Comme cette œuvre est bien moins vivante que
les autres portraits, on peut supposer que l'artiste l'a peinte de mémoire ou d'après
une photographie. L'opposé de cette œuvre minutieuse et sombre est le portrait de
21 **Mr. Hamilton,** où des traits, minces et sûrs, indiquent le contour du visage, les plis
18 de la chevelure et des vêtements. Le portrait du **Dr Reinhold Schairer** est de la
même veine. Un réseau de lignes noires, parfois dense, parfois plus léger, tourbillonne et donne forme à la tête et au buste. Des boucles désordonnées semblent recouvrir tout le personnage. Seuls luisent les manchettes et le col blanc. Malgré les lignes très fines, la masse noire du personnage produit un effet monumental.

Moholy-Nagy devient un peintre digne de ce nom pendant sa période figurative et c'est son talent de portraitiste qui nous vaut ses premières œuvres de grande valeur. Il progresse grâce à ses dessins et devient un artiste confirmé, sans avoir reçu de formation académique préalable. Ses relations avec Lucia Schultz, photographe de talent et éditeur, déterminent la suite de son développement. Elle l'épouse et deviendra connue par la suite sous le nom de Lucia Moholy. Il avait fait sa connaissance en 1920 à Berlin et, au cours des premières années de leur mariage, ils collaborent étroitement sur le plan de la photographie et sur celui de l'écriture. Les portraits de Moholy-Nagy révèlent dans une certaine mesure le profil psychologique de l'époque. Il s'intéresse à la vie des gens, intérêt qui s'estompe par la suite, à l'époque du Bauhaus. Dans les fragments de son journal, on peut découvrir combien la guerre l'a marqué ; il compatit à toutes les souffrances humaines et cela réveille son intérêt pour son entourage. Un autre fait prouve également sa sensibilité : arrivé à Berlin, il prépare des illustrations figuratives pour le drame assez pathétique, intitulé **Les Hommes**[10] (« Menschen ») de Hasenclever, auteur expressionniste. Sans aucun doute, la conception de Hasenclever qui
exalte l' « homme », la « souffrance humaine », le « sacrifice humain », trouve une 22
résonance en lui. La pose pathétique du seul dessin qui représente une femme rappelle l'esprit expressionniste, mais le délicat système de lignes noires présage le développement ultérieur de l'artiste. Moholy-Nagy ne devient pas un peintre expressionniste ; ce style ne correspond pas à sa nature. Les demi-cercles super-
posés des collines vert foncé dans son tableau **Montagnes de Buda** laissent 26
prévoir, dès 1918, son futur système de réseaux, et les rayons qui fusent des collines annoncent son culte de la lumière. Des couleurs vertes, huileuses et sombres, une structure claire et simplifiée caractérisent ce tableau. Le tableau
Paysage avec maisons de 1919 est une synthèse de l'influence de l'activisme 27
hongrois et de sa conception abstraite encore latente. Les lignes des collines rappellent celles des **Montagnes de Buda,** mais les maisons alignées forment une structure géométrique rigoureuse. Cette œuvre dépasse le cadre de l'activisme hongrois et fait déjà partie des réussites de l'avant-garde internationale. Elle représente l'aboutissement de l'évolution, le point de rencontre de la restitution figurative et de la conception abstraite.

La diversité des tendances

Malheureusement, nous ne connaissons que peu de compositions en couleurs
représentant des champs ou y faisant allusion. Dans le tableau **Champs hongrois,** 46
les raies parallèles ou entrecroisées forment une composition de l'esprit abstrait. Seul le titre indique que le peintre s'est inspiré de la réalité. Dans un autre tableau,
«F» dans un champ, de 1920-1921, des éléments dadaïstes se mêlent aux 41
champs encadrés par des lignes[11]. Moholy-Nagy n'a pas persisté dans cette voie, il cherche fiévreusement sa propre solution stylistique.

Les années 1918 à 1920 forment une période de transition : les œuvres assez dissemblables ne s'insèrent pas logiquement dans le développement de l'artiste.
Dans **Les Convives,** les lignes épaisses, d'esprit expressionniste, se recouvrent ; 17
des personnages solennels se dégagent des nuances sombres, évoquant par leur disposition les dernières périodes de l'activisme hongrois. Les lignes n'ont pas encore d'existence propre, leur vibration exprime un déséquilibre intérieur mais aussi une volonté passionnée.

On a souvent l'impression que l'artiste a ajouté plus tard aux dessins originaux les cercles concentriques qui se recoupent[12]. La technique originale des réseaux dont
9 Moholy-Nagy parle dans ses écrits **(Abstract of an Artist)** se rattache en réalité à ses recherches postérieures dans le domaine de la transparence.

Si les portraits de Moholy-Nagy ont leurs racines dans le milieu social et artistique de l'activisme hongrois, en revanche, ses œuvres d'esprit déjà abstrait ont été suscitées par l'atmosphère artistique complexe de Berlin. Dès 1920 ou 1921, Moholy-Nagy, bien qu'il peigne encore des tableaux figuratifs, est attiré par un mode d'expression plus abstrait. L'activisme n'est plus un facteur stimulant; aussi se tourne-t-il vers les courants internationaux auxquels les artistes de l'émigration hongroise commencent à s'intégrer. A Berlin, les idées pacifistes et humanitaires s'enrichissent: s'y ajoute la conception anarchiste, antinationaliste du dadaïsme, ainsi que le programme de gauche du suprématisme et surtout du constructivisme. Ces influences diverses atteignent Moholy-Nagy en même temps. Il en tire une synthèse valable pour lui seul. Toute sa carrière se décide à ce moment-là, avec la mise en forme définitive de sa conception. Il change davantage pendant ces dix-huit mois que pendant les décennies qui vont suivre. Il a pénétré de plain-pied dans l'univers de l'avant-garde berlinoise qui rassemble toutes les tendances d'avant-garde du monde. En janvier 1920, à Vienne, Moholy-Nagy est encore le représentant un peu désuet de l'activisme hongrois; mais en 1922, à Berlin, il est déjà l'un de ceux qui représentent et propagent des tendances internationales.

Dada à Berlin

Deux tendances l'influencent d'une façon déterminante: le dada de Berlin et le constructivisme russe. Le dada de Berlin se manifeste vigoureusement dans le **Dada Almanach**[13] publié en 1920 sous la direction de Richard Huelsenbeck. De par sa vitalité provocante, sa typographie révolutionnaire qui défie la pauvreté des moyens, grâce aux vers libres, aux études, aux discussions, aux manifestes et à son attitude réellement internationale, cette publication est le porte-parole du nouvel esprit d'après-guerre. L'atmosphère dadaïste a un effet stimulant sur tous les plans. Peu après son arrivée à Berlin, en avril 1920, Moholy-Nagy réagit encore avec réticence à dada, sans doute à cause de son passé hongrois: «...un homme nommé Kurt Schwitters présente des tableaux faits avec des bribes de journaux, des tickets de chemin de fer, des poils et des cercles de fer. Pour quoi faire[14]?...» A l'époque, Moholy-Nagy n'est en émigration que depuis cinq mois; cinq autres mois suffiront pour qu'il découvre la signification des collages de Schwitters, pour qu'il comprenne que le nouvel ordre, formé à partir de déchets, se dispose selon ses propres lois. Le dada berlinois, représenté par Huelsenbeck, Raoul Hausmann, Hugo Ball, George Grosz, est plus préoccupé par les problèmes sociaux que ne le furent les mouvements précédents. En cela, son attitude est proche de la tournure d'esprit activiste de Moholy-Nagy. Bien entendu, les procédés dada employés pour critiquer la société (plaisanteries et manifestations farfelues destinées à épater le bourgeois) diffèrent du ton plutôt pathétique d'**Aktion** et de **MA** qui ne cessent de se réclamer de l'homme, du monde à sauver, de la révolution mondiale. Sous le regard dada, les normes et valeurs reconnues deviennent simplement risibles. Le mouvement dada de Berlin apprend surtout à Moholy-Nagy le sens de la liberté: on peut tout faire et aussi le contraire de tout. Même si le Hongrois sérieux n'adopte jamais la légèreté de dada et sa volonté d'épater le bourgeois, ce mouvement lui montre une voie qui mène vers un faisceau de possibilités. La créativité du dada berlinois se manifeste avec plus de succès sur le plan littéraire que dans le domaine des arts visuels, bien que les dadaïstes aient voulu abolir les frontières entre les genres avec leurs textes découpés en images. Les photomontages, vivants et satiriques, les mots éparpillés, libérés de leurs sens, les lettres insérées dans des motifs divers, font entrevoir des possibilités jusque-là inconnues aux artistes hongrois. Dada exerce une grande influence surtout par le foisonnement de ses idées. De nouveaux genres surgissent: les collages, les photomontages, les assemblages, les poèmes-tableaux. Le théâtre et les publications dada sont libérés de toute contrainte formelle.

Dada apporte à Moholy-Nagy un enseignement encore plus important: soudain,
32 il est amené à jeter un regard neuf sur les machines, sur la structure compliquée

des gares, sur l'environnement urbain formé par des mécanismes. L'artiste hongrois, sous l'effet de ces incitations nouvelles, modifie sa façon de représenter mais non pas sa façon de penser. Toute sa vie s'en trouve enrichie.

La découverte des machines

Pendant les premières années qu'il passe en Occident, ce n'est pas la symbolique des mécanismes qui préoccupe Moholy-Nagy ; il s'intéresse aux machines parce qu'elles sont au service du mouvement. Il commence à réfléchir sur l'essence de la machine au moment où il prend connaissance des théories de la construction et surtout des théories soviétiques. L'art mécanique le séduit par deux de ses expressions : le dadaïsme et le constructivisme soviétique. Rapidement, il assimile 39
les deux influences, ce qui, dans le cas de dada, est vraiment surprenant, car il adopte ce courant dès 1920. Pourtant, à l'époque, il ne connaît que très vaguement les tendances d'avant-garde. Sans jamais devenir un véritable dadaïste, il se contente d'en utiliser les éléments superficiels ; l'essence de dada, c'est-à-dire une mise en question globale, reste éloignée de sa mentalité.

Peu de temps après son arrivée à Berlin, il découvre les œuvres de Francis Picabia. Picabia reproduit des mécanismes sans fonction qui ressemblent, à s'y méprendre, à des vraies machines, et il les place dans un contexte philosophique ou linguistique plus vaste. Les symboles mécaniques de Marcel Duchamp sont aussi anthropomorphiques que les jeux ambigus de Picabia composés avec des dessins de pièces détachées et des phrases fragmentaires. Moholy-Nagy est saisi par la beauté quasi gratuite des mécanismes, par le dynamisme des constructions, mais il ne perçoit pas l'ironie et l'humour qui s'y dissimulent, non plus que l'ambiguïté, les effets à double sens. Il accepte ou refuse les choses mais ne les met pas en question ; son humour personnel se manifeste rarement, sauf dans un ou deux collages. Il respecte la machine en tant que telle, les mécanismes, les constructions. Il se sert d'une partie des motifs dada et il utilise aussi, pour ses compositions, des pièces détachées aux fins contours, des roues dentées, des courroies de transmission et des axes. Il subit surtout l'influence de Picabia dont il connaît sans doute l'album intitulé **Fille née sans mère.** L'esprit dada lui est étranger, néanmoins il commence sa carrière à Berlin avec des œuvres presque dadaïstes.

Collaboration à la revue MA

D'un seul coup, les œuvres soi-disant dadaïstes envahissent les pages de **MA** et, en septembre 1921, la revue les publie aussi dans **Album Horizont**[15]. Moholy-Nagy, qui s'est installé à Berlin début 1920 pour garder son indépendance et pour participer à une vie artistique plus mouvementée que celle de Vienne, devient le représentant de **MA** en Allemagne, bien que, à cette époque, ses articles et ses études ne paraissent pas dans ses pages. Il publie dans des revues occidentales (par exemple, dans **De Stijl** et **Der Sturm**) et dans les cahiers du **Akasztott Ember** (« L'homme pendu ») édité par un groupe d'émigrés opposés à **MA.** On ne sait pas si c'est Moholy-Nagy qui a refusé de publier dans **MA** ou si c'est Kassák qui l'a tenu à l'écart. En tout cas, il informe **MA** de l'activité des courants d'avant-garde berlinois, il envoie des photographies à Vienne. En mars 1921 – un mois avant qu'il ne devienne le correspondant allemand de **MA** –, l'une de ses œuvres paraît dans la revue ; dans ce même numéro, les dadaïstes Jean Arp et Huelsenbeck publient des écrits. Sans doute Kassák a-t-il voulu réunir dans le même numéro les œuvres
dadaïstes. La gravure sur bois de Moholy-Nagy publiée dans **MA,** d'esprit dadaïste, 149
diffère de ses œuvres antérieures. Dans cette gravure, les éléments dadaïstes éparpillés ne forment pas une composition claire ; en revanche, son tableau intitulé **Ponts** 30
(1920-1921), où il utilise les mêmes motifs, est l'une de ses premières grandes réussites.

Dans le numéro de septembre 1921 de **MA** paraissent d'autres œuvres de Moholy-Nagy (reproductions de tableaux et de dessins) ; cette fois l'esprit dada est plus marqué. Le monde de Moholy-Nagy, celui des portraits et des paysages, est évincé au profit de la nouvelle civilisation industrielle. L'atmosphère particulière de la grande ville, le paysage industriel de Berlin, le monde des mécanismes omniprésents le subjuguent dès le début de son séjour. Les gares, les ponts, les systèmes d'aiguillages, les grues, les multiples rouages de la ville moderne lui offrent un mode de vie et un idéal nouveaux, ainsi qu'une nouvelle esthétique. Sans doute sont-ce les courants d'avant-garde qui incitent Moholy-Nagy à contempler ce spectacle. Il en est séduit, à tel point qu'il veut même faire un film sur la vie quotidienne à Berlin.

Paysage industriel

Les éléments de ses compositions, les roues, les courroies de transmission, les axes sont des motifs dadaïstes, tout comme les lettres et les numéros (parfois à l'envers) qu'il y insère. Contrairement aux jeux linguistiques de Picabia, chez Moholy-Nagy les signes d'écriture n'ont pas de valeur symbolique, ils ne sont qu'au service de l'effet formel. L'artiste hongrois trouve des solutions structurelles qu'il développera dans ses œuvres abstraites. Par exemple, l'axe ou la ligne qui traverse le centre se répète très souvent et sert à équilibrer les compositions : coupé par un axe vertical, un segment de cercle occupe le centre. (Ce motif revient souvent dans les premiers
44, 45 tableaux de Moholy-Nagy.) Selon le récit du peintre[16], le **Cycliste** est en fait une nature morte que l'on peut identifier lorsqu'on tourne le tableau de 90°. C'est l'une
30 des œuvres les plus puissantes de cette série dont font partie aussi **Ponts, La Grande Voie ferrée** et **La Grande Roue** (La Grande Machine des sentiments).
33, 34 **Ponts,** c'est l'apothéose du paysage industriel, du royaume des ponts et des gares. Au centre se trouve un personnage en buste, la tête en bas, peu visible, qui dirige sa main vers sa poitrine. Les barres de fer éparpillées, les couleurs des wagons donnent de l'intensité au tableau ; ici aussi plusieurs segments de cercle apparaissent au centre.

Des éléments animés d'un mouvement centripète caractérisent **La Grande Roue** dont les lettres projetées vers les surfaces libres et les roues évoquent le dynamisme d'une pièce détachée en mouvement. La silhouette simplifiée des roues et des courroies de transmission, les contours précis comme un dessin d'ingénieur font penser à première vue à un mécanisme réel. On dirait que les roues vont commencer à tourner d'un moment à l'autre : elles suggèrent le mouvement à venir. En revanche, une structure géométrique fermée en forme de roue domine, même si c'est d'une façon peu apparente, dans la plupart des dessins préparatoires. Les surfaces rigoureusement horizontales ou verticales semblent nier la possibilité du mouvement. Une impression de stabilité et aussi l'exigence d'une structure, d'une architecture se dégagent de ces œuvres. Cette conception encore assez mal définie sert de point de départ au développement du véritable style de Moholy-Nagy un an plus tard. L'**Album Horizont** de 1921 (publié aussi dans **MA**) marque un tournant dans la vie de Moholy-Nagy[17]. (L'introduction enthousiaste est d'Ernő Kállai qui signe encore sous le nom de Péter Mátyás.) Cette œuvre prouve d'une part que Moholy-Nagy est devenu un membre actif du mouvement d'avant-garde hongrois, d'autre part qu'il a rejeté la conception figurative. Il se refuse à adopter le point de vue des dadaïstes : il ne peut croire à la domination du hasard. Reflétant en cela l'influence du cercle de Kassák, il a besoin de croire qu'il existe un ordre, un principe ordonnateur, un rapport de cause à effet. Sa conception matérialiste exclut de son univers tout accident irrationnel ; il a un besoin élémentaire de penser que les phénomènes peuvent être connus et même changés dans l'intérêt d'un but suprême.

La structure des images

Au moment où il découvre la beauté de la gare de Berlin et des mouvements mécaniques, il découvre aussi les nouvelles lois de la construction picturale. En 1920, les œuvres de Moholy-Nagy sont concentriques, avec des rayons et des axes en expansion. La plupart du temps, on y trouve une certaine symétrie. Dans tous les cas, le centre de gravité du tableau est placé au milieu de la surface : dans **La Grande Roue,** c'est un disque qui se trouve au centre de la composition ; dans
33, 42, 43 d'autres tableaux **(La Grande Voie ferrée, Composition 19, Tour),** ce sont des carrés, des rectangles ou des axes. L'importance du noyau est accentuée par la toile de fond impersonnelle, nue ; le motif avec ses contours nets, ses couleurs éclatantes se dégage avec vigueur de la toile neutre. Il semble se détacher du fond sous l'effet de la différence des factures. La composition devient toujours plus dense au centre de la surface ; dans le tiers supérieur ou inférieur du tableau, on

voit souvent un axe horizontal et, au-dessus ou en dessous, se placent des motifs plus légers, des chiffres et des lettres. Les diagonales qui tendent vers le haut et flottent librement dans l'espace sont aussi accentuées que la ligne horizontale; ces diagonales n'atteignent pas le cadre, ainsi la composition a un côté inachevé, suspendu, ce qui renforce la tension intérieure du tableau.
En 1921, l'équilibre est détruit, la structure n'est plus parallèle à la base, elle suit les diagonales. L'ensemble des motifs n'obéit plus à la gravitation et flotte sur la surface de la toile de fond qui, dans une première période, reste à l'état brut; par la suite, l'artiste la couvre de peinture. C'est cette voie qui conduit Moholy-Nagy à la découverte de son nouveau mode d'expression. Les motifs libérés s'allègent, les formes géométriques ne sont plus des entités impénétrables, ce sont des éléments transparents qui permettent de découvrir d'autres éléments.

L'architecture de verre

Grâce à la superposition des surfaces, la profondeur de l'espace donne une idée de l'infini. Progressivement l'artiste découvre son véritable univers pictural: l'architecture de verre. La perte d'équilibre a modifié la structure des tableaux puisque la toile de fond s'est intégrée à la composition. Le fond et les motifs se confondent, s'interpénètrent, ils ne sont plus séparables. Les silhouettes des lettres et des chiffres, les plans et les axes aux contours délicats produisent un effet de couleur uniforme, avec de légères différences de nuances. Les diagonales en se rencontrant
déterminent une forme de croix, une croix un peu irrégulière et flottante (**Croix** 57, 136
jaune (Q VII), 1922, **Composition Z III,** 1922). Au début, ce n'est qu'une forme géométrique, mais à partir de 1922 ou 1923 cette croix devient une espèce d'em-
blème (**Composition Q XXI,** 1923, **Em 1, Em 2, Em 3,** tableaux émaillés, dits 134, 69, 70
«Tableaux téléphonés», 1922, etc.). Dans ces compositions, malgré l'absence de l'équilibre, la tension et les forces divergentes sont remplacées par une sérénité absolue, une atmosphère paisible. Les éléments se sont épurés, les lettres, les chiffres, les roues, etc., tous les motifs permettant des associations d'idées ont disparu, on ne voit plus qu'un cercle et les axes qui se croisent. A partir de 1922, les «lignes constructives» qui structurent les éléments font leur apparition. (Par
exemple, dans **Composition Z III**.) Ces lignes minces, tirées à l'aide d'une règle, 136
forment le squelette de la composition; tantôt accentuées, tantôt discrètes, elles relient les motifs isolés, ébauchent un système et rassemblent les motifs en une structure précise. Ces lignes constructives traversent le fond d'un gris pâle ou d'un blanc dégradé avec une grande sûreté, sans détruire l'atmosphère de flottement due aux nuances claires et transparentes. Ces mêmes lignes minces deviennent les éléments indispensables des créations photographiques de Moholy-Nagy: dans ce cas les lignes relient des fragments de photographie et non plus les cercles et les croix pour en faire une composition. Le caractère de dessin des œuvres antérieures, dû à l'effet produit par les silhouettes, disparaît car la base n'est plus un simple fond, mais s'intègre dans la composition avec ses tonalités graduées. Moholy-Nagy devient un grand peintre au moment où il renonce aux effets suscités par les contours et les silhouettes, au moment où il utilise la richesse des nuances pour s'exprimer. A partir de 1921, la toile de fond devient un espace dont les différentes tonalités et les lignes constructives font sentir la profondeur. L'ensemble des formes flottantes, des axes inclinés, des plans superposés, suggère la joie donnée par la découverte des possibilités nouvelles et par le sentiment d'une liberté inconnue.
Mais malgré leur liberté intérieure, les éléments flottants forment une structure architecturale. Ces éléments sont transparents et leur véritable transparence apparaît grâce à leur superposition. Ainsi, au cours de l'année 1922, l'architecture de verre s'impose dans l'art de Moholy-Nagy.

«Chaîne de verre»

A cause de son abstraction et de son irréalité, la théorie de l'architecture de verre 36
incarne parfaitement l'utopie immatérielle si chère à l'époque de Moholy-Nagy. La conception doit beaucoup aux idées de Paul Scheerbart et d' Adolf Behne. L'architecture de verre, comme modèle du futur, est un rêve conçu dans l'esprit expressionniste mais transposé ensuite plusieurs fois. Adolf Behne écrit: «L'architecture de

verre propage la révolution spirituelle européenne, elle transforme l'animal vaniteux, prisonnier des habitudes, en un homme éveillé et conscient[18].» Le verre se présente comme le contraire d'une matière au service d'un confort tiède. Cette idée doit séduire Moholy-Nagy, tout comme le **Projet d'une tour de verre**[19] de Mies van der Rohe; il admire sans doute l'élan vers les hauteurs et l'élégance sans lourdeur de cette œuvre. L'expressionnisme allemand a peu marqué le style de Moholy-Nagy, mais l'univers abstrait de ce mouvement a imprégné sa façon de penser. On peut supposer que l'architecture utopique allemande l'influence également et qu'il a connaissance des projets fantastiques de Bruno Taut avec qui il entretient des liens amicaux. Moholy-Nagy est en rapport avec la société dénommée «Gläserne Kette» («Chaîne de verre»). Si le critique soviétique Punin décrit la tour de verre de Tatline[20] comme une synthèse de l'architecture, de la sculpture et de la peinture, pour Moholy-Nagy, en revanche, l'architecture de verre est un symbole abstrait. Compte tenu du niveau technique de l'époque, le bâtiment de verre tient encore de l'utopie. De plus, Moholy-Nagy ne réalise l'architecture de verre que sur des toiles ou du papier, donc, il pousse l'utopie encore plus loin. Ses toiles et ses dessins abstraits qu'il appelle des architectures de verre sont encore plus éloignés de la réalité que des projets de bâtiments. Pourtant, l'architecture de verre est la clef de ses activités et de ses créations à l'époque du Bauhaus; l'idée du salut de l'humanité est exprimée par des œuvres transparentes. L'architecture de verre et la **Cathédrale du socialisme** de Feininger, emblème du jeune Bauhaus, sont apparentées.

Peinture-architecture

Mais la peinture-architecture de l'avant-garde hongroise, qui naît à Vienne en 1921 et apparaît dans les œuvres de Sándor Bortnyik et de Lajos Kassák, est encore plus proche des compositions de Moholy-Nagy. Kassák présente la peinture-architecture dans un article de **MA** dont le ton intense rappelle un manifeste dadaïste[21]. Il explique que la peinture-architecture hongroise veut exprimer les aspirations révolutionnaires qui ne peuvent pas se manifester sous une autre forme. En réalité, dès sa naissance, la peinture-architecture renonce à exprimer le style et les problèmes particuliers des Hongrois: ce courant rejoint tout de suite les mouvements internationaux et il est difficile de déceler les aspirations révolutionnaires concrètes dans les constructions inspirées par la peinture-architecture.
Moholy-Nagy parle d'architecture de verre. Ainsi il veut se démarquer des activistes hongrois. Dans les compositions inspirées par ce courant, on trouve déjà les germes de toutes ses tentatives futures. Par la suite, l'architecture passe pour lui au second plan, mais le verre, plus exactement la transparence du verre, reste le principe le plus constant et le plus original de son art. En 1920 et 1921, il continue à chercher fiévreusement une solution inédite qui permettrait à ses créations de différer de toutes les œuvres inspirées par l'abstraction géométrique.

À LA FRONTIÈRE DU SUPRÉMATISME ET DU CONSTRUCTIVISME

La couverture du numéro spécial de **MA,** en date du 1er mai 1922, porte une **Architecture de verre,** multicolore et raffinée, de Moholy-Nagy. L'ordonnance stricte des éléments qui se superposent, la pureté dépouillée des formes totalement abstraites témoignent d'influences nouvelles. Moholy-Nagy doit au suprématisme de Malevitch, transmis entre autres par El Lissitzky, la cristallisation de sa conception artistique. Dans les tableaux de Malevitch, les formes géométriques en couleurs se détachent de la base horizontale et traversent librement l'espace clair de la toile. L'élan imprimé aux éléments, simplifiés à l'extrême et libérés de la matière, révèle la liberté d'esprit alliée à la force créatrice souveraine de l'artiste russe. L'équilibre et la légèreté des rectangles, des carrés et des trapèzes sont l'aboutissement de maintes expériences et réflexions. C'est le résultat ultime d'un système philosophique longuement mûri. On y décèle l'influence du cubisme et du futurisme russes, et celle de l'univers mystique des icônes que les peintres russes de l'époque ont découvertes. La volonté créatrice, la religiosité et l'irrationalisme de Malevitch s'ajoutent à toutes ces influences.

Moholy-Nagy profite du résultat: il est frappé par l'évidence des toiles blanches à peine ombrées ainsi que par la grande liberté qu'elles expriment. Il en tire profit, sans avoir connu les hésitations de la gestation ni assimilé le contenu philosophique. En 1920 ou 1921, Moholy-Nagy ignore encore les écrits de Malevitch et, de toute façon, les liens mystiques de l'artiste russe avec la nation et la religion, l'envol pathétique de ses pensées ne peuvent lui convenir.

Malgré les divergences spirituelles, Moholy-Nagy assimile rapidement l'ordre visuel des œuvres de Malevitch, leur rythme apparemment improvisé qui obéit pourtant à un ordre interne. Moholy-Nagy ne suit pas fidèlement son style comme d'autres artistes russes et européens l'ont fait. Il y introduit tout de suite sa propre idée de la transparence et, grâce à sa conception, il continue à développer le suprématisme.

Moholy-Nagy découvre donc en même temps, vers la fin de l'année 1921, la beauté des œuvres de Malevitch et la théorie de l'architecture de verre d'Adolf Behne. Les peintures de l'époque naissent, chez Moholy-Nagy, du mélange de ses deux découvertes. Les carrés et les rectangles flottants de Malevitch inspirent Moholy-Nagy qui superpose les éléments et les veut transparents pour que leur système structurel devienne perceptible. Il conserve la pureté irréelle des tableaux suprématistes, mais il ordonne rationnellement les éléments flottant sans amarres dans l'espace du tableau. L'accent est mis sur l'harmonie, sur la beauté paisible et décorative. Il y a des exceptions: cette harmonie délicate est absente des tableaux noirs, où des formes plus rudes font sentir une tension continue. Mais dans l'ensemble, Moholy-Nagy atténue les drames et les catharsis qui transparaissent dans les tableaux de l'artiste russe. Malevitch est profondément croyant alors que, pour Moholy-Nagy, la religion n'existe pas. Mais les deux artistes veulent exprimer, par des formes géométriques, leurs idées, leurs idéaux, leur désir de liberté et de création autonome. Certes, l'épanouissement de la peinture de Moholy-Nagy est inimaginable sans le suprématisme de Malevitch; mais l'artiste invente un genre nouveau qui obéit à ses propres lois et non pas une variante du suprématisme.

51, 121, 137-139
144

L'équilibre parfait des tableaux de la série de l'architecture de verre est surprenant. Ces œuvres sont datées de 1922 à 1925, années où le dada berlinois connaît sa deuxième grande période et où le constructivisme resurgit avec une force nouvelle en Europe, surtout à Berlin.

Les dadaïstes, de même que les constructivistes, refusent l'harmonie et la beauté décorative. Si, pour Malevitch, le tableau est l'incarnation visuelle de considérations mystiques plus élevées, dans l'art de Moholy-Nagy, en revanche, le tableau constitue un univers autonome et l'harmonie doit régner dans l'espace délimité par le cadre. Les peintures de Malevitch sont ouvertes en ce sens que l'espace continue au-delà du tableau. Les éléments en diagonale des compositions de Moholy-Nagy (1920 et 1921) cherchent également à dépasser la limite du cadre. Pendant sa période influencée par l'architecture de verre, l'artiste invente des structures: malgré les transpositions (bâtiment-verre-peinture), les œuvres font l'effet d'ensembles architecturés, constitués par de grandes plaques de verre. Les œuvres de cette série sont des entités fermées parvenant à un équilibre parfait. S'éloignant des courants berlinois dominants, Moholy-Nagy établit son mode d'expression et son éthique propres.

Le jeu des transparences

Le jeu complexe des plans successifs, la multiplicité des effets de la transparence se manifestent également pendant cette période dans ses photogrammes. Sur les photographies, la lumière est directement présente: la rencontre de la lumière et de l'ombre génère une composition qui, parfois, fait volte-face et se répète en négatif. Il n'y a pas d'analogie directe entre les photogrammes et les architectures de verre: les photogrammes sont composés directement avec de la lumière tandis que cette dernière pénètre insidieusement dans les architectures de verre et éclaire les plans superposés. Les formes négatives et positives sont remplacées dans les compositions par des éléments sombres ou clairs, de forme voisine ou identique. Un curieux jeu spatial bouleverse l'ordre des plans successifs et cette légère ambiguïté introduit une certaine tension dans le tableau qui est régi par des lois strictes. Dans l'architecture de verre, les horizontales et les verticales dominent à nouveau, mais l'horizontalité ne lie pas les éléments à la base, ces derniers n'obéissent plus à la gravitation. En général, une structure aux proportions parfaites flotte dans la partie inférieure du
51, 52 tableau (**Composition C VIII,** 1922; **Composition C XII,** 1924). Les différents plans s'interpénètrent avec facilité et forment toujours une composition d'une clarté cristalline. Malgré leur fragilité et leur abstraction, ces peintures font allusion à l'architecture, même si cela n'est pas souligné par l'artiste. A la même époque, une grande partie des sculptures de Vantongerloo, les œuvres de Malevitch, la **Colonne** de Lajos Kassák, etc. sont aussi les manifestations plastiques de l'influence architecturale. Les compositions de Moholy-Nagy ont un caractère encore plus abstrait en raison de la toile qui impose les deux dimensions.

Transparence de l'image

A cette époque, la même inspiration suscite parfois plusieurs variantes (par exemple
63, 123 **Composition K XVIII** et **Composition abstraite**). Les structures des deux tableaux sont identiques: des plans superposés et transparents forment les deux compositions, mais on a l'impression que la seconde fois l'artiste a un peu décalé les plans. Dans ces œuvres, on sent mieux que partout ailleurs combien l'artiste est préoccupé par la transparence et par les possibilités qu'offre l'utilisation du verre; les plans clairs se meuvent en différents endroits de la surface transparente qui s'éclaircit ou s'assombrit. Malgré l'impression d'équilibre qui ressort de cette composition, la possibilité et même l'exigence du mouvement sont présentes. Au bas du tableau, les contours allongés d'un trapèze irrégulier traversent horizontalement deux formes en delta, ce qui provoque une tension horizontale. Le trapèze allongé indique le sens du mouvement et l'axe des motifs verticaux. Ces deux compositions montrent l'intérêt de Moholy-Nagy pour les effets lumineux et pour le mouvement. (Le **Modulateur espace-lumière** en apportera aussi la preuve. Les premières
48 esquisses de cette œuvre datent de 1922.) **Composition Q VIII** (1922) est l'une des plus belles réussites de la théorie de la transparence. De fines nuances se dégagent de la base d'un gris délicat, les superpositions successives indiquant la virtualité de l'espace. Les tons atténués rappellent la blancheur nuancée des tableaux de Malevitch. On y voit même la croix noire, symbole du suprématisme. Cette croix, seul motif délimité, est d'un noir aussi profond que le sommet d'un plan bleu. Les deux taches sombres et rigides donnent du poids à la composition. La

transparence des deux plans superposés se recouvrant partiellement suscite un effet
lyrique; ces éléments peints imitent à s'y méprendre les plaques de verre ou de
Celluloïd superposées. Moins légers que ceux de Malevitch, les éléments sont serrés
les uns contre les autres et reliés aussi par la base. Les motifs horizontaux et
verticaux dévient un peu de leur direction initiale, ce qui les allège. Cette peinture
est une création parfaite et achevée, mais elle montre tout de même la nostalgie du
peintre pour des matériaux réels (surtout pour le verre) et pour les trois dimensions.

Composition Z VIII (1924) constitue l'une des grandes réussites de cette 139
période: c'est l'incarnation grandiose du monde de Moholy-Nagy. Cette toile a
des dimensions exceptionnelles et sa structure aussi est exceptionnellement com-
pliquée. Moholy-Nagy englobe plusieurs de ses compositions dans cet ensemble
harmonieux qui est en quelque sorte la synthèse de sa période d'architecture de
verre. Les segments clairs et foncés, les diagonales parallèles ou croisées, les axes
joints qui flottent verticalement ont déjà tous figuré sur ses tableaux antérieurs.
Comme ils sont placés sur plusieurs plans, leur ensemble n'encombre pas la surface;
l'artiste utilise à nouveau un fond beige qui ne s'intègre pas à la composition et
permet à chaque élément de se détacher de l'ensemble. L'austérité du cercle noir
et du cercle blanc est adoucie par les teintes chaudes des raies rouge et jaune. Dans
le vaste demi-cercle blanc, l'axe noir dédoublé indique, comme un point d'exclama-
tion, le point de cristallisation de la composition qui se trouve placé un peu à droite
du centre géométrique de la toile. Du fait de cette asymétrie, les éléments libérés
de la pesanteur sont traités comme des figures de géométrie dans l'espace assem-
blées entre elles. Ce tableau exprime le sentiment de bonheur parfait inspiré par une
harmonie réussie.
La sûreté artistique de Moholy-Nagy est assez grande pour qu'il utilise des effets
semblables dans les gravures sur bois et les linogravures en noir et blanc publiées
dans la revue **Der Sturm.** Il élabore des compositions nouvelles à partir d'éléments 128-133
déjà connus. L'équilibre faussé des axes et des segments suscite un effet décoratif
sans pesanteur. En général, il place les éléments devant un fond uni, noir ou blanc.
Les œuvres de l'album préparé pour la Kestner Gesellschaft sont peut-être supérieu-
res à celles exécutées pour **Der Sturm** de par leur transparence délicate et la
richesse des nuances obtenues par le procédé lithographique; mais les premières
gravures appartiennent aussi à la période épanouie de l'architecture de verre de
Moholy-Nagy.

Kestner Mappe

Certaines pages de la **Kestner Mappe**[22] («Cahier Kestner») publiées en 1923 122-127
datent de 1922. Les diagonales fines qui s'y croisent, les structures équilibrées
montrent que Moholy-Nagy a maîtrisé un nouveau genre: la lithographie. Il exploite
toutes les possibilités du procédé: cette série, avec ses compositions aux nuances
raffinées, est plus élaborée que les gravures d'**Album Horizont** publié par **MA.**
L'équilibre faussé des axes sombres ou clairs qui traversent des surfaces d'un gris
nuancé crée un effet monumental. Une page à fond rouge apporte un effet de
surprise dans cette série en noir et blanc, et égaie l'ensemble. Dans les éditions de
la Kestner Gesellschaft, la série du peintre hongrois est mise en concurrence avec
la série d'El Lissitzky intitulée **Conte suprématiste des deux carrés** et **Victoire
sur le soleil,** chefs-d'œuvre graphiques où les influences suprématiste et cons-
tructiviste se mêlent.
A l'époque, les nuances claires, les blancs cassés dominent dans la peinture de
Moholy-Nagy. Mais la **Composition E IV,** de 1922, ne ressemble pas aux ta- 38
bleaux d'une clarté éthérée. Une demi-lune grise, un peu penchée, flotte parmi, ou
plutôt derrière des lignes précises qui traversent le fond noir et compact. Au
croisement des lignes, une demi-lune noire, à peine visible, fait face à la première
et permet d'imaginer la gamme infinie des nuances noires. L'intensité des tons rouge
et jaune brise à peine la domination absolue des gris et des noirs. Moholy-Nagy
utilise pour cette peinture ses éléments habituels, pourtant en ce qui concerne l'effet
d'ensemble, cette toile est assez différente des autres œuvres du style architecture
de verre. Avec ce tableau, Moholy-Nagy se rapproche du constructivisme, plus

exactement de Rodtchenko, qui, défiant Malevitch, a composé d'abord des toiles en noir puis a exposé, dès 1921, une série de toiles monochromes[23]. Les éléments ont une réalité presque tangible et ne sont pas flottants comme sur les tableaux influencés par Malevitch.
Au cours de cette première moitié de 1922, Moholy-Nagy se trouve à la frontière du suprématisme et du constructivisme, plus précisément, son art est la synthèse de ces deux courants. Fin 1922, ses collègues le considèrent déjà comme le représentant européen du constructivisme; en plus de ses œuvres visuelles, ses écrits contribuent à prouver cet état de fait.

Constructivisme

Entre 1920 et 1922, les différents courants du constructivisme l'atteignent avec force. Parmi les Hongrois de Berlin, ce sont surtout les théoriciens Alfréd Kemény (dont le pseudonyme est Durus) et Ernő Kállai, et le sculpteur László Péri qui lui transmettent l'influence constructiviste. Le constructivisme russe s'oppose fermement à l'art et à la société du passé, il exige un nouveau mode de vie dynamique et refuse l'existence de l'irrationnel. Après 1920, cette théorie exerce une très grande influence.
Les membres les plus actifs du groupe constructiviste – Tatline, Rodtchenko, Stepanova et autres – rejettent au début des années vingt le tableau de chevalet et se consacrent à des objets et à des projets de formes architecturales. Rodtchenko cesse de peindre en 1921; son idéal c'est l'artiste-ingénieur, l'artiste-constructeur. Cette dernière idée frappe l'imagination de Moholy-Nagy; ses «tableaux téléphonés» sont dus à l'influence conjointe de l'idéologie du **Dada Almanach** et de Rodtchenko. Mais il n'abandonne pas encore la peinture.
Le **Manifeste réaliste** de Gabo et de Pevsner (1920) influence surtout le développement de sa théorie. En 1923, il fait le point de ses idées dans la revue viennoise de l'émigration hongroise, **Egység** (« Unité »), avec la collaboration de Kemény, Kállai et Péri: « Le constructivisme ainsi révisé (destructif du point de vue bourgeois) qui représente seulement une petite fraction du mouvement artistique actuel, connu sous le nom de constructivisme, conduit d'une part, dans la vie pratique, à une architecture constructive qui ne peut se réaliser que dans la société communiste, d'autre part, sur le plan théorique, au système de forces constructif dynamique (en mouvement) qui organise l'espace en mouvement. Ce dernier débouche sur un autre résultat pratique : l'architecture dynamique. Le chemin mène, par des étapes différentes, vers les deux buts[24].»
C'est très probablement Alfréd Kemény, installé à Berlin après son séjour à Moscou, qui fait connaître à Moholy-Nagy le **Manifeste réaliste.** Les auteurs de ce dernier annoncent – sans le dire explicitement – la mort de la peinture, ils nient la couleur, la ligne, l'espace délimité comme expression de l'espace, la masse et les «rythmes statiques» qui sont remplacés par les «rythmes cinétiques». L'idéal s'incarne dans l'artiste-ingénieur: «Un fil à plomb à la main, notre regard va droit, comme conduit par une règle, notre esprit suit le compas, nous faisons nos œuvres comme la nature produit ses créations, comme l'ingénieur construit les ponts, comme le mathématicien établit les formules de l'univers[25].»

Les manifestes constructivistes

Gabo et Pevsner publient leur manifeste en 1920, à Moscou, après une révolution victorieuse. En revanche, Moholy-Nagy vit avec le souvenir d'une révolution matée; de plus, il n'y a joué aucun rôle. Il adopte la conception constructiviste sans avoir de base sociopolitique. On le considère comme le représentant du constructivisme soviétique, mais il ne cherche pas à entrer en rapport avec l'Union soviétique et, contrairement à d'autres émigrés hongrois (Alfréd Kemény, János Mácza, Béla Uitz), il ne part pas visiter ce pays. (Est-ce à cause du souvenir laissé par l'hôpital d'Odessa?) Les nouvelles idées qu'il propage manquent de racines idéologiques. Son manifeste intitulé «Système de forces dynamico-constructif[26]», publié dans **Der Sturm** (1922), a beaucoup de retentissement mais se limite aussi à des généralités. Les Russes Gabo et Pevsner parlent de la société communiste, Moholy-Nagy et Kemény se penchent sur les «aspirations humaines», sur la dynamique de la «vie universelle». Les deux Hongrois perfectionnent l'idée du **Manifeste réaliste:** ils complètent les rythmes cinétiques par un nouveau moyen, le système de forces dynamico-constructif. Ils mettent l'accent sur la force créatrice humaine, sur les sculptures en mouvement dans l'espace et sur le film, en tant que moyens d'expression. Si les auteurs du **Manifeste réaliste** pouvaient encore croire en 1920 à une quelconque utilité de leur action dans le domaine social, en revanche, le manifeste de Moholy-Nagy et de Kemény traduit sinon leur résignation, du moins leur sentiment d'insécurité dû au déracinement.

La sculpture constructiviste

Le **Manifeste réaliste** devient l'expression pratique de l'idée nouvelle lorsque Gabo présente sa sculpture cinétique (1920). Intitulée **Sculpture cinétique: Vague debout,** l'œuvre est une forme en entonnoir tracée par une tige de métal qui est mise en mouvement par une sonnerie électrique. C'est la première incarnation de la sculpture mobile, dynamique. Sous l'effet du mouvement rotatif, la sculpture donne l'impression visuelle d'un fuseau mais ce n'est qu'une forme virtuelle causée par l'illusion d'optique. La forme en entonnoir n'existe que grâce au mouvement. Par sa construction, ses proportions, son abstraction, cette œuvre exprime la nouvelle idée de la machine avec une légèreté et une élégance qui manquent à la plupart des créations constructivistes. Un an plus tard, fin 1921,
Moholy-Nagy conçoit la **Sculpture en nickel avec la spirale** qui constitue 64
l'une des réussites de sa conception constructiviste propre. A la même époque, il dessine aussi des portraits réalistes, il pratique donc en même temps deux styles et deux conceptions. Cette sculpture de métal n'est pas la seule œuvre de l'artiste, exécutée dans l'esprit constructiviste. La première création de ce genre que nous
connaissions (et seulement en reproduction) est une **Sculpture de bois** de 65
1920-1921, œuvre parfaitement équilibrée, à la structure simple et même austère. Son manque de finition rappelle les œuvres des premiers constructivistes russes, et la matière peu décorative, le bois, évoque également la manière de l'avant-garde russe. La composition de cette sculpture frappe le spectateur, bien plus que sa rudesse ou sa matière. Elle rappelle, d'une part, l'organisation claire des tableaux de Moholy-Nagy de la même période à cause des verticales simples et des segments en contraste; d'autre part, la construction fait penser aux projets architecturaux de l'époque, aux œuvres de Vantongerloo, Paul Joostens, van Doesbourg et Kassák. Malgré ses dimensions restreintes, cette création produit un effet
monumental. Le **Relief avec «h»,** d'inspiration plutôt dadaïste que constructi- 66
viste, est également proche de la **Sculpture en nickel avec la spirale:** il s'agit d'un assemblage sur un socle de bois peint. Les éléments font penser à des pièces détachées, mais leur gratuité, leur disposition en apparence aléatoire et la spirale fixée sur une planche de bois rappellent l'esprit enjoué de dada, sans qu'il y ait
toutefois de ressemblance avec une œuvre dadaïste quelconque. La **Construc- 67
tion en métal** (1921-1922) est très proche de la **Sculpture en nickel avec la spirale** quant à la matière et à la conception. Nous ne la connaissons que par photographie, cette œuvre étant égarée. La disposition est horizontale, la construction est prévue pour être observée sous deux angles de vue. Ses éléments – bâtonnets verticaux, disque et segment, rectangle de verre horizontal et carré de métal servant de base – sont identiques à ceux des tableaux contemporains de Moholy-Nagy. Ce sont ces motifs qui prennent une forme plastique et apparaissent en trois dimensions. Cette composition équilibrée et harmonieuse réunit la structure dépouillée des sculptures de bois, l'idéal mécanique du constructivisme et la beauté décorative, esthétique, des peintures contemporaines de l'artiste. Un esprit identique se manifeste dans la **Sculpture en nickel avec la spirale** qui est aussi l'expression plastique de la théorie du système des forces dynamico-constructif.

Dans cette œuvre, Moholy-Nagy fait la synthèse de ses idées de l'époque. Il a déjà essayé de les exprimer avec les sculptures de bois mais elles se sont avérées un peu lourdes. La **Sculpture en nickel avec la spirale** est plus libérée mais laisse tout de même deviner les difficultés techniques et artistiques que l'artiste ne peut pas encore surmonter. La sculpture ne flotte que partiellement avec sa spirale qui

fend l'air librement mais s'appuie sur un socle assez massif. Le mouvement reste imaginaire : l'œuvre ne bouge pas et ne peut être bougée. La composition est formée de deux parties assez contradictoires : un socle horizontal, surmonté d'une plaque verticale. Leur rigidité et leur matérialité évoquent les travaux de Rodtchenko et de Tatline. Une forme arrondie assouplit les lignes rigides mais coupe inutilement l'axe vertical. La spirale d'acier s'appuie sur la construction en métal, son élan et sa fragilité font contraste avec la lourdeur du socle. Cette spirale évoque le mouvement rotatif de la sculpture de Boccioni, **Mouvement d'une bouteille dans l'espace**[27], la maquette du **Monument à la IIIe Internationale** de Tatline[28], qui, avec sa construction penchée en spirale, est l'un des plus beaux symboles de l'utopie révolutionnaire, et aussi la sculpture de métal de Medounetski intitulée **Composition**[29]. En dépit de la pesanteur de son socle, la **Sculpture en nickel avec la spirale** tend vers le haut comme l'œuvre de Tatline. La spirale, symbole visuel fréquent à l'époque, se répète souvent dans l'œuvre de Moholy-Nagy.
En 1920, Moholy-Nagy participe à une exposition, la première depuis qu'il a émigré en Occident, à la Fritz Gurlitt Galerie de Berlin (en compagnie de József Nemes Lampérth, Walter Dexel et Ralph Voltmer). Mais c'est son exposition de février 1922 qui attire l'attention : Moholy-Nagy expose avec László Péri à la galerie berlinoise Der Sturm, peu avant la grande exposition soviétique de la galerie van Diemen. Il y présente plusieurs tableaux : des paysages et des œuvres de son époque dadaïste, mais ce sont ses constructions de bois et de métal qui éveillent l'intérêt comme en témoignent les critiques positives ou négatives qui parlent surtout de son activité constructiviste. Péri[30] aussi expose des œuvres constructivistes, des reliefs dépouillés, d'un caractère architectural, accentuant ainsi la tonalité constructiviste de l'exposition. Hans Richter, El Lissitzky et plusieurs dadaïstes apprécient l'exposition, mais tous remarquent que ces œuvres sont imprégnées de l'influence artistique russe. Cette parenté indéniable ne nuit pas aux deux artistes hongrois, bien au contraire, dans la mesure où, à la même époque, le constructivisme russe pénètre à Berlin et séduit une grande partie des artistes d'avant-garde. Moholy-Nagy et Péri sont parmi les premiers à adopter la théorie et la pratique du constructivisme, et à se forger à l'intérieur de ce courant un style indépendant. Moholy-Nagy doit beaucoup à sa première exposition de la galerie Sturm : Gropius vient voir l'exposition et offre à Moholy-Nagy d'enseigner au Bauhaus, les sculptures en métal ayant incité Gropius à confier à leur auteur la direction de l'atelier du métal.

Péri et Kemény

En 1922, Moholy-Nagy, Péri et Kemény (Durus) représentent l'aile gauche de l'émigration hongroise. Leurs tendances constructivistes et leurs opinions politiques radicales se manifestent aussi bien dans leurs œuvres que par leurs écrits. Kemény et Péri ne continueront pas à jouer un rôle important dans les mouvements artistiques modernes, mais, en 1922, leurs activités sont au point culminant et ils influencent certainement le développement de Moholy-Nagy d'une façon décisive. László Péri a une personnalité intéressante : plutôt renfermé et orgueilleux, il commence sa carrière comme acteur, en participant activement au mouvement radical du cercle Galilée à Budapest. Il fait partie du groupe dramatique de **MA,** puis devient sculpteur expressionniste. En 1921 et 1922, c'est déjà un artiste constructiviste accompli ; ses linogravures paraissent dans **Der Sturm** qui les publie aussi dans un album séparé daté de 1922-1923, avec une introduction d'Alfréd Kemény. Dans le cadre de son exposition avec Moholy-Nagy, ses grandes toiles puissantes et ses reliefs attirent l'attention. Péri approche l'idéal architectural par d'autres moyens que Moholy-Nagy puisque ce sont les **Prouns** d'El Lissitzky qui l'inspirent. Péri et Moholy-Nagy ont des styles très différents : l'austérité obstinée de Péri est à l'opposé de l'élégance raffinée qui émane des créations de Moholy-Nagy, même des moins réussies. Il est certain qu'en pratique, c'est Péri qui transmet à Moholy-Nagy la conception constructiviste et que, pour la théorie, c'est Alfréd Kemény. En 1923, les chemins de Moholy-Nagy et de Péri se séparent, et les deux auteurs du manifeste dynamico-constructif, Moholy-Nagy et Kemény, deviennent des ennemis acharnés. Sans aucun doute, dès 1922, Kemény est le plus à gauche des trois, et il restera toujours fidèle à l'idée de l'art dirigé.

Dans sa préface à l'album de linogravures de Péri[31], Kemény met l'accent sur l'importance de la tendance architecturale, sur la pureté, l'organisation et la dynamique des formes. En 1924, dans un article publié dans **Kunstblatt,** il attaque Moholy-Nagy qui enseigne déjà au Bauhaus. Kemény connaît de première source les plus beaux produits de l'art soviétique et, les comparant avec l'art de Moholy-Nagy, il n'admet pas que l'émigré hongrois puisse être considéré comme le représentant du suprématisme et du constructivisme soviétiques. Il doit penser que Moholy-Nagy n'est pas assez engagé, pas assez à gauche; en effet, à l'époque, Moholy-Nagy s'intéresse surtout aux problèmes du Bauhaus.

Kállai

Ernő Kállai[32], qui a écrit un article enthousiaste dans **MA** au sujet des travaux dadaïstes de Moholy-Nagy, est moins lié au groupe constructiviste. Kállai estime beaucoup le talent original de Moholy-Nagy, de même que celui de Péri.
Dans ses études publiées dans **MA,** Kállai critique le ton pathétique de l'expressionnisme et met l'accent sur la portée du cubisme[33]. A son avis, il faut remplir les formes cubistes d'un contenu approprié et utiliser pour cela les structures des ponts, des bâtiments industriels, des gratte-ciel. Il annonce l'avènement de la technique et de l'art constructif, et reproche leur collectivisme aux artistes de De Stijl. Pour lui, le constructivisme est la seule voie artistique possible. Il s'attache à le définir avec plus en plus de précision et à développer son éthique. **« L'art constructiviste n'a pas besoin de sorties de secours. L'unité de la matière et de l'esprit s'y trouve aussi naturellement et pleinement que dans un simple disque d'acier manufacturé.** Pour l'art constructif, vaincre ou nier la nature, pour que l'esprit immanent de la forme puisse se manifester librement, n'est pas un problème. Le nom du courant est révélateur : il s'agit de **faire des constructions, les matières premières étant traitées de manière à susciter des formes techniques**[34]. »
Les théories de Kállai et de Kemény ont certainement influencé les œuvres, la façon de penser, les goûts et toute la conception de Moholy-Nagy. « Les créations de l'art constructif doivent être fabriquées, comme les machines, dans les ateliers des usines ou des entreprises de construction[35]. » Mais cet art de laboratoire que constitue le constructivisme soviétique, avec, pour représentants, Gabo, Pevsner et d'autres, est peut-être plus proche de l'art de Moholy-Nagy que le productivisme défendu par Rodtchenko et Tatline. L'exposition berlinoise de la galerie Sturm est la clôture et même la synthèse de la période la plus tendue et la plus contradictoire de Moholy-Nagy; par la suite, son intérêt change de direction.

L'ŒUVRE D'ART
À L'ÈRE DE SA REPRODUCTIBILITÉ TECHNIQUE: « LES TABLEAUX TÉLÉPHONÉS »

Lucia Moholy, la première femme de Moholy-Nagy, est incertaine sur le fait suivant: Moholy-Nagy a-t-il eu connaissance du **Dada Almanach** publié en 1920[36]? S'il ne l'a pas eu entre les mains, on a dû lui parler de l'idée qui s'y trouve, à savoir qu'un bon peintre peut commander un tableau par téléphone et le faire exécuter par un menuisier. Cette idée que l'artiste peut ne pas participer directement à la création de son œuvre est une invention dadaïste qui se rapproche par son côté absurde de l'esprit des ready-made de Marcel Duchamp. Entre 1920 et 1922, Moholy-Nagy subit l'influence de plusieurs tendances en même temps. Les tableaux téléphonés doivent plus à la conception constructiviste qu'à l'esprit dada. C'est Rodtchenko qui définit le plus clairement dans ses écrits l'idéal de l'artiste-ingénieur. Le rôle de l'artiste n'est plus le même qu'au Moyen Age, il fait le projet d'objets et aussi celui des formes de la vie humaine; il donne un sens aux choses et influence ce qui doit naître. Cette conception de l'art de laboratoire sera remplacée, dans le constructivisme soviétique, par la conception productiviste: l'art n'existe plus, le tableau de chevalet est mort, l'artiste doit s'exprimer, grâce à la matière, à la technique industrielle, pour être utile du point de vue de la société. En 1922, les constructivistes soviétiques veulent concevoir des projets d'objets artistiques et industriels, préparer des prototypes que l'on fabriquera en série. Moholy-Nagy doit connaître ces théories, même si c'est d'une façon vague. Dans son article publié dans **Akasztott Ember** («L'homme pendu»), il proclame le règne absolu de l'art mécanique, et dans son manifeste dynamico-constructif, il déclare que l'art dynamique doit remplacer la peinture. Dans **Abstract of an Artist,** il explique qu'à l'époque industrielle il n'y a pas une différence notable entre ce qui est artistique et ce qui ne l'est pas. Cela concerne aussi bien les objets artisanaux que ceux fabriqués par des machines. A cette époque de sa vie, il est subjugué par les matières industrielles et les produits manufacturés. Selon Lucia Moholy, il se préoccupe en même temps d'une autre question: le rapport entre la dimension du tableau et l'effet des couleurs. Ce problème purement pictural pourrait figurer dans les cours du Bauhaus et n'est pas éloigné des recherches de Johannes Itten. Mais le tempérament de Moholy-Nagy diffère fortement de celui d'Itten qui est attiré par la psychologie ainsi que par l'esprit expressionniste; il n'a pas non plus la même façon de penser que les constructivistes soviétiques, austères et conséquents, qui poussent jusqu'au dogmatisme leur foi dans la vérité absolue de leurs principes. Moholy-Nagy est encore avant tout un peintre. Aussi le tableau compte-t-il davantage pour lui que la reproduction industrielle. Il choisit donc une solution ambivalente: pour correspondre à l'idéal de l'artiste-ingénieur, il conçoit le projet de ses œuvres à l'aide d'un réseau carré de lignes, puis il les fait fabriquer dans une usine d'émail, avec de l'émail industriel. Par le biais de l'art de laboratoire, il trouve donc une voie qui correspond à ses propres goûts. La finalité de son procédé n'est pas un produit industriel ou un prototype; c'est une œuvre d'art parfaitement élaborée, une composition suprématiste flottante qui apparaît sur un support métallique un peu bombé. L'artiste n'a pas pu se changer lui-même: après avoir annoncé la mort du tableau de chevalet, il exécute des peintures d'une grande pureté. Rodtchenko, en accord avec sa théorie constructiviste, cesse de peindre en 1921, après la présentation ostentatoire de trois toiles monochromes. Moholy-Nagy adopte l'idée de la mort du tableau de chevalet, mais il la modifie et l'enrichit. Son écrit intitulé **Du pigment à la lumière** (1933) en est la preuve. Il essaie de se détourner du tableau de chevalet: selon lui, ses tableaux téléphonés signifient un tournant dans l'histoire de l'art d'avant-garde. Les

tableaux téléphonés l'intéressent surtout du point de vue de la théorie; en effet, ce procédé n'ajoute rien à la beauté des compositions, il la diminuerait plutôt. La conception de Moholy-Nagy – le changement de dimension modifie l'effet de la structure – se trouve justifiée par les tableaux téléphonés, mais ni lui ni aucun autre artiste à l'époque n'exploitent cette découverte. Les trois tableaux téléphonés intitulés **Em 1, Em 2, Em 3, tableaux émaillés** présentent la même structure mais avec 69, 70
des dimensions différentes. Cette structure est simple. L'émail de porcelaine industriel ne peut produire que des couleurs pures et éclatantes. La blancheur nette du fond n'a rien de commun avec les nuances blanc cassé des autres créations de Moholy-Nagy; la luminosité des couleurs, les contours précis des raies croisées sont également des nouveautés. Le symbole de la croix est répété plusieurs fois. Des éléments abstraits, soigneusement disposés, se dispersent sur un support d'émail industriel. Le résultat ne rappelle donc pas le point de départ productiviste ni les autres tableaux contemporains du peintre. Dans les tableaux téléphonés, Moholy-Nagy renonce à ce qui fait sa force: la transparence. Malgré la composition soignée, le fond émaillé qui alourdit les motifs évoque trop visiblement les objets les moins raffinés de la vie quotidienne.

L'œuvre unique et l'œuvre en série

En principe, on peut fabriquer en série les tableaux téléphonés. Mais Moholy-Nagy ne commande à l'usine qu'un exemplaire de chaque tableau. S'il y a des exemplaires multiples, il ne s'agit plus d'œuvres uniques mais de reproductions, donc la valeur de l'œuvre unique, son aura, disparaissent. Dans le feu de la première inspiration, Moholy-Nagy envisage l'idée du produit de série mais ne la réalise jamais. L'idée reste dans l'air et contribue certainement à faire naître l'essai de Walter Benjamin intitulé **L'Œuvre d'art à l'ère de sa reproductibilité technique**[37]. Walter Benjamin considère la reproduction comme la conséquence néfaste de la société industrielle, et attaque avec virulence ce que Moholy-Nagy, sous l'influence du dadaïsme et du productivisme, se propose comme but – tout au moins pendant un certain temps. Les tableaux téléphonés ne sont qu'un épisode passionnant dans la vie de l'artiste; sans cette tentative, son œuvre serait moins riche, mais il s'agit d'une entreprise sans avenir. Il faut ajouter que les tableaux émaillés **Em 1, Em 2, Em 3** ne reçoivent l'appellation « Tableaux téléphonés » que bien plus tard. D'ailleurs, selon Lucia Moholy, l'artiste ne les a pas commandés par téléphone, il a passé la commande personnellement. Mais à leur livraison, il en est tellement enchanté qu'il s'écrie : « J'aurais pu passer la commande par téléphone ! » Ainsi, le téléphone, l'une des inventions de la société industrielle et l'un des symboles de la nouvelle civilisation, entre à nouveau, peu après sa présentation dans la **Dada Almanach,** dans l'histoire de l'art d'avant-garde. Les tableaux téléphonés sont présentés relativement tard, en février 1924, lors de l'exposition de Moholy-Nagy à la galerie Sturm. A ce moment, la période la plus faste de l'avant-garde appartient déjà au passé et Sturm ne se situe plus au centre de l'intérêt. Les tableaux téléphonés ne produisent pas l'effet attendu.

UNE NOUVELLE CONCEPTION DU MONDE : LE LIVRE DES ARTISTES NOUVEAUX

Avant sa nomination au Bauhaus, Moholy-Nagy a réussi à faire une synthèse théorique presque sans précédent à l'époque. Ses relations avec Kassák sont ambiguës (il écrit aussi dans des journaux de l'émigration opposés à Kassák et à **MA**), pourtant les deux hommes publient ensemble à Vienne, en 1922, le **Livre des artistes nouveaux,** en hongrois et en allemand. Dans un certain sens, ce volume résume les publications de **MA,** surtout au niveau des images, car une grande partie des illustrations présentées a déjà figuré dans cette revue. Mais le choix témoigne d'une conception précise. Il ne s'agit pas d'un simple résumé ; c'est un constat : la sélection opérée montre le changement de la ligne de **MA** et de la conception des auteurs. Il témoigne du triomphe du constructivisme sur le style figuratif. L'introduction enthousiaste de Kassák reflète toute la beauté et toute la naïveté des mouvements hongrois d'avant-garde : « Que vaudrait notre vie si, par notre présence, nous n'enrichissions pas le monde?... L'art nouveau est simple comme la bonté d'un enfant, il est manifeste et triomphe de la matière. » Naturellement, Kassák chante la gloire des gratte-ciel de New York, des viaducs, des locomotives, des ponts et des appareils de radioscopie qui représentent « une victoire sur les créations divines[38] ». Moholy-Nagy choisit la plupart des illustrations (mais Kassák a le droit de veto) ; comme la dominante du livre réside dans les reproductions, le rôle de Moholy-Nagy est d'autant plus important. C'est la première synthèse qu'il constitue avec d'autres œuvres que les siennes. Dans l'anthologie de Kassák et de Moholy-Nagy, on trouve certaines idées du **Blauer Reiter Almanach** publié dix ans plus tôt par Kandinsky et par Franz Marc (par exemple le **Christ paysan du XIIIe siècle**). Des artistes comme Chagall, Klee, Delaunay, etc. y figurent ; pourtant, l'ensemble exalte la gloire du constructivisme. En plus des reproductions d'œuvres constructivistes, on y voit les photographies de pièces détachées, de gares, de gratte-ciel, de lignes électriques d'inspiration constructiviste, et ce sont ces clichés qui confèrent au livre un caractère tout à fait nouveau. C'est Moholy-Nagy qui a rassemblé ces illustrations de la civilisation industrielle moderne, de la culture particulière des grandes villes, du monde de la banlieue et des usines. Séparément et aussi dans leur ensemble, ces photographies illustrent l'art créé à partir de formes industrielles. Moholy-Nagy exprime par le choix des images son idéal de l'artiste-ingénieur : accolée à la reproduction d'un tableau de Feininger figure une photographie de la gare de Stuttgart ; l'œuvre de Boccioni est accompagnée d'une voiture de course, celle de Léger d'une perceuse, etc. Sur la première page illustrée du livre, on voit, comme en exergue, une caméra et une photographie aérienne de New York. Les machines qui se profilent sur les pages blanches ont presque plus de portée que les reproductions des peintures et reflètent plus directement le goût des rédacteurs. Synthèse des courants d'avant-garde, le **Livre des artistes nouveaux** présente les porte-parole de l'expressionnisme, du cubisme, du futurisme, de dada, mais se termine en apothéose avec l'abstraction géométrique, les œuvres de Kassák, de Moholy-Nagy, d'Eggeling, etc. La mise en page est bonne mais ne peut rivaliser en beauté avec celle de **Les Ismes de l'art** de Jean Arp et d'El Lissitzky, publié en 1924, soit deux ans plus tard. Le **Livre des artistes nouveaux** donne un compte rendu de l'esprit d'avant-garde et des conséquences du nouvel environnement industriel sur la création artistique.

«L'ŒIL DE LA CAMÉRA»: LA PHOTOGRAPHIE

C'est au Bauhaus que Moholy-Nagy vit sa grande période consacrée à la photographie mais, dès la fiévreuse année 1922, il découvre les possibilités offertes par ce nouveau media. Sa femme, Lucia Moholy, est une excellente photographe. Sans doute lui a-t-elle fait connaître un éventail des nouvelles possibilités techniques et artistiques. Du point de vue de la technique, et surtout de la conception, les œuvres conçues avec l'«œil» de l'appareil sont d'un genre qui n'a rien de commun avec celui de toutes les œuvres précédentes. La photographie connaît un renouvellement, grâce à l'activité de personnalités nombreuses, venues d'horizons différents. On a l'impression qu'entre 1921 et 1923, les membres de presque tous les courants d'avant-garde la choisissent pour s'exprimer : photomontages, photogrammes, photocollages, etc. Moholy-Nagy, comme en d'autres domaines, assimile facilement les connaissances élémentaires, puis, grâce à son instinct, sa fantaisie et son sens esthétique, il exécute tout de suite des œuvres remarquables.

L'alphabet musical
La photographie lui apporte, en plus de possibilités illimitées, une grande variété de procédés encore inexplorés. Jusque-là on n'a utilisé la photographie que pour reproduire et il pense qu'il faut passer au stade de la création, conclusion à laquelle il arrive par un chemin détourné: avant de se consacrer à la photographie, Moholy-Nagy s'est occupé des possibilités offertes par le phonographe, ce qui l'amène à penser aux possibilités latentes de la photographie[39]. Selon son idée, en effet, le compositeur devrait, sans l'intervention d'instruments de musique, pouvoir graver sur le disque des signes graphiques, générant ainsi une composition musicale d'un genre nouveau.
Donc – à son avis – s'il était possible de constituer un nouvel alphabet musical, on pourrait transposer les rapports graphiques en langage acoustique; des improvisations naîtraient qui provoqueraient des effets inattendus[40]. Cette idée utopique ne connaît pas de réalisation. On peut supposer que Moholy-Nagy écrit sur le sujet sans avoir réalisé d'expériences au préalable. Mais il est séduit par l'optophonétique d'Hausmann[41]; ce dernier veut trouver pour le film un langage visuel universel. Il ne semble pas que Moholy-Nagy ait fait des expériences concrètes avec le phonographe avant 1923, mais le problème resurgit, sous une forme utopique, en 1932, dans son film intitulé **Tönendes ABC** («Alphabet parlant»).

Les photogrammes
Bien que la recherche phonétique ne joue pas un rôle important dans l'œuvre de Moholy-Nagy, cette préoccupation le conduit vers son véritable domaine: la photographie. A-t-il souvent l'occasion de contempler des photographies et plus précisément les rayogrammes de Man Ray et les travaux de Christian Schad ? Ou bien fait-il ses expériences indépendamment de leurs recherches ? Il serait difficile de répondre à ces questions. Man Ray, El Lissitzky, Moholy-Nagy et bien d'autres artistes se livrent simultanément à l'art du photogramme qui reflète l'atmosphère tendue de l'époque. Ces photogrammes permettent de se libérer, de représenter le réel, l'amour de la technique dominant à l'époque, mais ils expriment aussi les caractères, les styles propres à chaque artiste. Il est probable (sur ce point, les mémoires d'El Lissitzky et de Man Ray concordent[42]) que Moholy-Nagy a vu les rayogrammes de Man Ray dans le livre de Tzara intitulé **Les Champs délicieux,** avant de commencer à faire des prises de vues sans appareil. Mais on peut aussi

imaginer qu'il a seulement entendu parler de cette idée et qu'il l'a tout de suite utilisée à sa façon et pour servir ses propres buts. Dans les rayogrammes de Man Ray, il y a souvent de l'ironie ou une allusion. Les titres font partie organique de l'ensemble et le complètent. En revanche, les photogrammes de Moholy-Nagy n'ont pas de sujet concret. Leur thème est la lumière qui façonne les objets et l'atmosphère qui les entoure. Toute la structure se dégage de la lumière.

Dans l'univers photographique de Moholy-Nagy, les éléments négatifs, les ombres, les motifs ne représentant rien de réel, les agrégats d'éléments, les nuances
104-119 du papier brun forment une échelle de valeur indépendante de celle de la réalité. La lumière et la transparence, éléments principaux de son art, peuvent se manifester librement ; un mélange d'improvisation et de rigueur fabrique ce monde fantomatique composé en partie d'éléments réels. Man Ray utilise peu d'éléments, un ou plusieurs objets, selon les cas ; chez Moholy-Nagy, la composition est formée par beaucoup d'éléments, chaque élément étant au service de l'ensemble. Les éléments semblent flotter sous l'eau ou se dissoudre dans l'espace qui devient presque tangible. Le verre de vin et son ombre sont à la fois réels et irréels car les objets changent de dimension, ils sont placés dans le monde de la transparence où le reflet et l'ombre sont plus réels que les objets eux-mêmes. Parfois les motifs sont strictement délimités, contrairement aux photogrammes d'El Lissitzky[43] dans lesquels souvent les éléments se confondent. Quelle que soit la technique choisie par Moholy-Nagy[44], l'effet produit par l'ensemble et l'atmosphère qui en émane sont toujours primordiaux pour lui. Tout en profitant des manifestations du hasard, il construit le spectacle comme on compose un tableau. Il essaie de rester impersonnel
161 en dénommant ses œuvres des photogrammes, contrairement aux «schadogrammes» de Schad et aux «rayogrammes» de Man Ray. L'un de ses plus beaux photogrammes est un projet pour la couverture de la revue **Broom** (1922, parue en 1923) : les lettres et les chiffres en négatif émergent de la base et semblent se diluer, tous contours effacés, dans l'environnement brun[45].

Moholy-Nagy se sert de mises au point volontairement floues et de juxtapositions de positifs et de négatifs[46]. Le mystère est l'une des sources de la beauté des photogrammes : les éléments les plus simples sont transformés au point de devenir méconnaissables ; les formes se confondent et suggèrent une autre réalité difficile à percevoir. Il n'y a plus de composition nette comme dans les tableaux. Les éléments sont si ambivalents qu'ils semblent toujours contenir une allusion. Leur dualité, leur mystère sécrètent une atmosphère poétique. Pourtant dans le **Photo-**
120 **gramme, Triptyque**[47] de 1922, on perçoit l'existence d'un système : trois prises de vues constituent l'ensemble. Des formations claires surgissent du fond sombre et rappellent des étoiles, des hélices ou des conduits. Mais les compositions avec des éléments superposés sont plus fréquentes. Chaque motif semble continuer son évolution à l'intérieur de l'ensemble.

Dans les photomontages, l'effet mystérieux des photogrammes se mélange à des éléments surréalistes. Rien n'est plus éloigné du rationalisme de Moholy-Nagy, de son idéal de l'artiste-créateur que la libre association des idées. Mais au cours des années du Bauhaus, quand il maîtrise parfaitement la technique, on discerne dans ses photomontages des allusions, des phrases à double sens, des rapports ambigus entre les mots et les images. Ce côté mystérieux existe dans l'art de Moholy-Nagy dès 1923, donc avant la naissance officielle du surréalisme (1924). Sa tendance personnelle le rapproche des courants plus littéraires, opposés à l'abstraction géo-
89, 90 métrique. **Entre ciel et terre** (II, 1926) illustre la chute, le saut dans le vide, et éveille le souvenir de cauchemars, d'images puisées dans l'inconscient.

Nouvelle invention : la photoplastique

De minces traits de crayon donnent une signification particulière à cette œuvre qui constitue le genre photographique le plus original de Moholy-Nagy : une combinaison de photomontage et de dessin intitulée « Photoplastique ». Les motifs photographiques sont reliés à l'aide de lignes structurées, régies par un ordre géométrique. Ainsi les parcelles réelles s'insèrent dans un système. Cette solution réunit la conception réaliste et l'esprit constructiviste de Moholy-Nagy.

Une conception semblable caractérise aussi sa photoplastique intitulée **Nouvelle**

organisation dans les musées: chacun peut tirer sur son tableau. Des 91
silhouettes noires tenant un fusil et répétées plusieurs fois sur une ligne de perspective mettent en joue une série de monstres à visage humain.
L'ombre de chaque silhouette s'étire mystérieusement par terre. Les murs presque nus, les personnages fantomatiques, l'agressivité effrayante rappellent les films surréalistes de Dali et de Buñuel, surtout **Un chien andalou.** Le photocollage de
1925, **Mort sur les rails,** répand l'ambiance pesante de la solitude et de la chute 92
dans le néant. Dans **Mariage détruit** de 1925, la juxtaposition des tuyaux horri- 93
bles (qui sortent d'une tête) et de la belle main tendue témoigne d'un esprit purement surréaliste et évoque surtout la manière de Max Ernst.

Le réalisme retrouvé

En outre, la photographie permet à Moholy-Nagy de représenter la réalité – possibilité qu'il n'avait plus à partir de 1921 en devenant un peintre abstrait. Ses anciens portraits suggestifs et ressemblants témoignent de son savoir professionnel et aussi de son intérêt pour les caractères humains. La photographie lui permet de reprendre ses recherches dans ce domaine: il s'intéresse tout autant à la peau fripée des vieillards qu'à des nus féminins. Sa thématique est très étendue: il photographie des villes, des cages d'escalier, des sillons, des grillages tissés d'ombre. Ses photographies peuvent rivaliser avec celles des meilleurs photographes soviétiques de l'époque, grâce aux raccourcis audacieux, au mélange des motifs négatifs et positifs, aux réglages nets ou flous. De plus, ces photographies éclairs, fixation d'un moment devenu intemporel, laissent percer la nostalgie de Moholy-Nagy pour le film. En 1921, faire un film sur la vie quotidienne de Berlin est un rêve irréalisable pour Moholy-Nagy[48]. Il transpose son idée en insérant les images inventées pour ce film
dans un texte qu'il publie dans **MA** sous le titre **Esquisse d'un film. Dynamique** 81, 82
de la grande ville[49]. Malheureusement, au cours de cette époque fertile de l'avant-garde, il ne peut pas tourner un film, il n'en réalisera qu'à une époque plus tardive, à partir de 1926.
La photographie mène Moholy-Nagy à une conception et à une esthétique nouvelles. Aussi ses travaux exercent-ils une grande influence sur ses contemporains. Ils le placent au point de rencontre des courants d'avant-garde internationaux, souvent antagonistes. Comme la photographie est l'un des genres d'avant-garde les plus originaux, c'est sur ce point que les discussions sont les plus vives, les opinions les plus contradictoires. Dans ce débat, Malevitch ne professe pas la même opinion que Rodtchenko, Moholy-Nagy ou El Lissitzky. (Selon Malevitch, la photographie et le film sont seulement de nouveaux moyens techniques que les peintres doivent modifier pour pouvoir les utiliser: ce ne sont pas des modes d'expression autonomes.) Le «dogme» de Rodtchenko est que «la photographie doit utiliser ses propres moyens[50]». (Il n'a jamais fait de photogrammes.) Il commence à photographier en 1924, donc deux années après les expériences de Moholy-Nagy dont il a certainement examiné les photogrammes. Leurs conceptions sont analogues au sujet des perspectives audacieuses, mais ne correspondent pas en ce qui concerne la photographie abstraite. Moholy-Nagy commence à participer à la discussion soviétique sur la photographie quand il s'installe à Weimar (et plus tard à Dessau), loin de Berlin et de son ambiance agitée par l'art soviétique. Les discussions se déroulent de façon épistolaire et par le truchement d'articles. C'est Moholy-Nagy qui analyse le mieux la théorie de la photographie[51]. En opposition avec Malevitch, il soutient que la photographie peut exprimer davantage que la peinture: «Si la photographie arrive à découvrir ses **propres** lois, elle atteindra dans la **représentation** une perfection que l'on n'aurait jamais pu atteindre avec des moyens manuels[52].»
Désormais, Moholy-Nagy s'occupe surtout de photographie. Il en décrit minutieusement les résultats, les recherches techniques et les perspectives illimitées. La photographie est le sujet dominant de tous ses écrits et les photographies y jouent un rôle équivalent à celui du texte, plus important même, ce qui est rarement le cas pour des illustrations. Ses photographies et, surtout, ses photogrammes sont les premiers modèles chargés de justifier sa théorie de la production-reproduction et ses recherches dans le domaine de la lumière et de la transparence.

NOSTALGIE DU FILM: DYNAMIQUE DE LA GRANDE VILLE

Le cinéma aurait permis à Moholy-Nagy d'élargir subitement son champ d'action et de s'accomplir pleinement. Dans un film, il aurait eu la possibilité de rendre la dynamique des photographies et des photogrammes visuellement perceptible ; il aurait pu les faire bouger. De plus, le film l'attire pour une raison précise ; la ville, l'intensité de la vie quotidienne d'une grande ville, à la fois belle et insupportable, est un sujet qui le passionne.

D'une façon compréhensible, dès 1920, il est subjugué par la civilisation industrielle de Berlin. Les tableaux et les photographies ne peuvent exprimer qu'indirectement ce qu'il voit et ressent ; la dynamique propre au film aurait pu mieux en témoigner. Pour remplacer le film, il invente un genre nouveau à Berlin, entre 1921 et 1922. Son œuvre s'intitule **Esquisse d'un film. Dynamique de la grande**
81-82 **ville**[53]. Il s'agit d'une sorte de scénario, du genre « typo-photo ». C'est la cristallisation des dispositions artistiques et littéraires de Moholy-Nagy, bien qu'il n'ait envisagé que l'effet visuel. Dans la première version publiée dans **MA,** il n'y a que des croquis ; dans la deuxième version, parue dans son livre **Peinture, photo-**
83-84 **graphie, film,** en allemand, les dessins-idéogrammes sont remplacés par des photographies intercalées dans le texte. Ce découpage témoigne de l'influence du livre **Les Ismes de l'art,** mais l'idée même du film décrit se rapproche plutôt des expériences cinématographiques de Viking Eggeling et de Hans Richter[54]. De petits carrés d'images, disposés en lignes verticales, évoquent des tableaux et constituent une série de formes abstraites qui se répètent avec de petites modifications. Dans la mesure du possible, Moholy-Nagy veut faire un film sur du papier, avec des moments plus ou moins intenses, des coupures inattendues, des changements rapides. Tout cela concerne aussi bien les images que le texte. Les motifs et le dynamisme de la création se rapprochent du constructivisme russe et des films de Dziga Vertov que Moholy-Nagy ne connaît pas encore. Le sujet du film est original, mais les images de la deuxième version, les détails d'usines et les vues plongeantes, montrent l'influence des films soviétiques qu'il a dû voir ou dont on lui a parlé[55]. La typographie, la transposition en écriture du premier « film » suscitent un monde formel aussi prenant que celui des films soviétiques et rappellent les poèmes-tableaux. Dans cette version, l'ensemble de certains signes et du texte évoque des images en mouvement.

On voit, par exemple, près de l'inscription « TIGRIS jár ketrecében » (« Un tigre en fureur arpente Sa cage »), des flèches qui pointent les unes vers les autres. Dans **Peinture, photographie, film,** on voit un tigre derrière un grillage et le texte dit: « Un tigre arpente furieusement sa cage. »

De même « Construction en métal » est d'inspiration constructiviste : le détail d'une immense construction de métal, placée en diagonale, s'anime.

En revanche, « Construction d'une grue en fer », publiée dans **MA,** avec des signes gravés du genre idéogrammes, rappelle les travaux de Viking Eggeling.

L'ensemble des textes et des images est aussi vibrant et contradictoire que le film accéléré et fantastique de Dziga Vertov, **L'Homme à la caméra.** Comme dans l'œuvre soviétique, il n'y a pas d'action suivie, aucun ordre interne ne relie les événements. Le sens et la force de l'œuvre ne découlent pas de sa logique narrative mais de la dynamique combinée des images et des textes. Dans la première version, le texte joue un plus grand rôle (il doit pallier le manque de photographies) et se rapproche parfois des vers libres ou des proses rythmiques publiées dans **MA**:

Un avion approche de loin
et passe en spirale au-dessus de sa tête...

Les deux vers rappellent Kassák (« et la samovar de nickel passe au-dessus de notre tête »), de même que les coupures rapides et les accumulations d'images insolites s'apparentent au rythme des vers libres du poète.
Dynamique de la grande ville est publié dans **MA** sous le copyright du Bauhaus et la deuxième version figure dans un livre de la série du Bauhaus.

LE PLUS JEUNE PROFESSEUR DU BAUHAUS

En avril 1923, Moholy-Nagy entre au Bauhaus de Weimar; le nouveau professeur, qui n'a que vingt-sept ans, rencontre des idées et des passions contradictoires, des sympathies et des antipathies artistiques et personnelles. C'est le directeur de l'établissement, Gropius, qui l'a invité au Bauhaus après avoir vu ses œuvres à l'exposition de la galerie Sturm en 1922. Gropius a dû reconnaître les possibilités multiples du jeune artiste et aussi espérer qu'au Bauhaus il défendrait les idées directoriales. Moholy-Nagy arrive au moment où le Bauhaus vient de surmonter sa première crise, et sa nomination témoigne d'un changement dans la ligne directrice. De par ses œuvres constructivistes, de par sa conception globale, Moholy-Nagy se situe à l'aile gauche du mouvement d'avant-garde. Dès son entrée au Bauhaus, les contradictions se renforcent. On peut même dire qu'avec sa nomination commence une nouvelle période au Bauhaus.

Moholy-Nagy entre au Bauhaus à un moment néanmoins favorable. Peu avant son arrivée, la personnalité de Theo van Doesburg a fait éclater les oppositions latentes. Moholy-Nagy et van Doesburg contribuent à imposer les changements dont le Bauhaus a besoin[56].

L'ancienne image idyllique d'un Bauhaus uni s'efface: il devient de plus en plus évident que ce sont les tensions et les oppositions entre les conceptions de ses membres qui permettent à l'institution de se développer. A sa fondation, en 1919, le Bauhaus représente la conception expressionniste de Sturm, les professeurs ayant tous participé à ce mouvement. Après 1919, Sturm et même toute l'avant-garde internationale commencent à se transformer. Peu d'artistes échappent à l'influence du constructivisme, surtout après la grande exposition soviétique de 1922 à Berlin. Van Doesburg entre en lutte contre la conception idéaliste du Bauhaus, et comme on ne lui offre pas de chaire, il fonde à Weimar un cours privé où il propage les idées de De Stijl. Si on la compare à l'univers lyrique de Klee, de Kandinsky, de Feininger, la conception de van Doesburg peut paraître austère et dénuée de fantaisie. Mais d'une façon latente, la théorie plus universelle de De Stijl, qui s'étend à tous les domaines de la vie, exerce une forte influence. Quand le représentant du courant expressionniste plus ancien, Johannes Itten, quitte l'école, la théorie et la pratique du Gesamtwerk (œuvre totale) de son remplaçant, Moholy-Nagy, sont plus immédiatement assimilables qu'elles ne l'auraient été avant l'action de van Doesburg. Ainsi, ce que le célèbre dirigeant du courant De Stijl n'a pas pu mener à bien, l'émigré hongrois réussit à le faire. Pourtant, il est peu connu, il parle mal l'allemand et n'a pas un passé artistique imposant derrière lui.

Moholy-Nagy devient le collègue d'artistes bien plus âgés que lui et qui, à l'époque, comptent parmi les meilleurs peintres d'Allemagne. En principe, rien ne semble plus contradictoire que la peinture secrète, aux profondeurs cachées, de Klee, face à l'abstraction géométrique de Moholy-Nagy et à ses idées sociales et messianiques.

Avant son arrivée, il passe aux yeux des professeurs et des élèves pour le représentant du constructivisme soviétique, ce qui lui vaut un accueil assez froid. Les difficultés s'aplanissent grâce à la capacité d'adaptation et au talent de Moholy-Nagy. Il adhère corps et âme à l'idéal de l'établissement et continue même à le développer. Du fait de sa jeunesse et de son talent multiforme, mais aussi grâce à son énergie inépuisable et à ses dons pédagogiques, c'est lui qui incarne le mieux l'idéal du Bauhaus entre 1923 et 1928.

Au Bauhaus, Moholy-Nagy assure le cours préliminaire et dirige l'atelier du métal.

Il édite et écrit les livres du Bauhaus, puis, à partir de 1926, il publie le journal du Bauhaus avec Ernő Kállai.

L'œuvre totale
L'idée du Gesamtwerk exprime le sens de sa théorie et de son activité. Il oppose cette idée à celle du Gesamtkunstwerk (œuvre artistique d'ensemble) valable dans le passé. «Nous n'avons pas besoin d'un 'art d'ensemble', éloigné du courant de la vie, mais d'un art fondé sur la synthèse organique de toutes les manifestations de la vie, d'un art qui devient une **œuvre totale,** qui supprime toutes les cloisons; dans cette perspective, toutes les performances **individuelles** ont des nécessités biologiques et débouchent sur une nécessité **universelle**[57].»
Le désir d'une synthèse et la détermination biologique sont des notions qui reviennent souvent dans les écrits de Moholy-Nagy. D'ailleurs, la biologie tient un rôle de plus en plus important dans ses théories. L'idée caractéristique de sa période du Bauhaus c'est l'«œuvre totale», plus riche que l'art car elle englobe tous les aspects de l'existence humaine. Toute l'activité de Moholy-Nagy au Bauhaus a pour but de sauver l'humanité et le monde; c'est le sens ultime et prophétique de toutes ses entreprises.
La composition du programme de son cours préliminaire met indiscutablement en évidence l'attitude constructiviste, antipicturale de Moholy-Nagy. La méthode de son prédécesseur, Johannes Itten[58], reposait sur l'analyse de la structure des œuvres de maîtres anciens pour en dégager les règles de composition. Les lignes, les clairs-obscurs, la définition de la nature des matériaux étaient ses objets d'étude. Les matériaux et le toucher jouent aussi un rôle dans la théorie de Moholy-Nagy. Mais c'est sans doute Marinetti qui en parle le mieux dans le **Manifeste futuriste du tactilisme** de janvier 1921[59], dans lequel il prétend avoir donné le coup d'envoi à l'art du toucher et établi l'échelle de valeur du **tactilisme.**

> «LES QUATRE GROUPES DE SENSATIONS TACTILES:
> Premier groupe: le toucher sûr, abstrait, froid.
> Papier de verre
> Papier d'émeri argenté
> Deuxième groupe : le toucher sans chaleur, persuasif, intellectuel.
> Soie lisse
> Soie plissée...»

Dans la conception de Marinetti et dans celle d'Itten, le toucher a une valeur intuitive, un rôle psychologique. Le caractère psychologique de ses élèves a toujours intéressé Itten. Par le biais des couleurs, du toucher, du monde des formes, il a cherché l'expression de leur personnalité. En revanche, dans la théorie constructiviste, représentée au Vhutemas de Moscou par Rodtchenko[60], et au Bauhaus, par Moholy-Nagy, le toucher, l'inventaire des matériaux, la construction d'objets nouveaux ne servent aucune révélation d'ordre psychologique. Ni le choix des nuances, ni les singularités des styles ne sont liés à des qualités psychologiques. Bien au contraire, surtout au Vhutemas, on professe que pour accomplir une tâche, les élèves doivent se concentrer uniquement sur l'objet et que leur personnalité doit disparaître derrière une fonction ou une activité quelconque.
Le Vhutemas débute à Moscou en 1920, presque en même temps que le Bauhaus à Weimar; il y a des analogies entre les deux institutions, la personne de Kandinsky constituant un de ces liens entre les mouvements russe et allemand[61]. Le Vhutemas, entre 1920 et 1921, connaît un changement du type de celui qui agite le Bauhaus sous l'action de van Doesburg et de Moholy-Nagy. En Union soviétique, c'est Rodtchenko qui milite le plus vigoureusement en faveur du productivisme (il donne le cours préparatoire et dirige en même temps l'atelier du métal, comme Moholy-Nagy). A Moscou, en 1920, on prépare déjà des constructions dans l'espace, et l'atelier où l'on travaille le métal devient de plus en plus populaire. «Les étudiants des beaux-arts commencent à fréquenter les ateliers où on s'occupe

d'art productiviste. A l'automne 1922, tout notre groupe rejoint l'atelier du métal, on invite Rodtchenko à y professer», écrit une ancienne élève du Vhutemas[62]. Au Vhutemas, les théories sur le volume de l'espace se matérialisent dans des prototypes préparés pour l'industrie du métal. Au Bauhaus, Moholy-Nagy étudie dans son cours préliminaire les rapports d'équilibre, le mouvement d'un corps suspendu par un point, la stabilité et la mobilité des constructions. Albers enseigne les particularités des matériaux, selon ses propres principes, mais Moholy-Nagy est responsable de toute la section[63]. Au fond, Moholy-Nagy fait connaître à ses élèves la problématique du constructivisme. Son cours est très éloigné des analyses des œuvres d'art d'Itten, mais aussi des projets limités à des objets fonctionnels de Rodtchenko. Selon sa théorie personnelle de la création, Moholy-Nagy incite ses élèves à fabriquer des objets dépourvus de fonction, en utilisant du bois, de l'aluminium, du verre, des fils de fer et d'autres matériaux. Lui-même a exprimé son système de forces dynamico-constructif par la **Sculpture en nickel avec la spirale** et il veut que ses élèves puissent aussi exprimer leurs idées.
A partir de 1923, Moholy-Nagy est nommé à la tête de l'atelier du métal. C'est là que son tempérament si particulier peut se manifester avec le plus de succès : grâce à son activité, cet atelier est le plus vivant et le plus efficace de toutes les
64 sections du Bauhaus. Succès paradoxal car, la **Sculpture en nickel avec la spirale** et la **Construction en métal** mises à part, Moholy-Nagy a rarement
67 utilisé le métal et surtout ne s'est jamais occupé de la fabrication d'objets fonctionnels en métal. Sa créativité personnelle n'intervient pas dans sa manière de diriger l'atelier. Au contraire, il se veut impersonnel pour que ses élèves puissent donner libre cours à leur fantaisie. Ce n'est pas lui qui élabore les projets de prototypes[64], il en laisse le soin aux élèves qui les préparent ensemble ou individuellement. Son énergie et ses idées sont mises au service du design. Ainsi, il continue à développer le principe des tableaux téléphonés.

Des luminaires à la lumière

L'ensemble des objets réalisés par les élèves exprime tout de même la conception de Moholy-Nagy. Pour la plupart, ces objets de métal sont des luminaires que l'on peut, soit poser sur une table, soit fixer au mur. Les modèles des lampes orientables sont utilisés encore aujourd'hui. Donc, le culte de la lumière de Moholy-Nagy s'est matérialisé dans des articles industriels d'usage quotidien, qu'il réalise avec l'orfèvre Wilhelm Wagenfeld, son assistant de l'atelier de métal. Le disque plat du socle, la demi-sphère de l'abat-jour, la disposition horizontale et verticale des articulations reliées à un élément sphérique, composent une forme rationnelle qui donne un sens fonctionnel aux motifs géométriques des tableaux abstraits. Pendant cette période, Moholy-Nagy peint ses plus beaux tableaux, même si, par la théorie, il s'éloigne de la peinture et des beaux-arts en général. Le domaine de ses intérêts et ses responsabilités ne cessent de s'étendre. La peinture ne représente plus pour lui qu'une phase transitoire. Dans son article **Du pigment à la lumière**[65], il écrit que le véritable moyen pour réaliser son œuvre, c'est la lumière, avec toutes ses possibilités inexplorées. En théorie, il s'éloigne donc de la peinture. Il s'éloigne aussi du constructivisme soviétique, bien que les structures de l'équilibre conçues par Moholy-Nagy avec ses élèves ressemblent aux structures flottantes des frères soviétiques Stenberg (1921). Le suprématisme est toujours présent dans les motifs et la composition des tableaux de Moholy-Nagy. Il transmet à ses élèves la somme de toutes les influences qu'il a subies et il travaille au projet d'une nouvelle synthèse : la série des livres du Bauhaus.

ESSAI DE SYNTHÈSE DES IDÉES D'AVANT-GARDE: LES LIVRES DU BAUHAUS

Gropius et Moholy-Nagy ont l'idée de publier une série de livres pour rendre compte de l'ensemble des conceptions de l'époque. On verra plus loin que la collection effectivement parue reflète de très loin le projet initial.
Auparavant, en 1923[66], Moholy-Nagy a envoyé à Rodtchenko un projet (qu'il a sans doute rédigé) à propos de la publication d'une série de brochures au Bauhaus. Ce projet provisoire propose de traiter trente thèmes, politiques ou sociaux pour la plupart. Moholy-Nagy écrit au nom de la communauté du Bauhaus en utilisant le pluriel, mais on a l'impression qu'il s'agit plus de sa conception à lui que de celle de Gropius. Une dernière fois, l'accent est mis sur le constructivisme comme si, avec ce dernier hommage, Moholy-Nagy voulait clore une période de sa vie. Il demande à Rodtchenko de résumer le constructivisme russe pour la première brochure de la série. La dernière brochure, la trentième, s'intitule: **Utopie.** Beaucoup de thèmes, la politique, l'art d'agitation, la technique, les sciences naturelles, la médecine, l'économie, la géographie «constructive», les problèmes de la recherche scientifique, la gestion, l'analyse chimique et physique, et l'analyse du verre et d'autres matériaux, figurent dans le projet.

Un projet grandiose

La sélection opérée par Moholy-Nagy dans le domaine des sciences humaines est révélatrice: les problèmes religieux (en deux volumes), la philologie, la métaphysique, la littérature de plusieurs peuples (russe, hongroise, américaine, etc.), la critique et le journalisme figurent au programme. Comme pour la série des livres du Bauhaus, il est prévu de publier des brochures sur la photographie, le cinéma, le scénario, la publicité, les problèmes spécifiques des arts plastiques, l'architecture, la peinture et les ateliers d'art. Une des brochures envisagées traitera du théâtre et du cirque, de la synthèse de la lumière, du son, de la forme, du mouvement et des odeurs. Elle annonce, sans aucun doute, le chapitre sur le théâtre du Bauhaus rédigé plus tard par Moholy-Nagy. Dans le projet expédié à Rodtchenko il ne figure aucun nom d'auteur: est-il prématuré de distribuer les tâches ou bien Moholy-Nagy veut-il éviter les éventuels points de friction? Dans son ensemble, le projet est assez déséquilibré, précisément parce qu'il touche à des problèmes fort éloignés du domaine des arts visuels. Il n'y a pas trace d'une solide conception politicosociale ni d'un système philosophique cohérent. Cette série – comme l'écrit Moholy-Nagy dans sa lettre – ne s'occupera pas des questions les plus actuelles dont Moholy-Nagy pense qu'elles revêtent le plus d'importance.
La lettre écrite à Rodtchenko date du 23 décembre 1923; le projet a dû être préparé au même moment, soit quelques mois avant la rédaction du projet des livres du Bauhaus. On ne sait si Rodtchenko a donné réponse. On ne sait pas non plus pourquoi les brochures ne sont pas publiées et pourquoi la conception des livres du Bauhaus diffère tant de ce premier projet. Gropius et Moholy-Nagy prévoient de publier cinquante volumes[67] pour pouvoir donner un panorama complet des idées de l'époque – ils veulent faire un résumé des connaissances. La biologie fait partie de cet ensemble au même titre que la musique, la publicité ou l'optophonétique. Nous connaissons seulement quarante titres[68], mais cela suffit à rendre compte des grandes qualités de ce projet universel et dynamique. Finalement, quatorze livres seulement sont publiés.
Présenter une synthèse des plus importants courants artistiques correspond à l'idéal du Bauhaus. Les almanachs antérieurs, plus modestes, avaient la même ambition

(le **Livre des artistes nouveaux** et **Les Ismes de l'art**). Bien sûr, dans ces recueils on trouve surtout des images, accompagnées de quelques commentaires assez courts. Dans la série du Bauhaus, on consacre un volume entier à un courant ou à un thème; la conception générale doit se dégager de l'ensemble des études. Fait encore plus remarquable, ce sont les peintres, les architectes, les sculpteurs eux-mêmes qui écrivent les textes. Il n'y a pas eu dans le passé et il n'y aura probablement pas dans l'avenir une entreprise de cette envergure permettant aux créateurs de publier leurs théories et les résultats de leurs travaux. Chaque auteur peut rendre compte, bien entendu, de façon tout à fait subjective, du problème ou du courant qui l'intéresse. Chaque volume exprime un point de vue autonome. Par exemple, il est impossible de trouver un dénominateur commun entre les idées de Klee et celles de van Doesburg. Le grand mérite de cette série, c'est de ne pas aspirer à ce but: chaque auteur, qu'il fasse partie du Bauhaus ou non, peut défendre sa position, sa méthode pédagogique et résumer ses résultats artistiques. Dans le projet, les livres du Bauhaus vont de l'expressionnisme aux courants les plus nouveaux des années vingt. Wichert doit faire connaître l'expressionnisme, Gleizes le cubisme, Marinetti et Prampolini le futurisme, Tzara le dadaïsme. Dans les autres volumes, on étudiera le fonctionnement concret d'un groupe ou d'un courant, ou bien un problème théorique. C'est à cette dernière catégorie qu'appartient l'essai de Kandinsky: **Punkt und Linie zur Fläche** (« Point, Ligne, Plan »), celui de Gropius sur la nouvelle architecture, celui de Kiesler au sujet des formes nouvelles de la présentation, celui d'Adolf Behne intitulé **Kunst, Handwerk und Industrie** (« Art, Artisanat et Industrie »), etc.[69]. Dans cette série, l'architecture aura la part belle tandis que la peinture sera assez négligée. Depuis le premier instant, l'architecture est l'idéal de Gropius, c'est lui qui a dû mettre l'accent sur cette discipline. Moholy-Nagy est apparemment à l'origine de certains sujets tels que la biologie constructive, le style Merz de Schwitters, la théorie de Behne, etc. Les huit premiers volumes paraissent en 1925, les six autres, de 1925 à 1930. A l'exception de van Doesburg, de Mondrian, d'Oud, de Gleizes et de Malevitch, les auteurs sont tous membres du Bauhaus et, la plupart du temps, ils rendent compte de leurs tentatives pédagogiques ou artistiques accomplies dans le cadre de l'établissement. Les écrits de Gropius, Klee, Kandinsky et Moholy-Nagy prédominent. Trois auteurs, van Doesburg, Oud et Mondrian représentent le groupe hollandais De Stijl. C'est Gropius, semble-t-il, qui favorise ce mouvement au détriment d'autres courants. Cette disposition ne correspond plus au projet initial dans sa variété. (Quelques titres prévus dans le projet de base: Tzara: **Dadaïsme;** Karel Teige: **Tschechische Kunst;** T. v. Doesburg: **Die De Stijl-Gruppe;** Louis Lozowick: **Amerikanische Architektur;** L. Kassák et E. Kállai: **Die MA-Gruppe**.) Ces études (malheureusement aucune n'a paru) auraient dû résumer l'avant-garde de divers pays. En dehors de Kandinsky qui, d'ailleurs, travaille au Bauhaus, on ne fait appel qu'à un seul auteur russe: Kazimir Malevitch. Son essai abstrait et métaphysique, **Die gegenstandlose Welt** (« L'univers conçu sans objet ») constitue le onzième volume publié en 1927.

Malevitch – Moholy-Nagy

Le sort de ce manuscrit s'est décidé en 1927 quand Malevitch a rencontré Moholy-Nagy à Berlin. Au préalable, Malevitch avait fait une visite au Bauhaus de Dessau mais ce n'était pas le bon moment en raison des vacances de printemps. Moholy-Nagy est allé le voir à Berlin, mais ils n'ont pu discuter que par l'intermédiaire d'un interprète, et comme aucune des œuvres de Malevitch n'était traduite, à l'exception de **Suprematismus** paru en hongrois dans la revue **Egység** (« l'Unité ») en 1922, n° 3, et d'un article, dans la revue **Zenit,** en 1922, Moholy-Nagy ne pouvait pas réellement savoir ce qu'il avait écrit. Finalement, ils se sont mis d'accord pour publier en un volume deux études de Malevitch: **Suprematismus** et **Die gegenstandlose Welt.** Moholy-Nagy a fait couper encore quinze pages de la version déjà abrégée du manuscrit, disant qu'il s'agissait de problèmes spécifiquement russes, sans intérêt en Allemagne[70]. Dans la préface, les éditeurs se déclarent contents de pouvoir publier cette œuvre d'une grande importance, mais ils ajoutent que l'opinion de Kasimir Malevitch ne correspond pas à la leur[71].

Dans la série des livres du Bauhaus, c'est le seul volume écrit par un artiste russe vivant en Union soviétique. Aucun ouvrage n'est publié sur l'esthétique constructiviste. Contrairement au projet, l'étude sur le dadaïsme ne paraîtra pas. En tout cas, abrégé ou non, l'un des volumes les plus passionnants de la série est assurément celui de Malevitch qui publie ainsi le premier et le plus important de ses livres en langue étrangère. Les artistes du De Stijl pouvaient facilement avoir une audience internationale, mais, pour un peintre et un écrivain qui ne parlait que le russe et vivait en Union soviétique, figurer dans la série des **Bauhausbücher** était d'une importance capitale. Pourquoi a-t-on choisi Malevitch au lieu d'un autre artiste ? Des conflits personnels (par exemple avec El Lissitzky), des dissensions théoriques ou des problèmes d'organisation ont dû influencer la décision.

Finalement, dans les quatorze volumes effectivement publiés, on se borne à des problèmes concernant l'art et on fait valoir surtout les points de vue du Bauhaus. Pourtant l'importance de l'entreprise est plus grande que ne le croient – dans la fièvre du travail – ses éditeurs et ses auteurs.

A l'exception des trois volumes, c'est Moholy-Nagy qui prépare, avec beaucoup de soin et de talent, la maquette et la typographie des livres. Les volumes minces sont reliés en toile jaune. Sur la couverture, des lignes rouges, verticales et horizontales, 153-159
les lettres du mot « Bauhaus », le numéro du volume et le titre de la série forment une décoration austère et fonctionnelle. Les caractères sont du type univers gras romain. La disposition des titres et des intertitres, et la séparation des paragraphes par des axes horizontaux produisent un effet équilibré d'une grande qualité visuelle. Mais, contrevenant aux principes du Bauhaus et aux idées de Moholy-Nagy, on ne renonce pas aux lettres majuscules.

La série du Bauhaus est l'une des créations les plus durables de Moholy-Nagy, même s'il garde, dans ce travail, un certain anonymat. Cette fois, son talent d'écrivain et de rédacteur peut se manifester librement.

Les livres du Bauhaus paraissent au cours de la deuxième période du Bauhaus, moins utopiste mais très active. C'est le moment où les tentatives, les expériences et les efforts pédagogiques portent leurs fruits. Au cours de cette période, Moholy-Nagy travaille à la fois comme rédacteur, pédagogue, peintre, photographe, cinéaste, designer et écrivain.

LE THÉÂTRE DU BAUHAUS

C'est avec la collaboration d'Oskar Schlemmer et de Farkas Molnár que Moholy-Nagy écrit son premier volume publié dans la série du Bauhaus sous le titre: **Théâtre du Bauhaus**[72]. Il expose ses idées sur le théâtre dans le chapitre intitulé « Théâtre, cirque, variétés », idées qu'il développe plus tard, dans son article « Théâtre, théâtre total de l'avenir[73] ».

Naturellement, il prend position contre la scène traditionnelle. A son avis, l'activité d'Auguste Stramm représente un tournant dans l'histoire de l'art théâtral. Sur ce problème aussi, son attitude montre sa personnalité ambivalente: malgré ses dispositions littéraires et son goût de tout définir par écrit, Moholy-Nagy trouve en effet que dans le drame, toute communication de pensée gratuite est une «tare littéraire». Sa constatation se justifierait s'il pouvait offrir de quoi remplacer les textes traditionnels. Mais ses propositions ne sont valables que pour des œuvres purement visuelles (sa «mécanique excentrée», les ballets mécaniques de Kurt Schmidt, etc.), et pour les spectacles de cirque ou de variétés. Pour Moholy-Nagy, la représentation théâtrale n'est qu'un spectacle visuel (accompagné de musique ou d'un bruitage). Donc, il ne propose de révolution que sur le plan visuel, abstraction faite du contenu de l'œuvre représentée. Il ne tient pas absolument à la présence d'acteurs et, comme les possibilités du mouvement mécanique sont limitées, il propose l'emploi de marionnettes. Il intitule son idée «projet d'un théâtre total» et en explique le fonctionnement dans un schéma accompagné de textes et intitulé **Mécanique excentrée.** De la même façon que dans **Dynamique de la grande ville,** des déplacements verticaux, de haut en bas et de bas en haut, composent le spectacle. La lumière a un aussi grand rôle que dans le **Modulateur espace-lumière** («Lichtre-
176-183 quisit»), cet appareil lumineux et mobile qu'il construira plus tard. Des cloisons de toile de lin filtrent et font varier les faisceaux lumineux qui émanent des projecteurs. Le découpage des images disposées en colonnes parallèles et des indications écrites, leur alternance rapide, évoquent aussi un film. Le projet scénique de Moholy-Nagy n'existe que sur le papier; il se rattache aux tentatives d'avant-garde mais apporte tout de même du nouveau.

Le Ballet triadique

Au Bauhaus, le travail de création collectif et la volonté de formuler un nouveau mode de vie incitent les artistes à développer leurs expériences théâtrales. Les jeux lumineux de Kurt Schwerdtfeger et de Hirschfeld-Mack comme le **Ballet triadique** d'Oskar Schlemmer se situent dans la ligne du théâtre mécanique. En même temps, Schlemmer élabore une conception théâtrale totalement différente. Pour lui, l'acteur, pris dans le sens moderne, est le centre de la représentation ; celle-ci doit être un événement solennel comme la célébration d'un culte. Le système gestuel de l'acteur, établi avec grand soin, doit susciter une architecture, un espace à la mesure humaine et défini par l'homme. L'acteur devient un personnage neutre, sans visage, une espèce de mime : mais son système de déplacement détermine le cadre de la représentation ; il représente aussi son architecture que l'on doit adapter aux mouvements de l'acteur. L'étude d'Oskar Schlemmer est publiée en même temps que les écrits de Farkas Molnár et de Moholy-Nagy. Le volume est consacré au théâtre du Bauhaus mais l'atelier théâtral indépendant du Bauhaus ne se formera sous la direction de Schlemmer qu'après 1925, à Dessau. En principe, ce volume est constitué à partir des travaux du Bauhaus, mais, en réalité, il donne le profil des tentatives théâtrales de l'époque. L'étude de Farkas

Molnár se limite à l'architecture scénique, de Moholy-Nagy veut traiter la question dans son ensemble. L'auteur étudie le théâtre à la fois sous l'angle théorique, historique, technique, esthétique, etc. Comme les autres genres, le théâtre aussi doit faire partie du grand ensemble, du Gesamtwerk. Même s'il a moins de trouvailles que Schlemmer, Moholy-Nagy va plus loin, sa conception est plus étendue et il est capable de rendre compte de tentatives très éloignées de lui.
Le prélude à cette synthèse théâtrale est l'exposition organisée par Friedrich Kiesler en 1924, à Vienne, où sont présentés les essais d'avant-garde les plus passionnants de l'époque, des projets de décors, des photographies, les descriptions de nouvelles inventions. Y figure aussi ce que Moholy-Nagy a dénommé **Partition de mécanique excentrée**[74] qui est un des schémas de son futur **Modulateur espace-lumière.** Moholy-Nagy a entretenu des liens amicaux avec Kiesler, donc il a certainement vu cette exposition et il a dû la prendre comme point de départ pour le chapitre sur le théâtre dans le livre du Bauhaus. Cette manifestation doit être à la base du numéro de **MA** sur le théâtre et la musique publié en septembre 1924. Moholy-Nagy a dû prendre part à sa préparation.
Le **Théâtre des surprises** de Marinetti, l'utopie Merz de Schwitters, les décors mécaniques de Léger, les jeux lumineux de Hirschfeld-Mack, etc., figurent dans toutes les publications. L'esquisse du film **Dynamique de la grande ville** paraît dans le numéro spécial de **MA** sur le théâtre, en 1924, à preuve que, pour la rédaction, les expériences cinématographiques et théâtrales ont un commun dénominateur. On y trouve un compte rendu sélectif de l'exposition de Kiesler et, dans le livre du Bauhaus, le matériel de l'exposition est utilisé de façon implicite.
« Théâtre, cirque, variétés » dans le **Théâtre du Bauhaus** prouve que Moholy-Nagy connaît à fond son sujet, mais plus en théorie qu'en pratique. Ici aussi, il présente d'une façon logique les courants qui se suivent ou se contredisent. En fait, cette étude pourrait être l'un des derniers chapitres du livre **Peinture, photographie, film,** car, comme la photographie et le film, le nouveau théâtre est fondé sur l'élargissement du sens traditionnel de l'art. Le livre et l'article font donc partie de la même période de création. Le chapitre sur le théâtre est plutôt un résumé. Moholy-Nagy ne fait preuve d'une originalité que dans la description du jeu mécanique excentré qui, d'ailleurs, n'est pas unique en son genre. Dans le catalogue de Kiesler figure l'**Operoïd excentré** de Gert Caden[75], avec un système de spirale enroulé autour d'un axe, ce qui le rapproche du projet de Moholy-Nagy.

Théâtre total

Moholy-Nagy ne bannit pas l'homme de son théâtre total, mais il ne lui donne pas plus d'importance qu'aux autres moyens scéniques et, ce faisant, il diminue son rôle. Sa conception centrée sur l'homme lui interdit d'exclure le facteur humain du théâtre qui est le modèle de la vie. Il a recours à d'autres solutions : il faut garder l'acteur mais agrandir avec des miroirs son visage, ses gestes et amplifier sa voix. (La même idée se retrouve chez Kiesler qui accentue le rôle des masques.) L'acteur est donc un être humain mais déformé : chez Schlemmer, il est le manipulateur impersonnel de l'architecture, chez Moholy-Nagy, il devient un être un peu artificiel. « Il y a similitude entre, d'une part, la reproduction **simultanée de nature cinético-optique ou cinético-acoustique** au moyen du film, du phonographe ou du mégaphone et, d'autre part, la restitution d'un système de pensée où les idées **s'enchaînent comme les roues dentées d'un engrenage** », écrit Moholy-Nagy[76]. Il finit par conclure qu'il ne faut plus envisager la représentation des manifestations de l'inconscient ou des « conflits des aspirations utopistes, pacifiques et révolutionnaires[77] ».
Plusieurs artistes d'avant-garde (par exemple Hirschel-Protsch) veulent abolir le rideau. Parmi les moyens optiques, les miroirs sont adoptés également par Léger. Kiesler aussi rejette le parterre en forme de boîte. Sur la scène soviétique, on réalise partiellement, au cours des années dix, l'idée des ponts suspendus et des monte-charge ; P. A. Birot aussi a eu très tôt avant 1917 l'idée du théâtre total. Donc, dans l'étude de Moholy-Nagy, ce ne sont pas ses suggestions qui sont originales, c'est plutôt son désir de totalité, sa volonté d'insérer le théâtre dans l'« œuvre totale », d'en faire une parcelle dynamique du Gesamtwerk.

PREMIER LIVRE : PEINTURE, PHOTOGRAPHIE, FILM

C'est au cours de l'été 1924 que Moholy-Nagy prépare son premier volume indépendant sous le titre **Peinture, photographie, film.** Ce livre paraît en 1925; c'est le huitième volume de la série du Bauhaus[78]. Moholy-Nagy est à plusieurs titres le créateur de cette œuvre à la fois verbale et visuelle : il dirige la collection, il écrit le texte et il est l'auteur des photographies. Ce livre est la synthèse des activités et des écrits (en partie déjà publiés) de Moholy-Nagy. Il l'a conçu sous l'égide du Bauhaus. Le volume, en apparence construit, contient des idées en gestation, des pensées à moitié clarifiées. La «sonate des couleurs» de Hirschfeld-Mack et la **Dynamique de la grande ville** y figurent aussi.
Le véritable thème de **Peinture, photographie, film,** ce sont les liens et les contradictions qui existent entre les genres traditionnels et les nouveaux media en train de se développer, entre la peinture et la lumière, le tableau de chevalet et la photographie, le film ou la publicité lumineuse, etc.
A l'époque, Moholy-Nagy connaît déjà à fond les convictions de Rodtchenko et autres artistes soviétiques sur la mort de la peinture. Il adopte une position semblable, en défendant le droit à l'indépendance de la photographie. Et pourtant, au même moment, il peint des tableaux parmi les plus réussis. Pour échapper aux contradictions, Moholy-Nagy adopte intellectuellement un point de vue qui n'est pas le sien, puis il l'interprète à sa guise : dans son univers, la peinture et la photographie peuvent coexister. Cette ambivalence se manifeste clairement dans son livre. D'une part, il écrit : «Le tableau traditionnel est devenu historique, il
245, 246 appartient au passé[79].» D'autre part, il analyse dans les premiers chapitres le rôle de la couleur en tant que moyen de représentation. Naturellement, on s'interroge sur ce qu'il entend par tableau «traditionnel». Pendant cette période, il peint souvent sur des fonds en matière plastique ou sur des plaques de Celluloïd collées sur la toile ; sans doute pense-t-il que, grâce à l'utilisation de matières nouvelles, ses tableaux ne méritent plus cette appellation dépréciée.
Le titre du livre permet de penser que la première partie sera consacrée à la peinture ; mais dès la première phrase, l'auteur parle de lumière, de photographie. Il est très éloquent au sujet de la photographie, du film, de l'optophonétique. En revanche, son analyse de la peinture est incertaine. A-t-il voulu nier tout à fait la peinture par fidélité à l'idéal constructiviste ? En tout cas, il n'a pas pu s'y résoudre. Ainsi, il développe une théorie aux concepts assez obscurs qui établit une séparation entre les genres : «Jusqu'à la découverte de la photographie, la peinture avait le devoir de représenter et d'exprimer les choses à l'aide de la couleur. Depuis l'existence des deux genres distincts, la peinture est chargée de véhiculer la **couleur** et la photographie a le devoir de **représenter**[80].» La représentation est mieux servie par les procédés de la photographie et du film que par ceux de la peinture, pense Moholy-Nagy. «A partir de maintenant, la peinture aura la possibilité de se consacrer à la **formulation** de la couleur[81].» Donc, le sujet de la peinture est la couleur elle-même.
Dire que la couleur est le principe unique de la peinture prouve que l'on est de parti pris et, chez Moholy-Nagy, cette prise de position surprend, car, au début de sa carrière, il a étudié la ligne et la structure formée par les réseaux de lignes ; de plus, dans sa création, il ne s'est servi des couleurs que relativement tard. Mais Moholy-Nagy écrit **Peinture, photographie, film** en 1924, au Bauhaus, où Kandinsky, Klee et Feininger sont les maîtres les plus honorés. Itten parti, sa théorie singulière de la couleur doit continuer à exercer une influence. C'est sans

doute à cause de ces grandes personnalités du Bauhaus que Moholy-Nagy présente dans le chapitre suivant le concept assez obscur et forgé par lui de la peinture absolue. Cette peinture absolue, qu'il suppose chère aux grands maîtres, puis la peinture «sans sujet», c'est-à-dire abstraite, lui servent seulement d'introduction à la lumière, à la photographie et au film.

«Gesamtwerk»

La base de sa conception se trouve dans le premier chapitre qui est l'un des plus importants du point de vue de la théorie: «Le tableau de chevalet, architecture et art total.»
Il déclare «qu'aucune matière, qu'aucun terrain d'activité ne peuvent avoir comme critères les particularités d'autres matières ou d'autres terrains d'activité; la peinture, et en général toute formulation optique, a des lois et des devoirs indépendants de ceux des autres genres[82]». A son avis, c'est le déclin de la peinture qui a suscité le Gesamtkunstwerk, qui a réuni les différentes unités artistiques sous l'égide de l'architecture, le summum de tous les arts.
Le créateur qui ne cherche pas à renouveler l'art, mais qui veut renouveler la vie, c'est-à-dire lui-même, travaille dans l'esprit du Gesamtwerk. C'est dans le chapitre «Formulation optique, statique et cinétique» qu'il exprime ce qui lui tient le plus à cœur.
Son talent d'artiste-ingénieur n'a pas eu souvent l'occasion de se déployer; il a dû attendre huit ans avant de pouvoir exécuter le **Modulateur espace-lumière,** et 176-183
la plupart de ses idées n'ont jamais pu prendre une forme concrète. C'est pour cette raison précise qu'il veut développer ses conceptions, au moins par écrit, et les chapitres les plus intéressants de son livre sont ceux où il expose ses réflexions sur les nouvelles techniques. Ces textes sont un mélange d'utopies esquissées, souvent invraisemblables, et de descriptions techniques très professionnelles. (Il faut ajouter que plusieurs de ces utopies fantastiques seront réalisées après la parution du volume, et parfois même après la mort de l'auteur.)
La conception de l'auteur est cohérente: les frontières sont abolies entre la musique, les arts plastiques, le film. Moholy-Nagy cherche un lien entre le son et la lumière pour dégager quelque élément nouveau de leurs influences réciproques. La partie qui concerne l'optophonétique rend compte des tentatives contemporaines et de la théorie déjà publiée de Moholy-Nagy sur l'utilisation nouvelle du phonographe.
Il trouve que la peinture statique, les tableaux de chevalet, doivent être remplacés par les jeux lumineux des projecteurs, les diapositives, les «images radiophoniques» (la télévision réalisée plus tard), par les nouveaux moyens d'expression de l'époque nouvelle. Cette «série d'images chez soi» ne dépend plus de l'œuvre unique, la fabrication mécanotechnique peut aider «à faire cesser la suprématie et la valeur marchande de l'œuvre d'art façonnée à la main[83]». Ainsi Moholy-Nagy développe sur un plan théorique plus vaste son idée exprimée par les tableaux téléphonés. Mais l'idéal de l'artiste-ingénieur semble avoir plus d'importance pour lui en théorie que dans la pratique. Il s'attache à la démarche spirituelle qui fait naître l'œuvre, l'exécution étant secondaire. Et le fait de séparer ainsi la conception de l'exécution prouve qu'il est préoccupé par les techniques de reproduction car, pour les travaux faits à la main, création et exécution ne peuvent être dissociées. L'accent mis sur ce principe étaie les arguments en faveur de la valeur autonome de la photographie dont il traite dans le chapitre suivant. Ici aussi, on relève une curieuse contradiction entre la théorie radicale de Moholy-Nagy et sa pratique: on peut tirer des positifs à un grand nombre d'exemplaires, or, justement, à la même époque, il n'en tire qu'une copie unique. En fin de compte, il produit en série des tableaux de chevalet et il transforme les photographies en œuvres uniques!

Une vision différente du monde

A propos de la photographie, Moholy-Nagy se préoccupe des rapports singuliers entre la biologie et les découvertes techniques: «L'appareil photographique peut perfectionner, donc compléter l'œil, notre instrument optique[84].» La technique modifie la nature, non seulement d'une façon directe, physiologique, mais aussi dans un sens plus large car, grâce à la photographie et au film, nous avons une vision différente du monde.

La partie concernant la photographie est suivie par le chapitre « Production-reproduction » qu'il a écrit pendant sa période constructiviste. Cet écrit reflète donc sa conception ancienne. Il décrit des modes d'expression ayant des buts très différents (la photographie objective et à la fois expressive, les photogrammes, les affiches, etc.) et des procédés techniques, des truquages. De ces réflexions se dégagent des constatations théoriques dans lesquelles il puise son inspiration pour réaliser les œuvres photographiques qui figurent dans le livre.

La photographie, dans ce volume, constitue l'élément dominant, tant sur le plan du texte que sur celui des images. L'auteur ne parvient pas à résoudre d'une façon satisfaisante le problème du tableau de chevalet, et il n'a pas la possibilité de tourner un film. D'ailleurs, à l'époque, les performances techniques du cinéma ne peuvent rivaliser avec celles de la photographie.

C'est alors que Moholy-Nagy réalise ses plus belles photographies dont quelques-unes figurent dans le livre. Il ne s'agit pas d'illustrations mais d'œuvres autonomes, de la même importance que le texte. On voit aussi dans le volume les œuvres d'autres artistes, des photographies qui ont un rapport avec le texte ou soutiennent les thèses de l'auteur. C'est l'ensemble des photographies qui donne une image nouvelle du monde : l'environnement quotidien semble bouger, s'ouvrir, échapper à la monotonie de l'habitude et offrir des spectacles nouveaux. Les raccourcis audacieux, les prises de vues inattendues, la captation de la rapidité du mouvement illustrent tous l'un des principes de base de l'auteur, à savoir que les moyens techniques modifient la vision. Certaines prises de vues frappent par la précision des motifs et par leur répétition ordonnée ; d'autres étonnent par la beauté lyrique et immatérielle des corps dilués dans la lumière et les ombres. A l'aide d'un texte et de brefs commentaires objectifs sur les prises de vues, Moholy-Nagy classe les moyens et les méthodes dans des catégories bien définies et il analyse les différents genres.

L'un des chapitres les plus utopistes du livre, « Typophoto » , montre à quel point Moholy-Nagy a le sens de sa mission sociale. Il a déjà publié le résultat de ses
151 recherches sur la typographie dans l'almanach **Gutenberg Festschrift.** Cette fois, il s'intéresse à la synthèse singulière de la photographie et de la typographie. La « typophoto » donne une impulsion à la « nouvelle littérature visuelle ». En décrivant les projets et les moyens techniques, Moholy-Nagy prévoit l'avenir : il prédit, par exemple, la mise en place de méthodes photomécaniques dans l'imprimerie. Il a aussi de grands projets en matière de cinéma : le film simultané (ou polyfilm) dont il parle verra le jour plus tard, à partir de solutions techniques quelque peu différentes, il est vrai. Il conçoit le projet d'un film de synthèse, le film étant envisagé comme un ensemble dynamique, constitué de divers composants : plusieurs films se déroulent parallèlement, parfois se croisent puis continuent leur parcours.

C'est la lumière qui intéresse le plus Moholy-Nagy, et pourtant le court chapitre qui traite de la question se limite aux projets et aux expériences à venir : « Il faudrait un appareil qui tourne mécaniquement ou que l'on puisse actionner par une autre méthode pour obtenir un fonctionnement continu[85]. » Cet appareil dont la conception existe déjà, mais qui n'est pas encore exécuté, est le **Modulateur espace-**
83-84 **lumière.** Le livre se termine avec **Dynamique de la grande ville.**

Peinture, photographie, film est une véritable création d'avant-garde, car l'auteur y dépeint les tâches à accomplir et y évoque des possibilités illimitées. La typographie du volume est conçue dans l'esprit du Bauhaus, l'exécution étant aussi soignée que la rédaction des textes et le choix des images. Modération dans les propos, accentuation des passages importants, mise en page aérée, caractères d'imprimerie raffinés, tout contribue à assurer à ce livre une place prépondérante dans la série du Bauhaus.

Cet ouvrage très important de Moholy-Nagy a paru sous ce titre en 1929[86], soit un an après sa rupture avec le Bauhaus. **Du matériau à l'architecture** est la deuxième œuvre indépendante de l'artiste dans la série dont il constitue le quatorzième et dernier volume.
L'année 1928 marque une rupture dans la vie de Moholy-Nagy, comme dans celle du Bauhaus. **Du matériau à l'architecture** est le résumé de son cours préliminaire. Dans ce livre, on sent toute la beauté et tout l'enthousiasme de l'époque de Gropius, alors sur le point de se terminer. Récapitulant le passé, Moholy-Nagy décrit les idées et les possibilités du cours préliminaire aux Bauhaus de Weimar et de Dessau, respectivement.
Si on compare ce livre à **Peinture, photographie, film,** on est frappé par sa vaste perspective, son horizon exceptionnellement large. Sa structure est plus logique que celle du livre précédent. Ici aussi, l'ensemble des reproductions se passe de commentaires et reflète les éléments les plus importants de la conception visuelle de l'auteur. Comme les ouvrages précédents, ce livre laisse aussi percevoir la beauté secrète de l'univers des grandes villes, mais cette fois d'une façon plus complexe que dans les résumés antérieurs. Les solutions architecturales, les décors de cinéma et de théâtre aux structures mécanisées, les échafaudages parcourus de lumière, les vues de ville à effet monumental, sont chargés de refléter le monde quotidien. Malgré le réalisme des détails, l'ensemble donne une impression d'utopie. Les parties essentielles du livre se rattachent à la pédagogie, aux méthodes d'enseignement. Moholy-Nagy a foi en un principe qu'il énonce souvent: tout homme a un talent qu'il suffit de développer. Pour cette raison, nous nous intéressons moins aujourd'hui à l'intensité et à la qualité des manifestations «artistiques» qu'aux éléments de la nature humaine qui régissent la fonction de l'homme et son mode d'existence[87].

Itten et Moholy-Nagy

Moholy-Nagy a succédé à Itten dans la direction du cours préparatoire[88]. Le départ d'Itten et l'arrivée de Moholy-Nagy représentent un tournant dans la vie du Bauhaus bien que leurs conceptions ne diffèrent pas dans leur essence. Leur point de départ est commun: la finalité de l'enseignement, c'est l'homme. Itten aussi croit que tout homme est doué. Moholy-Nagy, pédagogue dévoué et foncièrement optimiste, a besoin de cette théorie pour pouvoir croire à ce qu'il fait. D'ailleurs, les travaux des élèves justifient en grande partie sa conviction. Le fait de s'inscrire au Bauhaus est déjà la preuve d'une certaine curiosité et d'une disponibilité envers la création de formes. Or, Itten et Moholy-Nagy pensaient que, hors du Bauhaus, ils pouvaient trouver chez n'importe quel individu la même curiosité et la même disponibilité.
Moholy-Nagy a intégré son idéologie de gauche à la théorie et à la pratique du Bauhaus; il parle donc de l'aspect social de son travail: «Celui qui lutte pour la réalisation de ce qui précède doit se souvenir sans cesse **qu'en fin de compte** la lutte des classes ne se déroule pas en vue d'acquérir le capital et les moyens de production, mais pour assurer le droit de chacun à avoir une occupation qui le remplit de joie, un travail satisfaisant, un mode de vie sain, une dépense d'énergie libératrice[89].» Cette interprétation de la lutte des classes indique le changement intervenu dans l'esprit de Moholy-Nagy.
Itten se référait à l'expressionnisme. Moholy-Nagy fait connaître les nouvelles

tendances à commencer par le cubisme, et surtout par Picasso. Il rattache le cubisme à l'étude des matériaux et relie ce courant à leurs effets. Le livre de Moholy-Nagy mène du matériau à l'architecture : théoriquement, il va du simple au complexe, de la surface plane aux trois dimensions, du statique au dynamique. Sa conception diffère de celle d'Itten surtout quant aux solutions partielles. Ce qui chez Itten compte déjà pour une étude spatiale figure encore, chez Moholy-Nagy, dans la catégorie des matériaux. Il cite des écrivains-artistes dans ses analyses des catégories : Schwitters et Marinetti dans le chapitre sur la facture, Picasso dans celui dédié aux matériaux, etc. Curieusement, il adopte tout de même une attitude sceptique vis-à-vis du tactilisme de Marinetti auquel il reconnaît plus de mérites pédagogiques que de valeur artistique. Il remarque qu'au Bauhaus le tactilisme n'a servi chez les élèves qu'à éveiller le désir de ressentir et d'exprimer, mais que ce courant ne peut pas être considéré comme une tendance artistique valable. Moholy-Nagy ne mentionne pas les expériences similaires menées au Vhutemas, peut-être ne les connaît-il pas, ou, en tout cas, pas suffisamment. Dans ce dernier chapitre figurent plusieurs œuvres de Moholy-Nagy : des constructions qui flottent librement se détachent du socle et profitent des effets lumineux suscités par les surfaces transparentes ou opaques. Grâce à ses œuvres, on peut aussi observer le développement de sa conception de l'espace entre 1920 et 1923. Comme dans le **Livre des artistes nouveaux,** il présente des photographies de l'exposition constructiviste russe. Mais le texte d'accompagnement montre à quel point il veut se démarquer du courant dont, six ans auparavant, il était l'adepte le plus fervent : « Les constructivistes ont abusé des formes industrielles, la monomanie technique s'est emparée d'eux. Mais comme phase intermédiaire, ce processus a été certainement salutaire, car il a opposé des normes nouvelles aux opinions révolues sur 'l'art'[90]. »

La sculpture flottante

Contrairement à l'anthologie de 1922, ce livre ne fait apparaître la technique mécanique qu'au second degré, par le truchement des œuvres. Le chapitre sur les sculptures flottantes est l'un des plus passionnants : « ... la sculpture flottante est en fin de compte une masse travaillée, mais dépourvue de la quasi-totalité des rapports, c'est une masse qui existe pour et par elle-même[91]. » Les œuvres présentées sont pour la plupart des travaux d'élèves qui se rattachent au principe constructiviste. D'ailleurs, Moholy-Nagy cite son manifeste de 1922, mais en même temps il le dépasse. La « plastique en quatre dimensions » et le projet d'un « étalage mécanisé » ne seront exécutés que des dizaines d'années plus tard, mais ils sont déjà présents dans la conception de Moholy-Nagy.

Les jeux lumineux

Dans le chapitre sur la lumière, il passe en revue la masse virtuelle, les jeux lumineux, le diagramme de la lumière, des versions innombrables du feu d'artifice ; la frontière entre l'œuvre qui existe et celle dont on rêve est abolie. La photographie est présente, mais ne fait pas l'objet d'un chapitre séparé. Les documents photographiques parlent d'eux-mêmes. Pour Moholy-Nagy, la photographie est un étalon et un idéal. (Il va même jusqu'à expliquer la peinture de Malevitch et de Picasso d'un point de vue de photographe.)
De ce livre se dégage une vision du monde, celle d'un créateur pour qui la plateforme d'une salle de machines et la spirale porteuse d'une sculpture sont des œuvres équivalentes, car toutes les deux incarnent la volonté humaine. Pour Moholy-Nagy, il n'y a pas de hiérarchie qualitative entre un tableau et une photographie, une sculpture et une construction en éléments préfabriqués, un bâtiment et un décor de cinéma.

Entre 1925 et 1926, Moholy-Nagy ne cherche plus, n'expérimente plus sur le plan stylistique : il a établi sa méthode picturale. Une liberté intérieure et un sentiment de souveraineté émanent de ses compositions abstraites. Les éléments flottent librement mais, contrairement aux architectures de verre plus anciennes, les plaques de Celluloïd collées les unes sur les autres créent une transparence réelle (non pas une transparence peinte). Dans d'autres tableaux, il remplace la toile de fond par une plaque d'aluminium. Le **Grand tableau d'aluminium** date de 1926. Les 145
couleurs changeantes de la plaque d'aluminium évoquent un ciel bleu et blanc. Les plans étroits fixés sur trois disques indépendants modifient l'atmosphère de ces cercles colorés et changent eux-mêmes de teinte dans les secteurs où ils se recoupent, devenant transparents ou se laissant envahir par les couleurs du fond. Même la direction de leur évolution est identique: ils semblent nager vers la gauche, laissant flotter derrière eux leur traîne allongée. Le fond gris acier contraste par ses reflets avec les aplats mats des trois motifs. Ces trois motifs sont placés les uns au-dessus des autres comme des notes de musique sur une portée. De minces lignes, horizontales, à peine perceptibles, forment la structure du tableau, et les diagonales lui donnent de l'élan. La structure diagonale se répète dans presque toutes les compositions de Moholy-Nagy de cette époque, et aussi dans les photoplastiques. Pour comprendre toutes les beautés du tableau, il faut le comparer à
Construction de 1932, œuvre postérieure à la crise picturale de l'artiste. On y voit 147
des motifs à peu près semblables, mais la surface est moins irisée, la texture moins fine, de sorte que l'œuvre semble plus sèche et plus lourdement construite.

A partir de 1927, Moholy-Nagy peint peu de tableaux, ce qui est contraire à son naturel fécond. Entre 1927 et 1930, il traverse une crise picturale dont l'effet est visible: au lieu de peindre des tableaux, Moholy-Nagy prépare des essais, des projets scéniques, des photographies, des films et le **Modulateur espace-lumière.**

Dans ses lettres et autres écrits, rien ne transparaît de son débat intérieur. Sans doute n'a-t-il accepté qu'en théorie la mort du tableau de chevalet, puisqu'il a continué à peindre. La discussion sur le sujet remonte à 1922 et Moholy-Nagy qui y a participé a pris position plutôt contre le tableau de chevalet. Mais dans le même temps, il a peint des tableaux d'une grande perfection, proches de l'esprit suprématiste. Il s'arrête de peindre pendant deux ans en 1928, à l'époque où il quitte le Bauhaus. A partir de 1927, il publie régulièrement des articles, surtout dans la revue **i 10** d'Amsterdam, qui l'emploie comme rédacteur pour la photographie et le cinéma. Dans ses écrits également, la peinture reste à l'arrière-plan.

La décision définitive

La communauté du Bauhaus a permis à Moholy-Nagy de s'accomplir, mais les circonstances qui suscitent la crise de l'art européen et qui obligent Gropius à partir le touchent, lui aussi. Comme Marcel Breuer et Herbert Bayer, il comprend qu'à cause des événements politiques et du départ de Gropius, on ne peut plus continuer le travail. Moholy-Nagy sent que l'époque du Bauhaus a pris fin, il sait qu'il doit trouver une autre solution. Son intérêt pour la photographie et l'écriture s'en trouve redoublé. Après 1930, ses tableaux n'atteignent plus le niveau de ceux de la période du Bauhaus. Vers 1926, il est arrivé au sommet de sa carrière de peintre; comme il ne peut plus avancer dans ce domaine, il doit chercher d'autres voies, d'autres disciplines pour exprimer son désir créateur.

Son départ du Bauhaus, en janvier 1928, l'oblige à mener une vie harassante pleine d'incertitudes. Il n'a plus ni foyer ni patrie, ce qui l'empêche aussi de se consacrer à la peinture. La dissolution de son mariage avec Lucia, sa première femme, a dû aggraver la situation. (Par la suite, il vit deux ans avec l'actrice Ellen Frank, puis
73-74 avec Sibyl Pietzsch qui devient sa deuxième épouse et qui lui donnera deux filles.) Les deux années d'interruption dans son activité de peintre lui sont fatales car, désormais, il ne produira que peu d'œuvres vraiment originales. Pendant cette période critique à tous points de vue, au début de ses années de voyage, les écrits absorbent une part de plus en plus grande de son activité. Le nombre de ses articles augmente considérablement à partir de 1928 ; il travaille pour plusieurs revues et s'occupe de problèmes variés. Faute de pouvoir peindre et enseigner, ses deux activités favorites, il s'adonne à l'écriture, forme d'expression très objective chez lui. En même temps, de 1928 au milieu des années trente, il développe de plus en plus ses relations avec l'étranger.

LE MODULATEUR ESPACE-LUMIÈRE

C'est seulement en 1930, soit deux ans après son départ du Bauhaus, que Moholy-Nagy peut réaliser l'œuvre dont l'idée l'a préoccupé pendant toute la période du Bauhaus et qui résume ses expériences.

Le **Modulateur espace-lumière**[92] est l'une des plus belles réalisations inspirées par la nouvelle esthétique des courants d'avant-garde de cette période. Moholy-Nagy a travaillé huit ans, de 1922 à 1930, pour élaborer une technique qui puisse suivre son imagination et lui permette d'incarner ses idées dans un ensemble mécanique constitué d'une structure électrique, de miroirs et de lampes. Il croyait qu'après avoir longuement mûri son projet, il était en mesure de prévoir tous les effets possibles de la machine. Pourtant, quand la machine commence à fonctionner, il ne peut échapper à son envoûtement[93]. Comme Pygmalion, il tombe amoureux de son œuvre. Toutefois, le **Modulateur espace-lumière** restera une tentative unique : il ne fera plus d'œuvres de ce genre. 177-183

L'art mécanique est le mode d'expression caractéristique du XXe siècle ; sous son égide sont nées les œuvres les plus diverses comme, par exemple, la **Sculpture cinétique : Vague debout** de Gabo et la **Sculpture en nickel avec la spirale** de Moholy-Nagy. Les différences entre cette dernière création et le **Modulateur espace-lumière** montrent combien l'idéal artistique a changé en un an ou deux. La **Sculpture en nickel avec la spirale** est statique, son caractère de machine est le fait des éléments de détail (de la spirale). Le **Modulateur espace-lumière** est une véritable machine qui tourne, bouge et utilise la lumière dirigée sur elle pour susciter des jeux de lumière. Cette machine est une structure réelle, constituée de métal et de verre, mais elle a aussi une existence virtuelle grâce à l'ombre projetée par sa propre structure. De ces deux aspects se dégage le sens de l'œuvre : la machine qui projette et ce qui est projeté forment un ensemble. Le **Modulateur espace-lumière** est une création très originale. La structure, très compliquée, est constituée par des éléments qui sont les variantes mobiles des motifs des tableaux de Moholy-Nagy. La base de la structure est un disque rotatif. Sur cette base sont posés trois cadres de métal dont les lames se touchent. Une spirale inclinée, placée sur le disque, traverse une plaque de verre. Trois grilles de métal ajourées dont l'axe est dévié, et deux disques de métal à moitié perforés sont ajustés au disque de base mobile. La spirale bouge, la lumière qui tombe sur la machine traverse les trois grilles de métal dont la position change continuellement à cause du mouvement giratoire ; le jeu de lumière projeté à deux ou trois mètres change également. C'est l'ensemble de la machine et de son ombre qui produit l'effet voulu, mais la machine elle-même est une œuvre d'art : ses éléments d'acier poli forment un ensemble harmonieux. Le même principe se manifeste dans le **Modulateur espace-lumière** que dans les tableaux de Moholy-Nagy peints après 1922 : un équilibre faussé et des rapports particuliers entre les plans, les axes verticaux, horizontaux ou diagonaux caractérisent cette œuvre. La beauté de la machine provient du fait que les plans ne sont pas strictement verticaux ou horizontaux et que les éléments ronds ou rectangulaires sont légèrement modifiés : les disques sont perforés, les plans sont inclinés, la spirale se balance dans l'espace et décrit un mouvement harmonieux. Moholy-Nagy connaît les secrets de la construction, il sait élaborer un ensemble harmonieux, en mélangeant les motifs réguliers et irréguliers, rigoureux et légers. Cette œuvre composée de métal, de fils de fer, de matière plastique, de verre et d'une structure électrique, est l'incarnation de l'idéal constructiviste, surtout lorsqu'elle bouge, semblable en cela à une vraie machine.

Les sources

Les constructivistes soviétiques ont conçu plusieurs projets de ce genre. (Rares sont les projets effectivement exécutés.) La création de Tatline, le **Monument à la IIIe Internationale**[94], qui aurait pu être le symbole de toute l'époque, est toujours restée à l'état de projet, de même que le **Projet d'une station de radio**[95] de Naum Gabo. Les monuments fonctionnels, au service de buts sociaux élevés, sont restés des utopies. En revanche, une autre œuvre de Gabo, **Sculpture cinétique : Vague debout**[96] (1920), existe toujours ; elle est gratuite et c'est ce qui lui donne son sens. Moholy-Nagy continue à développer l'idée de cette sculpture avec le **Modulateur espace-lumière.** Les deux œuvres sont mues à l'électricité et leur apparence change sans cesse. Sous l'effet du mouvement, la sculpture de Gabo devient une œuvre d'art, tandis que la machine de Moholy-Nagy, avec ses surfaces métallisées et sa structure élaborée, présente des transparences raffinées même sans l'intervention de la lumière extérieure. Moholy-Nagy utilise les mêmes éléments géométriques que sur ses toiles, selon un système de proportions à peu près identique, la construction étant proche de celle de presque tous ses tableaux de la période du Bauhaus. Il a tout fait pour rendre ses tableaux lumineux, rayonnants ; de même dans la machine, la structure rayonne réellement et diffuse de la lumière ; Moholy-Nagy a inventé une espèce de tableau mobile. Avec cette œuvre, il a réuni les principes du constructivisme et du suprématisme, selon une démarche qui a souvent caractérisé ses créations. La machine, en tant que structure fonctionnelle, procède d'une conception constructiviste et, en tant que spectacle, avec ses faisceaux lumineux changeants, elle témoigne plutôt d'une inspiration suprématiste.

A partir des deux concepts, Moholy-Nagy invente un nouveau genre : la « belle machine » qui ne se contente pas d'exister mais possède aussi une fonction. Le **Modulateur espace-lumière** est l'œuvre la plus originale de Moholy-Nagy, parce qu'il a utilisé différentes solutions d'avant-garde, mais en changeant totalement leur sens et leur fonction. Le **Modulateur espace-lumière,** élégant et léger, ne ressemble pas aux structures factices, ironiquement anthropomorphiques des dadaïstes ni aux ready-made d'un humour raffiné. Il diffère de toutes ces tentatives où on a volontairement employé les mécanismes pour combattre l'idéal de la beauté. Moholy-Nagy porte la machine aux nues de l'esthétisme, entraînant à sa suite son produit, la lumière : il s'agit là d'une « belle machine » décorative et plaisante qui ne perd pas pour autant son caractère mécanique. Le **Modulateur espace-lumière,** enrichi par le principe dynamique, reprend, à un niveau plus élevé, l'architecture de verre ; la transparence est transformée en spectacle lumineux, l'architecture est changée en structure, et les trois dimensions, suggérées seulement sur la toile, deviennent réelles et même mobiles.

Cette œuvre correspond parfaitement à ce que l'on attend à l'époque de l'artiste-ingénieur (au Bauhaus, cet idéal s'est un peu modifié) : c'est une création à la fois artistique et technique dont la beauté justement a cette ambivalence. Il s'agit vraiment d'une œuvre d'ingénieur : Moholy-Nagy travaille depuis 1922 à la conception de la machine, mais il a besoin de la collaboration de l'ingénieur István Sebők et du technicien Otto Ball pour l'exécuter en 1930[97].

La même année, Moholy-Nagy souhaite placer cette œuvre au milieu de la salle des artistes abstraits qu'il est chargé d'organiser au Landesmuseum de Hanovre[98]. Mais le directeur, A. Dorner, ne peut pas réaliser cette salle et, quand Moholy-Nagy quitte l'Allemagne, il emporte avec lui la machine[99].

Le **Modulateur espace-lumière** se rattache au Bauhaus et surtout aux expériences théâtrales qu'on y mène depuis longtemps. Dès 1922, Kurt Schwerdtfeger étudie les jeux lumineux en couleurs, puis Hirschfeld-Mack continue dans cette voie avec les jeux lumineux des projecteurs[100]. Moholy-Nagy analyse leurs travaux dans **Peinture, photographie, film.** Selon lui, le résultat le plus important du travail de Hirschfeld-Mack est que sa structure permet une prise de vues continue[101]. La **Musique-couleur-lumière** du pianiste hongrois Sándor László voudrait effectuer la synthèse des effets optiques et musicaux ; Moholy-Nagy apprécie cette tentative mais trouve qu'elle est manquée[102].

Le **Modulateur espace-lumière,** pendant longtemps, est source d'inspiration pour son créateur : la composition, les couleurs, les effets lumineux de ses toiles de la deuxième moitié des années trente en apportent la preuve. La machine, considérée comme la négation du tableau de chevalet, influence paradoxalement son créateur et apporte un souffle nouveau à son activité picturale. Moholy-Nagy a prévu cette machine pour les besoins de la scène sous le titre le **Modulateur espace-lumière d'une scène à dispositif électrique.** Le modèle scénique, enfermé dans un cube de cent vingt centimètres de côté, figure, parmi les autres œuvres du Werkbund allemand, dans l'exposition de 1930 organisée au Grand Palais et intitulée **Exposition de la Société des artistes décorateurs.** A la même époque, Moholy-Nagy tourne le film **Jeu de lumière noir-blanc-gris** qui est consacré au **Modulateur espace-lumière.** Il écrit le scénario entre 1928 et 1930, en hongrois (scénario qui est publié en 1931 sous le titre **Film jeux de lumière noir-blanc-gris**[103]). Le tournage a lieu en 1930. Ce film est dédié à la lumière, des instantanés qui se succèdent sur un rythme rapide étant chargés de l'évoquer. Le véritable sujet du film est le **Modulateur espace-lumière** qu'il s'agisse de sa construction dans l'atelier technique, de son fonctionnement ou des infinies variations noires, blanches, grises suscitées par son mouvement. La force et le mystère des photogrammes s'allient ici à la beauté du mouvement, du changement à vue. Le film ne dure que quelques minutes. Il n'y a aucune action, mais on subit une forte impression visuelle due à l'intensité des images exprimant un seul et unique thème. C'est l'apothéose de la création de la machine. A la fin du scénario figure un résumé un peu sec : «Truquages variés. Tout se déroule si vite que l'ensemble se dilue dans la lumière.»

Moholy-Nagy a commencé à travailler pour le théâtre, grâce à Piscator, le directeur de la Scène politique, qui lui confia, peu après son arrivée à Berlin, le soin d'exécuter les décors du **Prince Hagen** d'Upton Sinclair[104]. Par la suite, il s'intéresse moins au théâtre jusqu'à ce qu'il rencontre Oskar Schlemmer au Bauhaus. Pour Schlemmer, le théâtre est la présence projetée, multipliée, exaltée de l'homme. Il ne s'occupe pas trop des décors, mais il a le don de remplir l'environnement d'une atmosphère théâtrale; dépassant le cadre propre de la scène il englobe dans l'espace théâtral jusqu'aux balcons du Bauhaus. Moholy-Nagy ne possède pas un don semblable ni un véritable talent de metteur en scène. Comme le prouve son chapitre sur le théâtre publié dans le livre du Bauhaus, la scène l'intéresse surtout en tant que structure, en tant que construction qui peut devenir fonctionnelle et illustrer le système dynamico-constructif. Gropius et Moholy-Nagy ont imaginé et décrit le théâtre total, mais pour des raisons techniques ils n'ont pas pu le réaliser au Bauhaus. D'ailleurs, Moholy-Nagy ne réussira jamais à exécuter ce projet. Après son départ du Bauhaus, il recommence à Berlin à s'occuper de théâtre. Cet intérêt peut s'expliquer aussi par le fait que sa rupture avec le Bauhaus l'oblige à chercher subitement un nouveau champ d'activité et une nouvelle source de revenus.

Moholy-Nagy scénographe

Il rejoint donc le Krolloper de Berlin, où il travaille avec Otto Klemperer, Hans Curjel et Ernst Legal. La tâche que l'on confie à Moholy-Nagy est assez éloignée du théâtre total et de toutes ses expériences antérieures : il doit réaliser des décors
185-189 et costumes pour **les Contes d'Hoffmann.** Il ne s'agit pas d'inventer une scène nouvelle mais de rénover un ancien opéra assez conventionnel. Bien que ce travail ne corresponde pas tout à fait aux goûts de Moholy-Nagy, néanmoins certains aspects de l'œuvre ont pu exciter son imagination. En plus du mystère qui se dégage des rapports ambivalents entre ce qui est vivant et inerte, en plus du charme acide de l'« être artificiel », il doit être attiré par la possibilité d'exécuter des structures mécaniques, des meubles-machines et des costumes fantastiques[105]. Il conçoit des structures fonctionnelles et mobiles, des échafaudages balayés par des faisceaux lumineux. Vers le centre de la scène, une tête, un bras, une jambe et tout un personnage signalent la présence d'une mystérieuse cuisine de sorcier, et donnent une signification au cadre lugubre qui évoque une usine ou un atelier. Avec ces décors, Moholy-Nagy exprime sa conception dynamico-constructive, mais il se souvient aussi des traditions du théâtre russe, des marionnettes mécanisées, de la théorie de Schlemmer. Les photographies de scène montrent des espaces zébrés par des rais de lumière, où la construction s'inscrit avec netteté. A première vue, on peut penser qu'il s'agit plutôt du décor d'un film et non pas d'une pièce de théâtre.

Piscator a déjà collaboré avec Moholy-Nagy, de plus, ils ont les mêmes idées sociales et artistiques. En 1929, Piscator confie à Moholy-Nagy la décoration de
184 la pièce de Walter Mehring: le **Marchand de Berlin.** L'inflation allemande de 1923 inspire le ton socialisant, agressif et accusateur de la pièce. Moholy-Nagy, qui a aussi souffert de cette crise, essaie de représenter visuellement le contenu social de la pièce. Pour ce faire, il a recours à des moyens constructivistes : trois plates-formes se déplaçant verticalement évoquent le niveau prolétaire, tragique, le niveau bourgeois, tragi-comique, et le niveau militaro-capitaliste, grotesque. Parfois les

différents étages se rejoignent et se confondent, puis se séparent à nouveau dans un mouvement perpétuel[106]. «Ce qu'on ne peut pas faire jouer sur scène, à cause des limites du temps et de l'espace, est transposé sur l'écran, mais d'une façon si ingénieuse que l'action scénique et le film se confondent...», écrit László Dienes[107]. Tous ces procédés n'atteignent pas les exigences du théâtre total et doivent nécessairement tenir compte de la pièce, mais tout de même Moholy-Nagy peut réaliser en partie ses grandioses conceptions constructivistes avec cet ensemble d'actions qui se déroulent sur plusieurs plans. Un scandale suit la représentation: on attaque à la fois la décadence intellectuelle de l'auteur et la manie technologique du décorateur[108].

Deux ans plus tard, en 1931, le directeur du Krolloper charge Moholy-Nagy d'exécuter des décors pour **Madame Butterfly.** Même avec la meilleure volonté, il est 190-192
impossible de découvrir dans cet opéra un élément moderne qui pourrait le rattacher à l'actualité. Moholy-Nagy cherche à faire des décors modernes, en reprenant l'architecture de verre, l'idée de la transparence. Les jeux de lumière, compliqués et soigneusement calculés, laissent intacts les éléments stables de la scène, mais modifient en quelques instants toute l'atmosphère par de monumentales constructions d'ombres et de lumières. Ces effets lumineux, Moholy-Nagy les a vus au Bauhaus dans les représentations de Hirschfeld-Mack et il utilise sûrement les méthodes de ce dernier. Hirschfeld-Mack n'a pas dépassé le niveau du jeu de lumière, tandis que dans **Madame Butterfly** Moholy-Nagy obtient un effet monumental et envoûtant. Malgré leurs qualités, les décors de Moholy-Nagy n'expriment pas complètement ses conceptions: il doit toujours tenir compte du théâtre, de la pièce, des exigences du metteur en scène, ce qui l'oblige à des concessions.

Le cinéma

Moholy-Nagy réussit à tourner son premier film en 1926. Entre 1926 et 1936, il tourne en tout onze films, au prix de quelques échecs et de compromissions. On peut diviser ses films en deux groupes: ceux dont il a l'idée et ceux qu'il fait sur commande. Pour ceux-ci également, il utilise des prises de vues et des truquages chargés de fantaisie, mais on sent tout de même qu'il ne travaille pas en toute liberté. Une réelle authenticité émane uniquement des films qui sont fondés sur ses propres conceptions.

Il ne peut réaliser son projet de film, **Dynamique de la grande ville**; il a déjà publié le scénario deux fois, en 1924 et en 1925, mais le film diffère de ces deux versions. **Berliner Stilleben** («Paysages berlinois»), film tourné en 1926, n'a rien de commun avec le scénario de **Dynamique de la grande ville.** Ce film réaliste montre Berlin et la vie palpitante, pleine d'imprévus de la grande cité. Selon les critères de Moholy-Nagy, il ne s'agit pas d'un film d'avant-garde. Les effets lumineux artistiques, les prises de vues audacieuses, les truquages manquent à ce film, dont la plus grande qualité est la représentation exacte de la réalité. C'est le film d'un photographe réaliste qui est aussi sociologue. Moholy-Nagy a recours à des solutions qu'il a déjà utilisées pour ses photographies: vues à vol d'oiseau de la ville, spectacle montré à travers une grille, etc. Mais ce sont la force suggestive et la beauté des motifs choisis qui surprennent le spectateur. L'intérêt de Moholy-Nagy pour les visages humains et pour les objets usuels se manifeste à nouveau dans ce film. Des machines et des structures y figurent également, mais les personnages, les visages, les gestes, les objets et les lieux au service de l'homme jouent un rôle plus important. Moholy-Nagy est parmi les premiers cinéastes à découvrir l'atmosphère pesante des grands ensembles, de leurs cours intérieures. Il comprend la valeur visuelle des images qui montrent de vieilles femmes tristes, des enfants barbotant dans le ruisseau, une cage accrochée au mur de la maison, un joueur d'orgue de Barbarie, des poubelles, etc. Ce film est sans prétention, comme l'indique son titre, mais les «paysages» ne sont pas figés: la dynamique de la grande ville les anime.

En 1929, Moholy-Nagy tourne **Marseille, vieux port** dont le scénario a été conservé. C'est également un film réaliste, les préoccupations sociales du cinéaste y apparaissent. Moholy-Nagy montre des rues, des visages, un vieillard assis sur un tabouret, un enfant qui urine, des vieilles femmes édentées, un chat, des bicoques délabrées. Ce sont les images variées mais toujours quotidiennes de la misère. Il photographie aussi de grandes machines, des grues, des spirales, des ponts à la manière des films soviétiques. Il fait preuve d'un réalisme minutieux, mais on sent également l'influence du constructivisme; le film est une synthèse parfaite des deux tendances.

86 Le troisième film sociologique, **Tsiganes,** date de 1932. Moholy-Nagy rencontre, pendant le tournage, de grandes difficultés qu'il n'arrive pas toujours à vaincre. La structure du film n'est pas assez rigoureuse, les scènes sont parfois trop longues. Mais ici aussi, le cinéaste réussit à suggérer l'atmosphère particulière de l'univers tsigane en montrant des objets, des chiffons qui flottent, le feu et les chevaux si étroitement liés à la vie des Tsiganes. On voit un cheval qui broute, le dos du cheval, une charrette, le marché aux chevaux, etc. La séquence finale, composée d'images de violonistes et de danseurs, est à la fois banale et un peu trop spectaculaire, si on la compare à la rigueur et à la sévérité qui dominent dans les autres films réalistes.

Le projet du film documentaire sur la vie des pêcheurs de Penmarch appartient à la même catégorie. «Pendant l'hiver de 1929, écrit Ehrenbourg, je suis reparti avec Moholy-Nagy qui voulait faire un film sur la sardine et sur les hommes avides de profit. Il croyait avoir trouvé un riche mécène. Les pêcheurs nous ont parlé d'industriels fortunés et de tempêtes. L'océan était déchaîné. Les femmes de pêcheurs chantaient des chansons tristes. Finalement, Moholy-Nagy n'a pas trouvé de mécène et il n'a pu faire le film[109].»

85 **Noir-blanc-gris,** de 1930-1931, est le film qui correspond le mieux à l'esthétique propre à Moholy-Nagy concernant le cinéma.

Le contraire de ce film esthétique, c'est un film documentaire de 1936 sur **La Vie des crabes,** film qu'il réalise sur commande. La navigation, la pêche, la vie des ports ont attiré Moholy-Nagy à partir de 1929. Il photographie des crabes dans un aquarium et la pêche aux crabes d'un bateau en pleine mer. La précision des images rappelle l'intérêt de Moholy-Nagy pour la biologie; les prises de vues en mer témoignent de son talent à composer des visions. Les parcelles de réalité qu'il utilise – bateau qui chavire, visages burinés des pêcheurs, riches variantes de la mer vue d'en haut – sont d'un réalisme évocateur. Il utilise pour le film les mêmes procédés que dans ses photographies: plans inclinés, vues à vol d'oiseau, prises de vues d'en bas ou à ouverture très large. Les images de plein air et celles prises dans l'aquarium se relayent sans se heurter.

Le style et l'esprit des effets spéciaux, pour un scénario intitulé **The Shape of**
198,199 **Things to Come** («La forme des choses à venir») et inspiré d'un écrit de H. G. Wells, sont très différents. (C'est Alexander Korda qui a tourné le film et qui, finalement, n'a pas utilisé le projet de Moholy-Nagy.) Cette fois, Moholy-Nagy peut formuler une utopie et construire, avec des matières synthétiques, une métropole imaginaire. Il se souvient sans doute du **Metropolis** de Fritz Lang mais il recherche des effets différents. Pour lui, les constructions, les machines, les structures ne doivent pas être oppressantes et inhumaines ; au contraire, elles sont les expressions de l'esprit humain créateur. Moholy-Nagy dispose donc des murs transparents, des échafaudages d'acier, des plaques de verre ou de matière plastique qui captent la lumière. «Il a mis l'accent sur la transparence et les contours, pour signaler plus une nouvelle réalité que la réalité elle-même», écrit sa femme Sibyl[110].

Écrits sur le cinéma

Du fait que Moholy-Nagy a tourné plusieurs films en peu de temps, il s'exprime dans ses écrits en tant que cinéaste et critique. Il écrit au nom des cinéastes et lutte pour leurs droits. Le déplacement de son centre d'intérêt reflète aussi la transformation qui affecte les courants d'avant-garde. Moholy-Nagy accorde à la photographie et au film une place primordiale: «L'analphabète de l'avenir, écrit-il, ne sera pas l'homme qui ne sait pas écrire mais celui qui ne sait pas photographier[111].»

Dans ses écrits de l'époque, Moholy-Nagy analyse les qualités concrètes de la photographie et du cinéma. Il défend à la fois les documentaires destinés à montrer la réalité et les méthodes photographiques plus abstraites des photogrammes. Il établit une séparation entre les deux genres: lui-même n'emploie pas les mêmes moyens s'il veut photographier le vieux port de Marseille ou les visions lumineuses du **Modulateur espace-lumière.** En somme, il lutte pour la liberté et la possibilité de se livrer à des expériences. Dans l'un de ses articles importants, « An open letter » (« Une lettre ouverte »)[112], l'artiste parle de la dégradation de l'industrie cinématographique. A son avis, tout le mal vient du fait que l'on a privé de leurs possibilités les cinéastes expérimentateurs, de façon à augmenter les profits des exploitants : « Les producteurs indépendants ont indisposé l'industrie du cinéma. Les travaux des pionniers sous-entendaient une condamnation de la production officielle. » A la fin du manifeste, il exige de l'État, au nom des cinéastes d'avant-garde, l'octroi de subventions et l'abolition de la censure et des taxes, ainsi que la fondation d'une école moderne où on enseignera l'art cinématographique. Il voudrait enseigner à nouveau, comme au Bauhaus autrefois.

LES ANNÉES DE VOYAGE: ENTRE DEUX BAUHAUS ET ENTRE DEUX CONTINENTS

Cependant le promoteur de l'avant-garde hongroise en exil, Lajos Kassák est rentré à Budapest en 1926, car il n'est plus recherché par la police. Il se réadapte assez vite et fonde, en décembre 1926, la revue **Dokumentum.** Le ton de cette revue est plus modeste et plus objectif que ne le fut celui de **MA:** on y trouve surtout des comptes rendus sur la culture mondiale et sur les événements de la vie littéraire hongroise. Un article de Moholy-Nagy intitulé « Théâtre total... » y paraît en mars 1927. Les collaborateurs internationaux de **Dokumentum** sont les mêmes que ceux de **MA** de Vienne : on publie un article d'El Lissitzky sur l'architecture moderne russe, les photographies des édifices de Marcel Janco, les écrits de Pál Forgó, les œuvres de Jan Tschichold et de Hannes Meyer.

Avec **Dokumentum,** Kassák a voulu sans doute jeter un pont entre la Hongrie et le monde, et faire connaître des écrivains hongrois (Gyula Illyés, Tibor Déry, Milán Füst, etc.). Comme la revue **A Tett** pendant la guerre, **Dokumentum** est de courte durée et sert simplement d'introduction à **Munka** («Travail»), revue fondée en 1928, à laquelle Moholy-Nagy collabore dès le deuxième numéro. (Son article intitulé « Le renouveau de la photographie » de 1928 figure dans cette revue.) Après sa rupture avec le Bauhaus, Moholy-Nagy modifie son attitude à l'égard de la vie culturelle hongroise : il cherche à entrer en rapport avec des artistes de Hongrie et des autres pays d'Europe de l'Est. A partir de 1928, il publie régulièrement dans **Korunk,** revue sociologique transylvaine d'un haut niveau. Il est, d'ailleurs, lié d'amitié avec son éditeur, Gábor Gaál. En 1930, Moholy-Nagy retourne à Budapest et fait une conférence accompagnée de projections au musée Ernst. Le texte et les images révèlent au public un monde encore inconnu en Hongrie[113]. En 1928, il présente six de ses œuvres à l'exposition budapestoise de la galerie Tamás, manifestation consacrée aux artistes abstraits hongrois en émigration[114].

A Budapest, Moholy-Nagy est accueilli comme l'un des plus éminents représentants de l'école du Bauhaus (bien qu'il n'en fasse plus partie) et comme l'un des pionniers de la conception moderne de la photographie, du cinéma, de la typographie, de la décoration. Il n'est plus question de peinture, on dirait que cette discipline ne concerne plus Moholy-Nagy. Au Bauhaus, il a continué à peindre; après son départ, il ne propage plus que le programme du Bauhaus et toutes les applications du design. Ses articles témoignent de son changement d'esprit: les écrits se font plus objectifs, plus précis, plus scientifiques que les études et les livres antérieurs, les analyses se bornant strictement aux thèmes traités. Il écrit dans **Dokumentum, Munka** de Budapest, **Korunk** de Cluj, **i 10** d'Amsterdam, **Telehor** de Brno. De 1929 à 1933, il fait régulièrement des photomontages pour les couvertures de **Neue Linie** de Leipzig-Berlin, revue qui s'occupe de mode et de décoration intérieure. Les contours utopiques du Gesamtwerk se dessinent tout de même dans ces articles, mais séparément chaque étude semble être écrite par un spécialiste, par un homme «découpé en tranches». Des commentaires sur des problèmes autres que la photographie ou le film apparaissent rarement et seulement dans la moitié d'une phrase ou dans une note en bas de page. L'exigence de l'«homme total», l'application du principe «tout homme a du talent» passent à l'arrière-plan, pour laisser la place à la lutte pour le droit de cité de la photographie et du film.

Situation désespérée
«Nous sommes plus tristes que gais, et c'est tout à fait justifié», écrit Moholy-Nagy à Herbert Read en 1934 de Berlin. «Autour de nous, la situation des arts est désespérante et stérile. On végète dans un isolement complet et la propagande dans la presse vous convainc qu'ici, en dehors de la phraséologie la plus creuse, aucune forme d'expression n'a sa place[115]. » Il écrit cette lettre après la fermeture du Bauhaus et la prise du pouvoir par Hitler ; ce ton découragé n'est donc pas dû à des ennuis personnels. Une fois déjà, les événements ont incité Moholy-Nagy à émigrer. Aucun danger direct ne le menaçait en 1919, mais il ne peut supporter le manque de perspectives et la déchéance intellectuelle qui l'entourent. Quand il avait émigré de Hongrie, le monde s'était ouvert à lui, et il avait pu devenir un artiste d'une renommée internationale. Au début des années trente, il se sent chez lui en Allemagne, sa patrie artistique. Pour cette raison, il s'arrache plus difficilement à Berlin qu'il ne s'est détaché de Budapest.
Le niveau international et la renommée artistique de Moholy-Nagy facilitent pourtant les opérations. On le connaît dans presque tous les pays européens de l'Est et de l'Ouest. Il a l'habitude de passer l'été en Suisse, avec Siegfried Giedion et sa famille. En 1933, il participe en Grèce au congrès du CIAM et tourne un film sur cet événement. Il a l'occasion de voyager à travers l'Europe : en 1934, pour la grande exposition d'Amsterdam, et aussi, à Paris, sous l'égide du groupe Abstraction-Création.

Telehor
Outre les voyages, Moholy-Nagy cultive des liens d'amitié avec František Kalivoda, éminent architecte et rédacteur de la revue **Telehor** de Brno[116], grâce 243, 244
auquel il expose en 1935 à la Maison des artistes de la ville. En 1936 paraît le numéro spécial de **Telehor** consacré à Moholy-Nagy. Ce cahier constitue, en fait, une monographie : on y trouve des reproductions en grand nombre, une lettre de Moholy-Nagy adressée à Kalivoda, plusieurs de ses articles et de ses scénarios. Siegfried Giedion a rédigé la préface et Kalivoda la postface. Curieusement, ce premier volume sur Moholy-Nagy est publié en Tchécoslovaquie au moment où, dans ce pays, le courant surréaliste supplante l'art abstrait et où les artistes abstraits tchèques – Foltyn et Jelinek – continuent leur travail au sein du groupe Abstraction-Création. D'ailleurs, dans sa postface, Kalivoda déclare que l'art abstrait ne peut avoir qu'une valeur de propagande et qu'il n'annonce en rien une époque nouvelle : il ne s'agit que d'un phénomène de transition. Les peintures et les dessins de Moholy-Nagy reproduits dans **Telehor** sont considérés par Kalivoda comme les esquisses de ses films abstraits et, à son avis, les photogrammes font partie de ces films. Le critique souhaite l'avènement d'une nouvelle société socialiste et il pense que, dans de telles circonstances, les jeux lumineux de Moholy-Nagy auraient immédiatement une signification pratique. Une grande partie des articles publiés dans ce volume (« Problèmes du film moderne », « Notes supplémentaires sur les derniers cheminements du film sonore et coloré », etc.) traite de la problématique du cinéma. La première étude citée avait déjà paru en 1930 dans **Korunk;** la deuxième date de 1935. Entre ces deux écrits, la conception de l'artiste a évolué. D'autant plus qu'en 1934, Moholy-Nagy émigre à Amsterdam où il étudie, dans le cadre d'une grande imprimerie, les possibilités industrielles du perfectionnement de la photographie et du film en couleurs[117]. Dans le premier article, il parle des rapports entre le tableau de chevalet et le film; dans le deuxième, il décrit les procédés les plus modernes du cinéma parlant et en couleurs, il procède à une description détaillée de ces innovations, de la caméra sur grue mobile à la lentille souple. Il pense que dans le film en couleurs, compte tenu des caractéristiques psychophysiques des hommes, on va utiliser de plus en plus les couleurs pures, de la même façon que les peintres abstraits. A son avis, l'échelle de couleurs des plus beaux films des années futures s'appuiera sur le blanc. On perçoit ici sa nostalgie de la peinture « blanc sur fond blanc » de Malevitch et d'El Lissitzky, ainsi que de ses propres tableaux aux nuances claires.

Poulet reste poulet

Le texte le plus passionnant du volume édité par Kalivoda est assurément le scénario intitulé **Poulet reste poulet** et tiré de la nouvelle de Kurt Schwitters : **Auguste Bolte**[118].

Cette œuvre diffère totalement des deux versions de la **Dynamique de la grande ville.** Par le style, ce scénario est surréaliste, avec un récit qui flotte à la frontière du réel et de l'irréel. L'idée de l'œuvre date de 1925, c'est à ce moment-là qu'apparaissent des éléments surréalistes dans les photomontages de Moholy-Nagy. Le motif principal, l'œuf, est très proche de l'univers des films de Dali et de Buñuel. Contrairement aux exigences du surréalisme et à l'habitude de Moholy-Nagy, le langage du scénario n'est ni soigné ni poétique, mais les images décrites, elles, sont poétiques et symboliques.

L'œuf, symbole de l'amour sexuel et de la fertilité, se répète dans beaucoup de scènes, de façon absurde et ironique. Les œufs s'intègrent à la vie de la grande ville et surgissent, dans une loge de concierge, dans un café, dans la rue, etc. Apparaissant sous des aspects toujours différents, l'héroïne du film est une jeune fille qui court dans la rue à la poursuite d'un homme (ou de dix hommes) qui est son amant. Complètement hors d'haleine, la jeune fille s'arrête devant la porte qui est immense. La jeune fille est très petite devant elle.

En arrière, il y a encore beaucoup d'autres voûtes qui dépriment la jeune fille comme un cauchemar. La silhouette d'un homme masqué hante les lieux et des œufs surgissent aux moments les plus inattendus. Les scènes de rêve oppressantes sont allégées par des intermèdes grotesques : l'épée flamboyante d'un maire se change en écharpe, puis le maire trace autour des fiancés un cercle de flammes ; pour finir, il traverse le mur. Un œuf qui poursuit la fille s'immobilise sous une poule en porcelaine : « Les hommes sont debout autour de la poule en porcelaine. La tête de la poule. Elle clignote de ses paupières de plâtre. » Et c'est la fin de ce scénario inachevé, ni tout à fait littéraire ni tout à fait cinématographique, mais qui est, malgré cela, très suggestif. La richesse des images, la multiplicité des associations d'idées et la structure étrange révèlent des aspects du moi intime de l'artiste qui, en général, ne transparaissent pas dans ses écrits. Ce scénario est l'une des rares œuvres où Moholy-Nagy laisse deviner ses angoisses et son sentiment d'insécurité. Le texte resta à l'état de scénario mais, tel qu'il est, il s'en dégage une certaine valeur littéraire.

Lettre à Kalivoda

La lettre qu'il écrit à Kalivoda en 1934, avant l'exposition de Brno, est également très subjective. Moholy-Nagy semble vouloir justifier son intention d'exposer ses peintures anciennes et récentes, en dépit du fait que l'art est arrivé à une phase du développement où on pourrait tranquillement jeter le pinceau et les couleurs, et se mettre à peindre avec la lumière elle-même. Il parle avec une euphorie incroyable des projecteurs qui pourraient dessiner des jeux lumineux sur les nuages. Son suprême désir – avoir un atelier vide où installer douze projecteurs – ne s'est jamais réalisé. Il s'est contenté de décrire les formes plutôt utopiques de sa soif de lumière. (Certaines de ses conceptions ont été réalisées par la suite.)

Bien qu'ayant produit des manifestes et des programmes destinés à sauver le monde, Moholy-Nagy a le sentiment d'un échec. Il pense qu'on ne pourra ni atteindre les buts, ni tenir les promesses. Pendant ces années d'errance, il s'est opposé violemment à l'ordre social. A cette époque, il ressent fortement les effets du climat généré par la montée de la droite ; il en souffre plus qu'au Bauhaus ou en Amérique. Il prend conscience de sa propre aliénation et parle de la dépendance matérielle des artistes, de leur soumission au capital et des conditions de travail inacceptables. S'il fait de la peinture – c'est faute de pouvoir faire mieux. Si le peintre est maître absolu dans son atelier, le metteur en scène de jeux lumineux, quant à lui, est un pion entre les mains des commanditaires éventuels. L'affrontement avec un public manipulé entrave aussi la création. Par le ton critique et en même temps autocritique de sa lettre, Moholy-Nagy laisse deviner un désespoir, inhabituel chez lui, et une amertume profonde. Une seule note encourageante : il écrit qu'il a l'intention de continuer ses expériences avec l'alu-

minium et les matières synthétiques, matériaux qu'à l'époque il utilise de plus en plus souvent dans ses créations.
Dans deux autres articles du numéro spécial de **Telehor,** «Du pigment à la lumière» et «Photographie, forme objective de notre temps», Moholy-Nagy évoque également les rapports entre la peinture et la photographie. Dans la préface, Siegfried Giedion résume les activités de Moholy-Nagy. Sur un ton neutre, il se livre à une analyse objective, en étudiant les courants artistiques internationaux, leurs influences réciproques, et il s'interroge sur la place de Moholy-Nagy dans l'art d'avant-garde. Contrairement à Kalivoda et à la conception de Moholy-Nagy, il apprécie l'artiste non seulement en tant que maître du design, mais aussi comme peintre et sculpteur. Selon Giedion, la peinture est le fil conducteur qui relie les différentes activités de l'artiste.
En réalité, la peinture à cette époque ne joue plus ce rôle clé dans la vie de Moholy-Nagy. Entre 1935 et 1937, ce dernier a de multiples activités : il écrit dans **Korunk**, il établit des projets pour une usine de textile ; à Londres, il installe des étalages pour le grand magasin Piccadilly et se charge des travaux typographiques de la London Gallery ; de plus, il fait des albums de photographies, des films, des 195, 196
travaux divers dans le domaine du design. Il travaille énormément mais ne découvre presque rien pendant cette période. Cet esprit d'avant-garde, préoccupé par le salut de l'humanité, se consacre entièrement aux arts appliqués et se contente d'exécuter le mieux possible les travaux qu'on lui confie. Les cartes d'invitation de la London Gallery, imprimées en 1936 et 1937, variées et de bon goût, ne rappellent en rien la révolution typographique de l'époque du Bauhaus[119].

Abstraction-Création
Le milieu des années trente est pour Moholy-Nagy une période assez aride. Il ne suit aucun style, il n'appartient à aucun groupe, à aucune école. Faire partie d'une communauté lui manque certainement. Il a des amis partout, par exemple Herbert Read qui l'invite à Londres. Mais ces relations sont moins chaleureuses que celles qu'il cultivait dans le cercle d'avant-garde de Berlin ou dans les ateliers du Bauhaus. Les communautés artistiques des années vingt lui manquent et, d'ailleurs, elles se sont dispersées. Deux groupes importants se constituent à Paris : les surréalistes, qui n'exercent pas d'attrait sur l'esprit rationnel de Moholy-Nagy, et le groupe Abstraction-Création, plus proche de lui, qui réunit plutôt, au milieu des années trente, les tendances lyriques abstraites. Moholy-Nagy publie deux fois dans la revue **Abstraction-Création.** En 1934, ce groupe lui organise une exposition, ce qui resserre les liens. Il fréquente aussi Sonia et Robert Delaunay. 242
Mais Moholy-Nagy ne peut rester à Paris, faute de travail, et les relations directes sont interrompues. D'ailleurs, Abstraction-Création ne constitue pas un groupe uni ni une communauté auxquels on puisse adhérer, ce qui, d'ailleurs, n'aurait pas résolu les problèmes personnels et artistiques de Moholy-Nagy.
Sa tragédie est celle de toute une génération révolutionnaire : il ne s'agit pas d'un effondrement brutal, comme en 1919, mais d'un lent dépérissement. Tous les artistes qui se réunissaient entre 1921 et 1923 dans l'atelier berlinois de Moholy-Nagy se voulaient les pionniers de la future révolution mondiale, les membres d'une communauté artistique et sociale en gestation. Puis leurs chemins se sont séparés. Certains artistes sont retournés en Roumanie ou en Hongrie, d'autres ont rejoint le Bauhaus où les illusions ont continué à subsister un certain temps. Ensuite, dans les années trente, et surtout à Berlin, la fin de cette époque est devenue une évidence. Les ateliers de création et les relations humaines solides et efficaces ont disparu en même temps que l'utopie. Moholy-Nagy est un être communautaire, peut-être encore plus que ses amis, c'est pour cette raison qu'il a été attiré par le Bauhaus et qu'il y est devenu l'un des professeurs les plus dévoués. A présent, il se consacre corps et âme aux arts appliqués, non seulement pour gagner sa vie, mais parce que ce travail lui procure les rapports quotidiens dont il a absolument besoin. Mais il ne trouve, hélas, aucune communauté où il pourrait s'intégrer, et on ne peut s'adonner à l'art collectif sans une communauté artistique. Pendant son séjour à Londres, il pense toujours ressusciter le Bauhaus en Angleterre.

Après sa crise picturale, faute de pouvoir réaliser ses rêves grandioses, Moholy-Nagy retourne à la peinture. Il recommence à peindre en 1930. Sa première composition s'intitule **La Sarraz.** Sibyl Moholy-Nagy écrit qu'il a peint ce tableau pendant des vacances d'été en Suisse, où il a séjourné, comme d'habitude, en compagnie de Siegfried et de Carola Giedion. L'ambiance amicale a dû vaincre sa résistance contre la peinture et lui a permis d'exécuter à nouveau un tableau de chevalet.
Ces compositions, comparées à ses anciennes œuvres, sont sèches, appliquées, et on y perçoit un manque de concentration. Souvent des disques clairs se détachent de motifs géométriques pointillés et enchevêtrés. Des formes allongées qui rappellent des tuyaux relient ces disques, un système de grilles brun constituant le fond. L'ensemble des formes évoque un système moléculaire ou cellulaire. La grille, le tuyau brisé, les pointillés sont des motifs nouveaux dans l'art du peintre; l'accumulation des éléments semble la projection d'un sentiment d'insécurité.
147 Dans un autre tableau, **Construction** (1932), il retrouve en partie son élan ancien, et l'effet esthétique est soigneusement étudié. Un fond beige délavé remplace les fonds habituels, blancs, noirs ou gris. Au-dessus des plans imbriqués qui conduisent l'œil de bas en haut flotte un grand disque noir; des diagonales le traversent, elles semblent vouloir se rencontrer à gauche et se perdre dans les petits motifs identiques situés dans le fond à gauche. En plus des réminiscences du suprématisme, on dirait que la sensation de vol est à la base de l'inspiration: les éléments se déplacent dans un espace étendu, semblant flotter sur le fond neutre.

Nouvelles matières
Selon Sibyl Moholy-Nagy, à partir de 1935, l'artiste peint sur des matières synthétiques, du Rhodoïd, de la galalithe, etc. Ces matériaux l'attirent depuis longtemps, mais c'est à cette époque qu'il commence à les utiliser régulièrement. Les plaques transparentes de Rhodoïd lui permettent de réaliser son rêve ancien, la transpa-
215, 216 rence. Il recouvre de peinture les plaques transparentes, les cloue à quelques centimètres d'une couche de peinture, créant ainsi des ombres changeantes. L'effet est accentué s'il raye la couche ou s'il colle plusieurs couches transparentes les unes sur les autres. La plasticité presque virtuelle de l'œuvre fait naître des effets spatiaux multiples et changeants. Même aujourd'hui, les plaques synthétiques, salies et souvent jaunies, ressuscitent le charme des expériences de l'époque d'avant-garde. Plus tard, au cours des années quarante, Moholy-Nagy utilise le Plexiglas pour élaborer des formes qui flottent librement, mais celles-ci ont une fonction différente. Même si les compositions de Rhodoïd ne réalisent pas les espoirs éveillés par l'architecture de verre, ces œuvres sont une découverte dans le domaine des arts visuels et apportent une nouvelle joie à leur auteur.

LE BAUHAUS D'AMÉRIQUE

En 1937, Gropius fait inviter Moholy-Nagy en Amérique. Après un arrêt de dix ans, Moholy-Nagy retrouve enfin l'idéal du Bauhaus. Pour lui, l'important est d'enseigner, d'organiser, de diriger – que ce soit à Weimar, à Dessau ou à Chicago, peu importe ! Avec son vieil ami György Kepes et ses nouveaux collaborateurs, il commence à travailler à Chicago. Il parle à peine anglais et connaît mal la 197
situation locale : sans importance ! Une seule tâche l'intéresse : établir rapidement un vaste programme d'enseignement.

The Association of Arts and Industries s'est constituée à Chicago, en 1922. Quand Norma K. Stahle en devient la directrice en 1937, on décide de fonder une école de design. L'association se met en rapport avec Gropius qui décline l'offre et recommande à sa place Moholy-Nagy, comme l'homme le plus apte à diriger cette école[120]. Après un bref échange de correspondance[121], Moholy-Nagy accepte le poste et part pour l'Amérique. Il émigre pour la troisième fois mais, cette fois, il quitte une patrie plus vaste, l'Europe. Son vrai problème n'est pas de s'intégrer à la vie américaine, car il a une grande capacité d'adaptation : la question est de savoir comment implanter les idées du Bauhaus, sous une forme actualisée, dans un pays où il n'y a jamais eu de traditions ou de tentatives de ce genre. Paradoxalement, Chicago, l'une des villes les plus modernes et les plus ouvertes du monde, est dominée par une conception esthétique démodée, et c'est particulièrement vrai en ce qui concerne la culture visuelle.

Toute une génération de pionniers, arrivée en Amérique au cours des années dix, y avait introduit un certain système de symboles et de formes en peinture. Russell, Macdonald-Wright, Hartley Dove, et d'autres artistes inventèrent la version américaine de ces styles, cubiste et futuriste. Avec l'exposition de 1913, « Armory Show », l'art contemporain européen faisait son entrée en Amérique. Les travaux de Stieglitz et de Man Ray offrirent de riches variantes du dadaïsme. Mais, en Amérique, il n'existait pas d'institution (ou de groupe) luttant pour un but commun. D'ailleurs, l'art moderne ne s'y développe réellement que vers la fin des années trente, au moment où des artistes européens, souvent d'origine juive, se réfugient en Amérique et forment une petite colonie. La plupart de ces artistes arrivent après Moholy-Nagy et adoptent le style surréaliste ou un style proche de ce courant. Il n'y a pas de lien entre l'école de Chicago et les peintres réfugiés à New York. Moholy-Nagy doit mener une dure lutte pour imposer son école bien qu'il soit entouré d'éminents collègues : György Kepes, Herbert Bayer, Charles W. Morris, Xanti Schawinsky, Alexander Archipenko, Hin Bradendieck, David Dushkin, Jean Hélion, G. F. Keck, Andi Schiltz, Henry Holmes Smith. Le conseiller est Gropius.

La structure de l'école

La division du New Bauhaus en six ateliers correspond, en gros, à la structure du
Bauhaus de Dessau. Le cours sur la lumière ouvre de nouvelles perspectives dans 249
le domaine de la publicité lumineuse et des arts appliqués commercialisés. Le cours préliminaire couvre un champ aussi vaste que celui du projet envoyé jadis à Rodtchenko : y figurent des études acoustiques et musicales, la fabrication d'instruments de musique, l'étude de la quatrième dimension, des sujets scientifiques, comme la géométrie, la biotechnique, l'anatomie. De plus, on envisage la visite d'ateliers et d'expositions. Moholy-Nagy donne le cours préliminaire pendant les deux premiers semestres obligatoires et dirige des exercices intitulés

«Matériau, masse, espace». S'il pense toujours que tout homme a du talent, il veut rapprocher ce principe de la vie réelle, des exigences de l'environnement, de l'industrie et de la civilisation technique[122].
Trente-cinq élèves s'inscrivent au premier semestre de 1938; vingt-cinq autres inscriptions sont enregistrées au cours du deuxième semestre. Moholy-Nagy décide d'adjoindre au New Bauhaus un Institute of Design Research, avec Siegfried Giedion à sa tête. Mais, sans l'en avertir, le conseil d'administration de l'Association of Arts and Industries décide la fermeture du New Bauhaus, sous prétexte d'une faillite financière. Les professeurs signent une pétition commune pour exprimer leur solidarité avec Moholy-Nagy[123]. Ce n'est qu'une aide morale, et Moholy-Nagy, qui jusqu'ici ne s'est pas occupé de gestion financière, entreprend une tournée des chefs d'entreprise du sud-est et du sud-ouest de l'Amérique pour collecter les fonds nécessaires. Ses démarches ont du succès. Mais, hélas, le conseil d'administration du New Bauhaus a déjà congédié les élèves et les professeurs, sans même consulter son directeur: la catastrophe est irréparable. Sans doute, pour la première fois, Moholy-Nagy est victime de la brutalité et de l'obstination du monde capitaliste, représenté par les membres de ce conseil d'administration.
Beaucoup de gens auraient abandonné la lutte. Moholy-Nagy ne renonce pas. Sans aucune aide financière, il ouvre une nouvelle école en janvier 1939, sous le nom de «School of Design», dans la rue East Ontario à Chicago. Il se garde bien de l'appeler «Bauhaus», car ce nom est lié à l'Allemagne et il veut éviter ce rapprochement d'idées avec l'Allemagne fasciste. Moholy-Nagy investit dans cette école sa modeste fortune. Il y travaille gratuitement, comme ses collaborateurs. Tous les professeurs doivent gagner leur vie en ayant un autre emploi. Moholy-Nagy, pour sa part, devient conseiller artistique d'une entreprise commerciale. Le succès de l'école dépasse les espérances. Dix-huit étudiants réguliers s'inscrivent à l'école, et vingt-neuf personnes la fréquentent comme auditeurs du soir; leur nombre augmente sans cesse. Moholy-Nagy et tous les autres enseignants travaillent avec enthousiasme et dévouement. Au début, on modifie peu le programme ancien. Par la suite, la guerre impose des changements importants dans la composition du corps professoral.

VISION IN MOTION

Vision in Motion[124] («Dynamique de la vision»), livre posthume, fut publié à Chicago en 1947. C'est le résumé des expériences des deux dernières années aux États-Unis et aussi de l'activité des deux Bauhaus d'Allemagne. Moholy-Nagy veut que le lecteur perçoive les images et comprenne les textes simultanément. Il souhaite que le texte et l'image provoquent un effet conjoint. Moholy-Nagy écrit ce livre pendant la Seconde Guerre mondiale, à un moment où, dans son école, on étudie davantage les techniques de camouflage que l'esthétique fonctionnelle. De plus, il est gravement malade. Mais son éternel optimisme n'est pas entamé : il continue à croire que l'on peut sauver le monde, en grande partie par l'enseignement de l'art et du design. Dans ses articles et dans ses livres des années quarante, on ne perçoit pas l'écho de la catastrophe planétaire. La Première Guerre mondiale n'a jamais cessé de le hanter mais, pendant la Seconde Guerre mondiale, il vit dans un microcosme hermétique, l'Institute of Design, et il n'est pas atteint en profondeur par les événements. Dans **Vision in Motion,** il étudie les problèmes de la société américaine prospère et paisible. Il se consacre surtout aux questions du design et à l'enseignement. Après une introduction historique assez réduite, il analyse d'emblée sa théorie ancienne sur les méfaits de la spécialisation et de la séparation des genres.
Moholy-Nagy accorde une importance égale à l'éducation intellectuelle et sentimentale ; il parle même de psychanalyse. Cet intérêt pour les problèmes psychiques est nouveau chez Moholy-Nagy : ses propres expériences et les études psychologiques très répandues en Amérique ont dû l'influencer. Il met à nouveau l'accent sur la synthèse de l'intuition et de la science, sur le rôle du dilettante qui sera l'un des piliers de la société future. Ainsi il justifie, en plus de sa propre carrière aux activités multiples, le système d'éducation de son école. La conception du dilettante était moins surprenante en Europe qu'elle ne l'est en Amérique, patrie de la spécialisation professionnelle. Moholy-Nagy lance un défi aux normes américaines et s'aligne sur les normes européennes. L'homme doit à la fois développer ses sens et ses sentiments, aiguiser son sens du toucher, et l'artisan doit connaître les exigences de la production industrielle. Dans les années vingt, Moholy-Nagy nourrissait une admiration inconditionnelle pour le nouveau monde industriel ; vingt ans plus tard, dans un pays plus avancé dans ce domaine, il analyse avec plus de modération et avec une certaine résignation les effets démultipliés de la révolution industrielle.
En matière de typographie, il réprouve tout ce qui est tape-à-l'œil et il s'insurge aussi contre l'utilisation abusive et gratuite de la ligne aérodynamique. Bien qu'il critique certains aspects du design, il ne renie pas ses principes modernes.

Parker Pen
Dans certains chapitres, il inclut des articles anciens qui s'insèrent facilement dans sa construction spirituelle. Les illustrations montrent des édifices, des vues à vol
d'oiseau, des outils, des ustensiles réalisés à partir des critères du design, des 205
œuvres d'art contemporaines et la plume Parker Pen qu'il a dessinée. Les illustrations prouvent encore mieux que les textes à quel point son environnement et son optique ont changé. La photographie constituait l'élément dominant de ses deux premiers livres. Dans **Vision in Motion,** c'est le règne du design. Les photographies d'objets design remplacent les photogrammes et les montages. Les commentaires en marge qui accompagnent les illustrations sont encore plus objectifs

que le texte principal. Les analogies et les expressions utilisées dans ce livre témoignent d'une tournure d'esprit américaine. Moholy-Nagy a assimilé la culture des objets du Nouveau Monde. Il a compris la problématique des voitures aérodynamiques, des machines à laver la vaisselle, des cuisines design, mais il émet des réserves sur le rythme de production étourdissant de l'Amérique que ses collègues américains acceptent sans discuter. L'élément industriel domine dans son nouvel univers bien que le produit artisanal, dû à la production individuelle de tradition européenne, soit à la base de ses conceptions. La dualité de Moholy-Nagy, faite de respect du Nouveau Monde et de familiarité avec l'Ancien, est un exemple pour la jeune génération américaine.

L'utopie réalisée

Moholy-Nagy reste utopiste même lorsqu'il s'occupe des objets les plus utilitaires : il ne cesse jamais de penser à l'homme et à la modification de l'environnement dans son entier. De ce point de vue, il considère son école comme un modèle. Au Bauhaus, il devait tenir compte des opinions de Gropius ; cette fois, il peut organiser son école entièrement à son idée, qui est de former des amateurs aux capacités multiples, ayant une conception indépendante et une habilité manuelle. Par rapport au Bauhaus, une originalité de l'école de Chicago est d'enseigner aussi la littérature (un chapitre est consacré à la « poésie de groupe ») et d'accorder de l'importance au développement de l'univers psychique. Les exercices du toucher sont maintenus ; il précise leurs origines cubiste et futuriste. Dans cette école, il ne s'agit pas de choisir un métier, mais de choisir un atelier d'apprentissage. L'étude des œuvres d'art sert aussi à former une nouvelle conception, comme n'importe quelle connaissance pratique. Le but n'est plus la création d'un tableau ou d'une sculpture, mais la création des formes industrielles les plus appropriées. Moholy-Nagy réalise enfin l'idéal du Bauhaus de Weimar : les projets sont au service de l'embellissement de la vie quotidienne. En Amérique, le design a une fonction réelle, car les projets sont exécutés. Cette situation influence la théorie et modifie la conception de Moholy-Nagy. (Par exemple, il peut illustrer sa thèse sur les matériaux en préparant des outils modernes à partir de matières synthétiques.) Moholy-Nagy déclare que le design n'est pas une profession, mais une attitude : celui qui le pratique doit répondre aux exigences professionnelles et humaines les plus élevées. Désormais, l'utopie sociale et humanitaire prend forme dans le design qui est le modèle de la société future.

Moholy-Nagy s'est lancé dans le design pour gagner sa vie, au milieu des années trente en Angleterre.

Mais c'est seulement à l'époque de l'Institute of Design que le design domine toute sa création. Les parties les plus intéressantes de son livre sont celles où il fait des analyses concrètes dans l'optique du design, par exemple, quand il décrit l'histoire et la fonction de la chaise. Ces analyses témoignent à la fois de sa parfaite connaissance des matériaux et de son esprit infiniment utopiste : « Peut-être que demain nous nous assoirons sur de l'air comprimé? » Moholy-Nagy sait comment on procède pour confectionner un objet à la main, et il connaît également les problèmes de la production industrielle et des chaînes de montage. Il pense que l'on doit pouvoir arriver à supprimer les chaînes et à couler ou à comprimer les objets d'une seule pièce.

Le procédé de fabrication s'insère, selon lui, dans un contexte social plus large. Au début des années vingt, Moholy-Nagy était résolument de gauche et se disait même parfois communiste ; aux États-Unis, il accepte les données capitalistes et ne fait que des critiques de détail : il juge de l'intérieur. Tout en estimant que l'on pourrait améliorer les conditions de la production, il n'envisage pas un changement de système. Les circonstances sociales le préoccupent surtout par rapport à l'architecture. Des problèmes architecturaux concrets surgissent de plus en plus souvent dans ses écrits. Sur ce terrain, son esprit utopiste lui suggère les formes les plus audacieuses : des maisons mobiles, tournantes, entièrement transparentes, etc. L'urbanisme, synthèse ultime, cadre extérieur des modes de vie possibles, est l'une de ses grandes préoccupations. « La ville future sera transparente, propre et hygiénique[125] », écrit-il.

La deuxième partie du livre, « Les arts et leur intégration », est plus étroitement liée à la conception du Bauhaus et aux publications de Moholy-Nagy sur la photographie et le film. Mais le chapitre assez étoffé sur la littérature et la naissance de la poésie moderne est une nouveauté. On peut se demander pourquoi il étudie ce sujet dans un livre dédié à la culture et à l'éducation visuelles? Moholy-Nagy répond que les étudiants doivent suivre un enseignement littéraire, pour prendre conscience des nouvelles tendances et de la nouvelle conception du monde. Les analyses littéraires de Moholy-Nagy tendent à la simplification, mais dans ce domaine aussi son champ d'intérêt est étendu. Cette fois, le surréalisme joue un rôle important. Il associe la littérature à des influences et à des sensations visuelles: il évoque la typographie moderne, les journaux, les affiches, etc.
Autrefois, il appréciait Jean Arp et Kurt Schwitters pour leurs œuvres plastiques; dans ce livre, il analyse longuement leurs œuvres littéraires. Il inclut dans son tableau d'ensemble les poèmes d'enfants, de même que la magie de la voix et des chiffres de Schwitters. Il choisit des illustrations convaincantes pour ses analyses littéraires qui forment aussi un ensemble avec les textes. Les dessins de la structure d'**Ulysse** et de **Finnegan's Wake** figurent dans le livre et aussi dans le programme d'enseignement de l'école. L'ouvrage s'achève sur une étude de la poésie de groupe, à laquelle il accorde une grande importance.
Ce chapitre renseigne sur les goûts et les jugements littéraires de Moholy-Nagy. Il y résume les lectures qui l'ont marqué pendant un quart de siècle, de plus, on perçoit l'écho de sa passion poétique de l'adolescence et une certaine nostalgie du passé. Comme **Vision in Motion** ne paraît qu'après sa mort, la dernière phrase du livre rend un son tragique: « Je pourrais changer l'utopie en activité. »

L'ouvrage autobiographique

Avant l'aggravation de sa maladie et avant d'avoir rédigé la version définitive de ce livre, il écrit un ouvrage plus court intitulé **Abstract of an Artist**[126]. Il y récapitule sa propre carrière en tant que modèle de la carrière d'un peintre abstrait. Cet écrit, publié après sa mort en 1947 comme introduction à **Du matériau à l'architecture** (le titre de la version américaine est **New Vision**), a la forme d'une confession très intime. A l'exception de son journal, des réponses au questionnaire du journaliste hongrois Antal Németh, de sa lettre à Kalivoda et de l'interview publiée dans **Little Review,** c'est ce texte qui apporte le plus de révélations sur sa personne. Il serait difficile de définir à quelle catégorie appartient **Abstract of an Artist:** quant à la forme, il s'agit d'une introduction, quant au fond, c'est une confession. Ce texte a été écrit en 1944, à un moment où Moholy-Nagy peut penser qu'il n'a parcouru que la moitié de sa carrière. Pourtant, cet ouvrage trahit son désir de conclure. Comme il veut que l'essai serve d'introduction à son livre écrit vingt ans auparavant, il a sans doute voulu tirer un bilan de ce qui lui est arrivé au cours de ces deux décennies.
Dans cette œuvre récapitulative, l'auteur explique comment l'art de la Renaissance l'avait attiré au temps de sa jeunesse, fait peu surprenant car Béla Uitz, activiste hongrois de premier plan qui avait influencé Moholy-Nagy, pensait réformer l'art hongrois et toute la réalité hongroise par un retour à l'art de cette époque. Pour Moholy-Nagy, ce n'est pas le style des maîtres de la Renaissance qui compte: il est séduit par leurs dons et par leur compréhension rapide et universelle.
Au nom de cet idéal, Moholy-Nagy aussi se veut un homme « total », dont l'art est étroitement lié à la vie. Il travaille à la lumière d'un programme démocratique qui intègre l'explication de l'esthétique – prise dans le sens très large de la formation de toute réalité –, qui intègre également l'éducation artistique de toute la communauté et l'enseignement du langage de l'art au même titre que l'apprentissage de la lecture et de l'écriture.
Le legs artistique de Moholy-Nagy constitue un trésor de l'art universel. Le développement des courants actuels d'avant-garde démontre a posteriori l'importance de ses travaux, puisqu'on réalise encore aujourd'hui ses conceptions fantastiques. Son œuvre, intégré à l'art contemporain, est un ferment de l'art à venir.

Krisztina Passuth

NOTES

1. John WILLET, **The New Sobriety, 1917-1933. Arts and Politics in the Weimar Period,** Londres, 1978, p. 26, 27, 31.

2. **MA** («Aujourd'hui»), Budapest, 1919, IV, nº 4, p. 46-51.

3. **MA,** Budapest, 1919, IV, nº 6, p. 141. Article de Mózes Kahána.

4. **Találkozás** («La rencontre»), **Jelenkor** («Temps présent»), Szeged, 1918, nº 5, p. 138-141.

5. Lettre à Antal Németh, 1924, publiée dans **Művészettörténeti Dokumentációs Központ Közleményei** («Bulletin du Centre de documentation d'histoire de l'art»), Budapest, 1963, III, numéro sur le Bauhaus, p. 43-55.

6. MOHOLY-NAGY, **The New Vision: From Material to Architecture, Abstract of an Artist,** New York, 1967, p. 68.

7. Selon Sibyl Moholy-Nagy, c'est sa dernière œuvre figurative. (S. MOHOLY-NAGY, **Moholy-Nagy: Experiment in Totality,** Cambridge-Londres, 1969, p. 17.) Il est possible que ce dessin soit de 1920, car les datations de Sibyl Moholy-Nagy ne sont pas toujours exactes.

8. Lucia MOHOLY, **Marginalien zu Moholy-Nagy,** Krefeld, 1972, p. 7. En fait, c'est le portrait de Friedrich Vorwerk, 1920.

9. Ákos a rejoint l'armée en 1914, puis il a été fait prisonnier et il n'a plus rencontré son frère. (Communication de Jenő Nagy.)

10. Ces illustrations, pour la plupart égarées, ont été exposées en 1920 à la galerie Fritz Gurlitt, Berlin.

11. **Champs hongrois,** 1919, in Hannah WEITEMEIER, Wulf HERZOGENRATH, Tilman OSTERWOLD, **László Moholy-Nagy,** Stuttgart, 1974, ill. 5.

12. **Femme couchée,** ill. 9. Titre erroné: **Soldat mourant,** car l'œuvre représente une femme assez forte. Date: 1917, également inexacte, la datation a eu lieu a posteriori.

13. **Dada Almanach,** éd. par Richard HUELSENBECK, Berlin, 1920, p. 89.

14. Lettre à Iván Hevesy, 1920, in: Krisztina PASSUTH, «Debut of Moholy-Nagy», **Acta Historiae Artium,** Budapest, 1973, nºs 1-2, p. 130.

15. MOHOLY-NAGY, Série **Album Horizont.** Introduction de Péter Mátyás (Ernő Kállai). Vienne, 1921.

16. MOHOLY-NAGY, **The New Vision, op. cit.** Lucia MOHOLY, **Marginalien zu Moholy-Nagy,** Krefeld, 1972, p. 32.

17. Note 15 et **MA,** Vienne, 1921, I, nº 9, p. 119.

18. Adolf BEHNE, « Art et révolution », **MA,** 1921, nº 4, p. 44.

19. Reyner BANHAM, **The Theory and Design in the First Machine Age,** New York, 1970. A son avis, le projet de gratte-ciel pour la station de la Friedrichstrasse de Berlin (1919) est la dernière importante manifestation des idéaux sheerbartiens.

20. Nicolai PUNIN, «Tatlin üvegtornya» («La tour de verre de Tatline»), **MA,** Vienne, 1922, VII, nºs 5-6, p. 31.

21. Lajos KASSÁK, «Képarchitektúra» («Peinture-architecture»), **MA,** 1922, VII, nº 4, p. 52-54.

22. **Kestner Mappe,** six lithographies dont une en couleurs, 60,3 × 44 cm, Kestner Gesellschaft, Hanovre, 1923.

23. German KARGINOV, **Rodtchenko.** Paris-Budapest, 1977, p. 58. L'esprit et le style de **Composition** de Rodtchenko, de 1920 (**op. cit.,** p. 41) sont proches du tableau de 1922 de Moholy-Nagy.

24. **Egység** («Unité»), Vienne-Berlin, 1923, nº 2, p. 51.

25. « Realista manifesztum » (« Manifeste réaliste »), **Egység,** Vienne-Berlin, 1922, nº 2, p. 6.

26. KEMÉNY–MOHOLY-NAGY, « Dynamisch-konstruktives Kraftsystem » (« Système de forces dynamico-constructif »), **Der Sturm,** Berlin, décembre 1922.

27. Umberto BOCCIONI, **Mouvement d'une bouteille dans l'espace,** 1912, bronze, 38,1 cm, Museum of Modern Art, New York.

28. TATLINE, **Monument à la IIIe Internationale,** 1919, maquette de bois, 3,3 m, égaré.

29. Konstantin MEDOUNETSKI, **Composition,** 1920, métal, 45 cm, Yale University Art Gallery, New Haven.

30. **László Péri Werke, 1920-1924. Shaped Canvas,** Kölnischer Kunstverein, Cologne, 1973 ; introduction de Wulf Herzogenrath ; László PÉRI, **Neue Gesellschaft für Bildende Kunst,** Berlin, Skulpturenmuseum, 1982.

31. **László Péri Werke, op. cit.**

32. Éva FORGÁCS, « Kállai Ernő és a konstruktivizmus » (« Ernő Kállai et le constructivisme »), **Ars Hungarica,** Budapest, 1975, n° 2, p. 277-293 ; Ernő KÁLLAI, **Művészet veszélyes csillagzat alatt** (« L'art sous une dangereuse constellation »), Budapest, 1981, avec une introduction de Éva Forgács.

33. Ernő KÁLLAI, « A konstruktív művészet társadalmi és szellemi távlatai » (« Les aspects sociaux et spirituels de l'art constructif »), **MA,** 1922, VII, n° 8, p. 55-59.

34. **Ibid.,** p. 58.

35. **Ibid.,** p. 58.

36. Lucia MOHOLY, **op. cit.,** p. 32-33.

37. Walter BENJAMIN, « Das Kunstwerk im Zeitalter seiner technischen Reproduzierbarkeit », in : **Gesammelte Schriften,** vol. I, 2, Francfort-sur-le-Main, 1974, édition française : **L'Homme, le langage et la culture – Essais,** Paris, Denoël-Gonthier, 1971, chap. VI, p. 137-181 ; Krisztina PASSUTH, « Moholy-Nagy et Walter Benjamin », **Cahiers du Musée national d'art moderne,** Paris, 1980, n° 5, p. 398-410.

38. Lajos KASSÁK, László MOHOLY-NAGY, **Buch neuer Künstler** (« Livre des artistes nouveaux »), Vienne, 1922.

39. Dans son livre **Malerei, Photographie, Film** (« Peinture, photographie, film »), Munich, 1927, il raconte qu'à propos de la production-reproduction, il a réalisé des expériences avec le phonographe et la photographie ; il mentionne, en outre, ses articles déjà parus, **op. cit.,** deuxième édition, p. 27 et 28 ; László BEKE, **Moholy-Nagy munkássága** (« L'Œuvre de Moholy-Nagy »), Budapest, 1980 ; Irene-Charlotte LUSK, **Montagen ins Blaue,** Berlin, 1980.

40. MOHOLY-NAGY, « Neue Gestaltungen in der Musik, Möglichkeiten des Grammophons » (« Une nouvelle création dans la musique. Les possibilités du gramophone »), **Der Sturm,** Berlin, juillet 1923, p. 102-106.

41. Lettre d'El Lissitzky, datée de Moscou, 15 septembre 1925, S. LISSITZKY-KÜPPERS, **El Lissitzky,** Dresde, 1967, p. 64.

42. Même lettre d'El Lissitzky. Déclaration de Man Ray en 1973 dans le catalogue de son exposition du Metropolitan Museum de New York.

43. SCHULDT, « El Lissitzkys photographische Arbeiten », in : S. LISSITZKY-KÜPPERS, **op. cit.,** p. 392.

44. Leland D. RICE, « Photographs of Moholy-Nagy », in : **Photographs of Moholy-Nagy from the Collection of William Larson,** ed. by Leland D. Rice and David W. Steadman, The Galleries of Claremont Colleges, Pomona College, Scrips College (Claremont, Cal.) 1975, p. 6 ; Lloyd C. ENGELBRECHT, **László Moholy-Nagy : Perfecting the Eye by Means of Photography,** p. 11 ; Caroline FAWKES, « Photography and Moholy-Nagy's Do-it-yourself Aesthetic », **Studio International,** Londres, juillet-août 1975, p. 18-26 ; Andreas HAUS, **Moholy-Nagy Photos et Photogrammes,** Paris 1978 ; Irene-Charlotte LUSK, **op. cit.**

45. **Broom,** photogramme, 1922, 17,5 × 12,5 cm, coll. William Larson, Philadelphie ; reproduction : **Photographs of Moholy-Nagy, op. cit.,** p. 15. Irene-Charlotte LUSK, **op. cit.** Terence SENTER, « Moholy-Nagy's English Photographies », **The Burlington Magazine,** Londres, nov. 1981.

46. László BEKE, **op. cit.,** p. 9.

47. Reprod. in : **Studio International,** Londres, juillet-août 1975, p. 20.

48. Les autorités allemandes ne lui ont pas permis de tourner ce film en 1922.

49. MOHOLY-NAGY, « A nagyváros dinamikája » (« Dynamique de la grande ville »), **MA,** Vienne, IX, 1924, nos 8-9. « Dynamik der Gross-Stadt », in : **Malerei, Fotografie, Film,** Munich, 1927, p. 120-135.

50. German KARGINOV, **Rodtchenko,** Paris–Budapest, 1977, p. 228.

51. MOHOLY-NAGY, **Malerei, photographie, film,** Munich, 1925. **Malerei, Fotografie, Film,** Munich, 1927.

52. MOHOLY-NAGY, **op. cit.,** p. 32.

53. **Esquisse d'un film. Dynamique de la grande ville,** in **MA,** septembre 1924, IX, nos 8-9, numéro spécial sur la musique et le théâtre ; **Malerei, Fotografie, Film,** Munich, 1927, p. 120-135.

54. Viking EGGELING, **Diagonal Symphonie,** 1921-1923, Hans RICHTER, « Rhythmus », 1921, in : **Dada. Art and Anti-Art,** Londres, 1965, ill. 98 et 99. C'est **MA** qui a publié en premier l'œuvre de Viking Eggeling, **MA,** 1921, VI, n° 8, p. 105-108.

55. Maria VERDONE, « László Moholy-Nagy nella Bauhaus », in : **Bianco e Nero,** Rome, 1962, n° 11,

p. 1-26.; STENEBERG, **Russische Künstler in Berlin,** Berlin, 1970, p. 42-44.

56. Krisztina PASSUTH, « Kurt Schwitters, Theo van Doesburg et le Bauhaus », **Bulletin du Musée hongrois des beaux-arts,** Budapest, 1973, n° 40, p. 133-140.

57. MOHOLY-NAGY, **Malerei, Fotografie, Film** (« Peinture, photographie, film »), Munich, 1927, p. 15.

58. H. M. WINGLER, **Das Bauhaus,** Cologne, 1968, p. 277-286; Johannes ITTEN, **Mein Vorkurs am Bauhaus. Gestaltungs- und Formlehre,** Ravensburg, 1963.

59. Maria Trudi CAMBELLI, Teresa FIORI, **Archivi del Futurismo,** Rome, 1958, vol. I, p. 58.

60. German KARGINOV, **Rodtchenko,** Paris-Budapest, 1977, p. 170-171. Il cite Tchitchagova, l'élève de Rodtchenko.

61. Kandinsky établit le premier programme de recherche pour l'Inkhouk et ce fut la base de l'enseignement au Vhutemas. Kandinsky fit parvenir cette étude à Gropius qui l'annota et la renvoya à l'auteur. En 1921, Kandinsky quitte l'institution car, dans leur majorité, les collaborateurs de l'Inkhouk ne sont plus d'accord avec sa théorie de l'expression. « Kandinsky arrive à Weimar en 1922 où il enseigne selon le programme élaboré en Union soviétique. » Katalin Bakos cite K. JUNGMANN, **Az orosz-szovjet és magyar képzőművészet kapcsolata 1917-1925-ben** (« Les rapports entre l'art russo-soviétique et l'art hongrois, de 1917 à 1925 »), maîtrise, manuscrit, Budapest, 1976.

62. KARGINOV, **op. cit.,** p. 166. Il cite Tchitchagova, ancienne élève de Rodtchenko.

63. H. M. WINGLER, **op. cit.,** p. 308; Wilhelm WAGENFELD, **Du Bauhaus à l'industrie,** Kunstgewerbemuseum, Cologne, 1973; Claudine HUMBLET, **Le Bauhaus,** Lausanne, 1980.

64. Lucia MOHOLY, **Marginalien zu Moholy-Nagy, op. cit.,** p. 25.

65. MOHOLY-NAGY, « A festéktől a fényig » (« De la peinture à la lumière »), **Korunk,** Cluj-Kolozsvár, 1933, VIII, n° 10, p. 751-753. « Du pigment à la lumière », **Telehor,** Brno, 1936, p. 11-12.

66. Katalin BAKOS, « Moholy-Nagy László 1923-as Alekszandr Rodcsenkóhoz írt levele » (lettre de 1923 de Moholy-Nagy écrite à Alexandre Rodtchenko), **Ars Hungarica,** Budapest, 1977, V, n° 2, p. 338-339.

67. H. M. WINGLER, **op. cit.,** p. 140.

68. H. M. WINGLER, **op. cit.,** p. 140 et 141.

69. H. M. WINGLER, **op. cit.,** p. 141.

70. Hans VON RIESEN, **Malewitsch in Berlin. Avant-garde 1910-1930 Osteuropa,** Ausstellung der Deutschen Gesellschaft für Bildende Kunst, Berlin, 1967, p. 24 et 25.

71. « Wir freuen uns, das vorliegende Werk des bedeutenden russischen Malers Malewitsch in der Reihe der Bauhausbücher veröffentlichen zu können, obwohl es in grundsätzlichen Fragen von unserem Standpunkt abweicht. Es bedeutet jedoch die moderne russische Malerei, die Kunst und Lebensabfassung ihrer Träger von einer neuen, uns bisher unbekannten Seite. Dessau, November 1927, Die Schriftsleitung. »

72. Oskar SCHLEMMER, László MOHOLY-NAGY, Farkas MOLNÁR, **Die Bühne im Bauhaus,** Munich, 1925. En français, Eric MICHAUD, **Théâtre au Bauhaus,** L'Âge d' homme, Lausanne, p. 155-163.

73. MOHOLY-NAGY, « A jövő színháza : a teljes színház » (« Théâtre de l'avenir : théâtre total »), **Dokumentum,** Budapest, mars 1927; « Wie soll das Theater der Totalität verwirklicht werden ? », **Bauhaus,** Dessau, 1927, n° 3.

74. Internationale Ausstellung Neuer Theatertechnik, Vienne, 1924, Konzerthaus, n° 20.

75. Internationale Ausstellung Neuer Theatertechnik, Vienne, 1924, n° 44.

76. SCHLEMMER, MOHOLY-NAGY, MOLNÁR, **Théâtre du Bauhaus, op. cit.,** p. 52.

77. Le Théâtre du Bauhaus, op. cit., p. 52.

78. MOHOLY-NAGY, **Malerei, Photographie, Film,** Munich, 1925.

79. MOHOLY-NAGY, **Malerei, Fotografie, Film.** Munich, 1927, p. 43.

80. Ibid., p. 6.

81. Ibid., p. 7.

82. Ibid., p. 14.

83. Ibid., p. 23.

84. Ibid., p. 26.

85. Ibid., p. 42.

86. MOHOLY-NAGY, **Von Material zu Architektur,** Munich, 1929.

87. Ibid., p. 8.

88. Johannes ITTEN, **op. cit.**

89. MOHOLY-NAGY, **Von Material zu Architektur,** p. 16.

90. Ibid., p. 132.

91. Ibid., p. 152.

92. Hannah WEITEMEIER, **Licht-Visionen. Ein Experiment von Moholy-Nagy,** Bauhaus Archiv, Berlin, 1972.

93. MOHOLY-NAGY, **The New Vision : From Material to Architecture. Abstract of an Artist,** New York, 1947, p. 80.

94. TATLINE, **Monument à la IIIe Internationale,** 1919, maquette, égaré.

95. Naum GABO, **Projet d'une station de radio,** 1919 et 1920, plume et pinceau, égaré.

96. Naum GABO, **Sculpture cinétique : Vague debout,** 1920, 24,1 × 19 cm, Tate Gallery, Londres.

97. Hannah WEITEMEIER, **op. cit.,** p. 5.

98. Hannah WEITEMEIER, « László Moholy-Nagy. Leben und Werk », in : H. WEITEMEIER, W. HERZOGENRATH, T. OSTERWOLD, **László Moholy-Nagy,** Stuttgart, 1974, p. 73.

99. Douglas DAVID, « Mighty Machine », **Newsweek,** New York, 16 novembre 1970, p. 44 ; Rita LOHR, **Alexander Dorner und die Kabinette der Abstrakten, mit Sammlung Sprengel,** Kunstmuseum, Hanovre, Braunschweig, 1980, p. 70 et 71.

100. Hannah STECKEL-WEITEMEIER, **Moholy-Nagy,** Thèse, 1974, manuscrit, p. 217.

101. MOHOLY-NAGY, **Malerei, Fotografie, Film, op. cit.,** p. 19.

102. Sándor László a présenté à Kiel, en 1925, sa composition **Musique-couleur-lumière** et il l'a expliquée dans son livre **Farbenlichtmusik** publié à Leipzig, 1925. Ce livre figure dans le legs de Moholy-Nagy.

103. Sous le titre « Light-Display, Black and White and Gray », **Art in America,** New York, mai-juin 1967, p. 29 ; KOSTELANETZ, **Moholy-Nagy,** New York, 1970, p. 148-150. L'article publié dans **Korunk,** Cluj-Kolozsvár, 1931, p. 866 et 867, est un peu différent ; autre variante publiée dans la revue **Munka,** Budapest, 1932, n° 24.

104. Erwin PISCATOR, **Le Théâtre politique,** Paris, 1962, p. 43. Moholy-Nagy a rencontré Piscator sans doute grâce à Lajos Barta, journaliste hongrois émigré qui habitait chez Moholy-Nagy en 1920 et qui connaissait bien Piscator; Ferenc CSAPLÁR, **Lajos Barta,** Budapest, 1973, p. 197.

105. Sibyl MOHOLY-NAGY, **op. cit.,** p. 49.

106. E. PISCATOR, **op. cit.,** p. 261.

107. László DIENES, « A Politikai Színház. Az újra megnyílt Piscator-színpad » (« Le théâtre politique. La réouverture du théâtre de Piscator »), **Korunk,** Cluj-Kolozsvár, 1929, p. 748-750.

108. Sibyl MOHOLY-NAGY, **op. cit.,** p. 53.

109. Ilia EHRENBOURG, **Menschen, Jahre, Leben. Memoiren,** 1962, vol. II, p. 123 ; József LIGETI, « Emlékek a 20-as évek Berlinjéből » (« Souvenirs du Berlin des années vingt »), **Valóság,** Budapest, 1969, n° 4, p. 102. (Il y parle d'un projet de film sur un sujet tiré du livre d'Anna Seghers.)

110. Sibyl MOHOLY-NAGY, **op. cit.,** p. 129.

111. MOHOLY-NAGY, « Photographie ist Lichtgestaltung », **Bauhaus,** Dessau, 1928, n° 1.

112. Lettre ouverte de Moholy-Nagy au jury de l'exposition internationale des films éducatifs, **Korunk,** Cluj-Kolozsvár, 1934, IX, n° 5.

113. Interview avec Moholy-Nagy, in : **Az Est,** Budapest, 21 octobre 1930 ; Compte rendu de sa conférence, in : **Magyar Iparművészet,** Budapest, 1930, p. 209 ; Description de son atelier par Imre PÁN, in : « Moholy-Nazsi, a modern művészetek és tudományok professzora » (« Moholi-Naji [sic !], le professeur des arts et des sciences modernes »), in : **Lantos Magazin,** Budapest, 1930, p. 123-125.

114. Sibyl MOHOLY-NAGY, **op. cit.; Exposition XCIII de la galerie Tamás,** Budapest, 1938, p. 8.

115. Lettre de Moholy-Nagy à Herbert Read, Berlin, 1er janvier 1934, KOSTELANETZ, **op. cit.,** p. 18-19.

116. En 1934, à Brno, Kalivoda a fait une conférence intitulée « Moholy-Nagy als Außensleiter des Fotofilms ». Das Bauhaus, Galerie am Sachsenplatz, Leipzig, 39, Verkaufsausstellung 25/9-27/10, 1976, n° 173, p. 62. Invitation à la conférence.

117. H. WEITEMEIER, W. HERZOGENRATH, T. OSTERWOLD, **László Moholy-Nagy, op. cit.,** p. 89.

118. MOHOLY-NAGY, **Ein Huhn bleibt immer ein Huhn,** 1925-1936 (« Poulet reste poulet », voir p. 336) ; Kurt SCHWITTERS, **Auguste Bolte ;** SCHMALENBACH, **Kurt Schwitters,** Cologne, 1967. Le fait que Moholy-Nagy ait pris un thème chez Schwitters témoigne de leur amitié et de leur entente intellectuelle. Sauf dans une lettre ancienne écrite de Vienne, Moholy-Nagy a toujours exprimé son respect pour les travaux de l'artiste allemand. Vers 1922, l'art Merz de Schwitters a influencé ses collages. En septembre 1922, les deux artistes ont assisté ensemble au congrès dada de Weimar. En 1922, Schwitters dédie un collage à Moholy-Nagy (Bloomington, Art Museum, Indiana). Dans la première colonne Merz, il réserve une niche à Moholy-Nagy comme à Arp, à Gabo et à Mondrian (SCHMALENBACH, **op. cit.,** p. 140). Ils exposent ensemble en 1929, et leur amitié se renforce au cours des années.

119. Il a préparé des invitations pour sa propre exposition et pour celle de Picasso, de Hayter, de Man Ray, de Naum Gabo, de Chirico, etc. (Ces invitations sont en possession de Levente Nagy, Budapest.)

120. H. M. WINGLER, **op. cit.,** p. 198.

121. Sibyl MOHOLY-NAGY, **op. cit.,** p. 139-143.

122. MOHOLY-NAGY, «New Approach to Fundamentals of Design», **More Business,** III, Chicago, 1938, nº 11.

123. Signatures: Archipenko, Bradendieck, Dushkin, Eckart, Gerard, Kepes, Morris, Schiltz, Smith, in: Sibyl MOHOLY-NAGY, **Moholy-Nagy, op. cit.,** p. 161.

124. MOHOLY-NAGY, **Vision in Motion,** Chicago, 1947.

125. Ibid., p. 109.

126. MOHOLY-NAGY, **The New Vision: From Material to Architecture. Abstract of an Artist,** New York, 1947.

IIe PARTIE

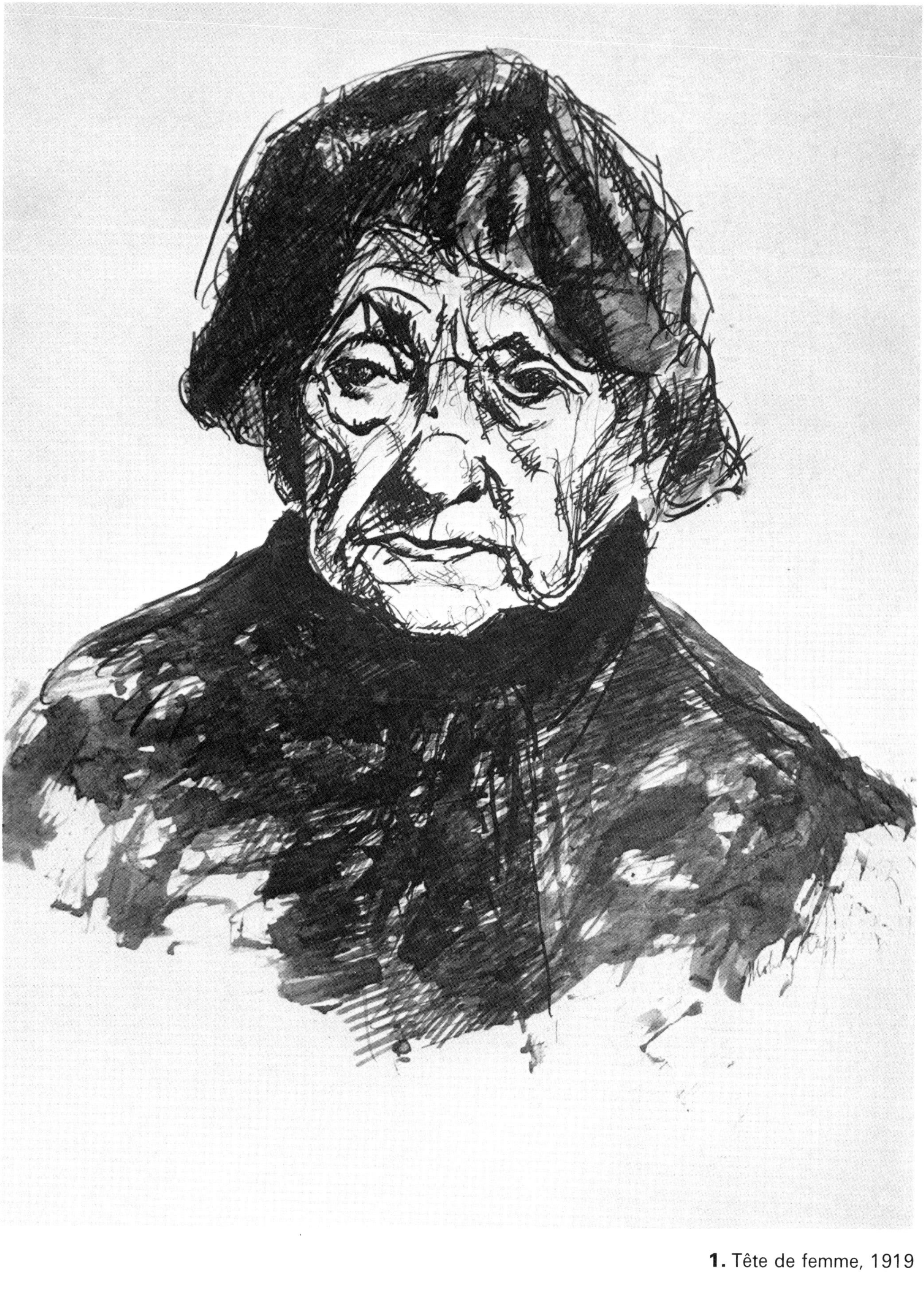

1. Tête de femme, 1919

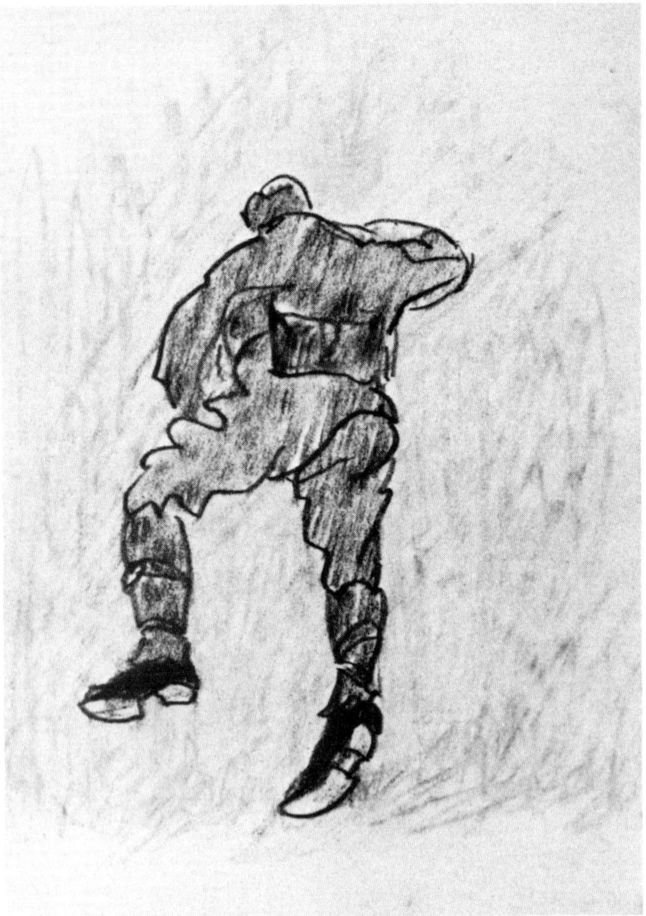

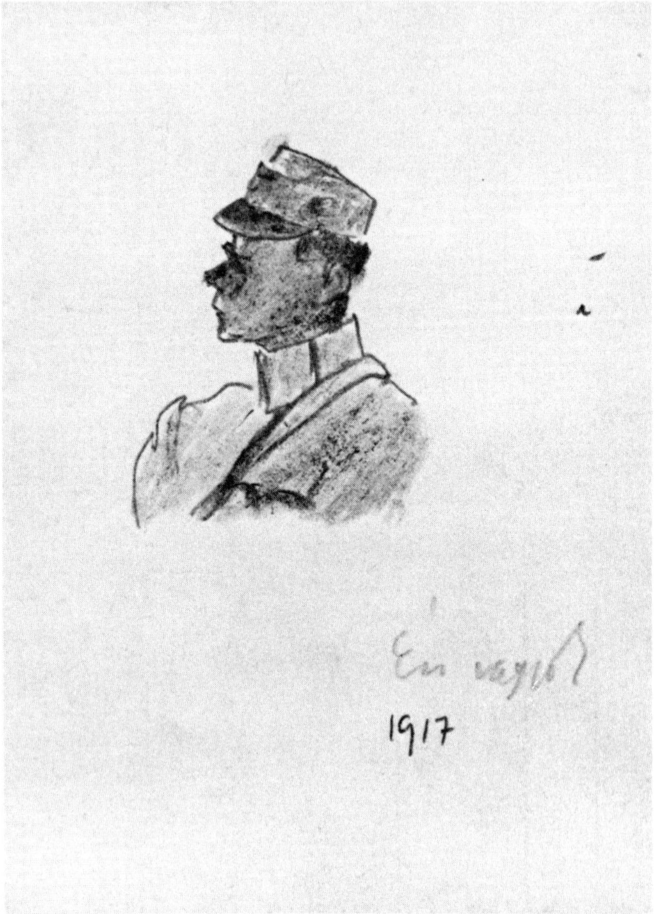

1917

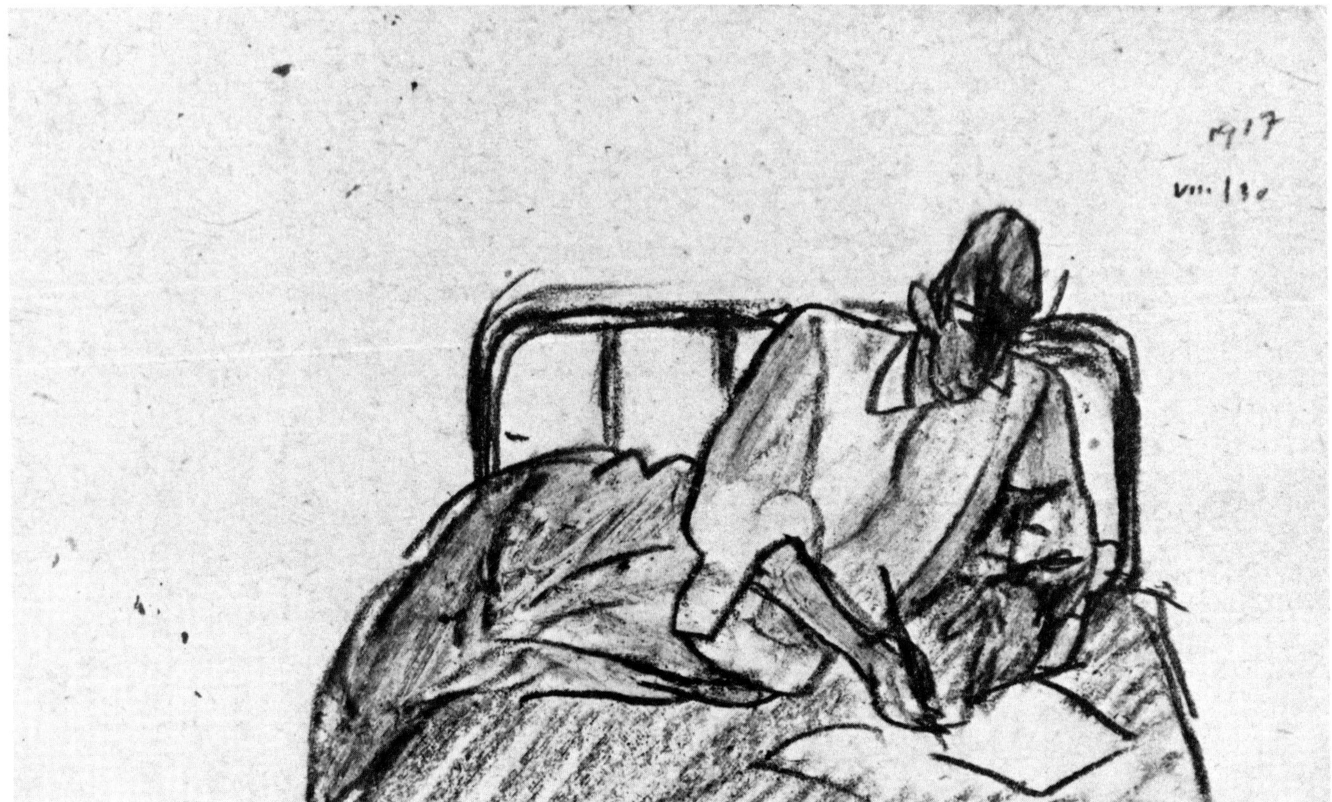

1917

2. Soldat couché, 1917
3. C'est moi, 1917
4. Blessé écrivant une lettre, 1917
5. Róna se lavant, 1917

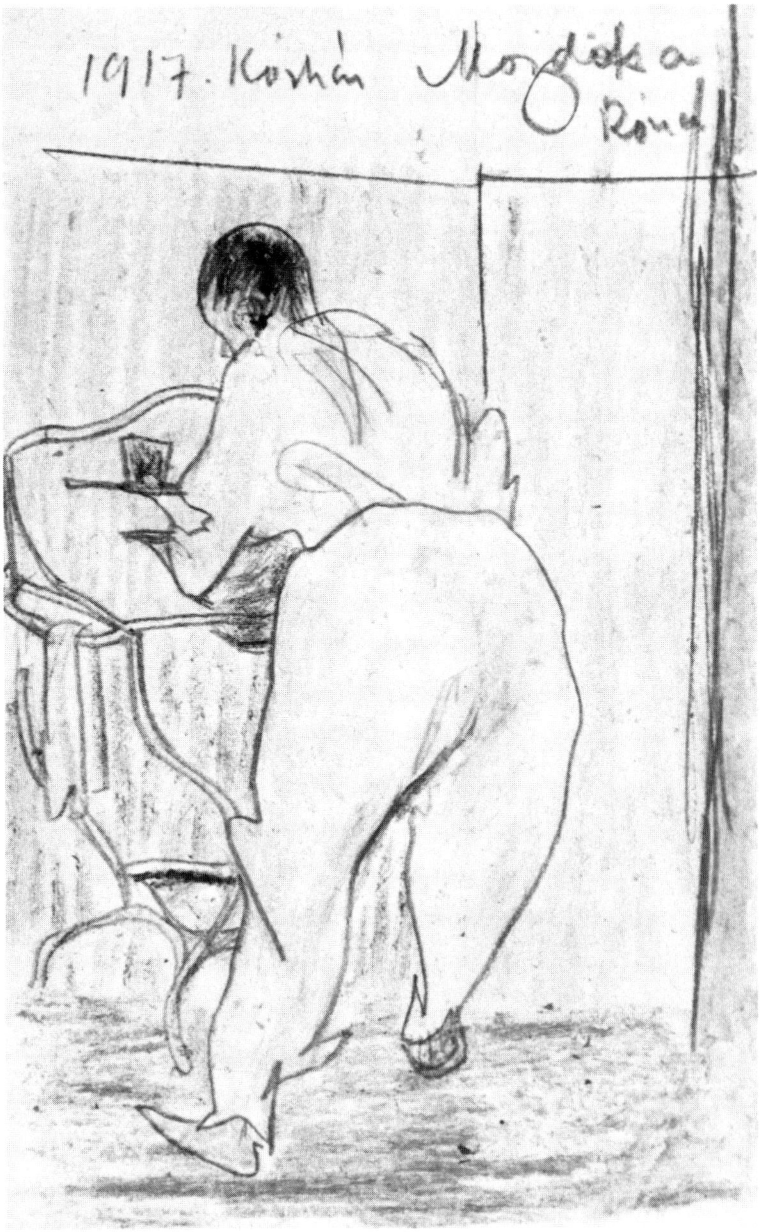

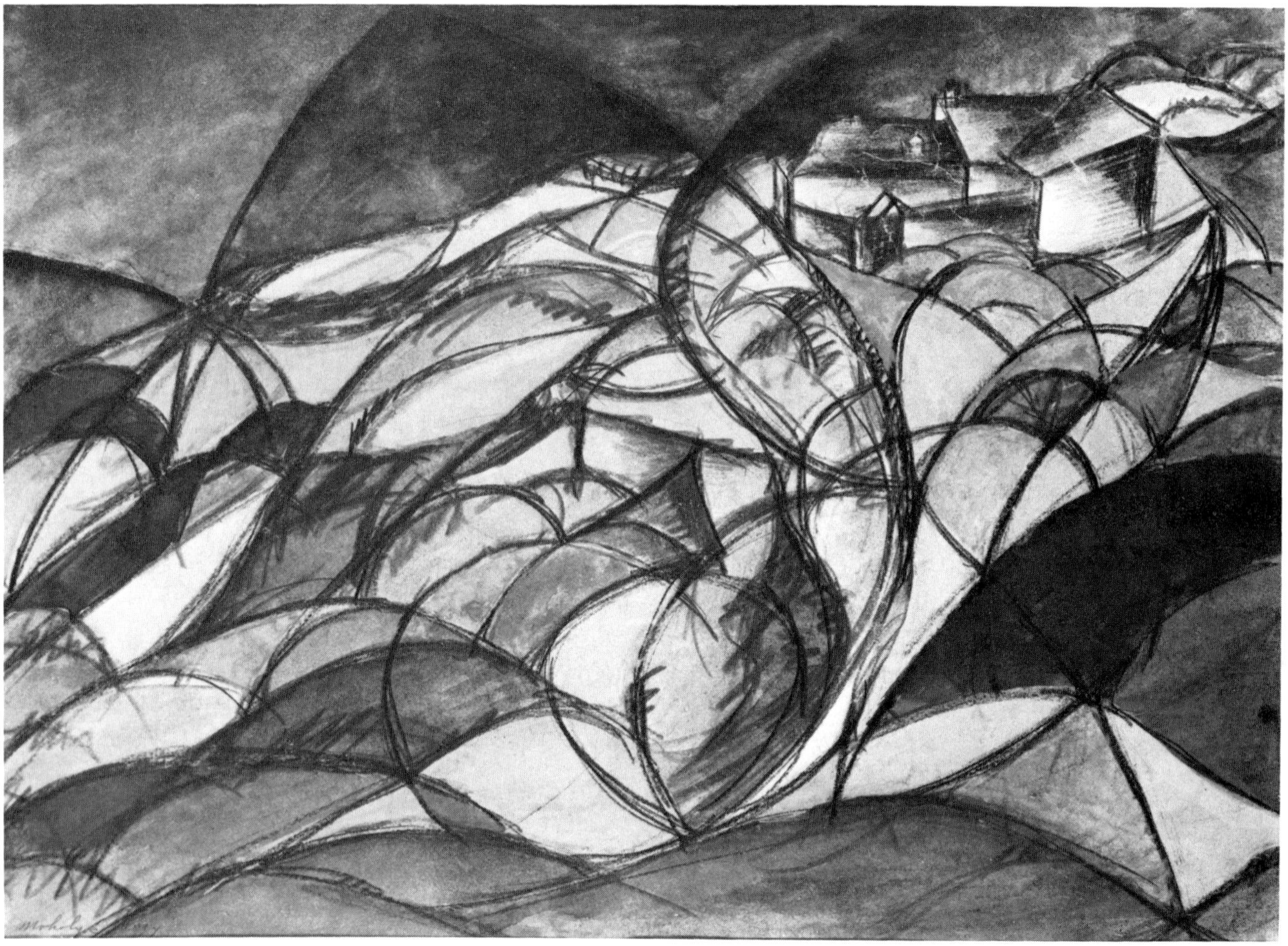

6. Paysage hongrois, 1918

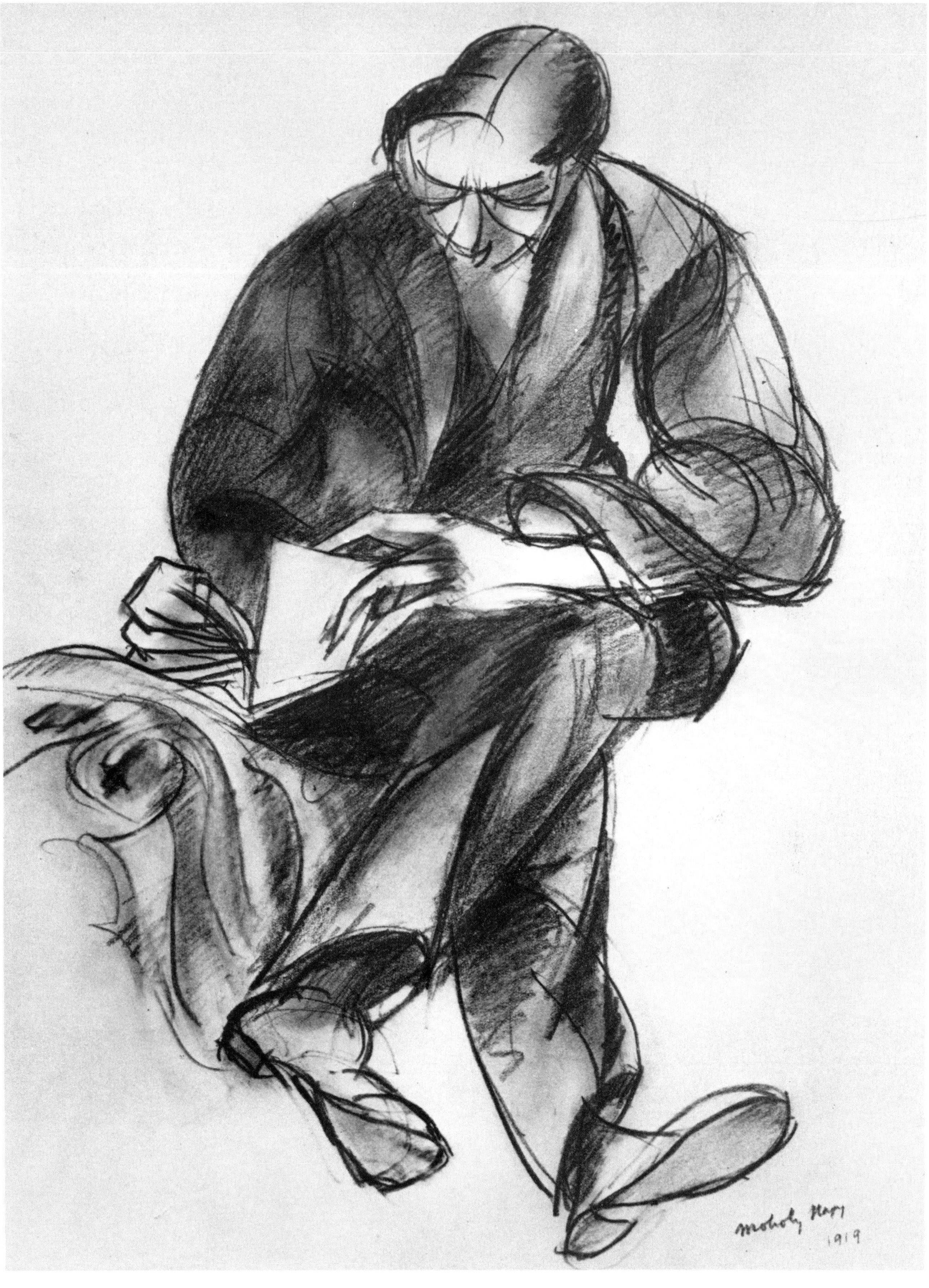

7. Homme lisant, 1919

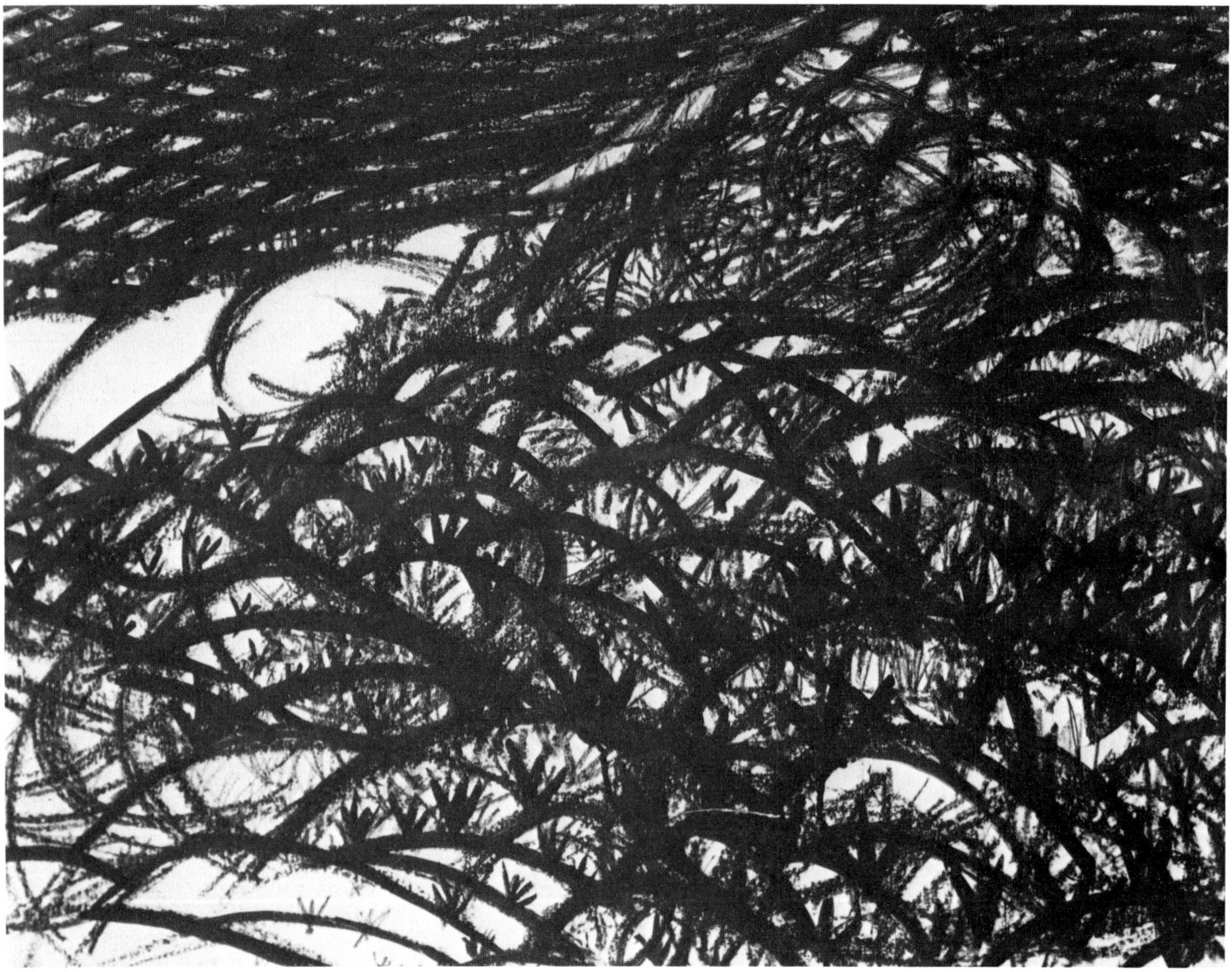

8. Paysage aux barbelés, 1918
9. Femme couchée, vers 1919
10. Paysage, 1917-1919

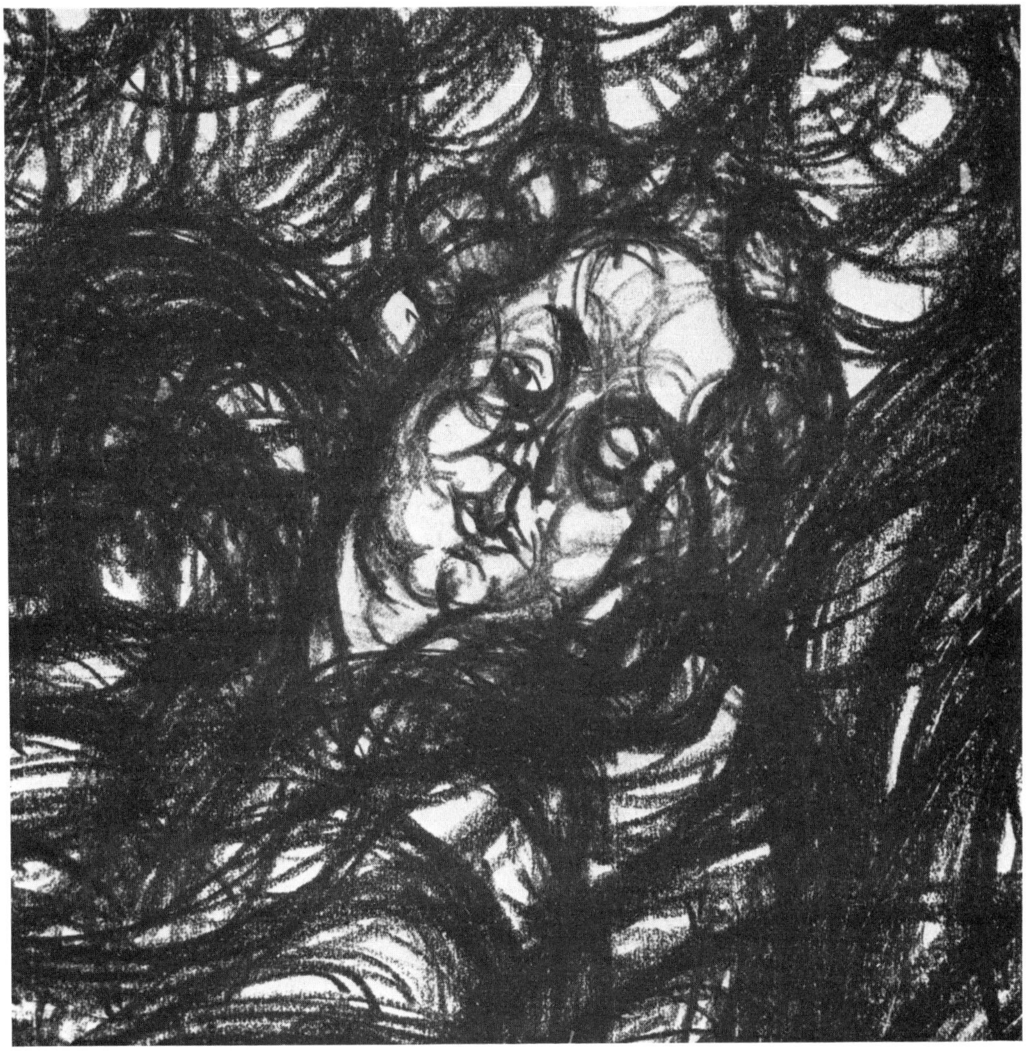

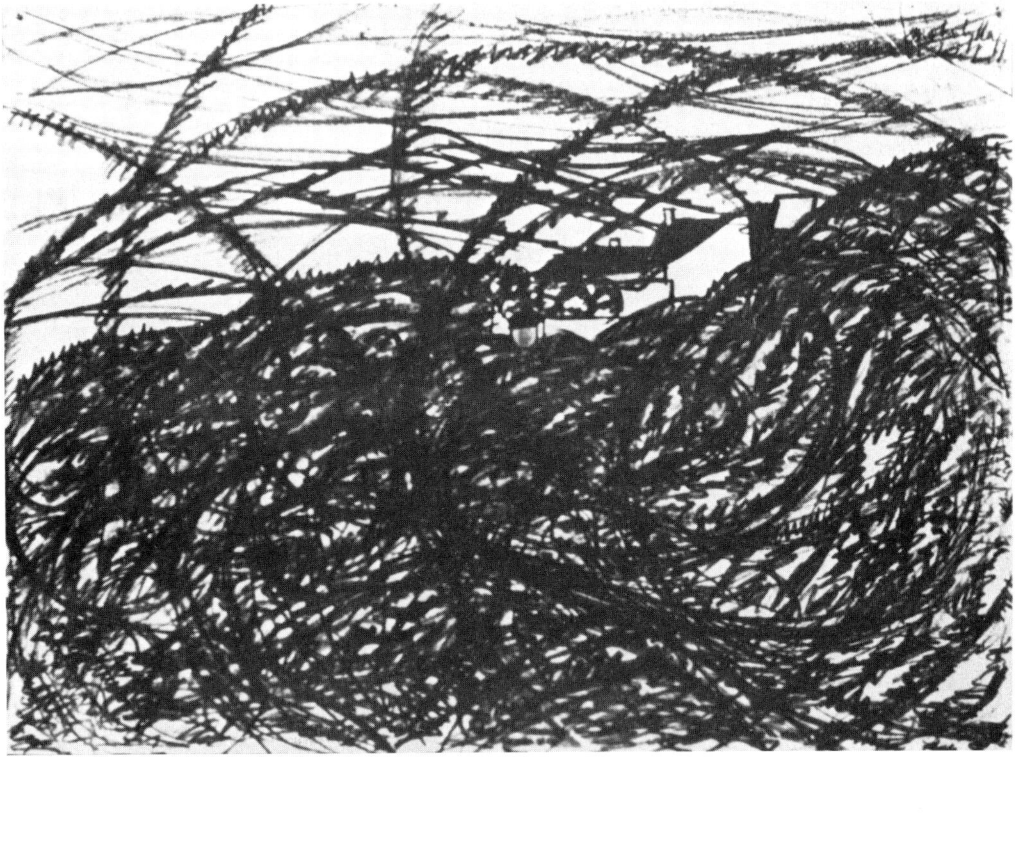

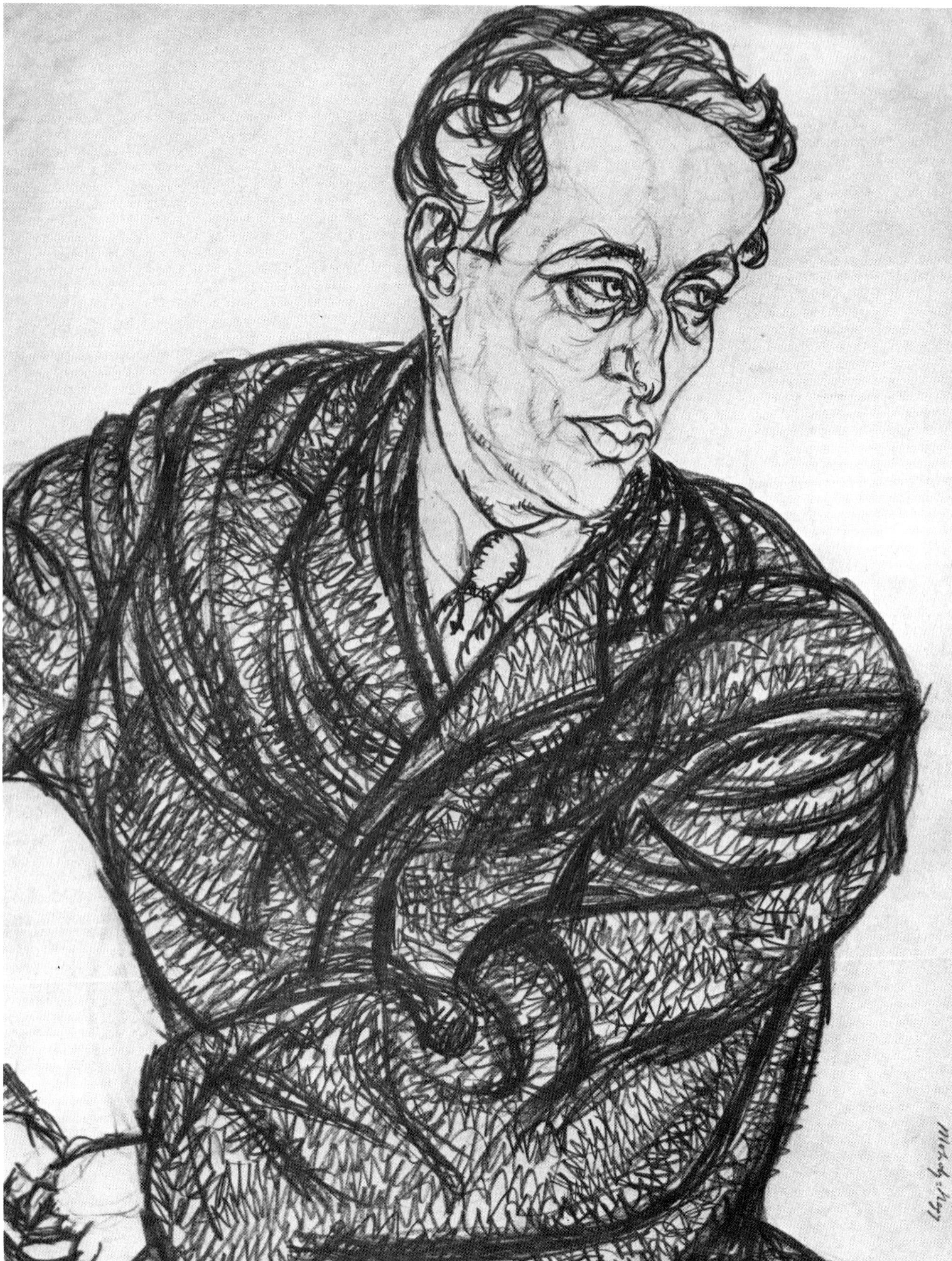
Moholy-Nagy

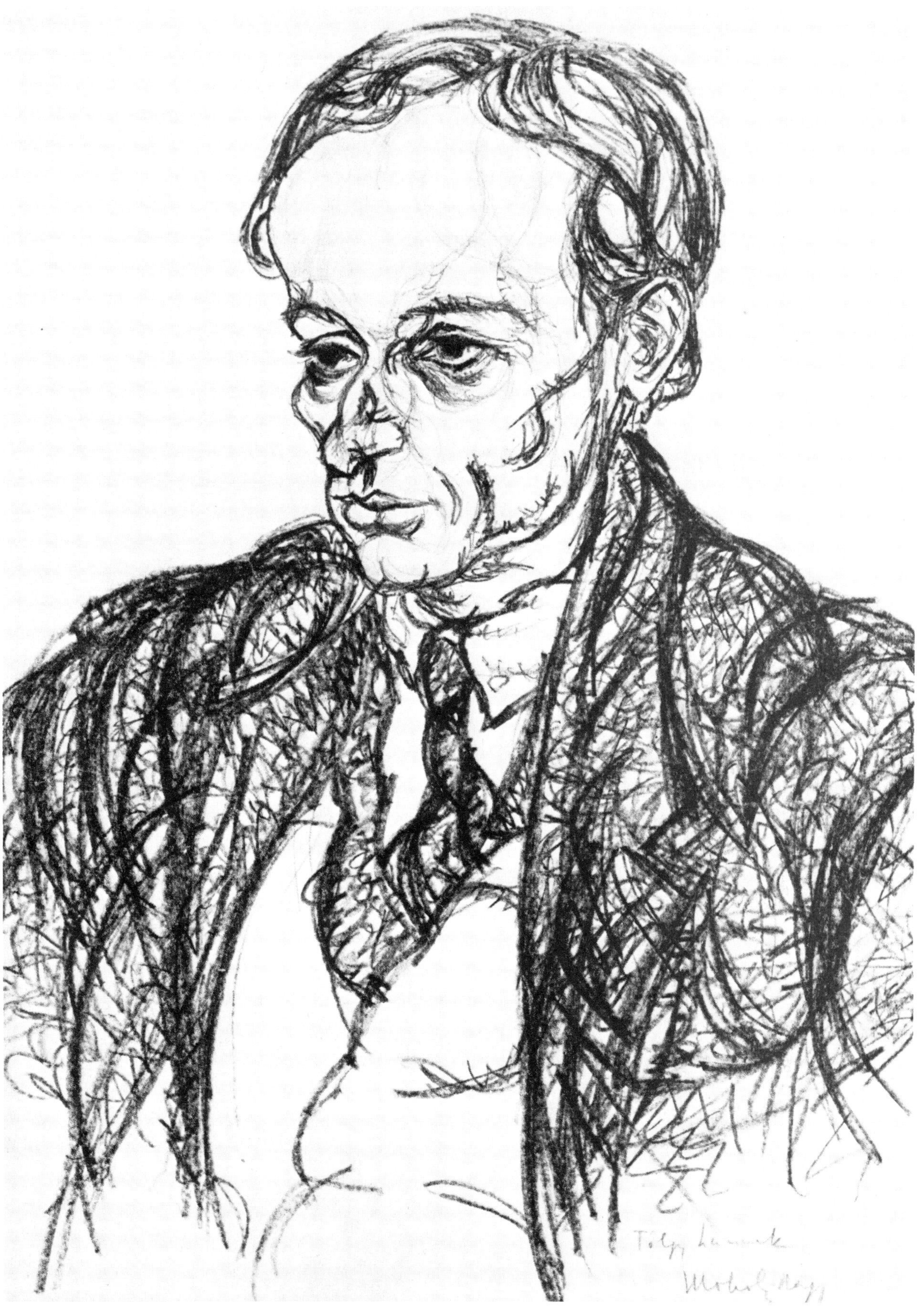

11. Portrait de Vorwerk (Ferenc), 1920
12. Portrait de Lajos Hatvany (dédicacé : « A Laci Tölgy »), 1919

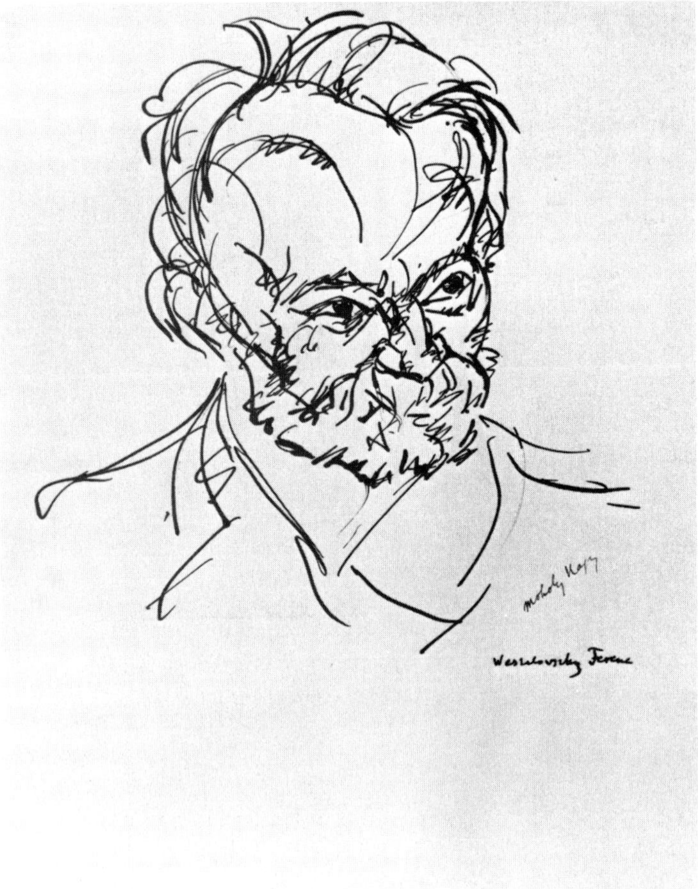

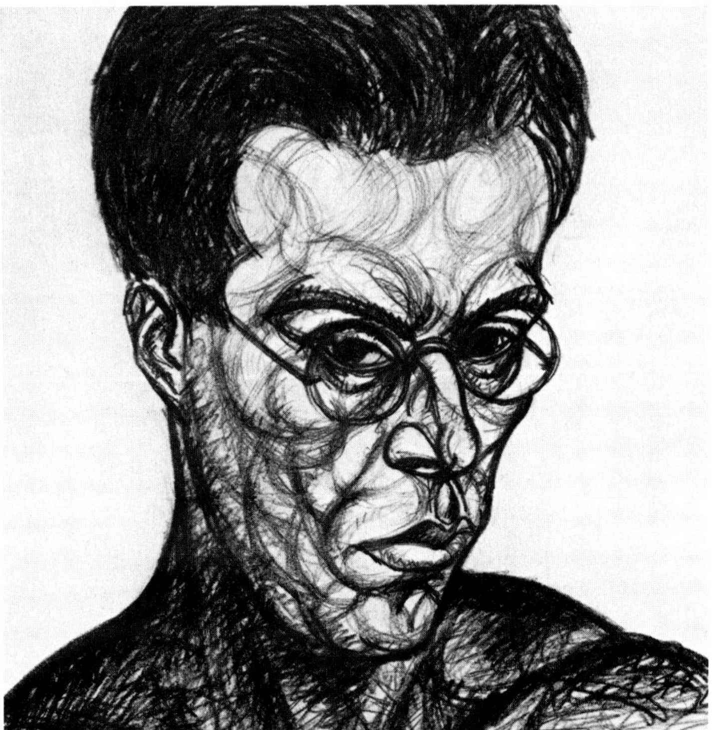

13. Portrait de Ferenc Weszelovszky, 1919
14. Autoportrait, 1920

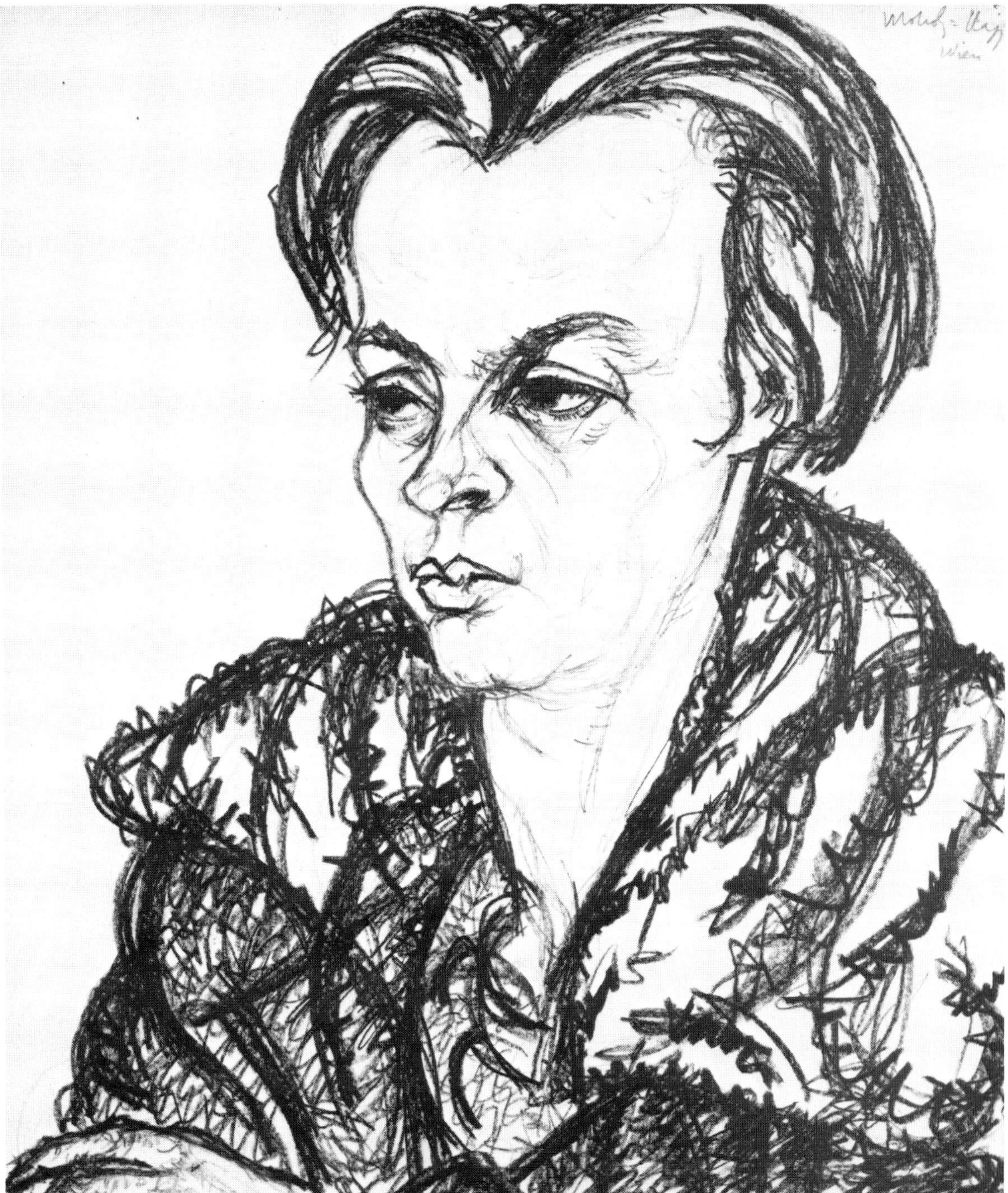

15. Portrait de Jolán Simon, 1920

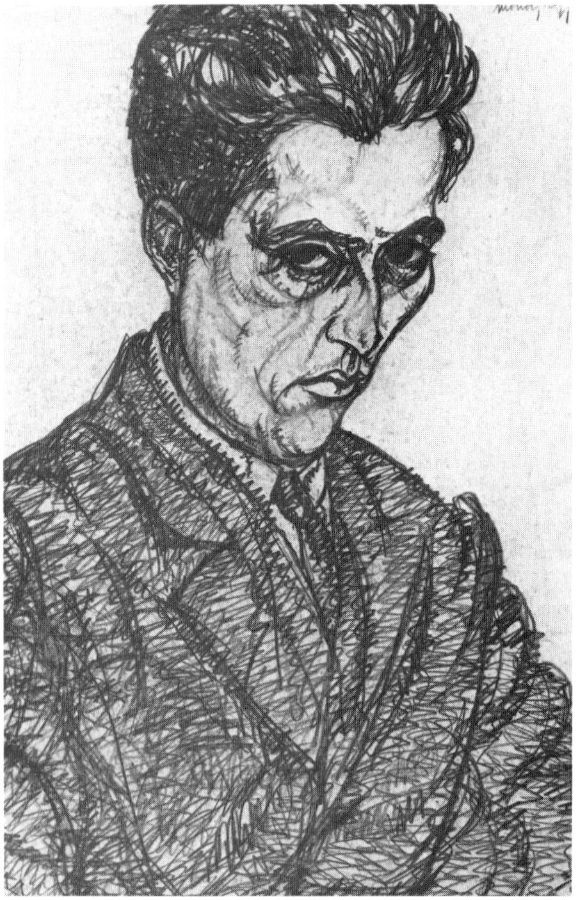

16. Mon frère Ákos, 1919-1920
17. Les Convives, 1919

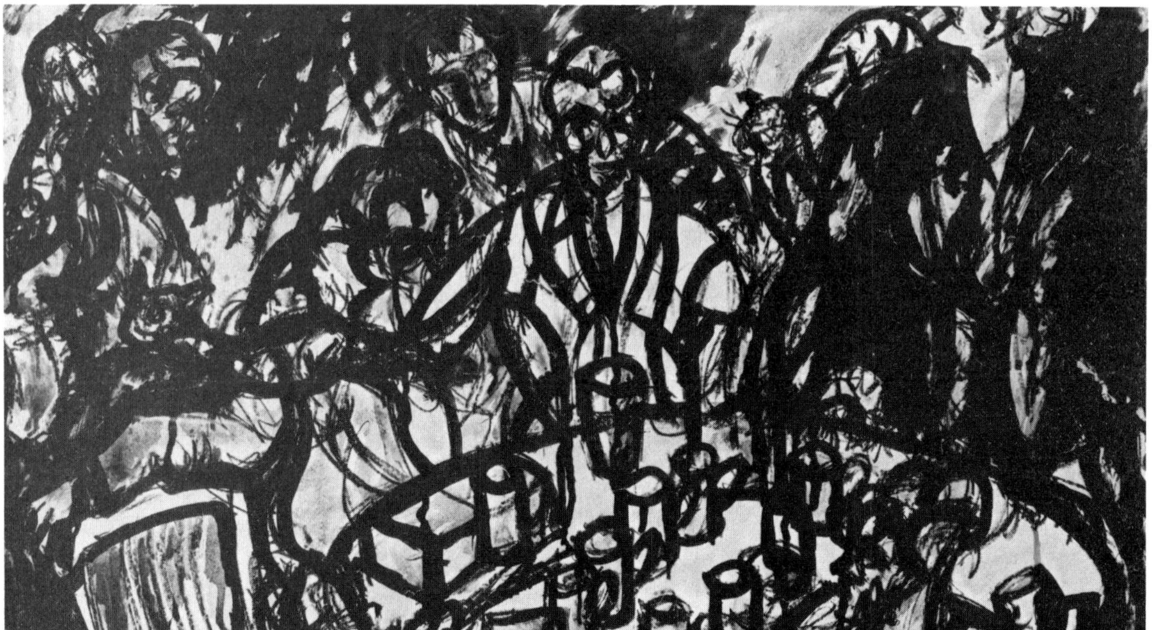

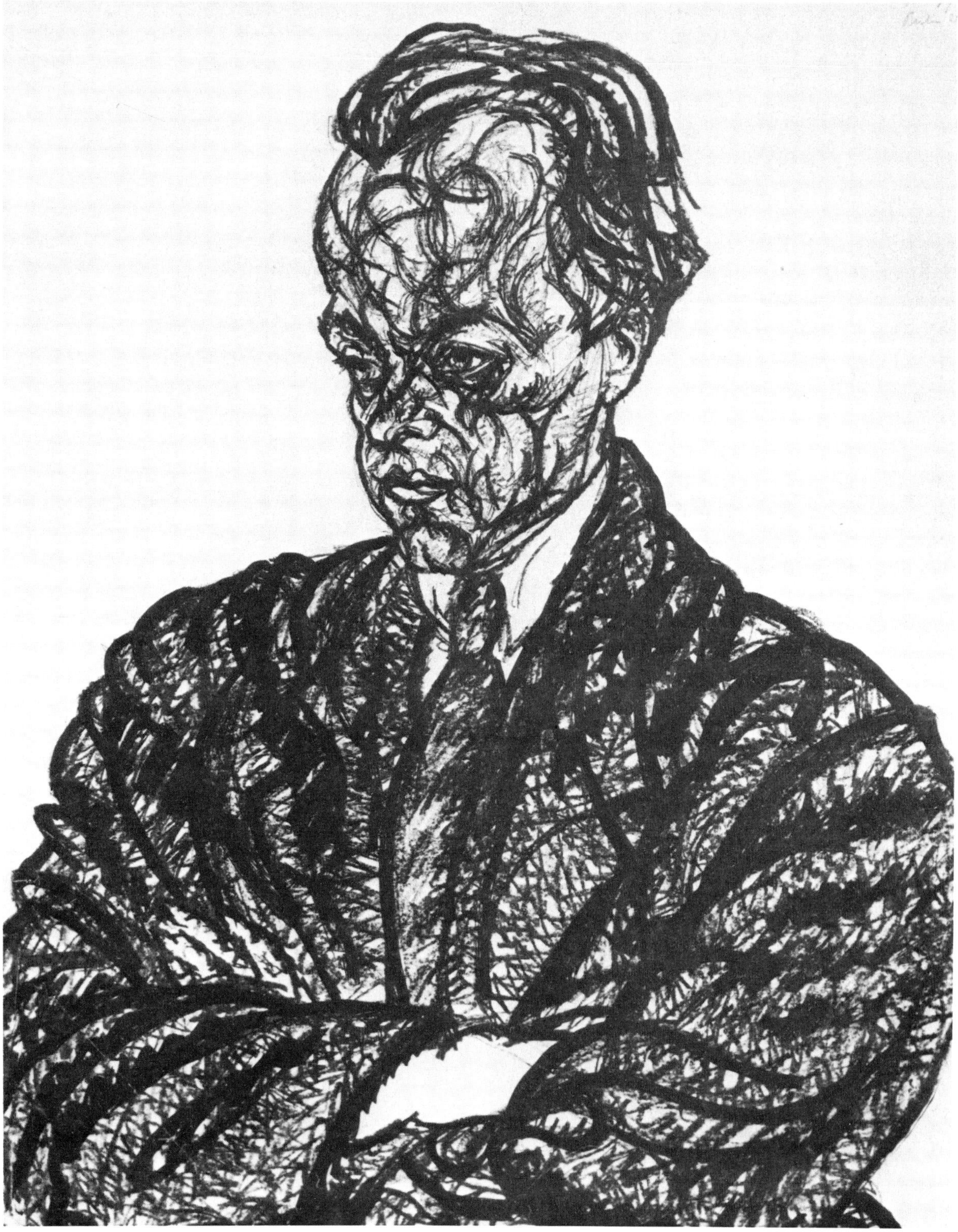

18. Portrait du Dr Reinhold Schairer, 1921

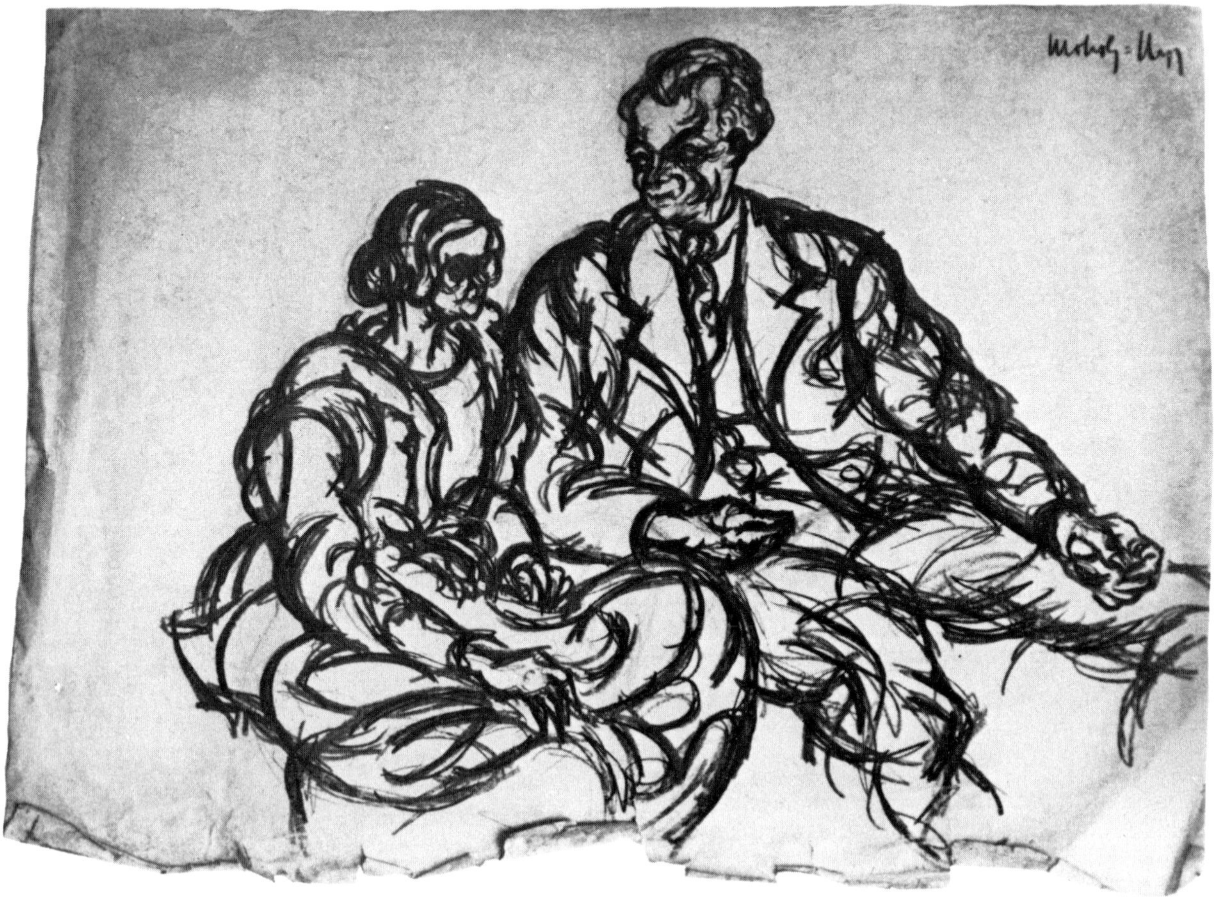

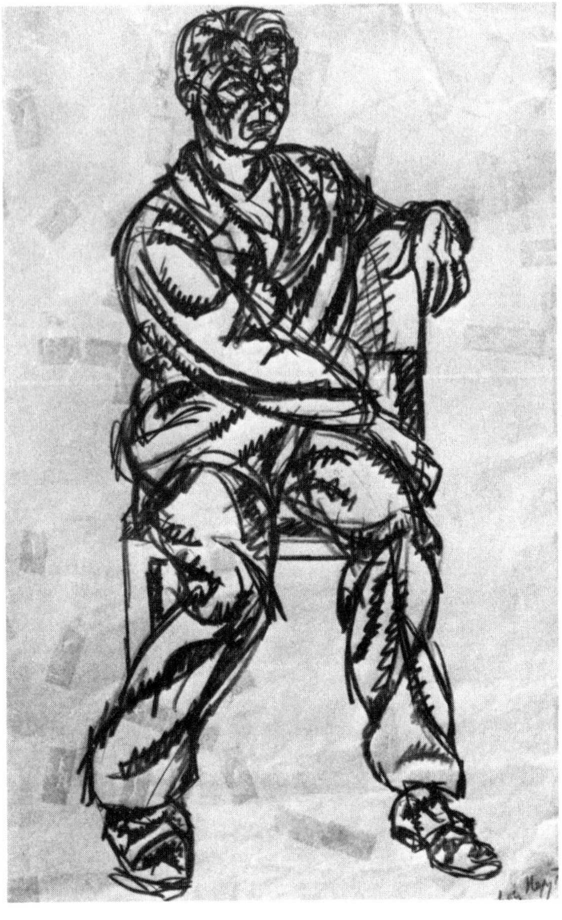

19. Composition avec figure, 1920
20. Homme assis, 1919

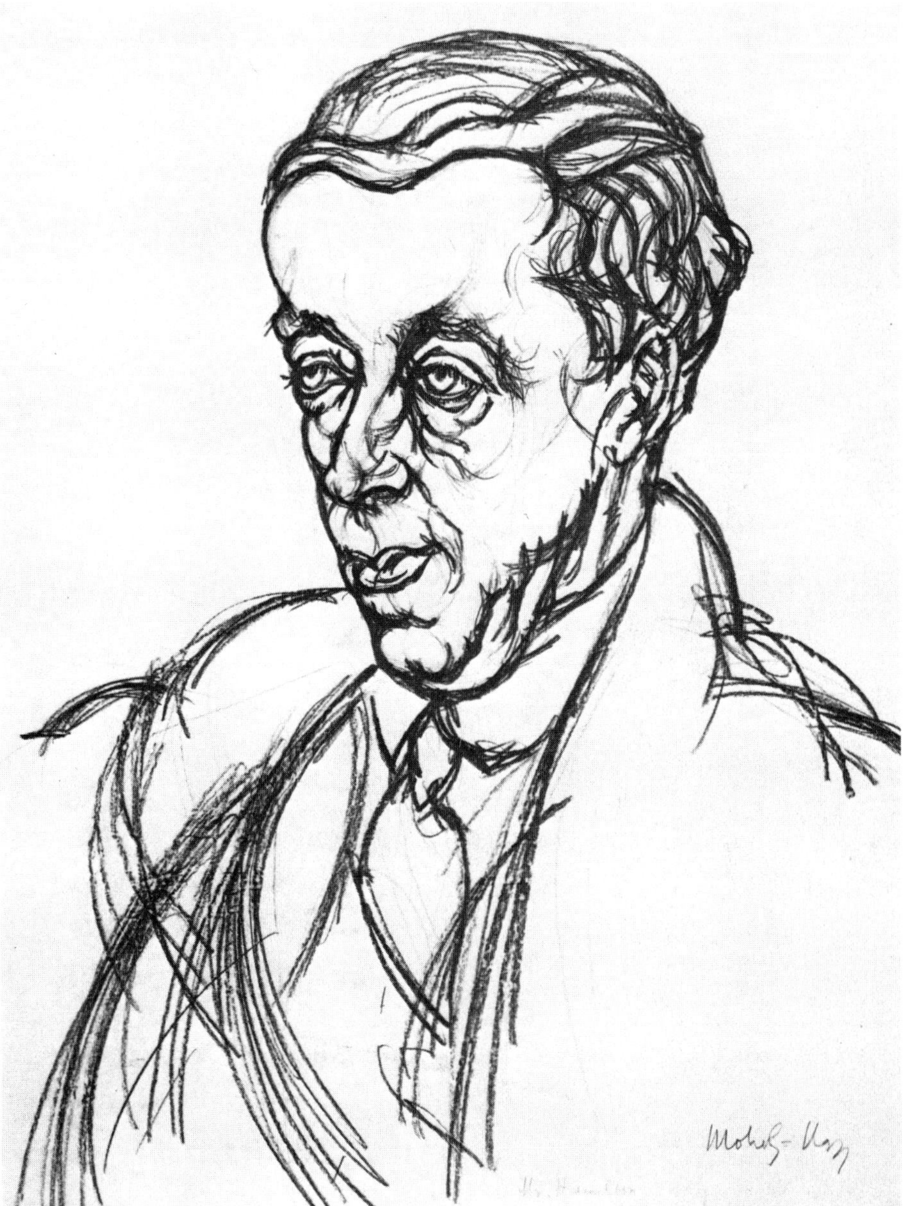

21. Portrait de Mr. Hamilton, 1920

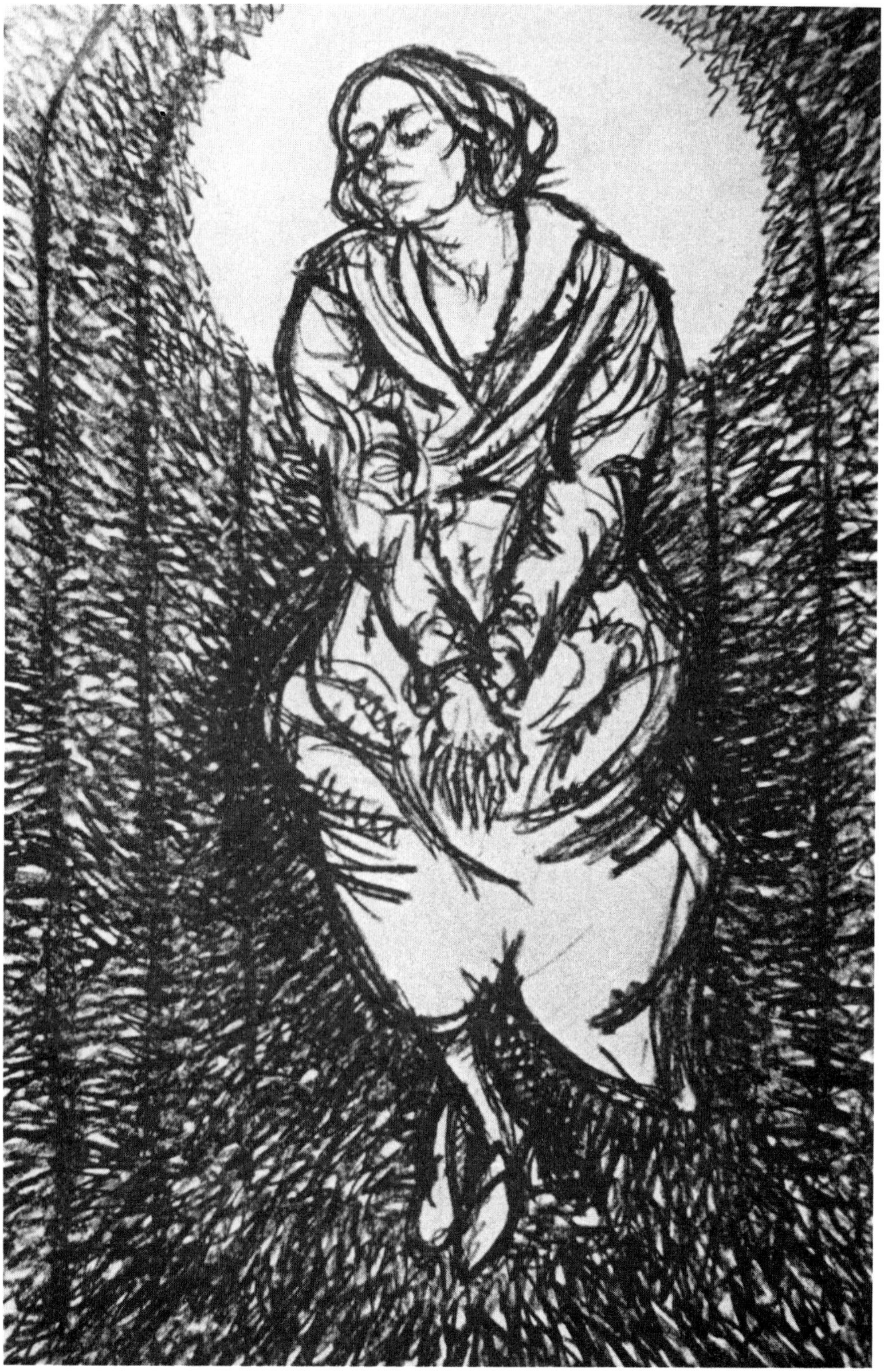

22. Femme assise, 1920

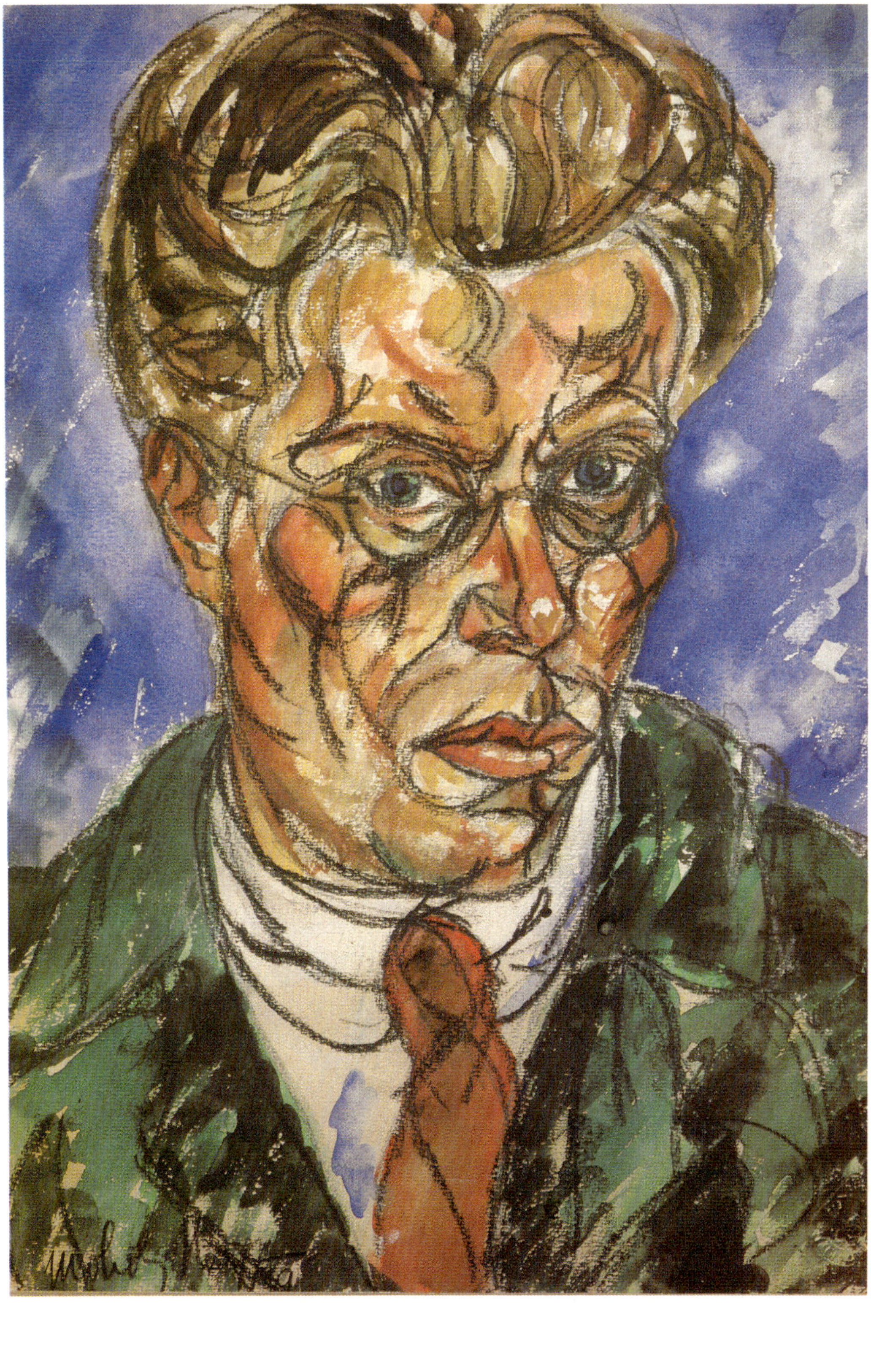

23. Autoportrait, 1919

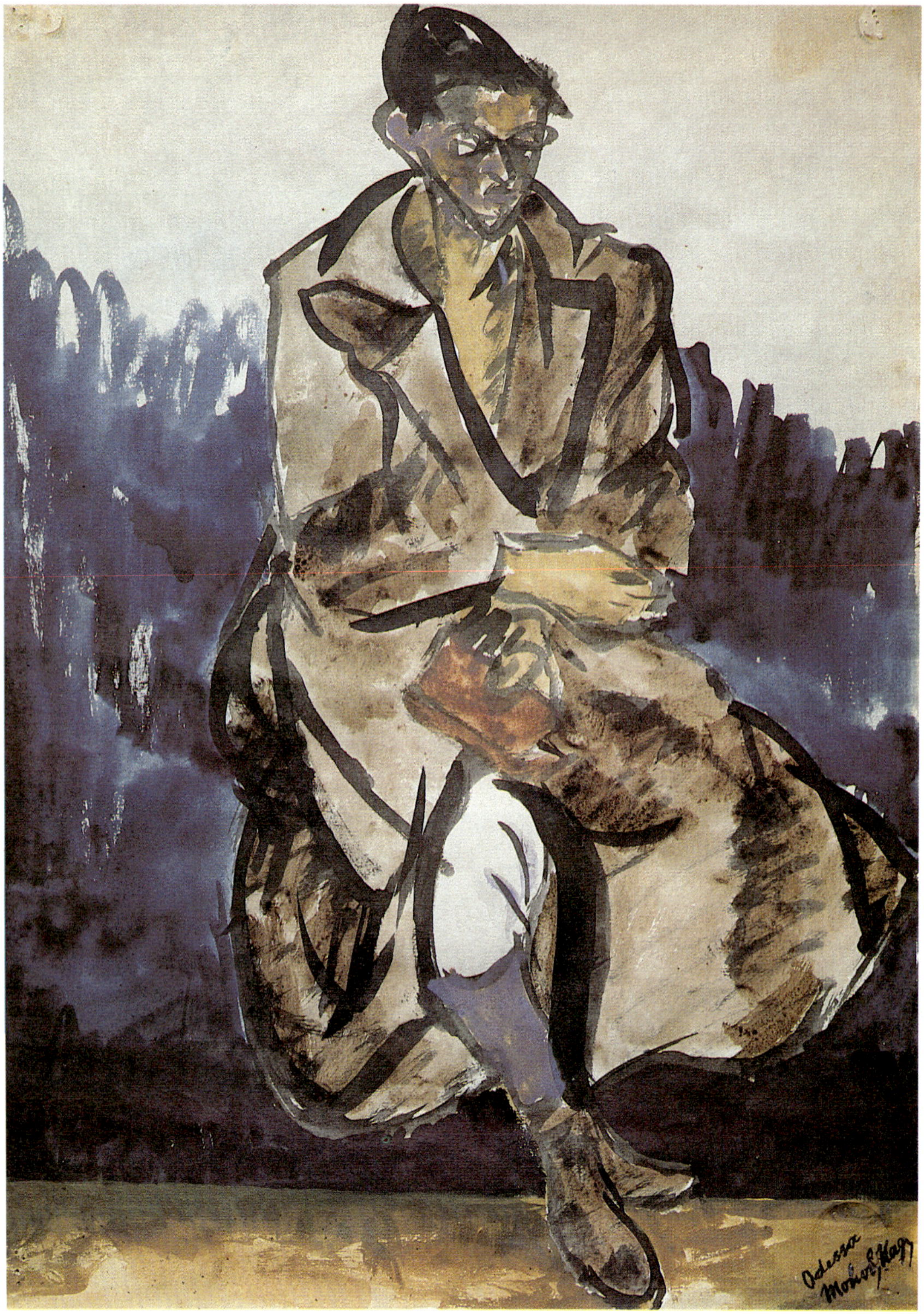

24. Soldat blessé (Prisonnier), 1917

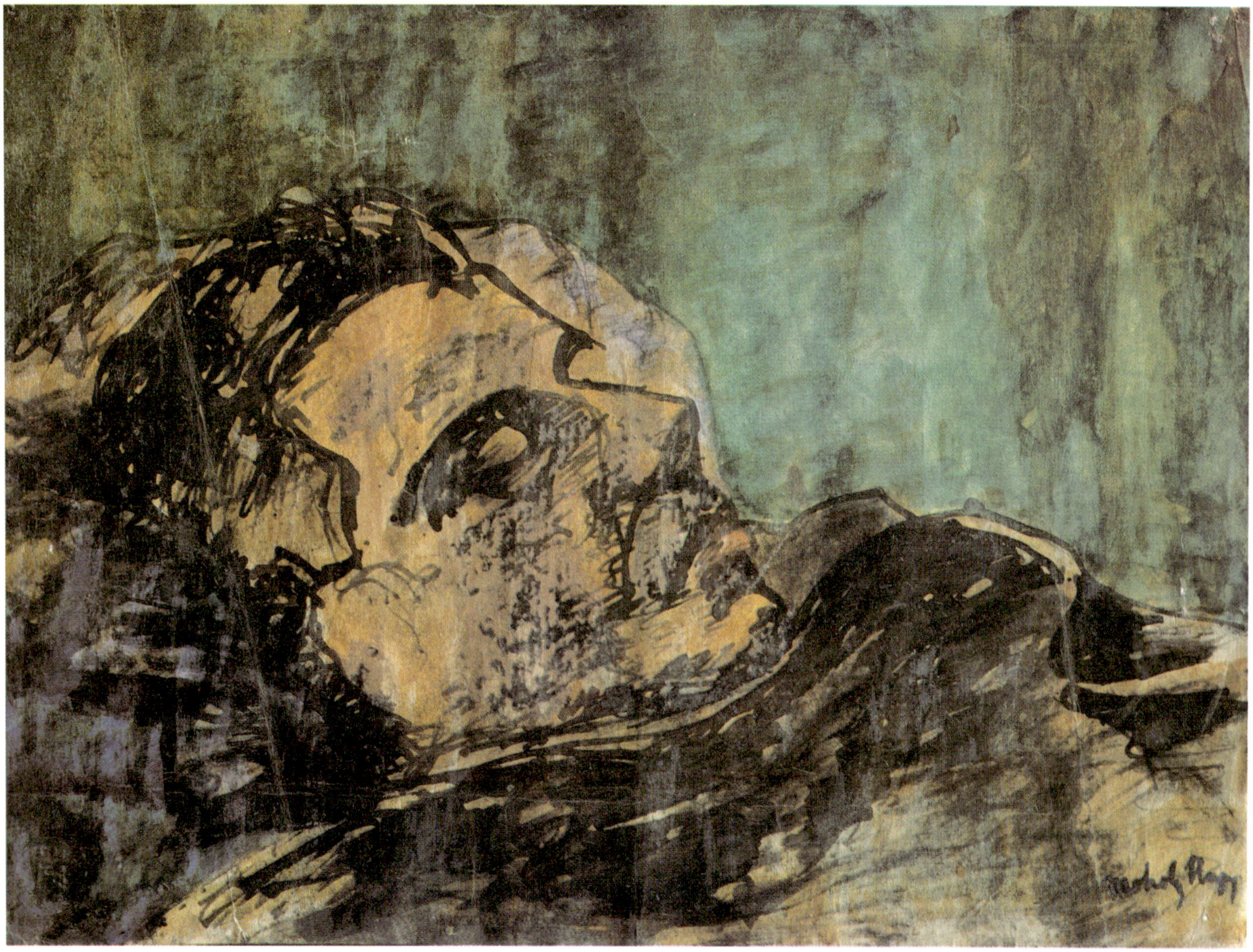

25. Portrait de son frère, 1917

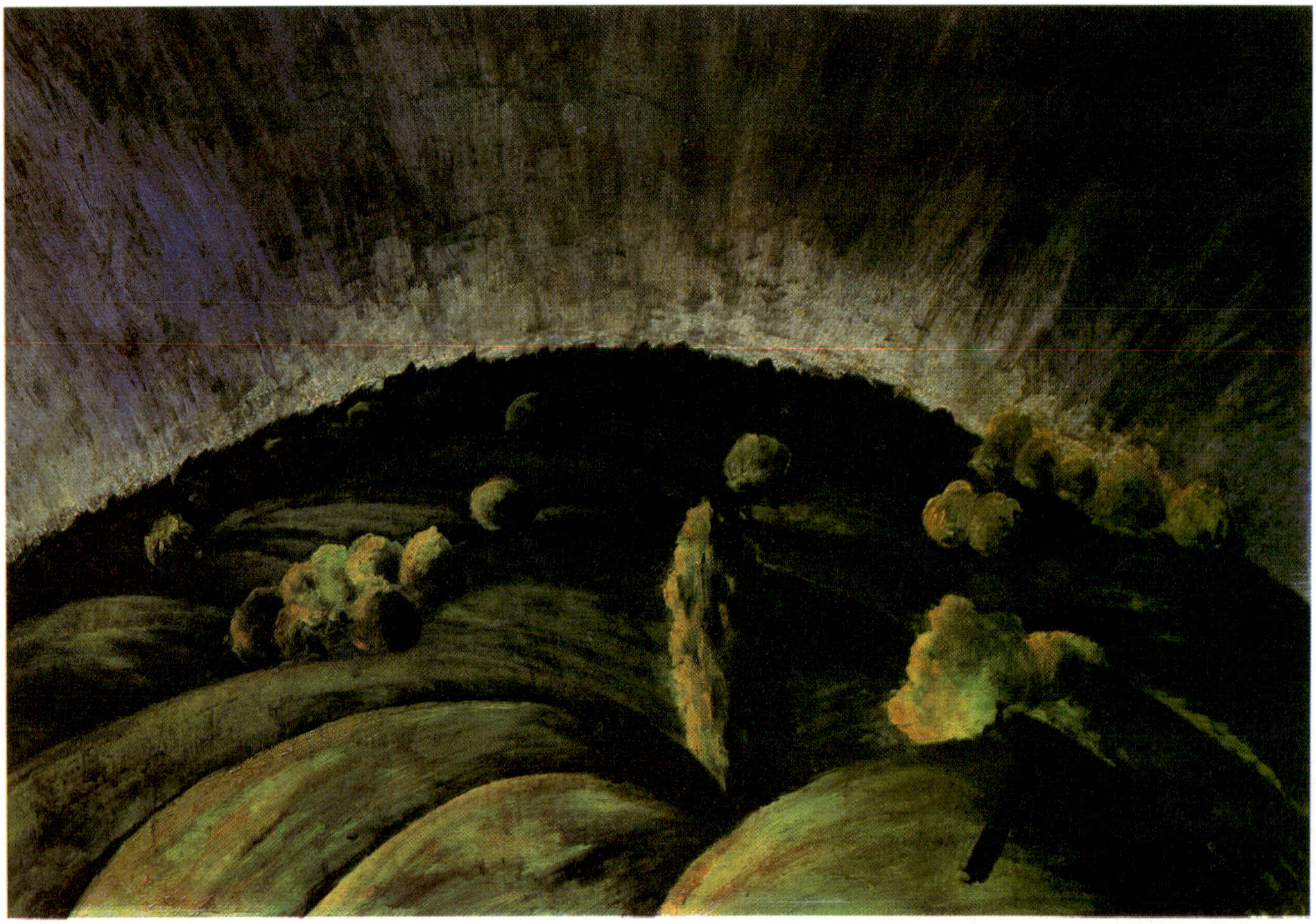

26. Montagnes de Buda, 1918

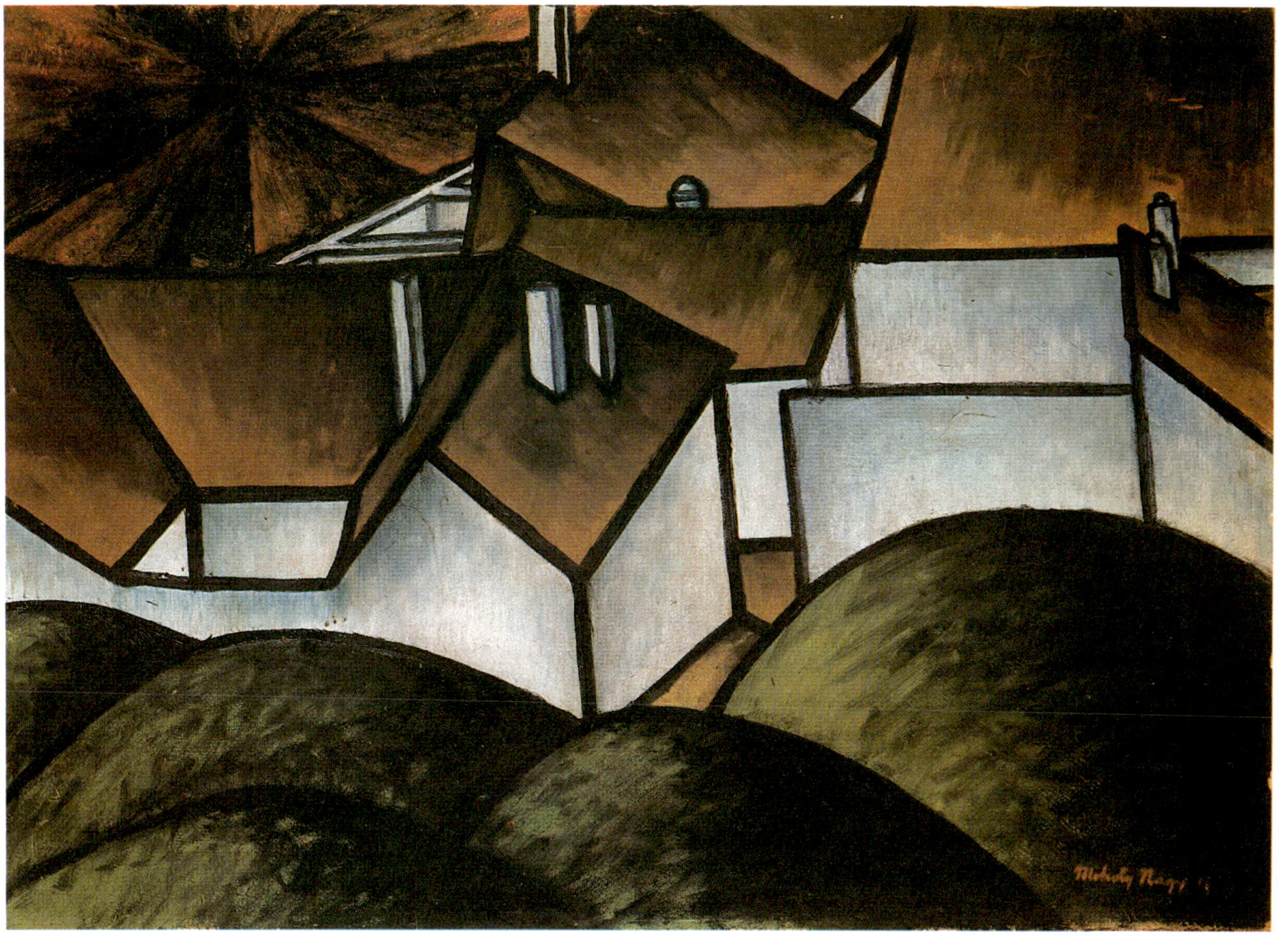

27. Paysage avec maisons, 1919

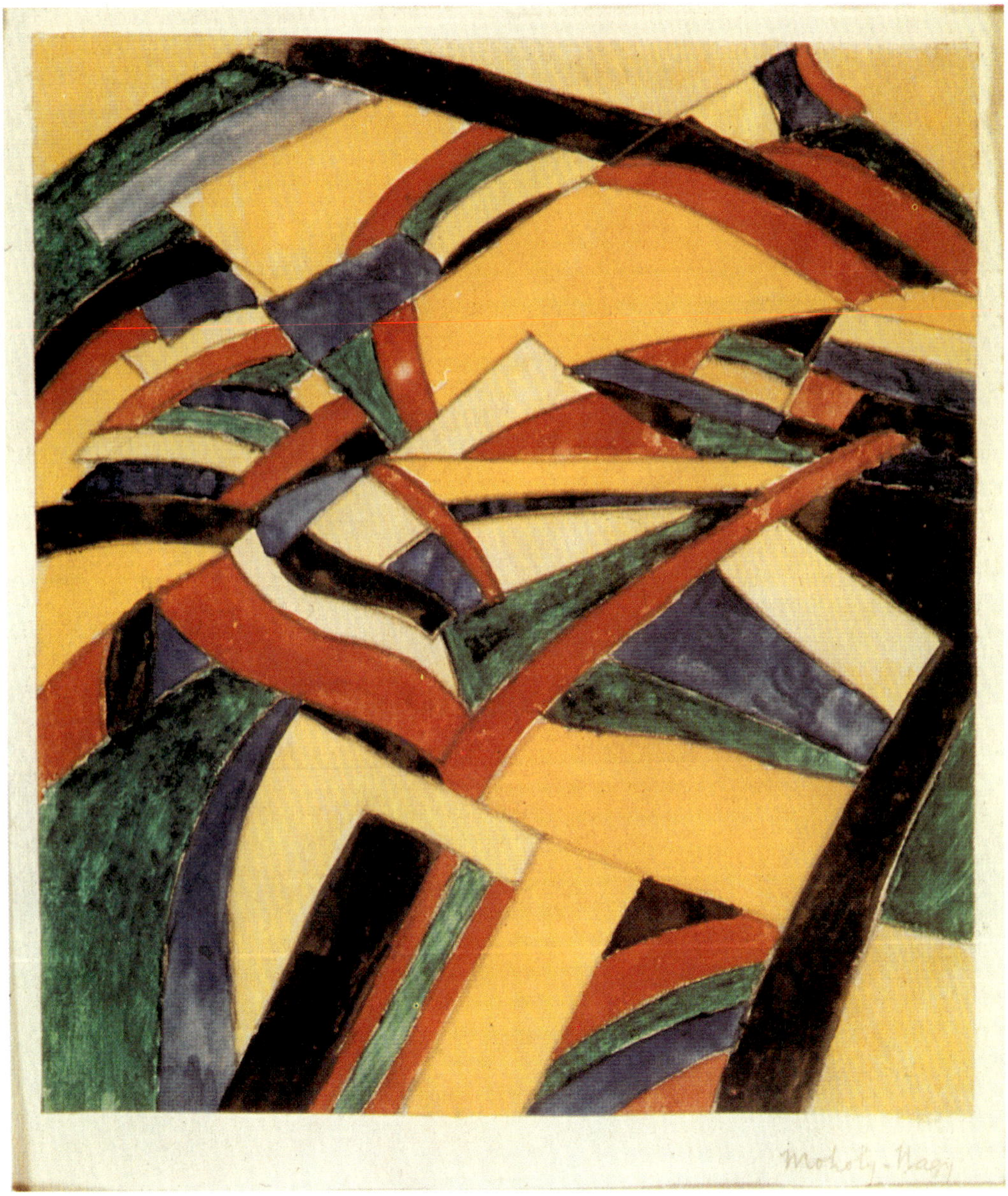

28. Composition avec des raies colorées, 1919-1920

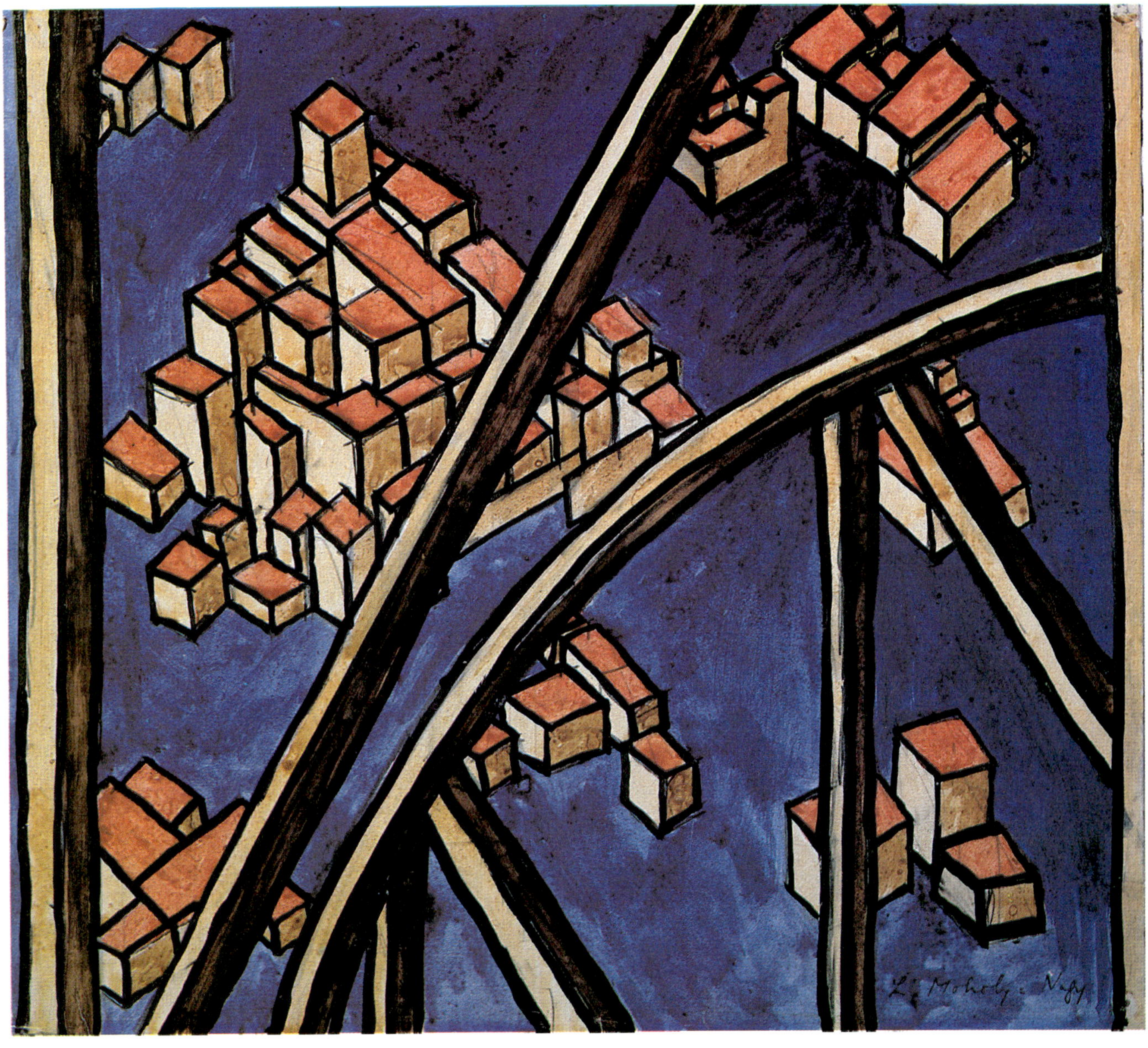

29. Paysage urbain cubiste, 1920-1921

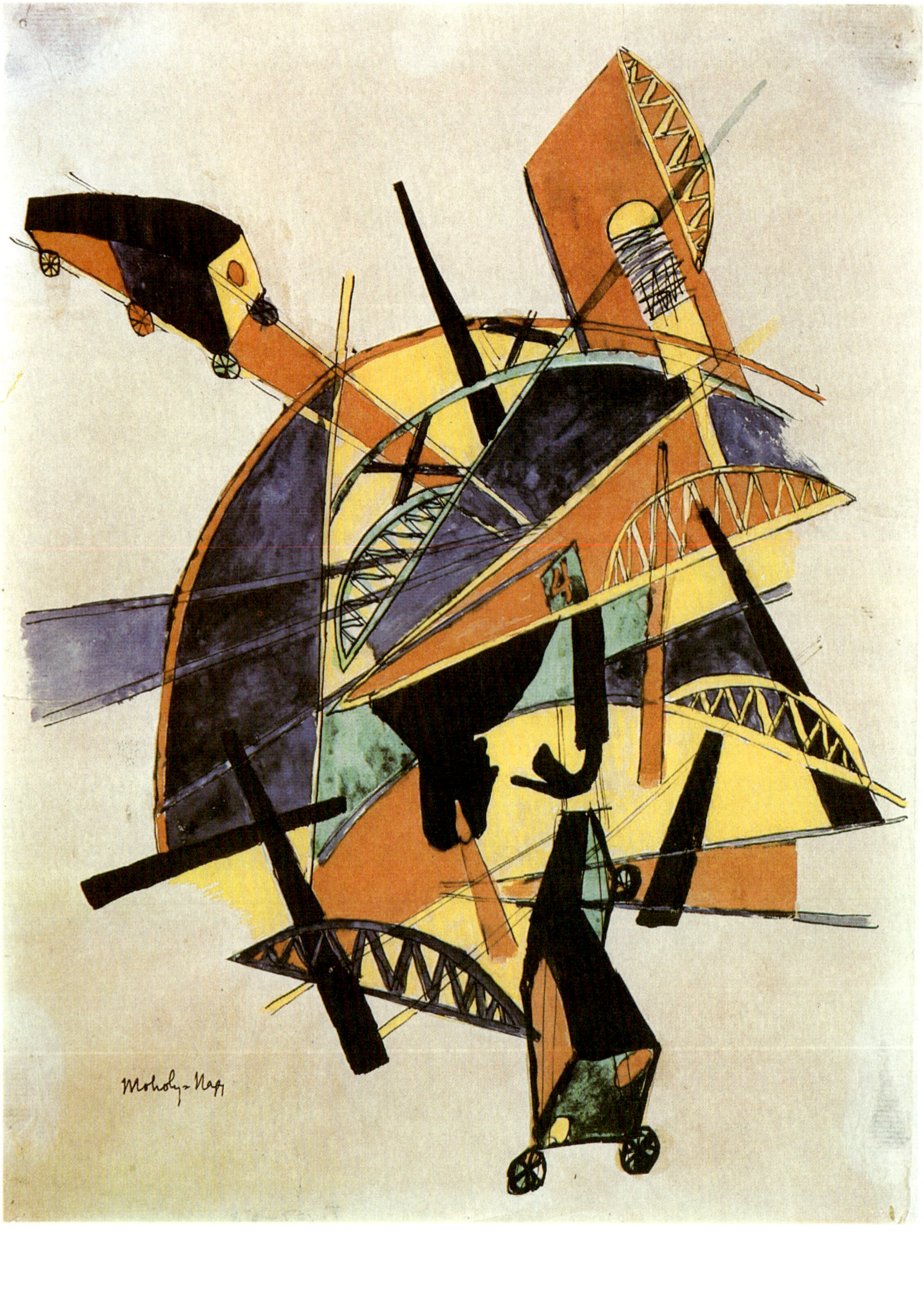

30. Ponts (esquisse), 1920-1921
31. Collage (I K 33), 1920-1921

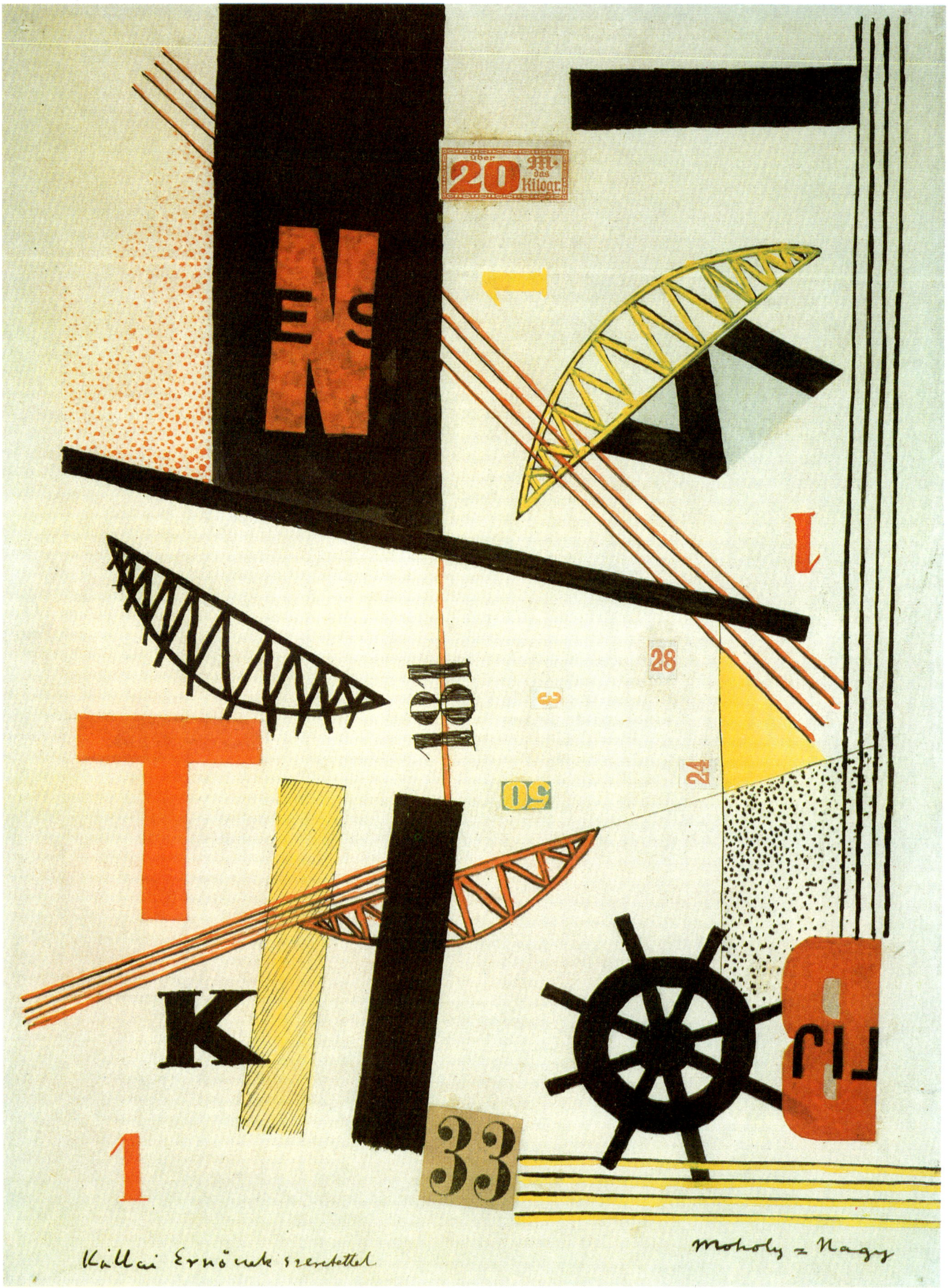
über 20 M. das Kilogr.
N
1
1
28
T
50
24
K
33
1
Kállai Ernőnek szeretettel
Moholy=Nagy

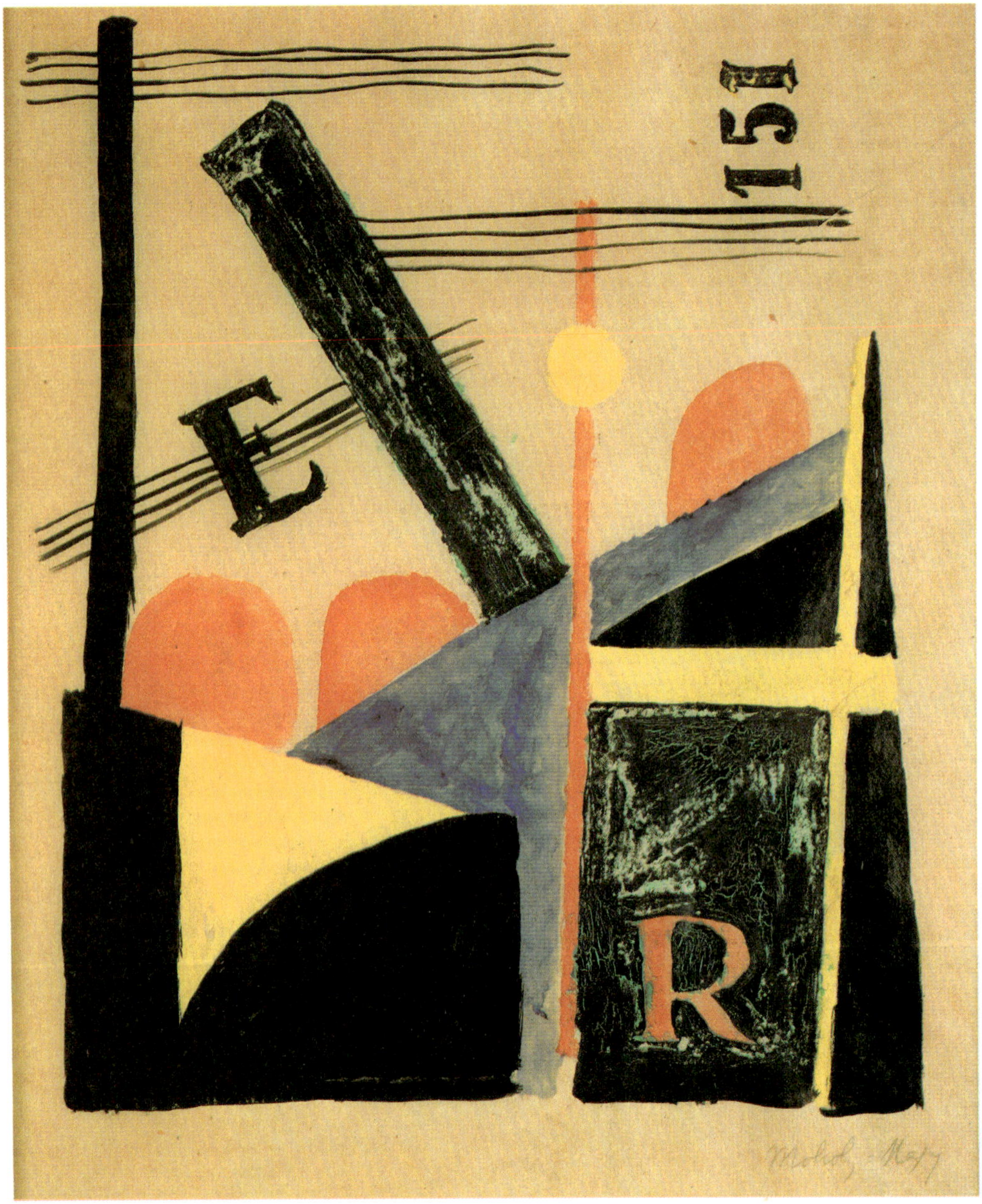

32. La Voie ferrée, 1920-1921

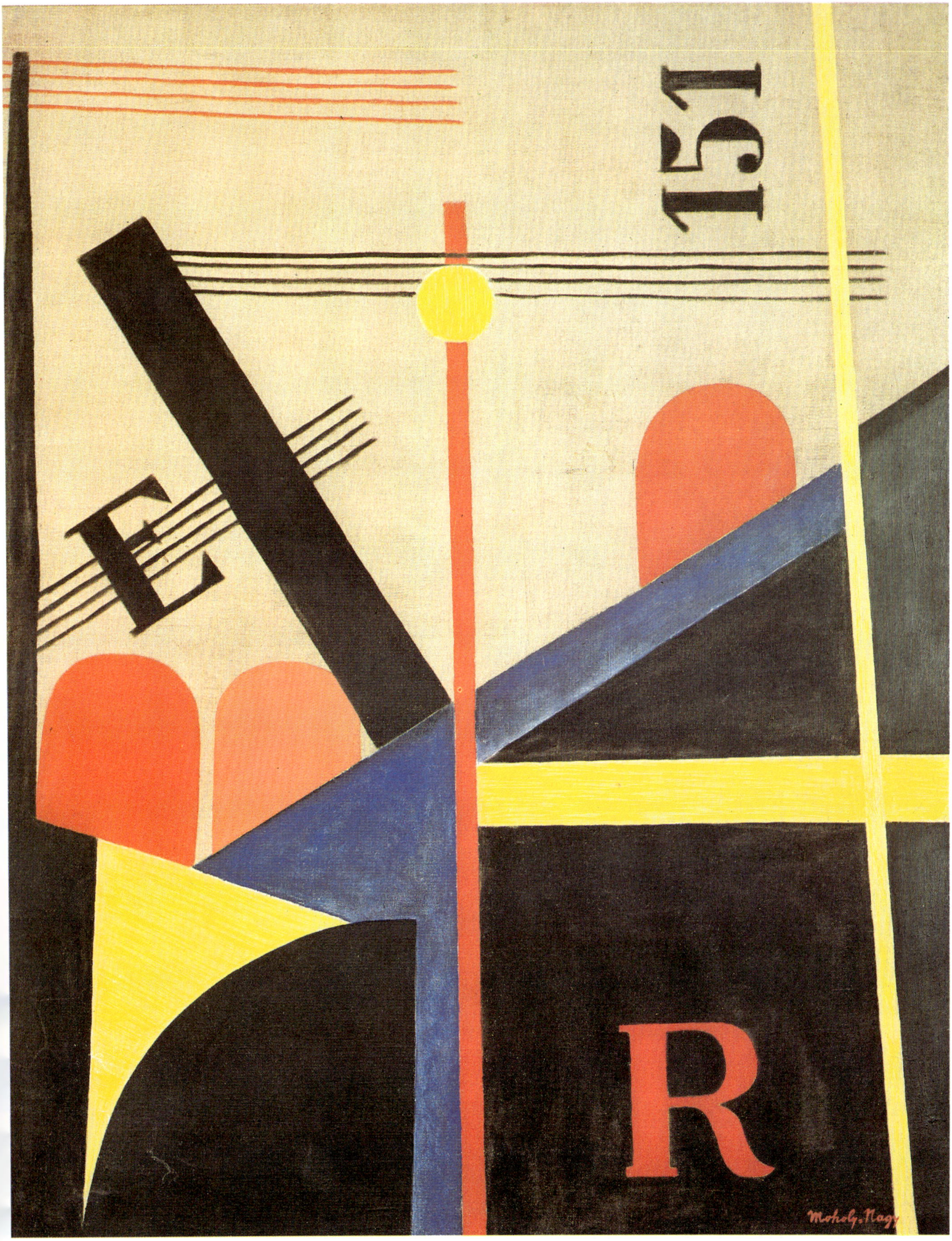

33. La Grande Voie ferrée, 1920-1921

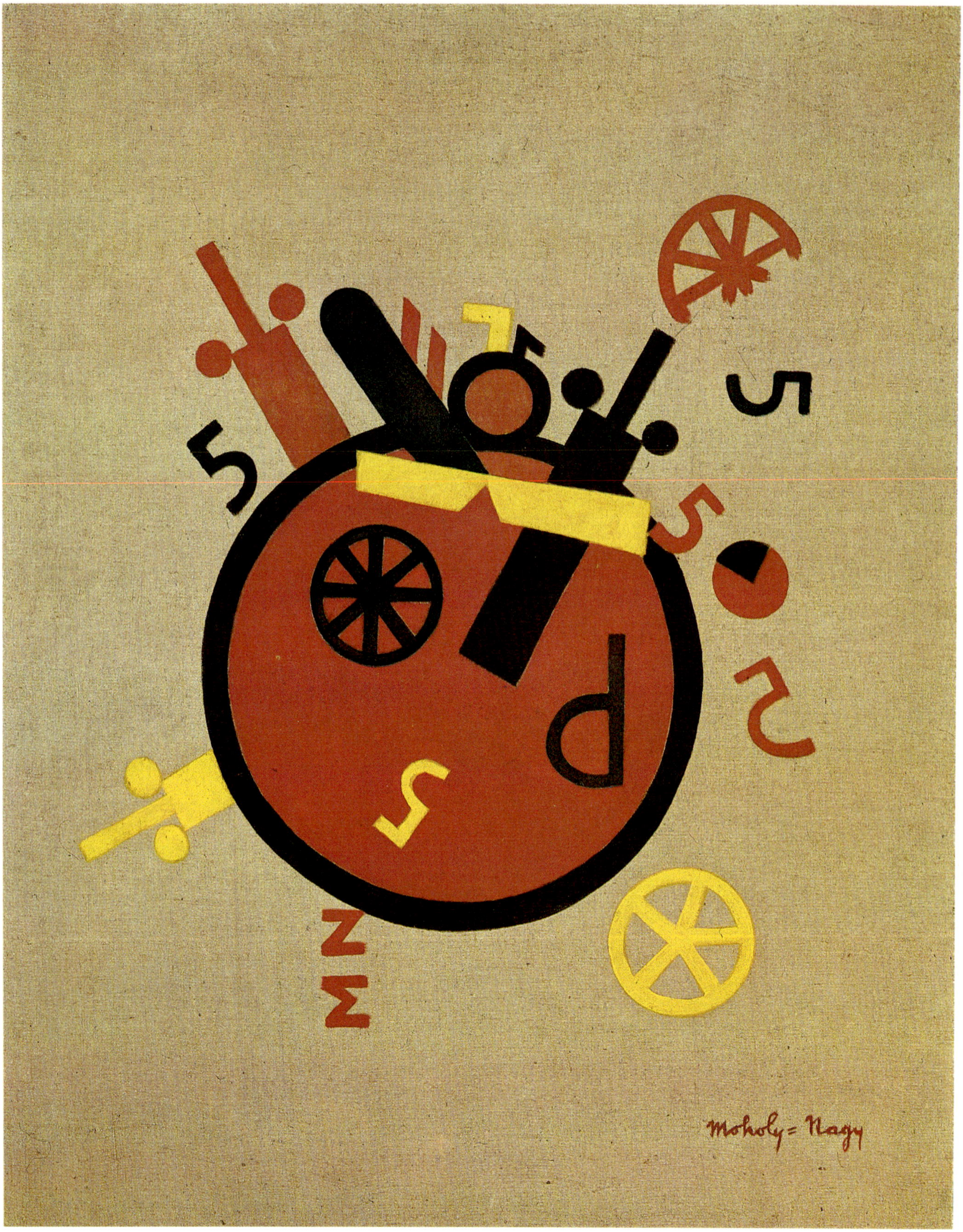

34. La Grande Roue (La grande machine des sentiments), 1920-1921

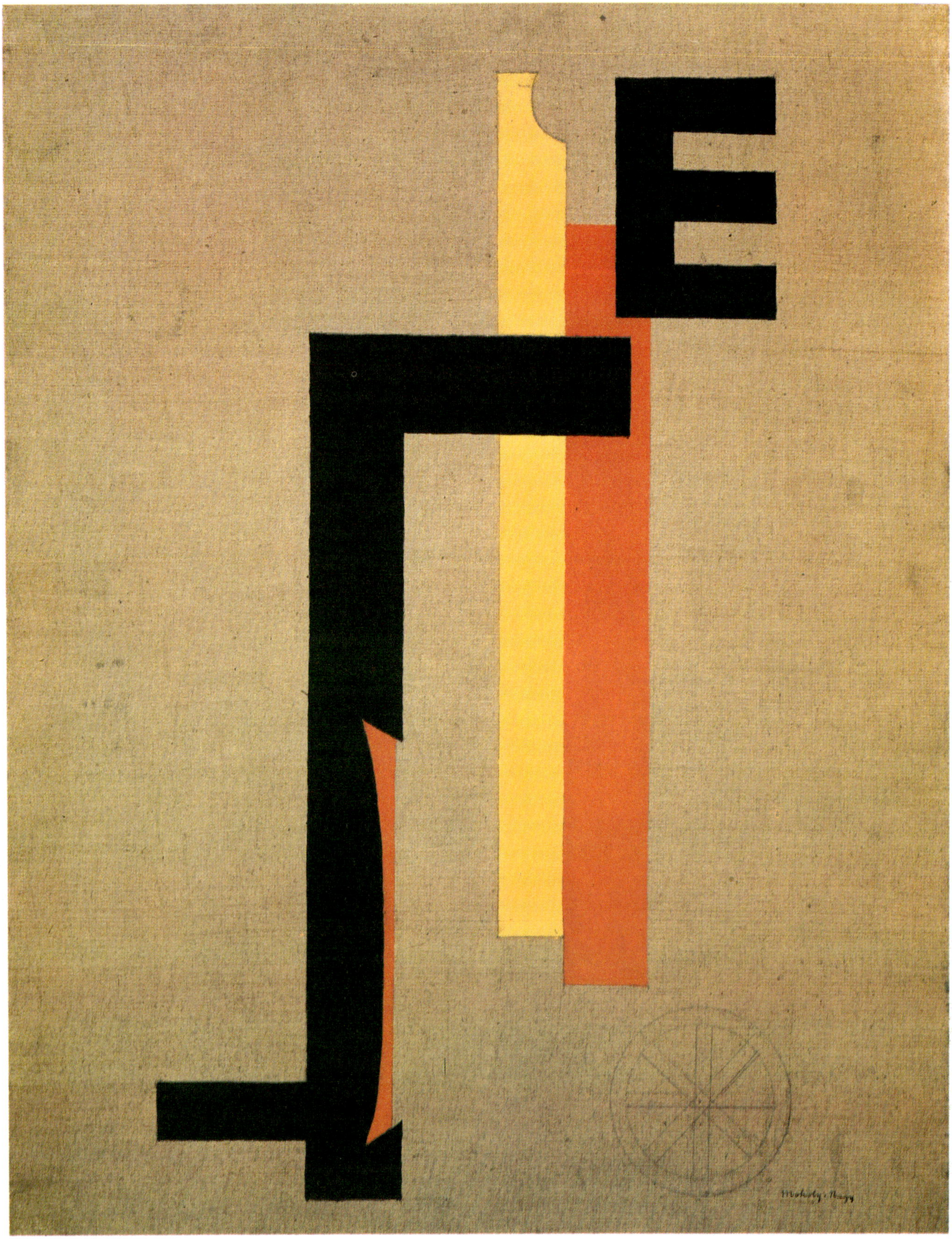

35. Tableau E, 1921

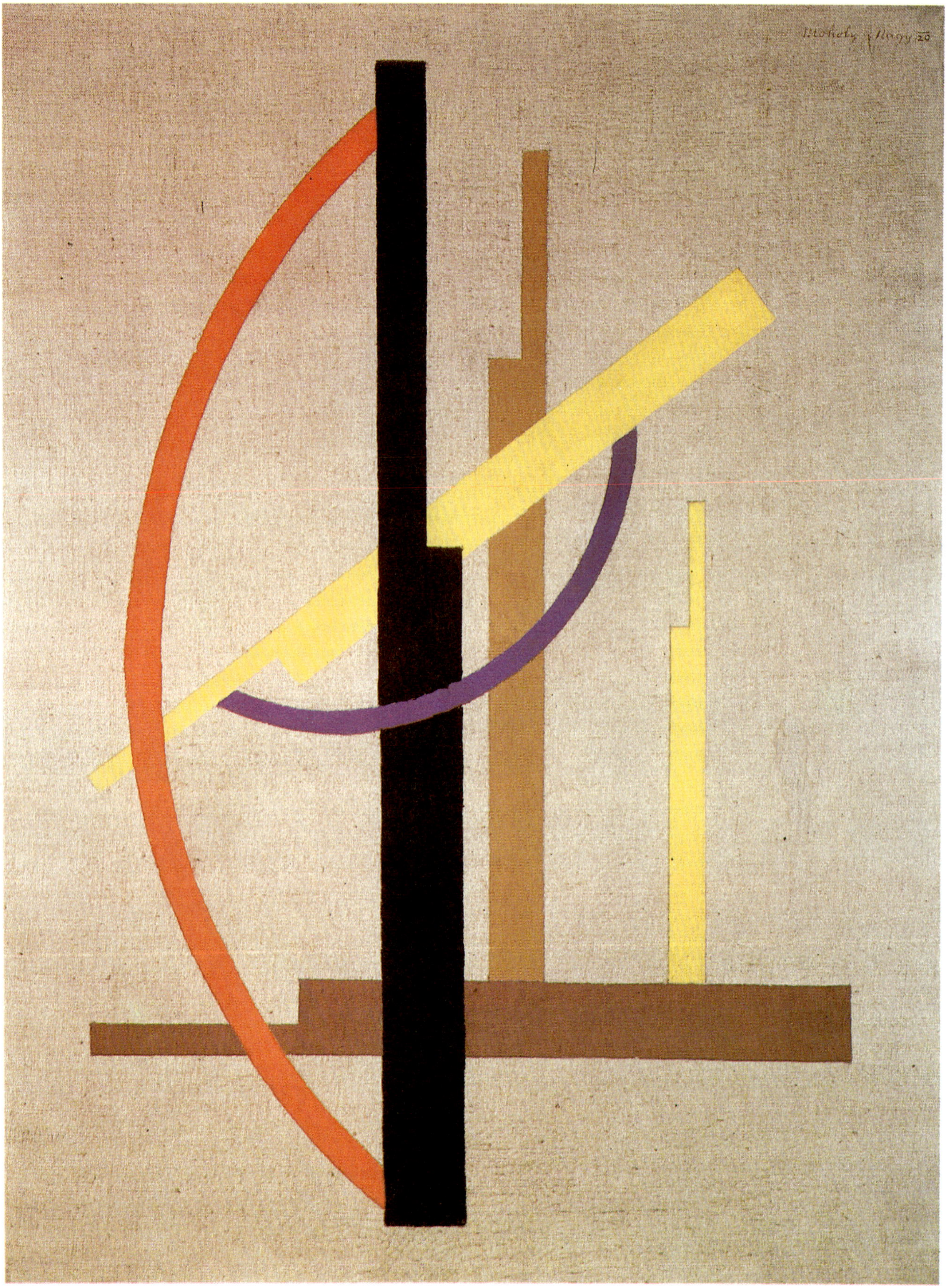

36. Architecture de verre III, 1921-1922

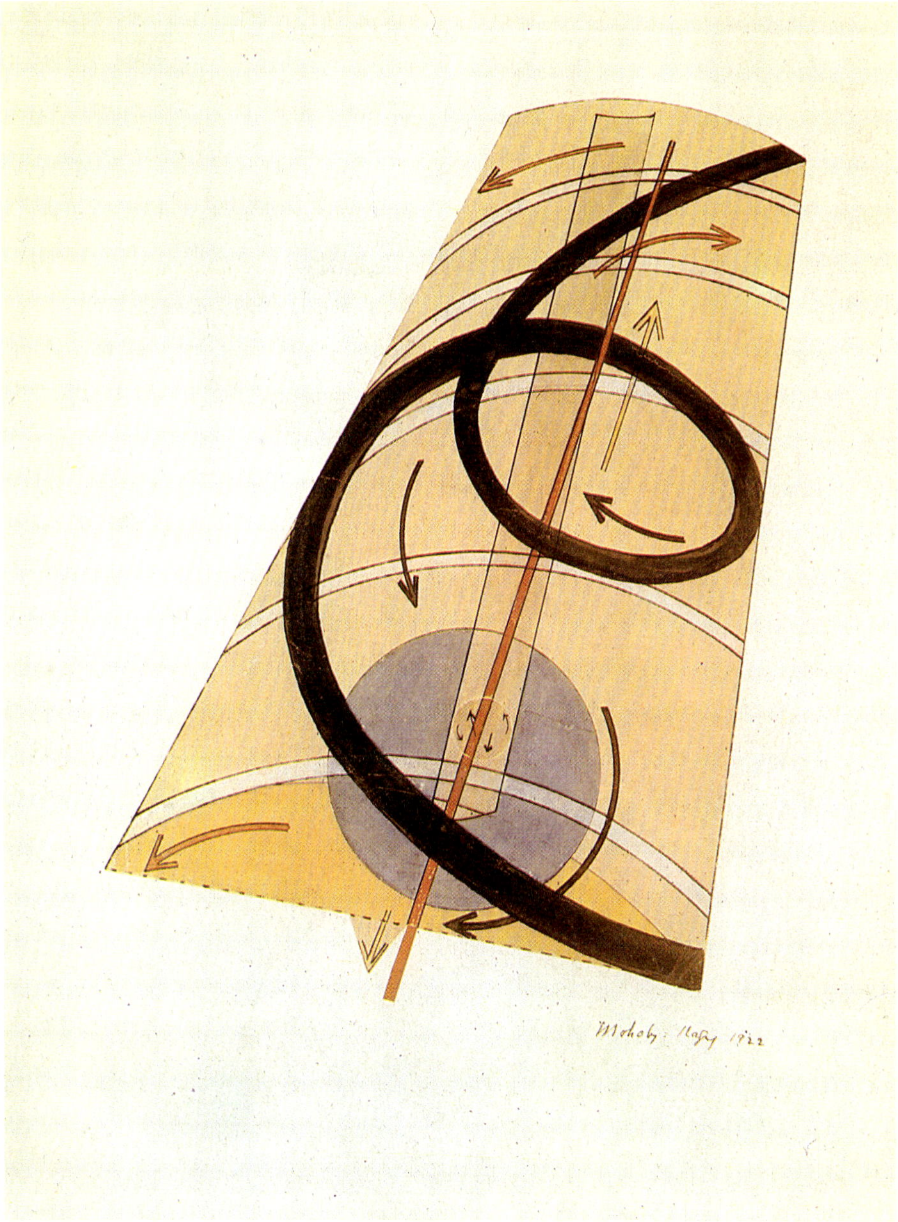

37. Système de forces dynamico-constructif (Projet pour le théâtre total), 1922

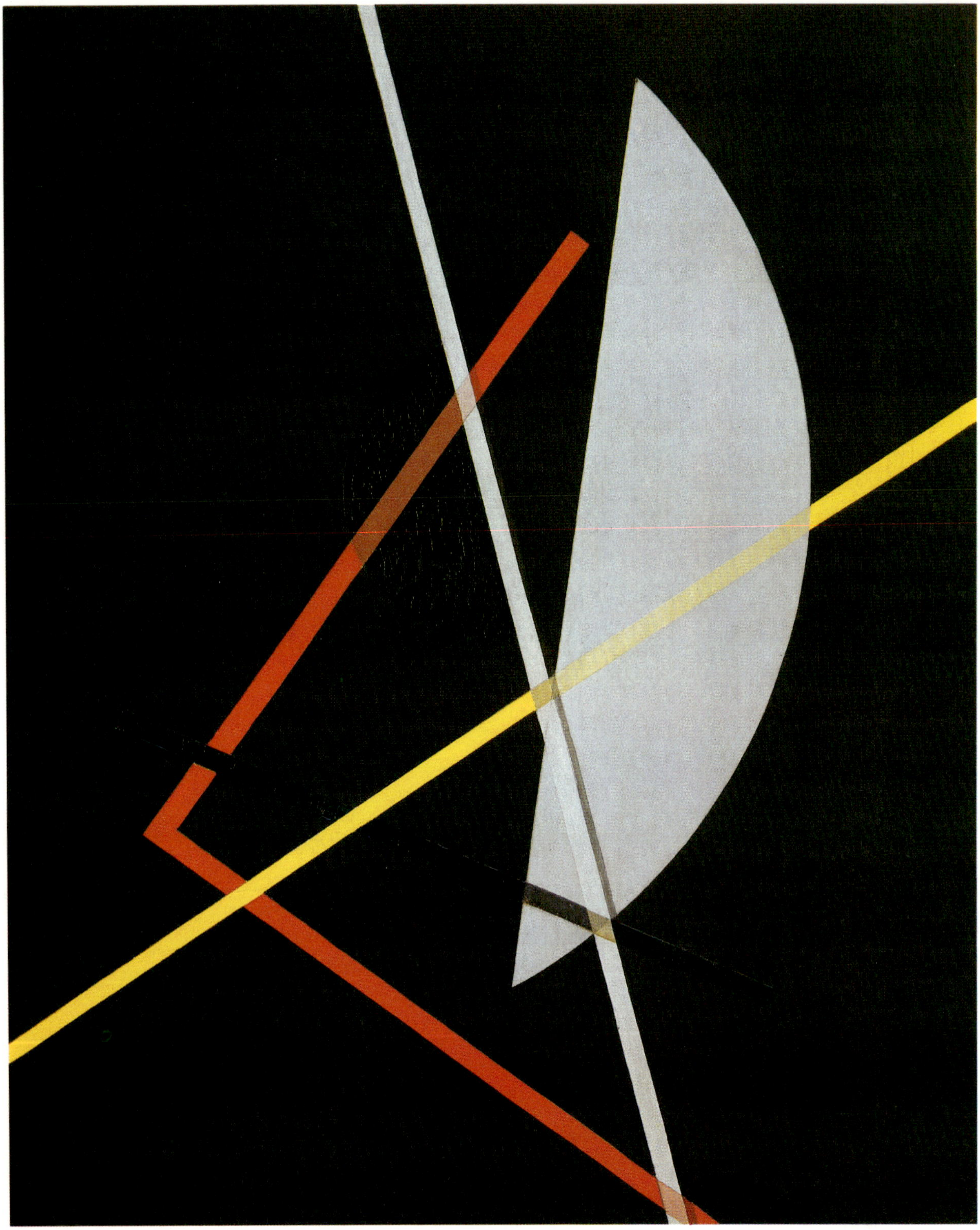

38. Composition E IV, 1922

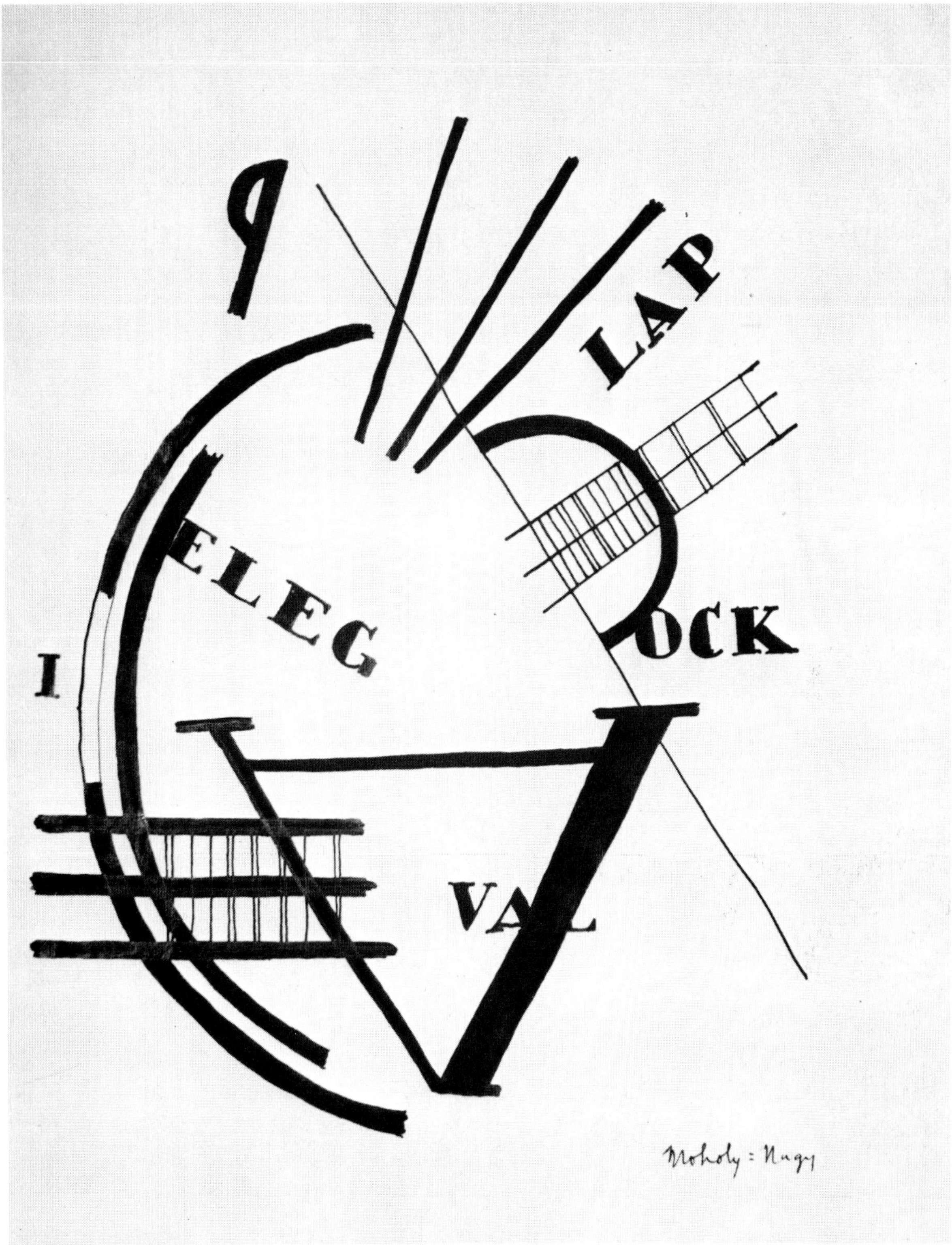

39. Composition Dada, 1920

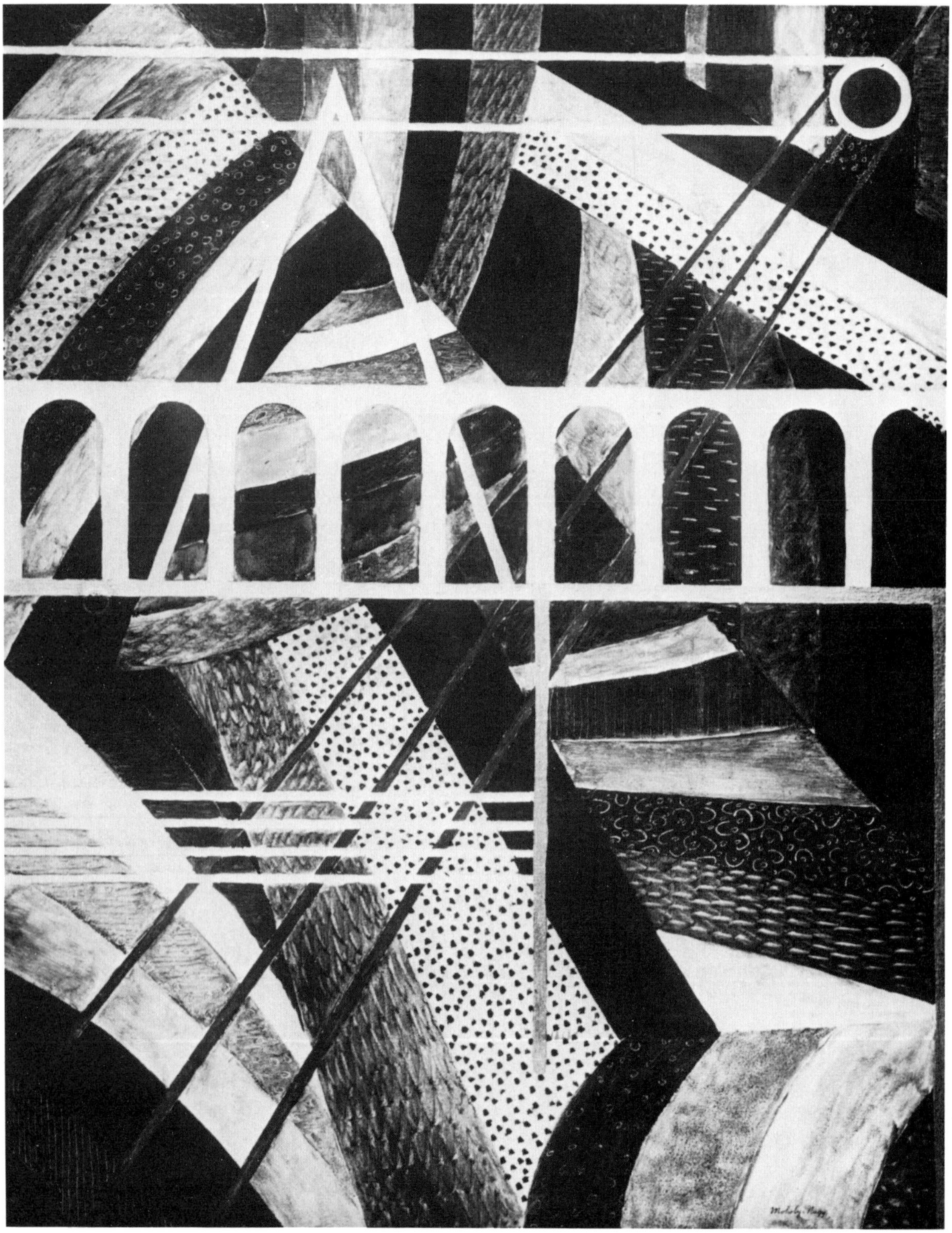

40. Grand Champ avec construction, 1920

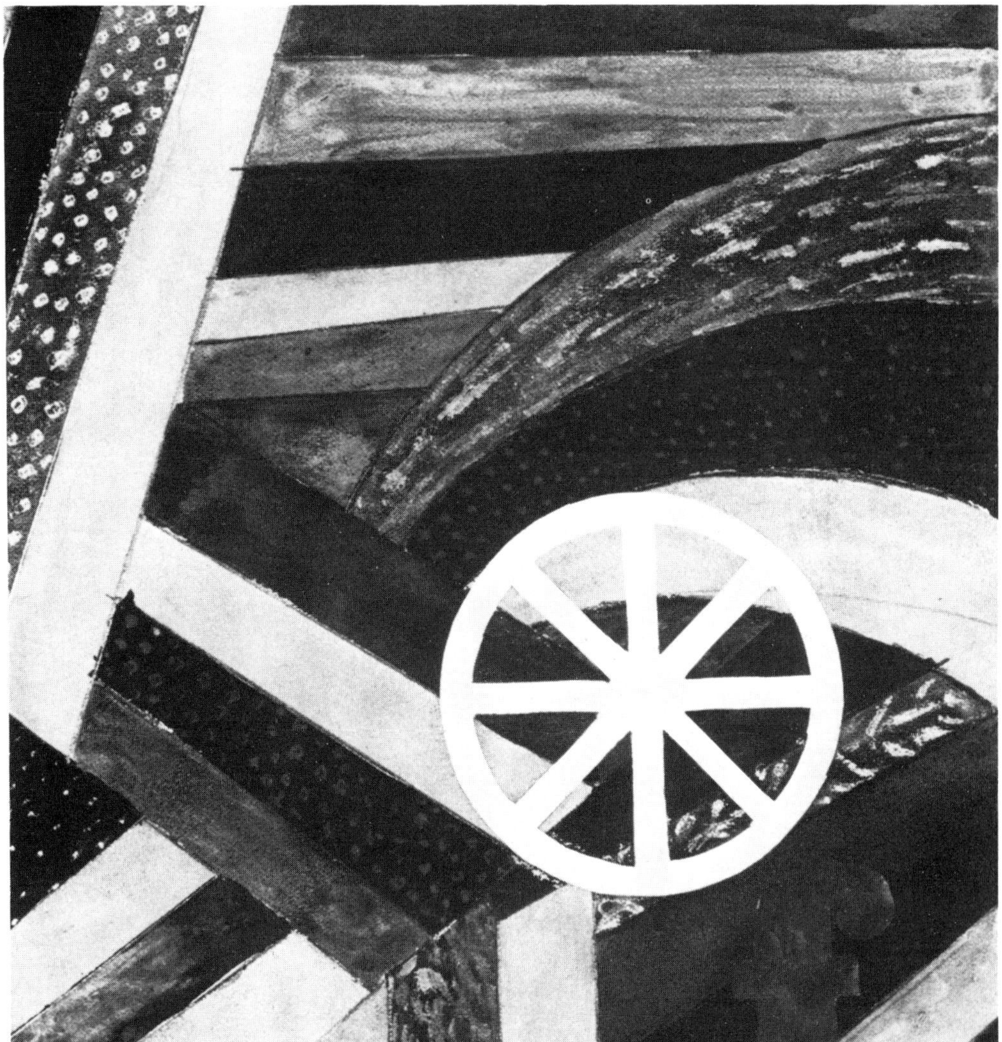

41. « F » dans un champ, 1920-1921

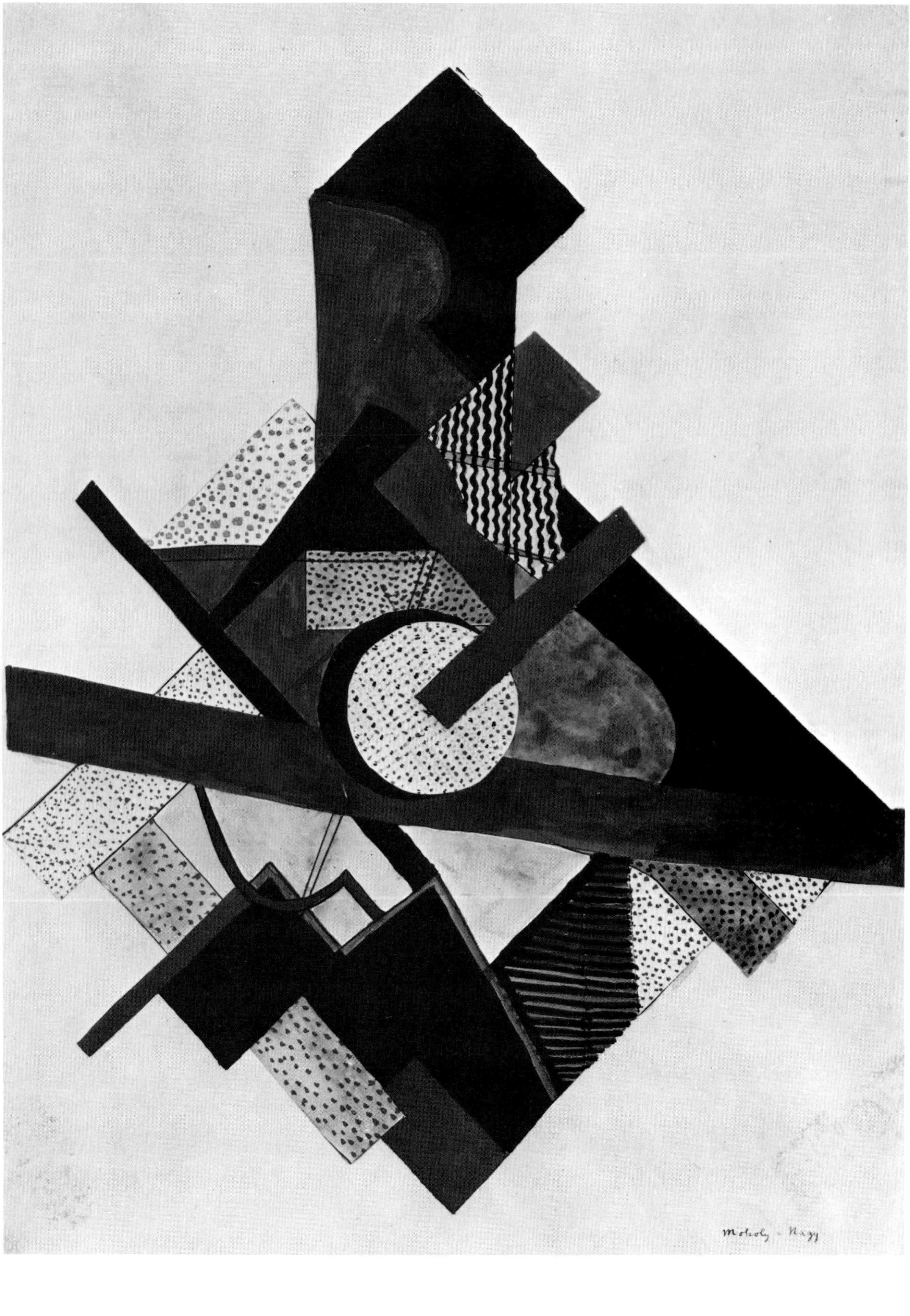
Moholy - Nagy

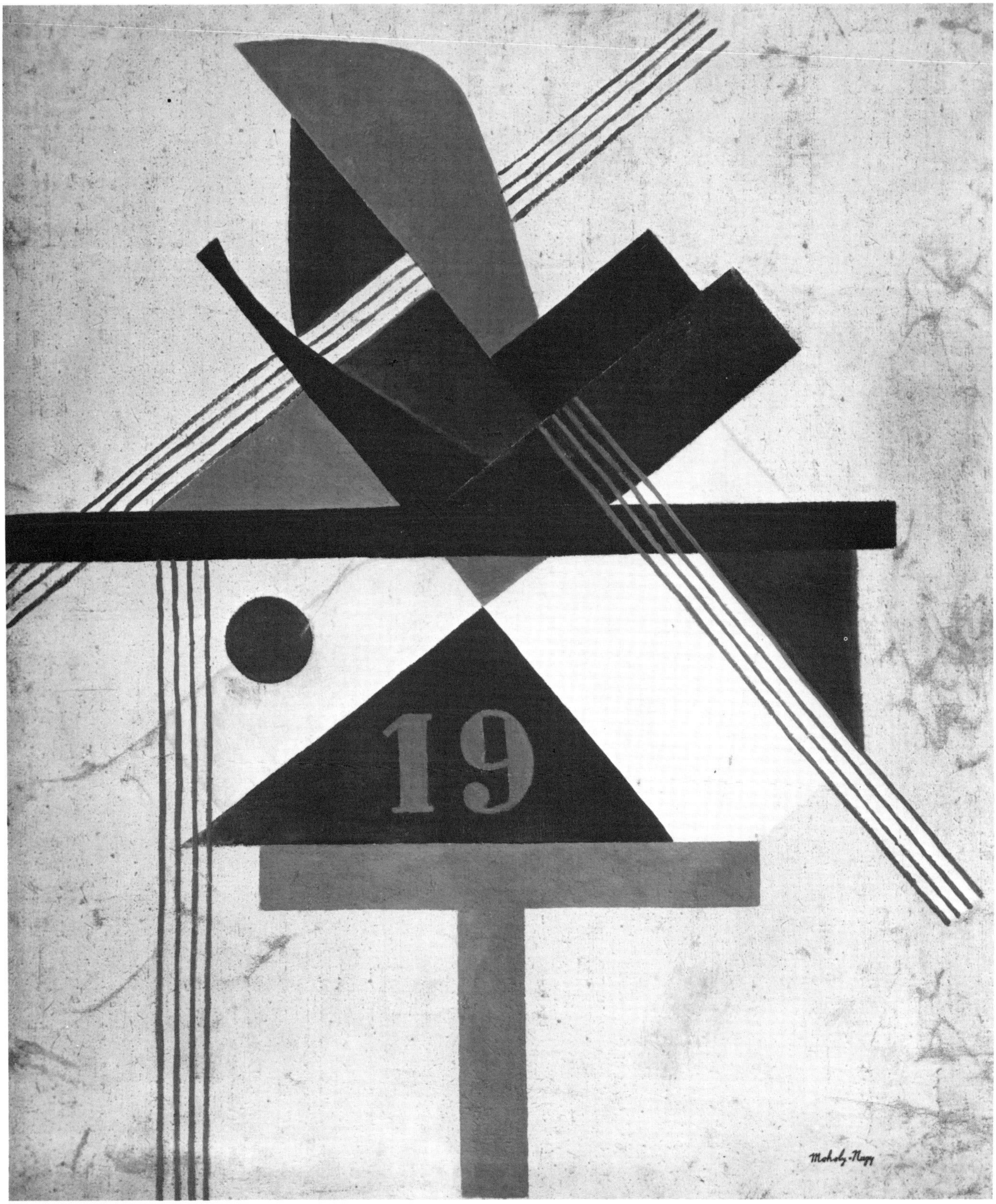

42. Tour, 1921
43. Composition 19, 1921

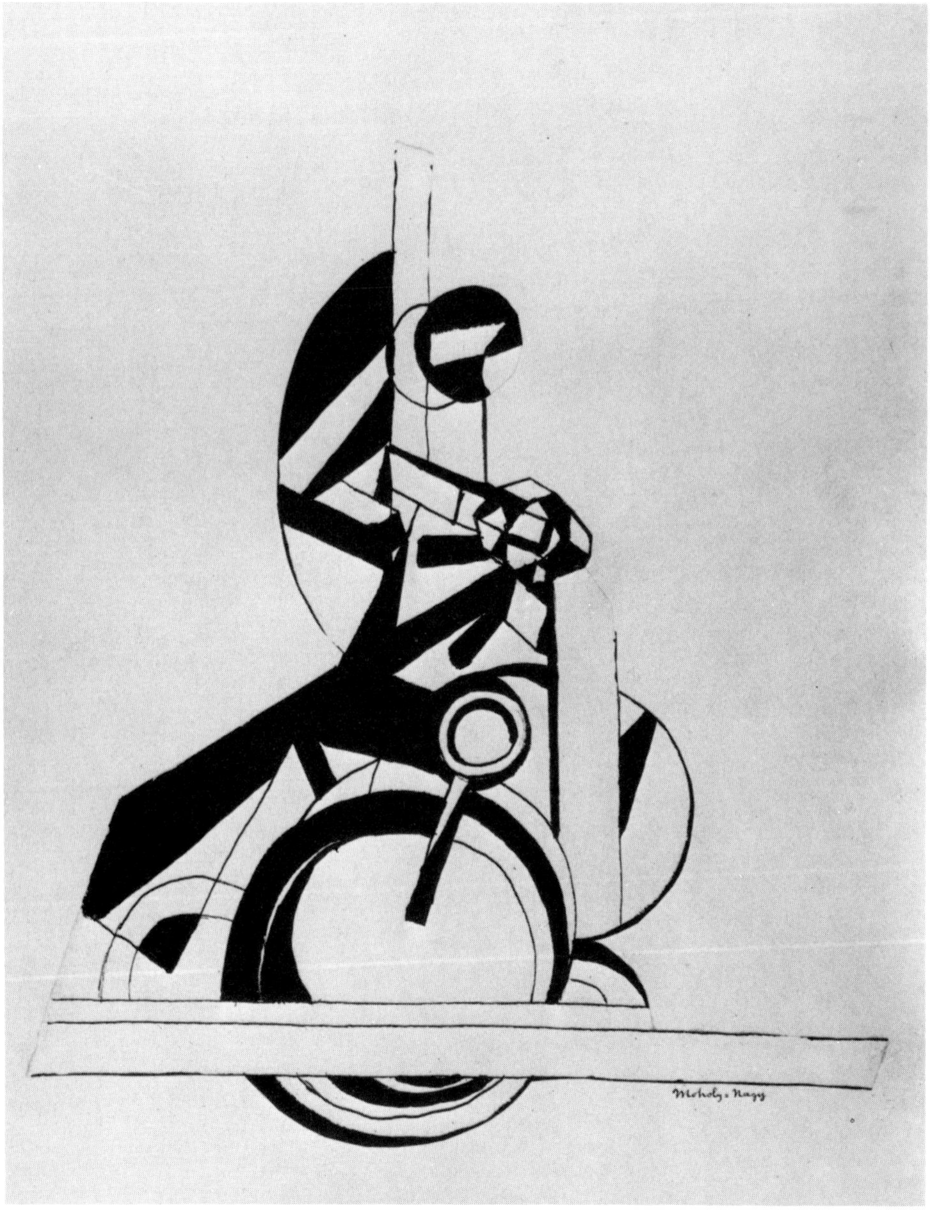

44. Cycliste, 1919-1920

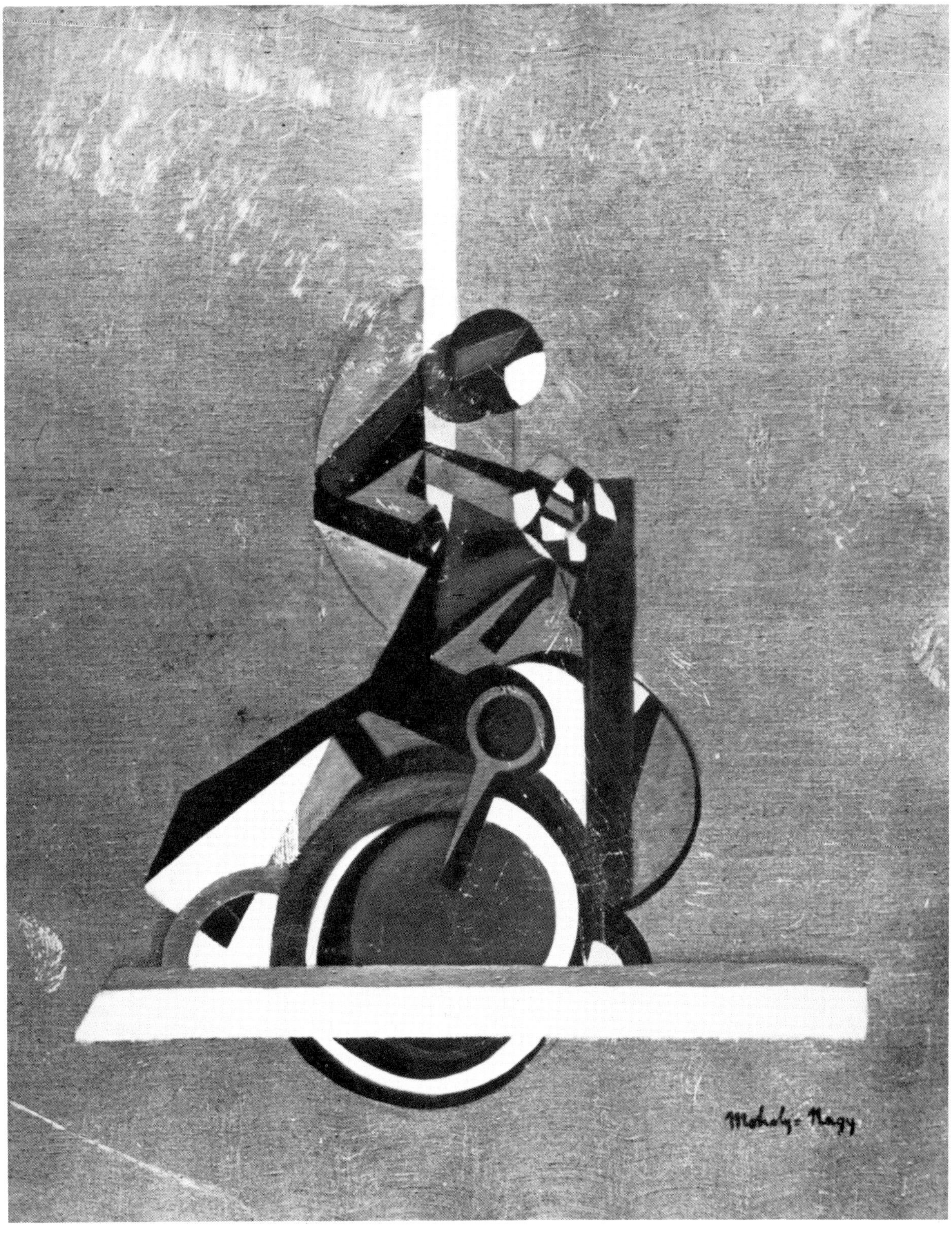

45. Cycliste, 1919-1920

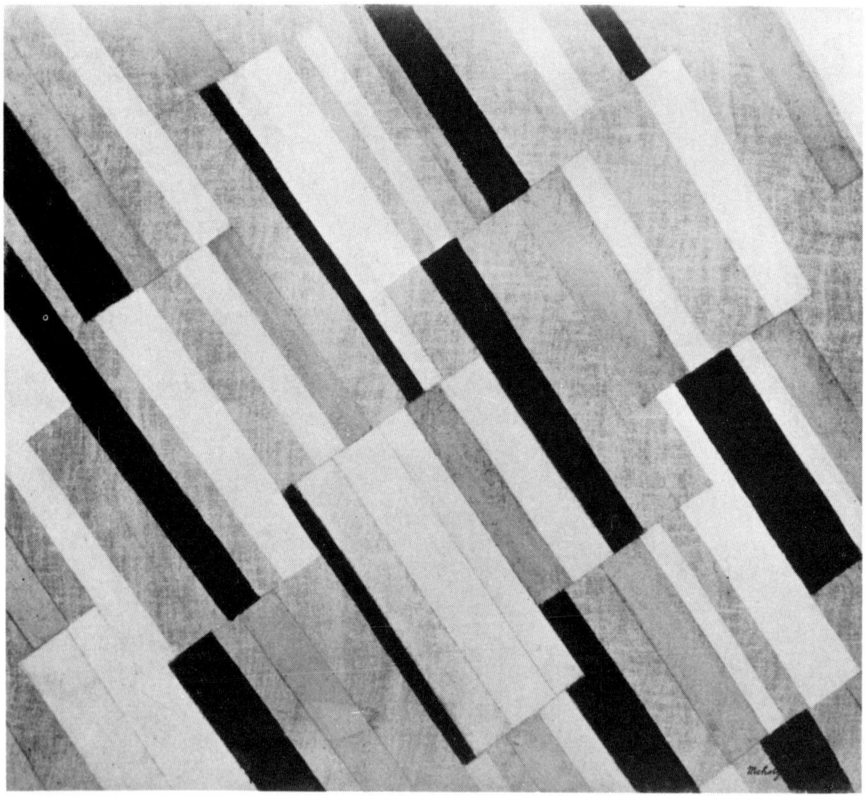

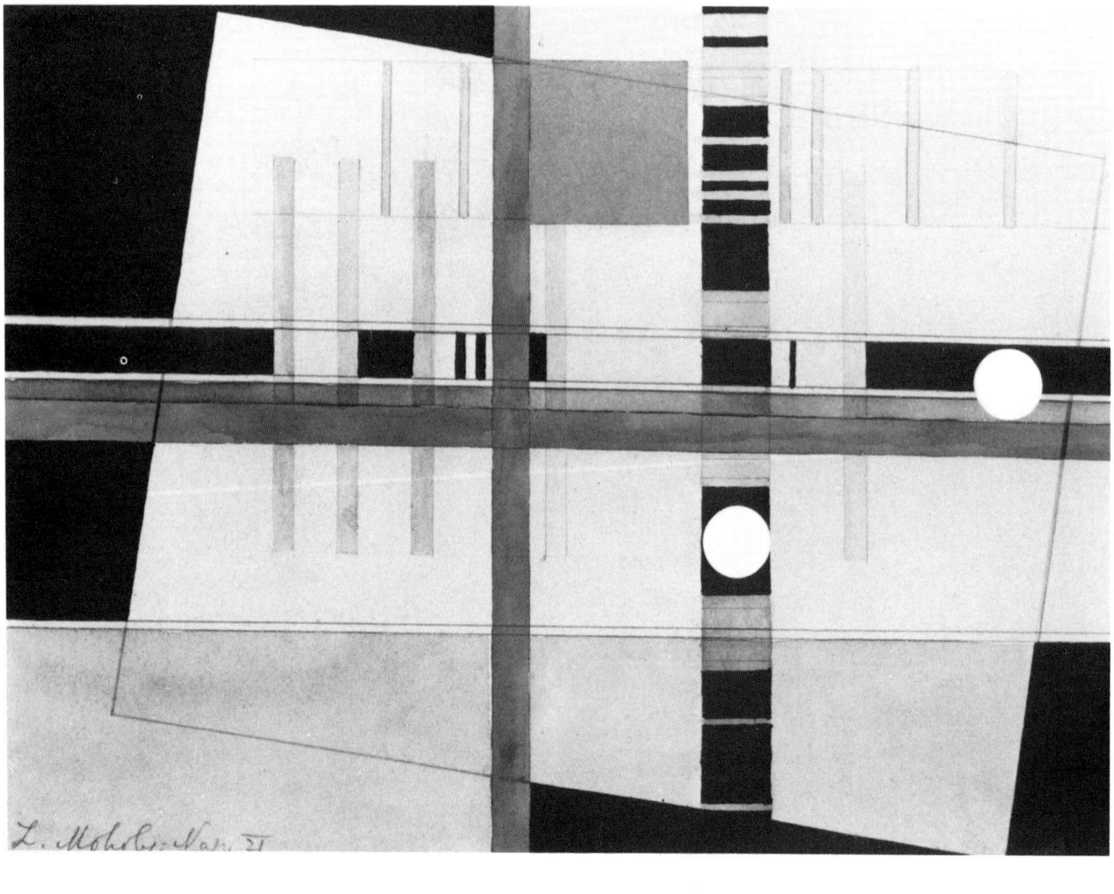

46. Champs hongrois, 1920-1921
47. Croix rouge et sphères blanches, 1921

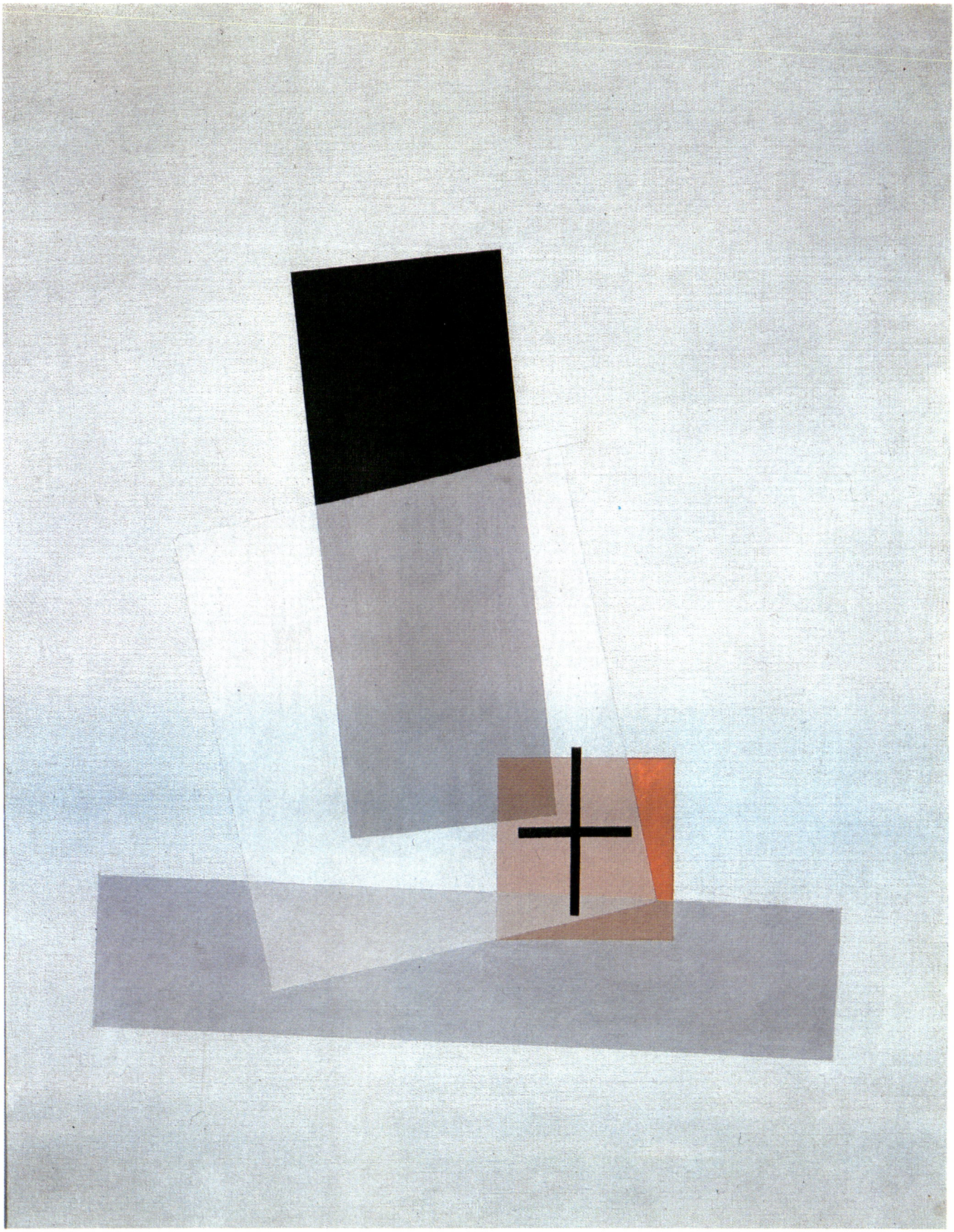

48. Composition Q VIII, 1922

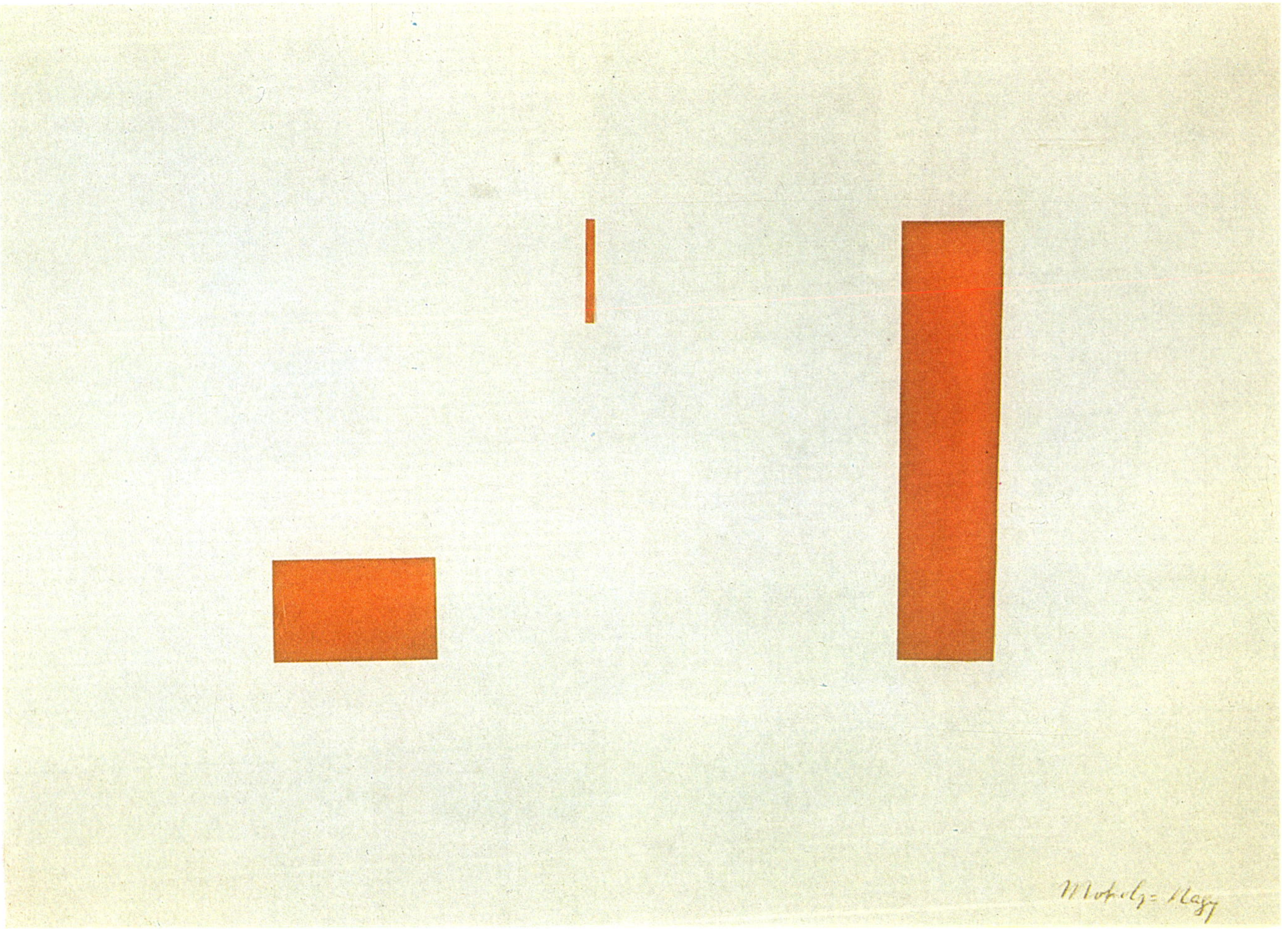

49. Collage rouge, 1921

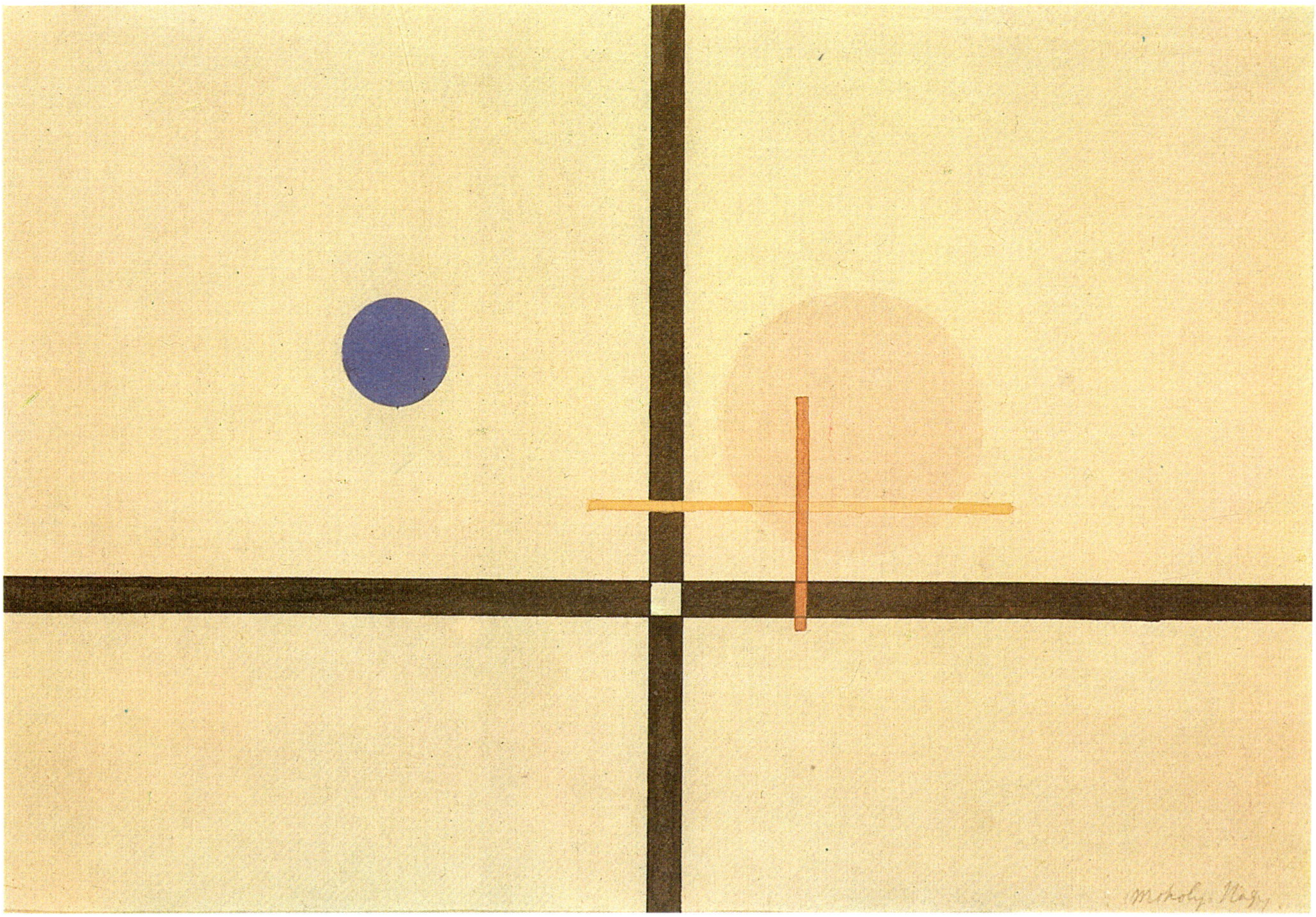

50. Construction avec croix transversale, 1922

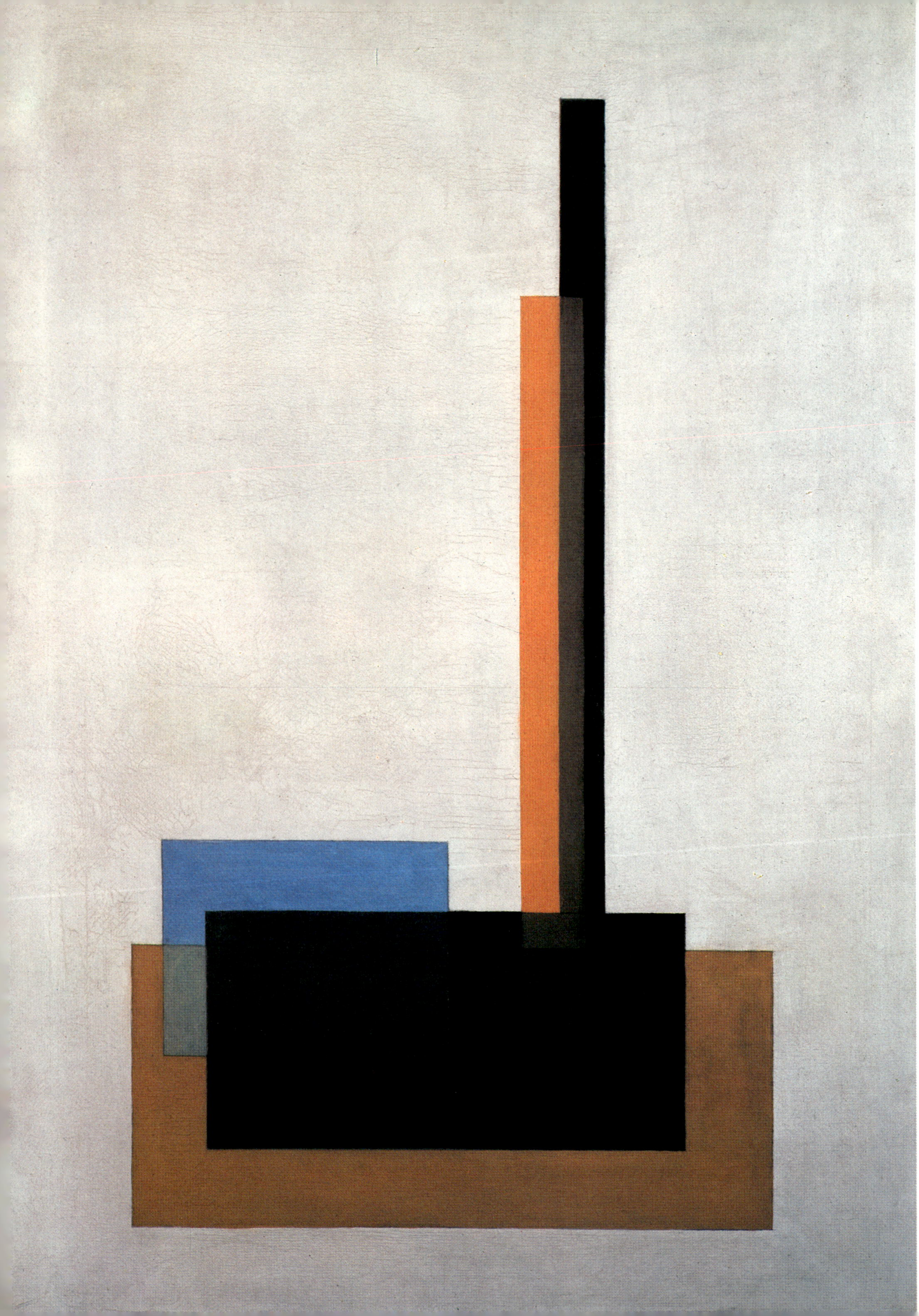

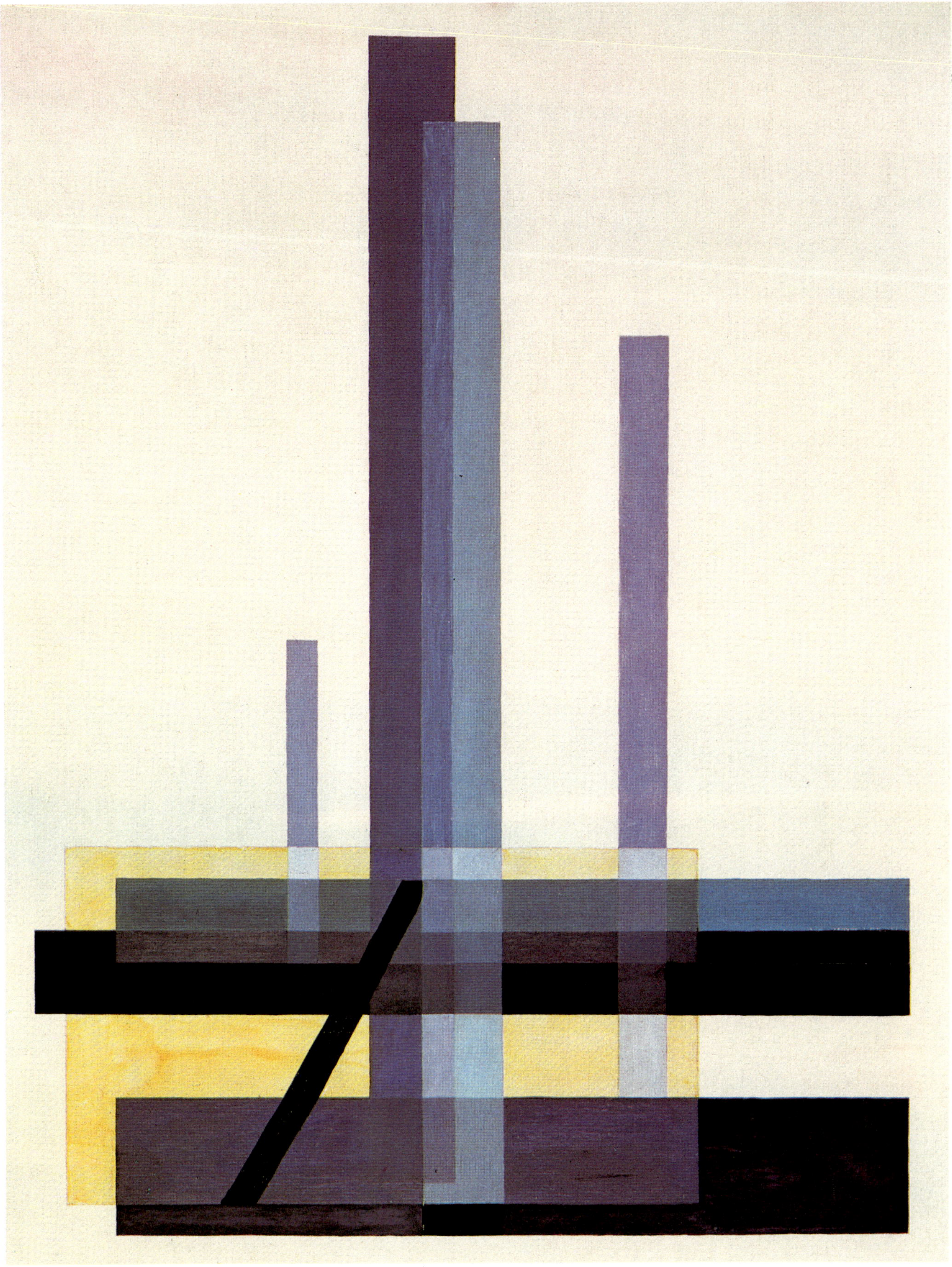

51. Composition C VIII, 1922

52. Composition C XII, 1924

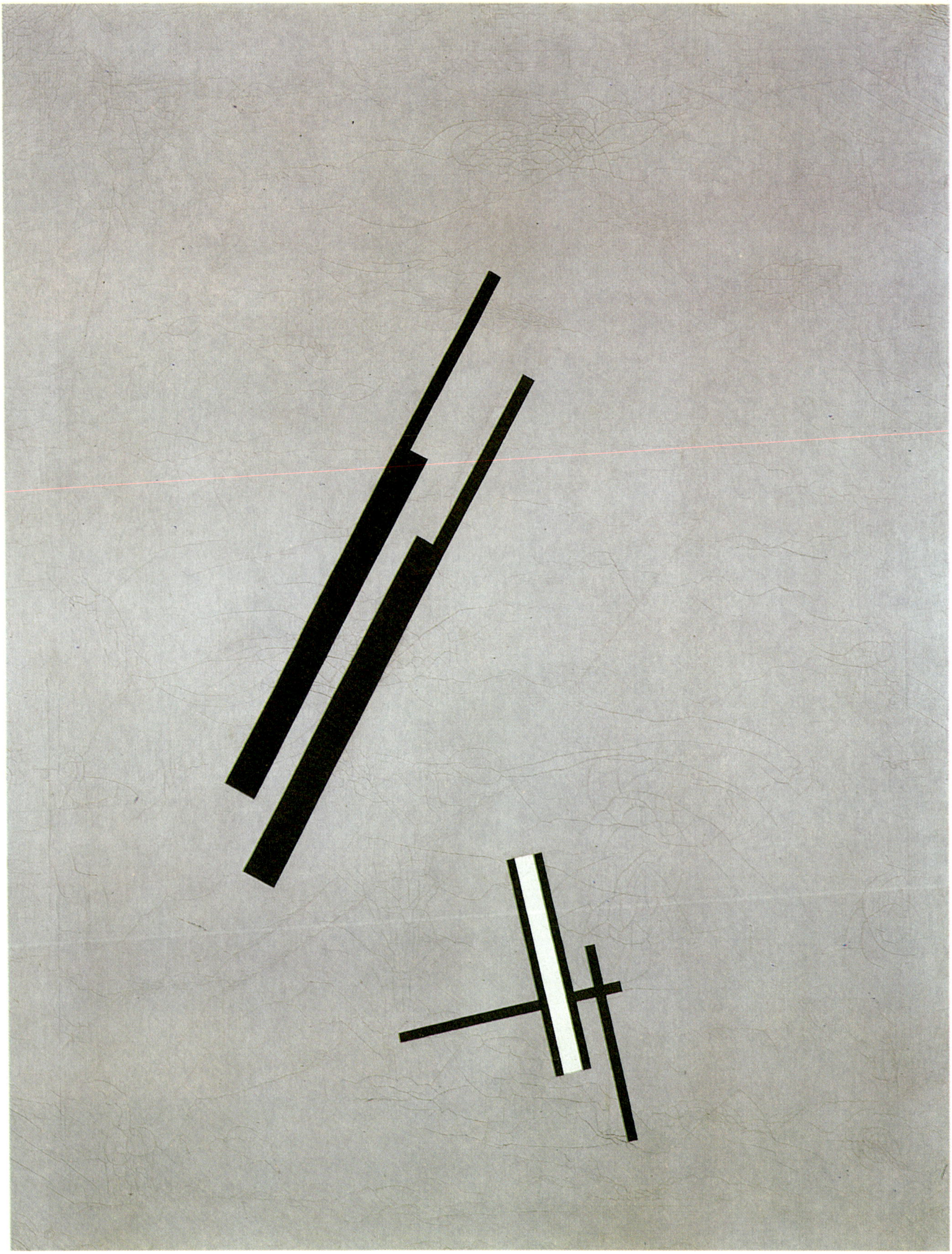

53. Q XXV, 1923

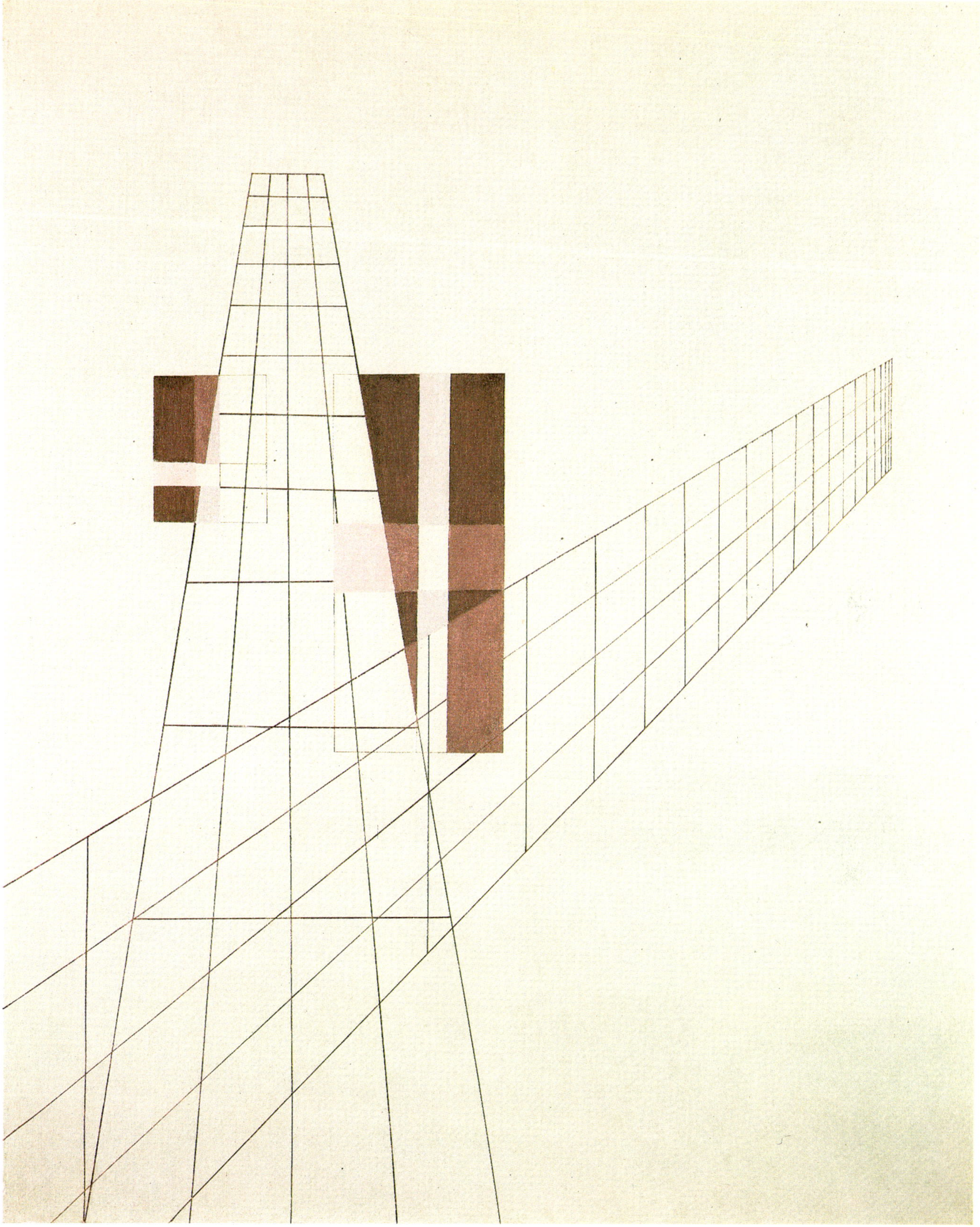

54. Composition A VIII, 1923

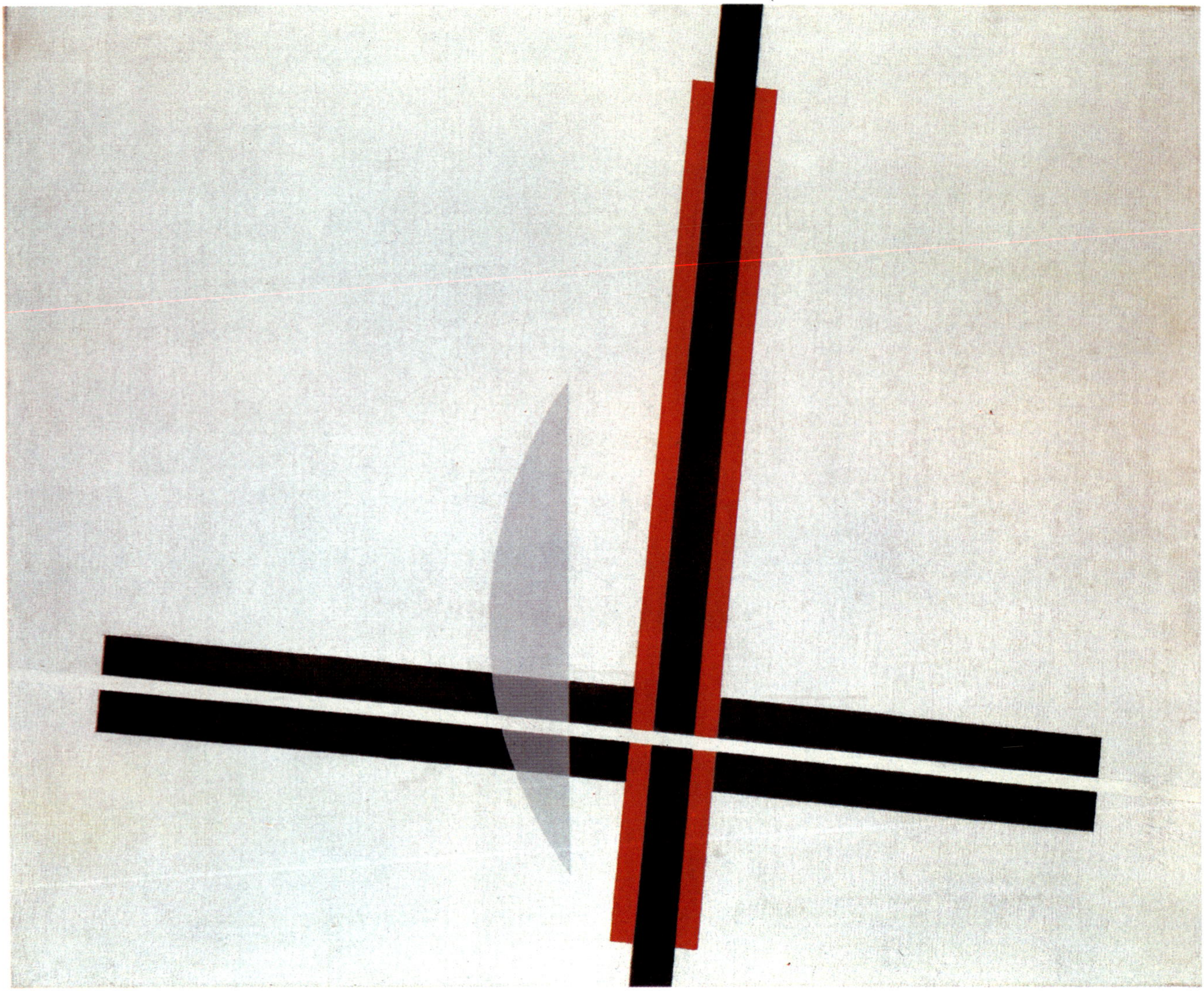

55. Composition Q IV, 1923
56. C XVI, 1923

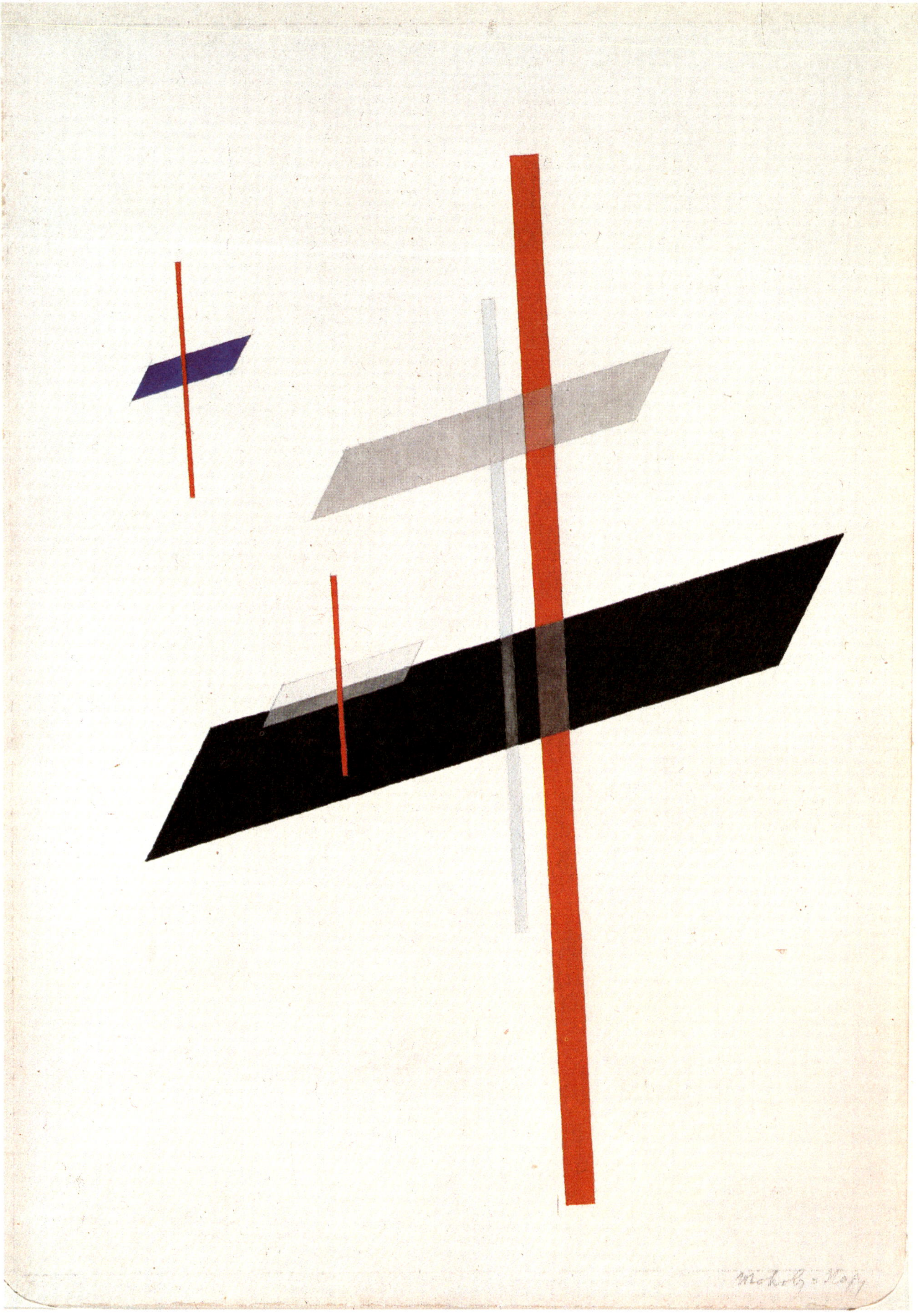

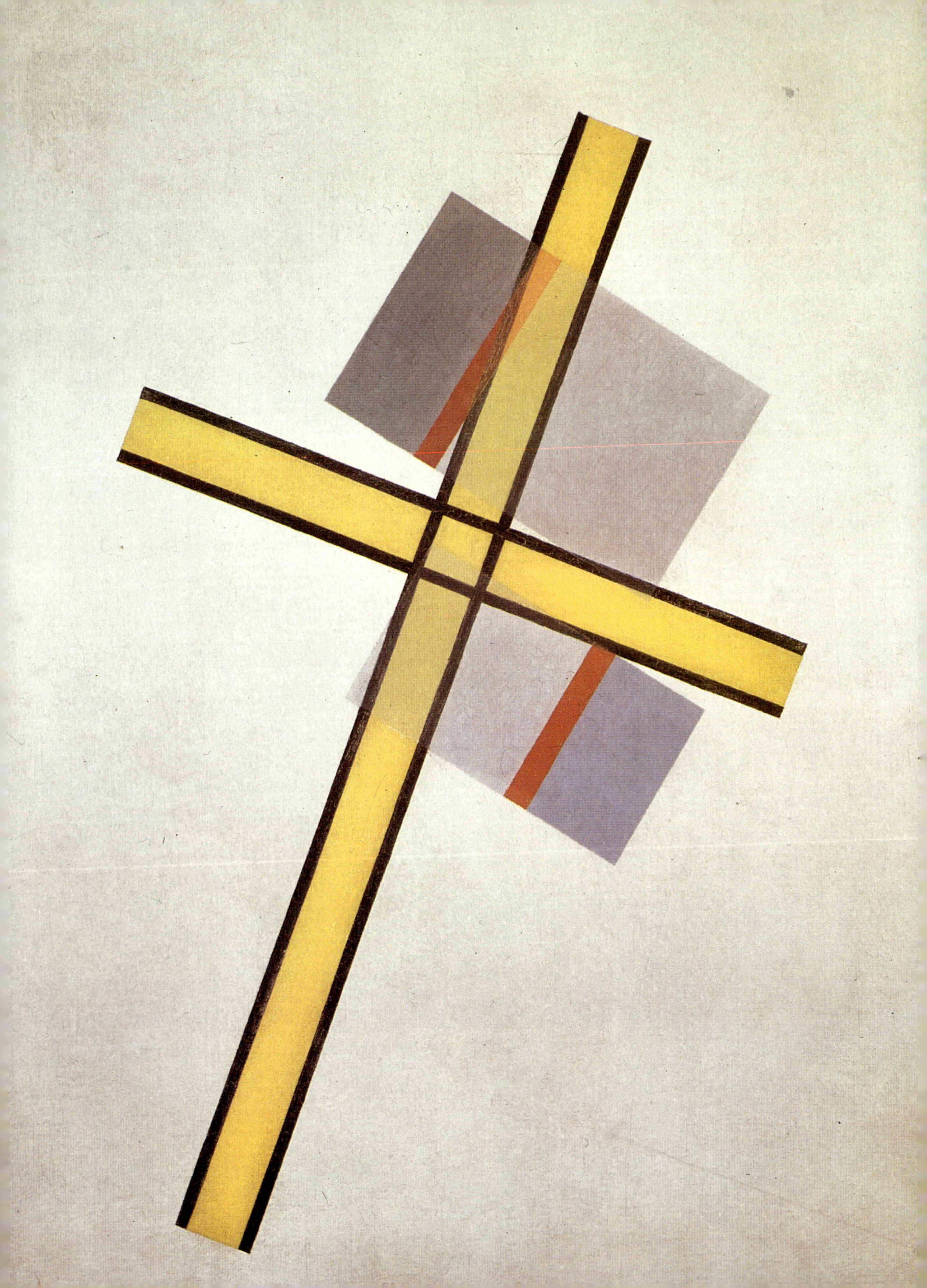

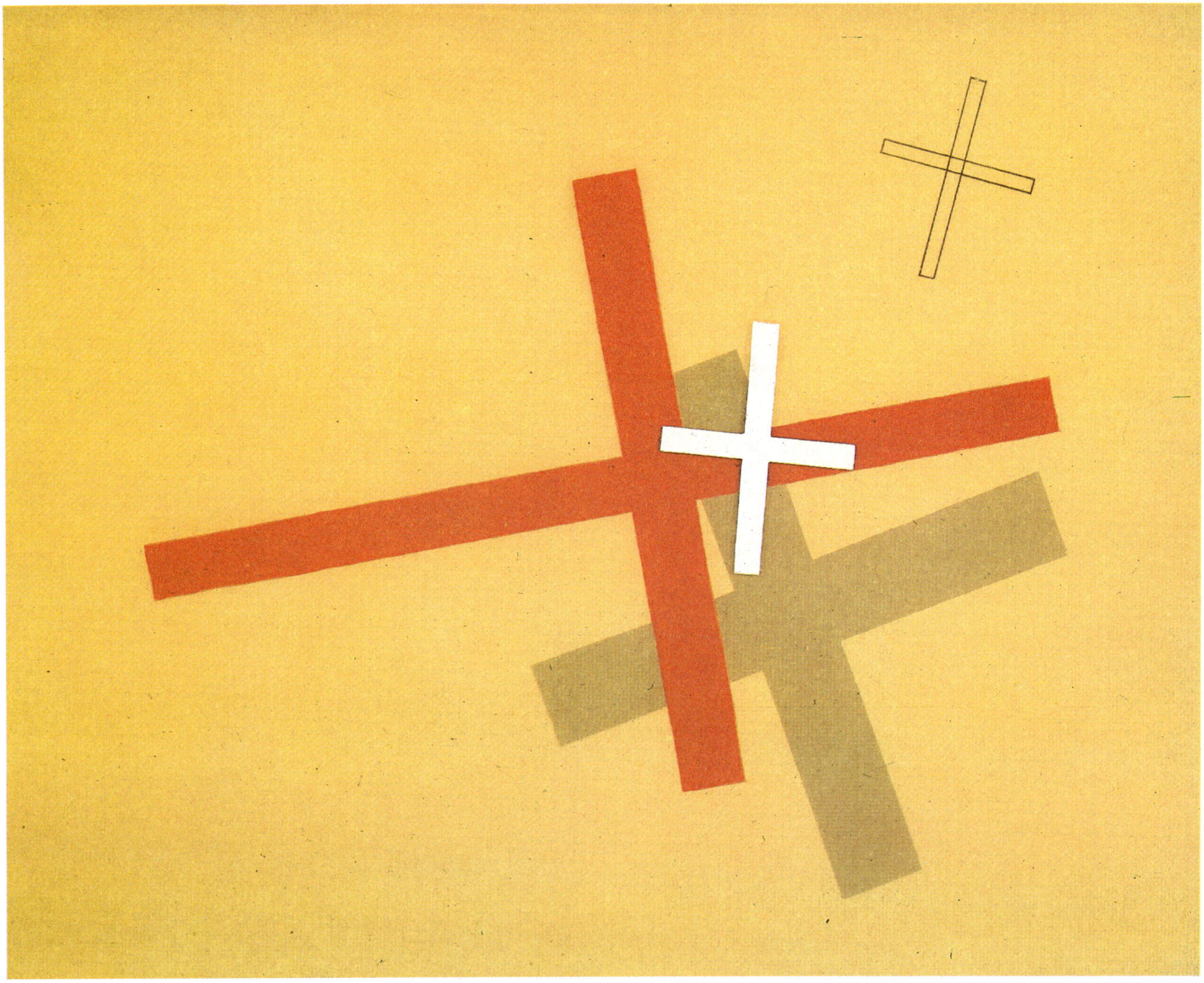

57. Croix jaune (Q VII), 1922
58. G 8, 1926

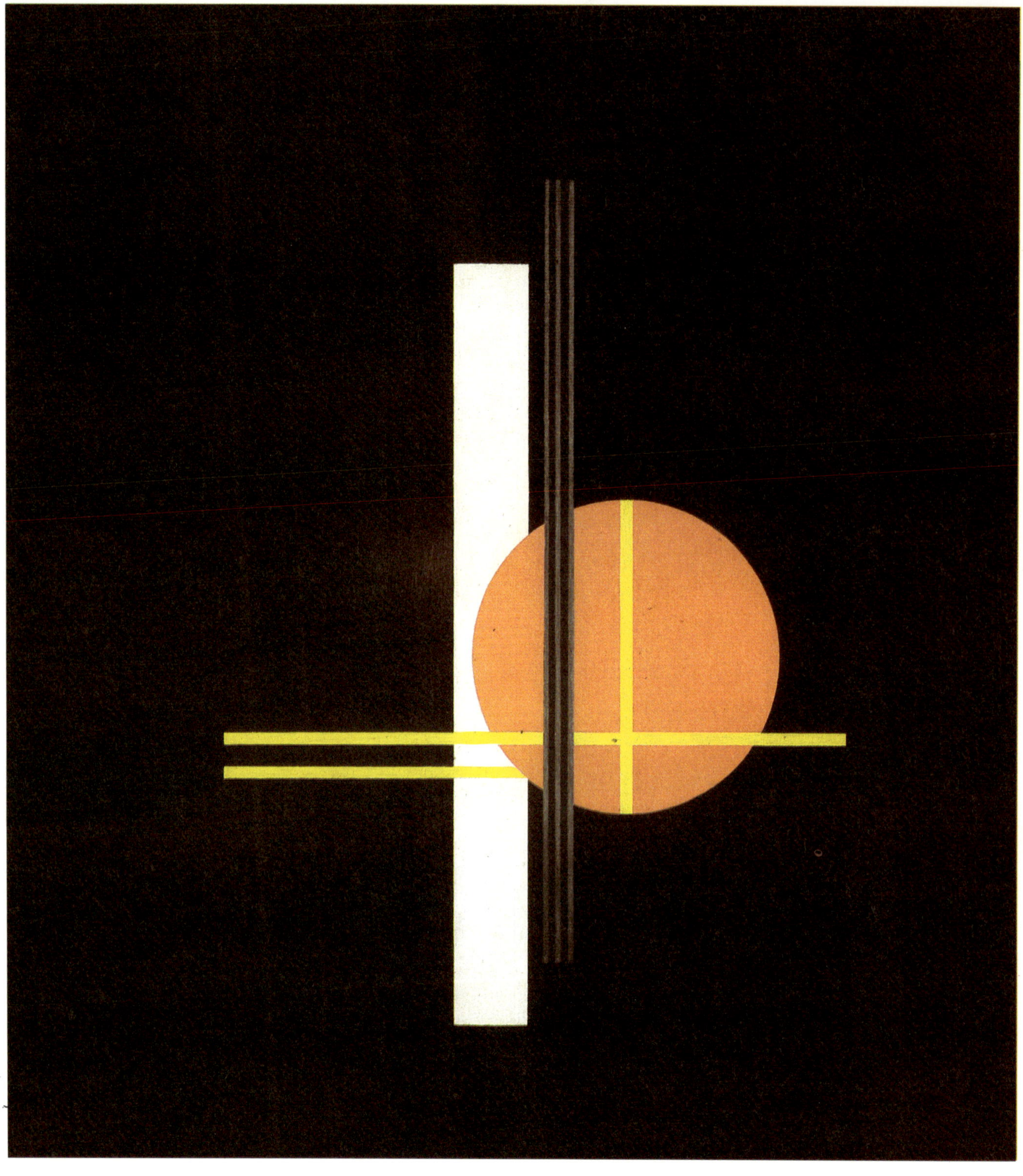

59. Composition Q XX, 1923

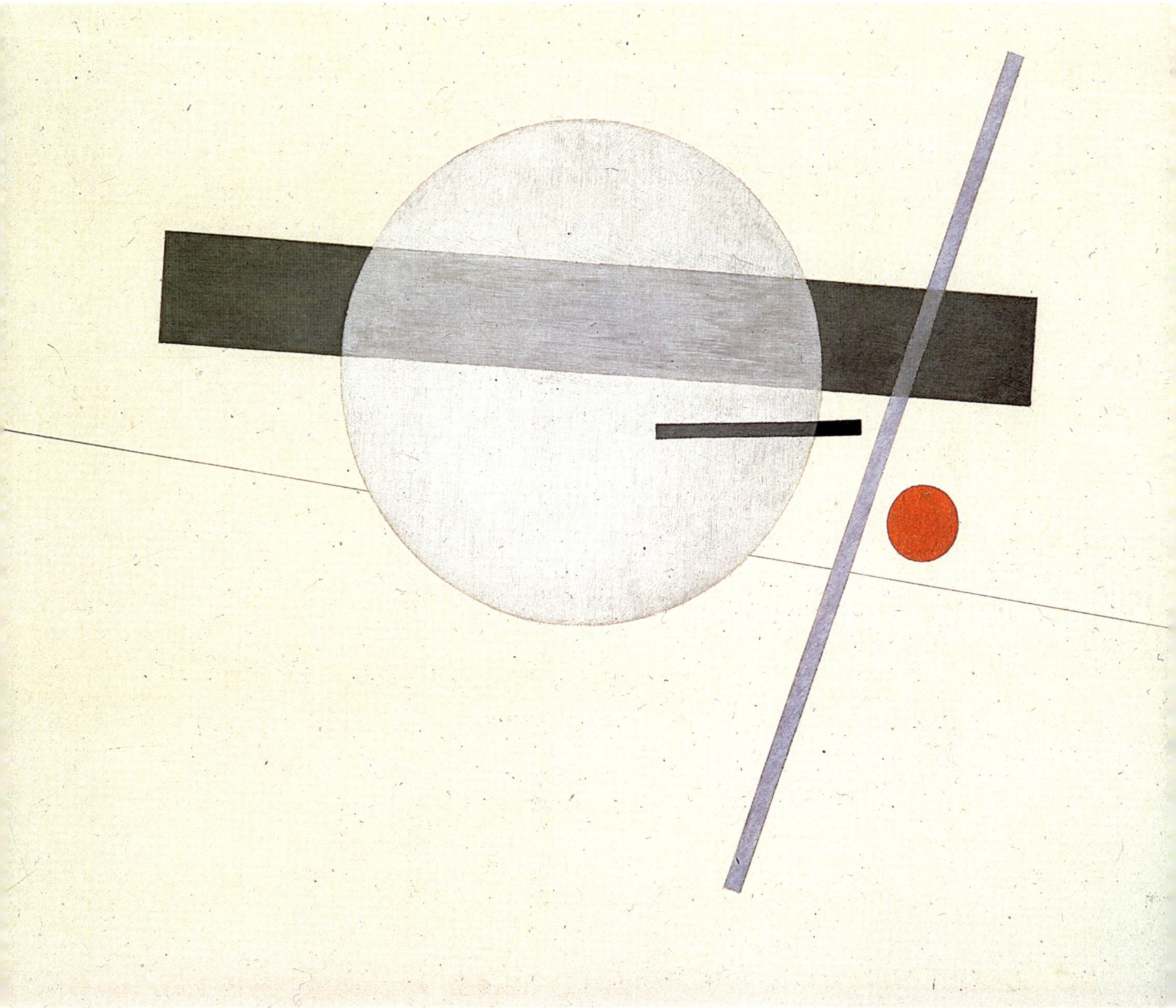

60. G 5, vers 1926

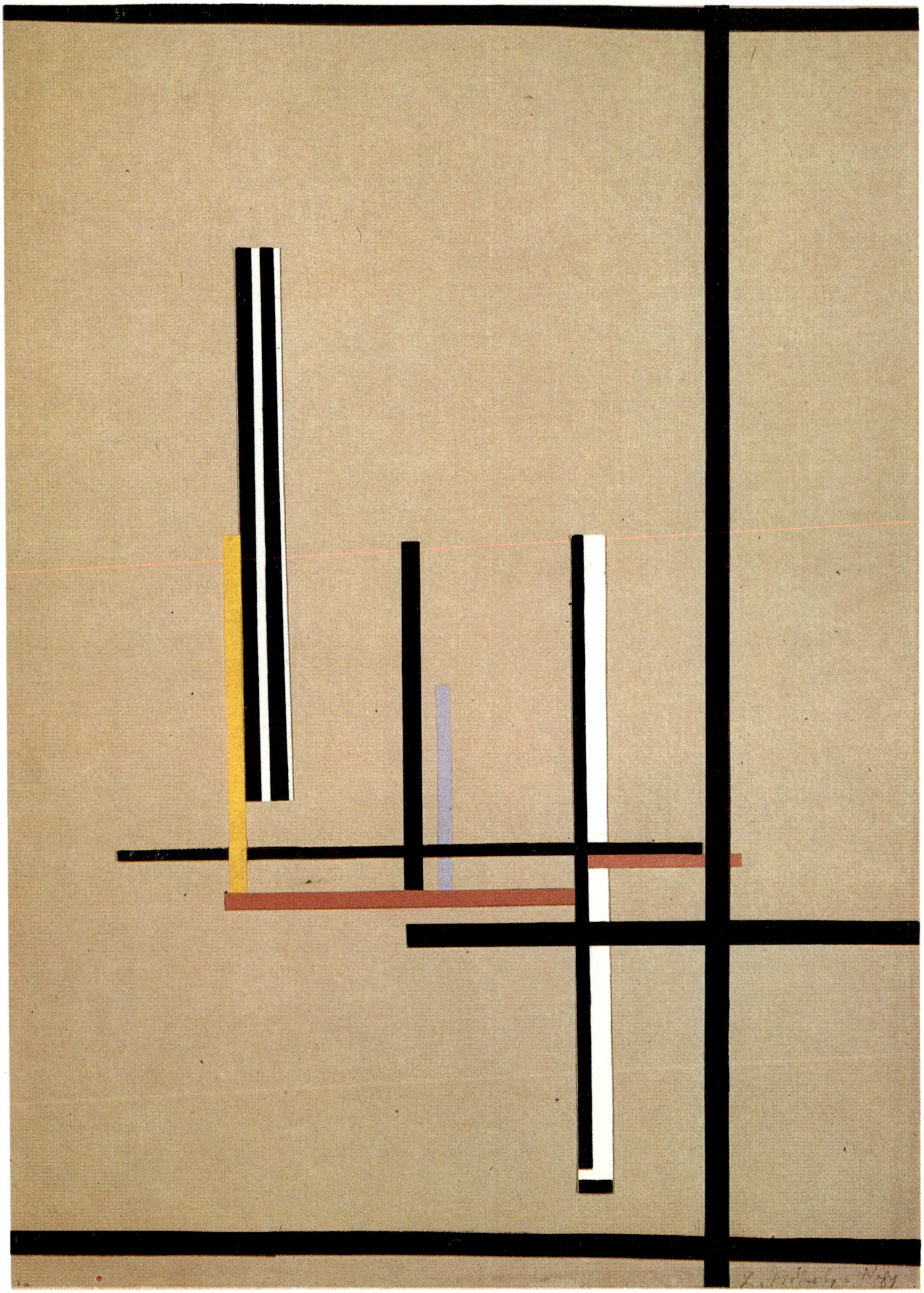

61. Gris-noir-bleu, 1921-1922

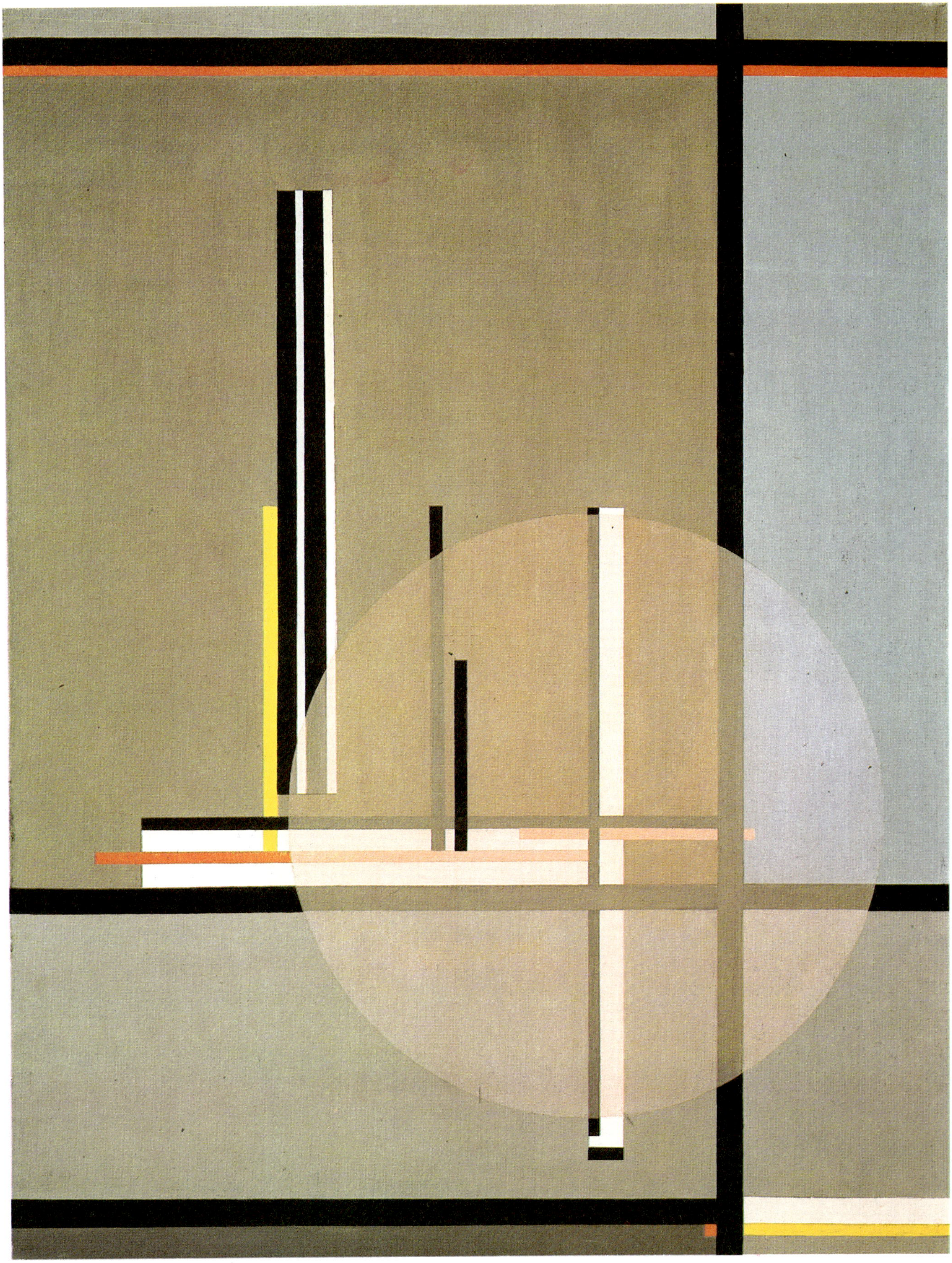

62. LIS, 1922

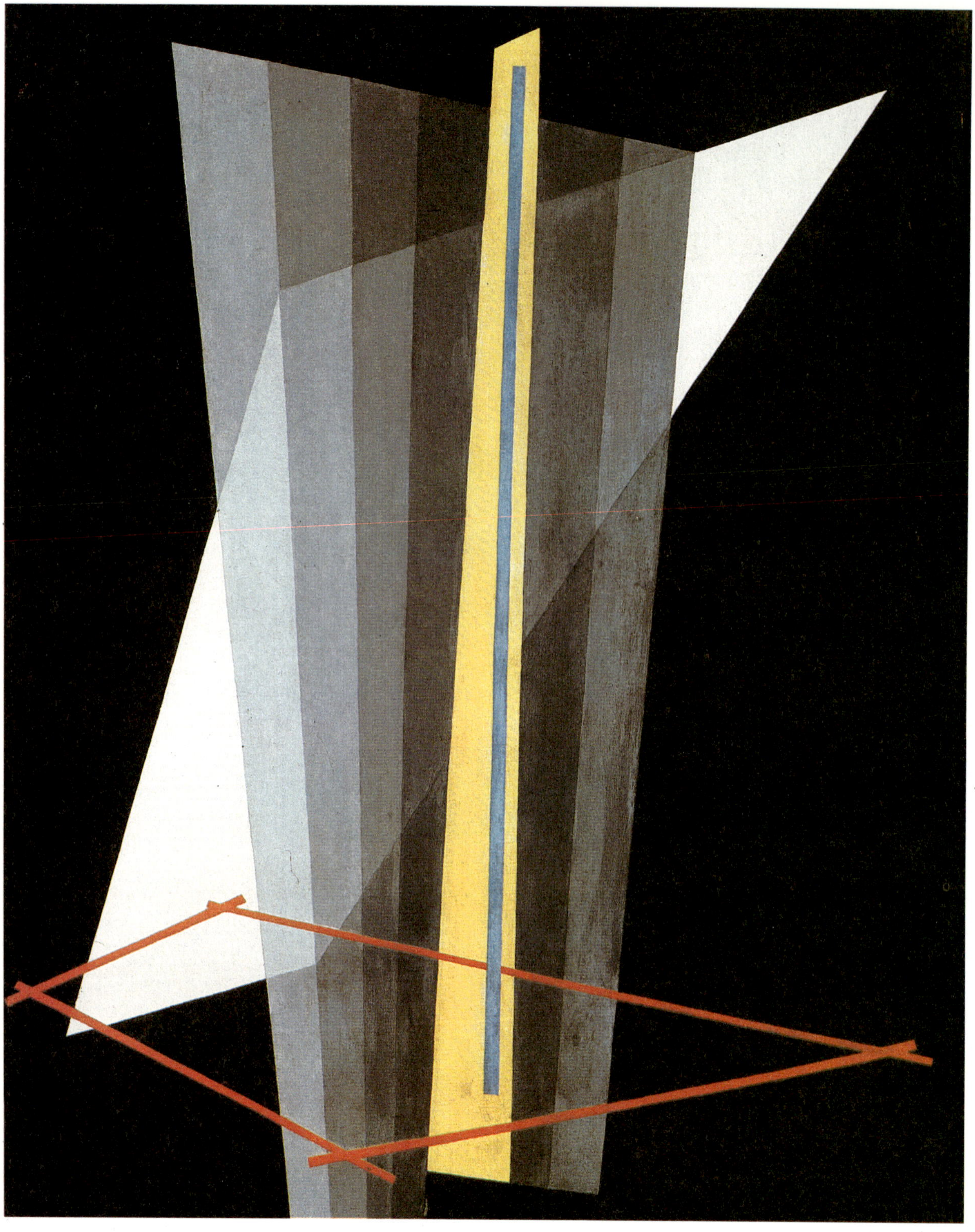

63. Composition K XVIII, 1923

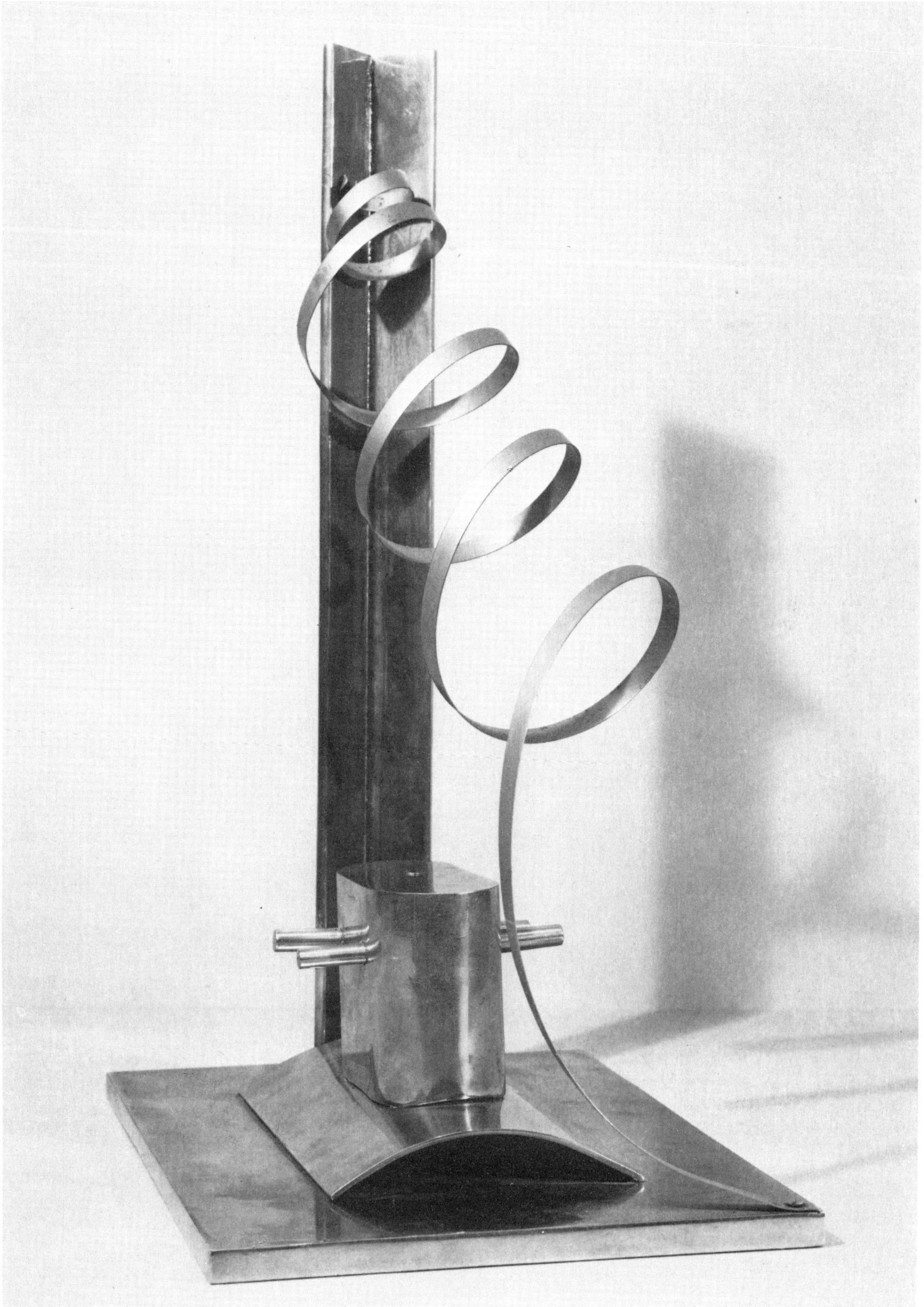

64. Sculpture en nickel avec la spirale, 1921

65. Sculpture de bois, 1920-1921
66. Relief avec «h», 1921

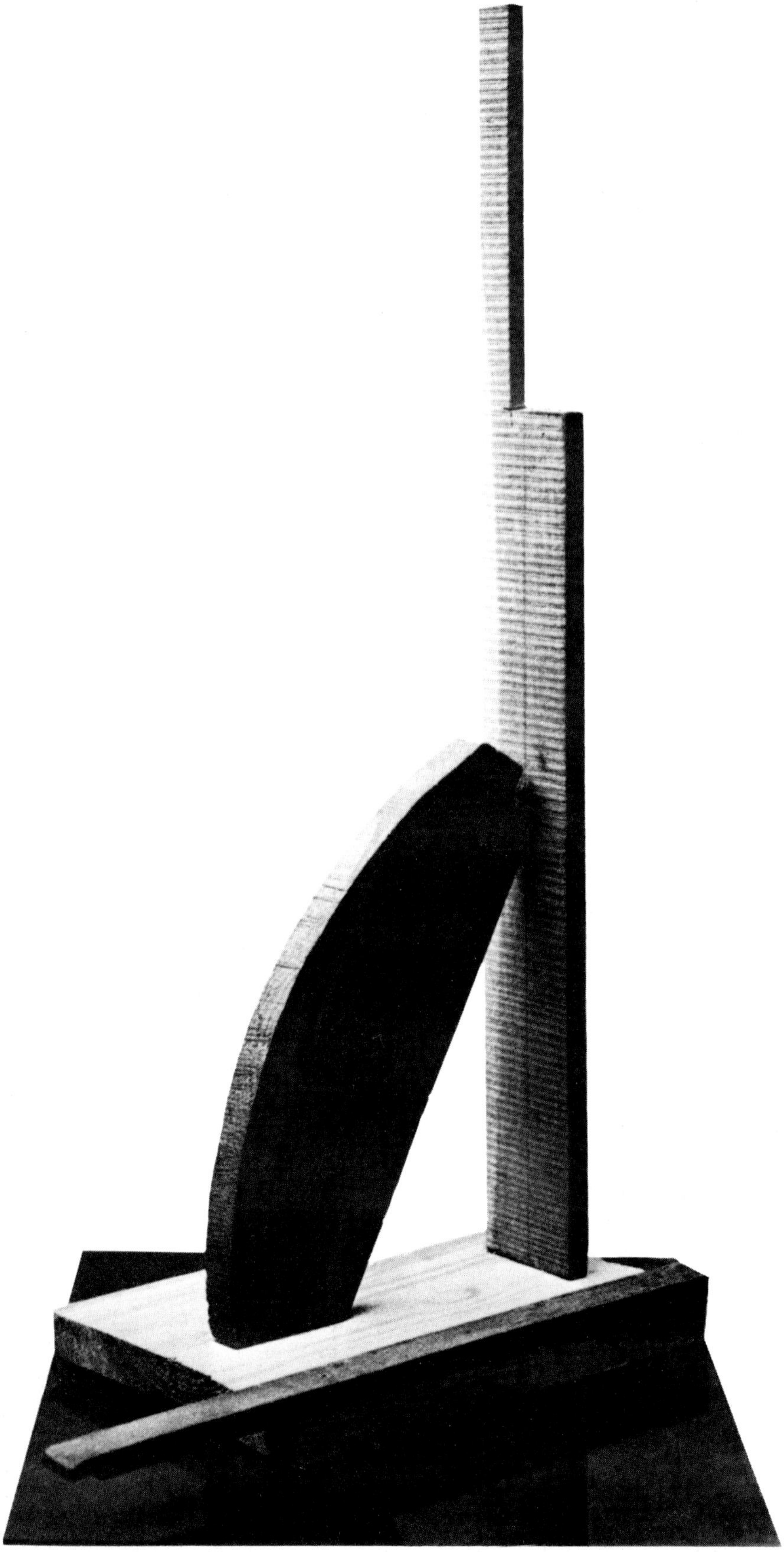

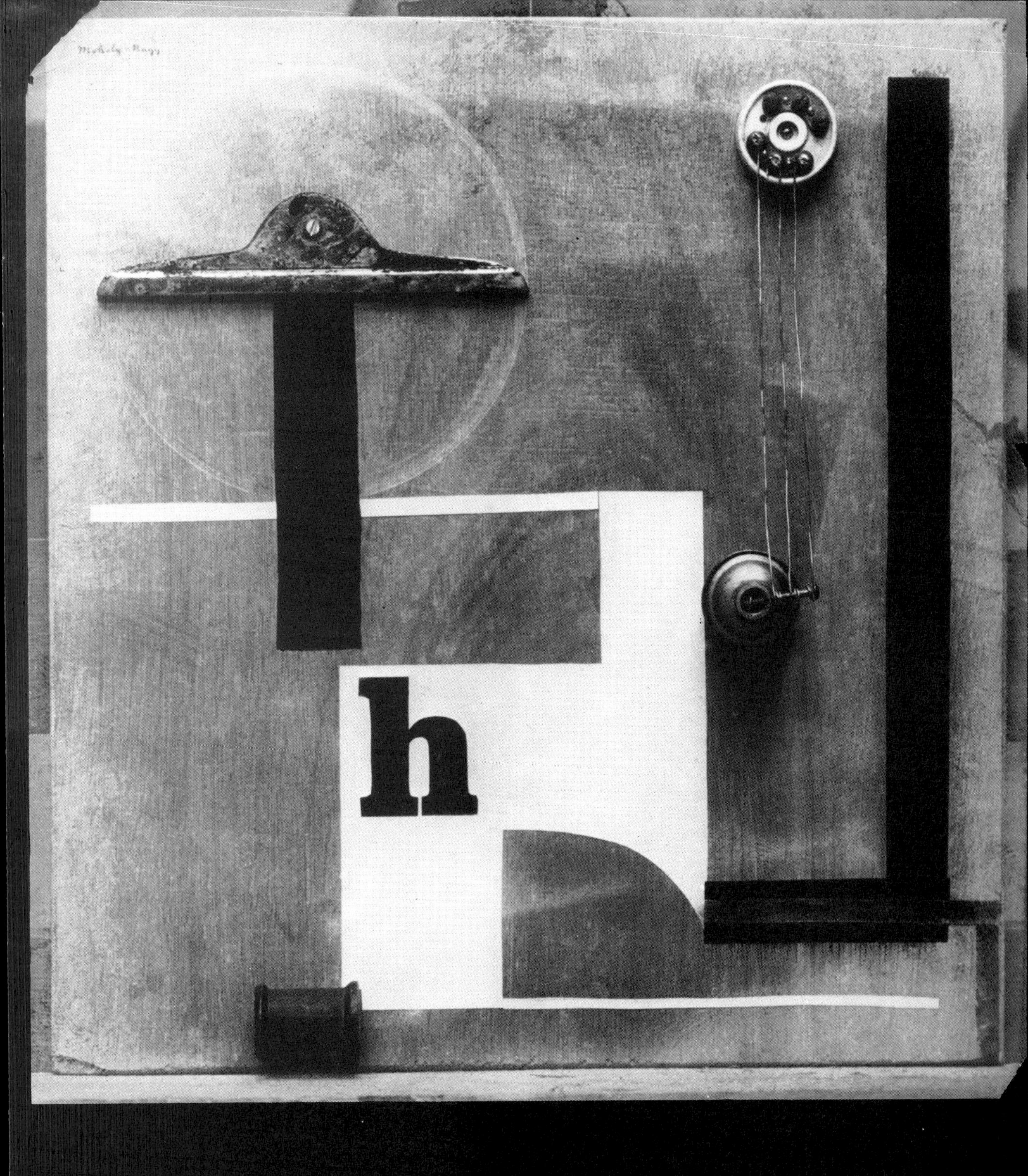
h

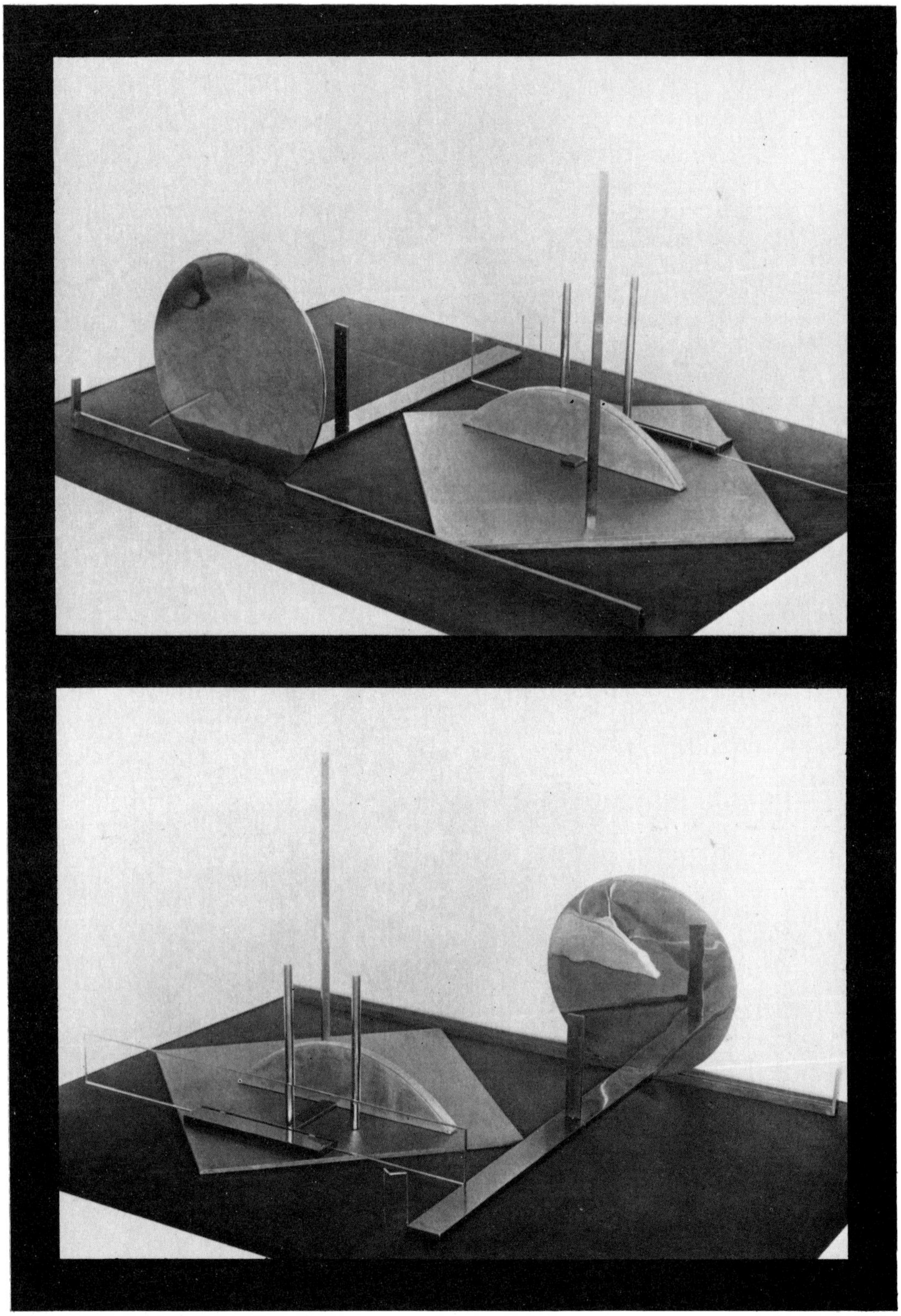

67. Construction en métal, 1921-1922

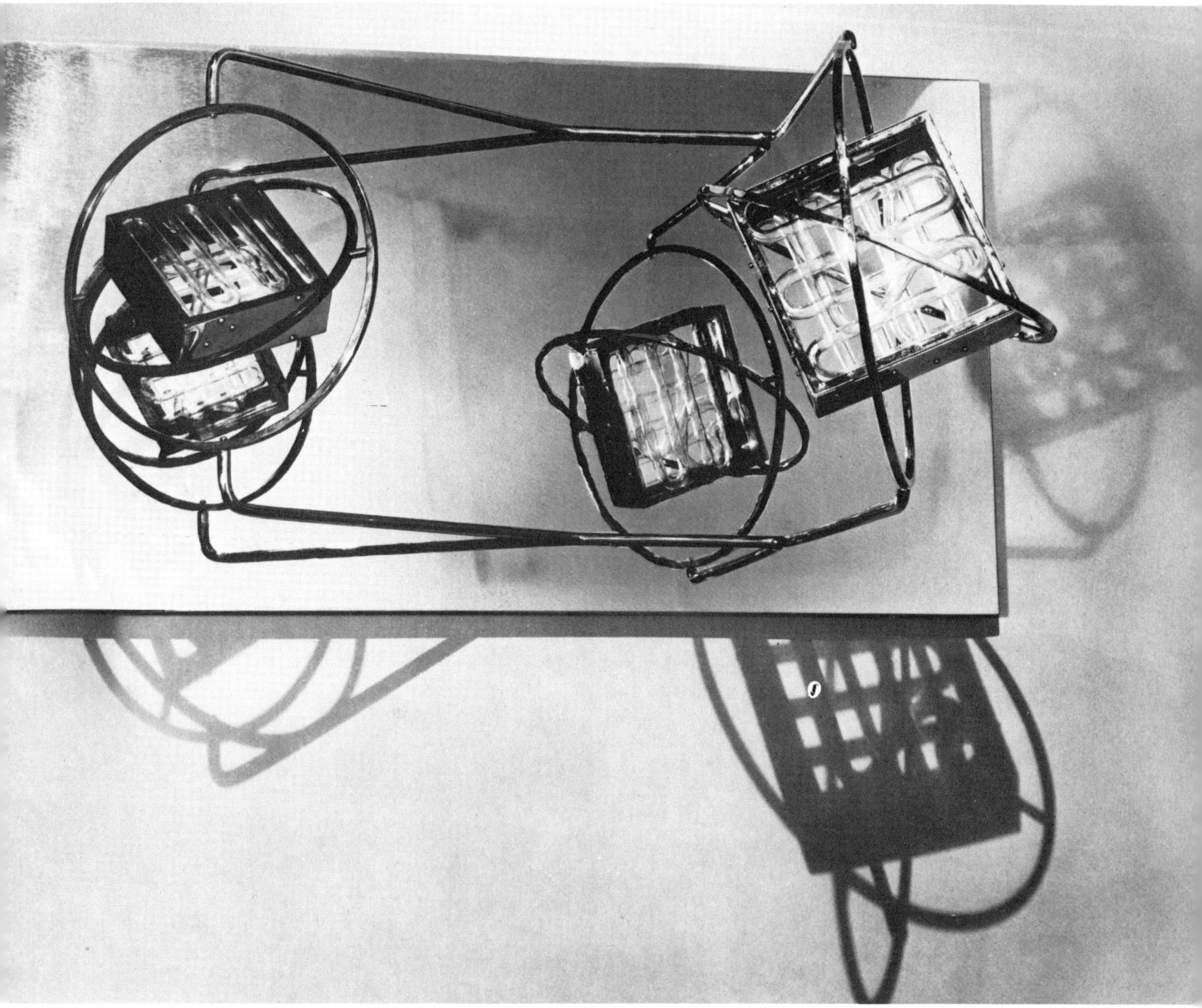

68. Sculpture cinétique, 1930

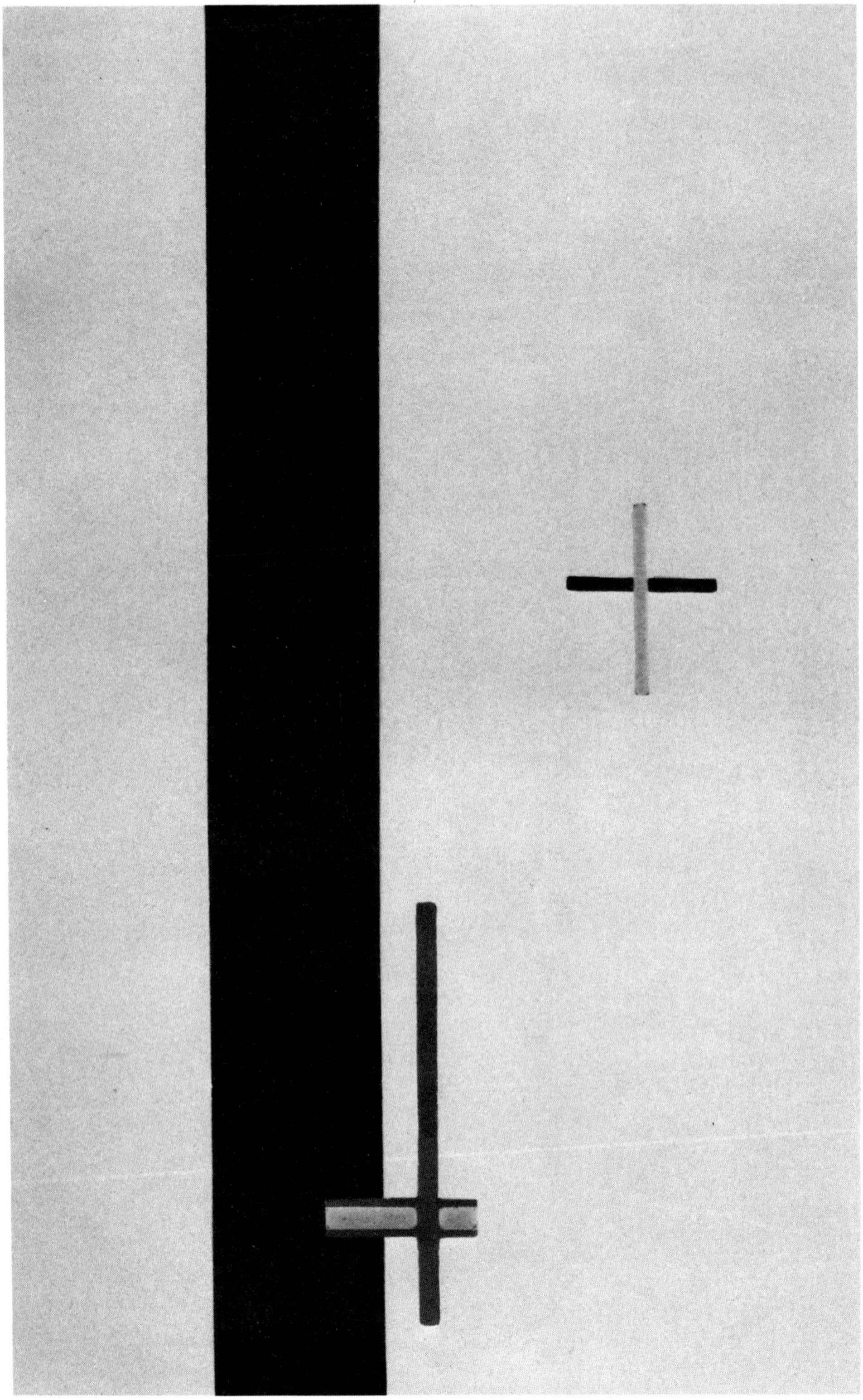

69. Em 3, tableau émaillé, dit « tableau téléphoné », 1922
70. Em 2, tableau émaillé, dit « tableau téléphoné », 1922

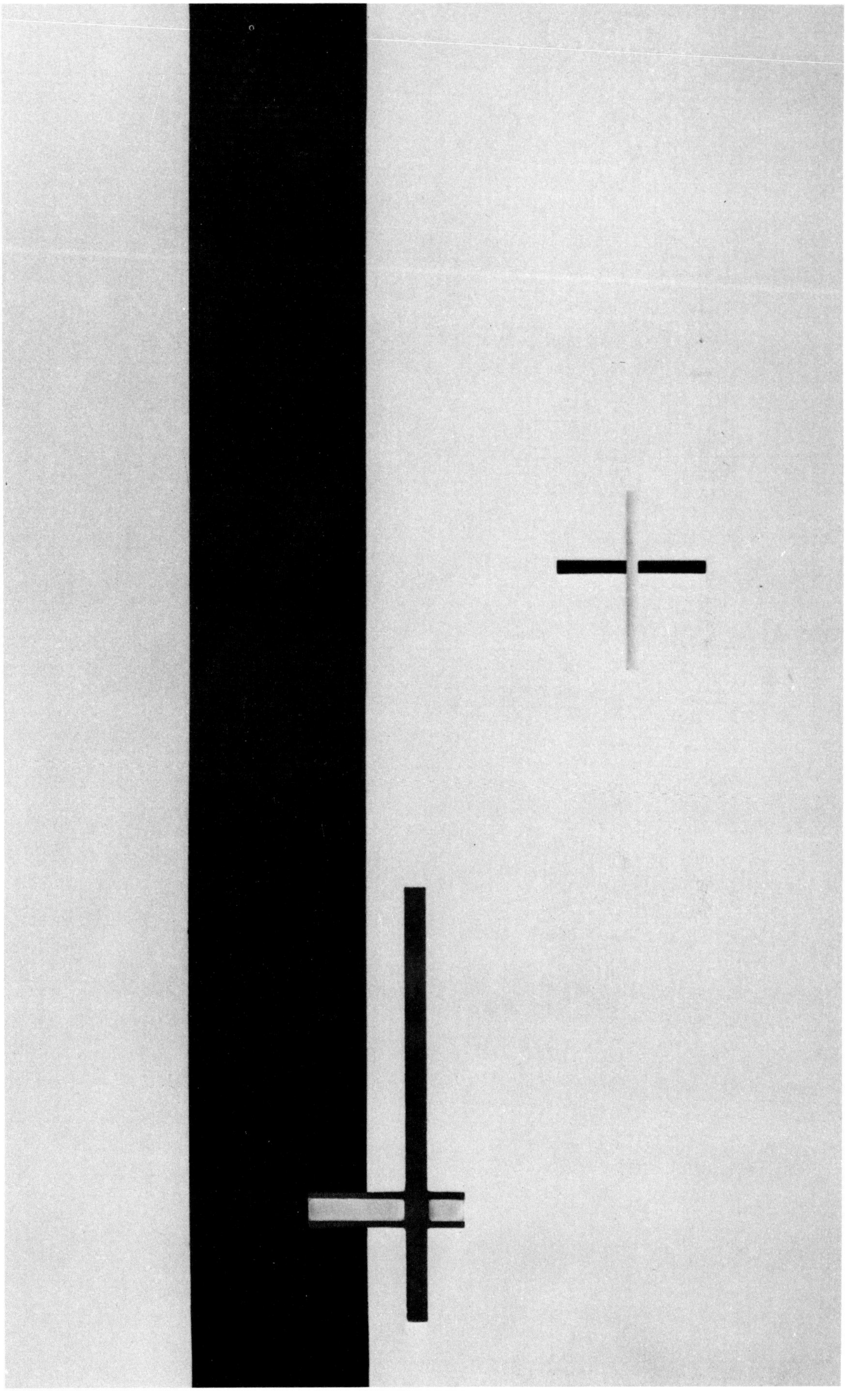

143

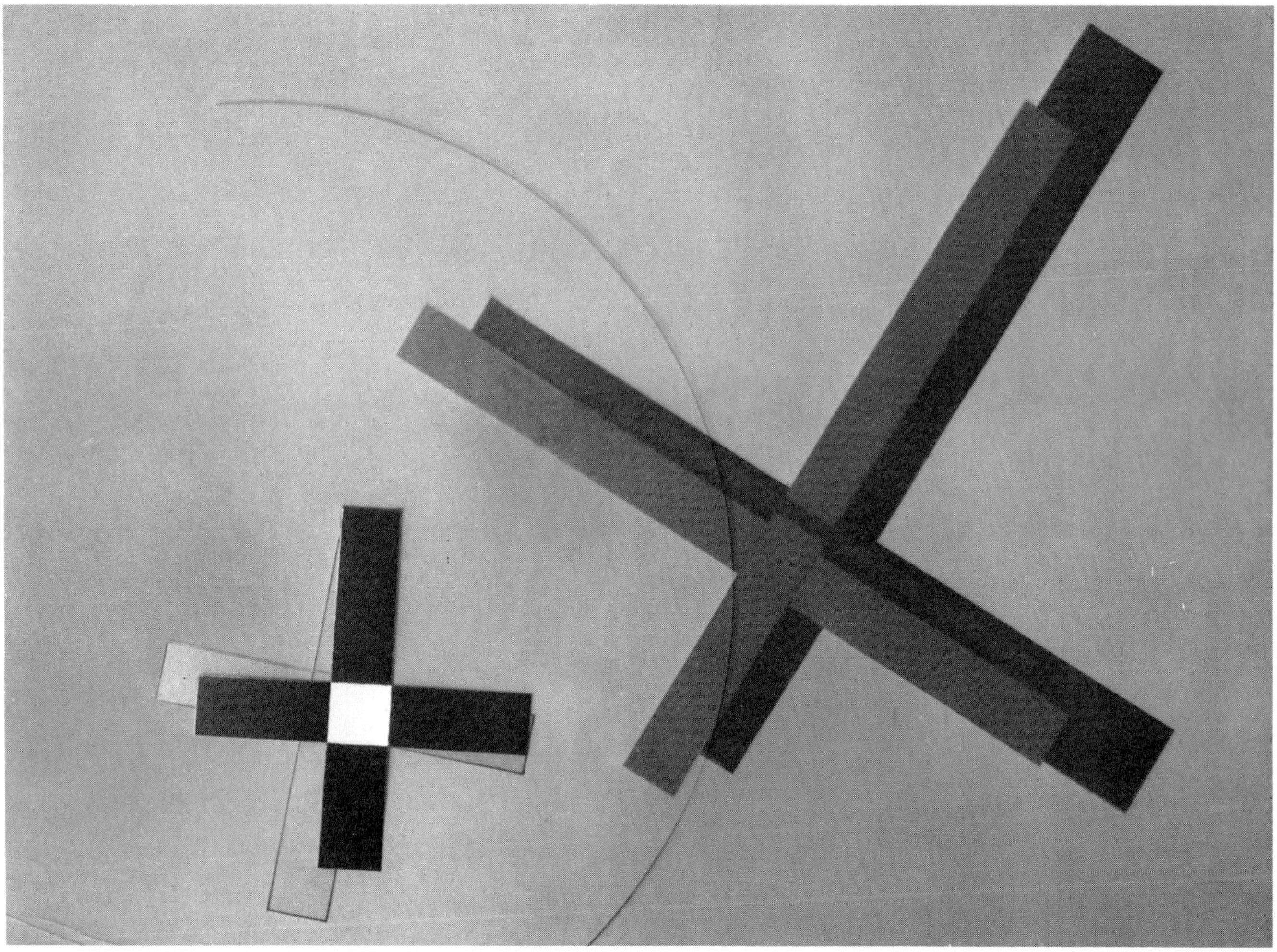

71. Peinture à trois dimensions, 1923-1926

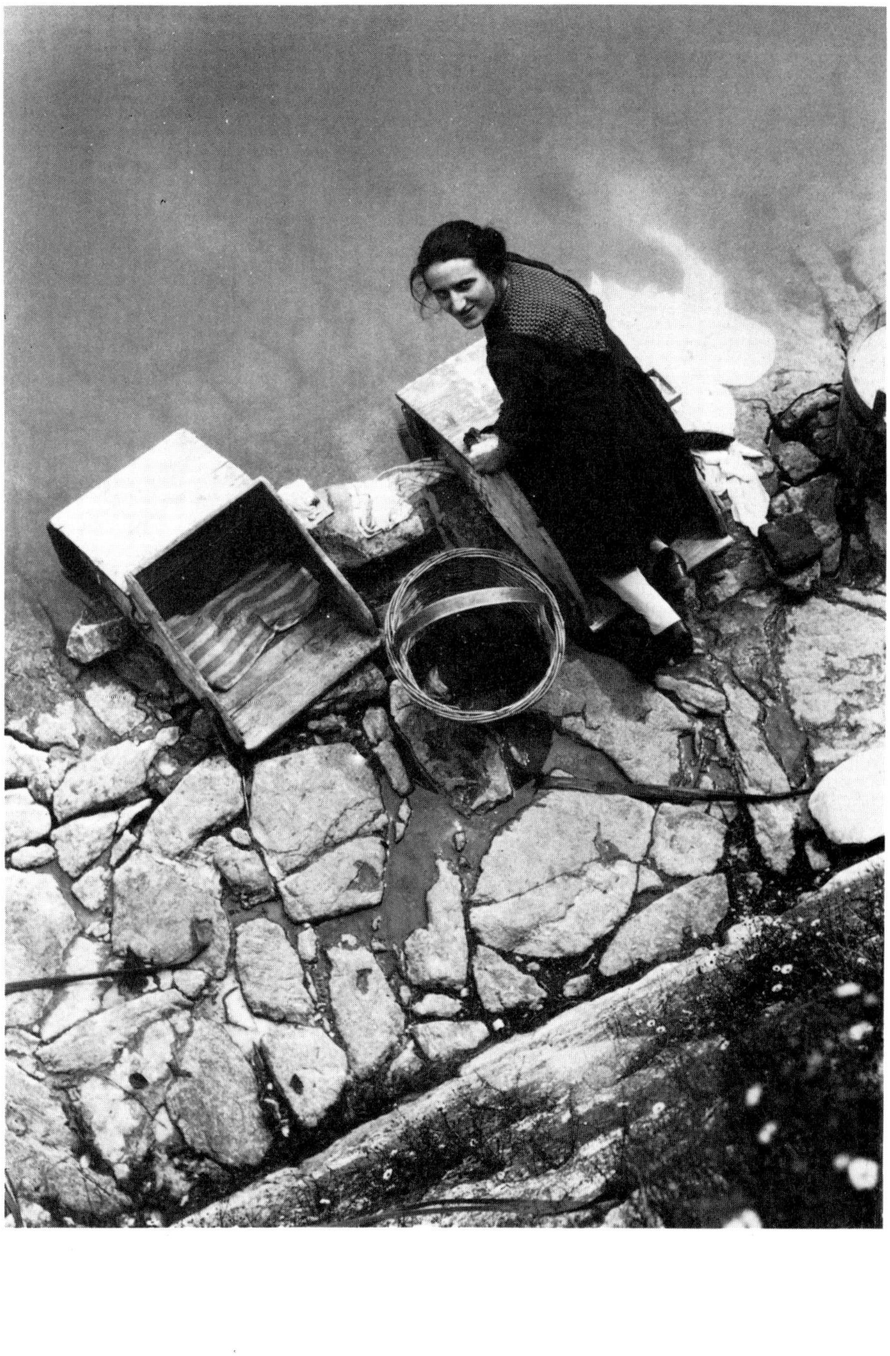

72. Femme lavant (Ascona), 1926

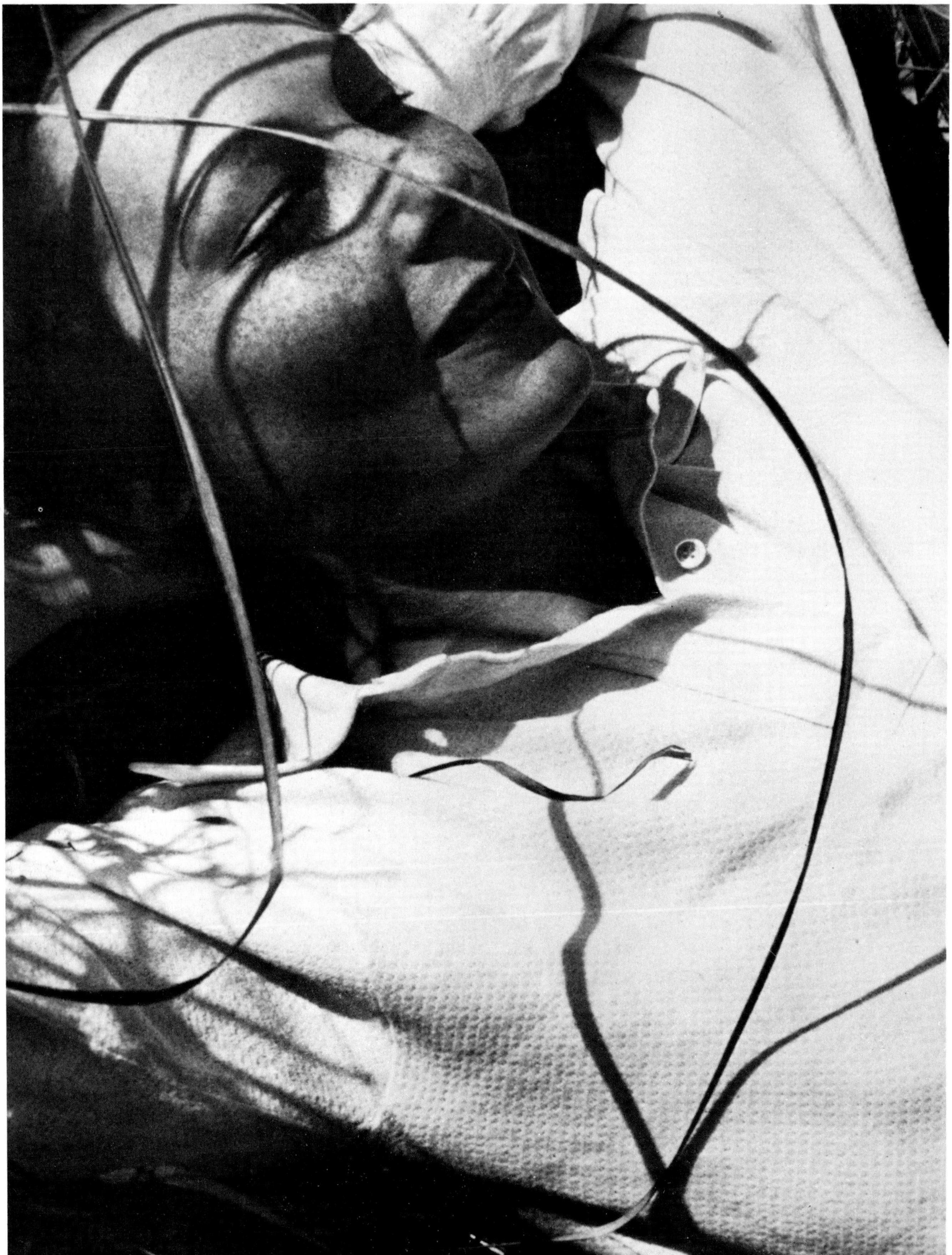

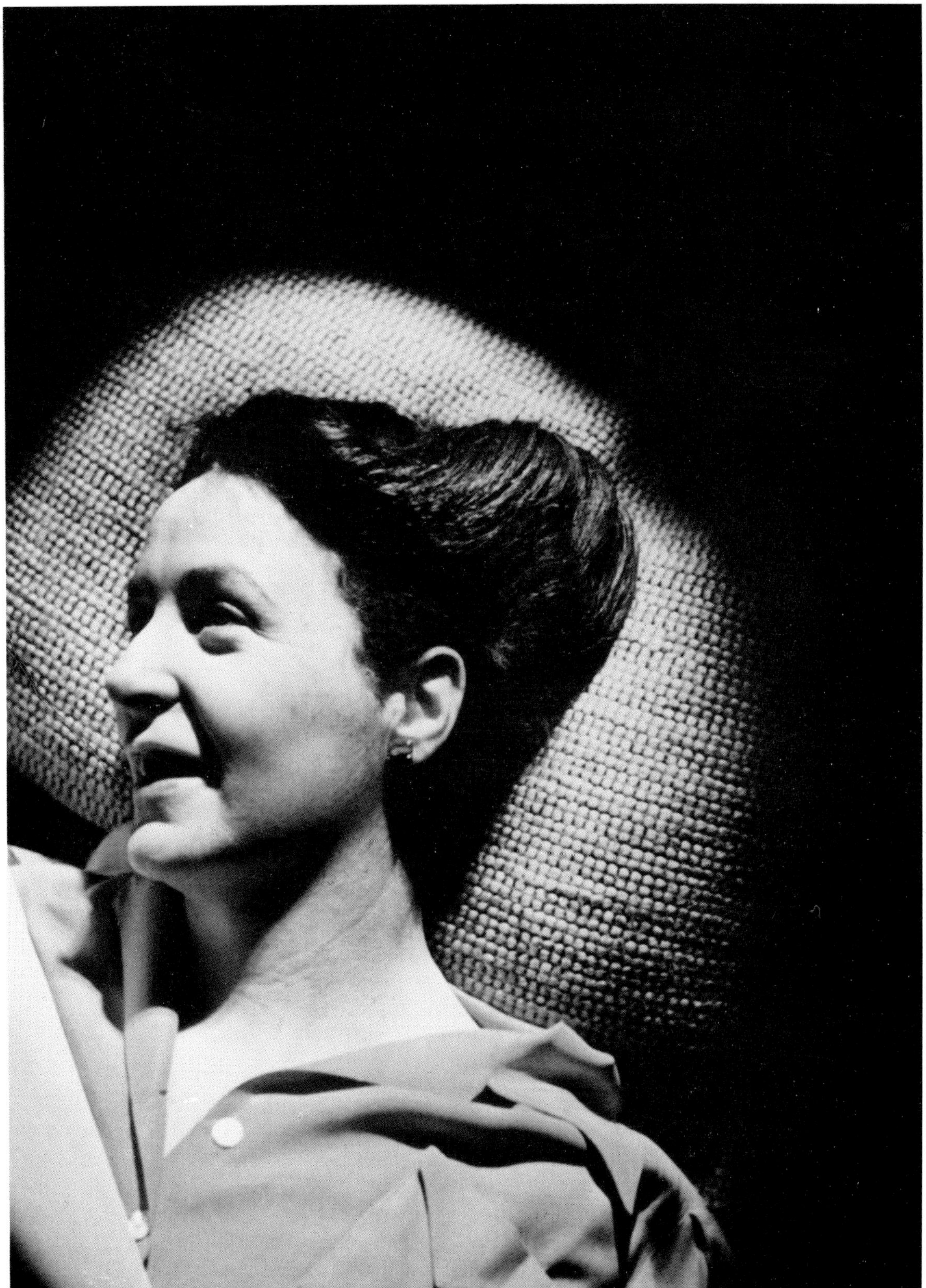

73. Portrait d'Ellen Frank, 1929
74. Sibyl Moholy-Nagy, 1942

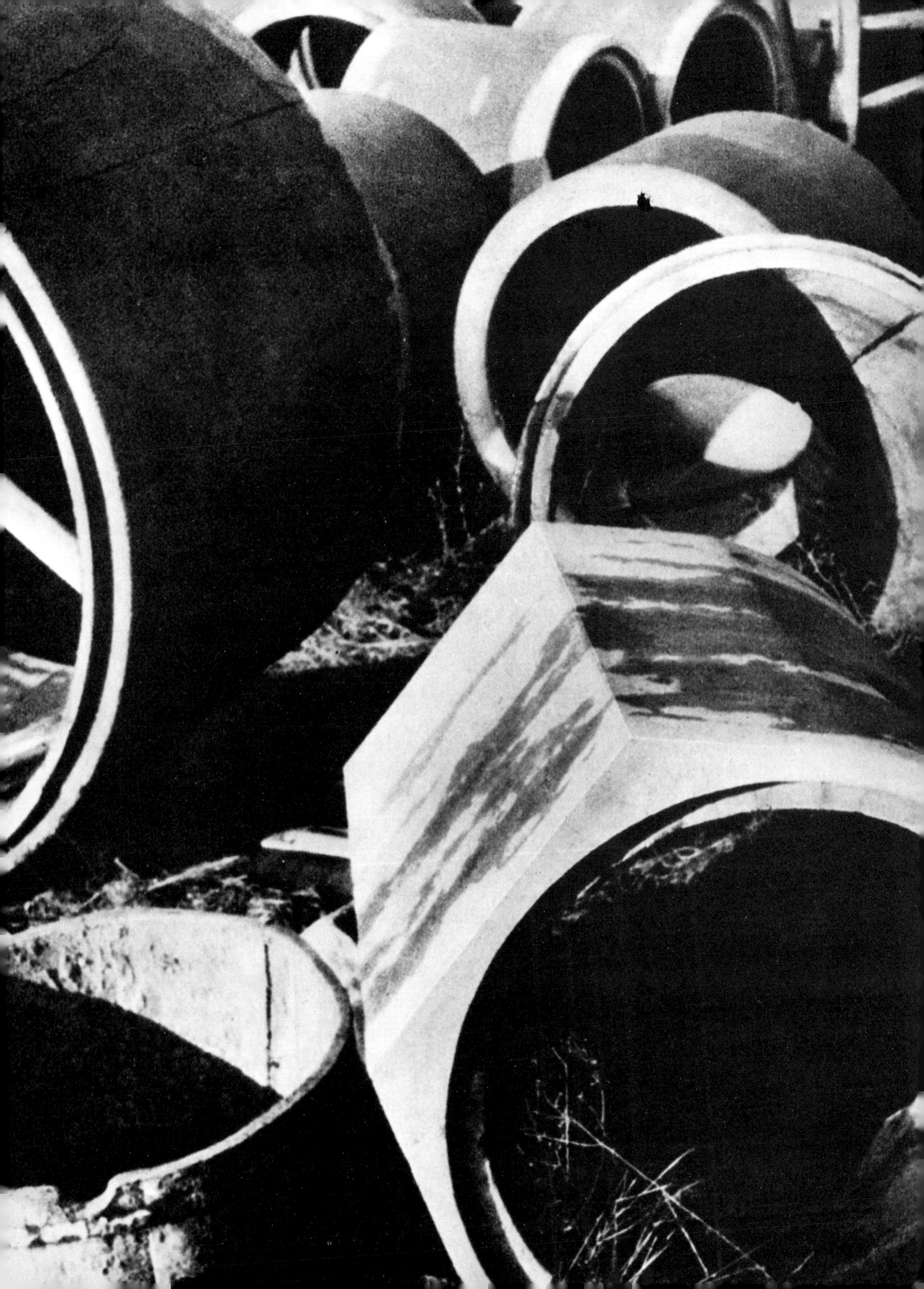

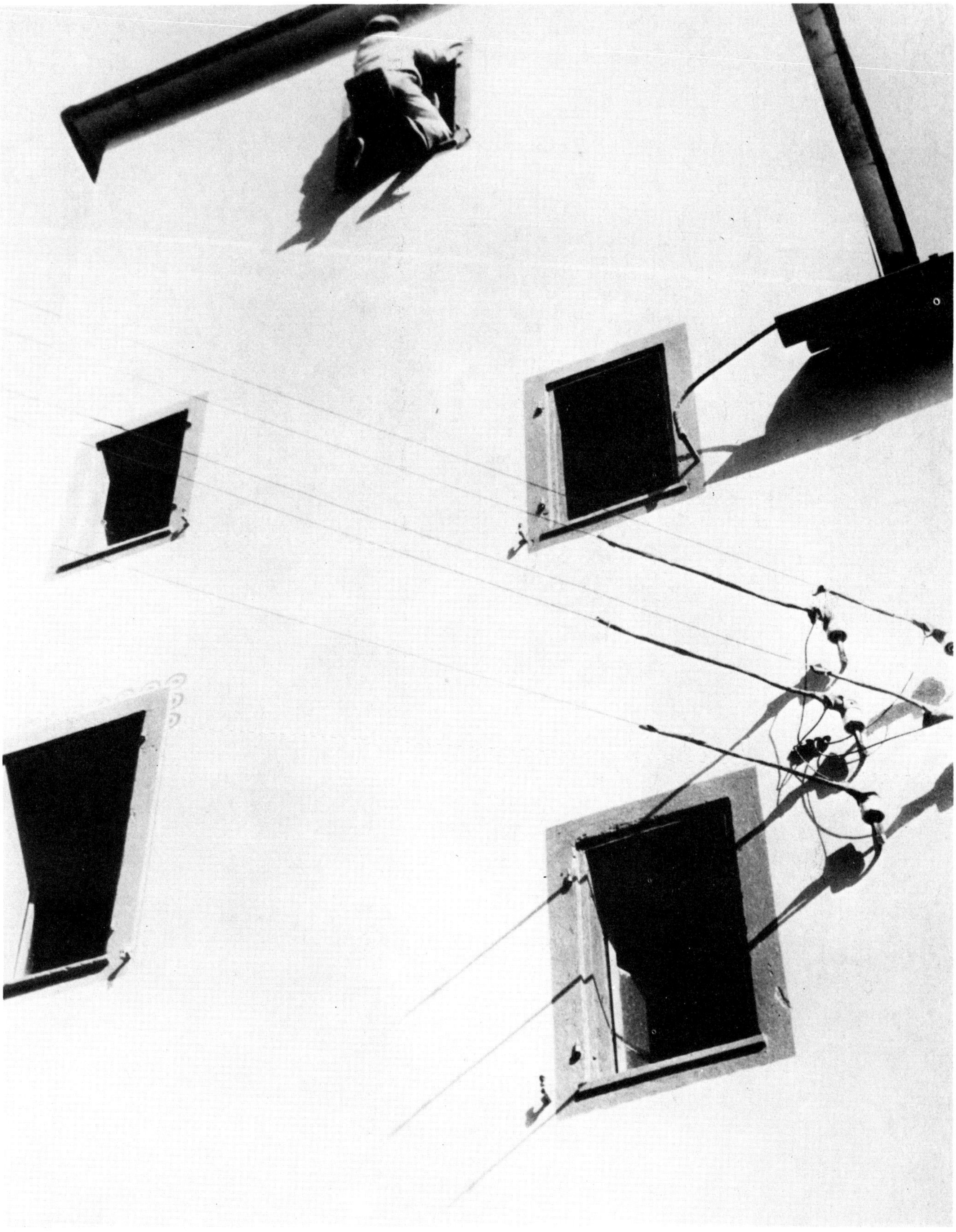

75. Tuyaux de béton, avant 1929
76. Travaux de peinture (Suisse), 1925

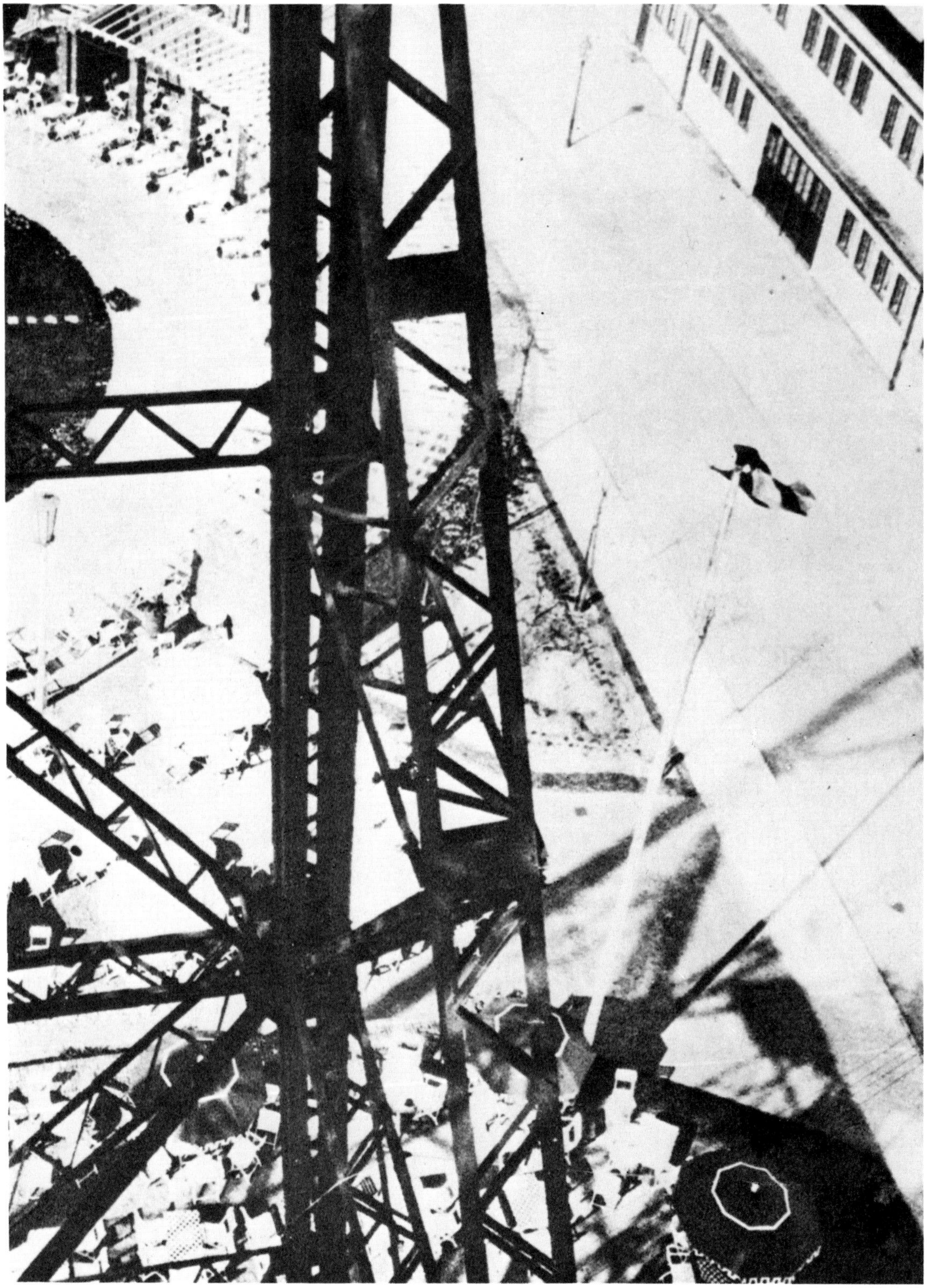

77. Café vu d'en haut (Berlin « Funkturm »), 1928

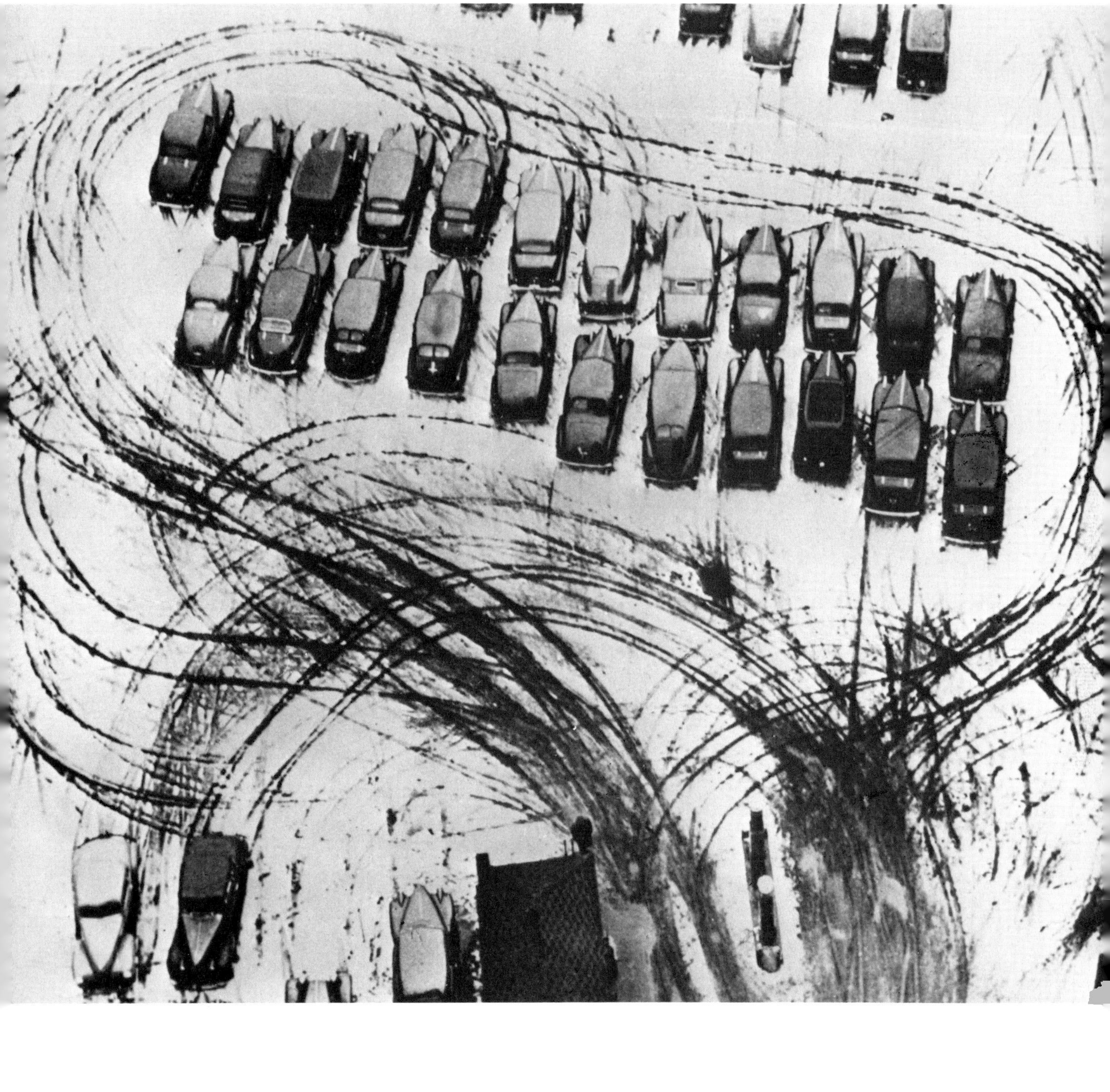

78. Parking (Chicago), 1938

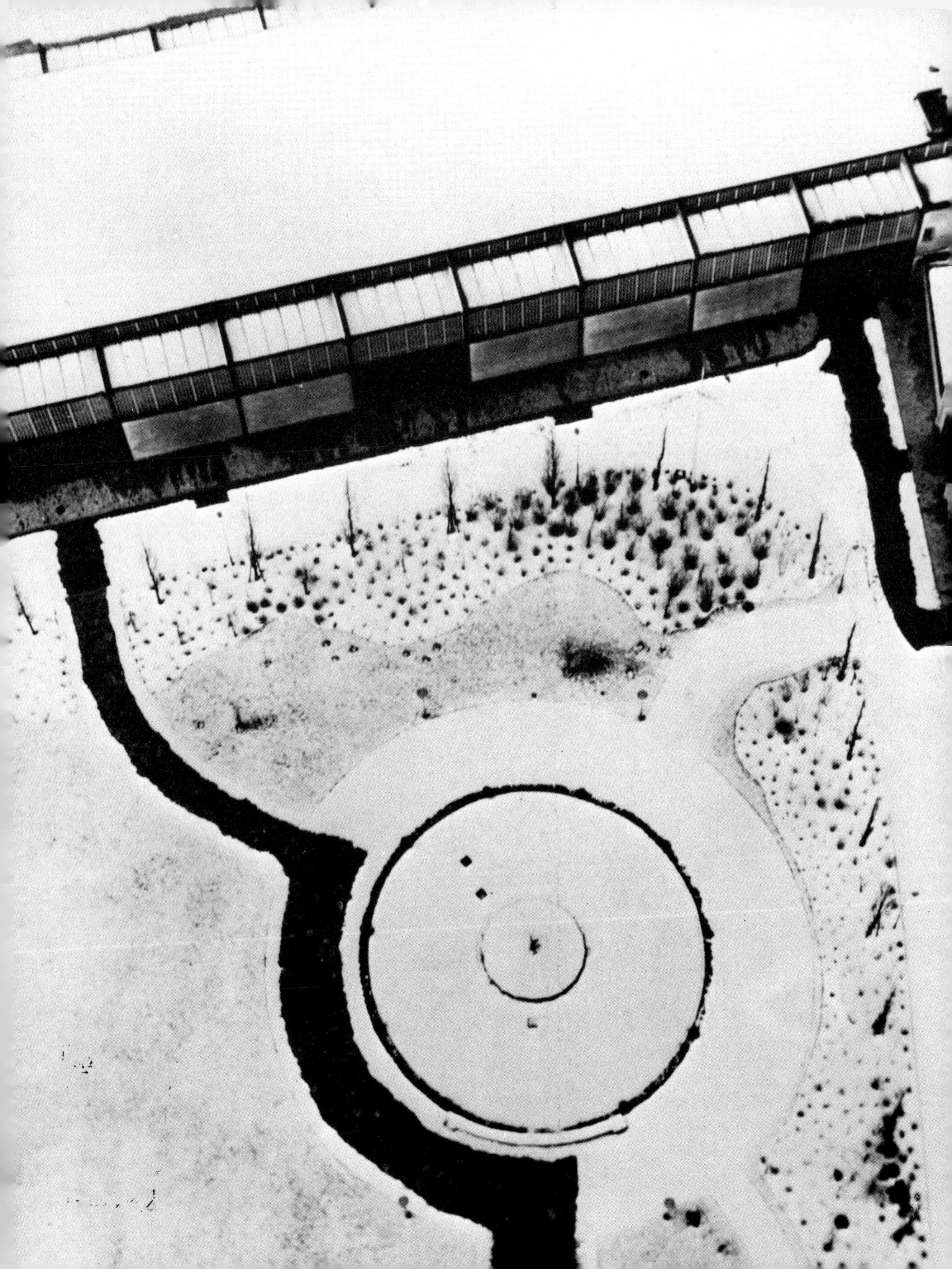

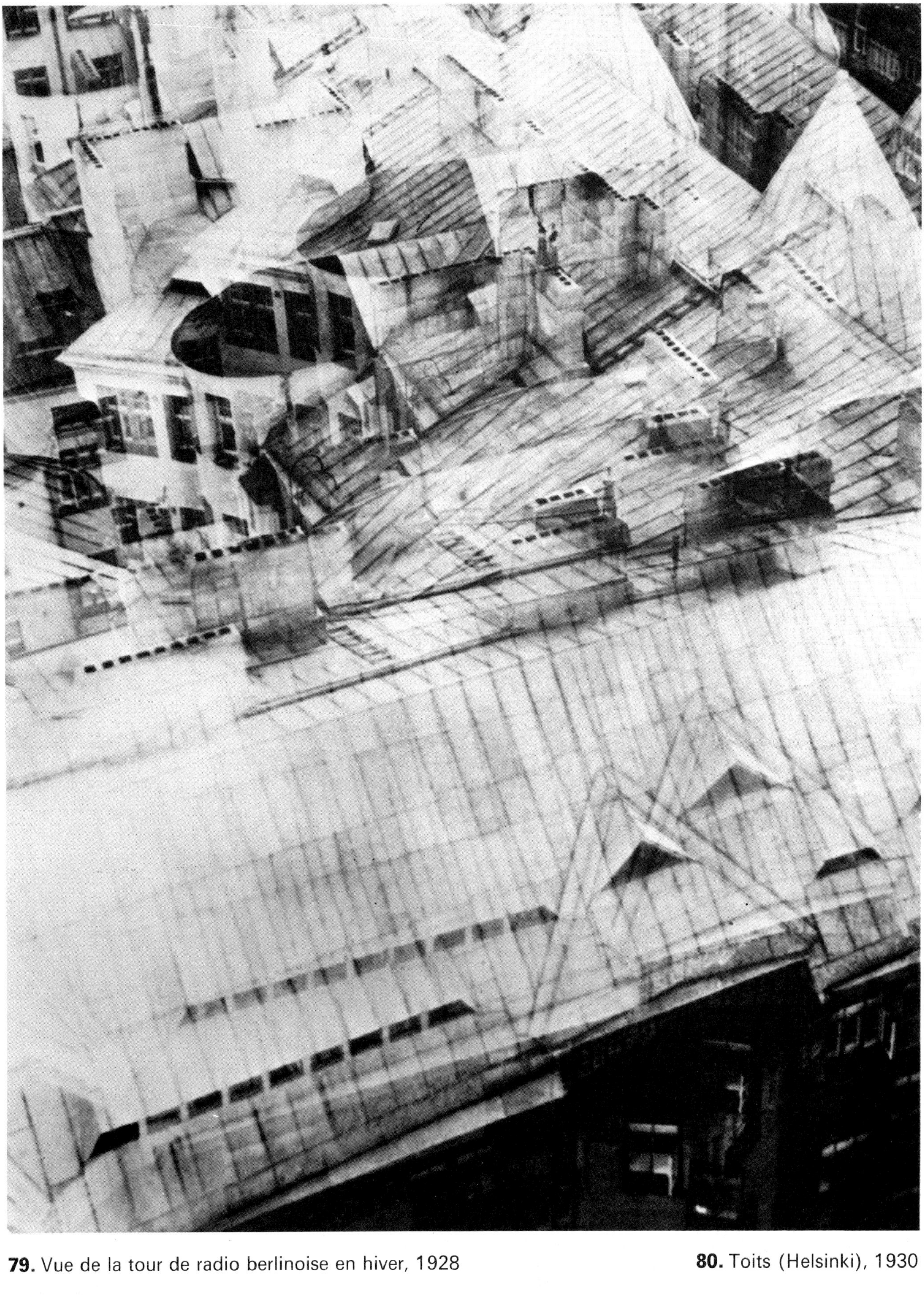

79. Vue de la tour de radio berlinoise en hiver, 1928

80. Toits (Helsinki), 1930

MOHOLY-NAGY: FILMVÁZ • A NAGYVÁROS dinamikája

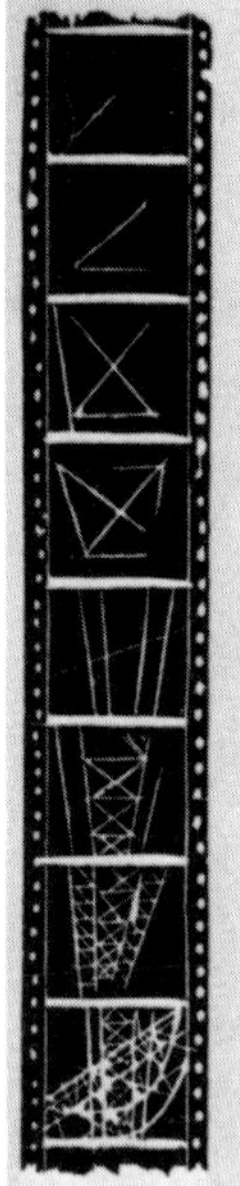

Vasdaru épitése
(A trükkasztal-fölvétel — rajz — lassan természetfölvételbe olvad át)
Házépitésnél mozgó emelő

Fölvétel ↑ alulról | rézsutosan
felülről ↓

Téglafölvonó.
Körben-mozgó darú 

TEMPÓ — TEMPÓ

Ezt a mozgást tovább folytatja egy automobil, amelyik balra rohan. A kép közepén folyton egy és ugyanazt a házat látni; (t. i. a házat mindig vissza kell a k ö z é p r e fotografálni). Megjelenik egy másik automobil, amelyik az elsővel egyidejüleg, csak ellenkező irányban, száguld

Az utca egyik házsora ugyanebben az irányban ——→ rohan ugy, hogy a kép közepén levő ház átlátszik rajta. A házsor elfut: ——→ és visszajön ←——

Szemközti házsorok egymáson átlátszóan ellentétes irányban ⇄ rohannak és az autók is mindig gyorsabban, hogy rövidesen káprázik a szem belé.

Tigris TIGRIS jár ketrecében
dühösen föl s alá
Magasan — fönt — tisztán szemaforok

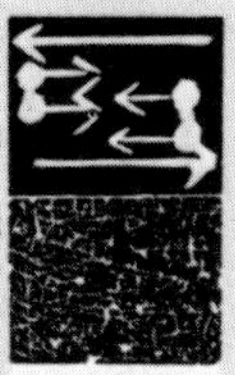

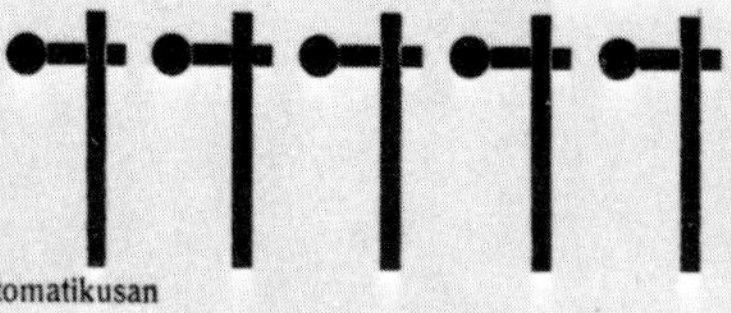

automatikusan
a—u—t—o—m—a—t—i—k—u—s—a—n
mozognak (nagy részletfölvétel)

↑ föl ↓ le ↑ föl ↓ le ↓ le

FÖL FÖL FÖL LE LE

1 2 3 4 5

Teherpályaudvar
Váltóállomás
Raktárépületek és pincéik

SÖTÉT SÖTÉT
SÖTÉTSÉG

Vasut:
Országut (járművekkel). Hid. Viadukt. A mélyben: uszó hajók. Fölötte lebegő vasut (Elberfeld)

Rézsút

Vonatfölvétel magas töltésről: rézsutosan
Bakter haptákban szalutál
Szemei megüvegesednek (Nagy RÉSZLETfölvétel)
A vonat egy hidról: fölülről

rézsút
RÉZSÚT

Alulról: egy a sinek közötti árokból a v o n a t h a s a, ahogy elvágtat
Kerék forog — elmosódott vibrálásig

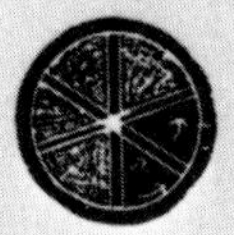

TEMPÓó
TEMPÓ
TEM TEM TEM PÓ

TEEM M MPPÓÓóó

Áruházban üvegfölvonók négergyerekkel
Ferdén
Eltorzitott perspektiva

Le ↓ ↑ FÖL ↑ FÖL

Kilátás. CSÖDÜLET
A bejáratnál kikötött kutyák
Az üvegfölvonók mellett üveges telefónfülke telefonálóval
Földszintfölvétel az üveglapokon át
A telefonálónak foszforeszkáló anyaggal bedörzsölt (hogy ne keletkezzék sziluett) ARCA közvetlenül a fölvevőgép mellett lassan elfordul jobbra
Feje fölött spirálisan huzódik el egy messziről röpülő aeroplán

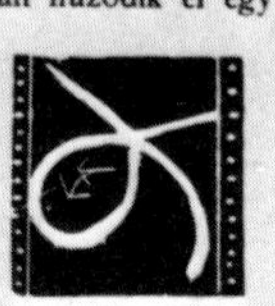

Röpülőfölvétel csekély magasságból: tér, ahová sok utca torkollik

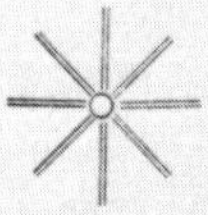

Járművek tömege: villanyos, autó, teherkocsi, konflis, bicikli, autóbusz, ciklonett hajt gyors tempóban kifelé egyszerre visszafordul mind a középen összefutnak

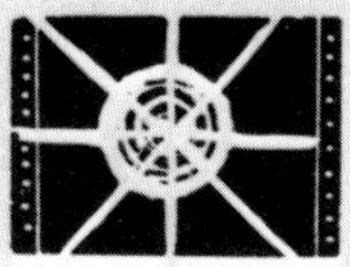

81-82. Dynamique de la grande ville, 1921-1922

a tér közepe megnyilik, minden belesülyed
(A felvevőgépet fölbillentik, hogy a nézőben a z u h a n á s érzése támadjon)

TEMPÓ

Földalatti
Kábelek
Gáztartány
Csatornák (mélyen a város alatt kiépitett kloakák)

Fény tükrözik a vizeken

Ivlámpa

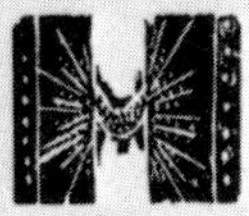

Szikra SPRICCEL
Autóut éjjel, csillogó aszfalt

Fölülről és elsuhanó rézsút autók
5 MÁSODPERCIG csak FEKETE vászon
Fényreklám eltünő és megjelenő fényirással:

MOHOLY MOHOLY

Tüzijáték az Angolparkban

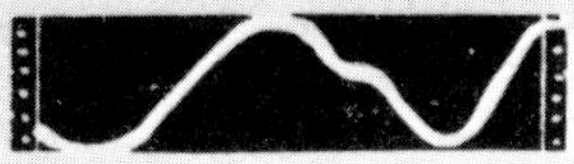

Utazás a
H u l l á m v a s u t o n
Száguld
ÓRIÁSkerék
A csudaház
Torztükrök
Más Viccek
Kiállitás- vagy pályaudvar-csarnok felvétel:
A fölvevőgépet viszintes körben, utána függőleges körben forgatják
Feszülő
Telefónhuzalok és sürgönydrótok a házak között

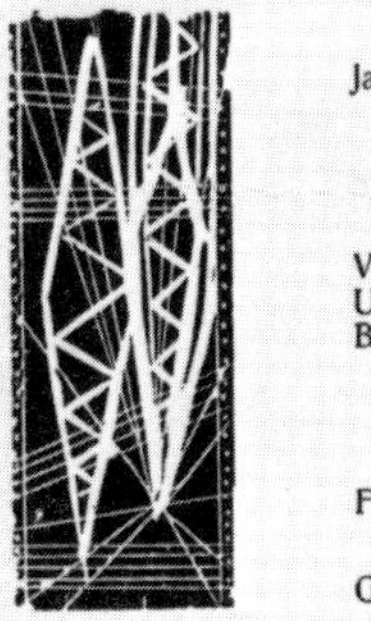

Porcellánszigetelő-tornyok

Antennák a háztetőn

Gyár:

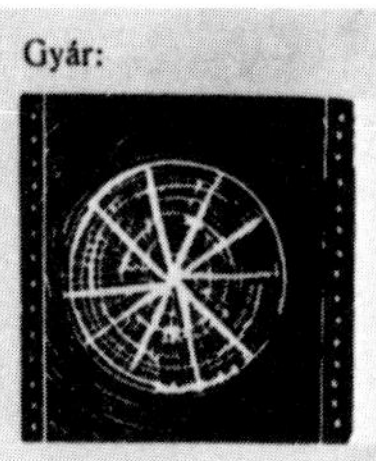

Kerekek forognak

Artista forog, bukfencezik

Rudugrás. Lezuhan. 10X egymásután.

V a r i e t é. Őrült tevékenység
Labdarugómérkőzés. Gorombán. Erős tempó
Nőbirkózás. Giccs!
Jazzbandhangszerek (Részletfölvétel)

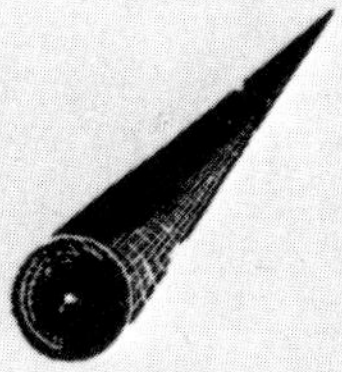

A PUBLIKUM ELLEN

Belül üres, csillogó fémtölcsért hajitanak a fölvevőgép lencséjéhez
(Közben:)
Egy ember villámgyorsan elrántja tőle a fejét (Részletfölvétel)

Pohár VIZ
(csak a viz tükre nagy részletfölvételben)
Mozgásban
Fölcsap mint S z ö k ő k u t

Jazzband a beszélő filmmel

FORTISSZIM

Vad tánckarikatura
Utcalányok
Boxolás. Részletfölvétel:

CSAK a gömböskeztyük
az időnyujtó- (Zeitlampe) géppel
Füstgomolyog (hid fölött, ahogy vonat fut el alatta)

Gyárkémény rézsút

Buvár fejjel sülyed a vizbe
Propeller munkában a viz alatt
Csatornanyilások a viz fölött és viz alatt

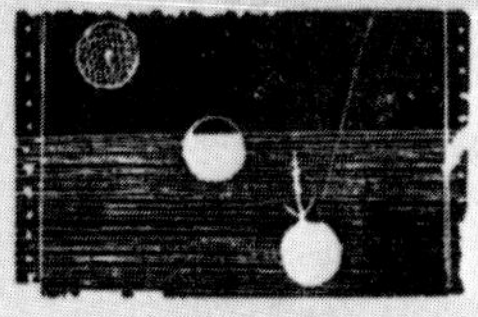

A csatornán körösztül mótorcsónakkal a

SZEMÉTGYÁRBA ←

Szemét földolgozás.
Ócskavashegyek.
Öregcipődombok
Konzervdobozkazlak

PÁTERNOSZTER-fölvonó kilátással. Körben.
Innen az egész részt a
JAZZBANDig (ezt is megforditva)
fejtetőre állitva vissza kell kurblizni

fortisszimótól PIANISSZIMÓig

Hullaház. Fölülről
Katonaparádé
Mars — mars

Nők lovagolnak
A két fölvétel egymásra másolva átlátszón

Vágóhid. Ökrök
A hütőterem gépei
Kolbászgép. Kolbász ezerszámra
Vicsorgó OROSZLÁNFEJ (Részletfölvétel)
Szinház. Zsinórpadlás
Vicsorgó OROSZLÁNFEJ (Részletfölvétel)
Rendőr gumibottal forgalmas tér k ö z e p é n
A BOT (Részletfölvétel)
Szinházpublikum
Vicsorgó OROSZLÁNFEJ (Részletfölvétel)

Pár másodpercig feketeség.

KÖR

Cirkusz.
Trapéz.

TEMPÓ

MOHOLY-NAGY LÁSZLÓ:
A NAGYVÁROS DINAMIKÁJA

VÁZLAT EGY FILM FORGATÓKÖNYVÉHEZ
1921/22

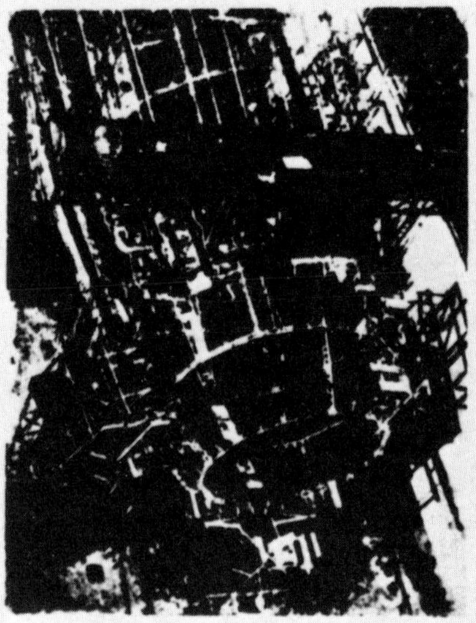

Fémkonstrukció szerkesztése

Eleinte trükkasztal-felvétel mozgó pontokból és vonalakból, amelyek a maguk összességében lassanként egy zeppelin képévé (természetfelvétel) alakulnak át.

Építkezésnél használatos daru mozgás közben: Felvétel alulról felülről

ferdén

Téglafelvonó
Ismét a daru, amely most körben mozog

120

83-84. Dynamique de la grande ville, 1921-1922

Nagyközel.
Az előbbi mozgást tovább folytatja egy automobil, amely bal felé rohan. Az autóval szemben, a kép közepén állandóan egy és ugyanazt a házat látni (ezt a házat ugyanis jobb felől mindig vissza kell középre fotografálni; ez valami merev, lökésszerű mozgást visz a filmbe). Megjelenik egy másik automobil, amely az elsővel egyidejűleg, de ellenkező irányban száguld tovább.

Ez a rész brutális bevezetőül szolgál a lélekszakadt rohanáshoz, a nagyváros fergeteges zűrzavarába.

Az itt még szigorú ritmus a játék folyamán fokozatosan fellazul.

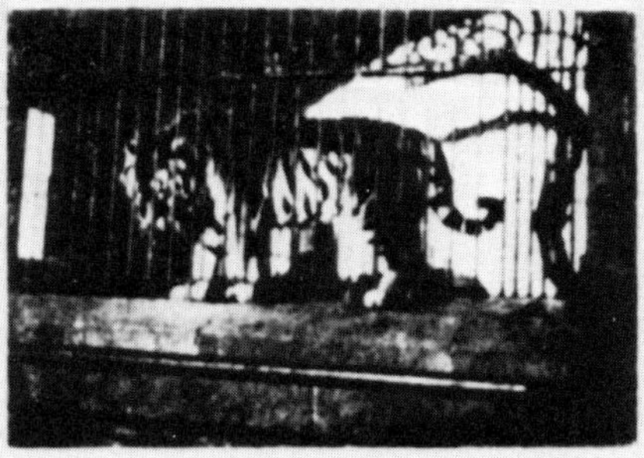

Egy tigris fut körbe dühöngve ketrecében.

T E M P Ó T E M P Ó T E M P Ó

Magasan fenn – egészen tisztán kivehető – szemaforok:

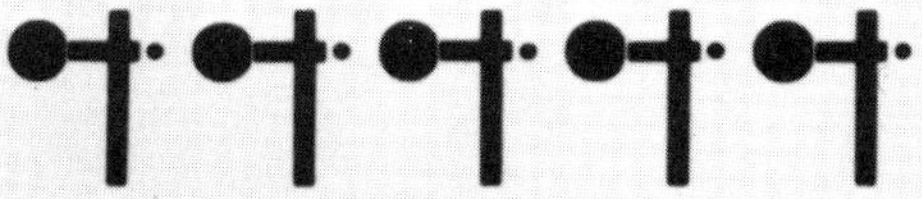

(Nagyközel)

Valamennyi automatikusan, au-to-ma-ti-ku-san mozog

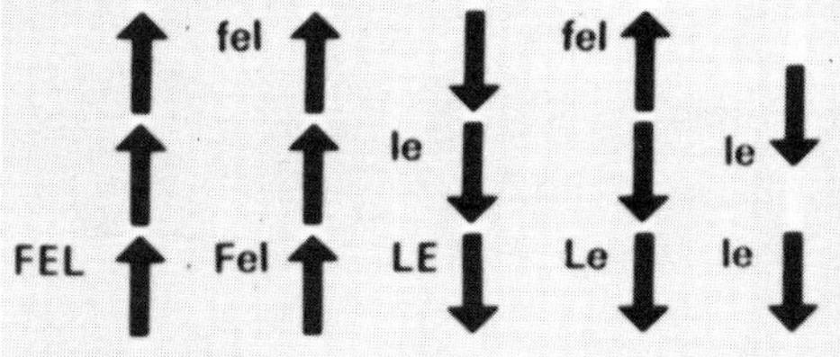

Az utca egyik oldalán házsor iramodik úgy, hogy a kép közepén levő ház átlátszik rajta: jobb felé rohanó házsor, amely jobbról megint vissza, bal felé halad. Egymással szemben álló házsorok, egymáson áttűnve száguldanak ellentétes irányban és az automobilok is mind gyorsabban, úgy, hogy rövidesen KÁPRÁZIK belé a szem.

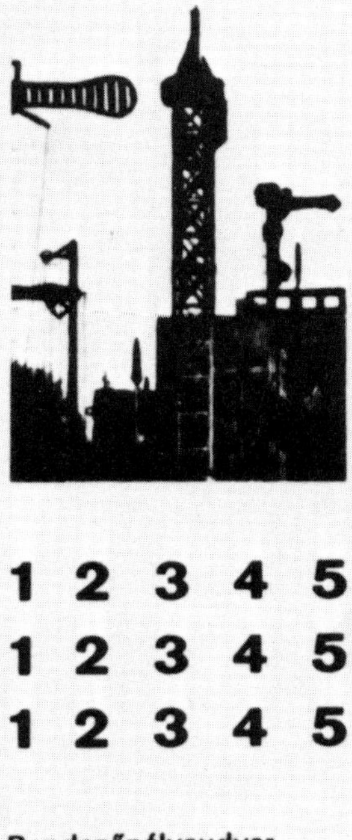

1 2 3 4 5
1 2 3 4 5
1 2 3 4 5

Rendezőpályaudvar
Vasúti kitérőhely

TEMPÓ
TEMPÓ
TEMPÓ
TEMPÓ

A tigris:
a szorongatottság, a mozgás korlátozottságának kontrasztja a szabad, korlátlan száguldással szemben, hogy a közönséget már kezdetben a meglepetésekhez és a logikátlansághoz szoktassuk.

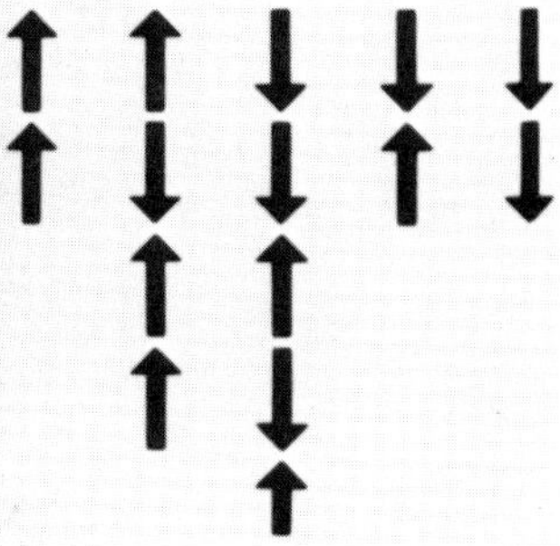

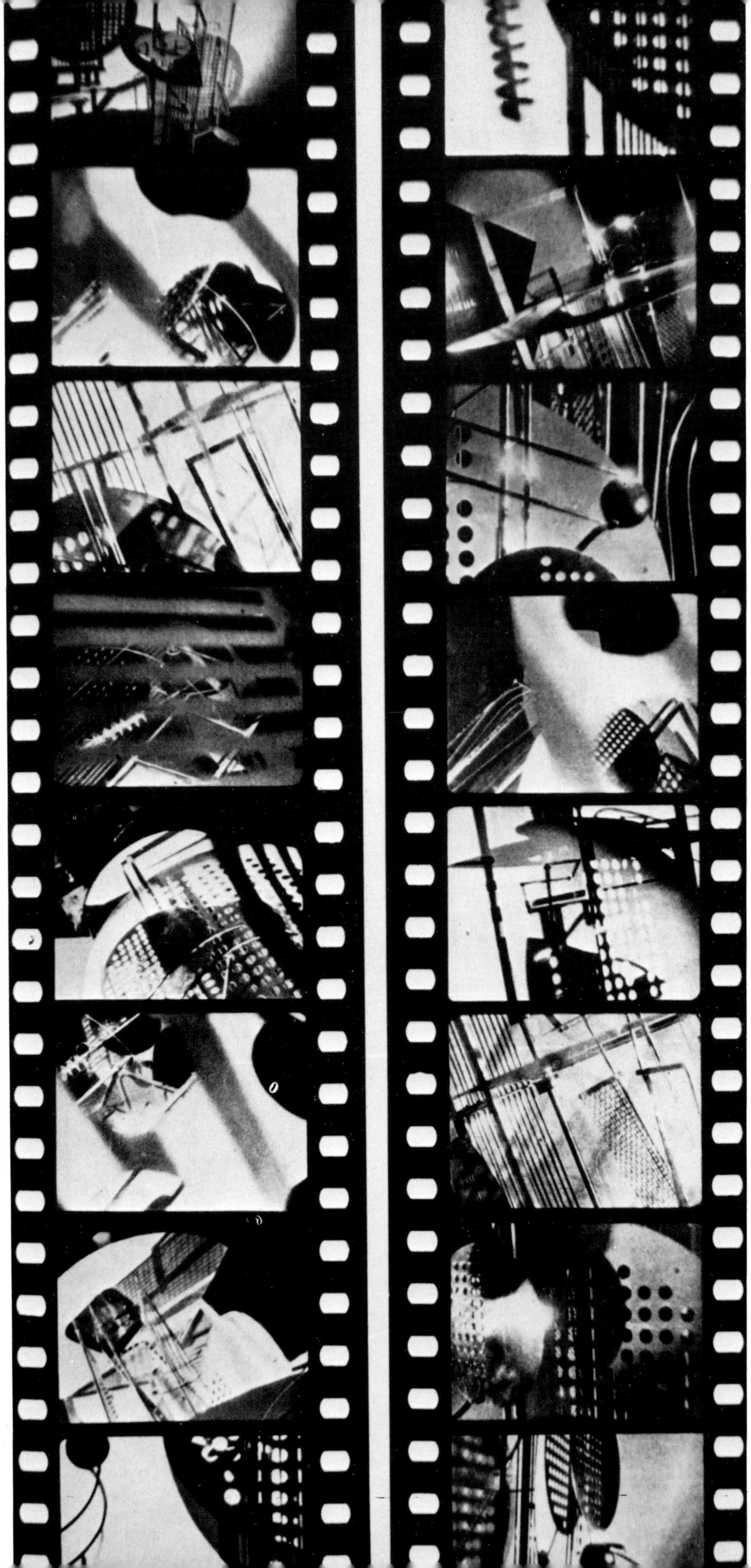

85. Jeu lumineux noir-blanc-gris, 1930-1931

86. Tsiganes, 1932.

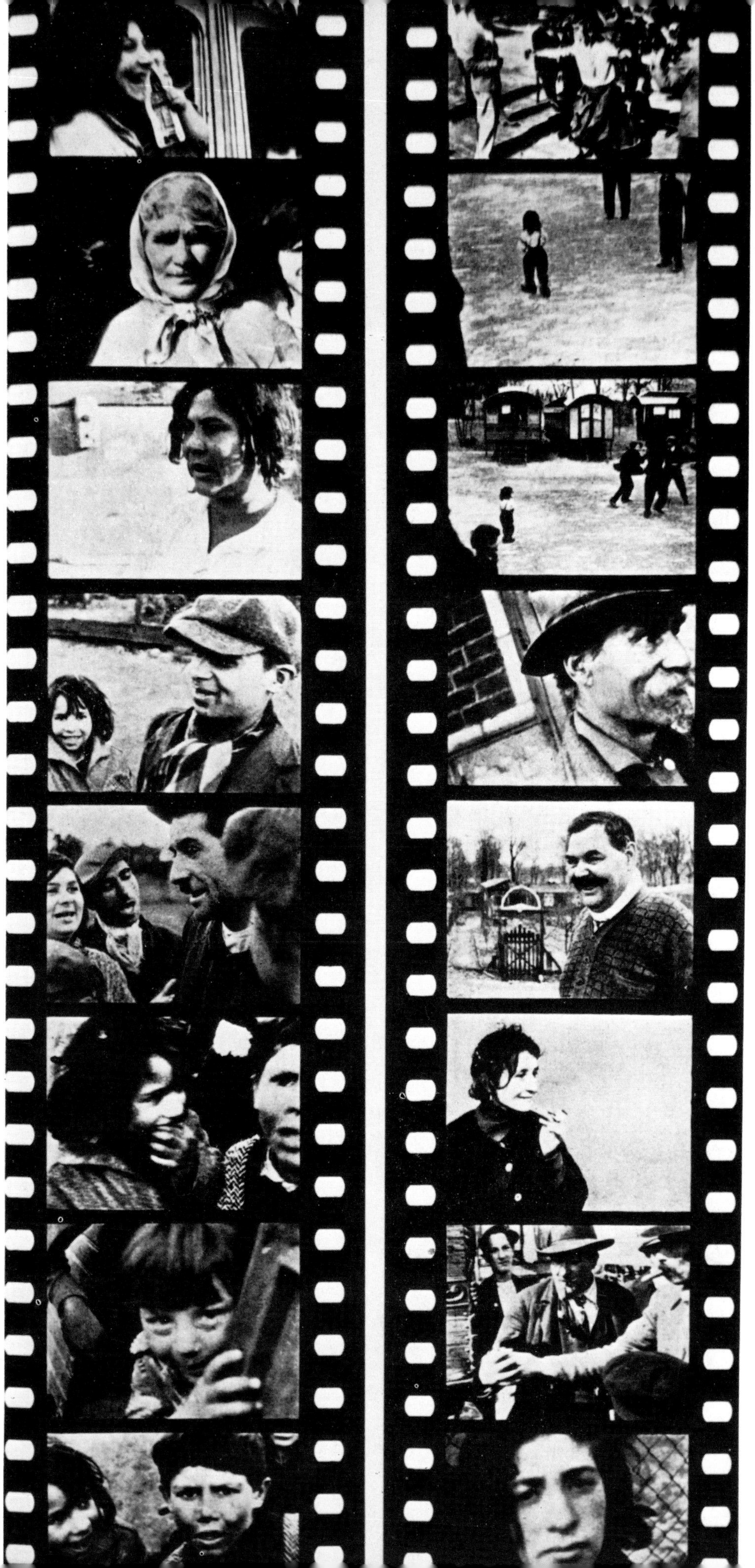

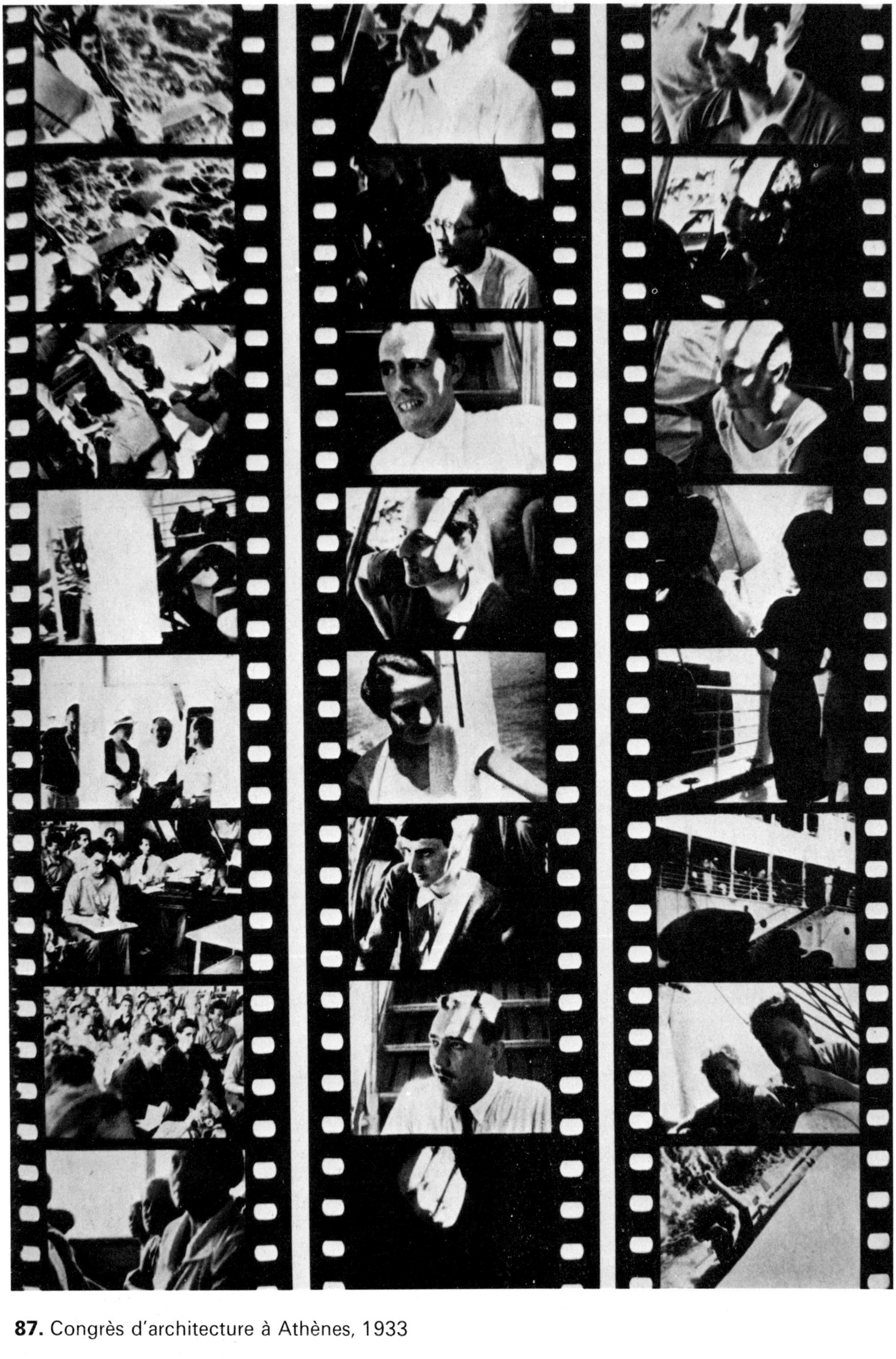

87. Congrès d'architecture à Athènes, 1933

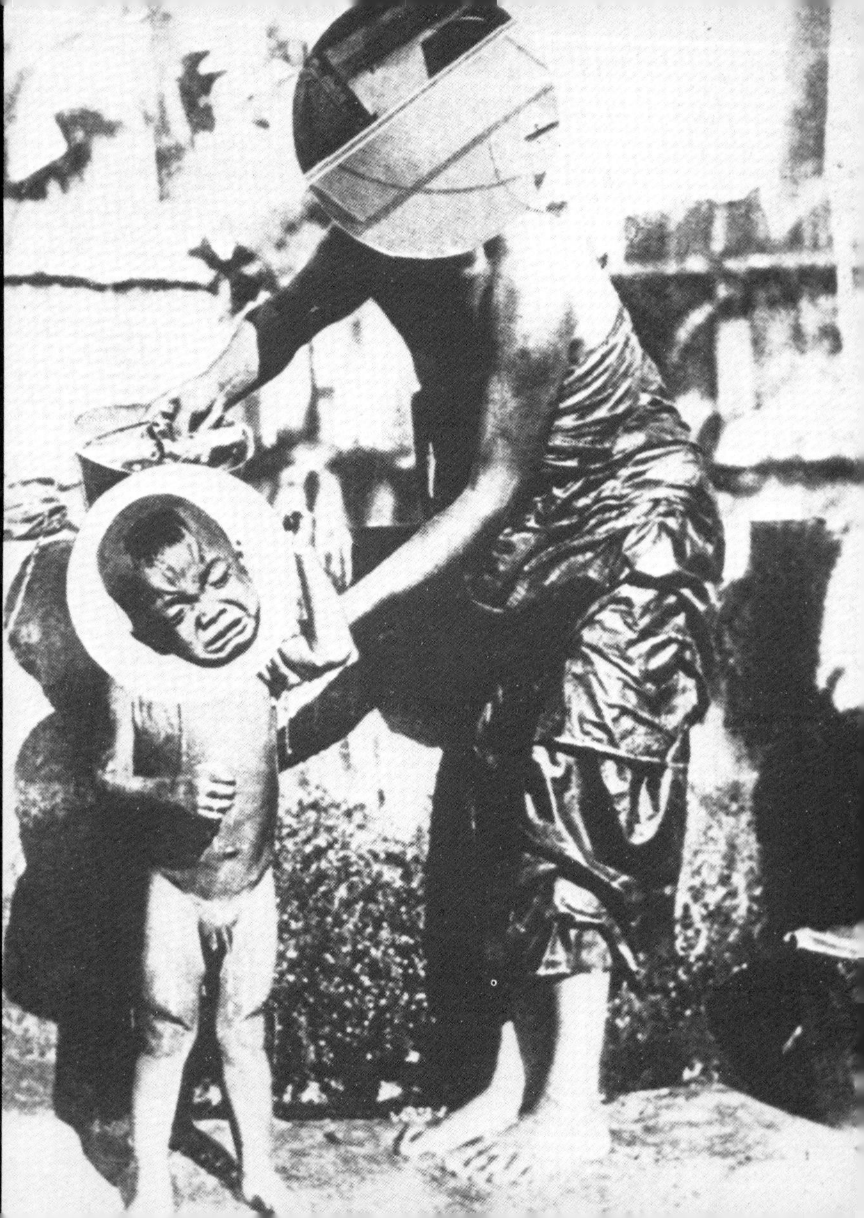

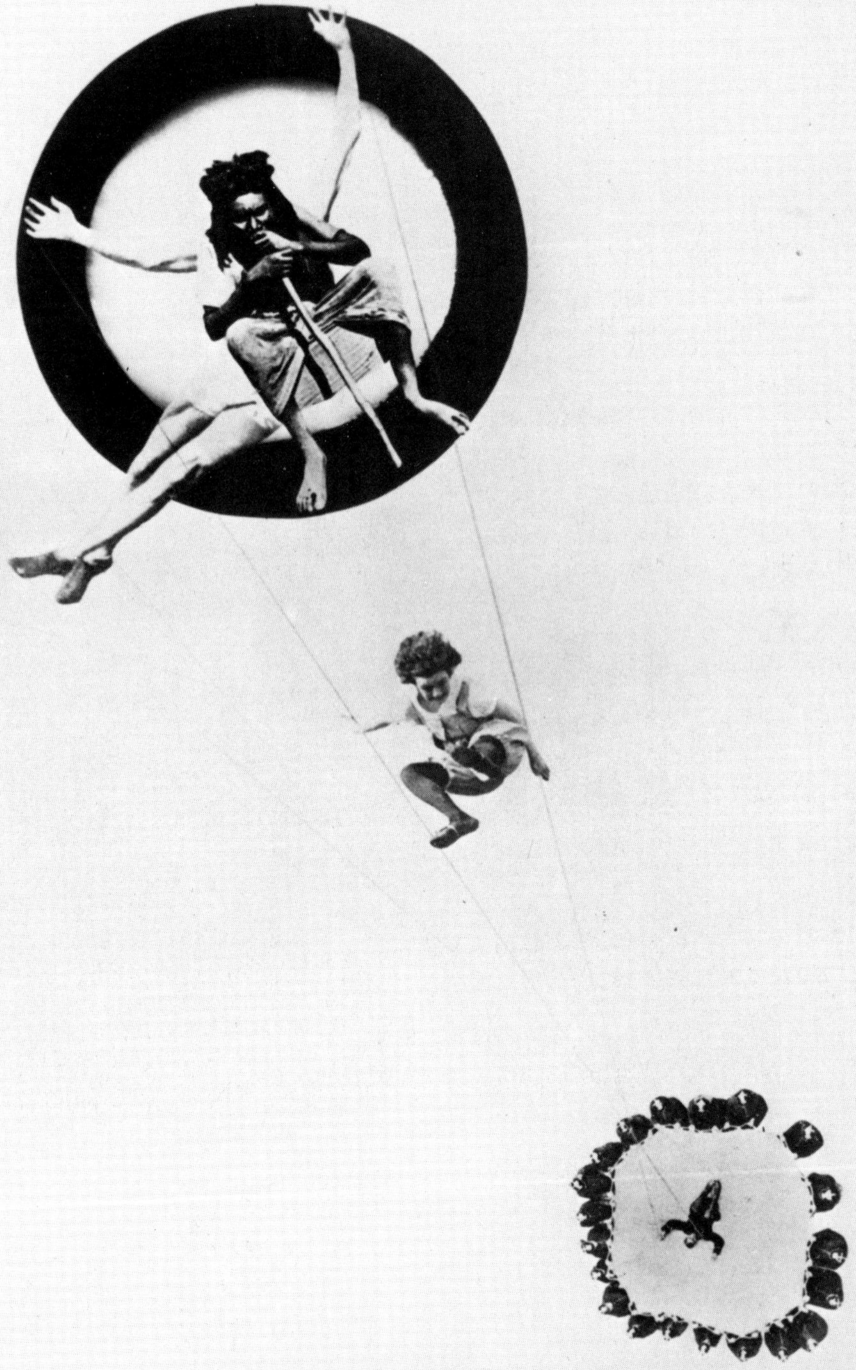

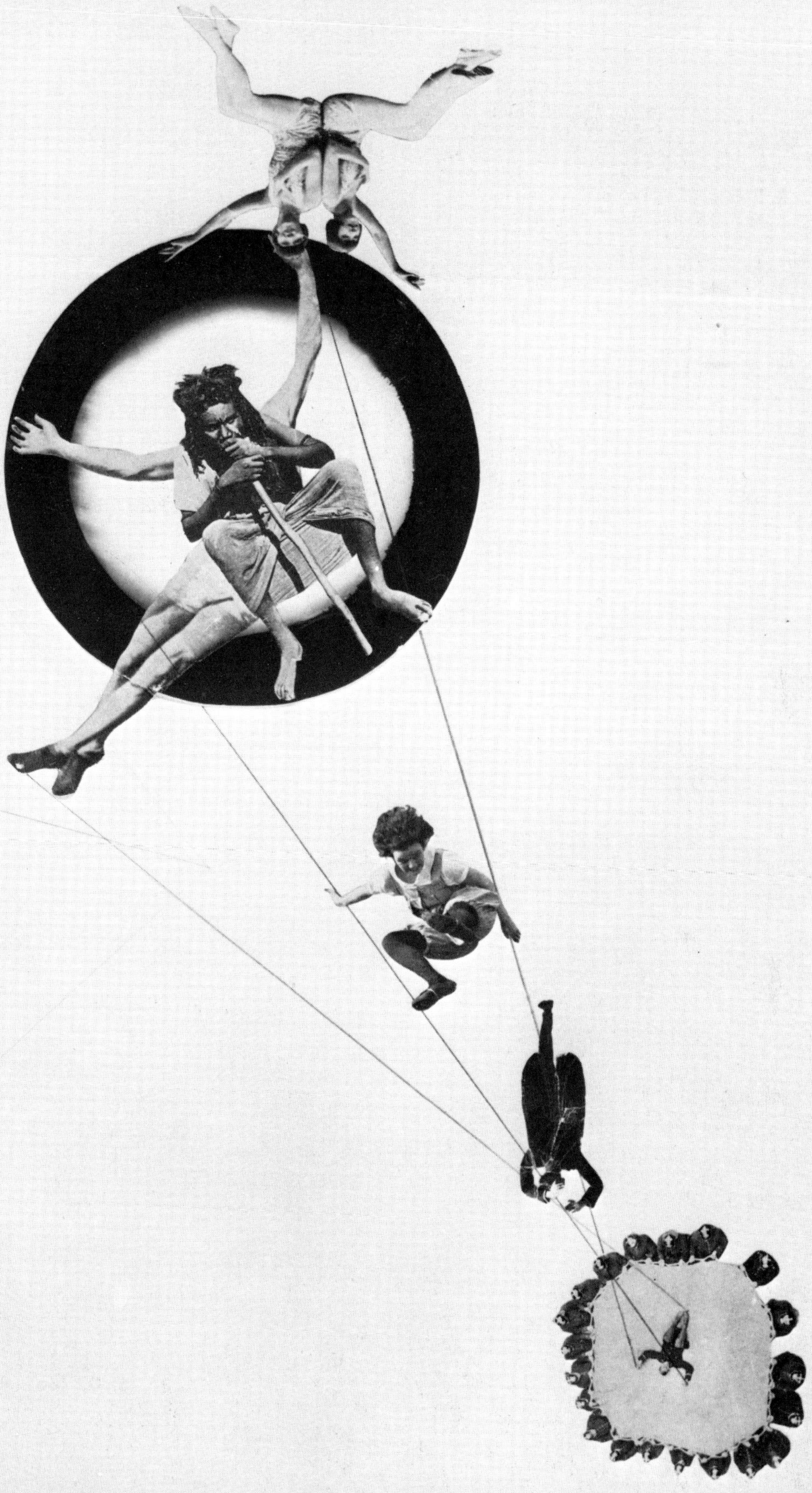

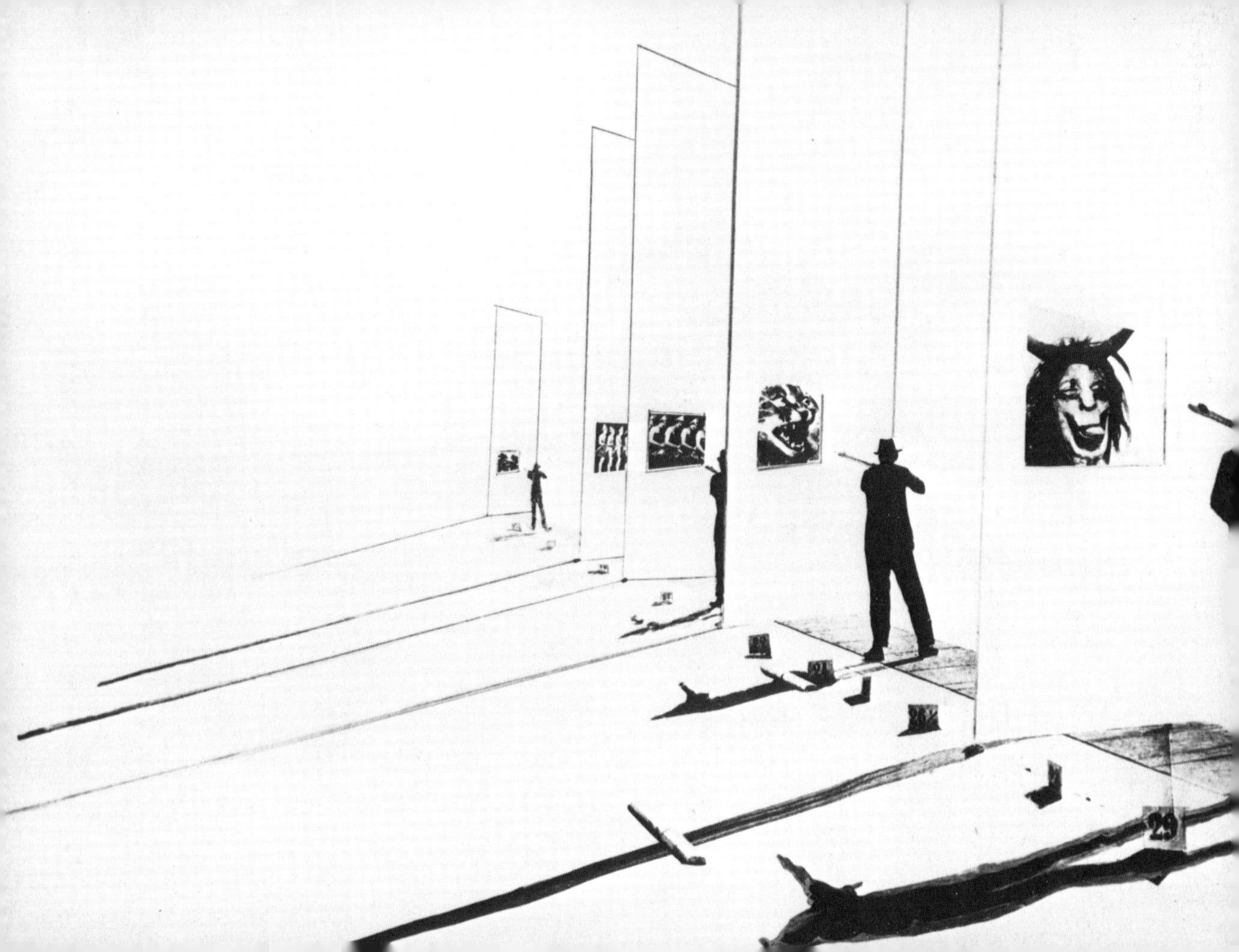
29

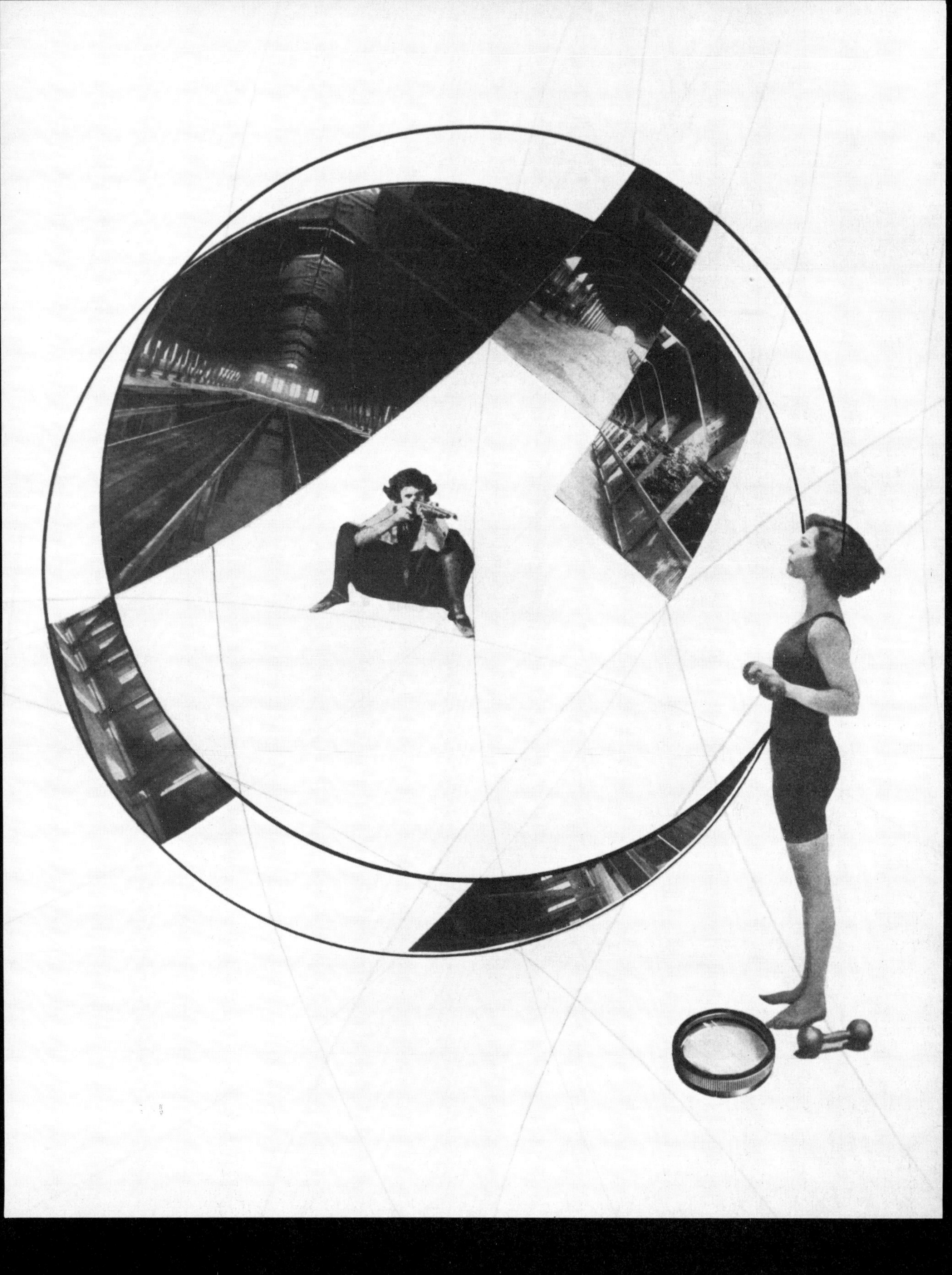

92. Mort sur les rails, 1925

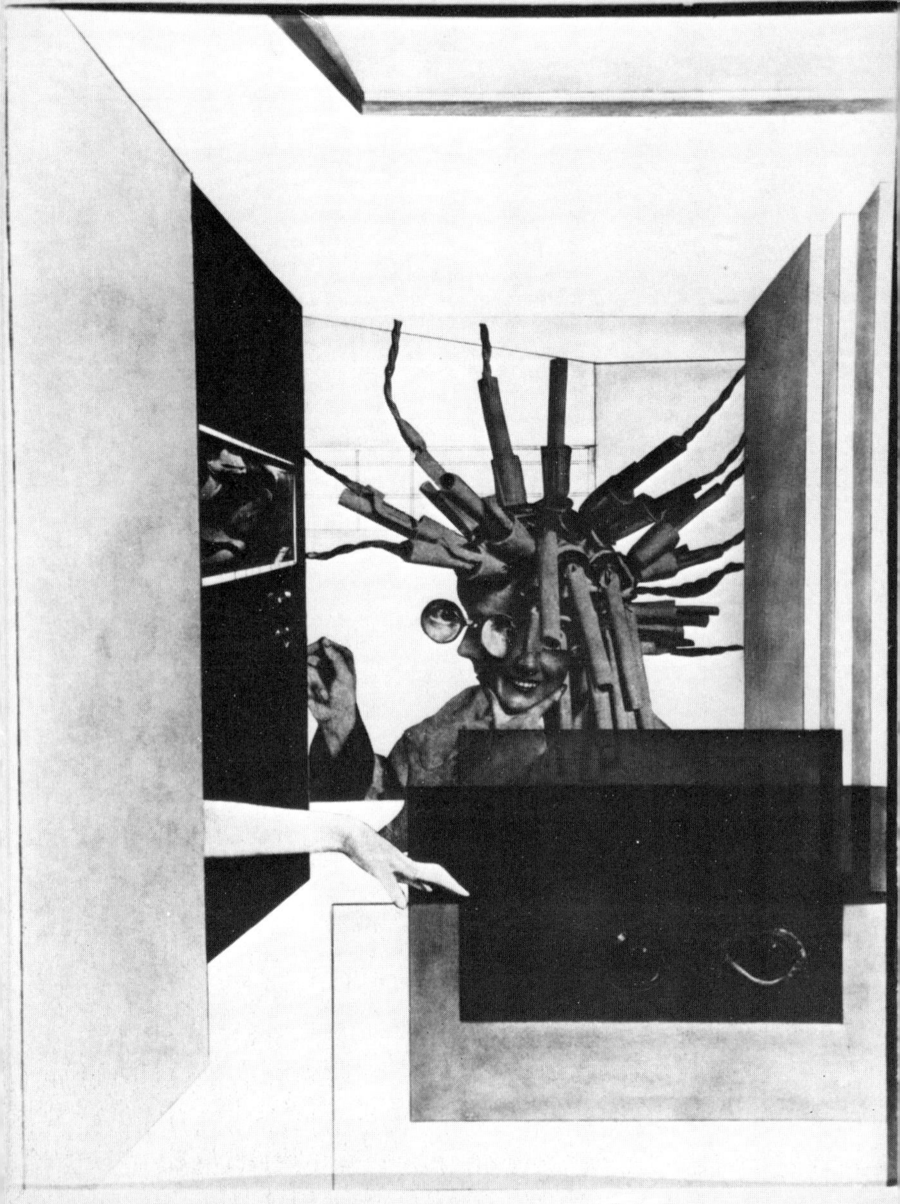

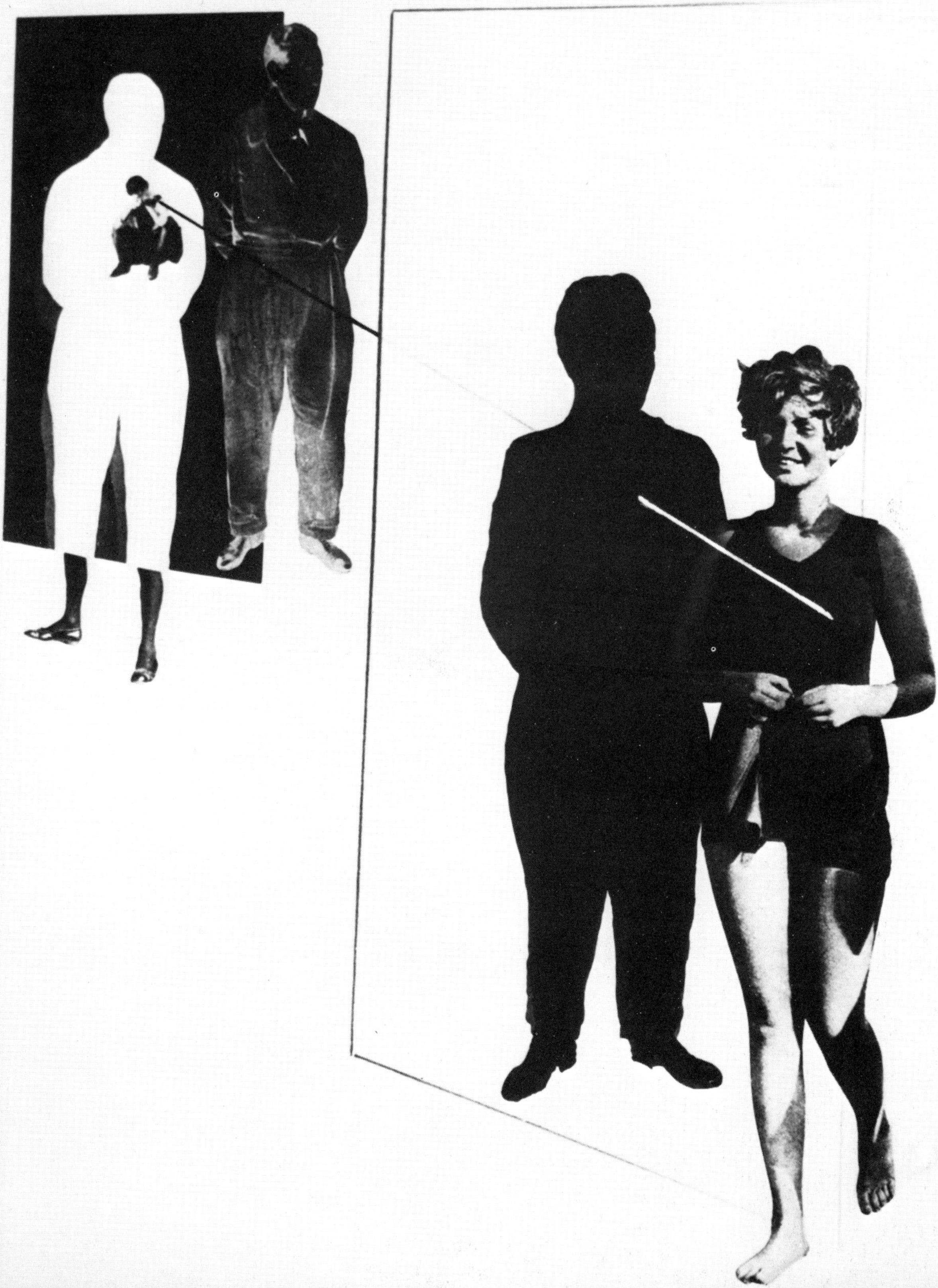

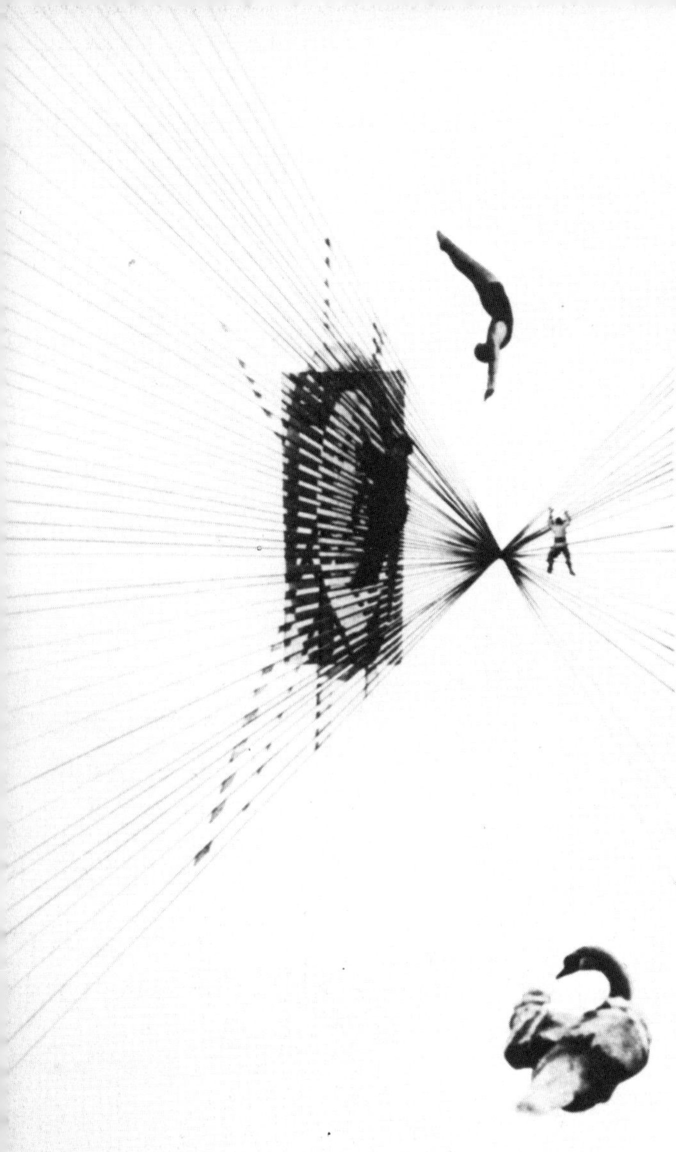

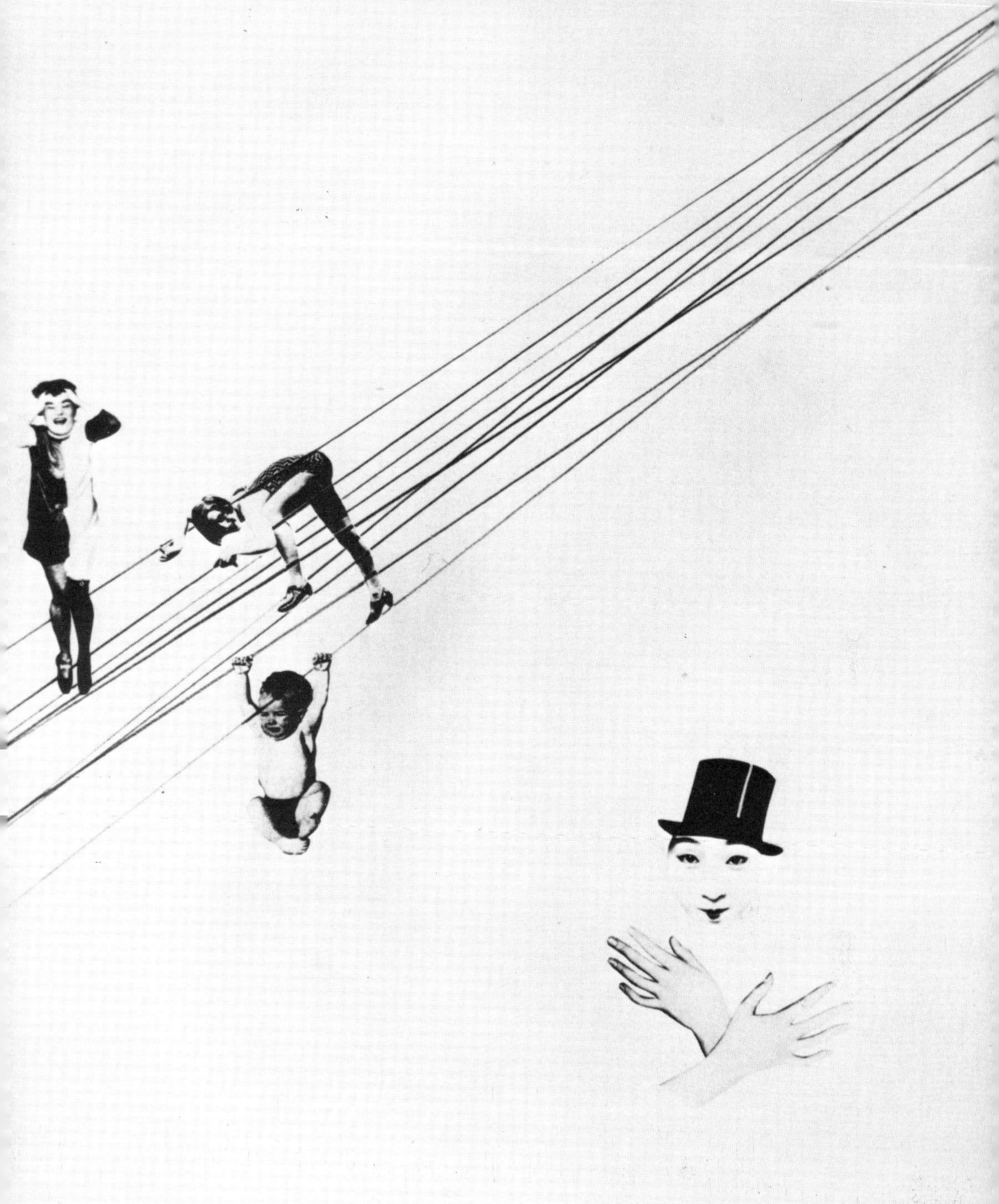

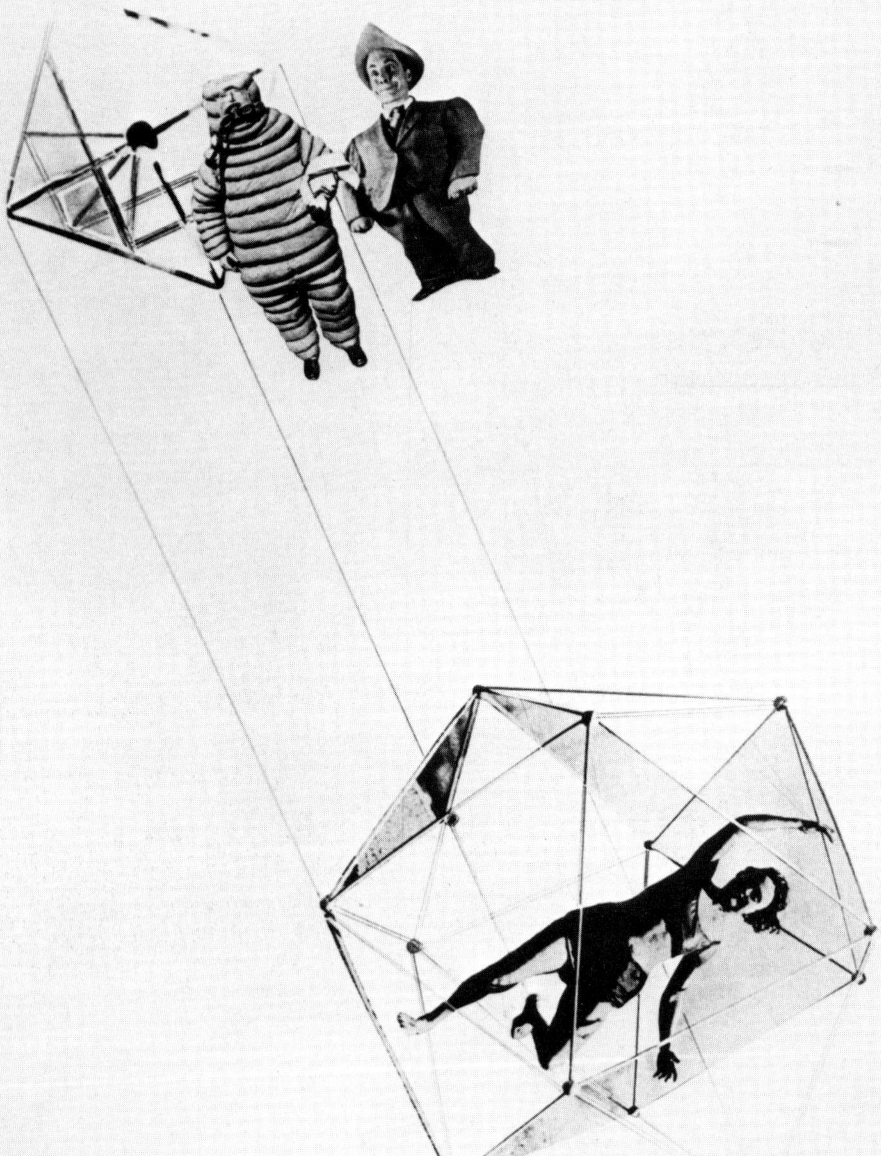

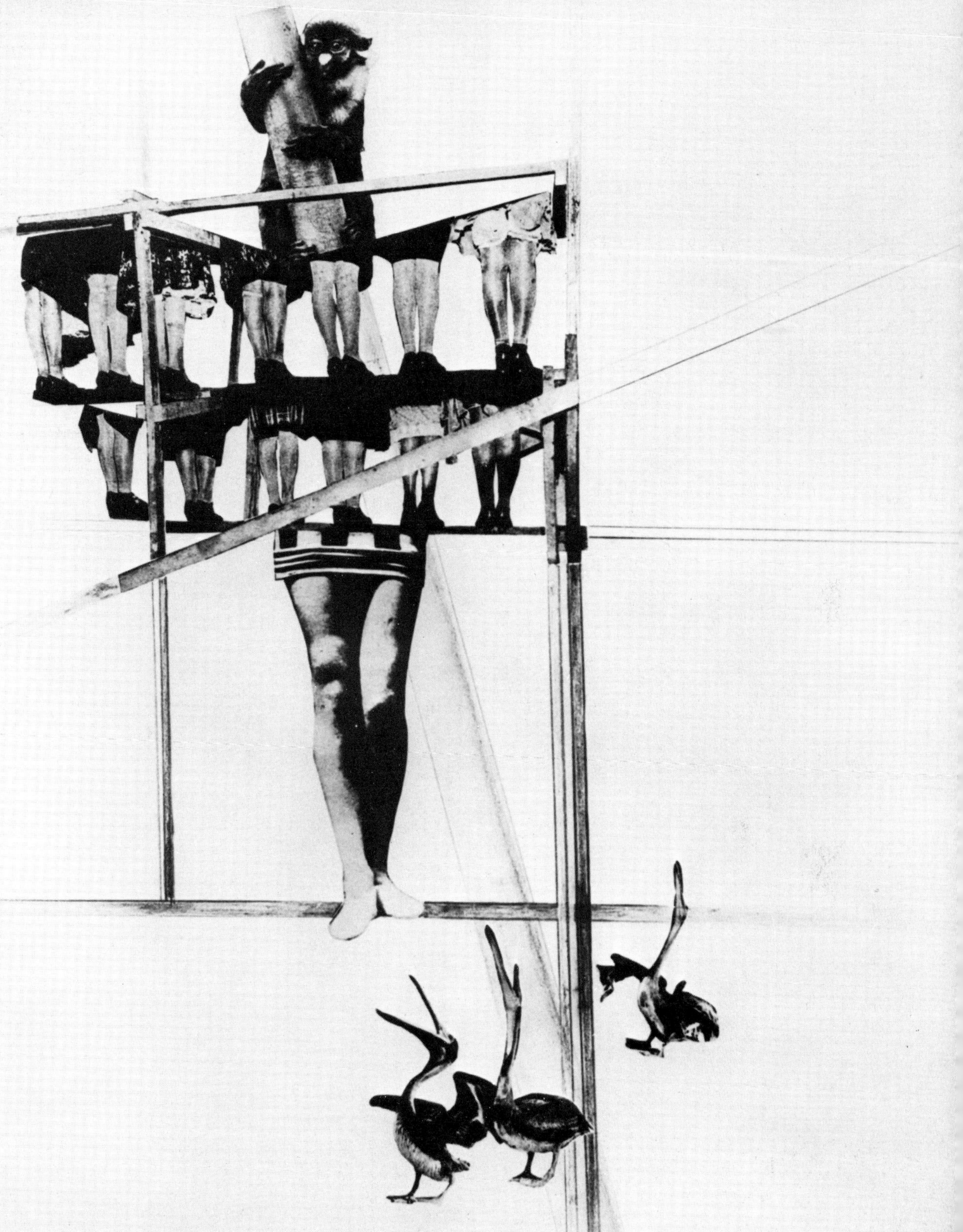

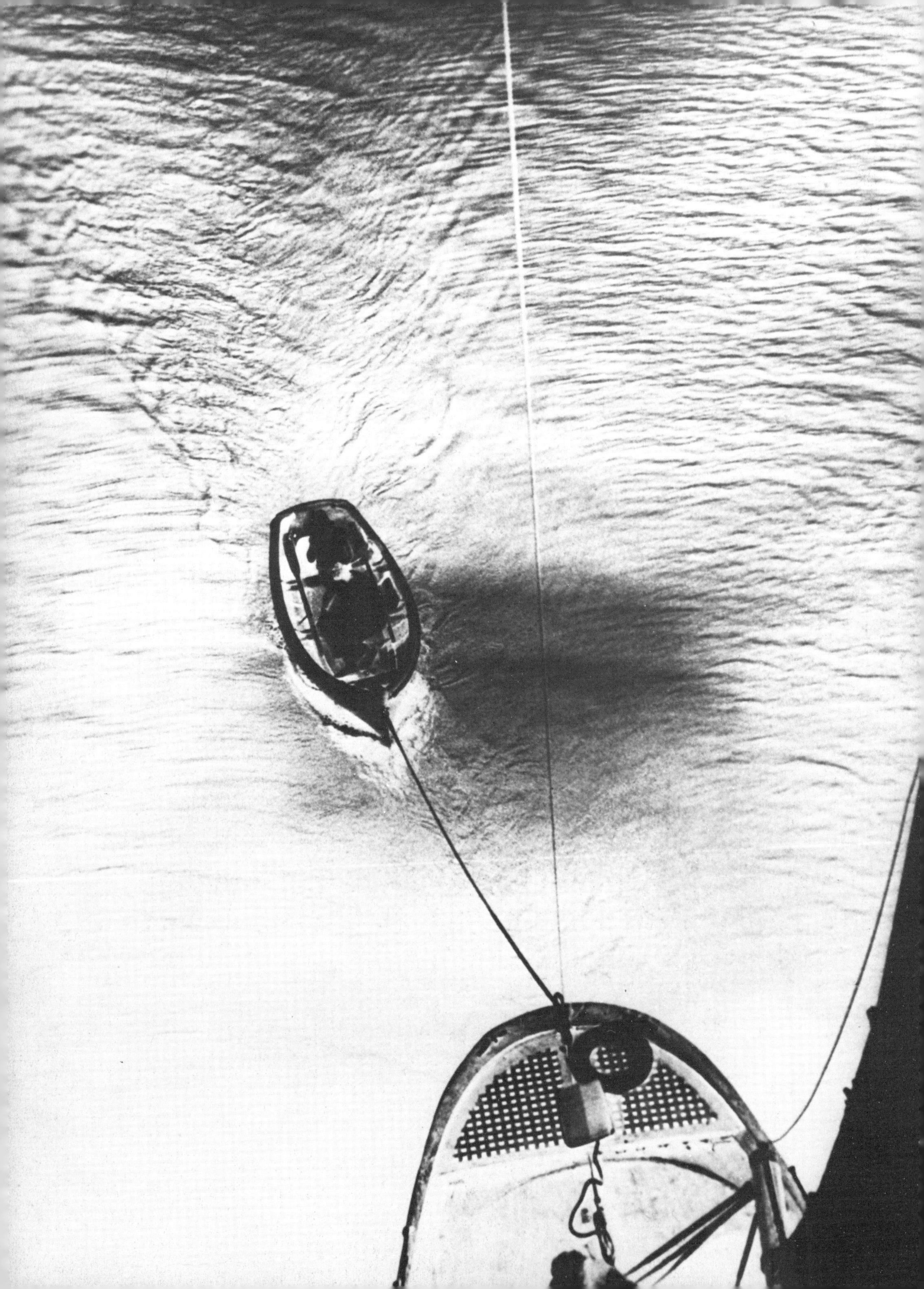

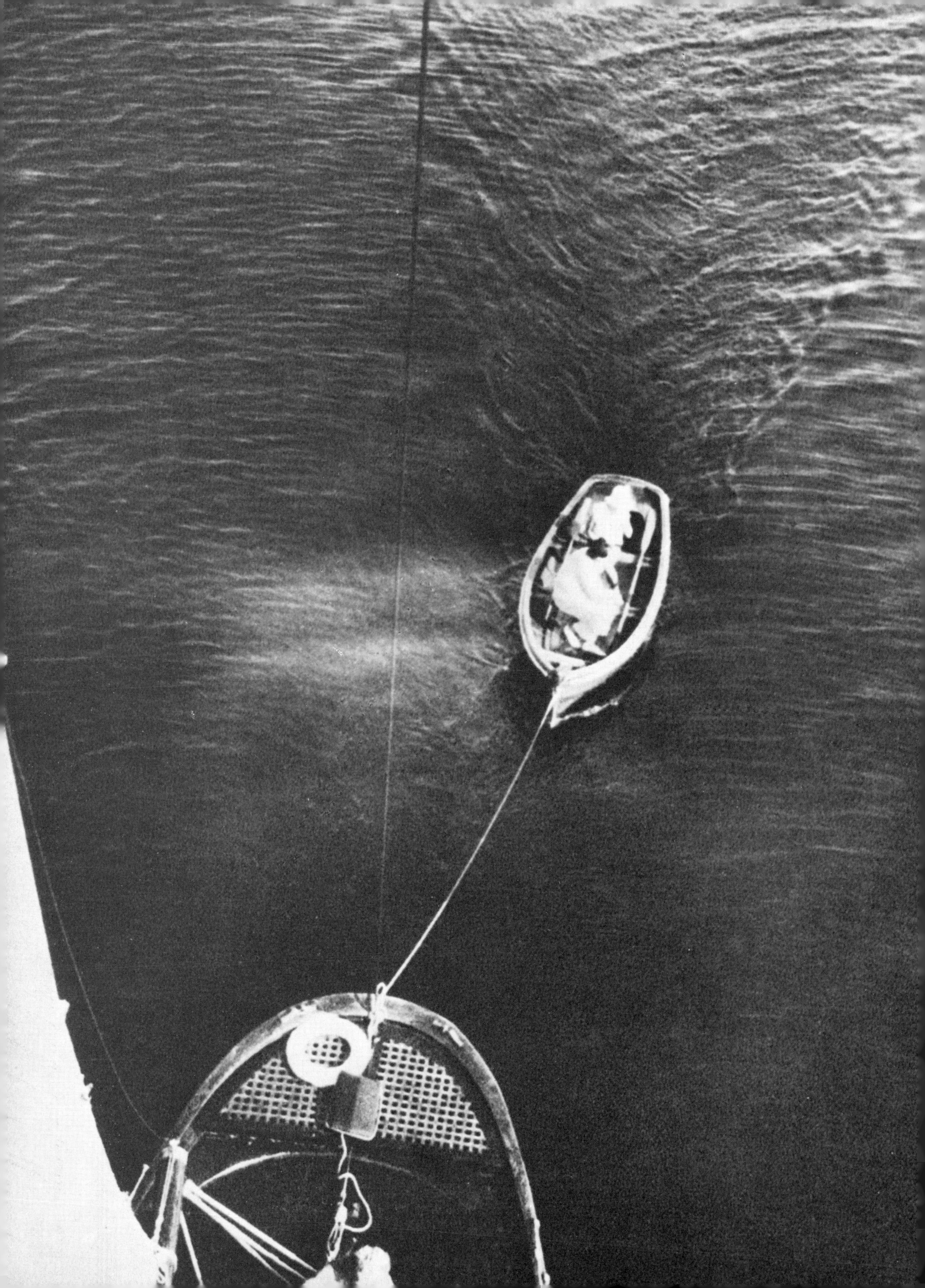

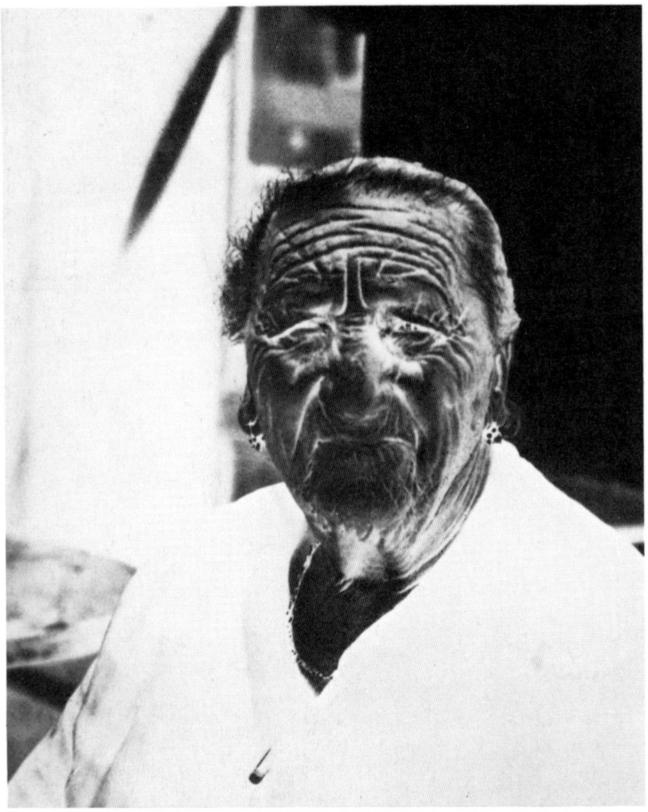 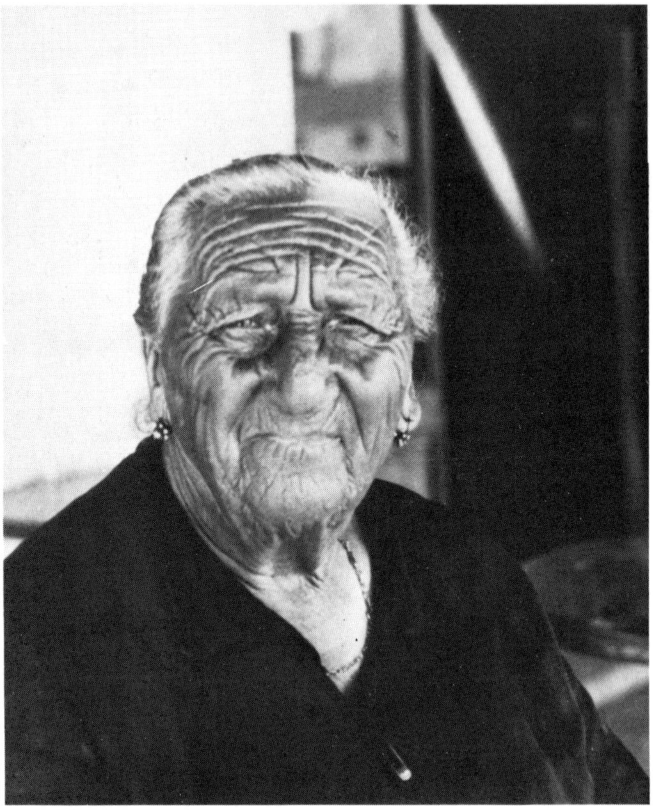

99. Négatif du bateau, 1927
100. Positif du bateau, 1927
101. Portrait double d'une vieille dame, 1923-1926
102. Deux nus (positif et négatif), 1931
103. Nu négatif et positif, 1929

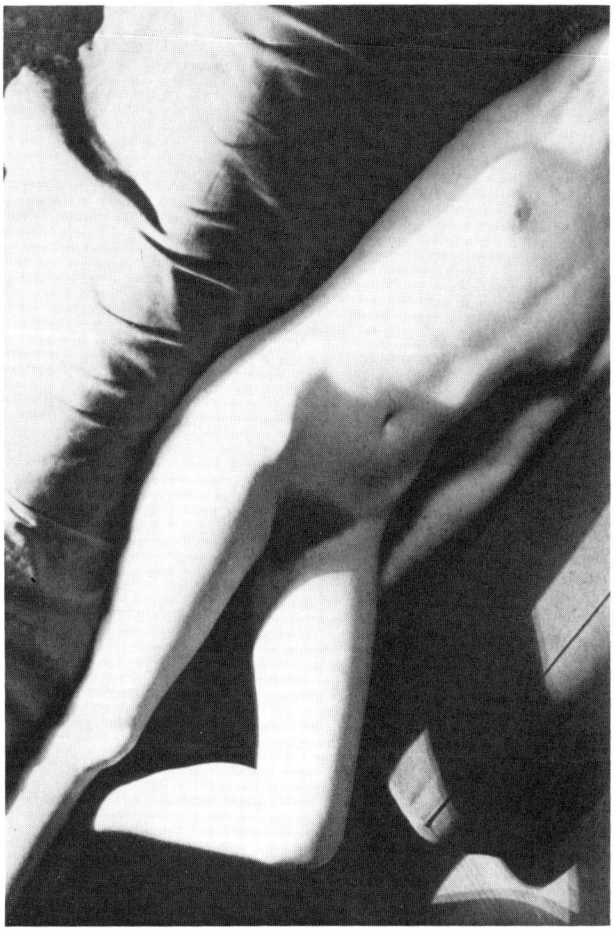

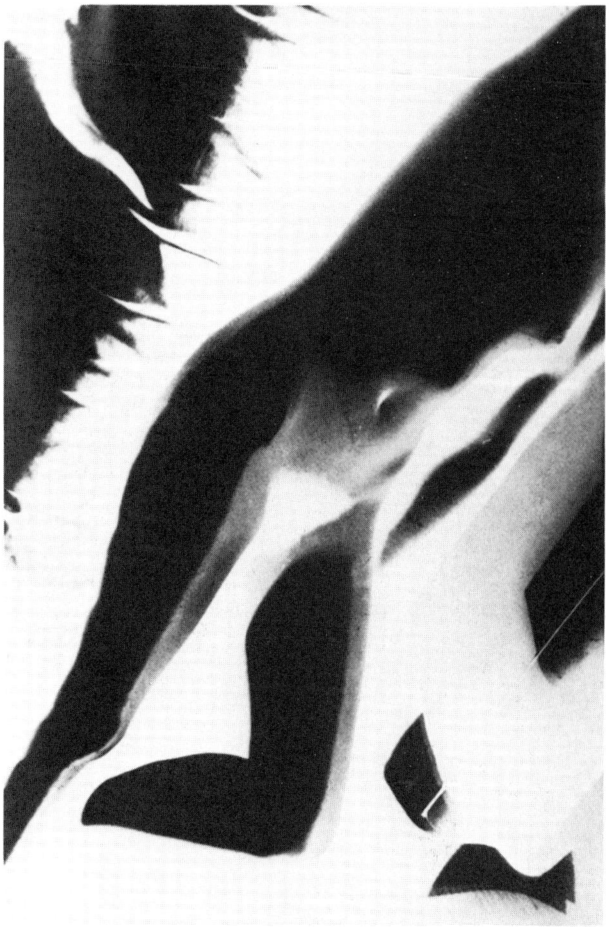

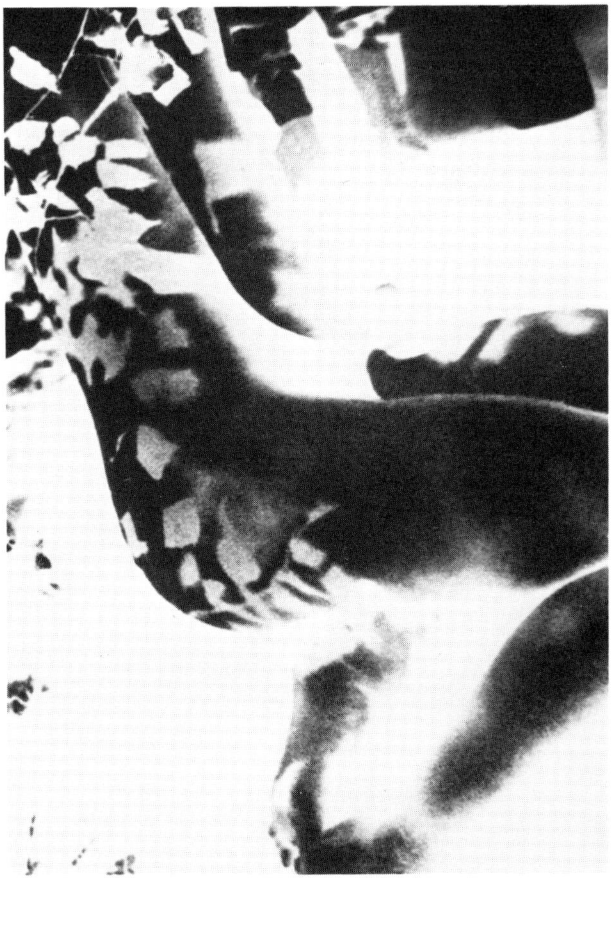

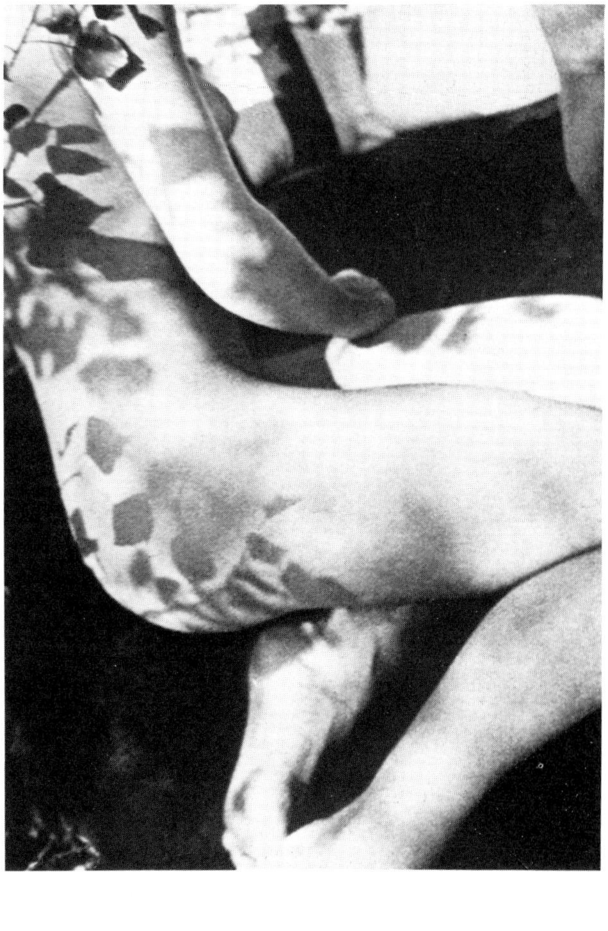

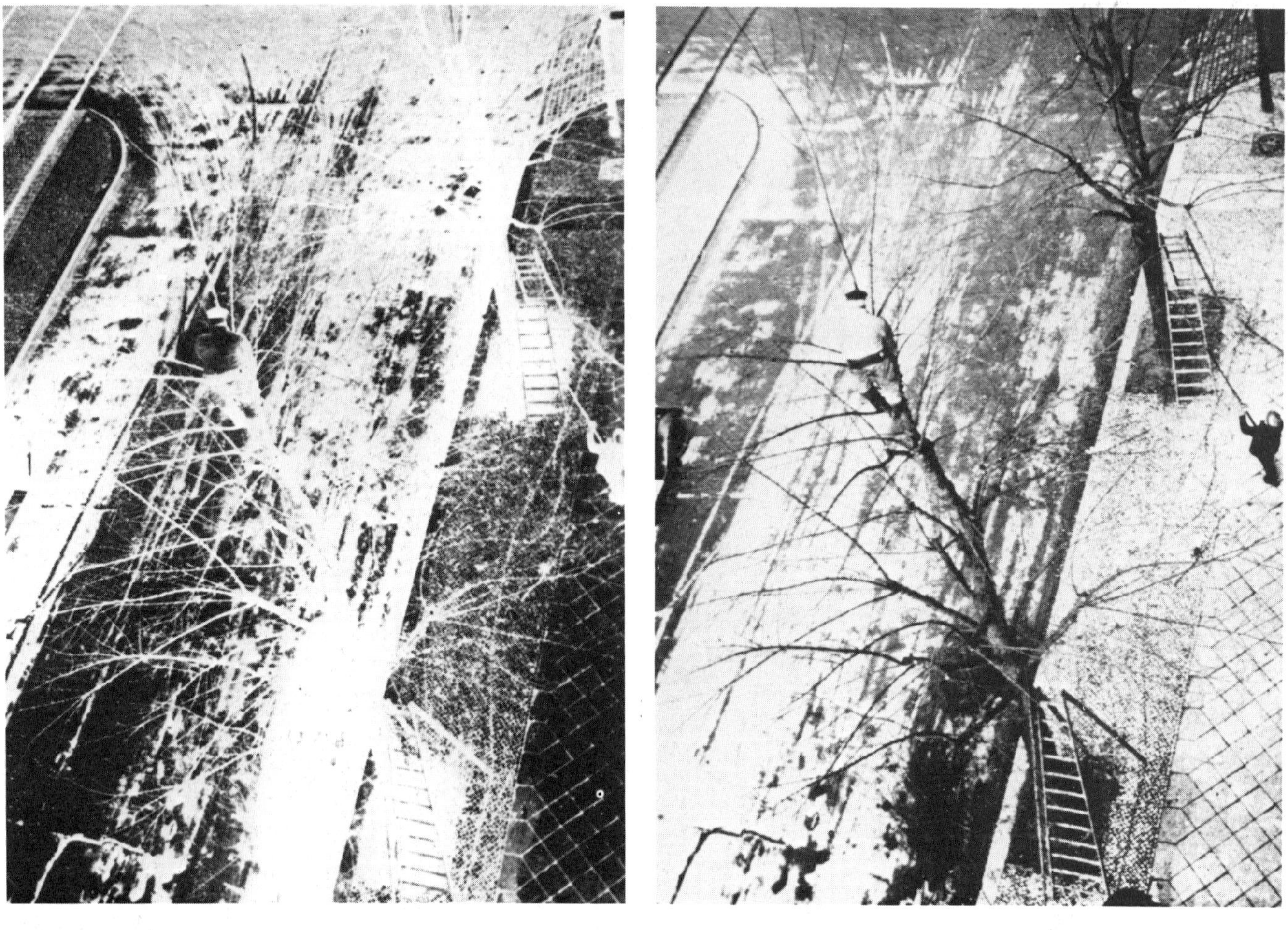

104. Taille des arbres (négatif et positif), 1928

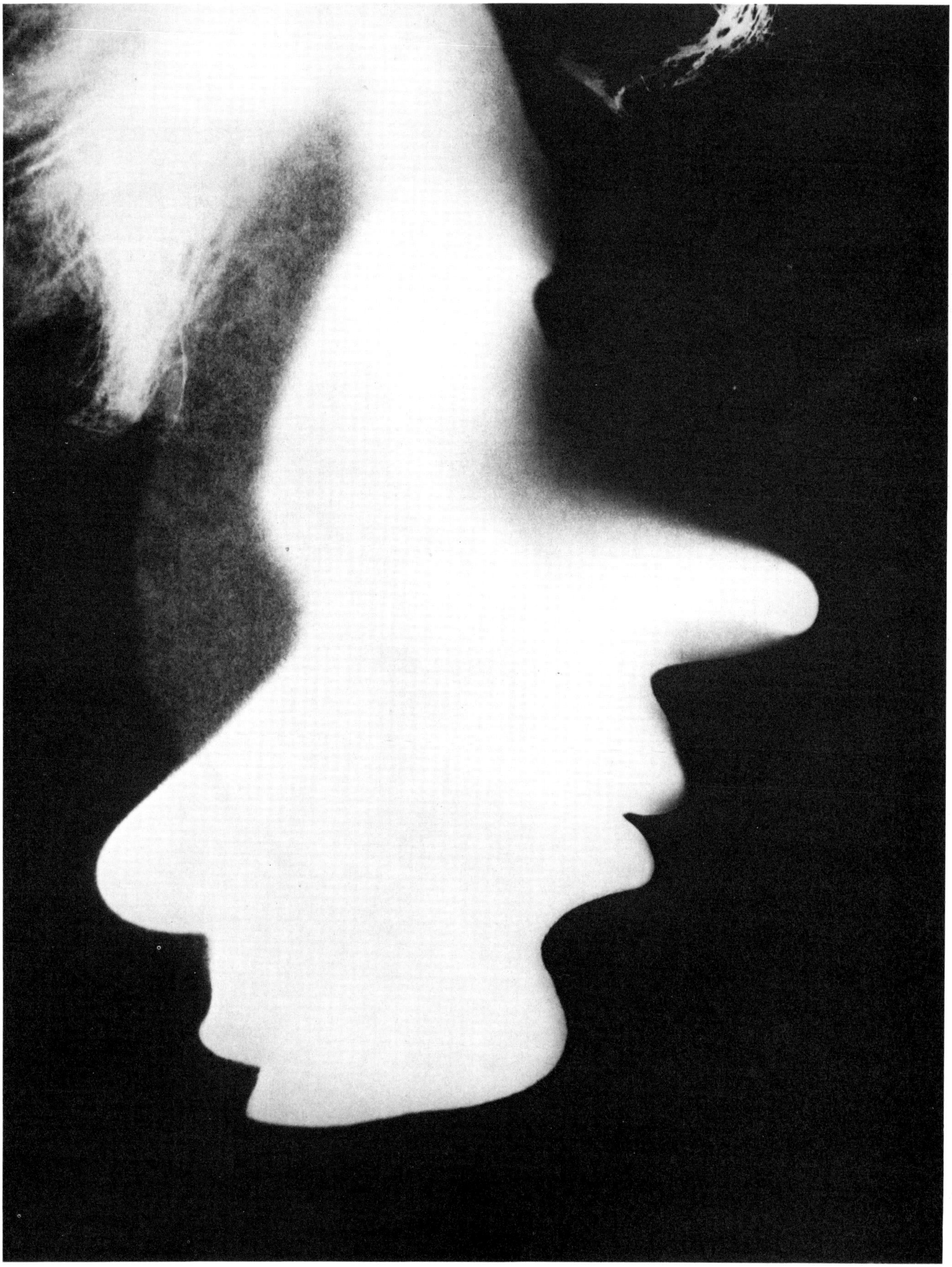

105. Photogramme, 1923

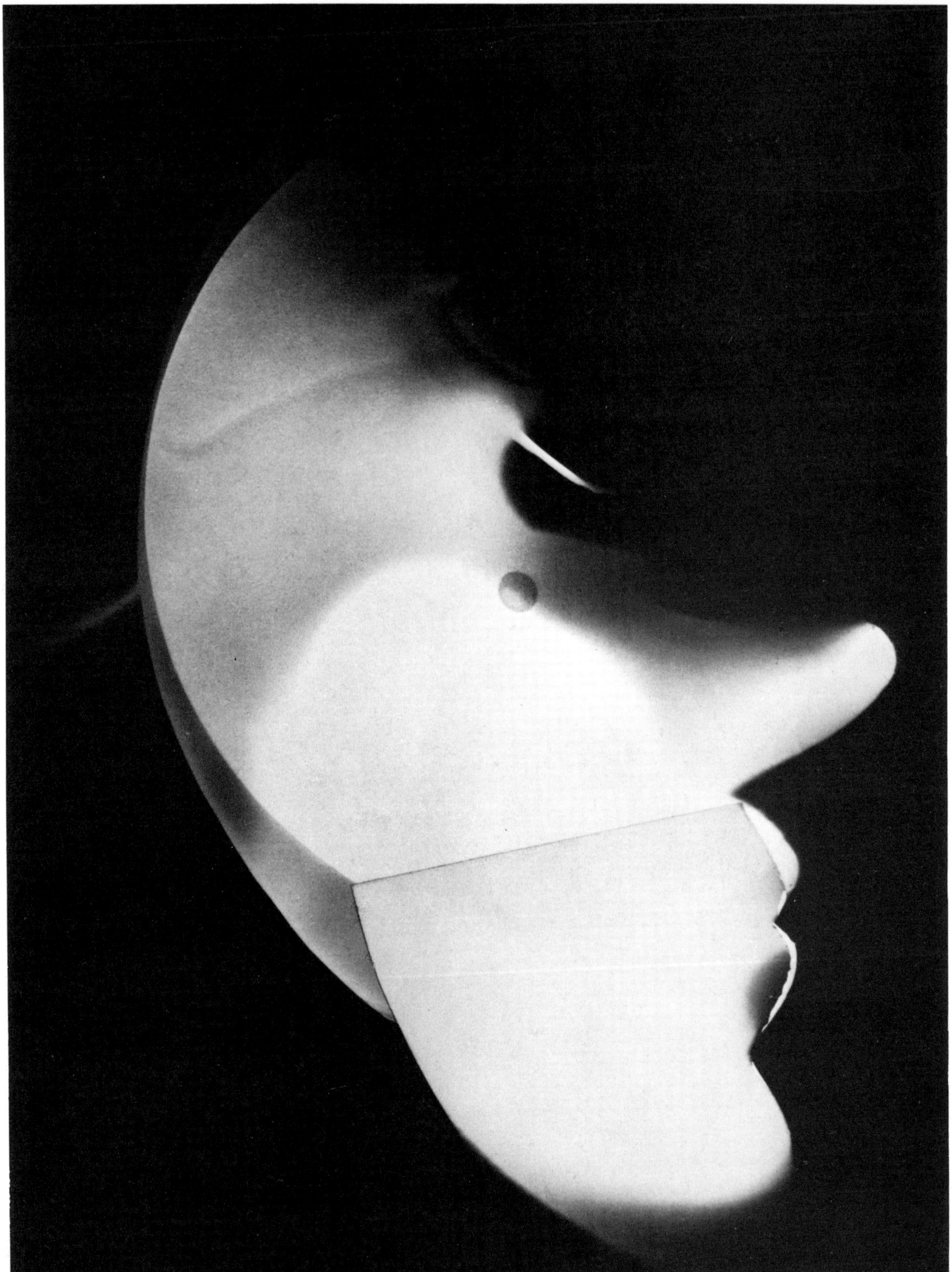

106. Masque (autoportrait), 1922

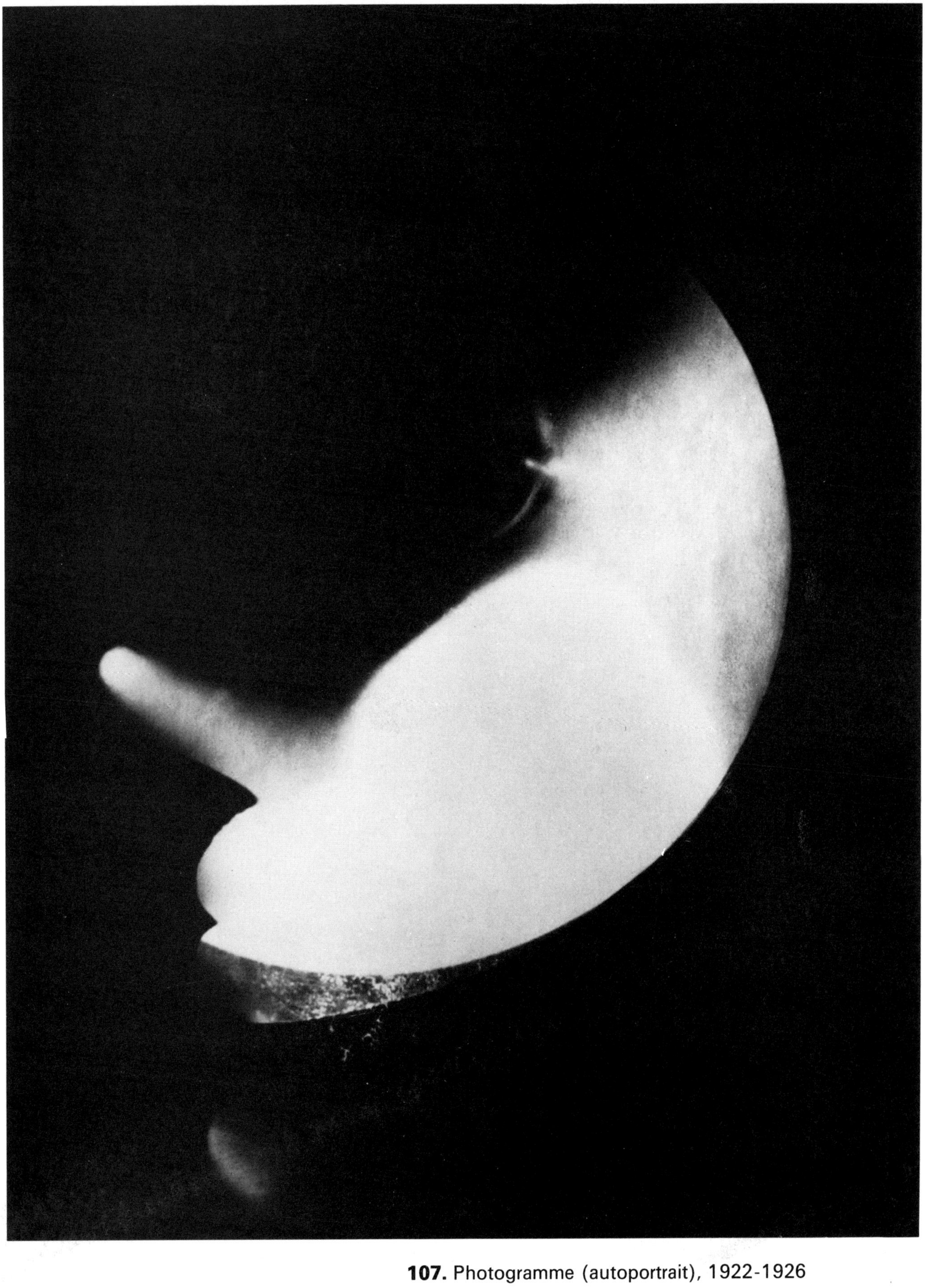

107. Photogramme (autoportrait), 1922-1926

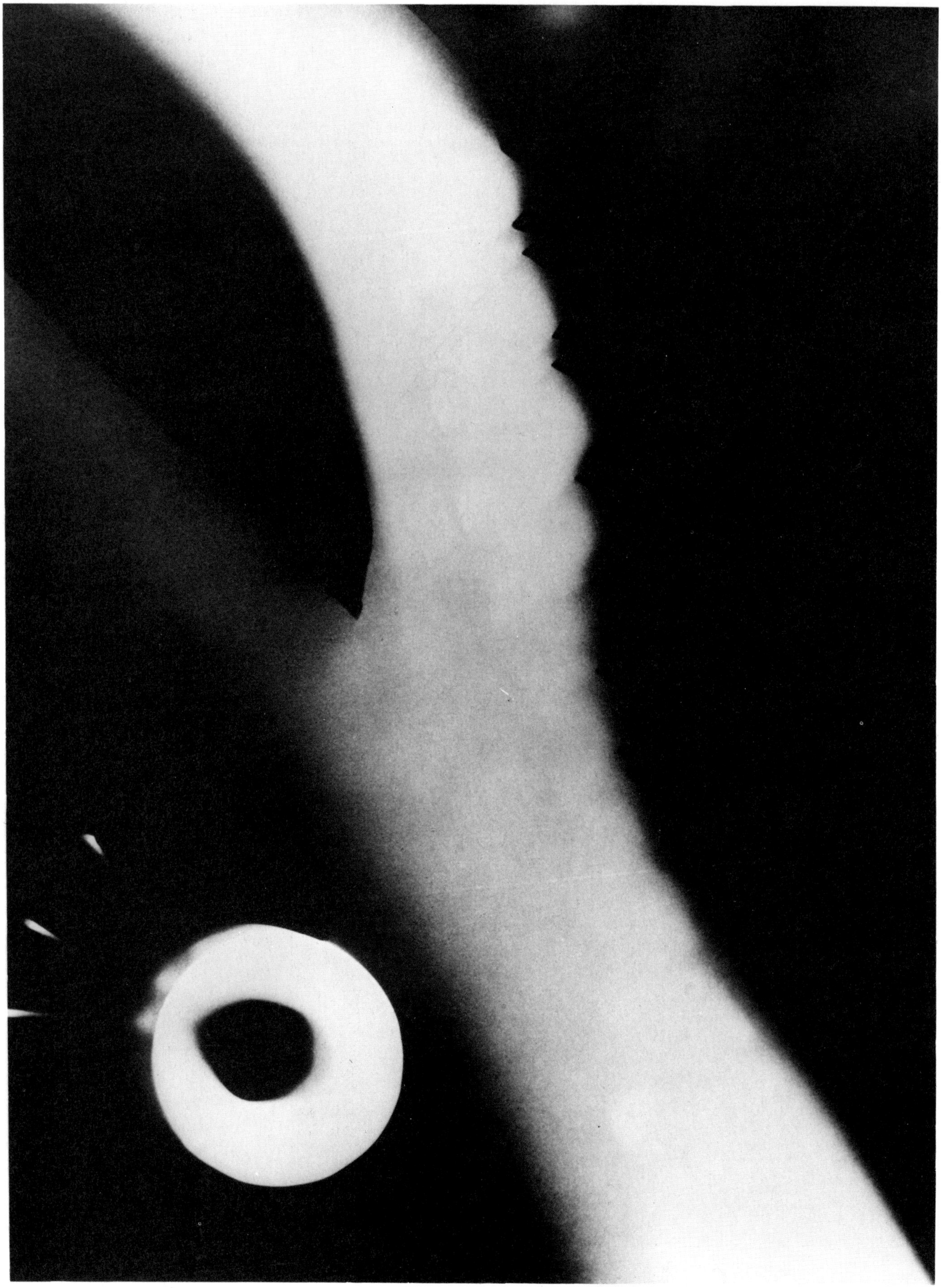

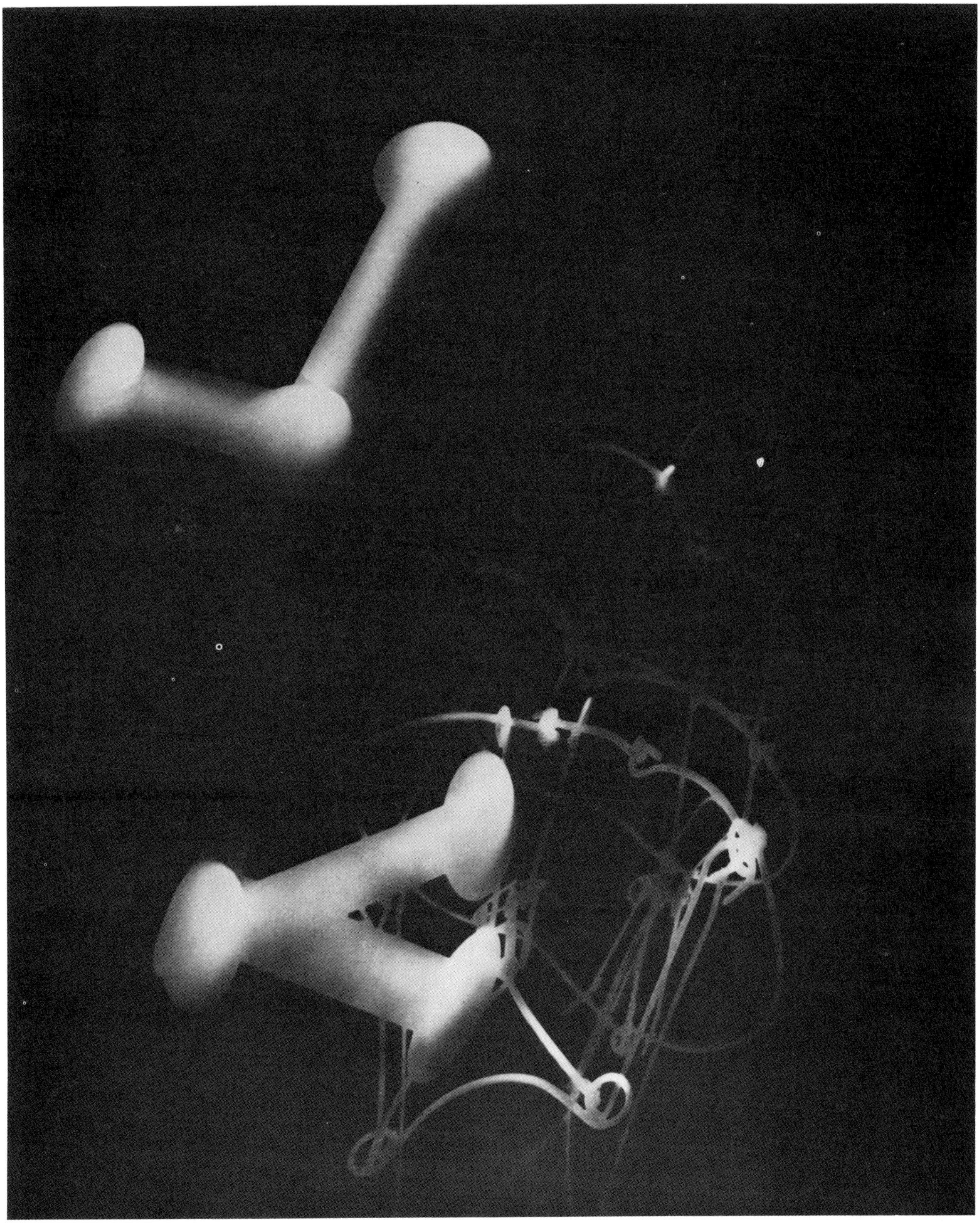

108. Photogramme, vers 1925
109. Photogramme, vers 1925

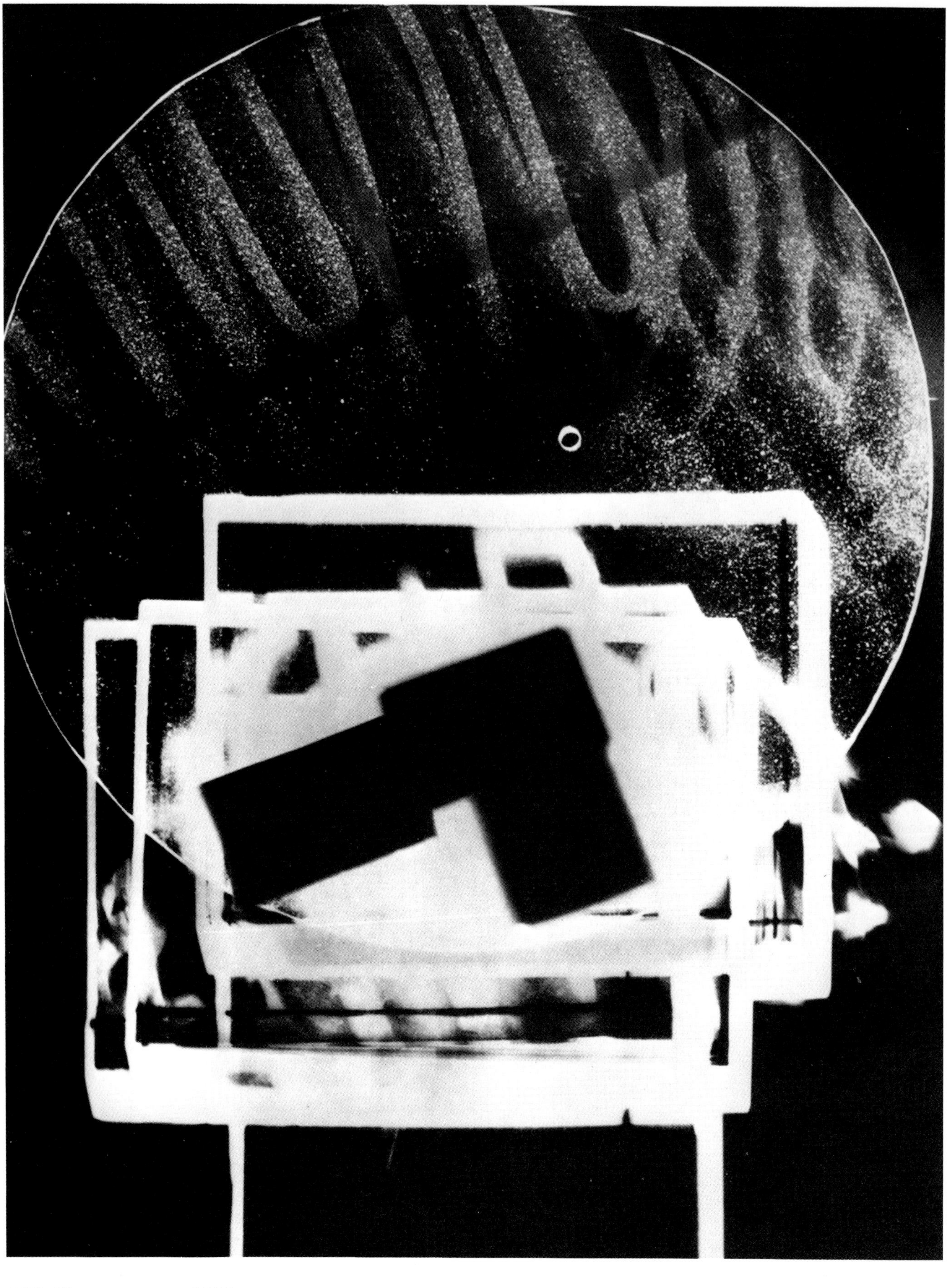

110. Photogramme, 1922

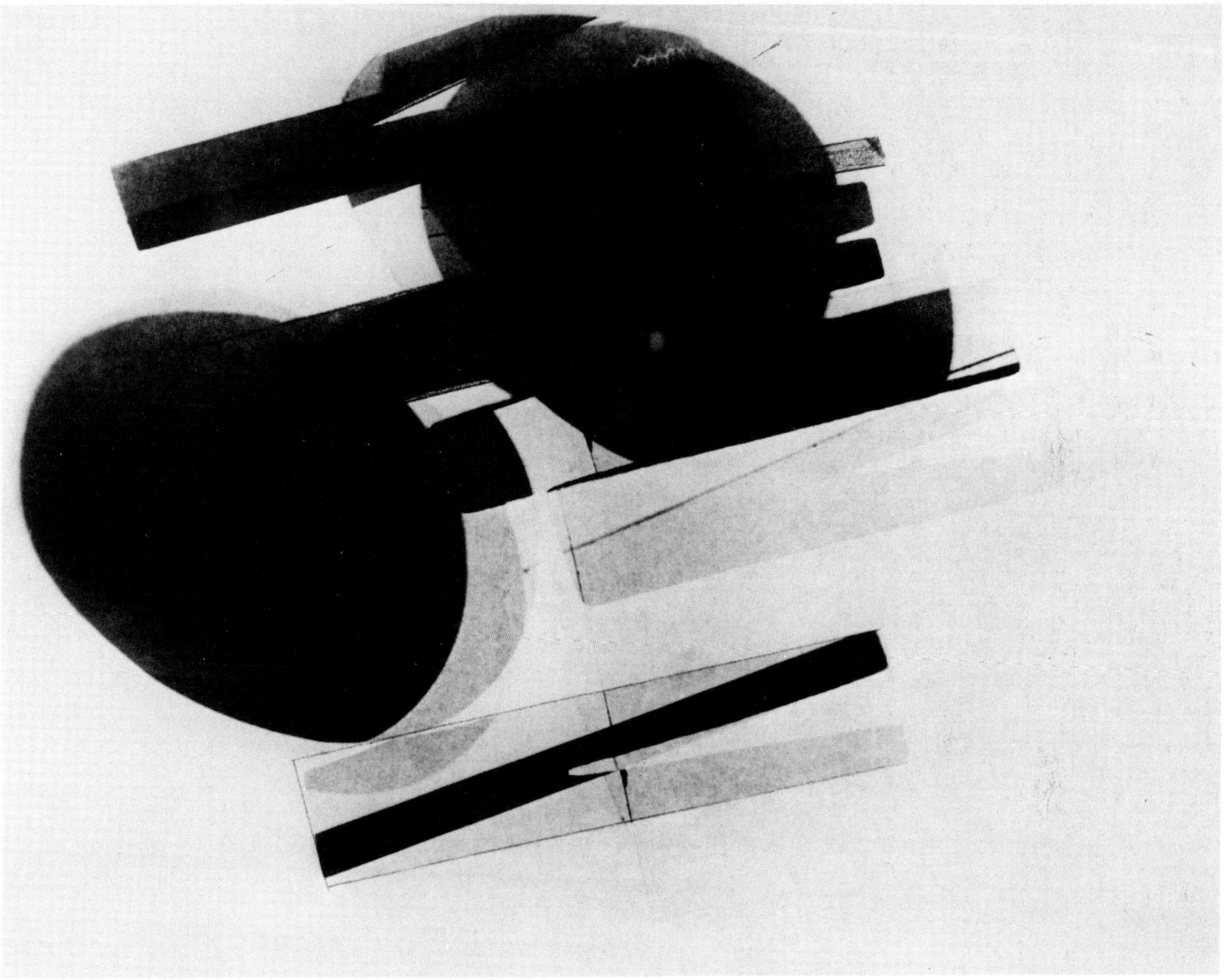

111. Photogramme, positif

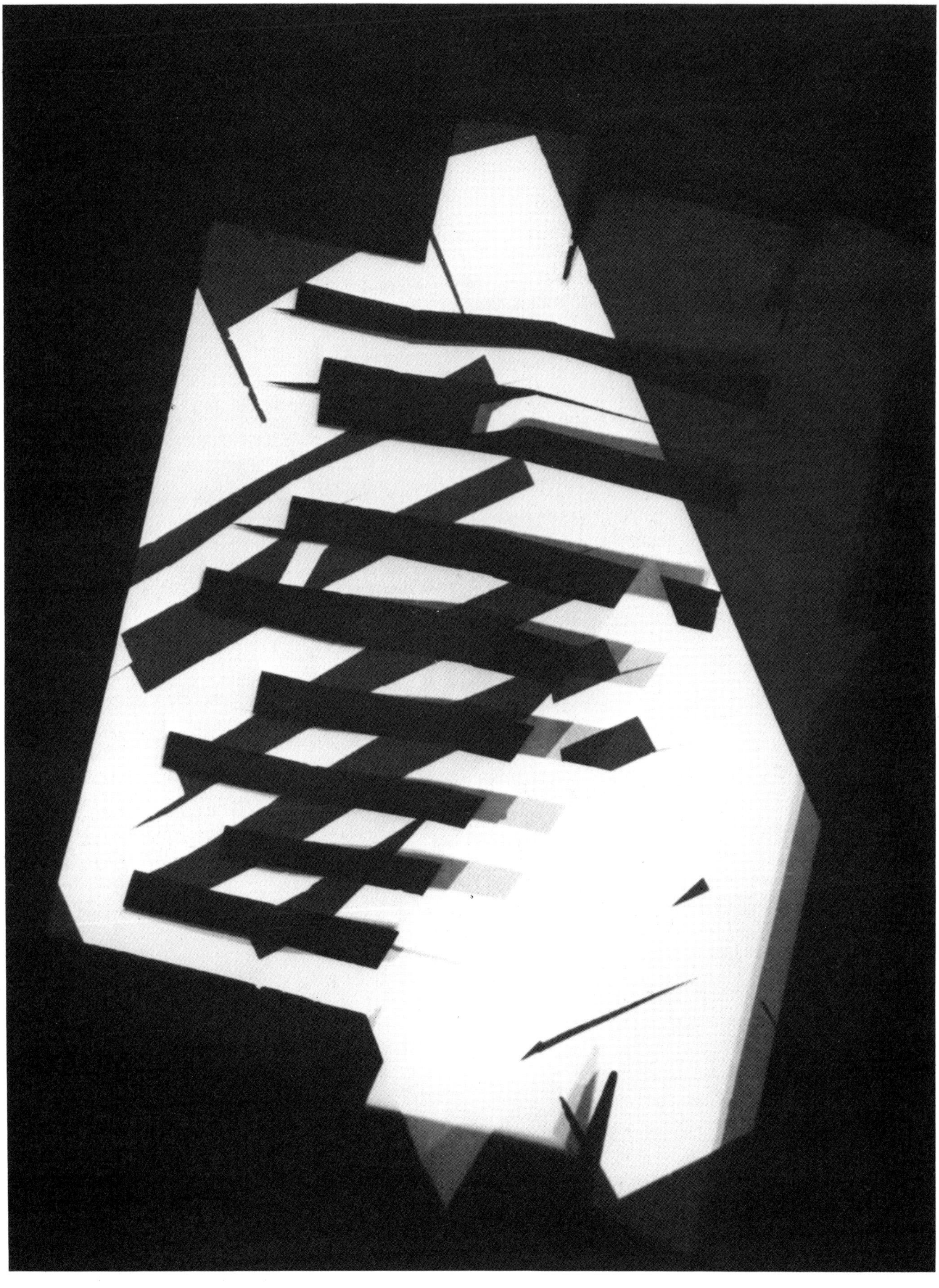

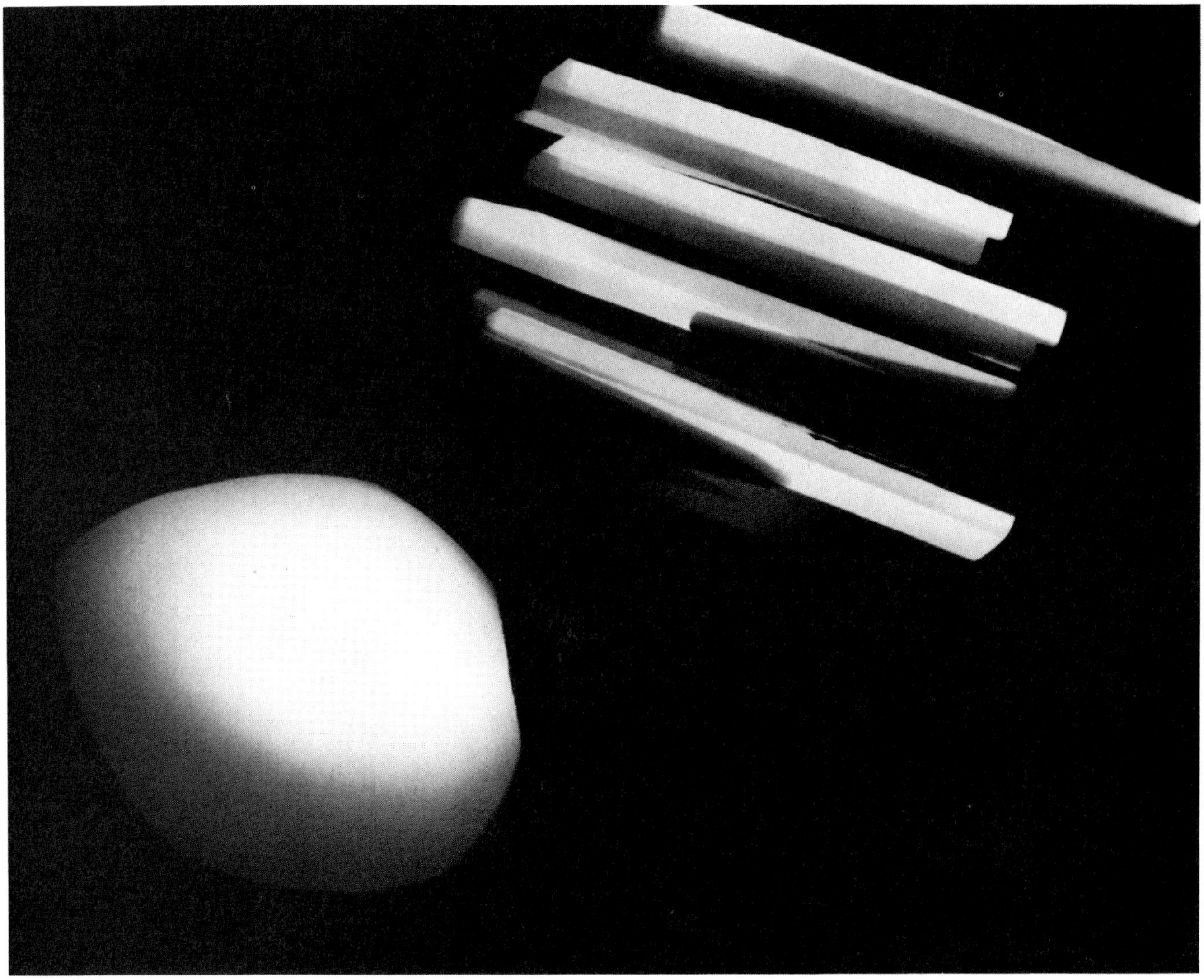

112. Photogramme, 1922-1926
113. Photogramme, 1923-1925

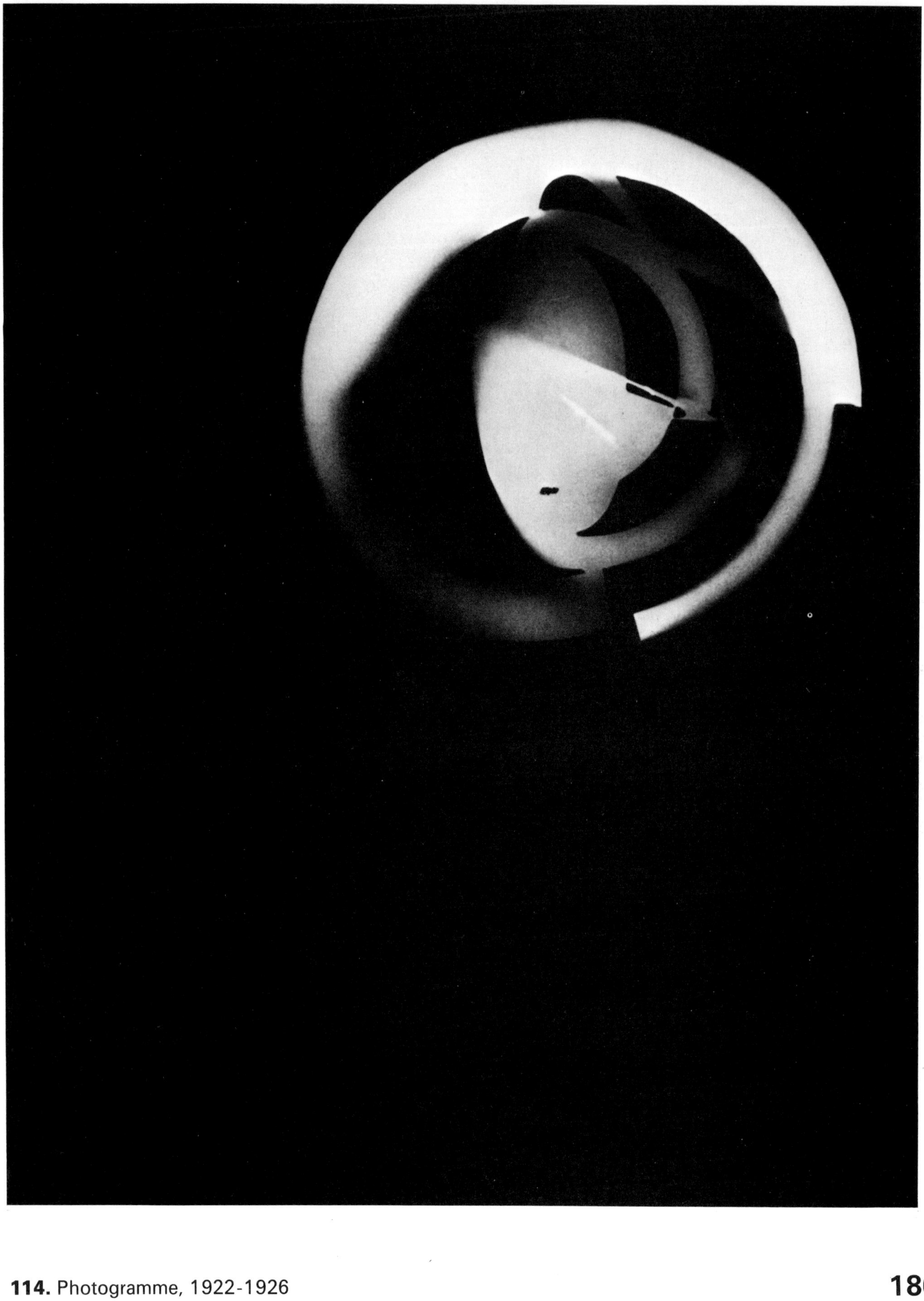

114. Photogramme, 1922-1926

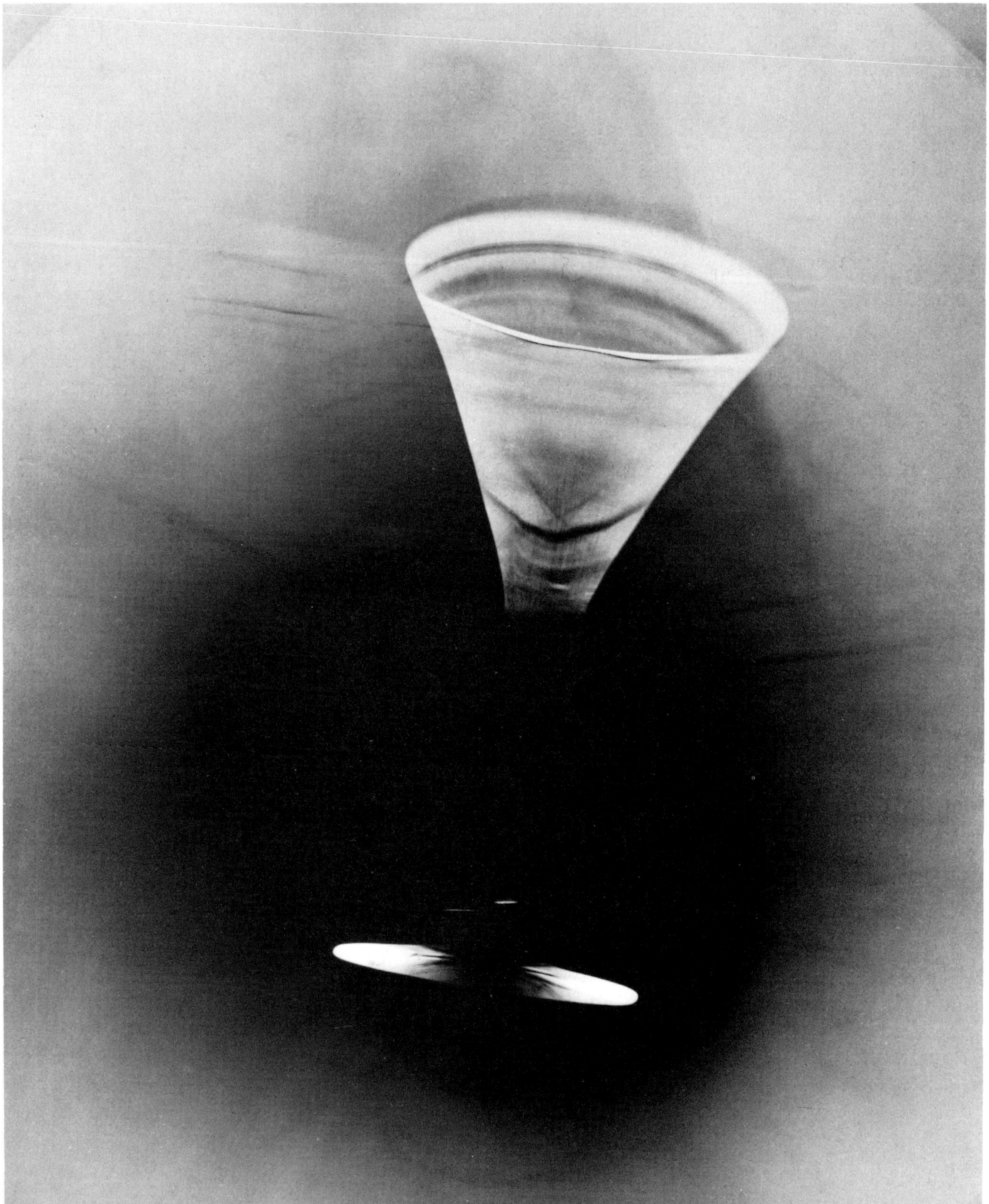

115. Photogramme. Verre de vin, 1926

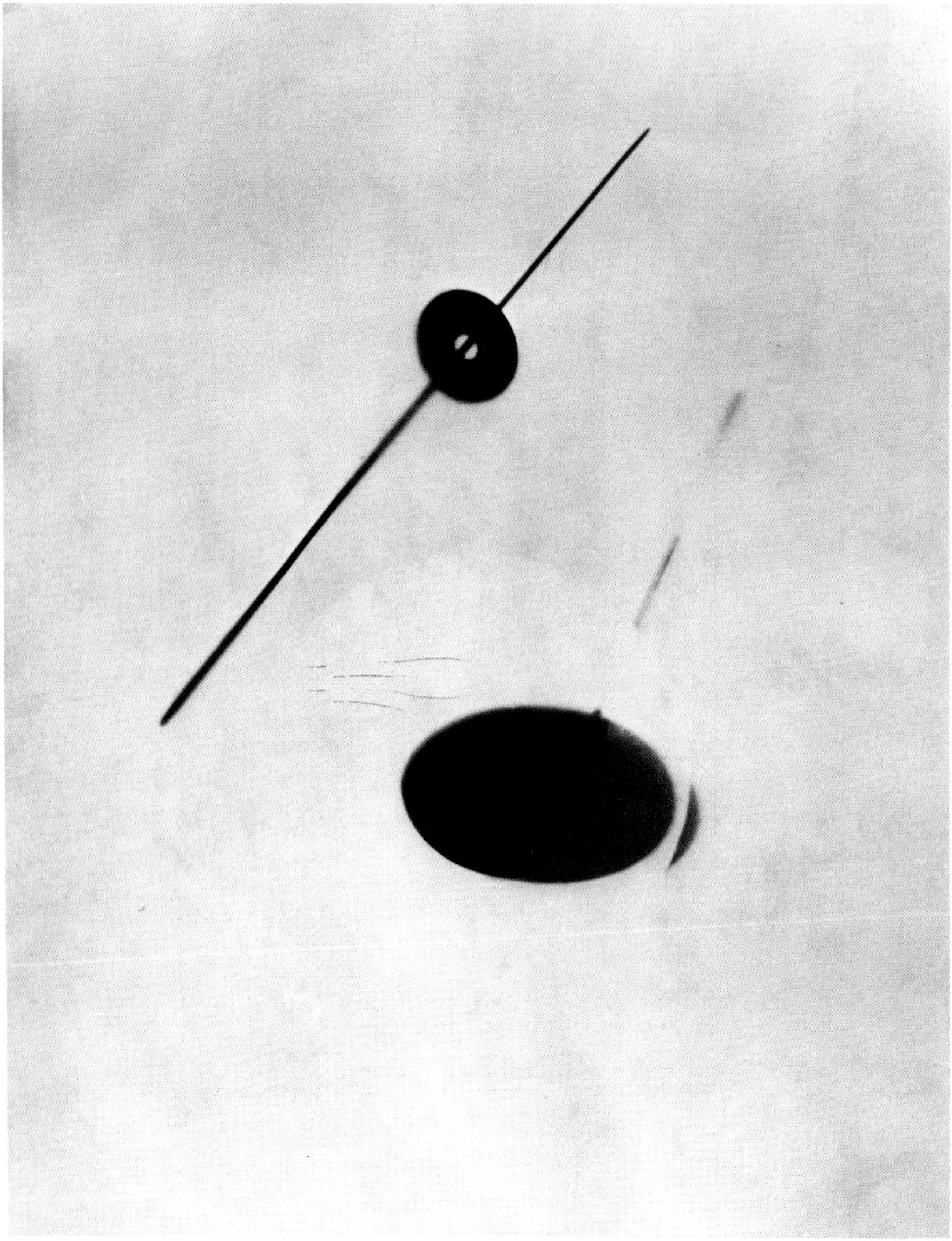

116. Photogramme, négatif, 1922-1926

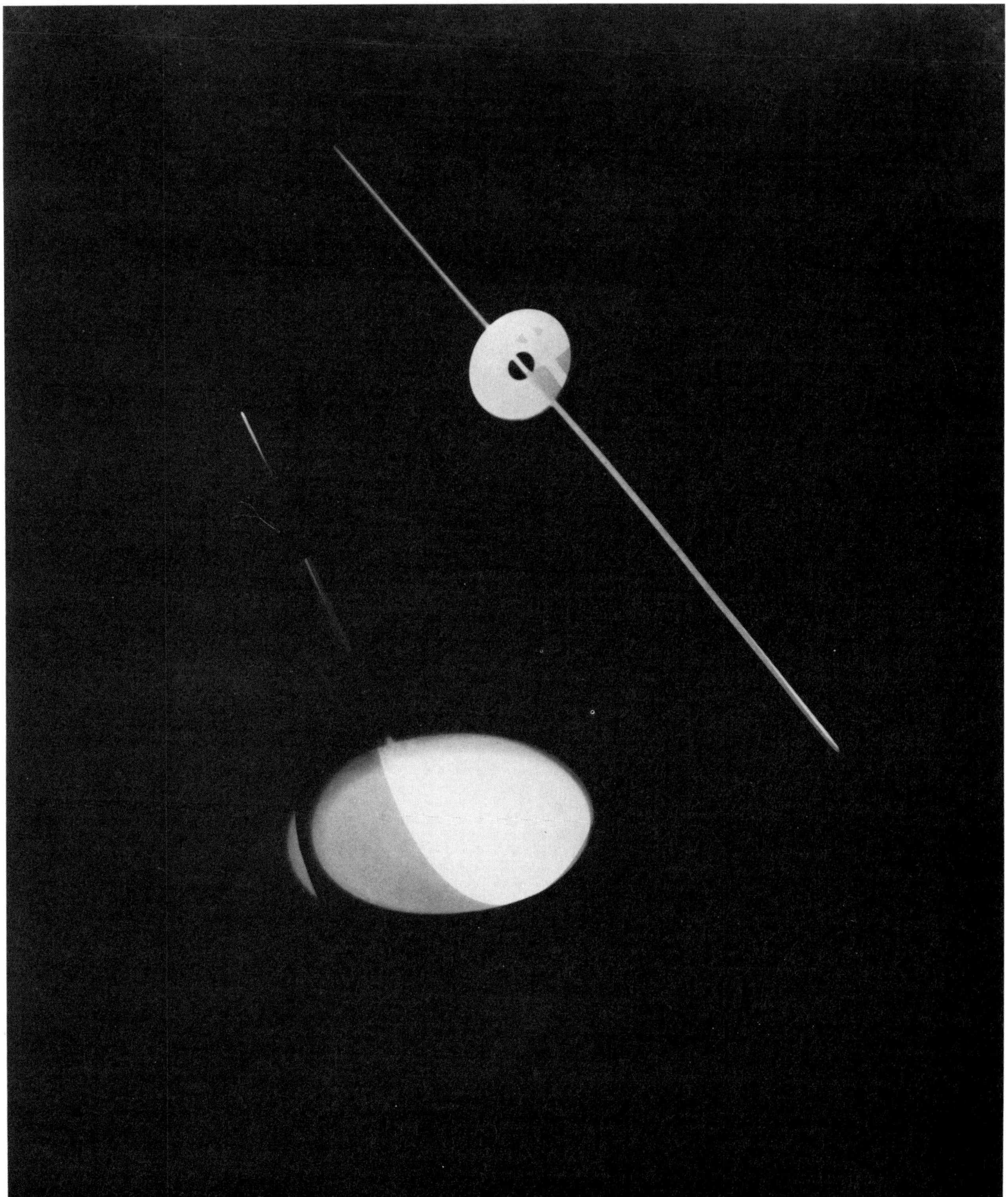

117. Photogramme, positif, 1922-1926

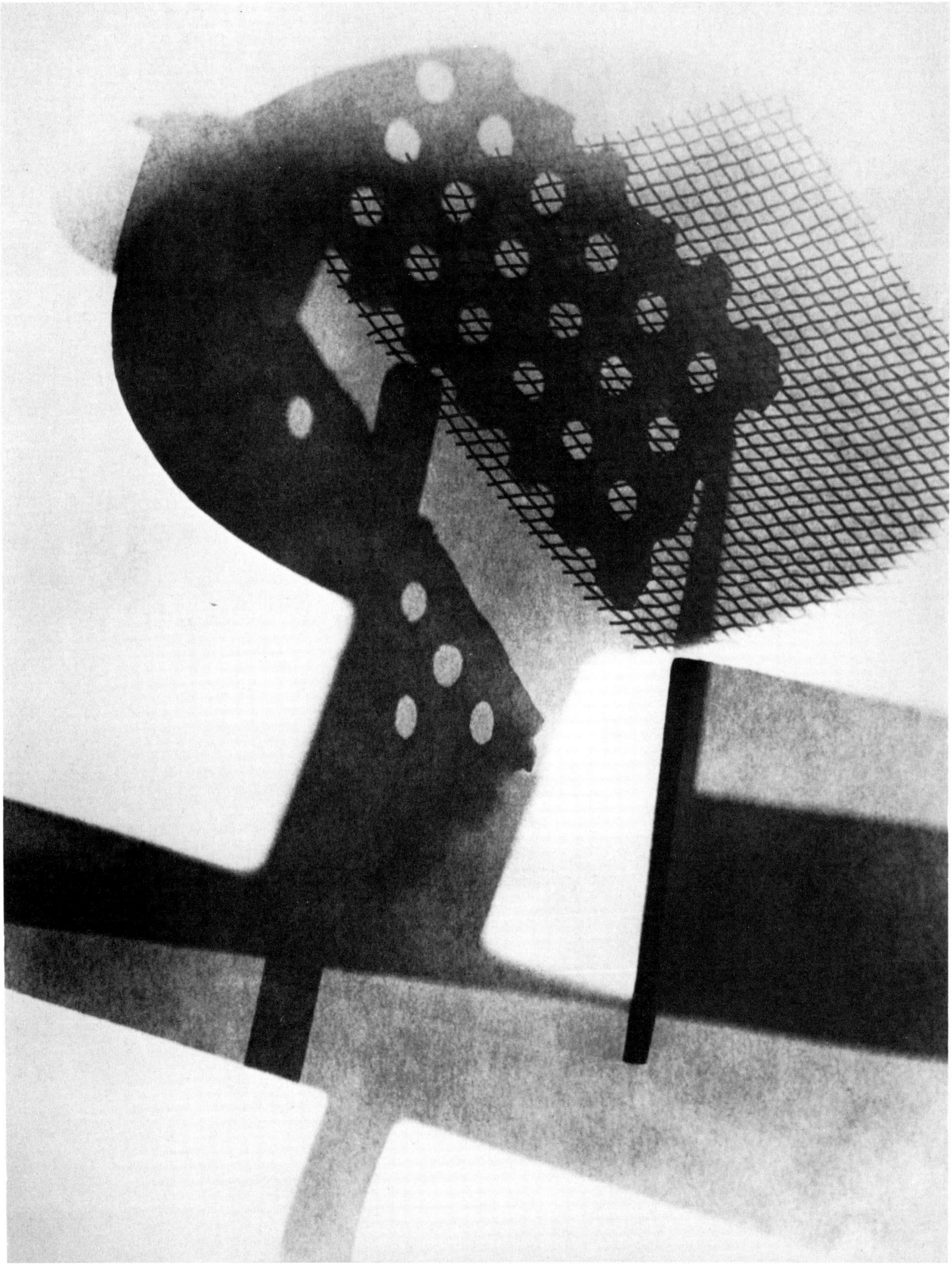

Photogramme, positif, 1922-1926

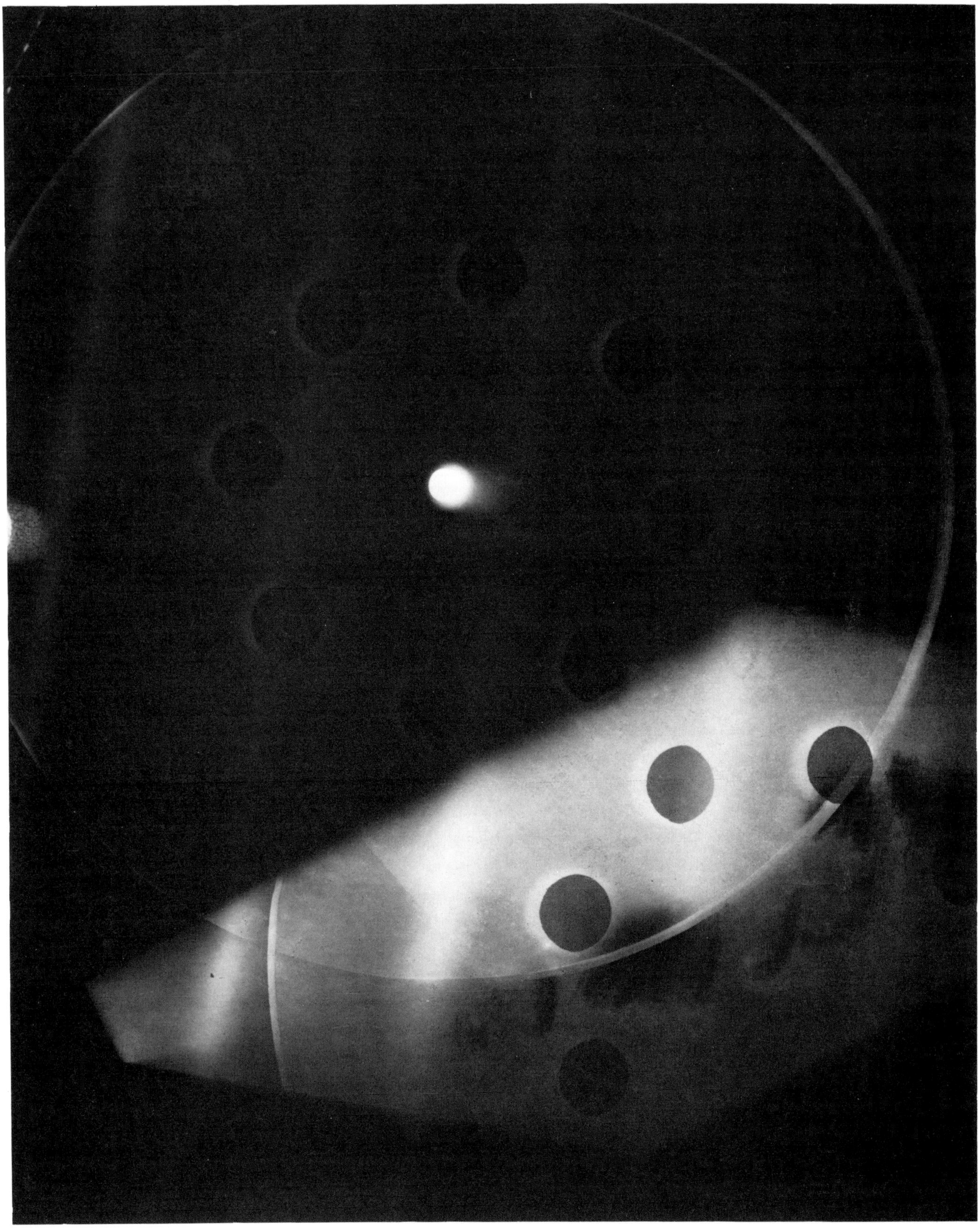

119. Photogramme. Disque transparent, vers

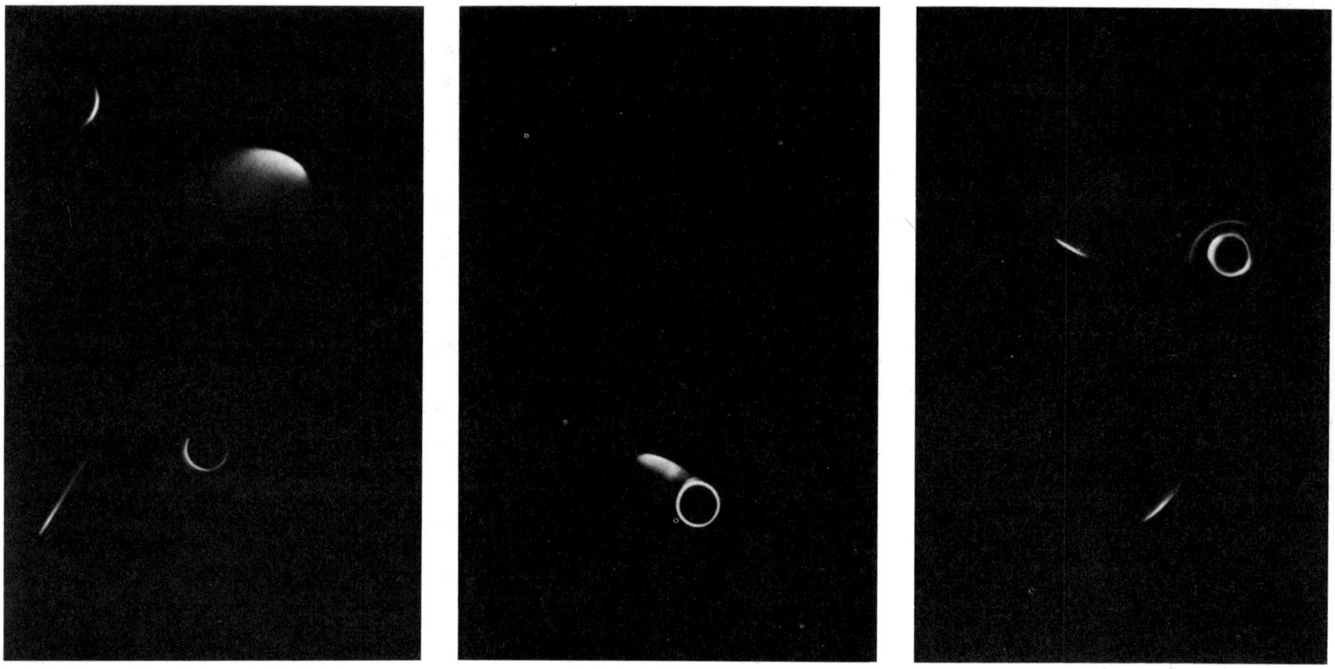

120. Photogramme. Triptyque, 1922
121. Degrés, 1924

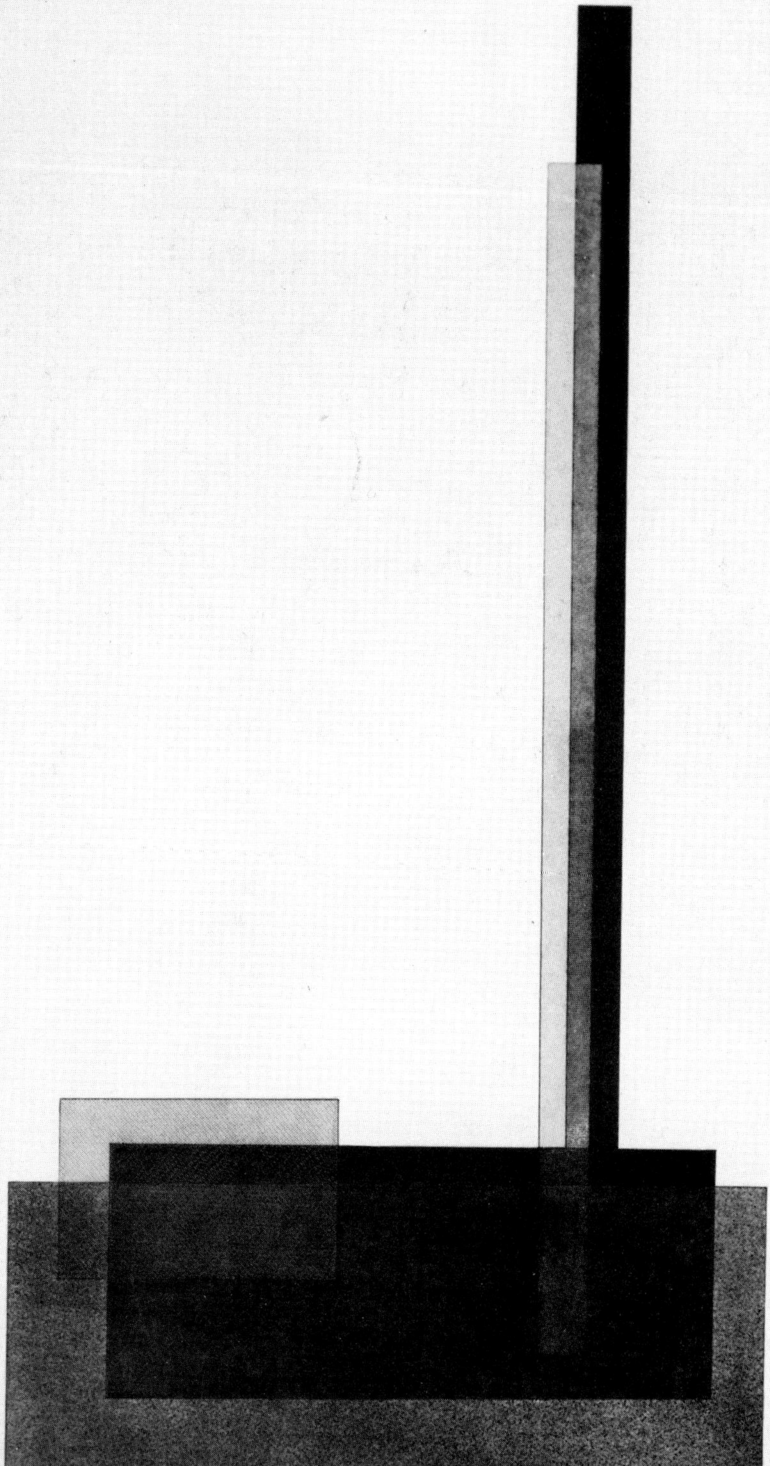

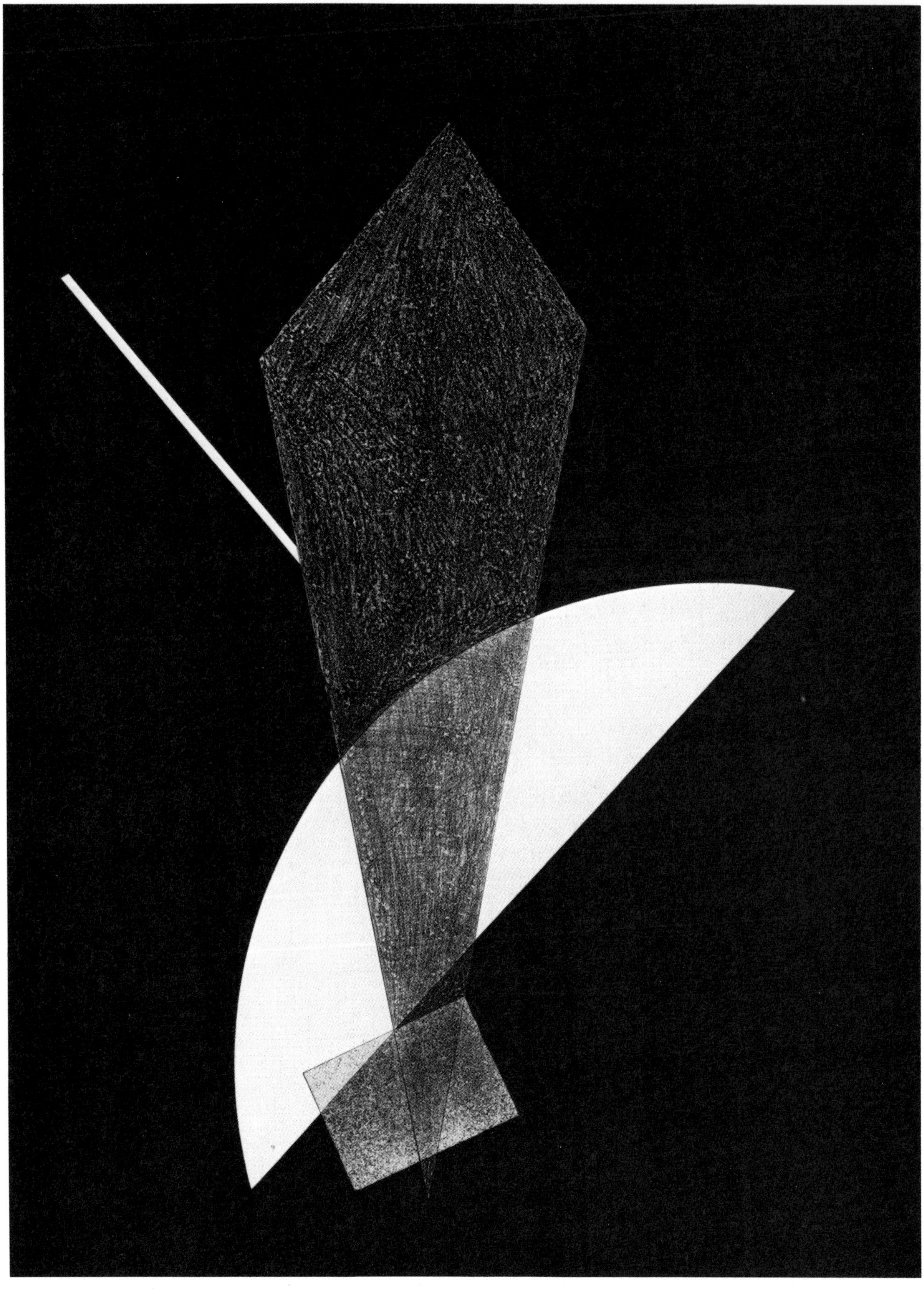

122-127. Six feuilles du Cahier Kestner, 1922-1923

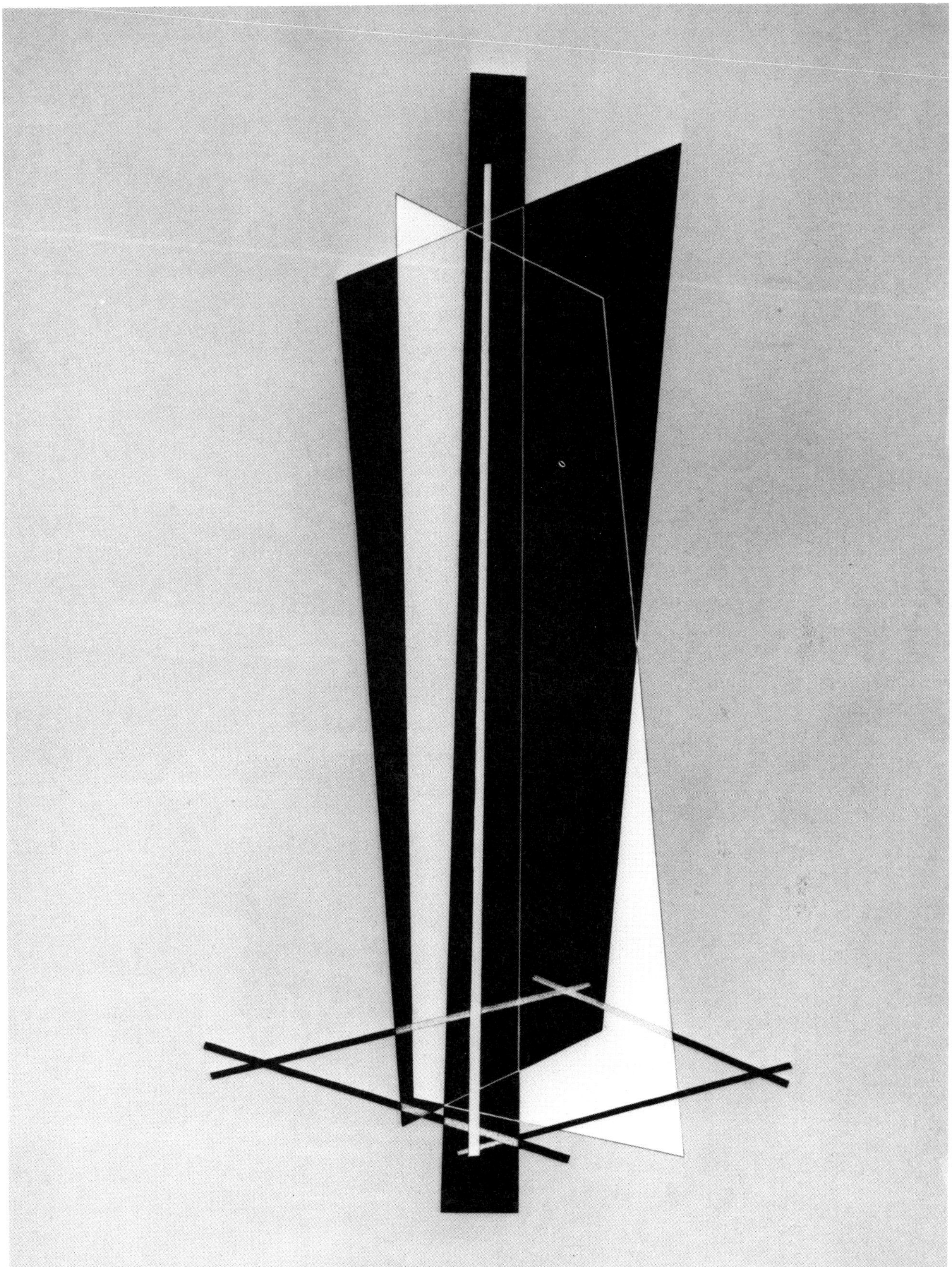

123.

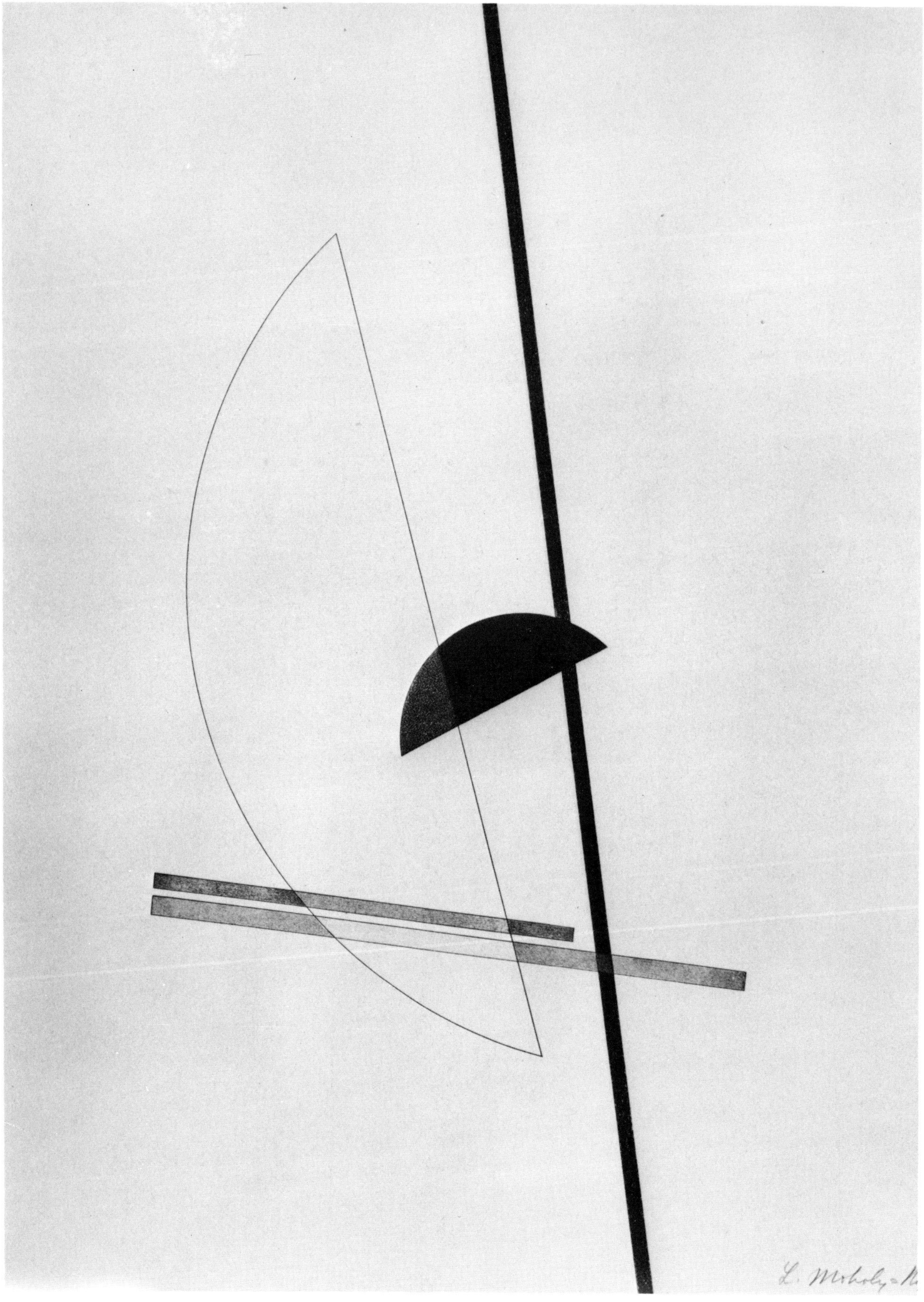

124.

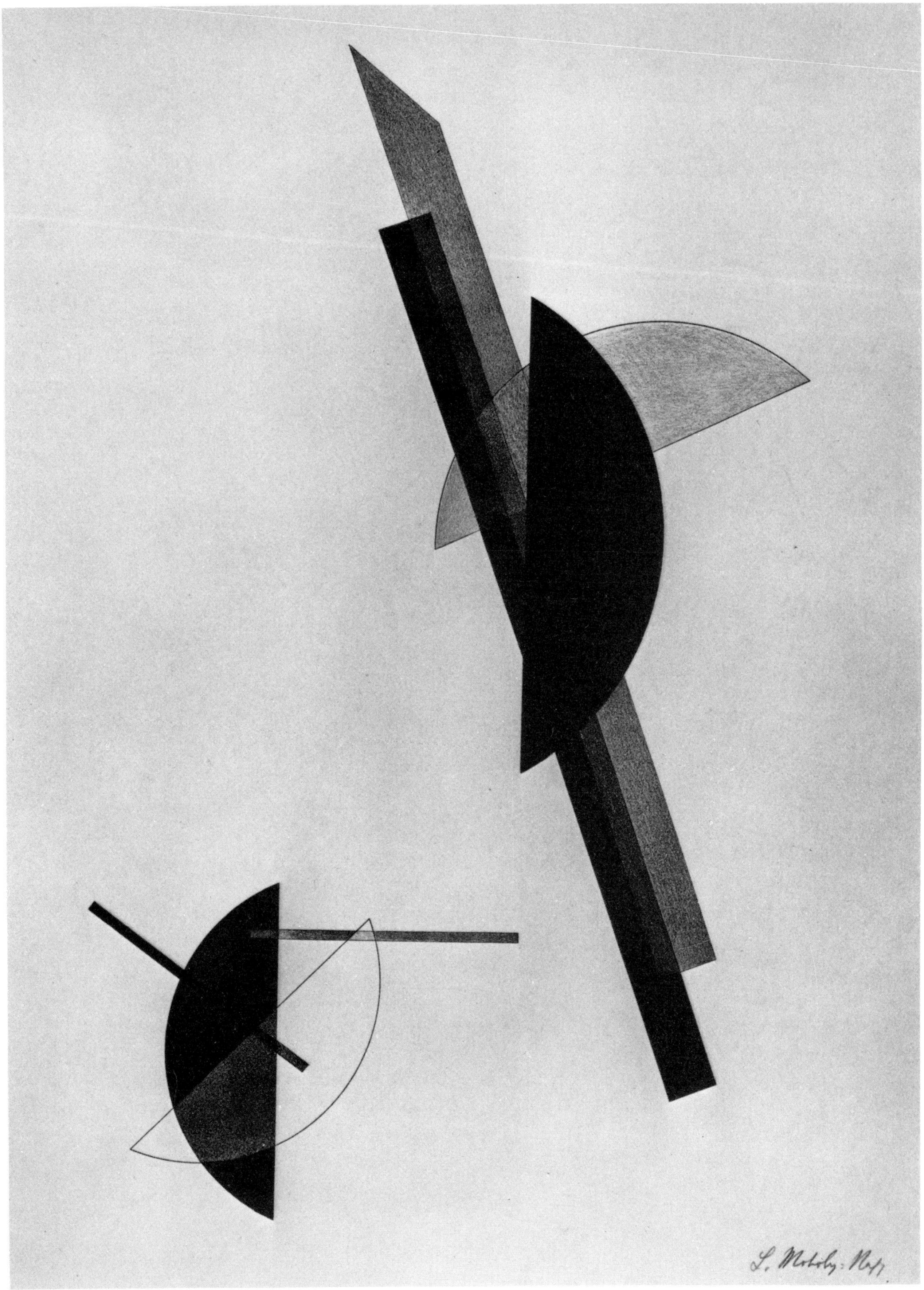
L. Moholy-Nagy

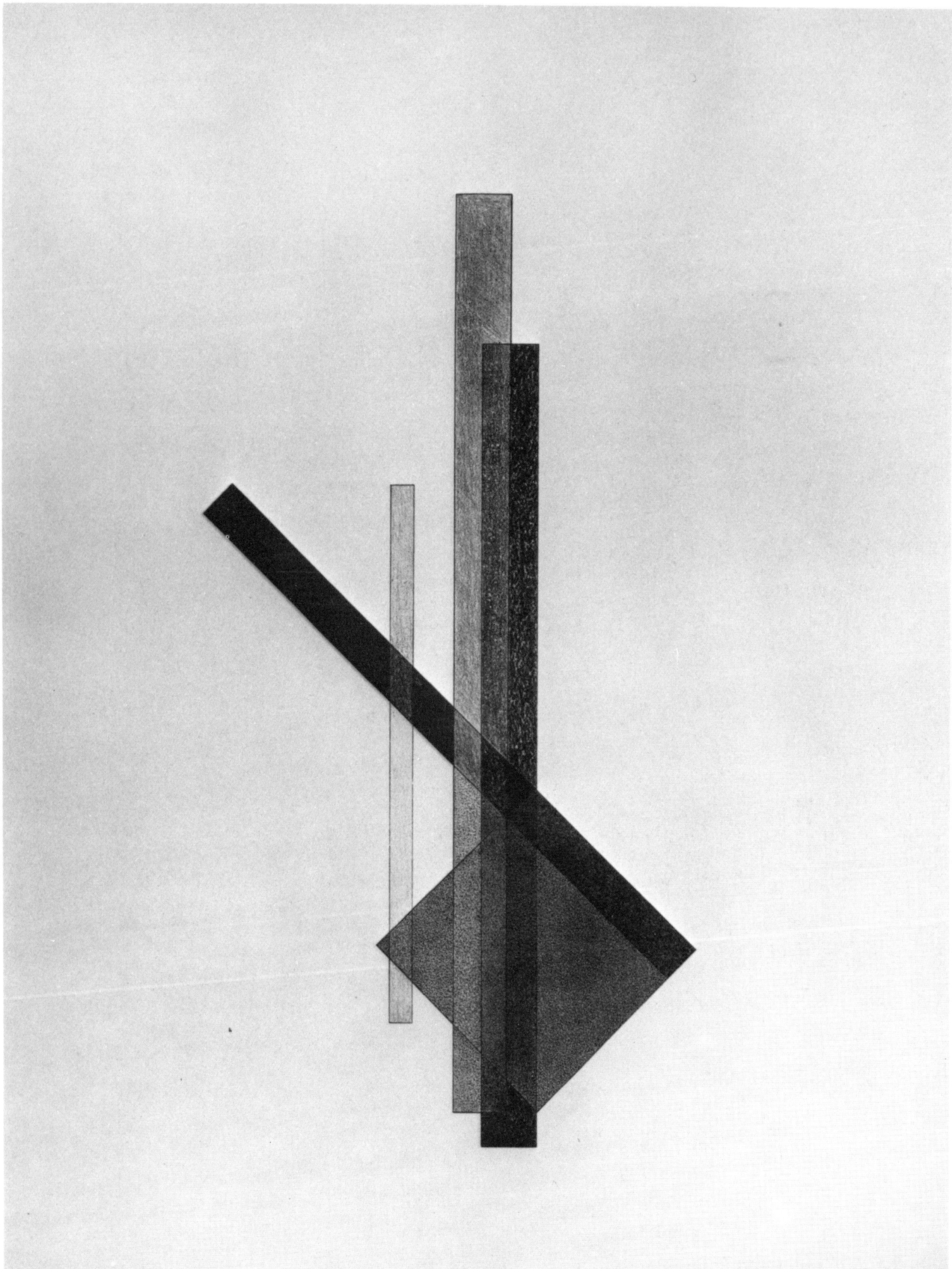

126.

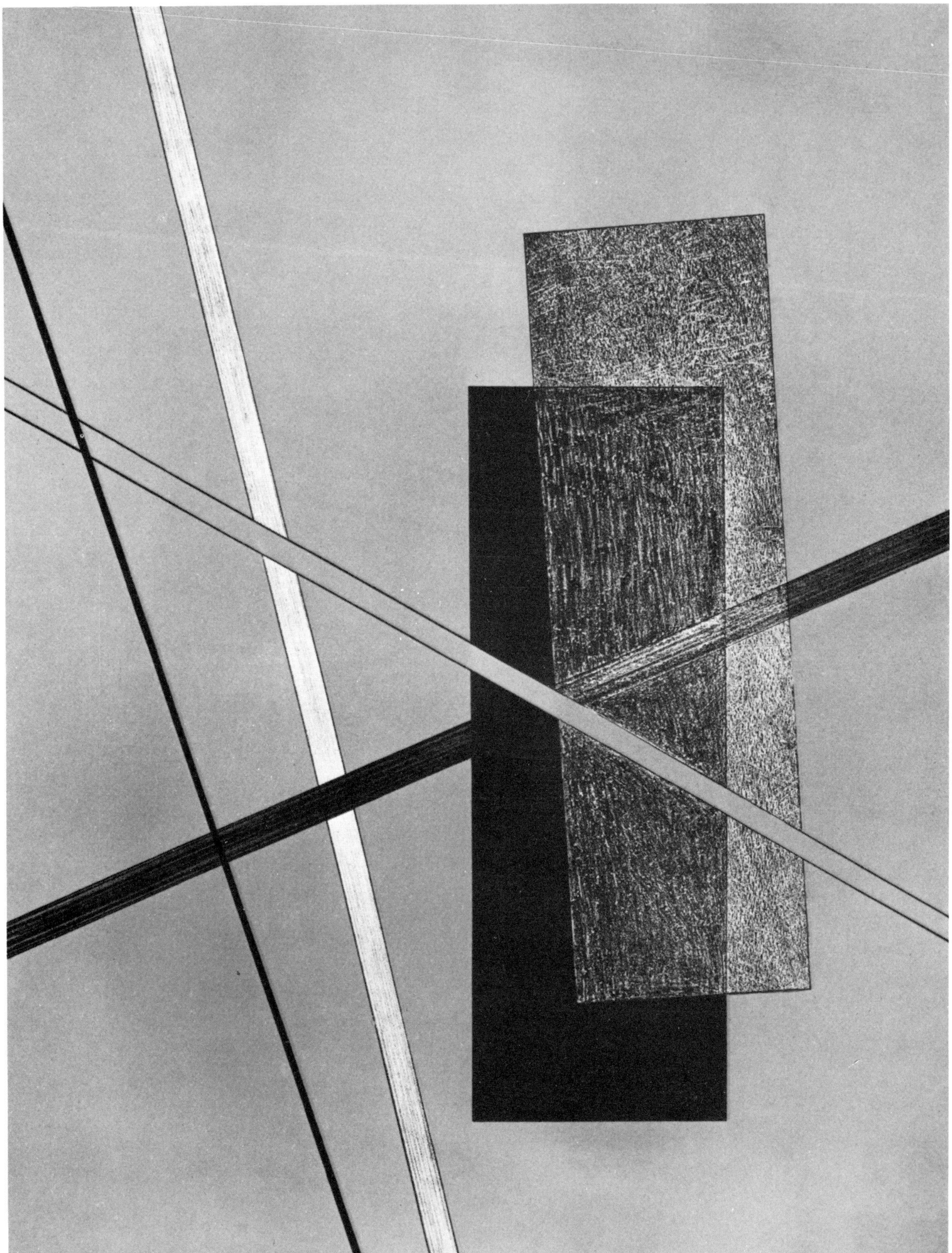

127.

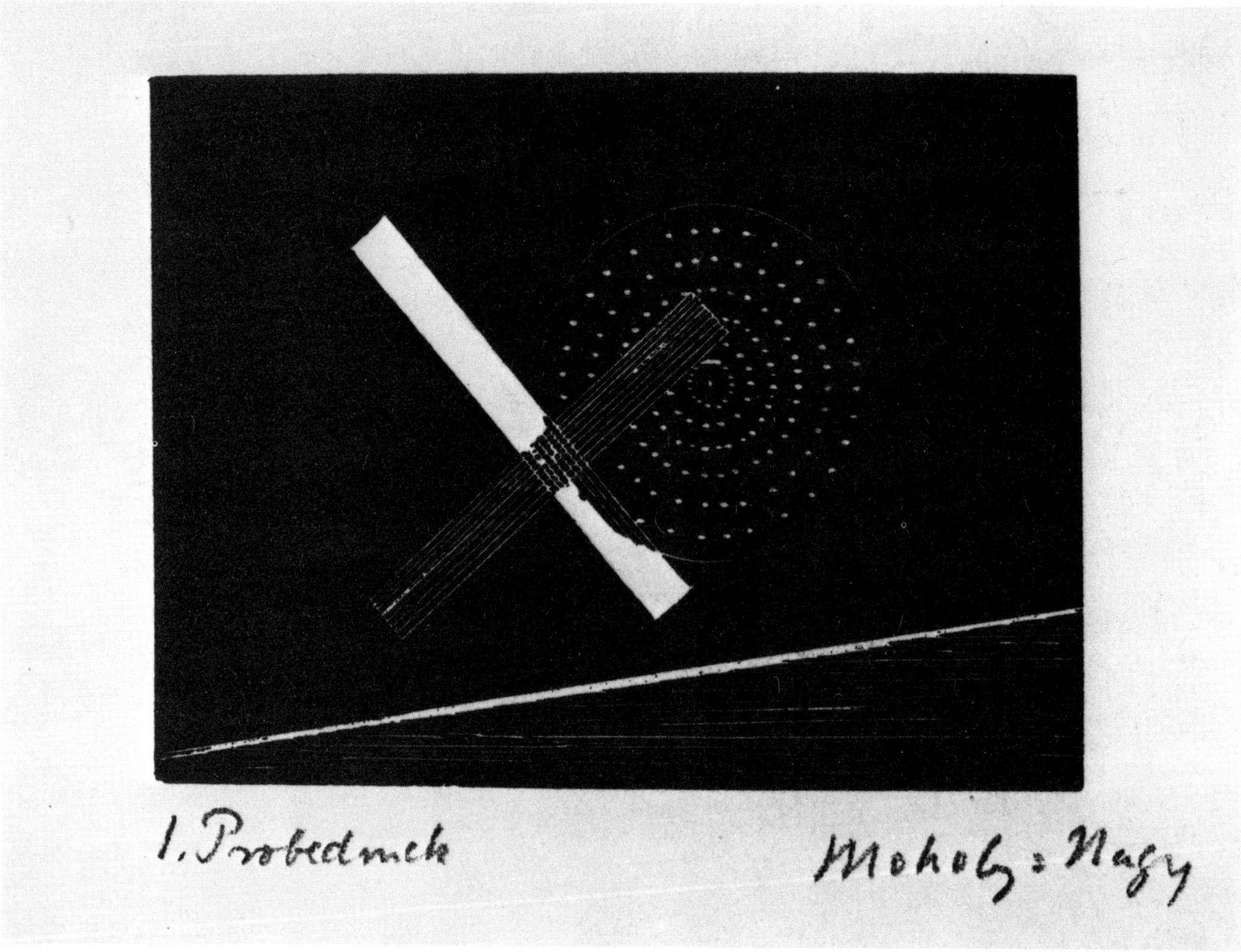

128. Croix et cercle, 1922

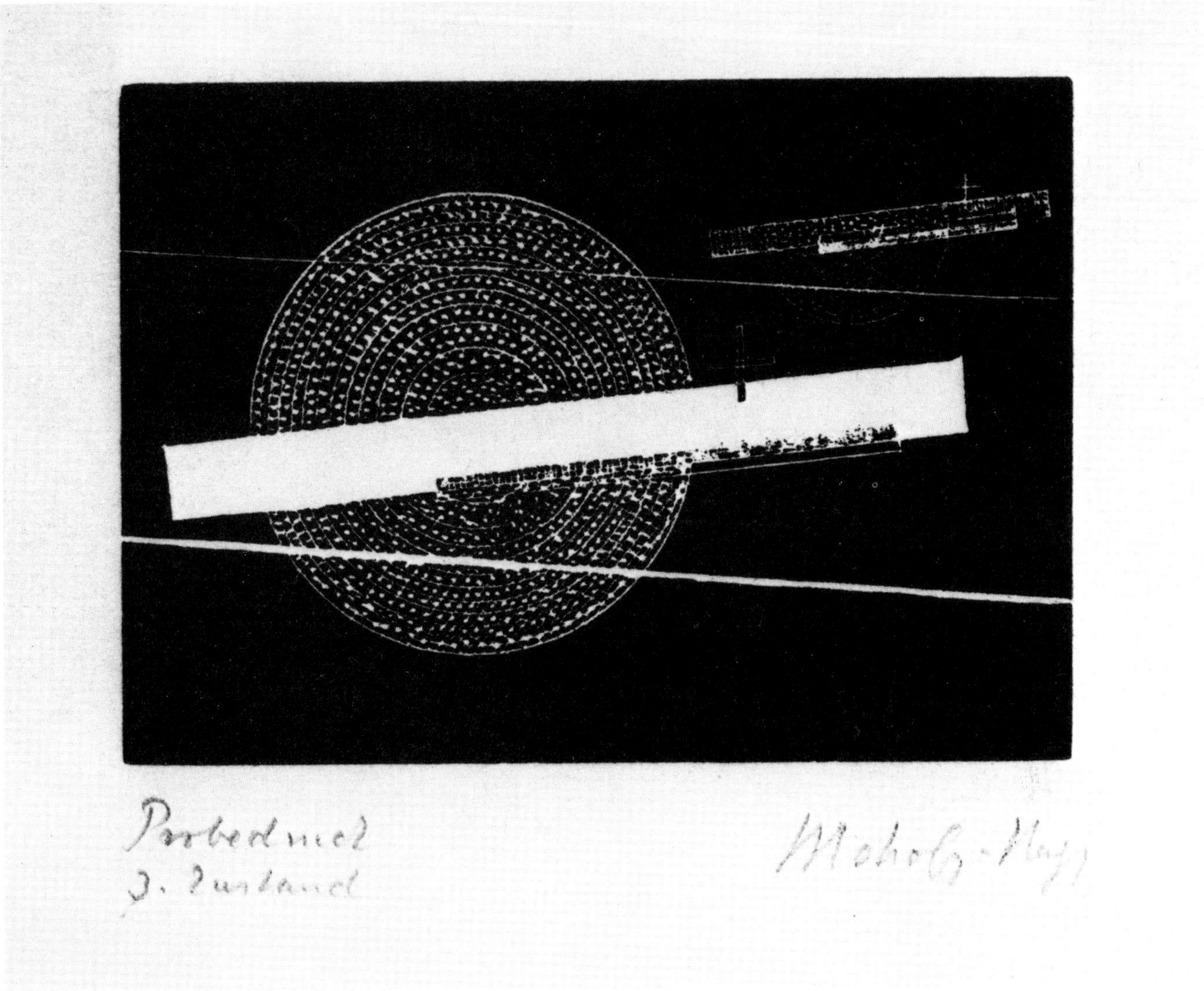

129. Cercle et axe, 1922

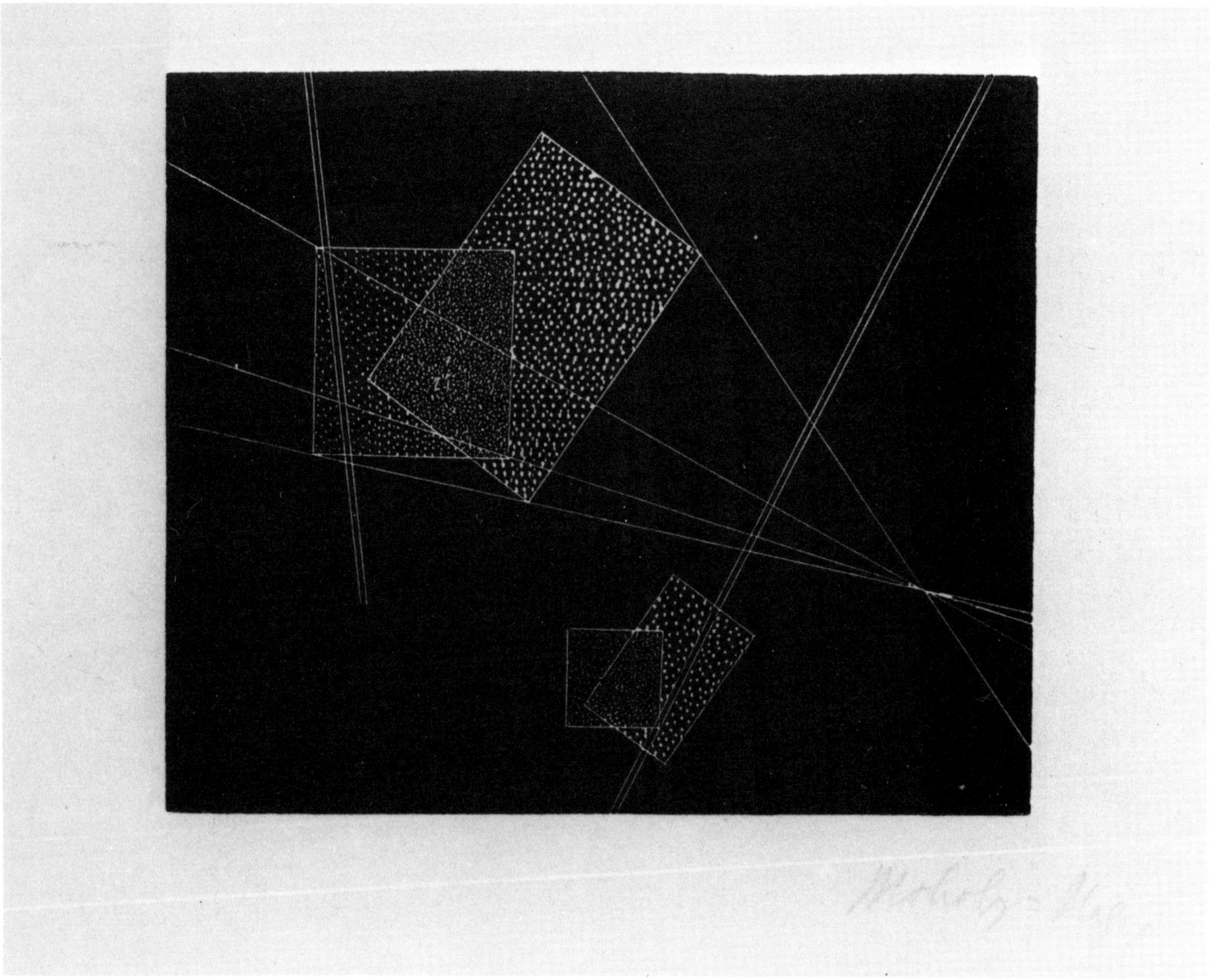

130. Plans et axes, 1922

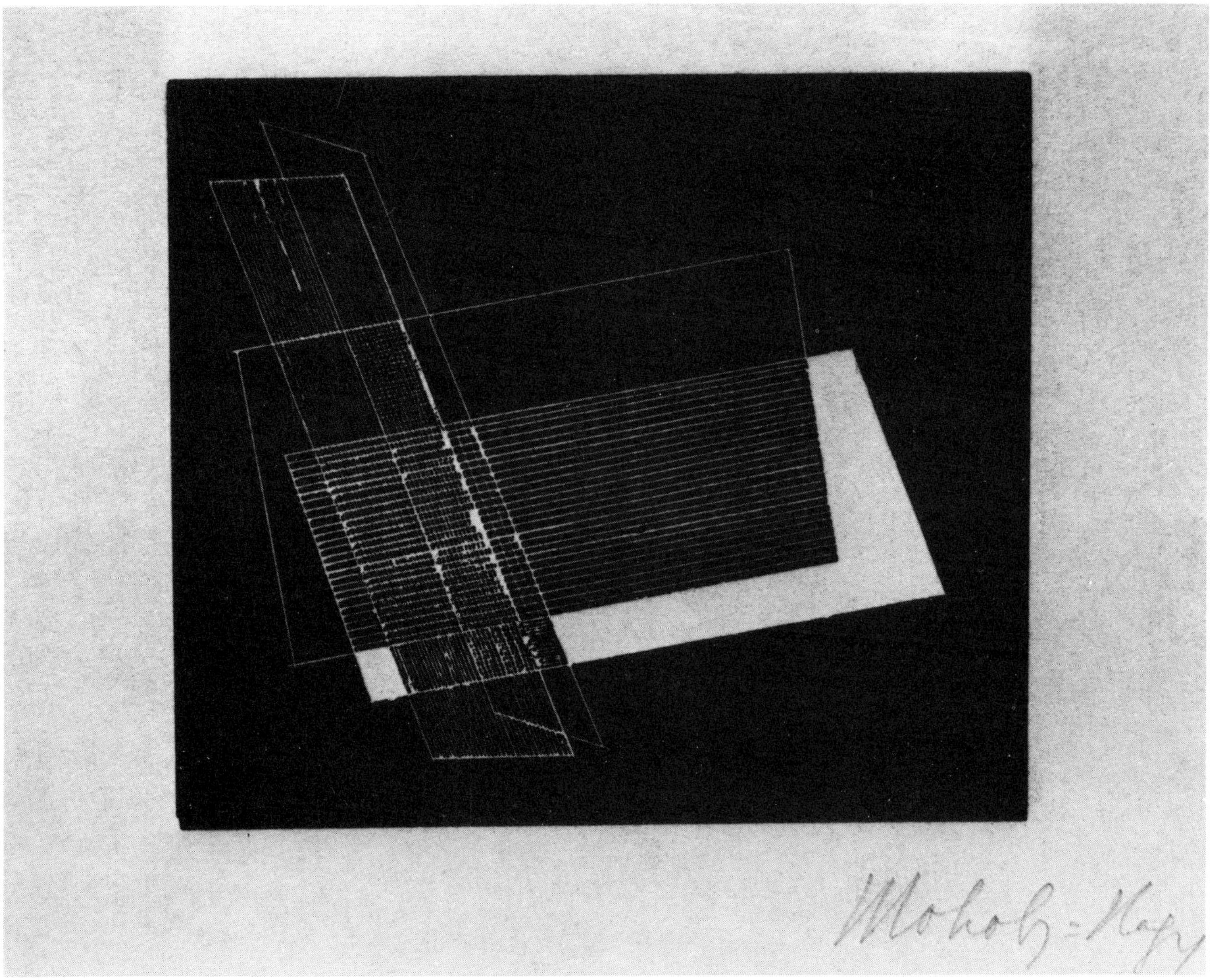

131. Intersection de plans, 1922

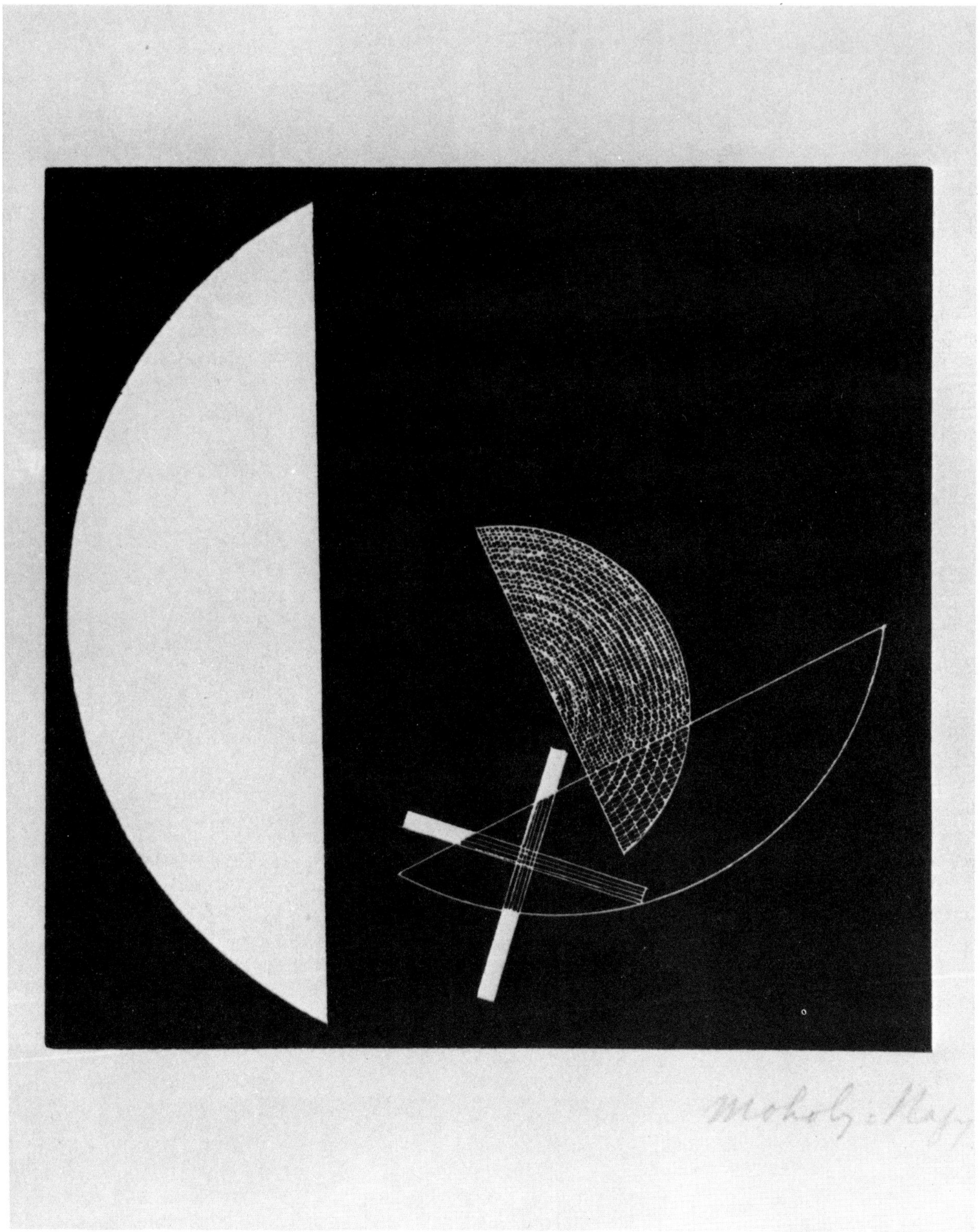

132. Segments de cercles et croix, 1922

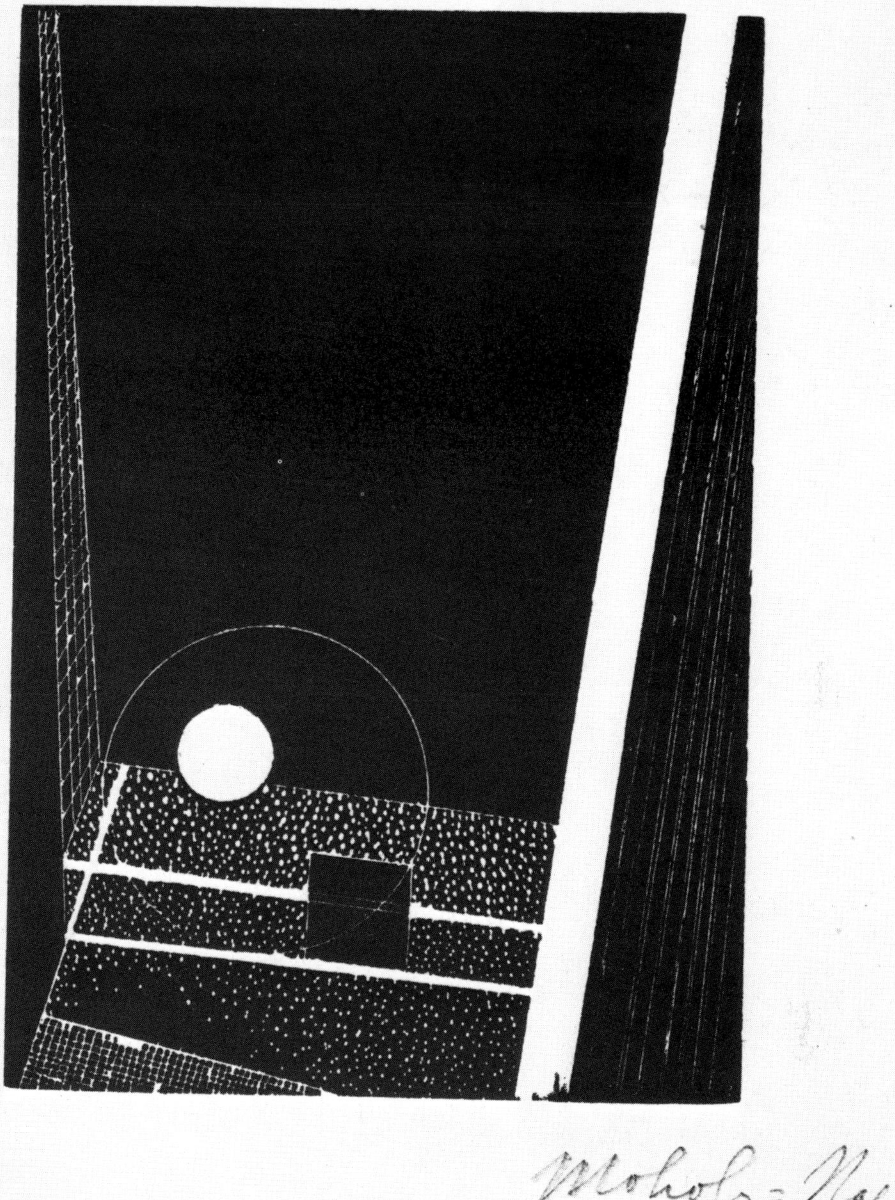

133. Cercle et plans, 1922

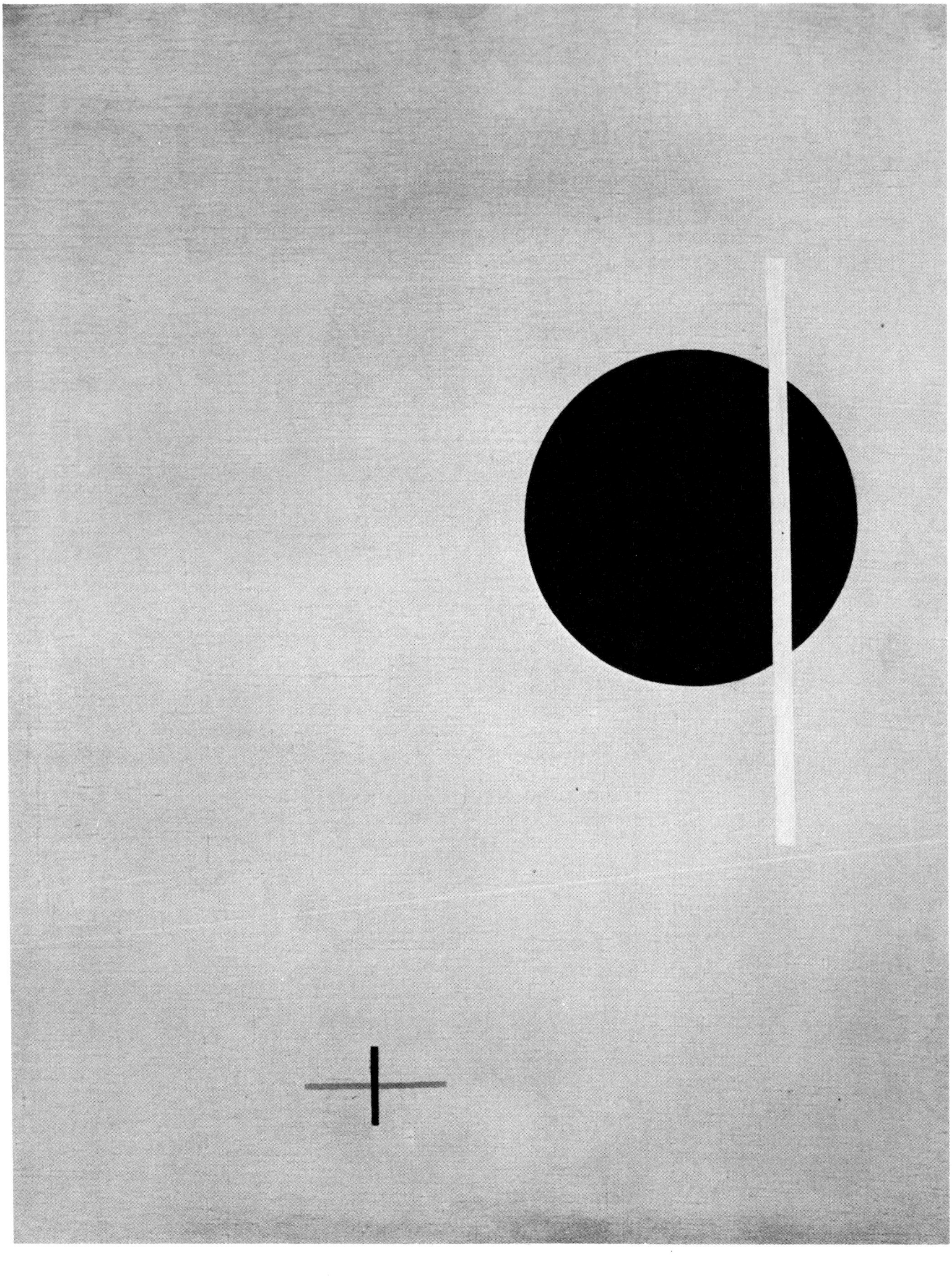

134. Q XXI, 1923

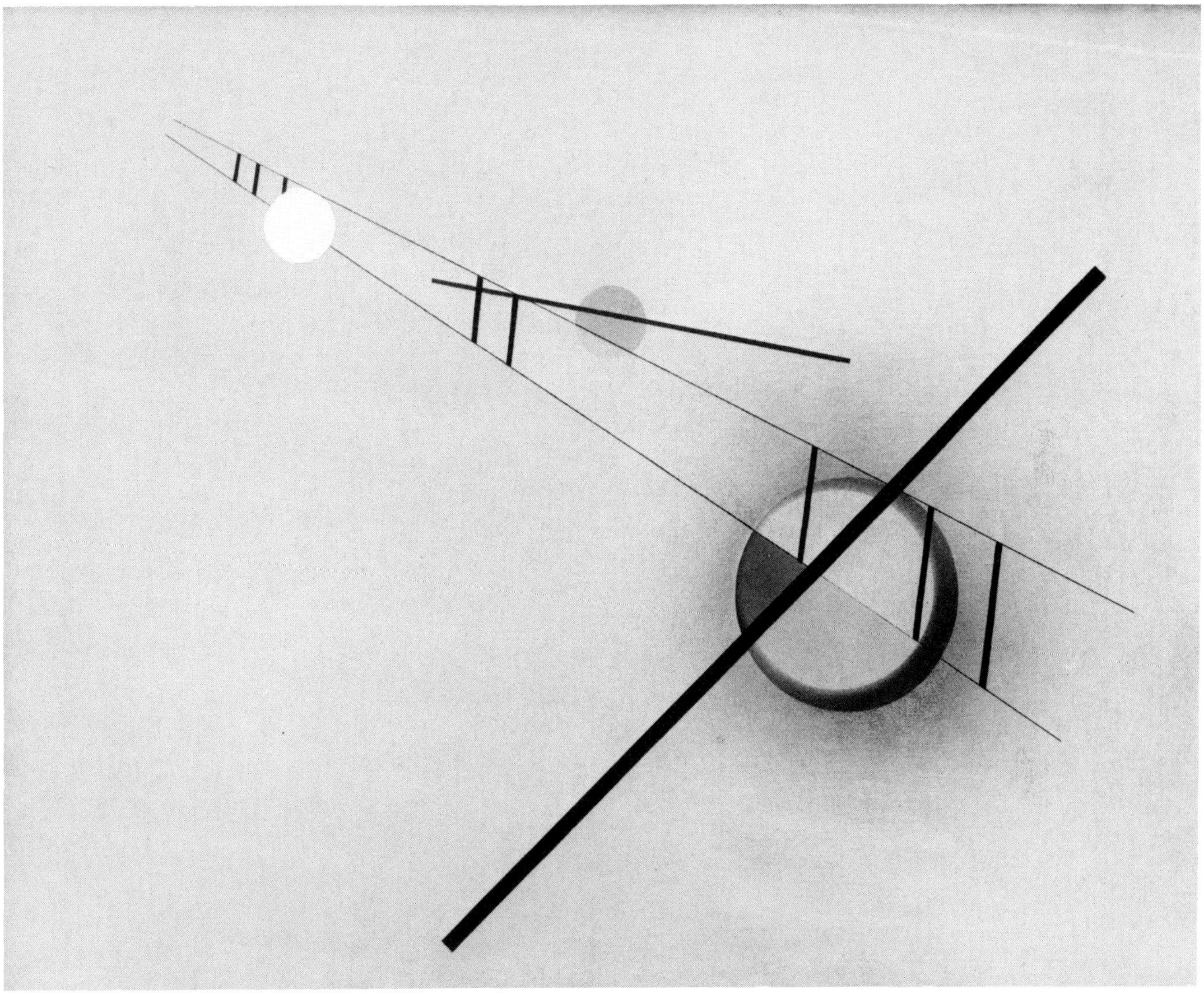

135. Z IV, 1923

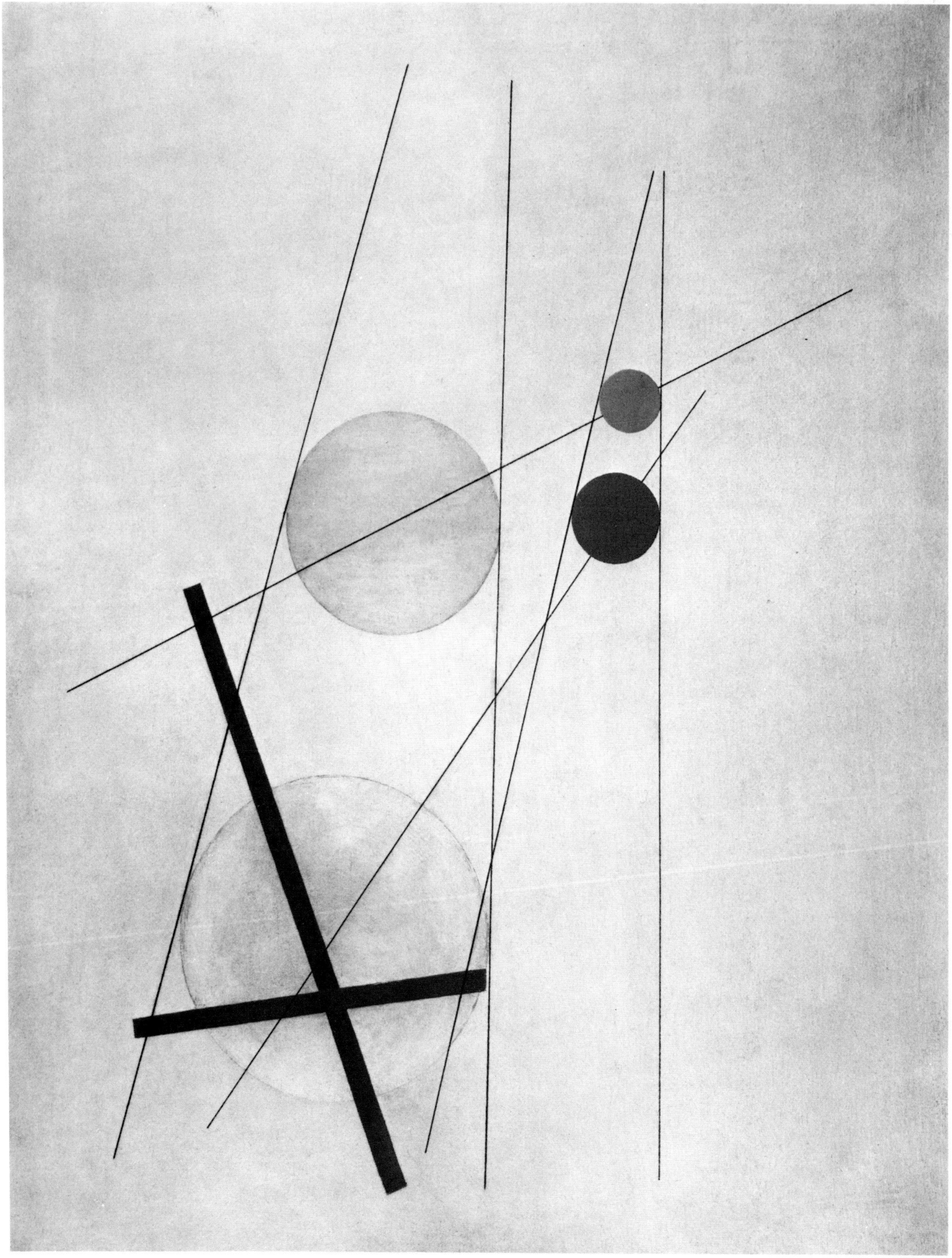

136. Z III, 1922

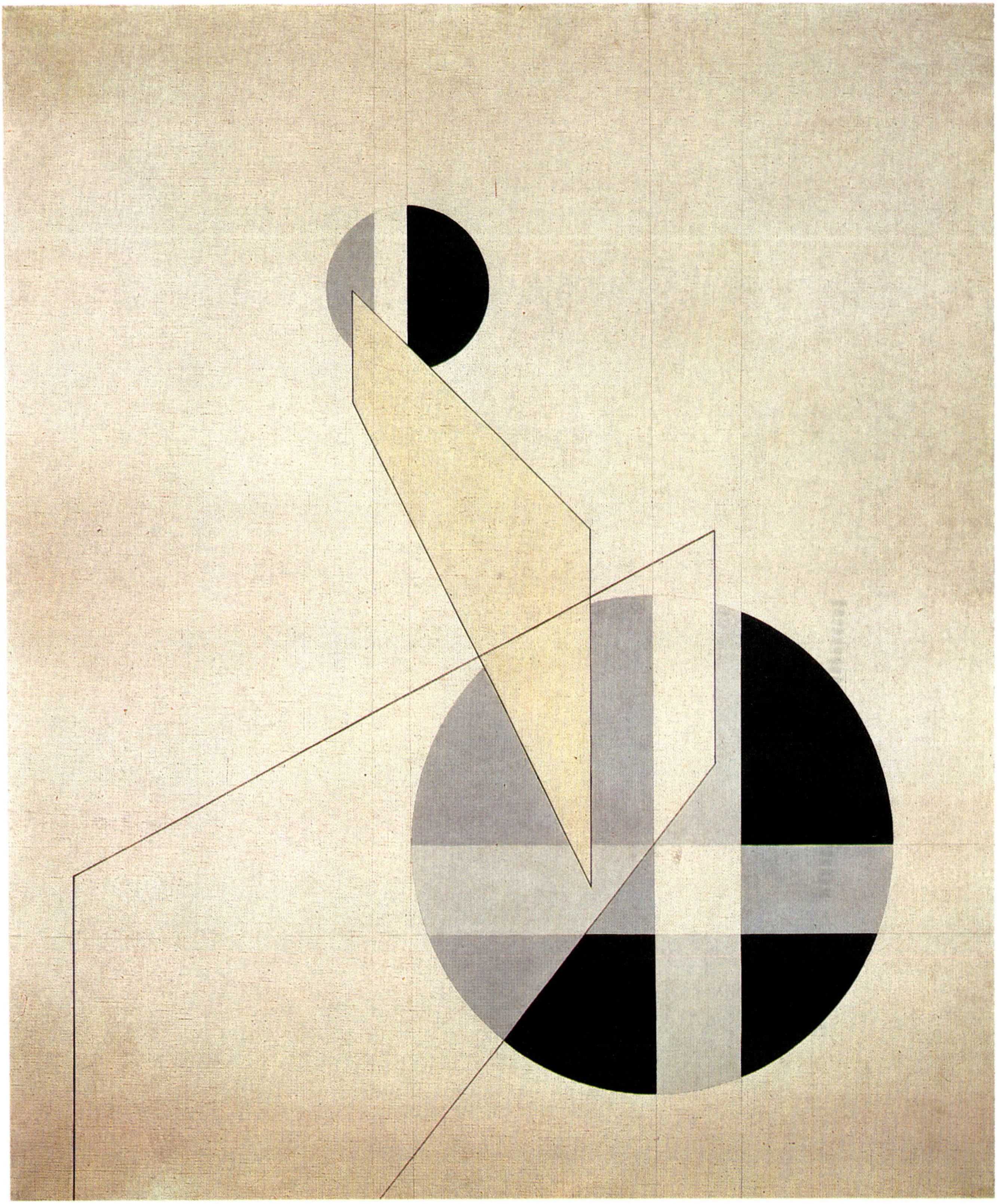

137. Composition A XX, 1924-1926

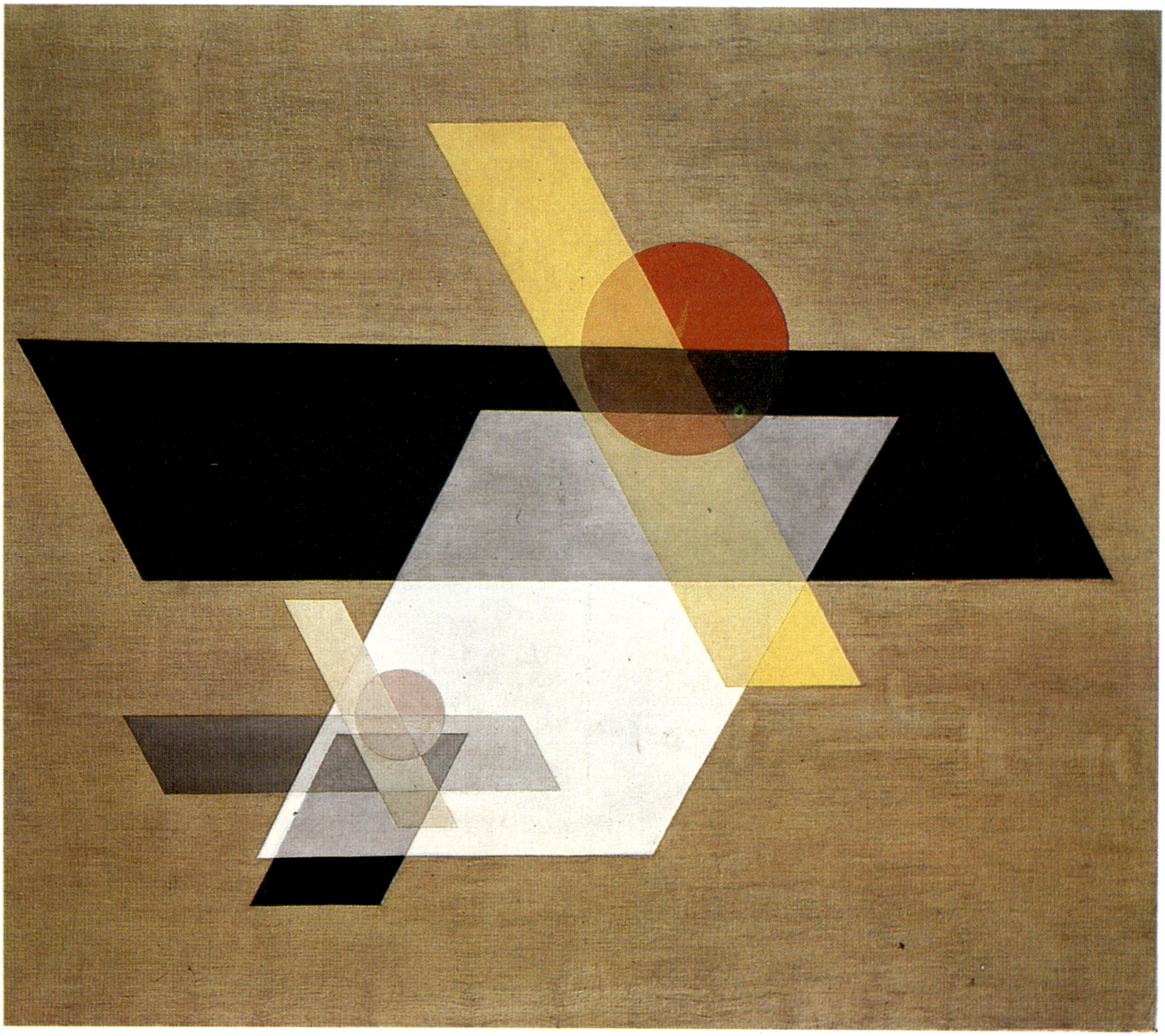

138. Composition A II, 1924

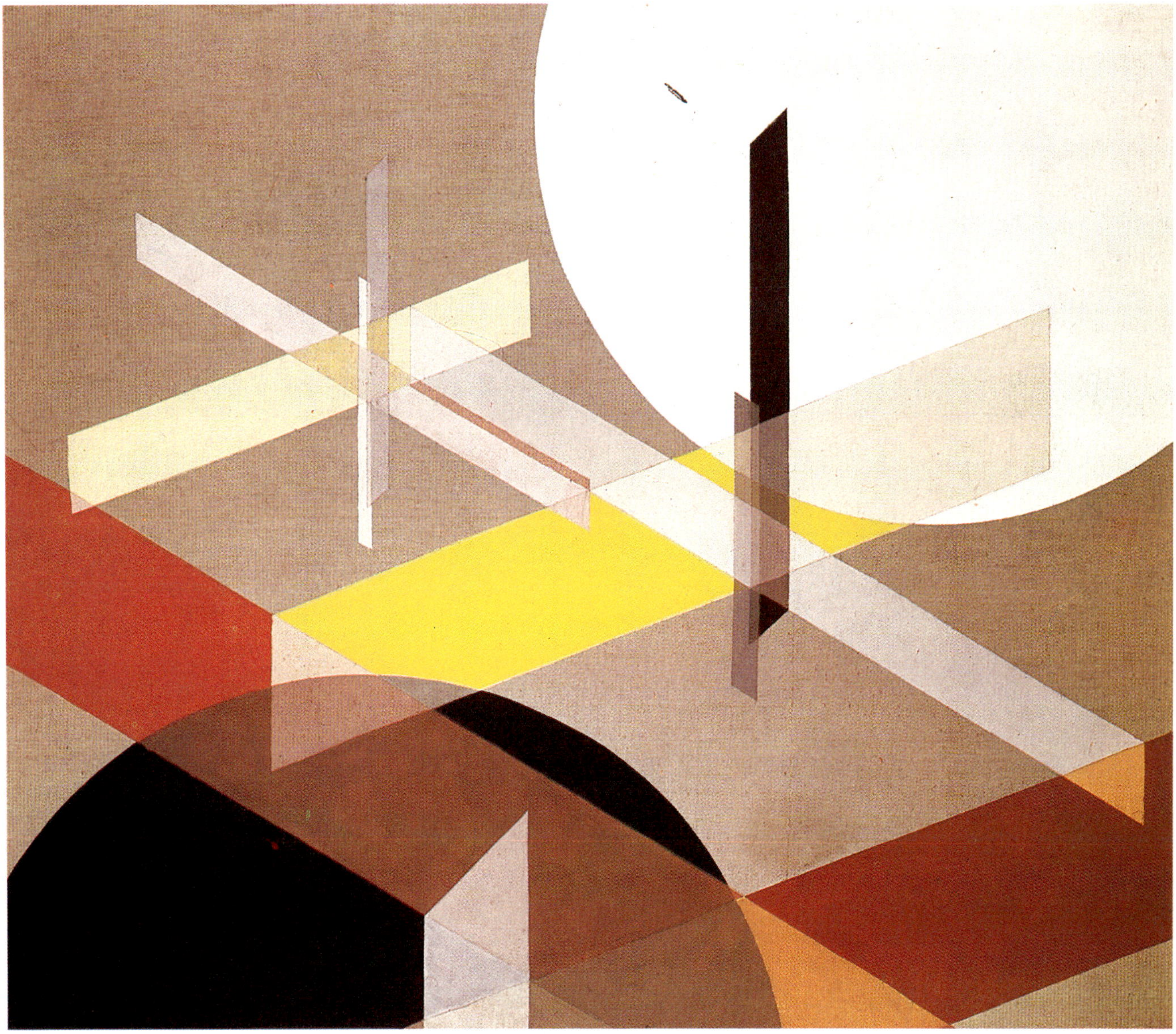

139. Composition Z VIII, 1924

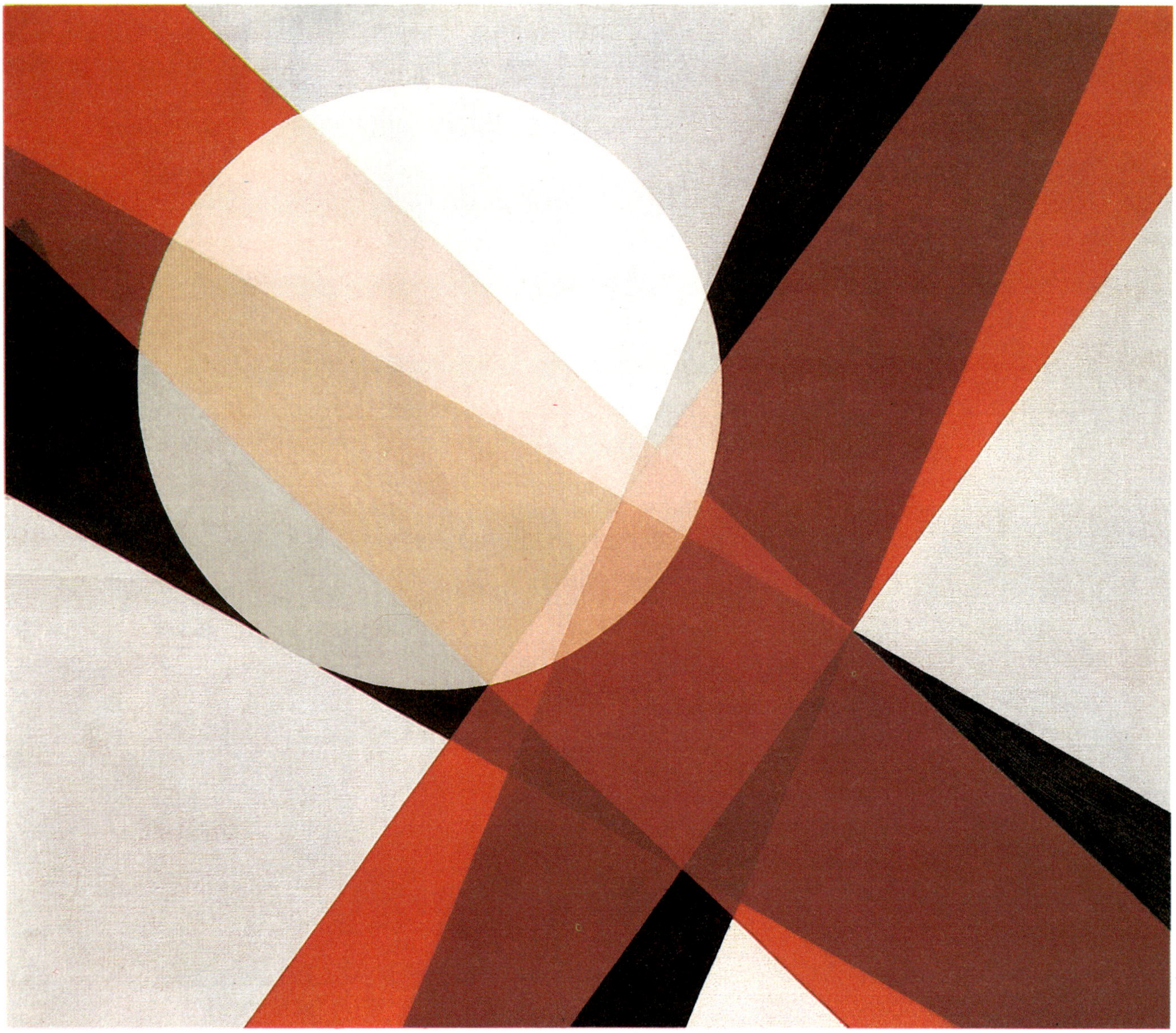

140. Composition A 19, 1927

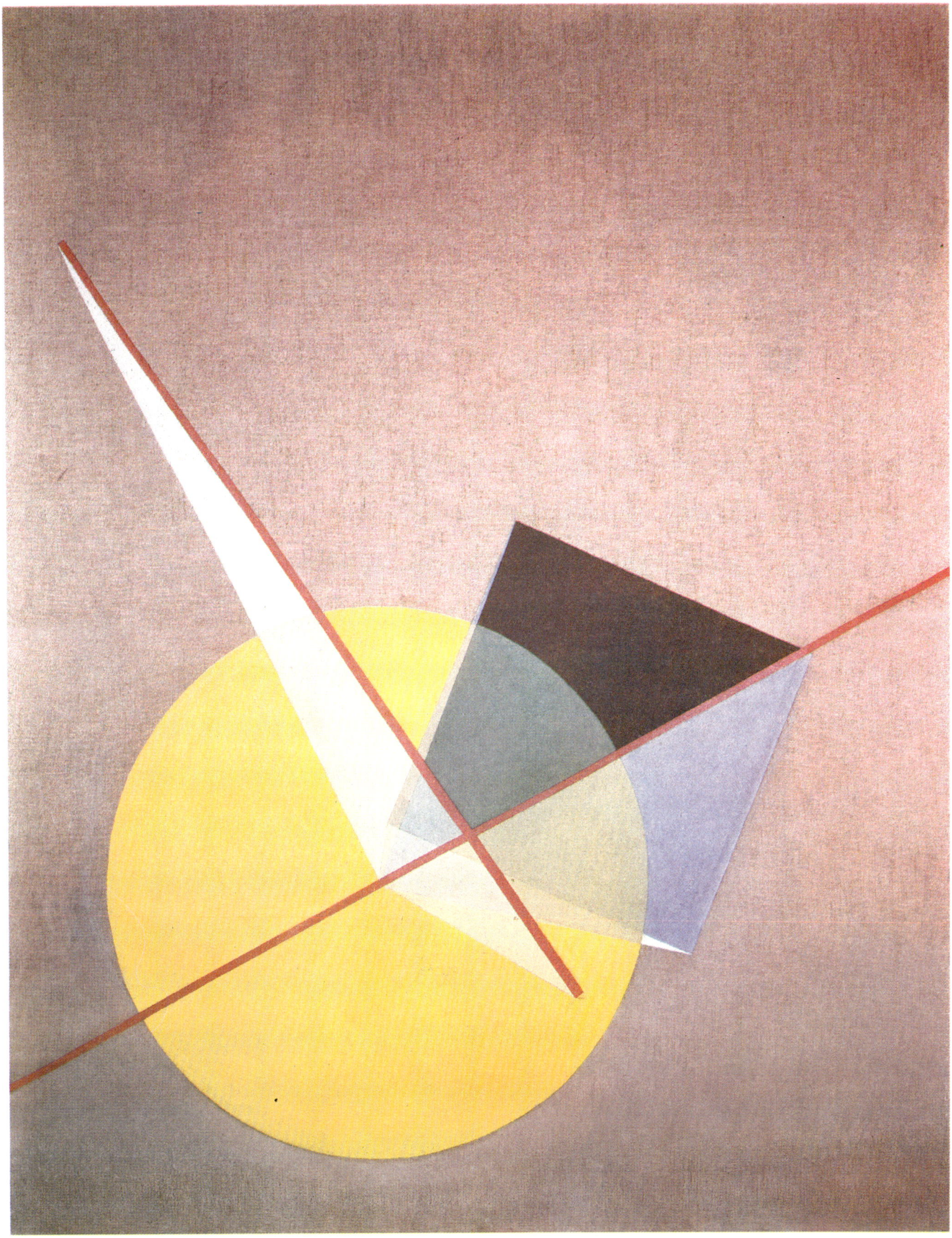

141. Cercle jaune, 1923

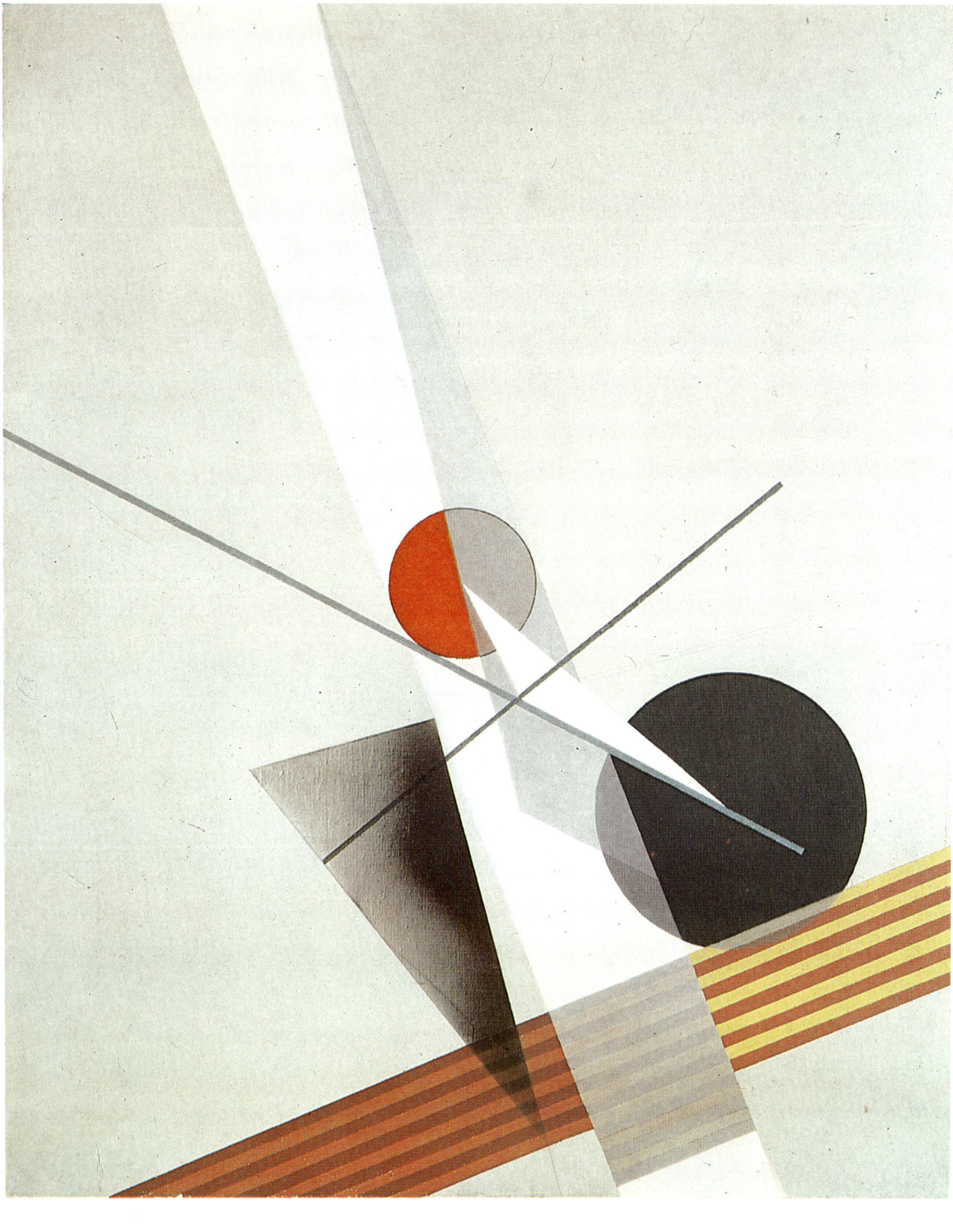

142. Composition A XXI, 1925

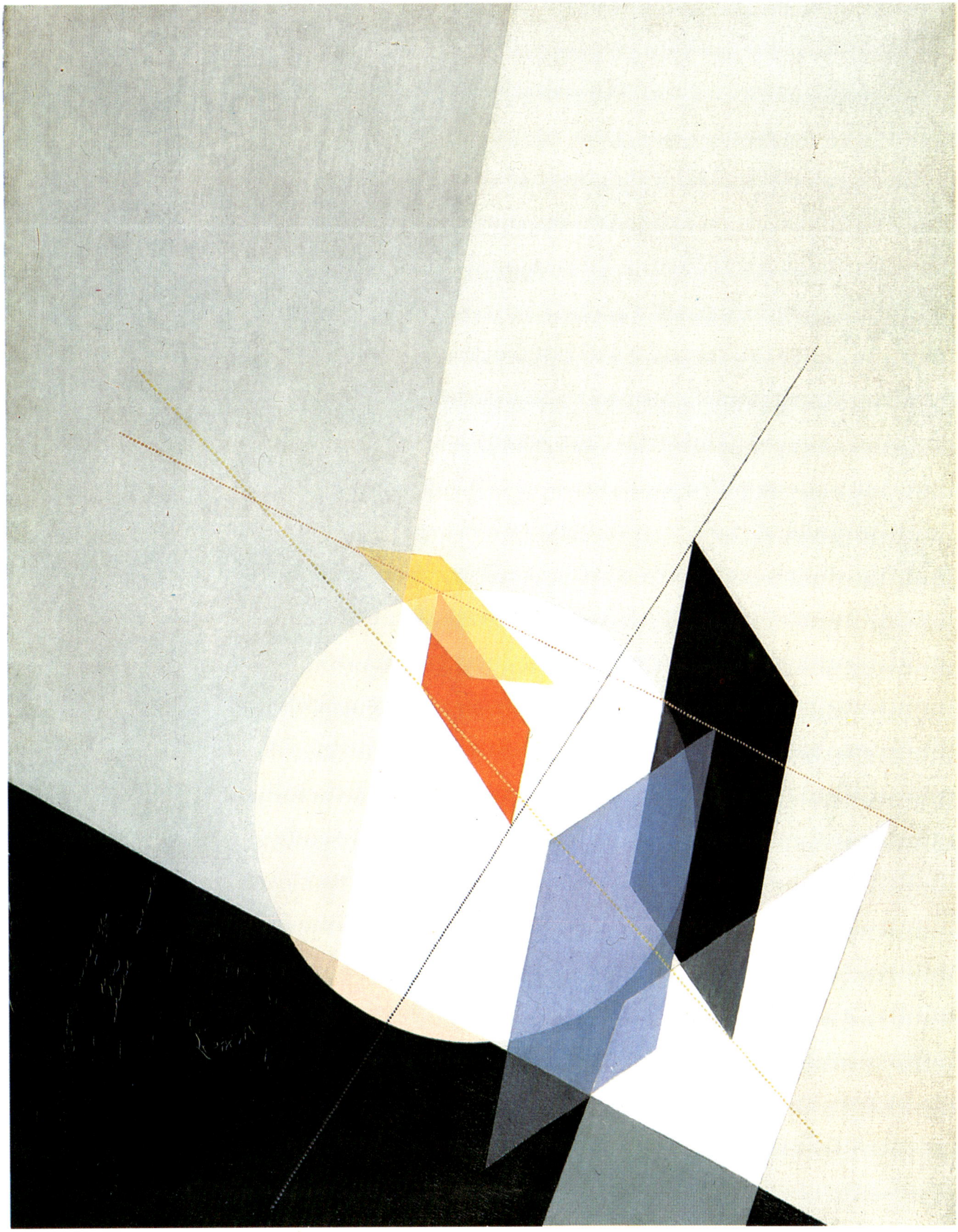

143. Composition A 18, 1927

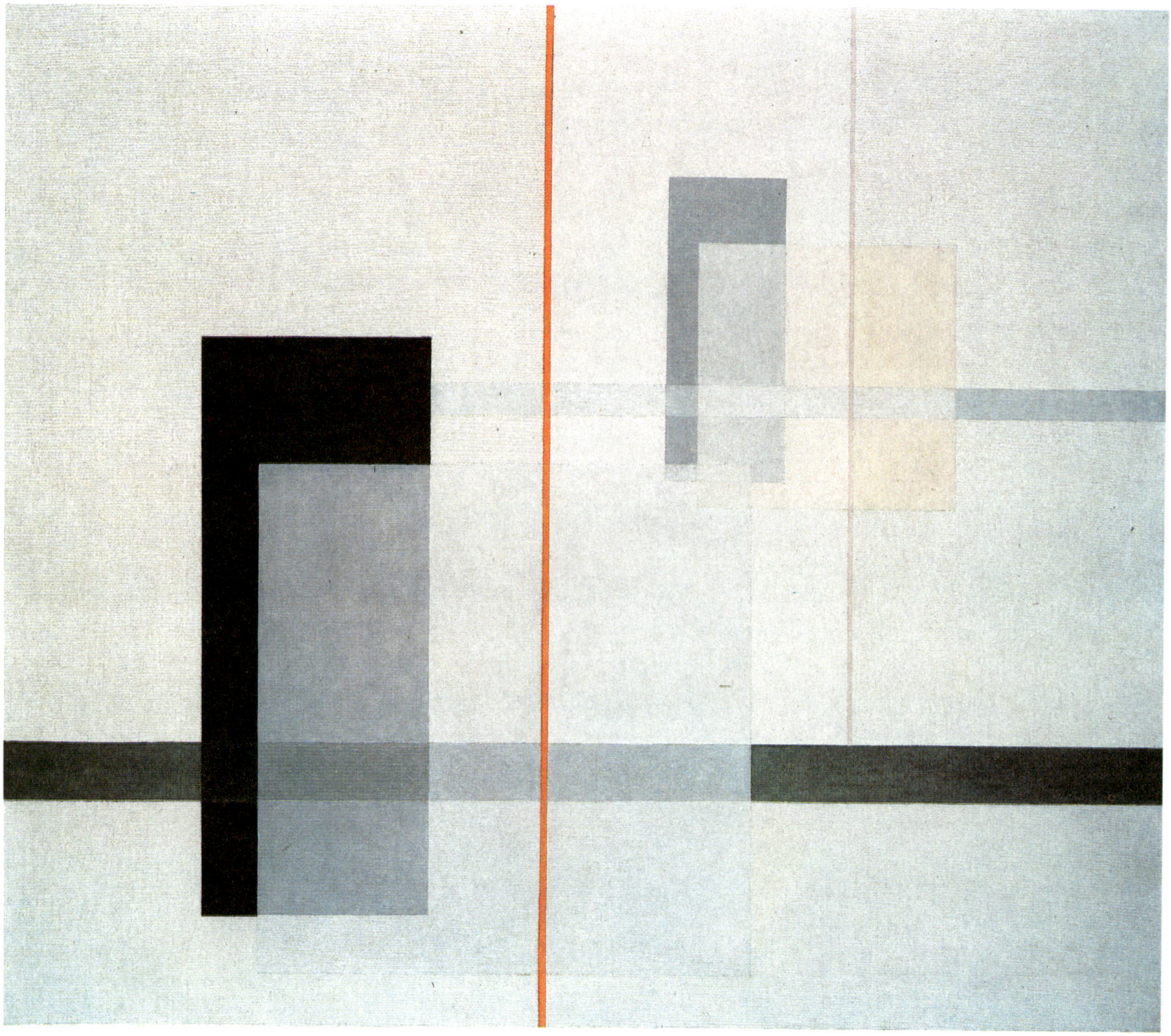

144. K VII, 1922

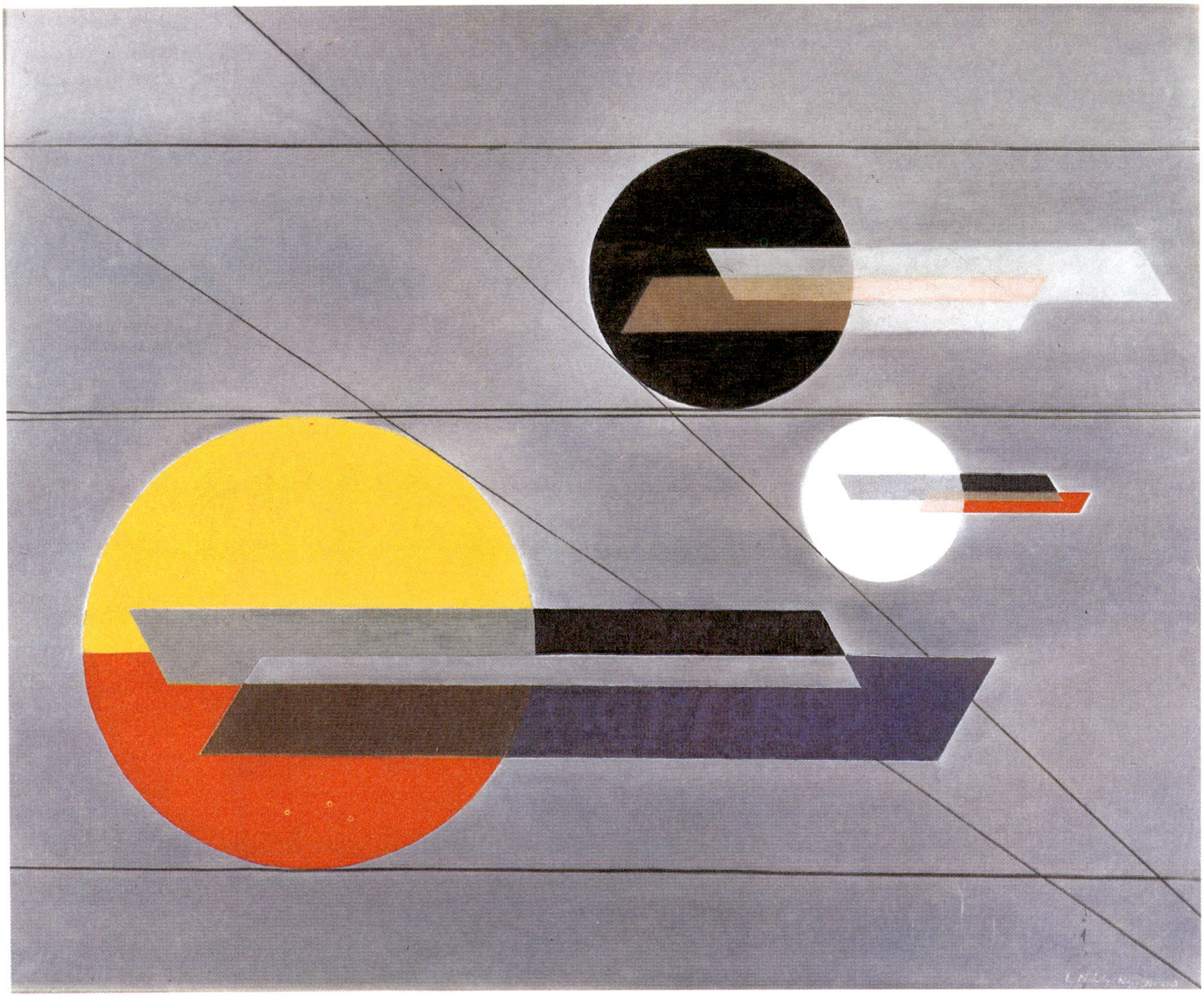

145. Grand tableau d'aluminium (AL II), 1926

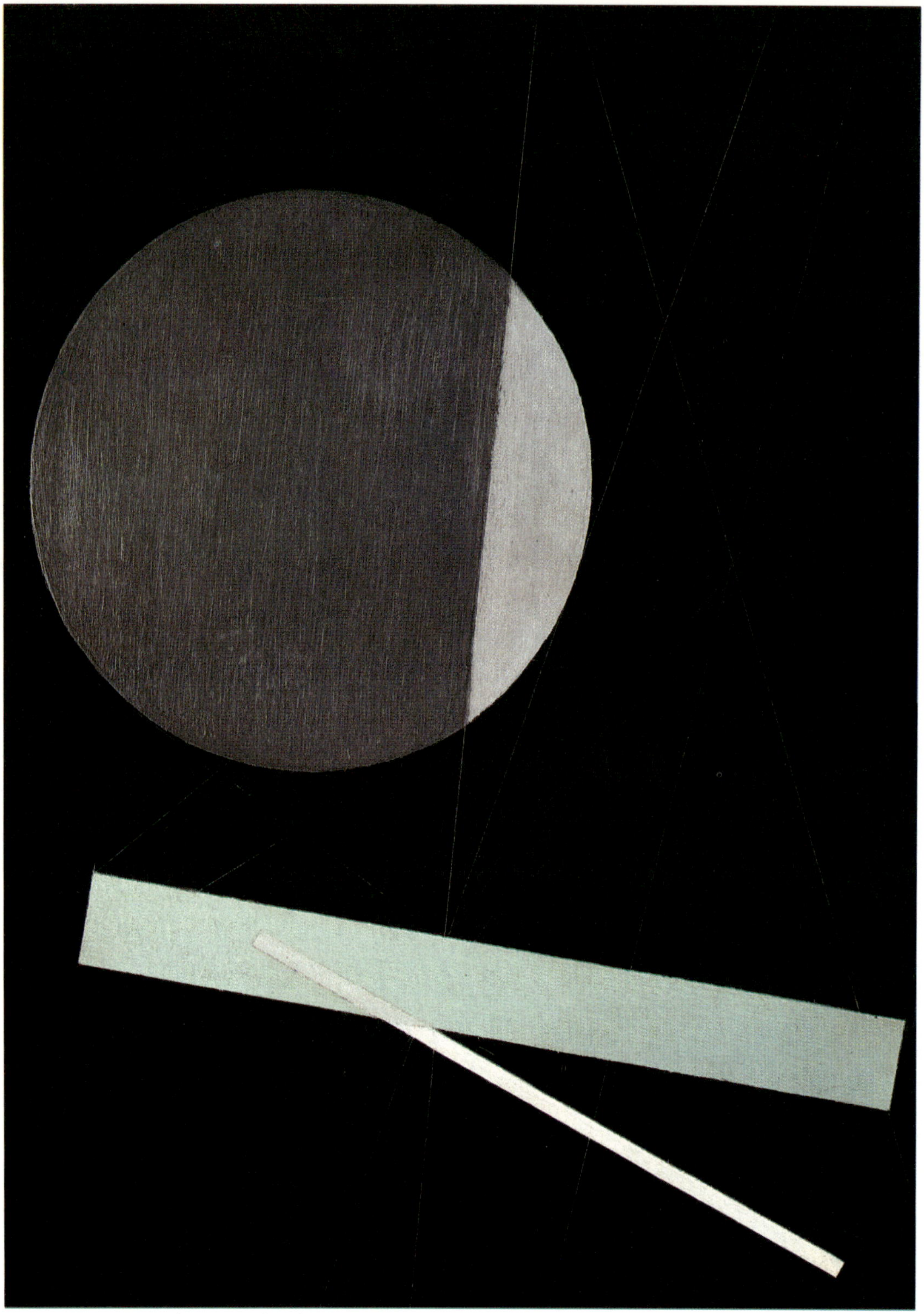

146. Composition TP5, 1930

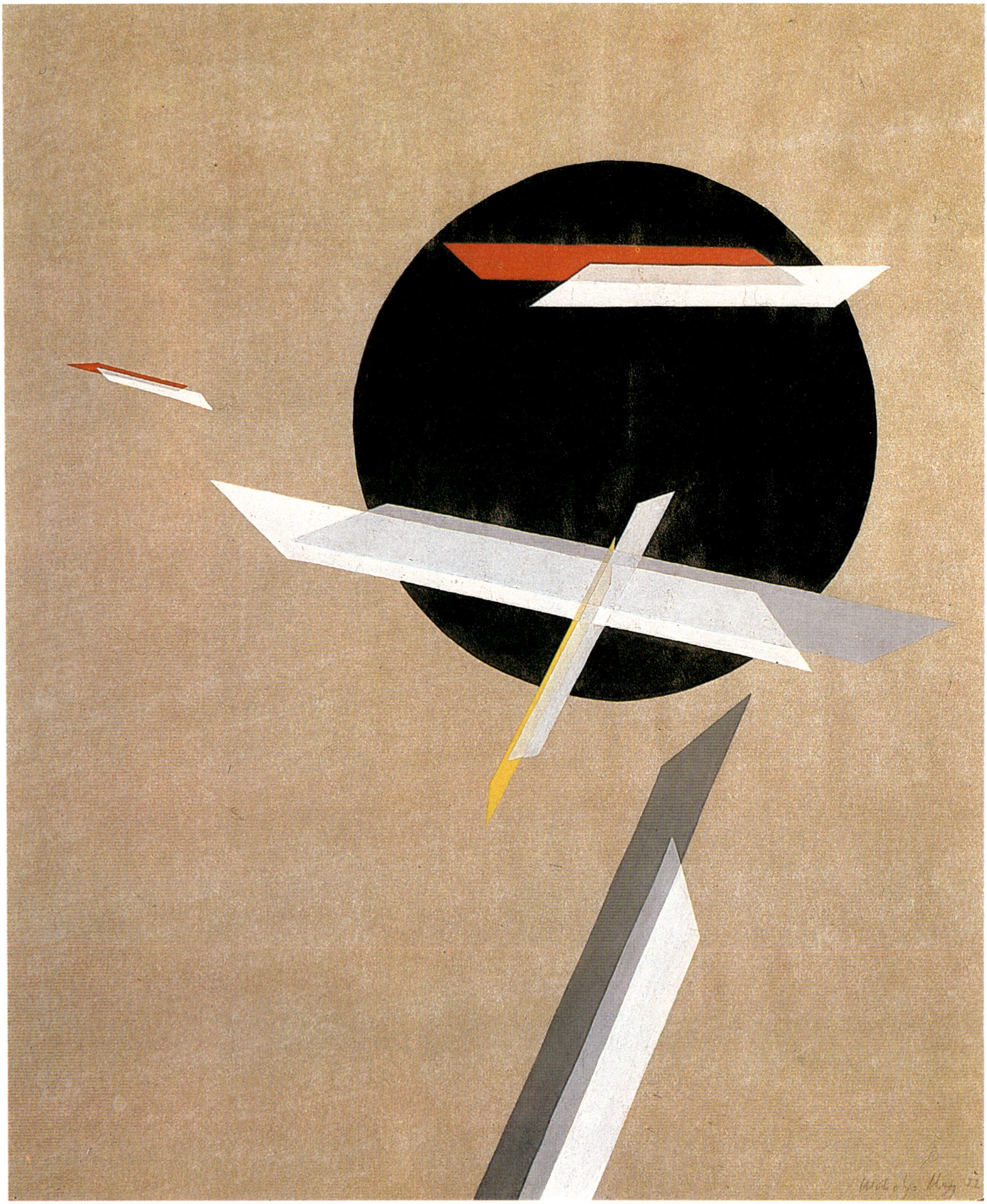

147. Construction, 1932

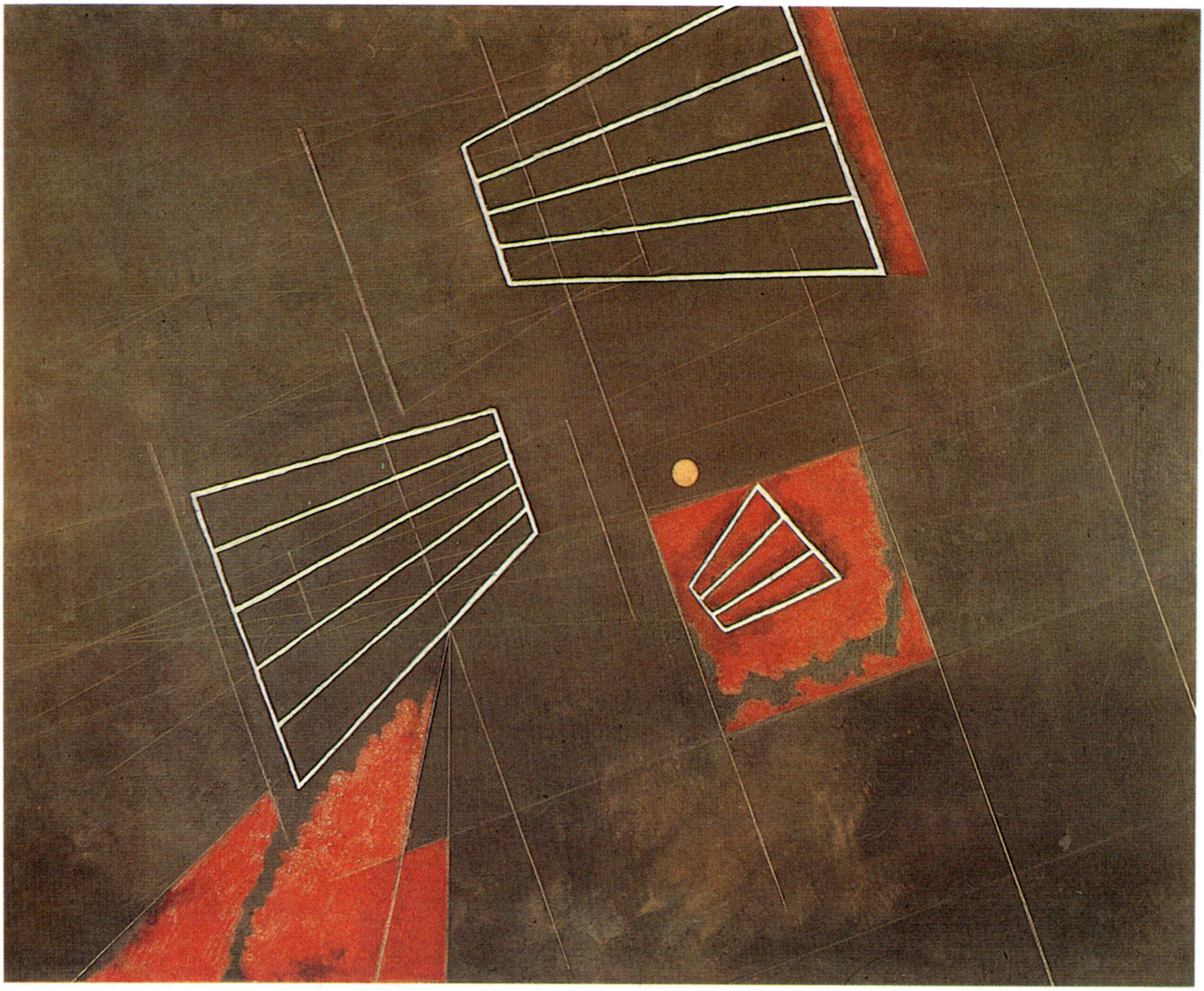

148. Tableau de cuivre, 1937

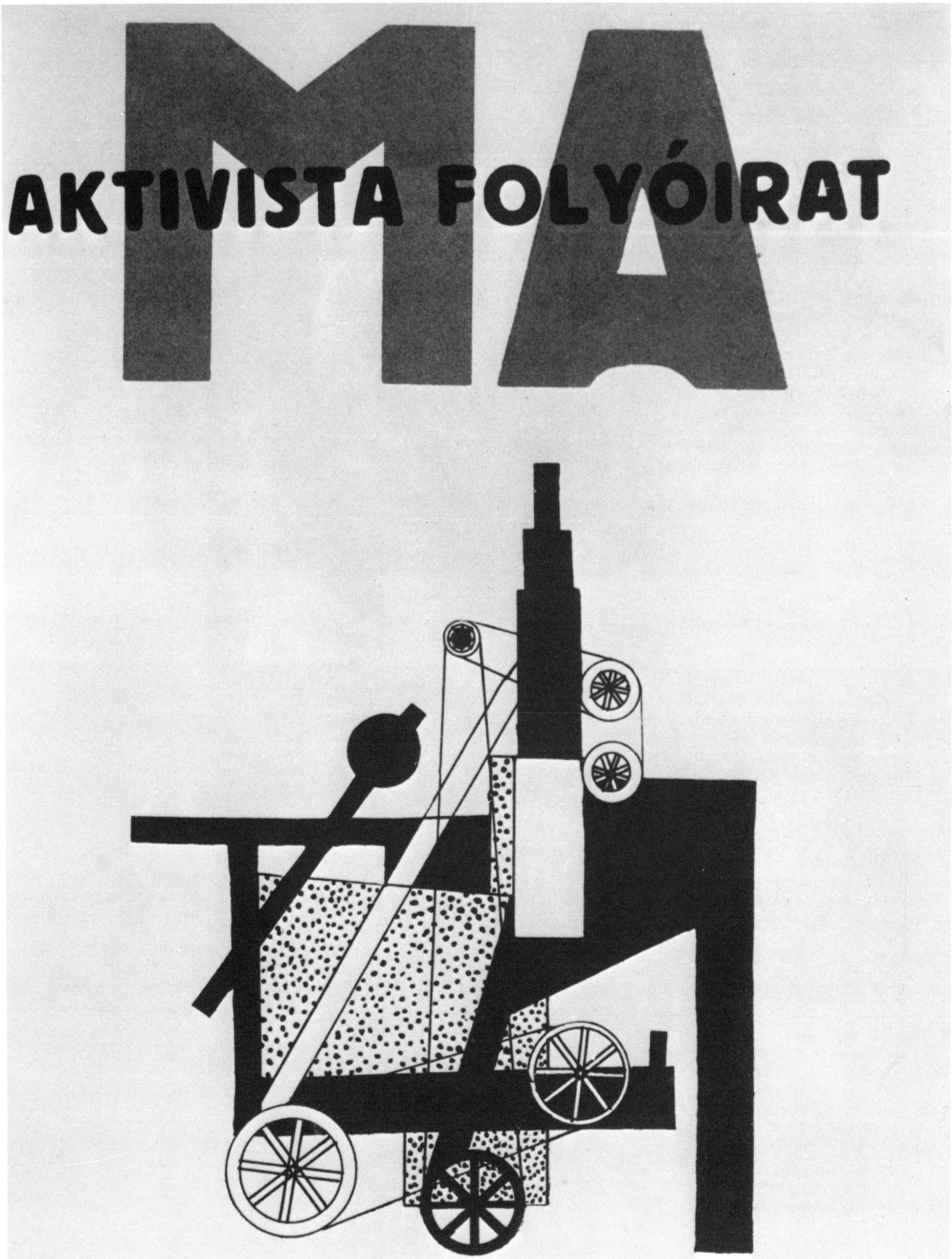

149. La couverture de MA de septembre 1921

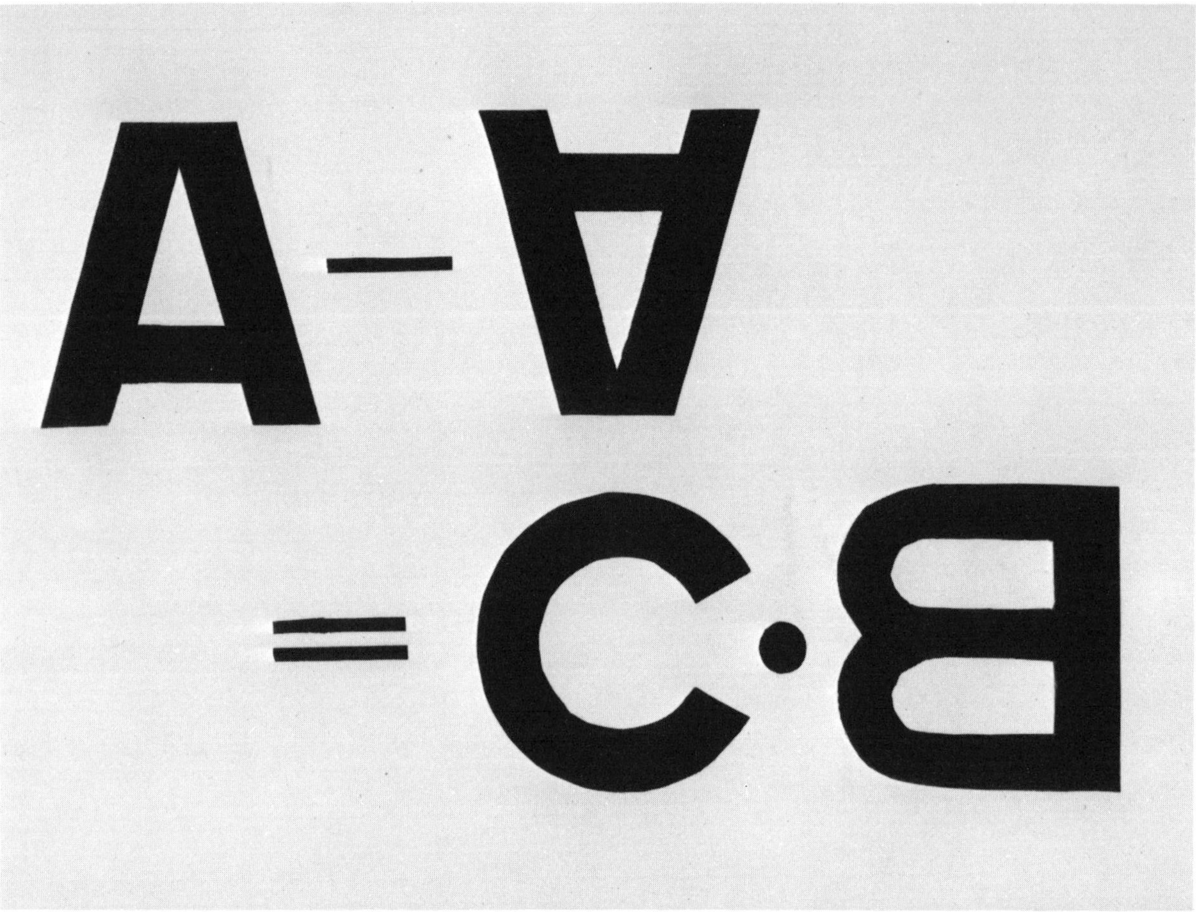

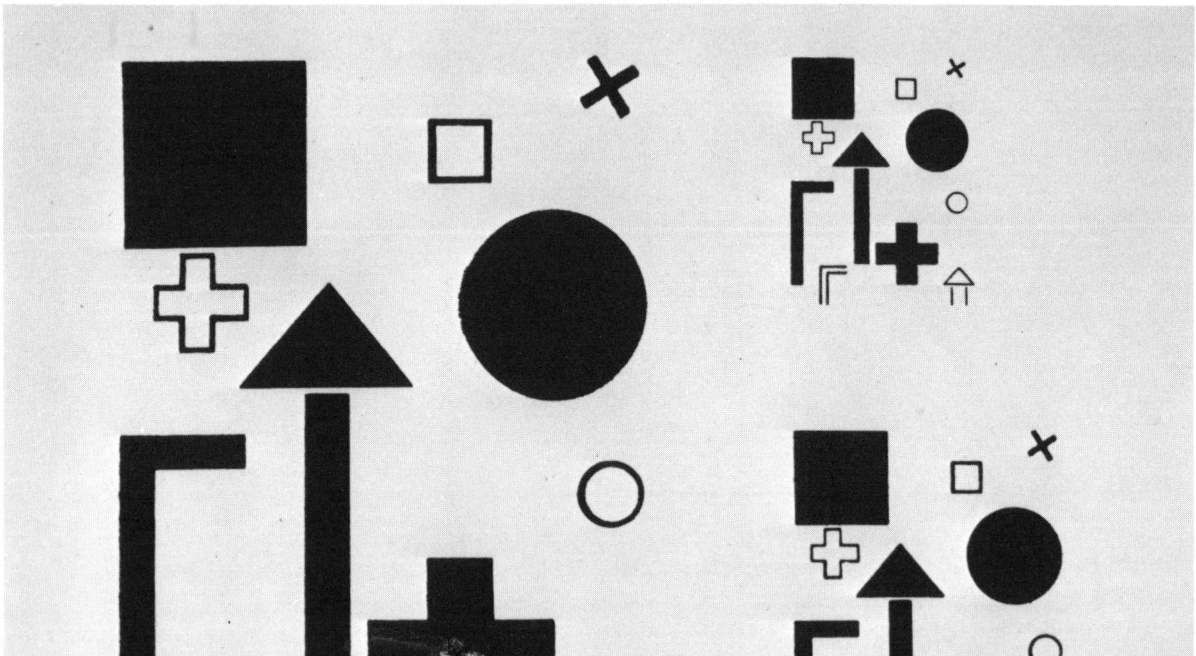

150. Typocollage, 1922

151. Signes typographiques, 1924

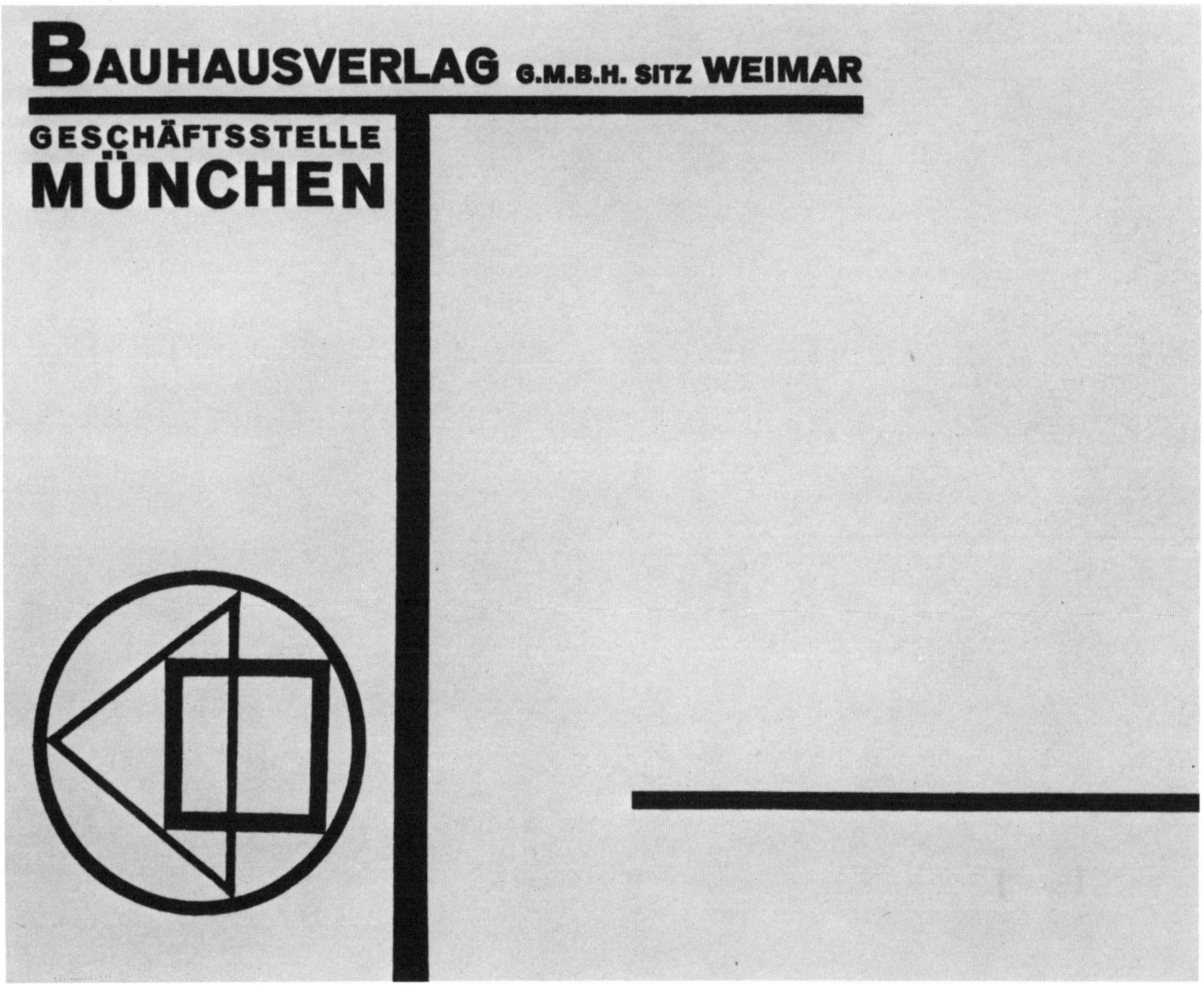

152. L'enveloppe des Éditions du Bauhaus, 1924

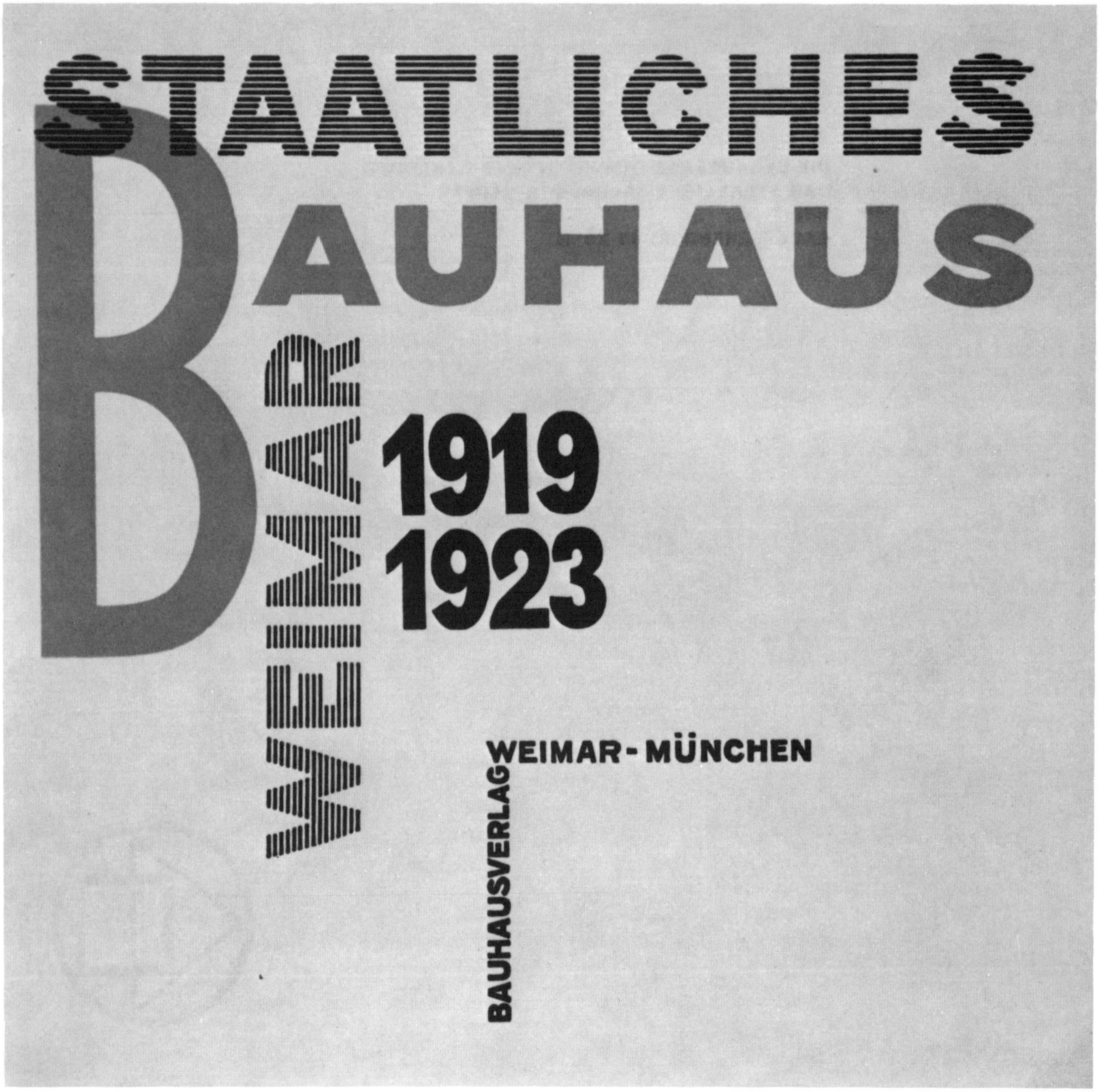

153. Couverture de livre, 1923

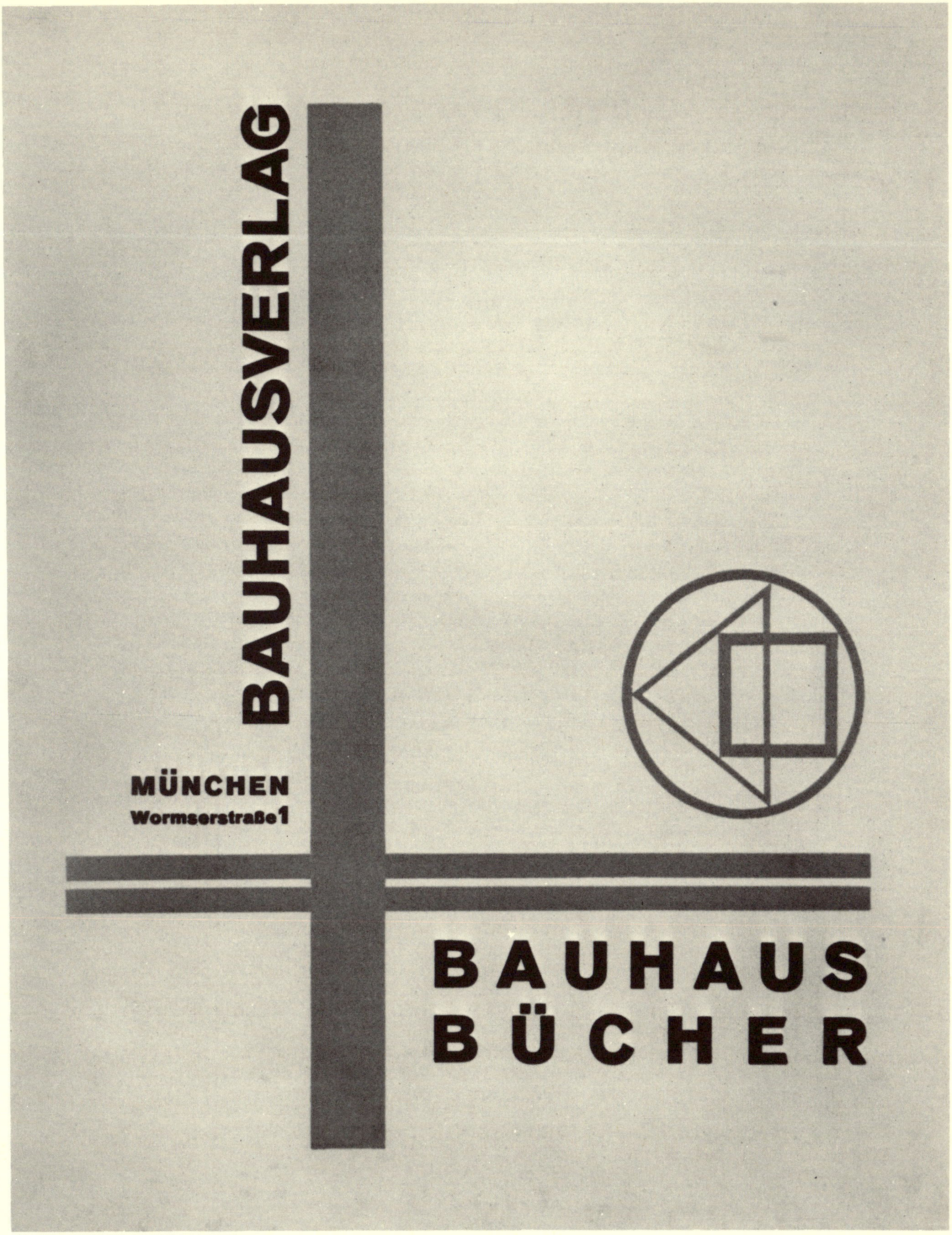

154. Prospectus, 1924

IM VERLAG

ALBERT LANGEN MÜNCHEN

erscheinen die

B A U H A U S B Ü C H E R

SCHRIFTLEITUNG:

WALTER GROPIUS und **L. MOHOLY-NAGY**

Die Herausgabe der Bauhausbücher geschieht von der Erkenntnis aus, daß alle Gestaltungsgebiete des Lebens miteinander eng verknüpft sind. Die Bücher behandeln künstlerische, wissenschaftliche und technische Fragen und versuchen, den in ihrer Spezialarbeit gebundenen heutigen Menschen über die Problemstellung, die Arbeitsführung und die Arbeitsergebnisse verschiedener Gestaltungsgebiete Aufschluß zu geben und dadurch einen Vergleichsmaßstab für ihre eigenen Kenntnisse und den Fortschritt in anderen Arbeitszweigen zu schaffen. Um eine Aufgabe von diesem Ausmaße bewältigen zu können, haben die Herausgeber bestorientierte Fachleute verschiedener Länder, die ihre Spezialarbeit in die Gesamtheit heutiger Lebenserscheinungen einzugliedern bestrebt sind, für die Mitarbeit gewonnen.

SOEBEN IST DIE ERSTE SERIE ERSCHIENEN:

8 BAUHAUSBÜCHER

		Abbildungen	PREIS steif brosch.	PREIS i. Leinen geb.
1	**Walter Gropius,** INTERNATIONALE ARCHITEKTUR. **Auswahl der besten neuzeitlichen Architektur-Werke.**	101	Mk. 5	Mk. 7
2	**Paul Klee,** PÄDAGOGISCHES SKIZZENBUCH. **Aus seinem Unterricht am Bauhaus mit von ihm selbst gezeichneten Textillustrationen.**	87	Mk. 6	Mk. 8
3	**Ein Versuchshaus des Bauhauses.** **Neue Wohnkultur; neue Techniken des Hausbaues.**	61	Mk. 5	Mk. 7
4	**Die Bühne im Bauhaus.** **Theoretisches und Praktisches aus einer modernen Theaterwerkstatt.**	42 3 Farbtafeln	Mk. 5	Mk. 7
5	**Piet Mondrian,** NEUE GESTALTUNG. **Forderungen der neuen Gestaltung für alle Gebiete künstlerischen Schaffens.**		Mk. 3	Mk. 5
6	**Theo van Doesburg,** GRUNDBEGRIFFE DER NEUEN GESTALTENDEN KUNST. **Versuch einer neuen Ästhetik.**	32	Mk. 5	Mk. 7
7	**Neue Arbeiten der Bauhauswerkstätten.** **Praktische Beispiele neuzeitlicher Wohnungseinrichtung.**	107 4 Farbtafeln	Mk. 6	Mk. 8
8	**L. Moholy-Nagy,** MALEREI, PHOTOGRAPHIE, FILM. **Apologie der Photographie, zugleich grundlegende Erkenntnis abstrakter und gegenständlicher Malerei.**	102	Mk. 7	Mk. 9

155-156. Deux prospectus, 1927

Die Reihe wird in schneller Folge fortgesetzt.

IN VORBEREITUNG:

BAUHAUSBÜCHER

BAUHAUSBÜCHER

W. Kandinsky: Punkt, Linie, Fläche
Violett (Bühnenstück)
Kurt Schwitters: Merz-Buch
Heinrich Jacoby: Schöpferische Musikerziehung
J. J. P. Oud (Holland): Die holländische Architektur
George Antheil (Amerika): Musico-mechanico
Albert Gleizes (Frankreich) Kubismus
F. T. Marinetti und **Prampolini (Italien):** Futurismus
Fritz Wichert: Expressionismus
Tristan Tzara: Dadaismus
L. Kassàk und **E. Kàllai (Ungarn):** Die MA-Gruppe
T. v. Doesburg (Holland): Die Stijlgruppe
Carel Teige (Prag): Tschechische Kunst
Louis Lozowick (Amerika): Amerikanische Architektur
Walter Gropius: Neue Architekturdarstellung ● Das flache Dach ● Montierbare Typenbauten ● Die Bauhausneubauten in Dessau
Mies van der Rohe: Über Architektur
Le Corbusier-Saugnier (Frankreich): Über Architektur
Knud Lönberg-Holm (Dänemark): Über Architektur
Friedrich Kiesler (Österreich): Neue Formen der Demonstration
Die Raumstadt
Jane Heap (Amerika): Die neue Welt
G. Muche und **R. Paulick:** Das Metalltypenhaus
Mart Stam Das „ABC" vom Bauen
Adolf Behne: Kunst, Handwerk und Industrie
Max Burchartz: Plastik der Gestaltungen
Martin Schäfer: Konstruktive Biologie
Reklame und **Typographie des Bauhauses**
L. Moholy-Nagy: Aufbau der Gestaltungen
Paul Klee: Bildnerische Mechanik
Oskar Schlemmer: Bühnenelemente
Joost Schmidt: Bildermagazin der Zeit I
Die neuen künstlichen Materialien

Die BAUHAUSBÜCHER sind zu beziehen einzeln oder in Serien durch jede Buchhandlung oder direkt vom

VERLAG

ALBERT LANGEN

MÜNCHEN Hubertusstr. 27

Bestellkarte liegt diesem Prospekt bei.

BAUHAUSDRUCK MOHOLY DIN C5

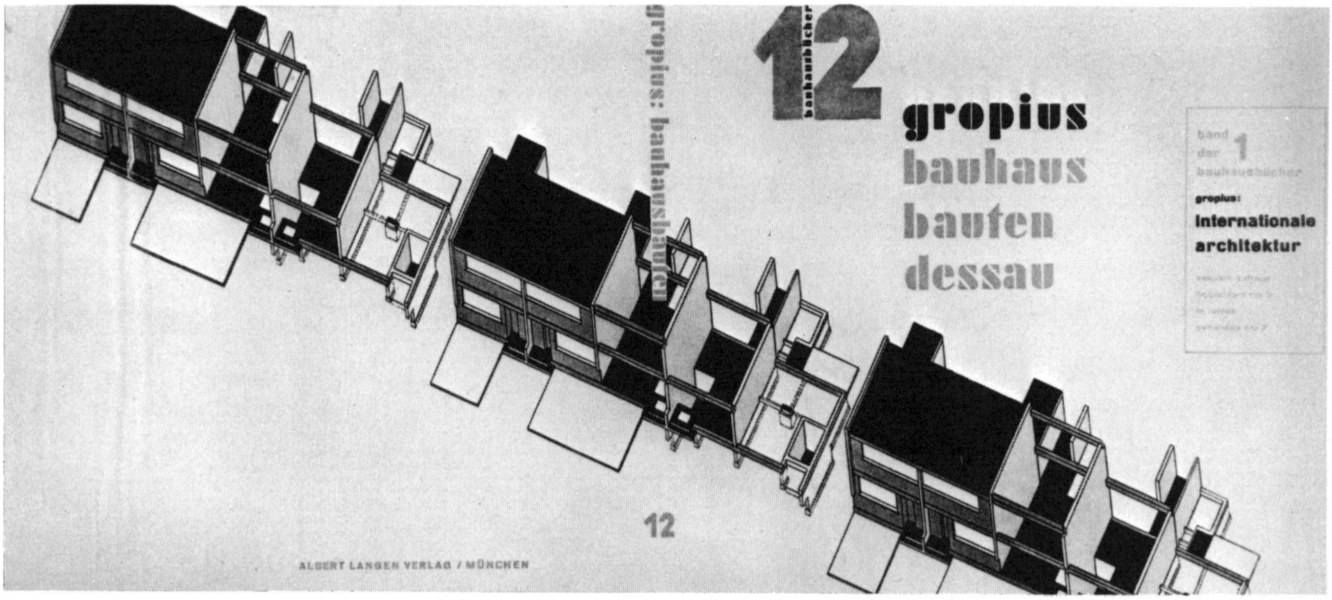

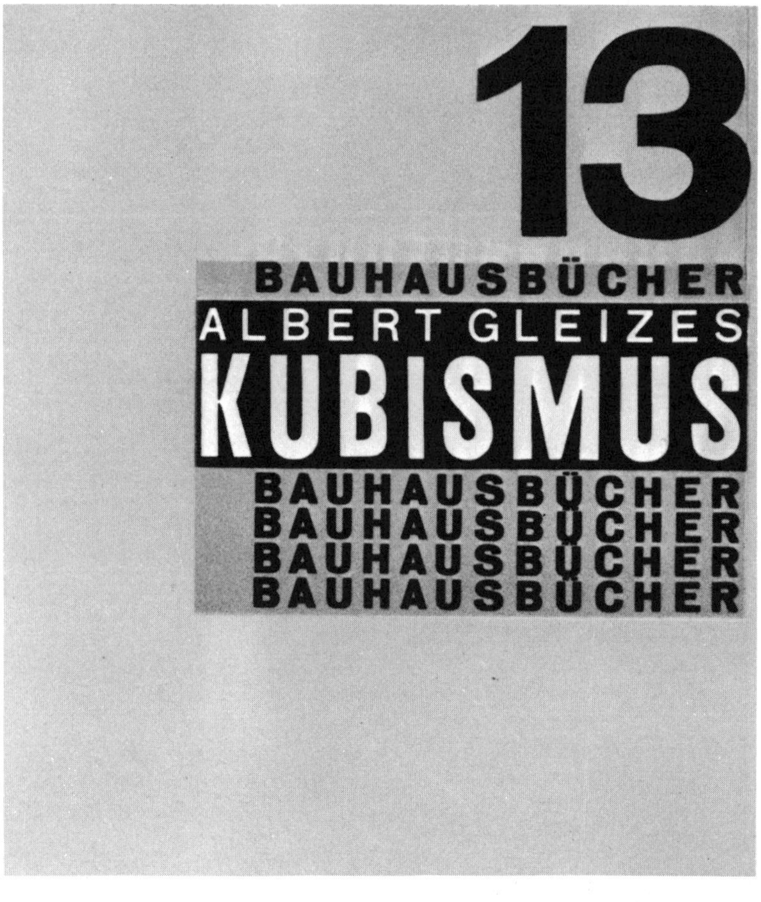

157. Couverture pour le livre Bauhaus nº 12, 1927
158. Couverture pour le livre Bauhaus nº 13, 1927

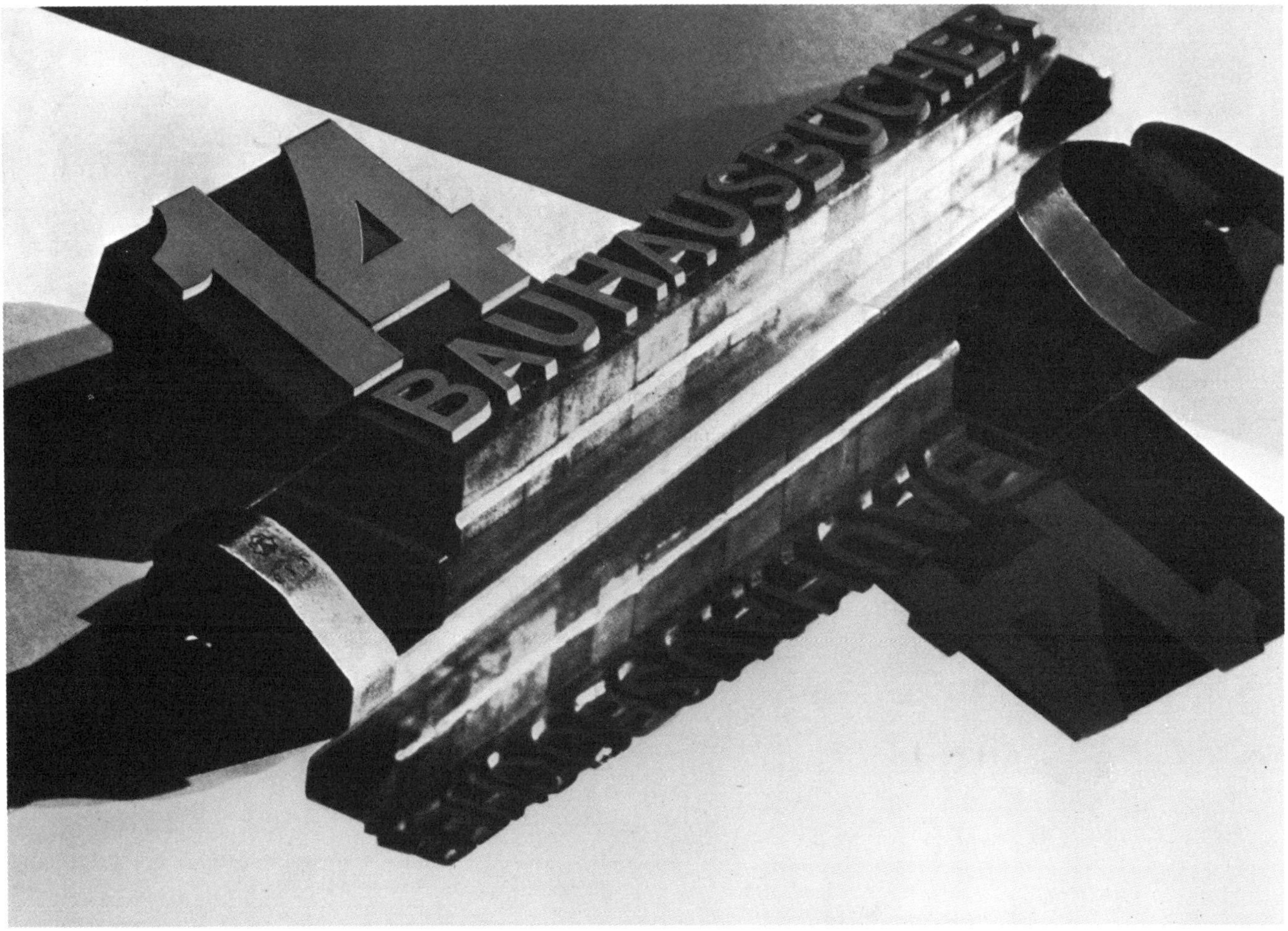

159. Prospectus pour les livres Bauhaus, 1929

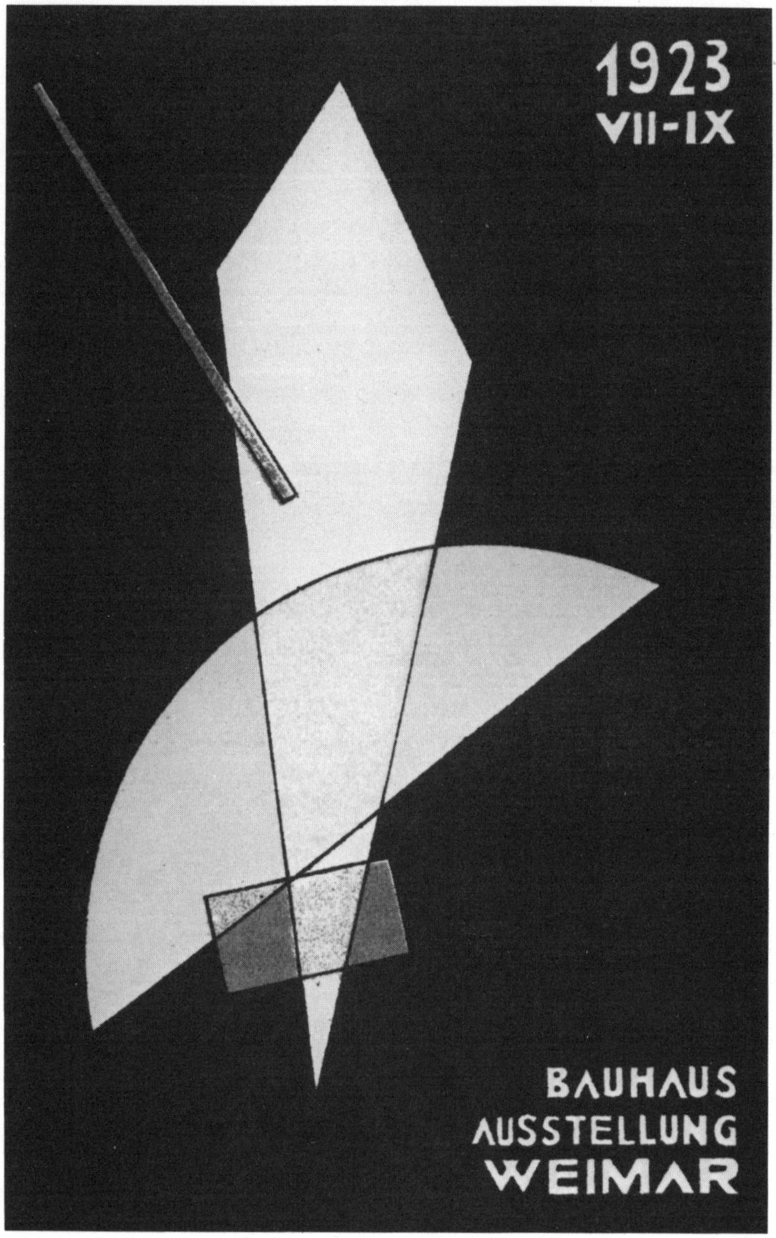

160. Carte postale n°s VII-IX, 1923

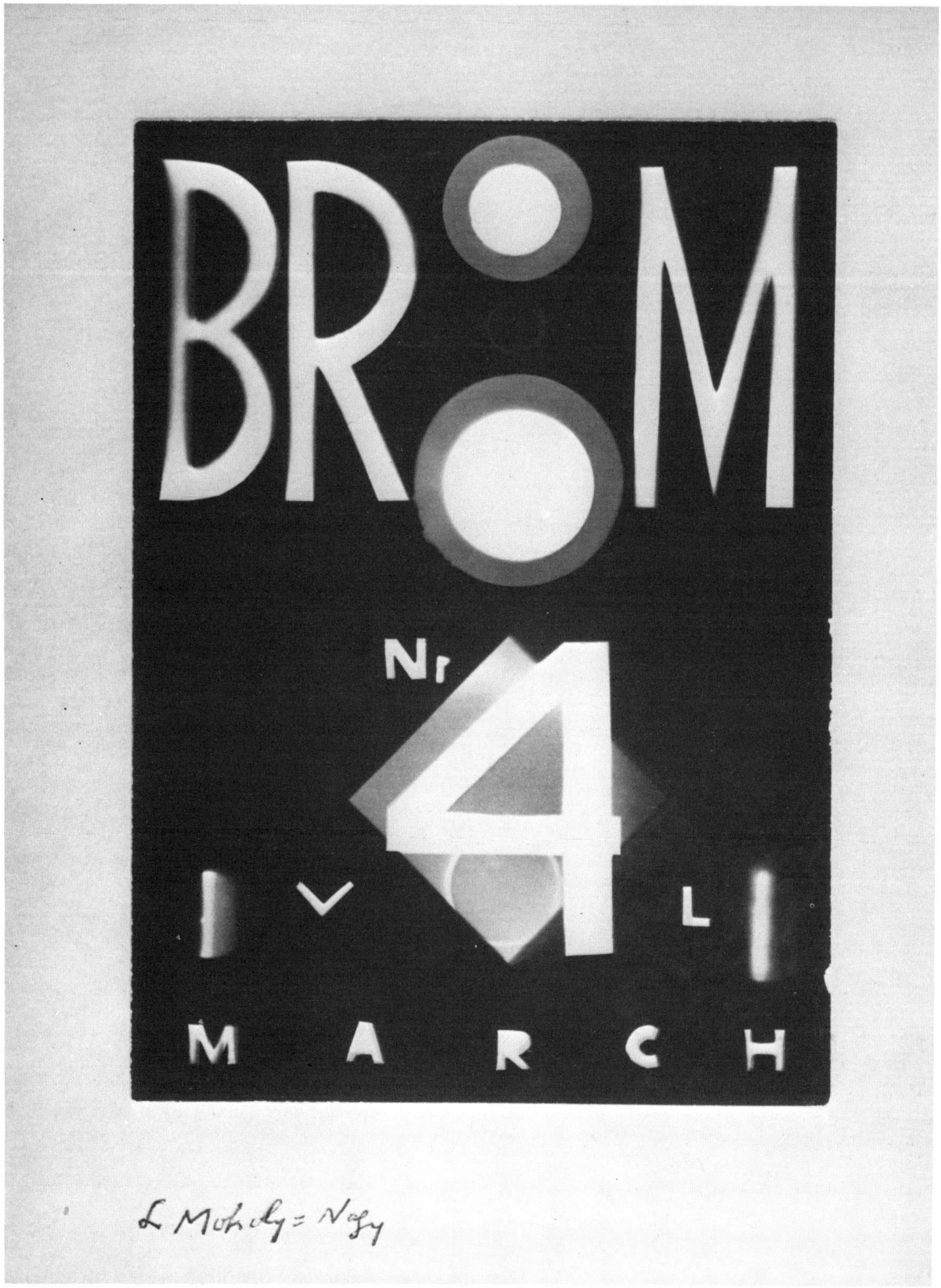

161. Couverture de la revue Broom, 1923, n° 4

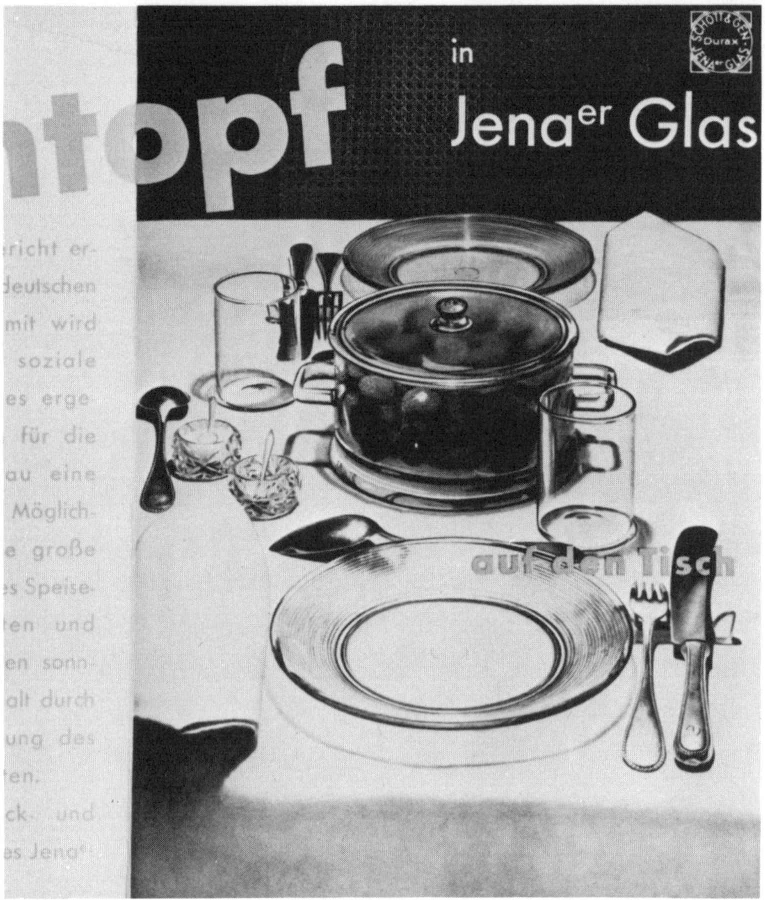

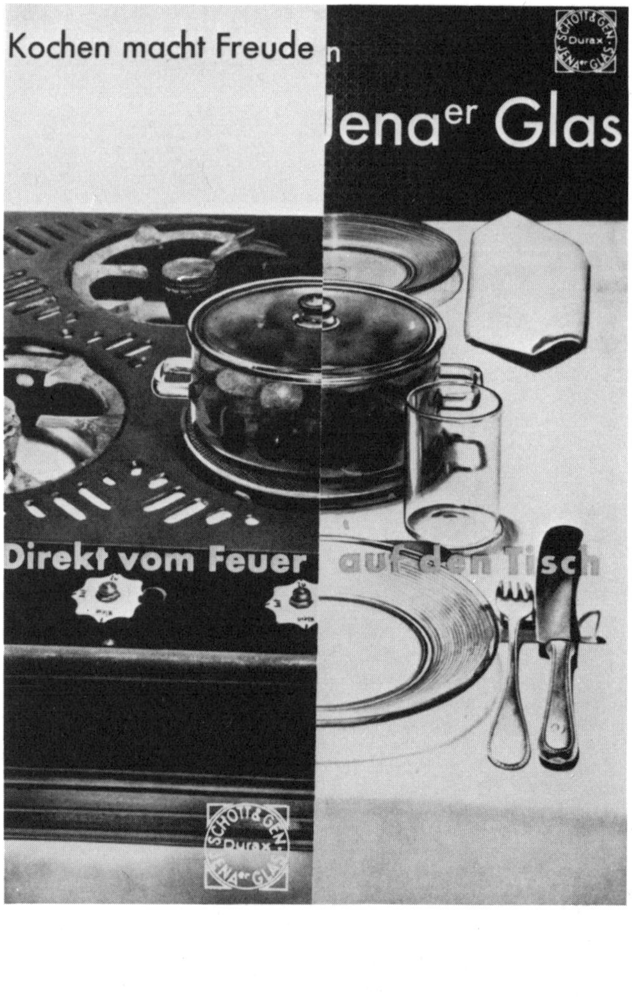

162–164. Dépliants pour l'usine Iéna, années trente

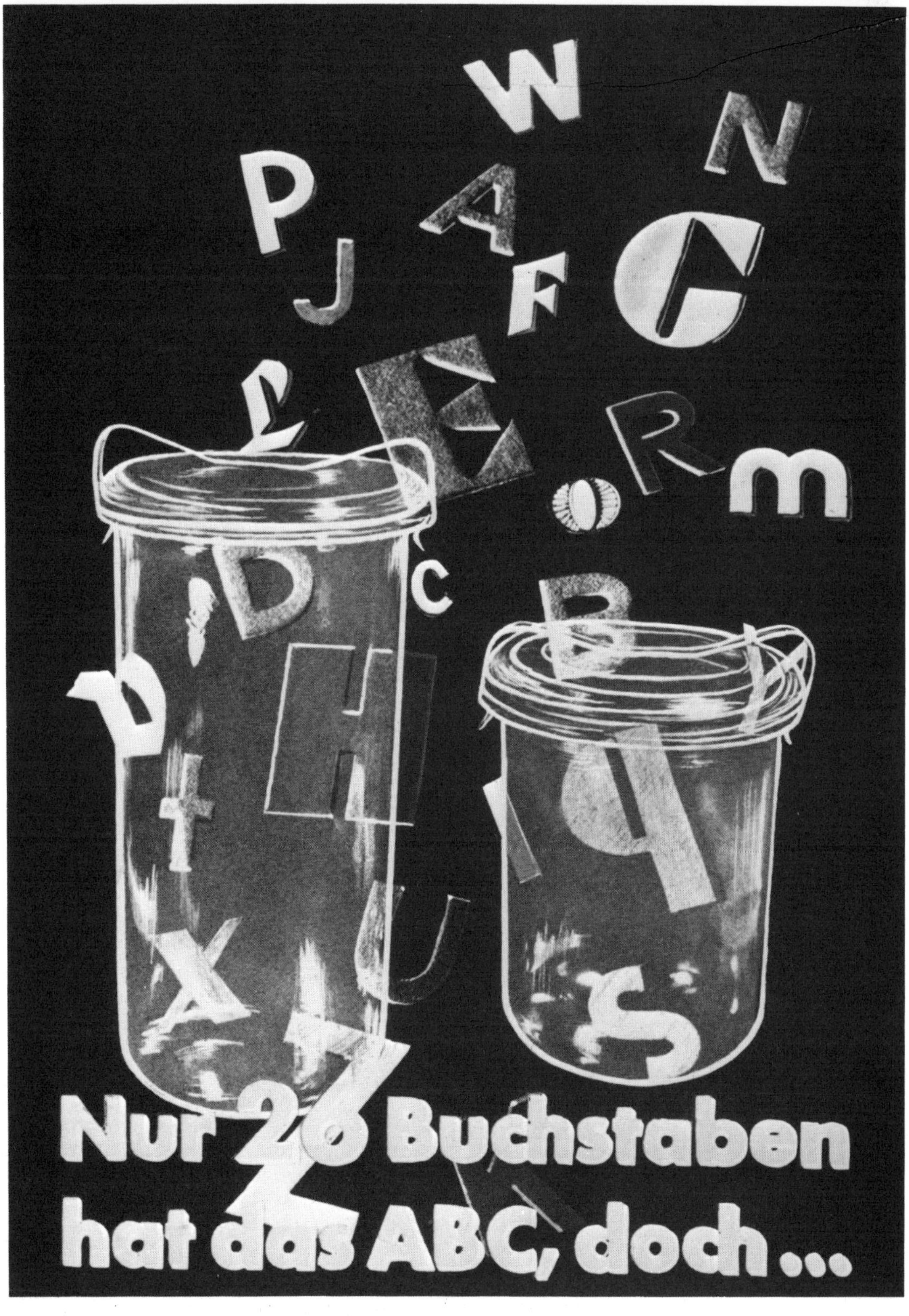
Nur 26 Buchstaben
hat das ABC, doch ...

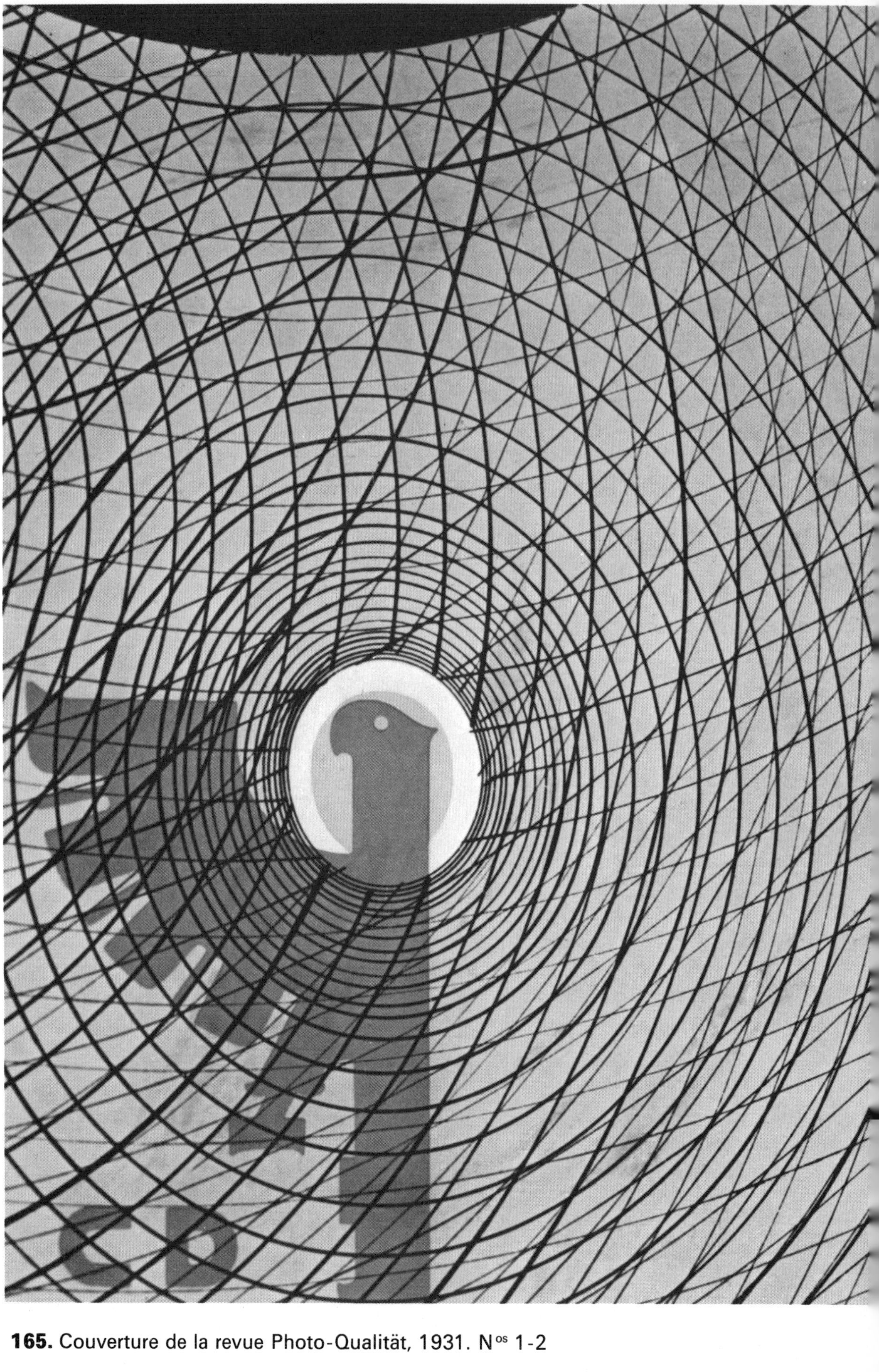

165. Couverture de la revue Photo-Qualität, 1931. Nos 1-2

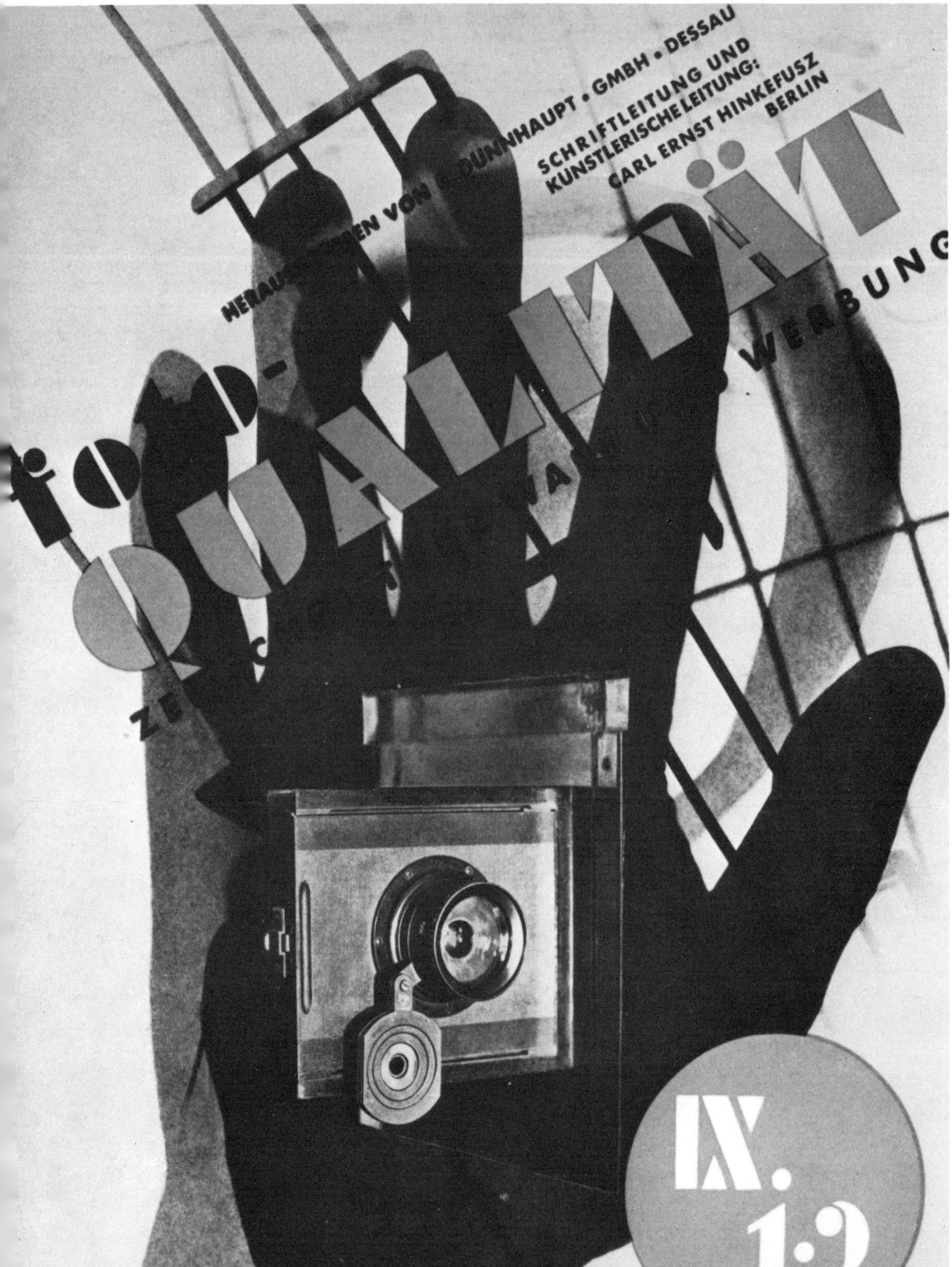

NNHAUPT • GMBH • DESSAU
SCHRIFTLEITUNG UND
KÜNSTLERISCHE LEITUNG:
CARL ERNST HINKEFUSZ
BERLIN
foto-
QUALITÄT
WERBUNG
IX.
1·2

166-167. Tableaux graphiques, 1932

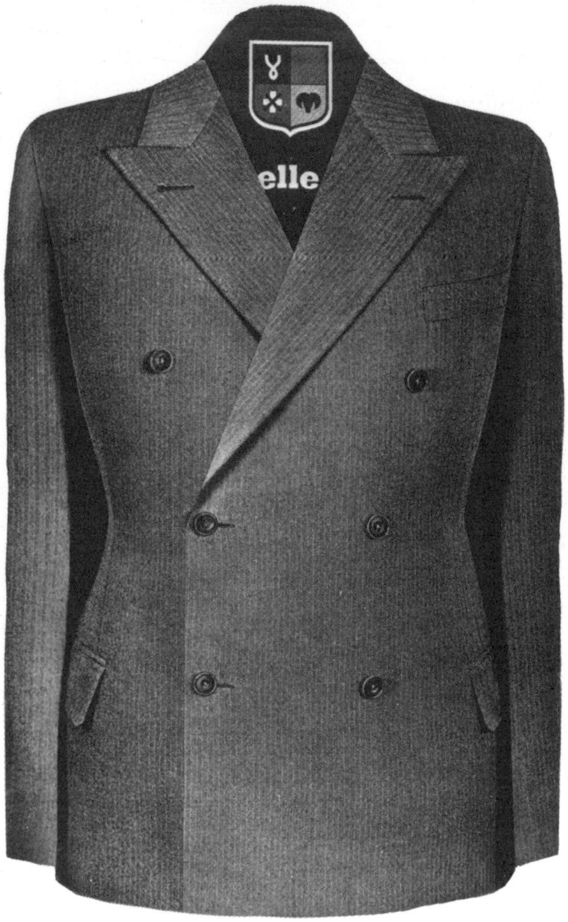

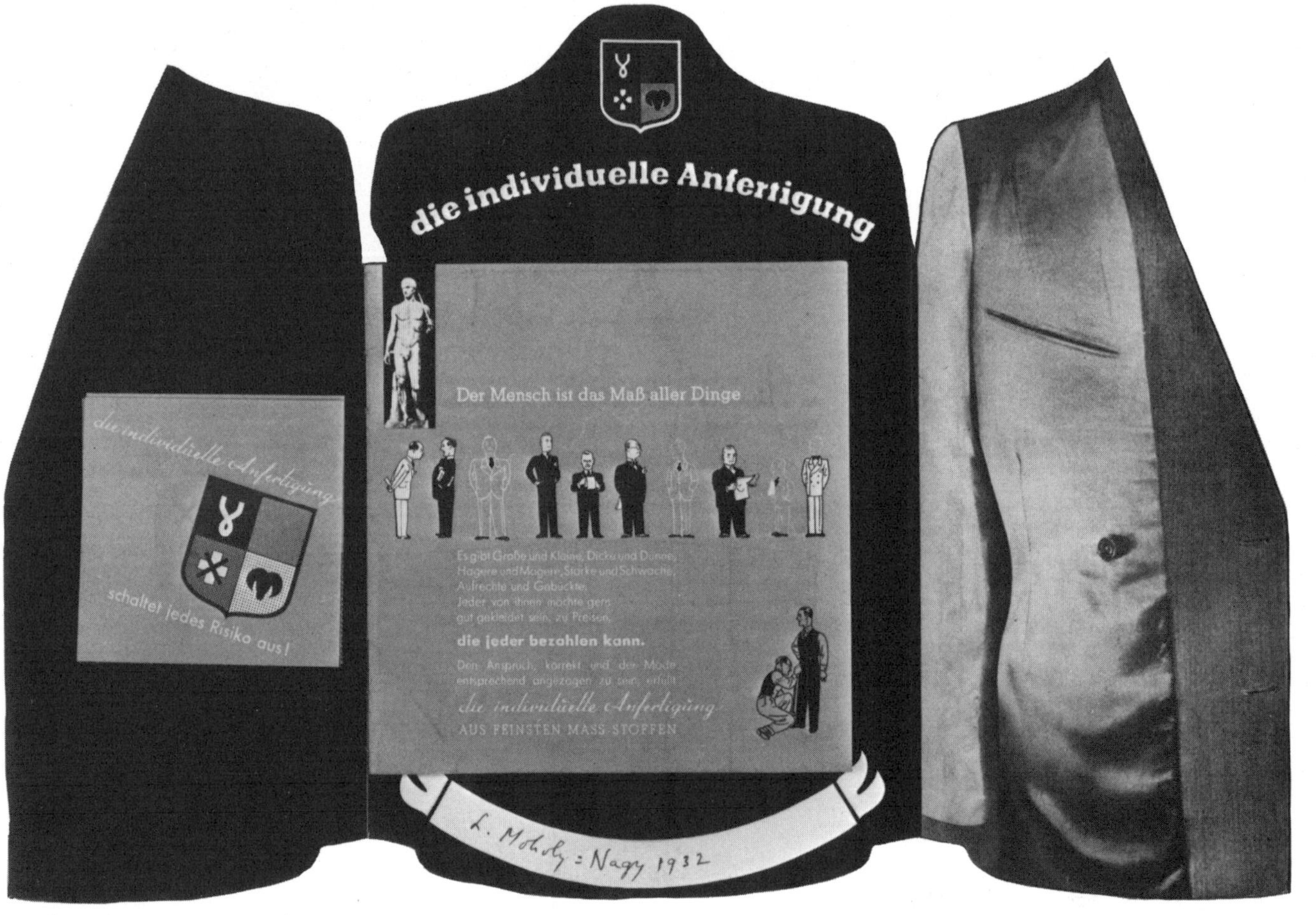

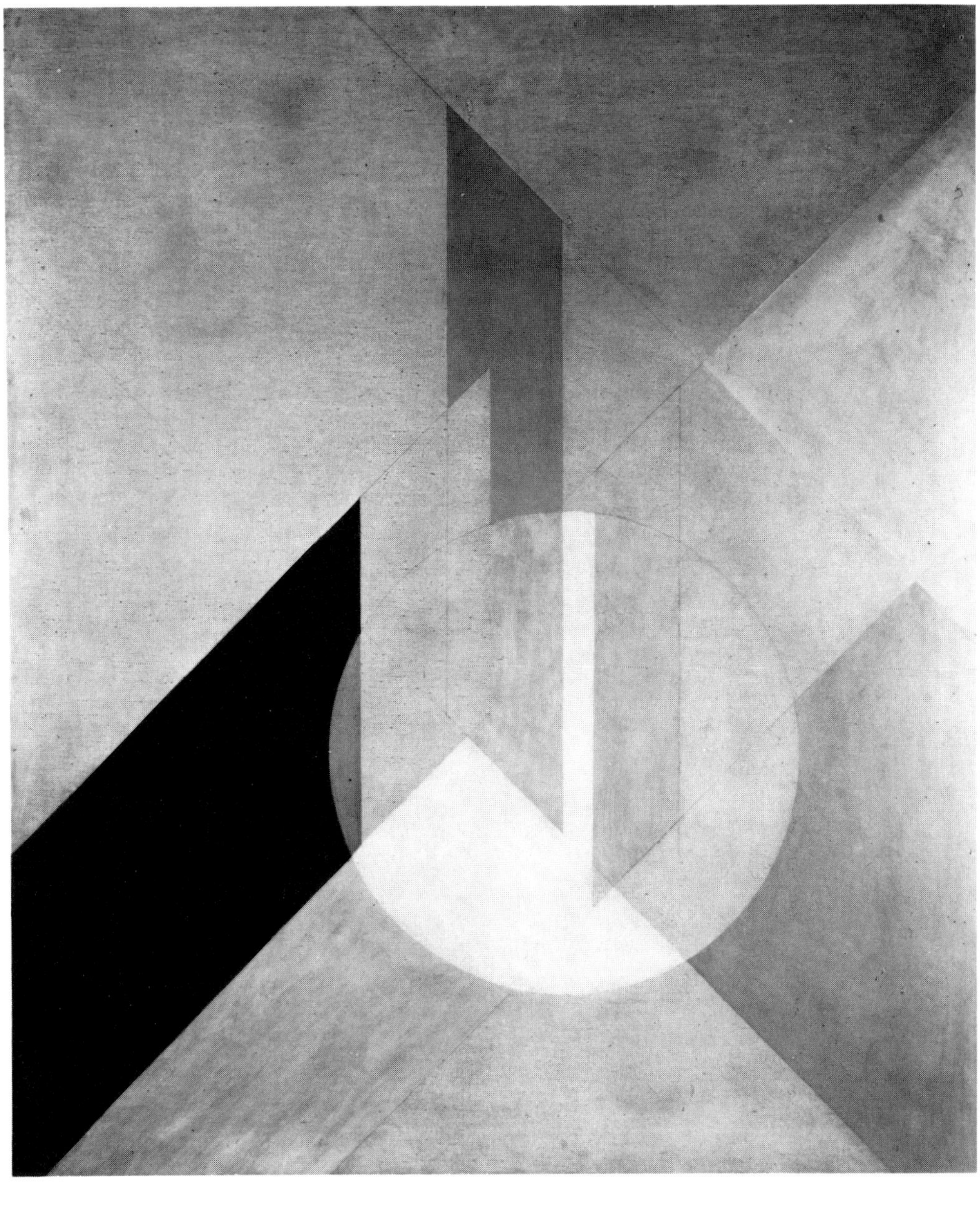

168. Composition Z IX, 1924

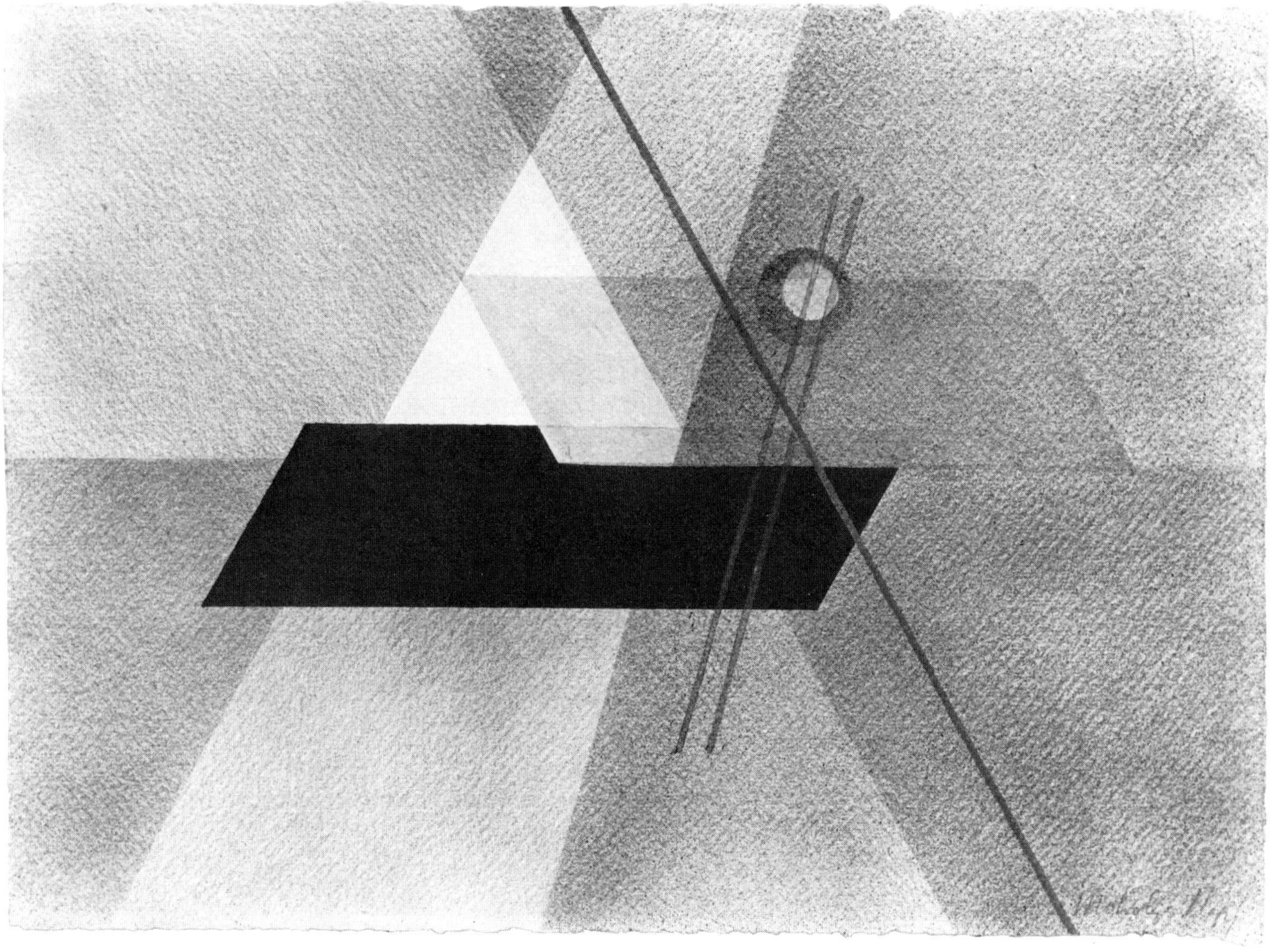

169. Composition, 1927

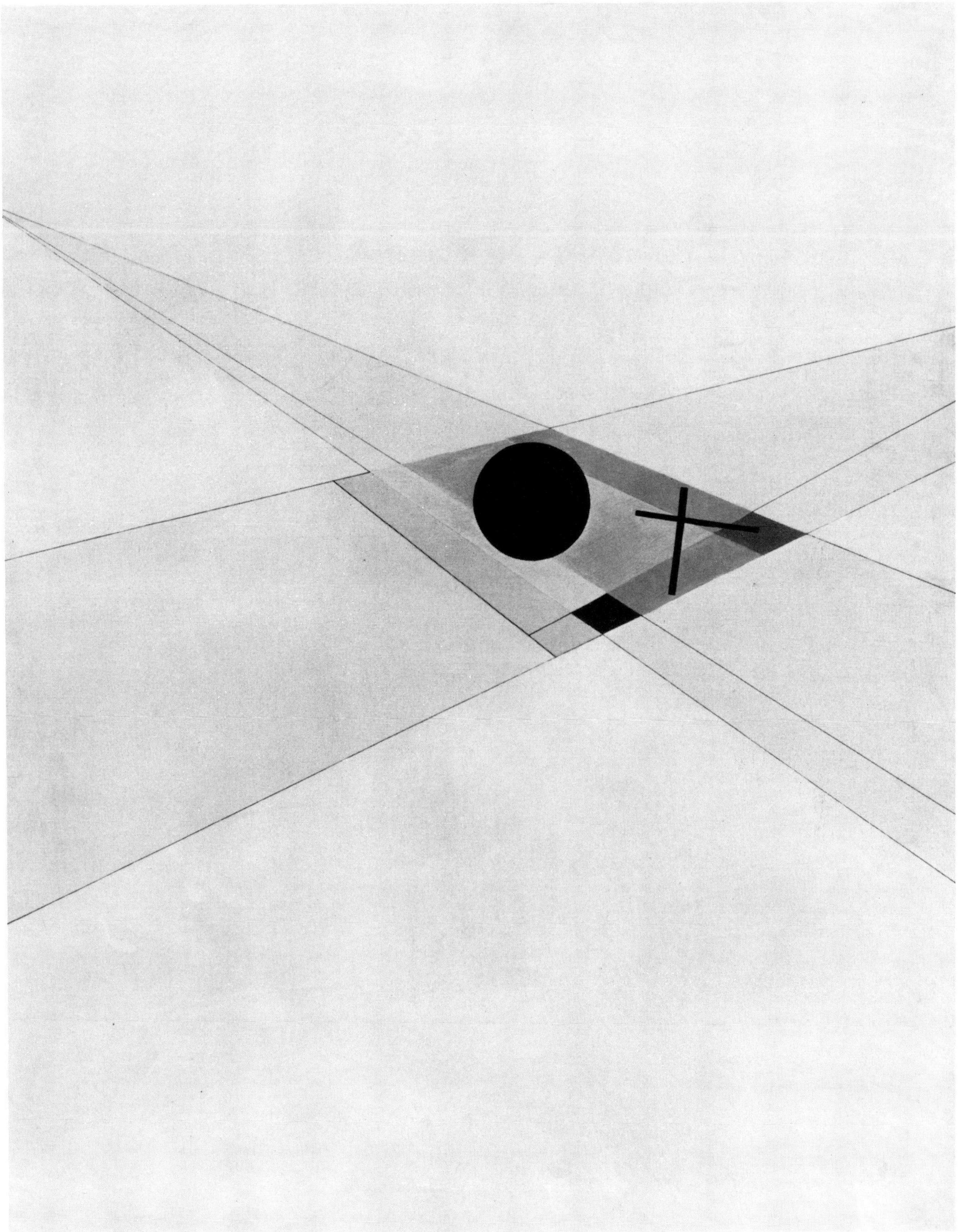

170. Composition A XI II, 1927

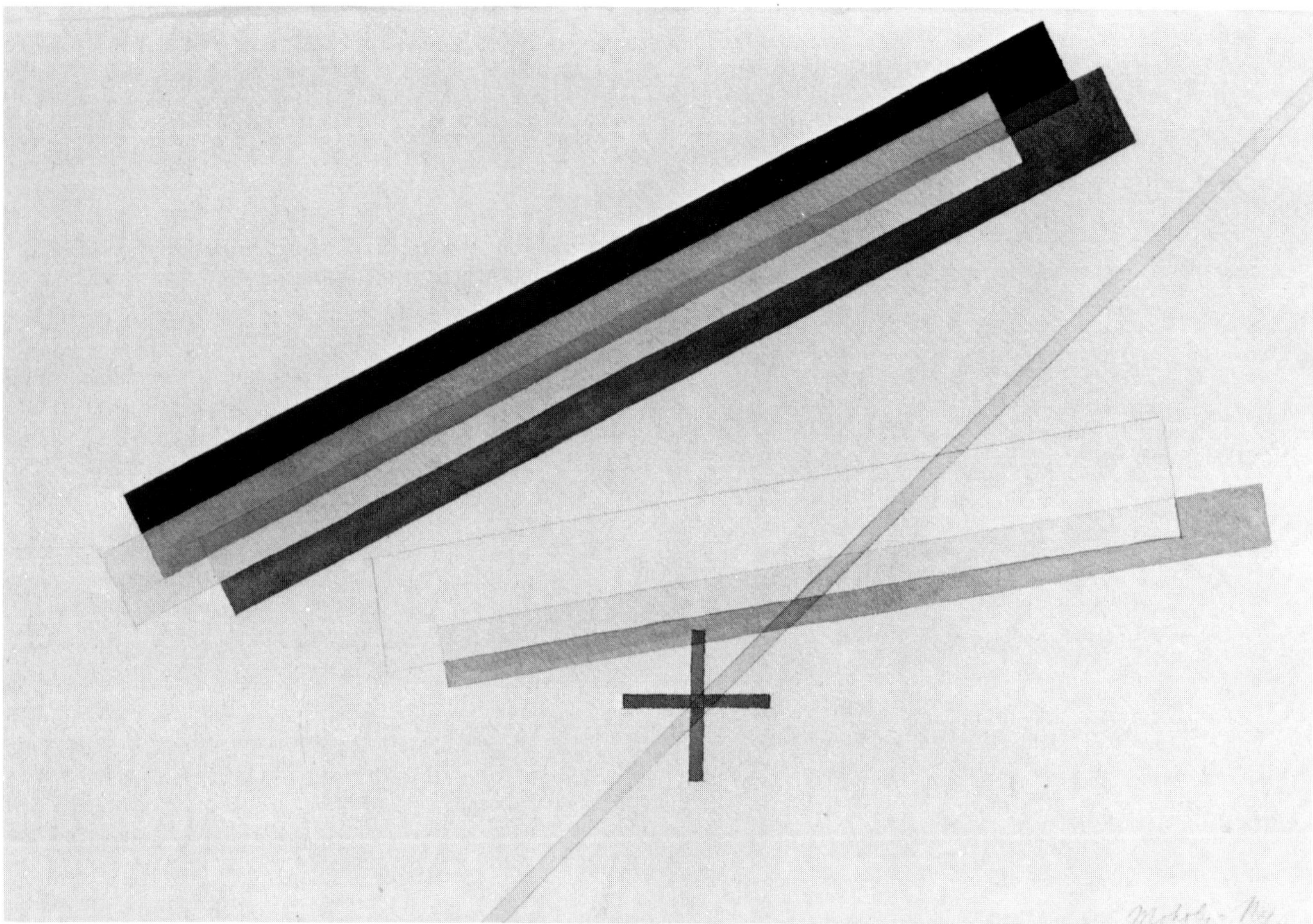

171. Construction 1280, 1927

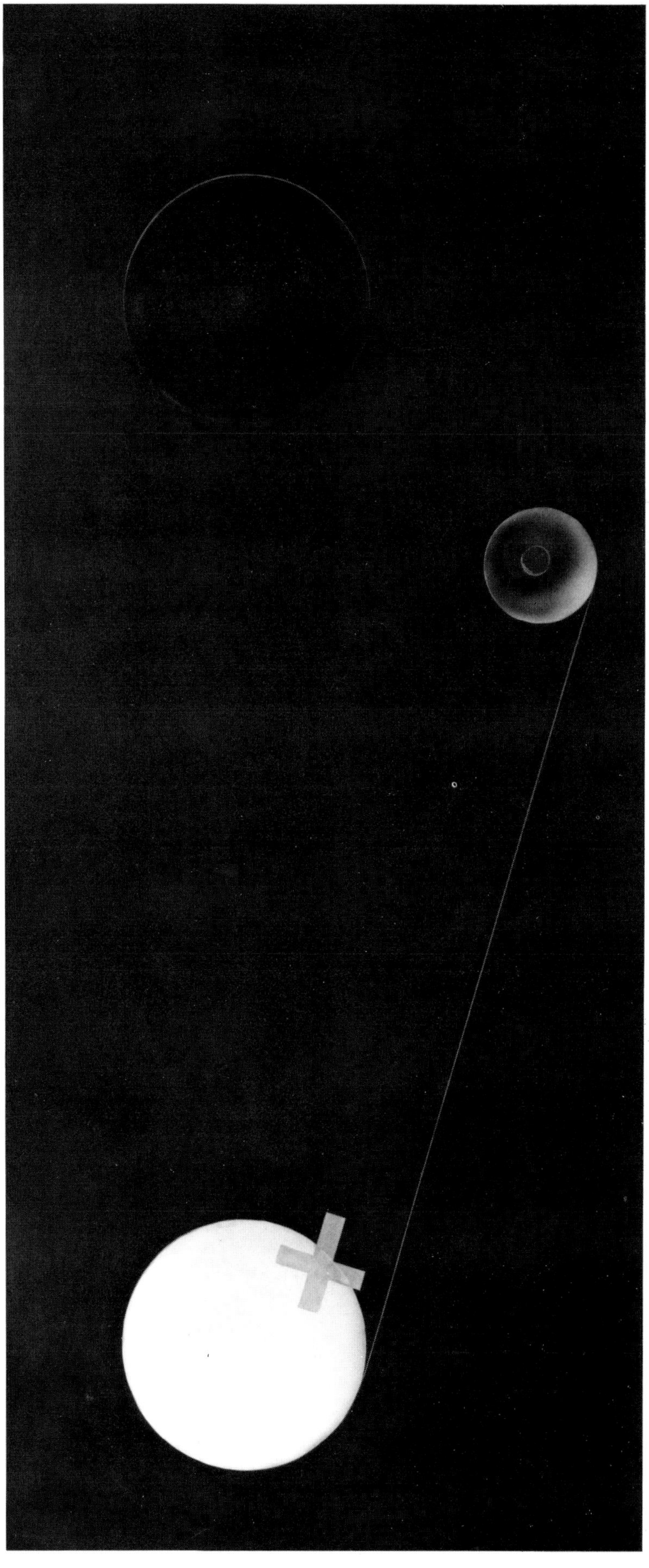

172. TI, 1926

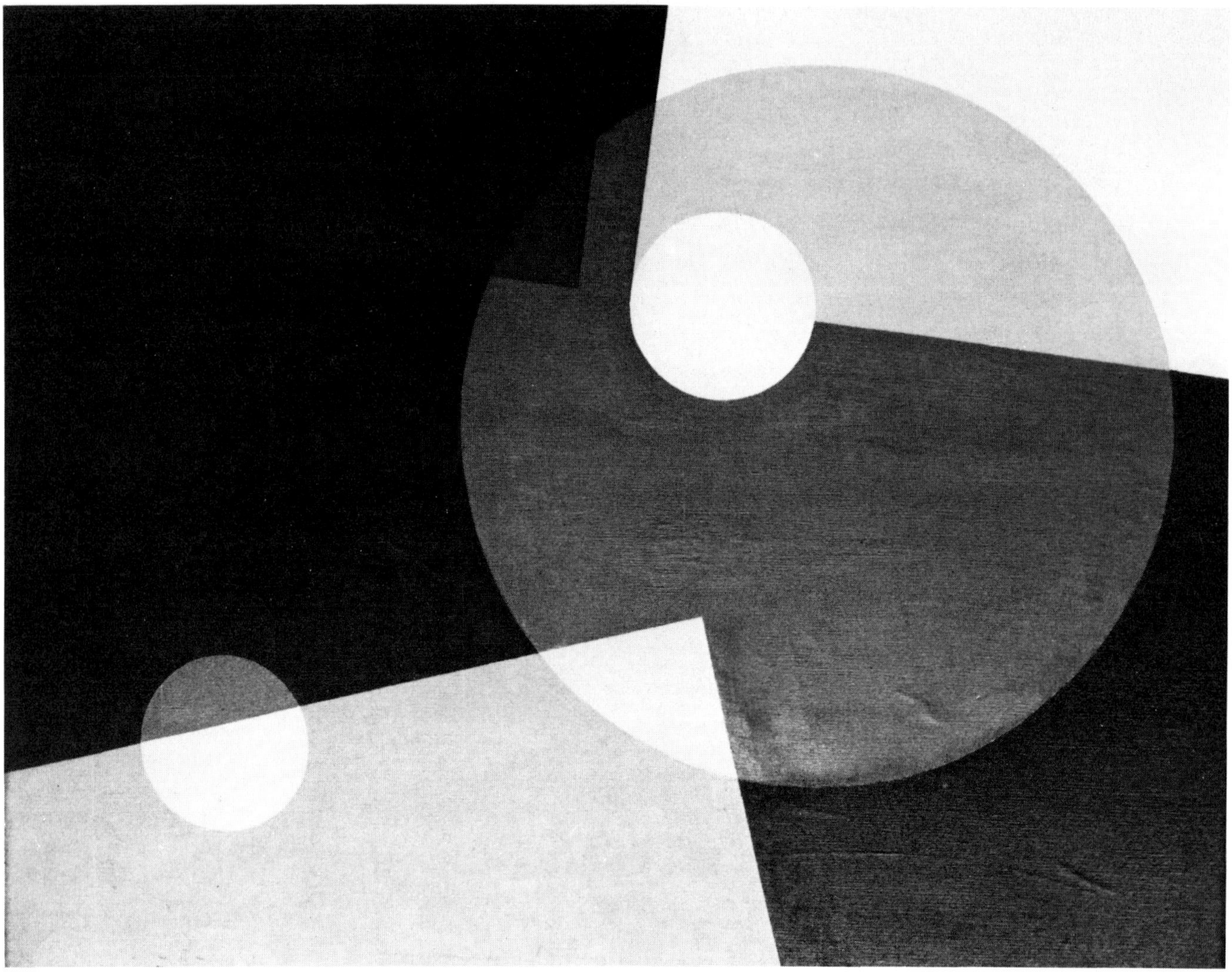

173. AM 7, 1926

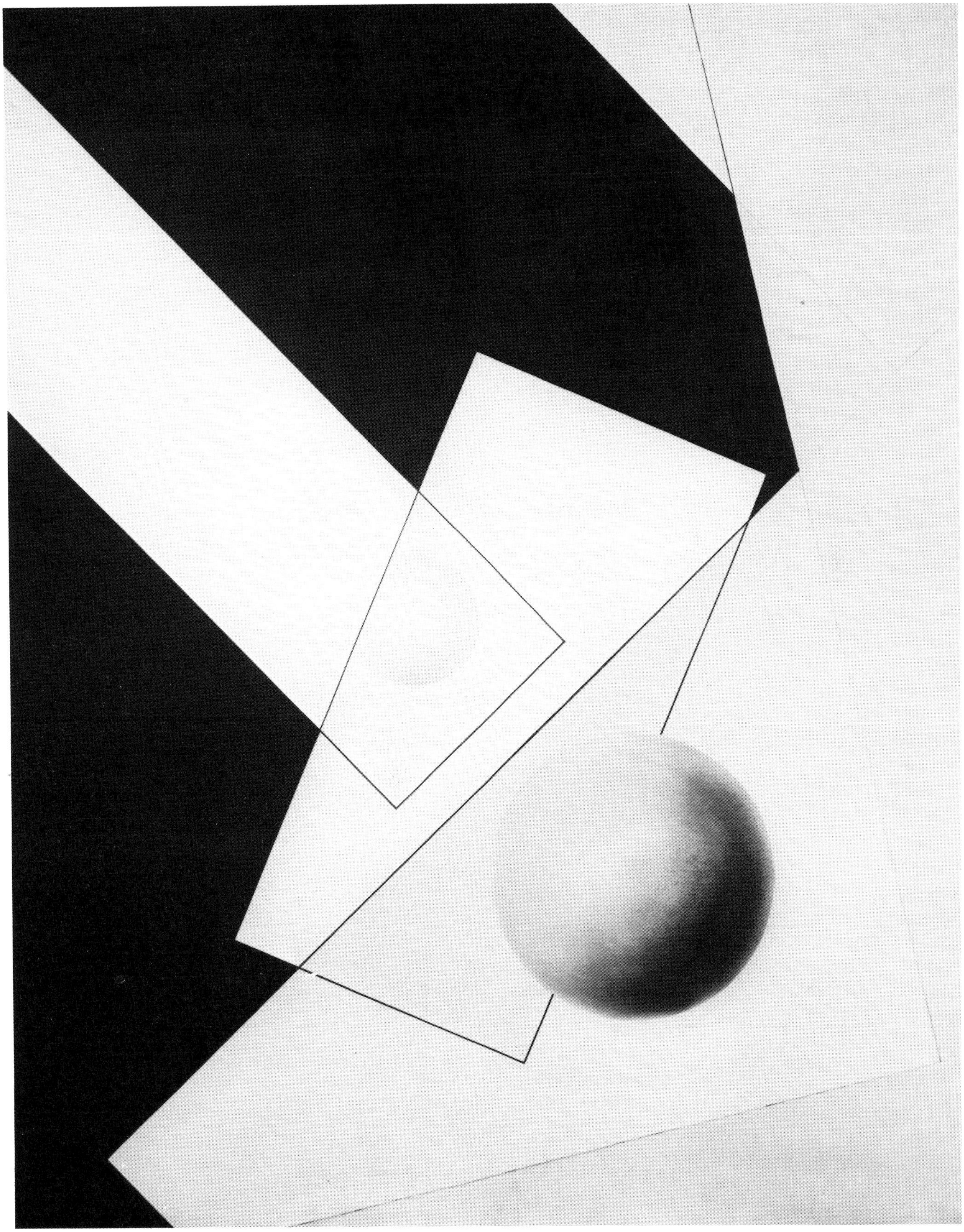

174. Composition A m 4, 1926

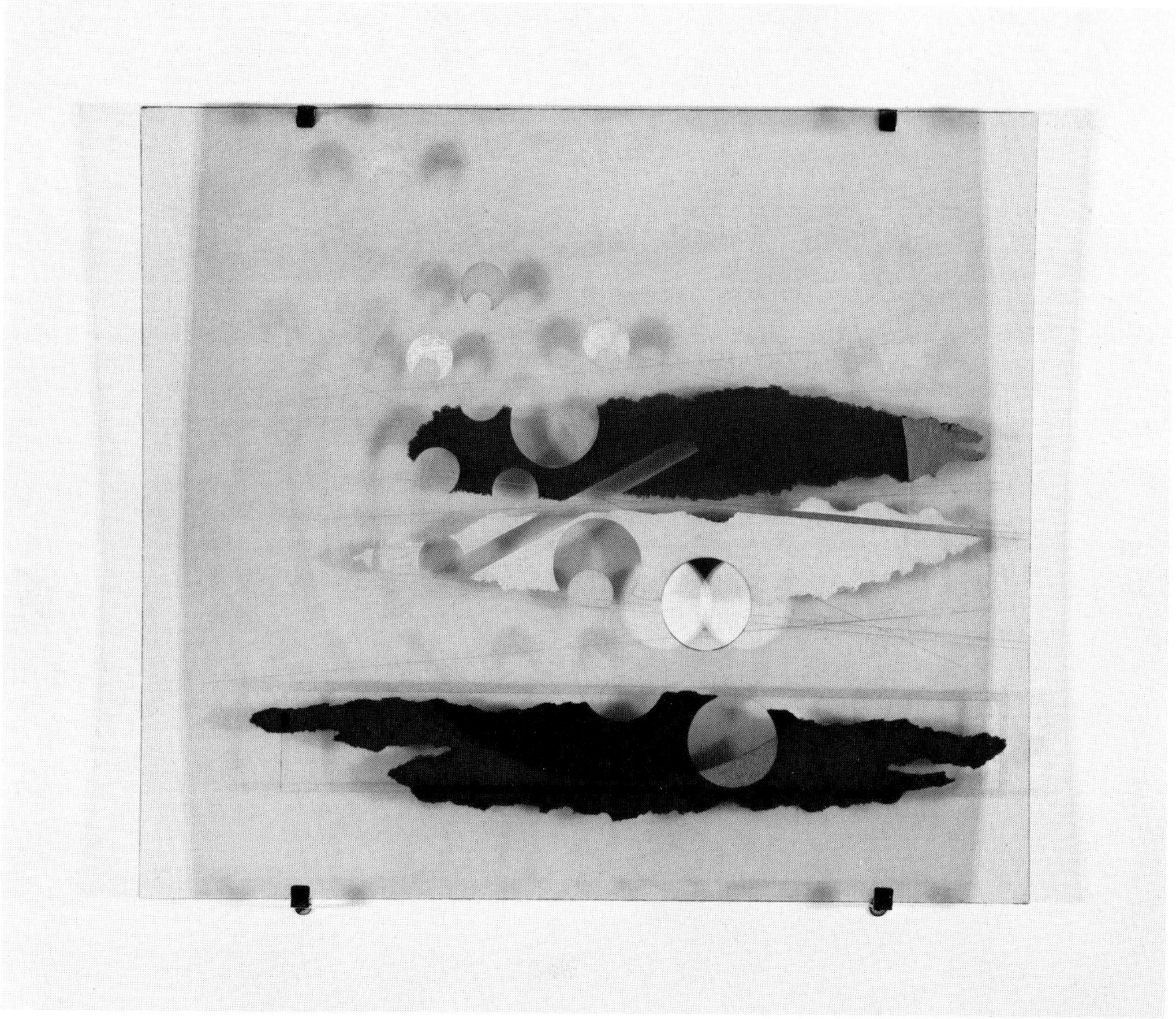

175. CEL 4, 1926-1935

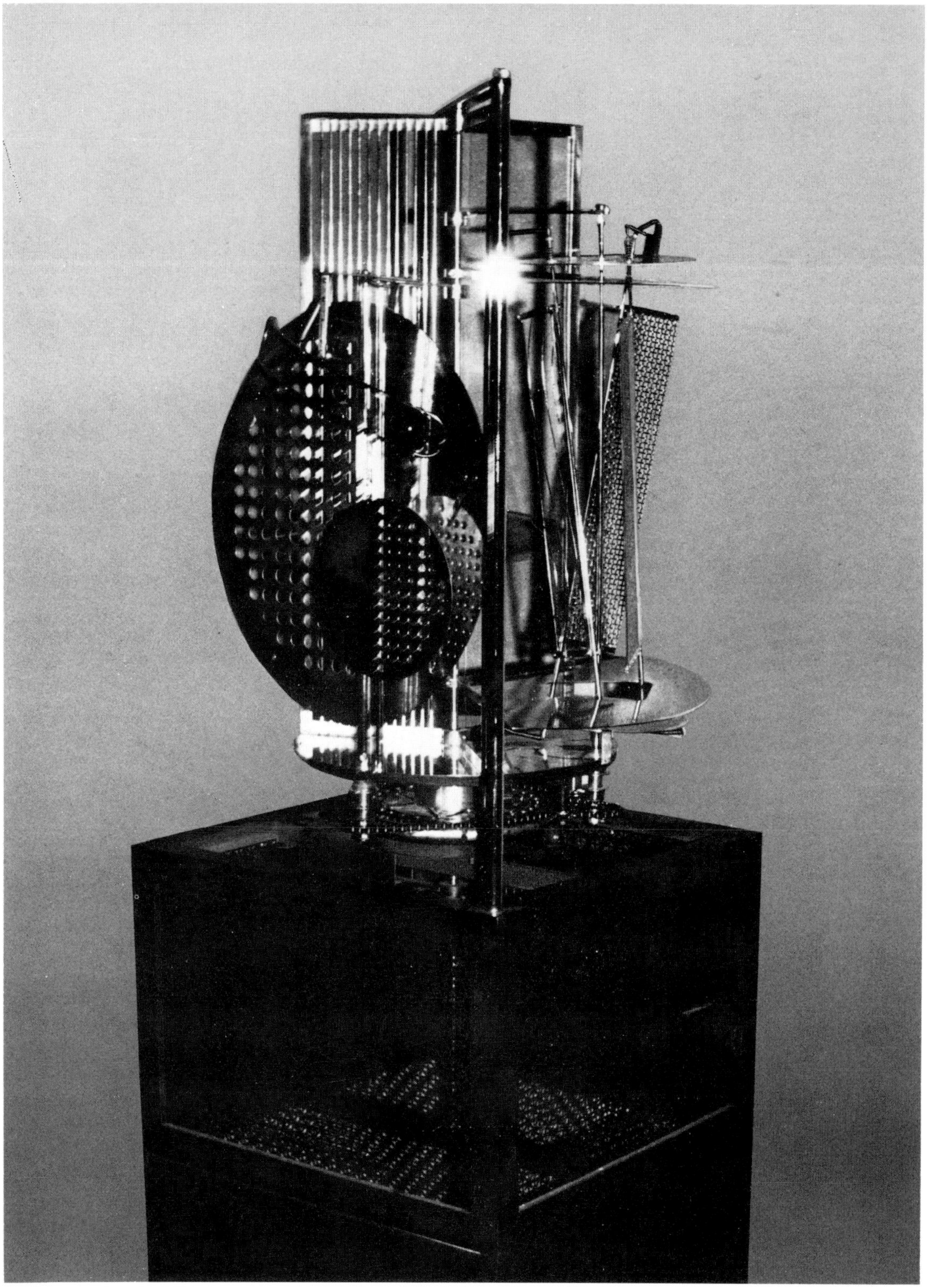

176-183. Modulateur espace-lumière, 1922-1930

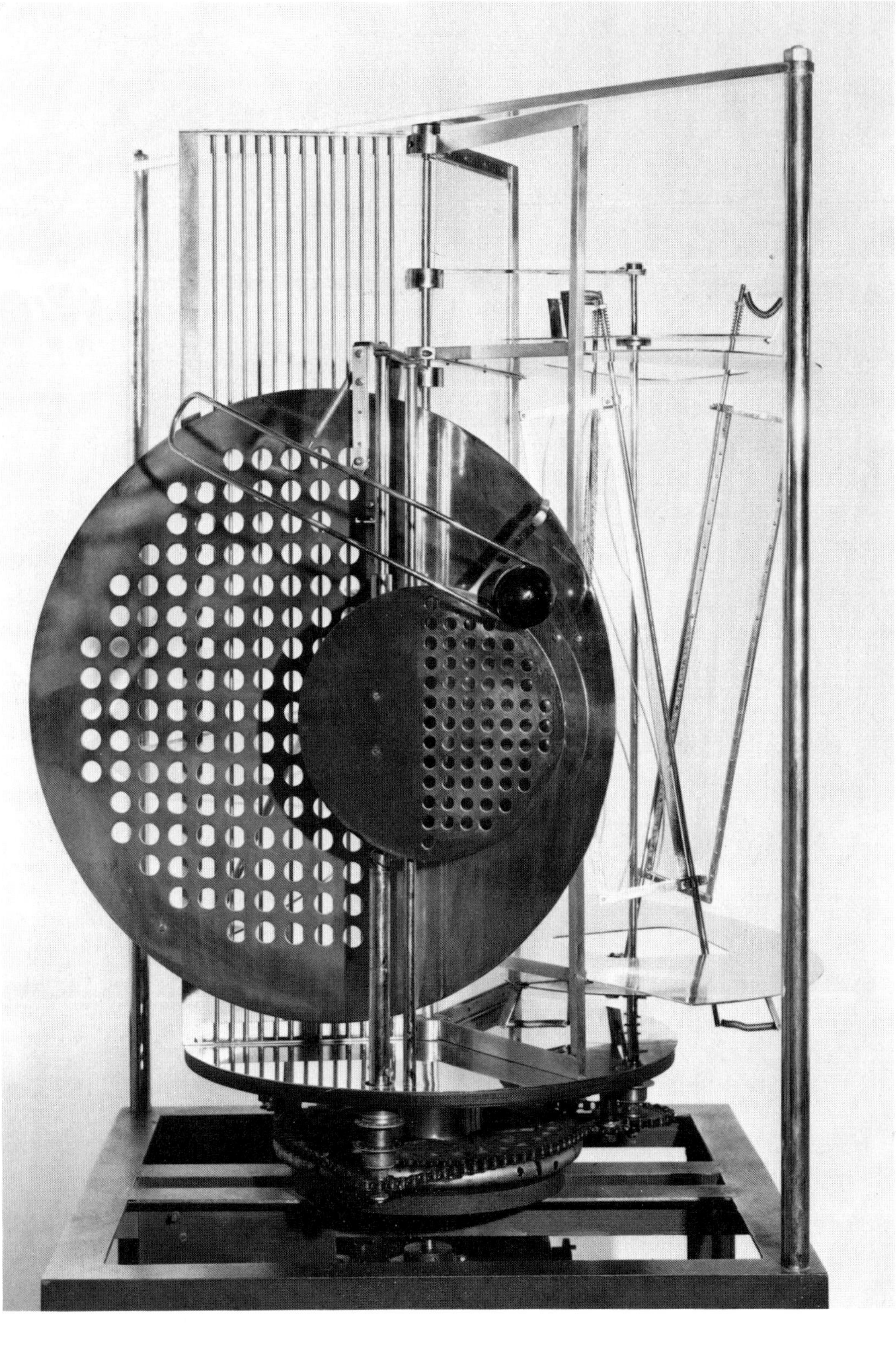

177-178.

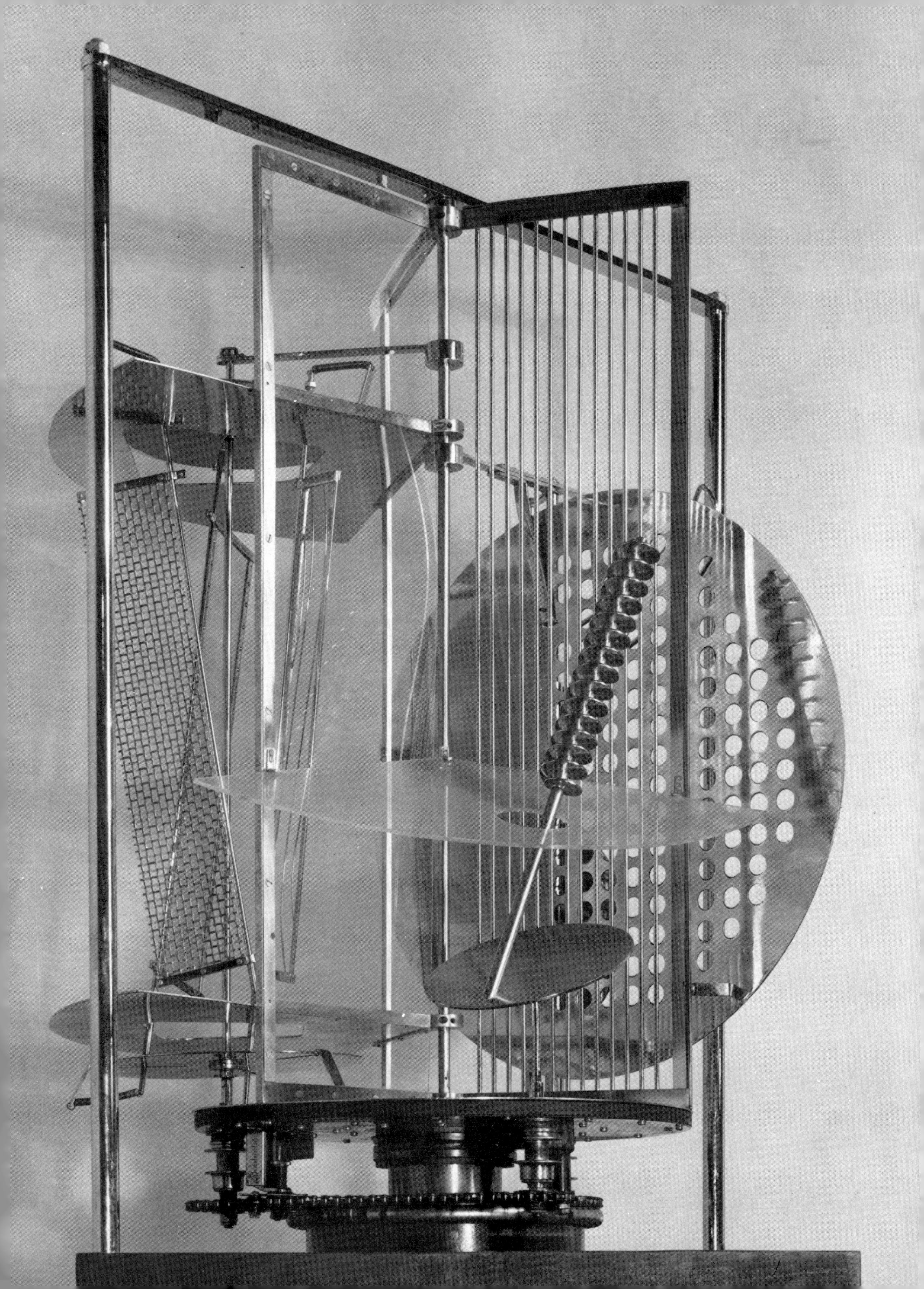

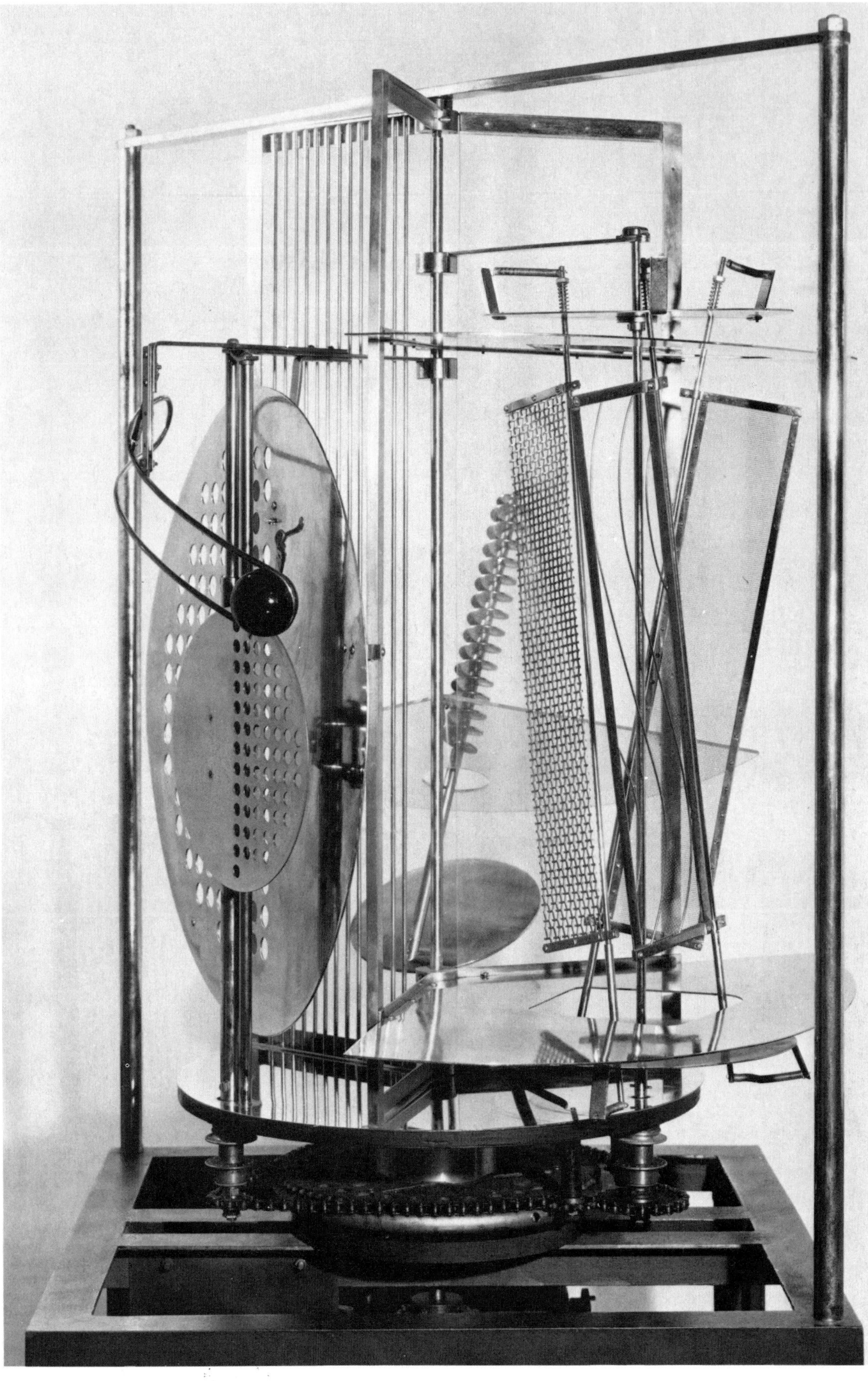

179-180.

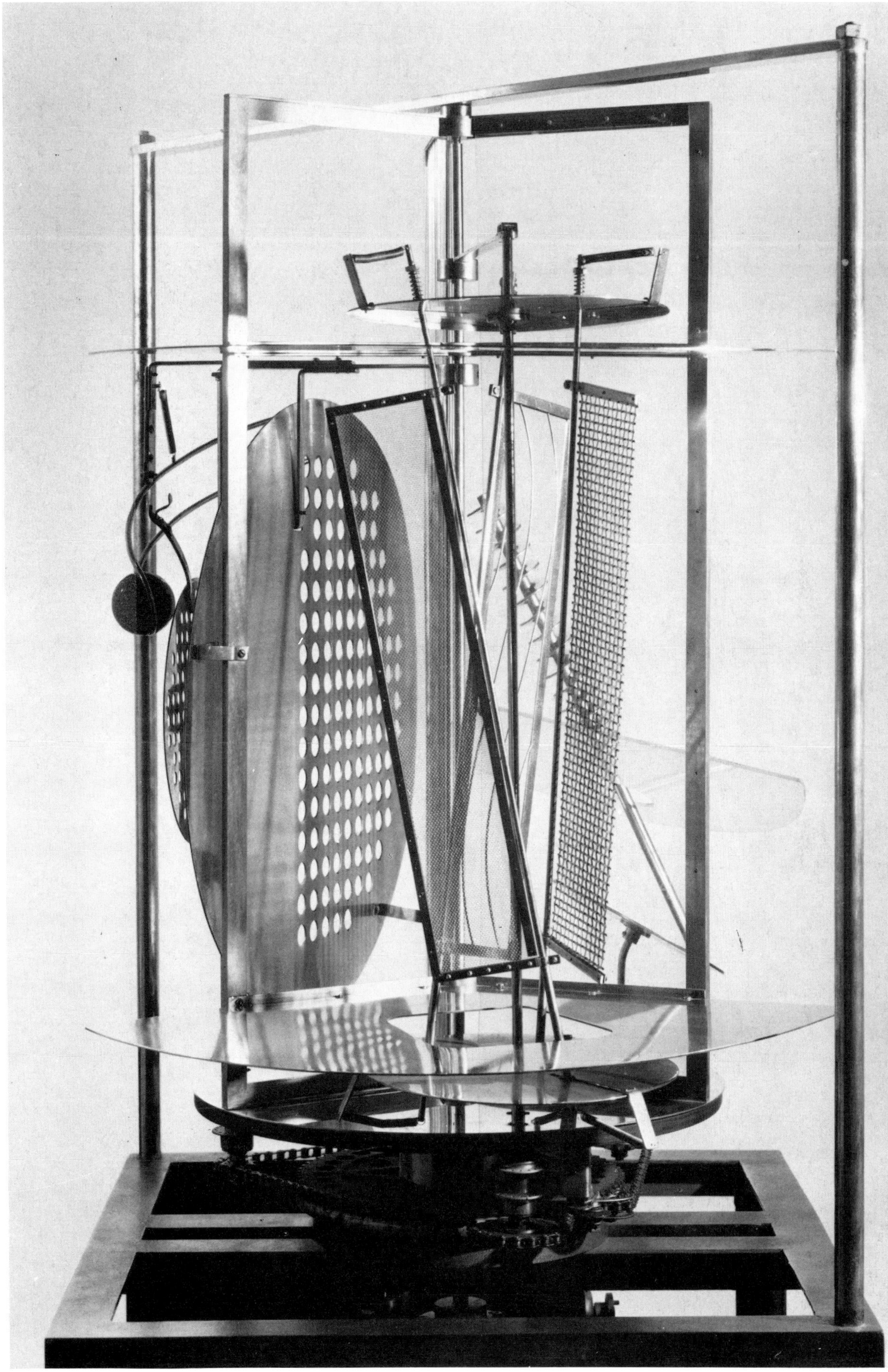

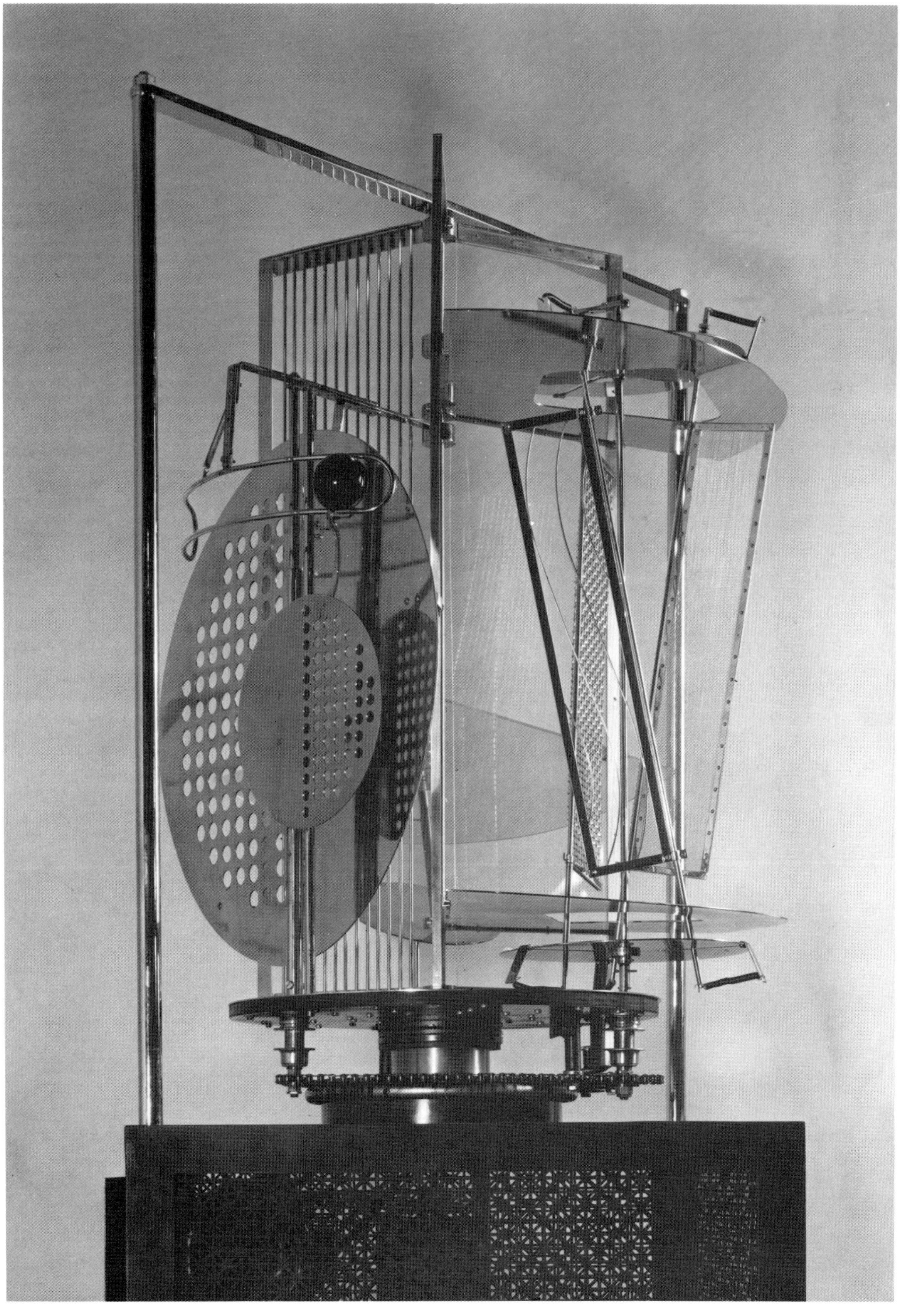

181.

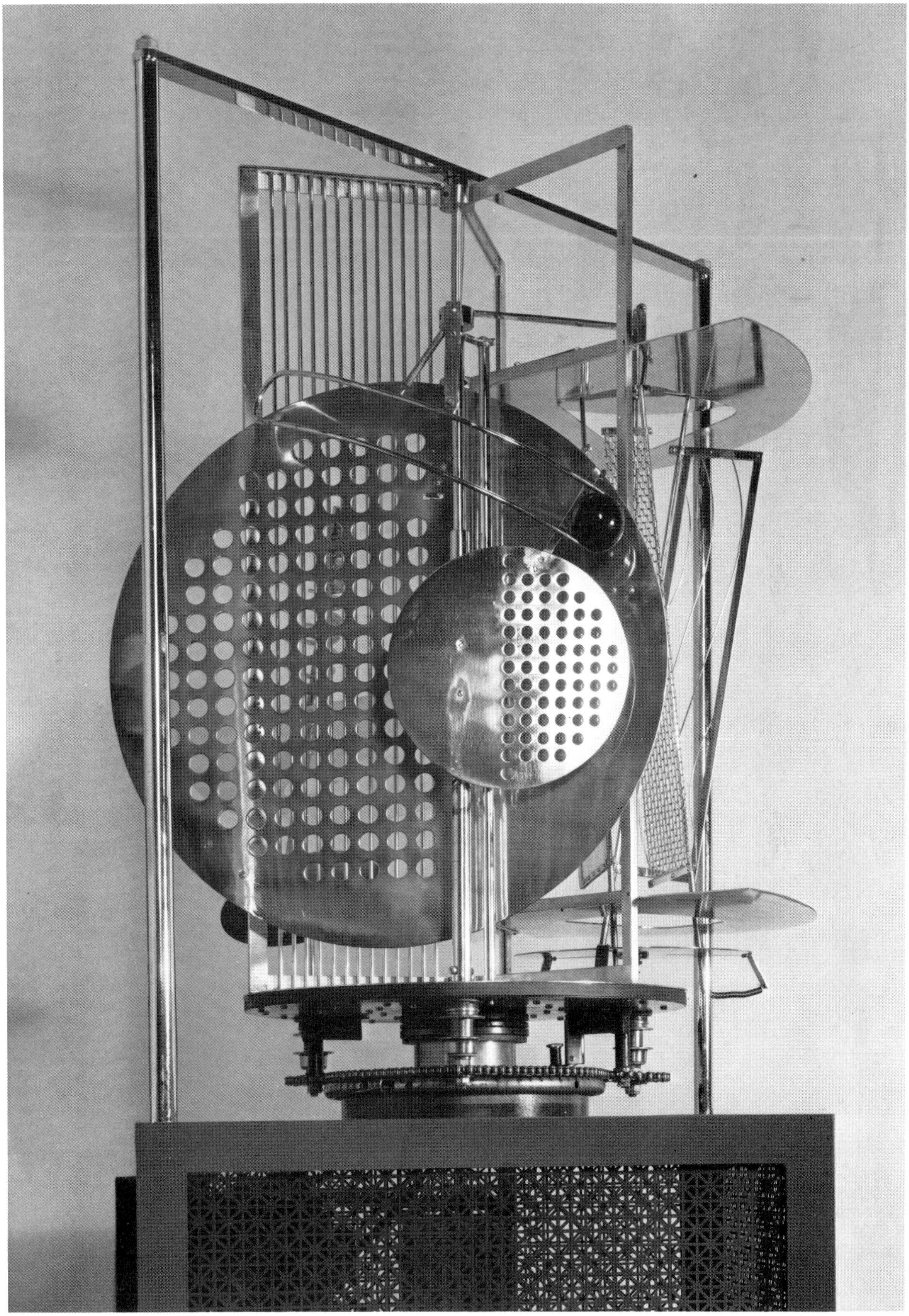

182.

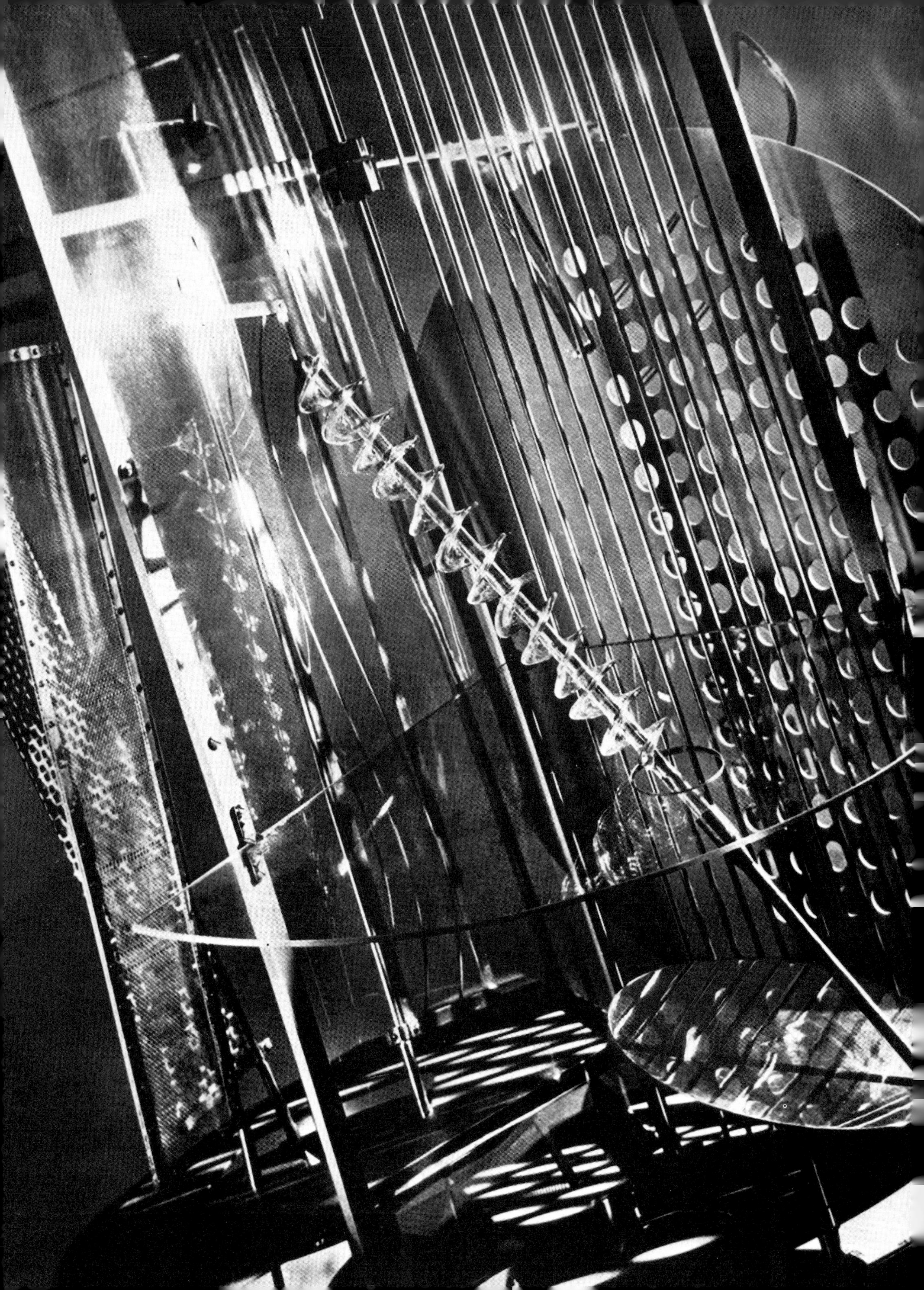

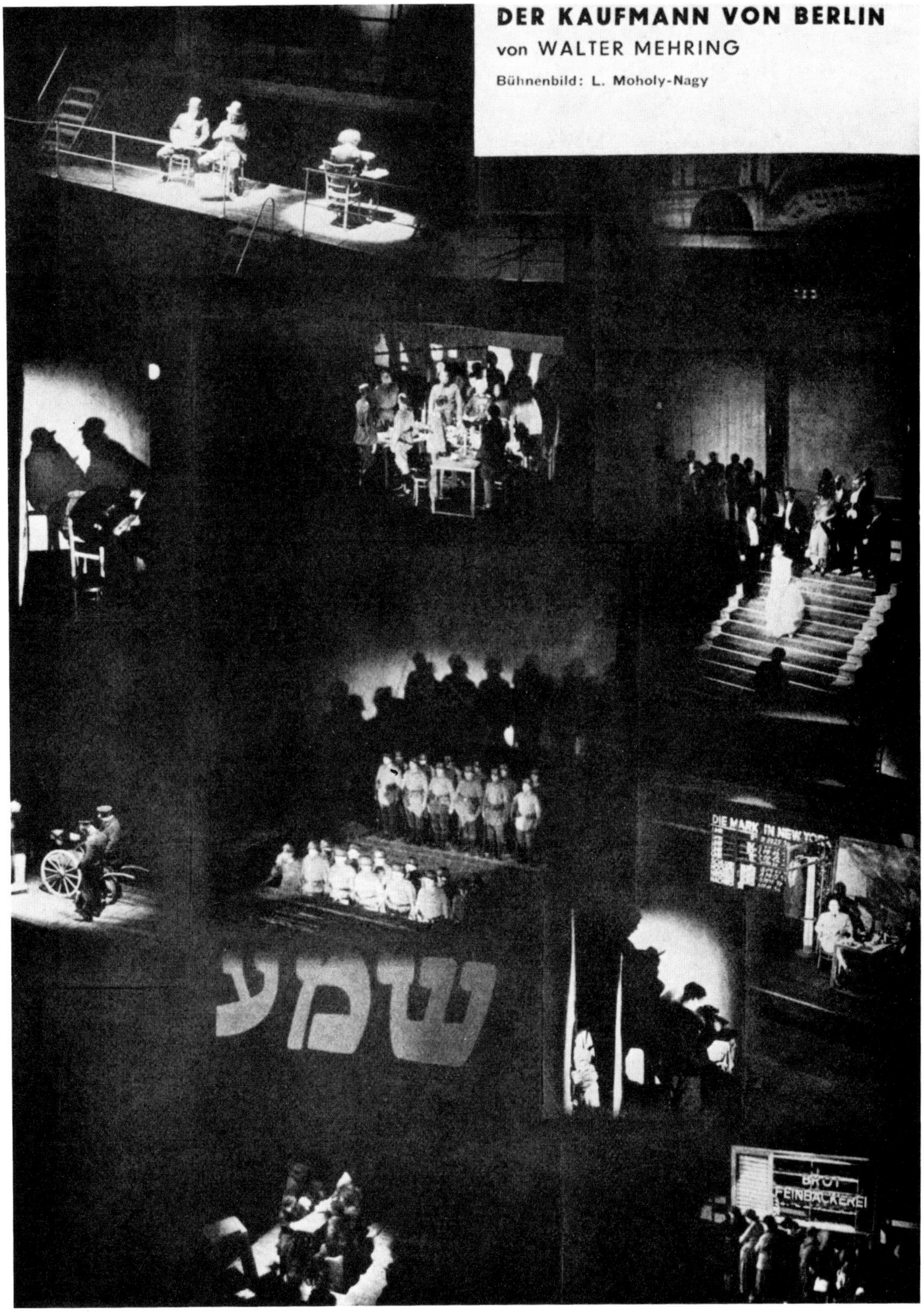

184. Décor pour le Marchand de Berlin, 1929

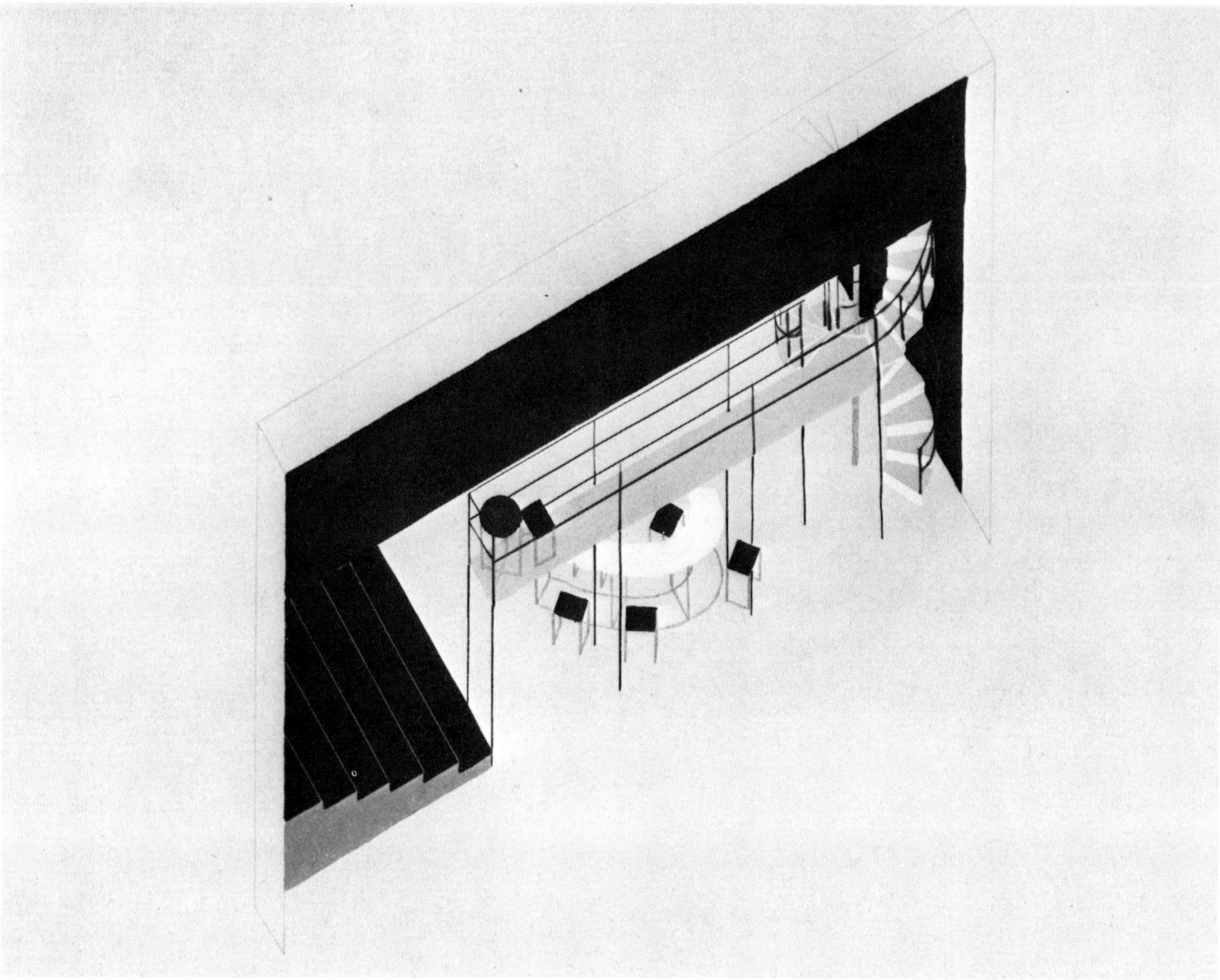

185. Décor pour Les Contes d'Hoffmann, 1929
186-187. Décor pour Les Contes d'Hoffmann, 1929

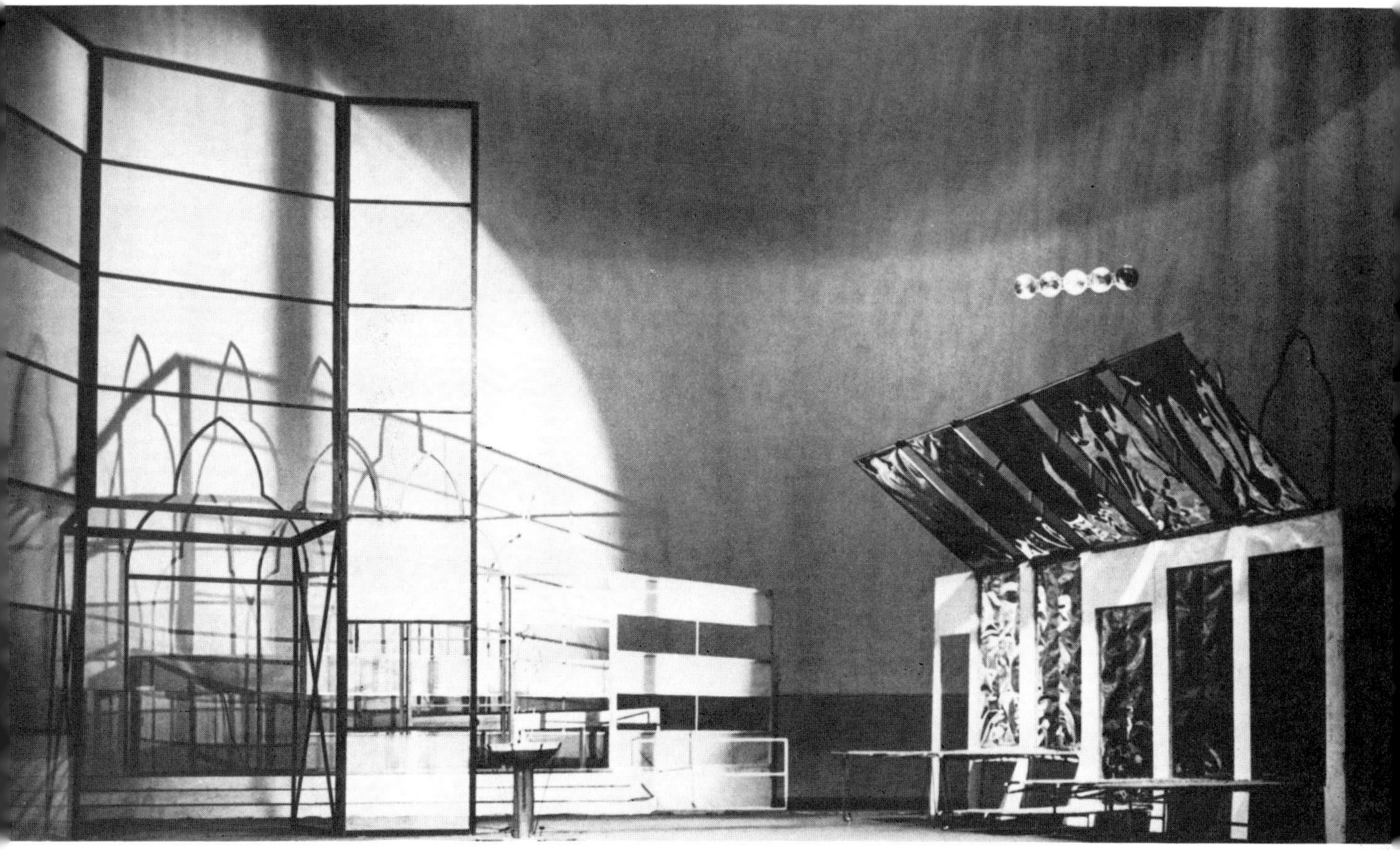

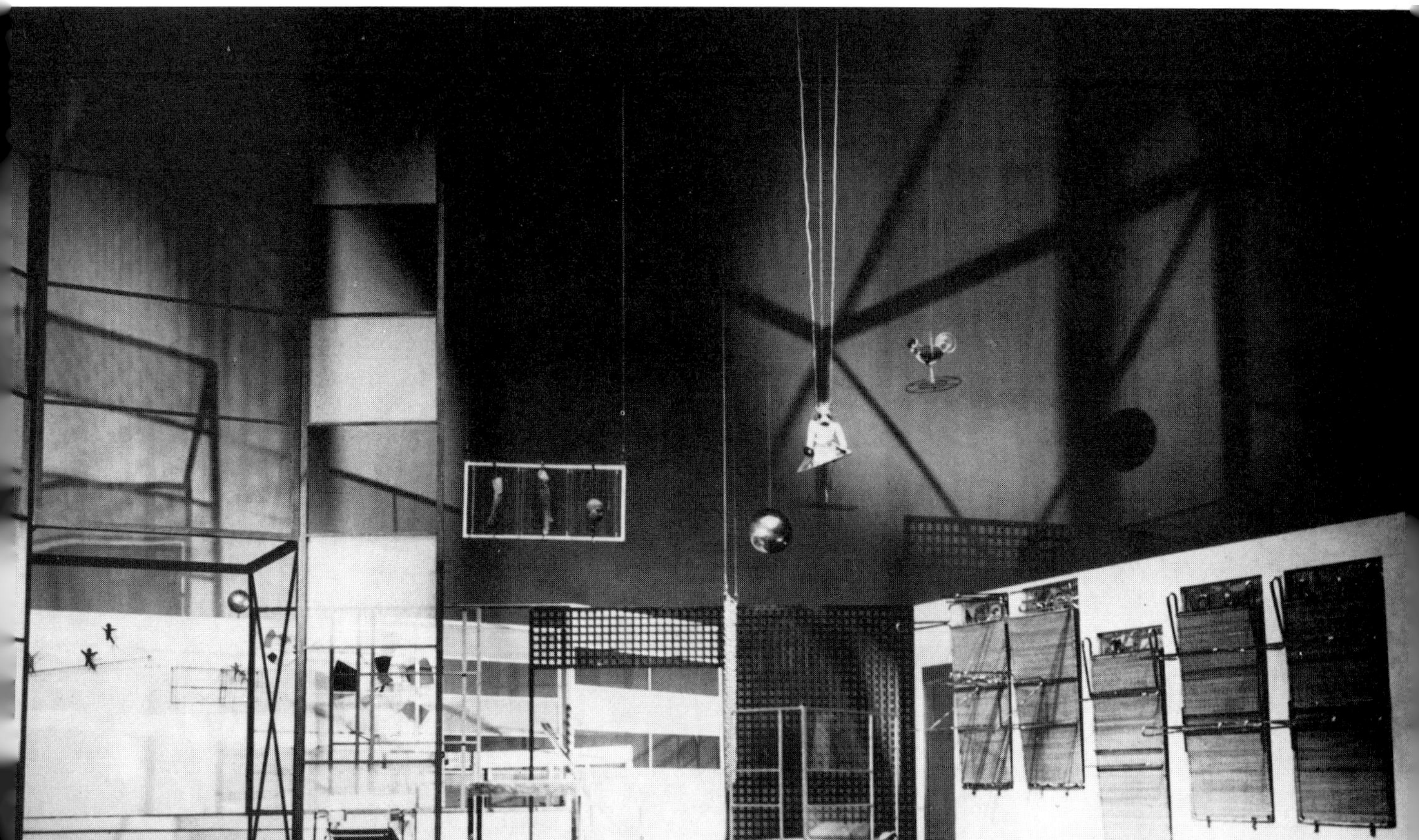

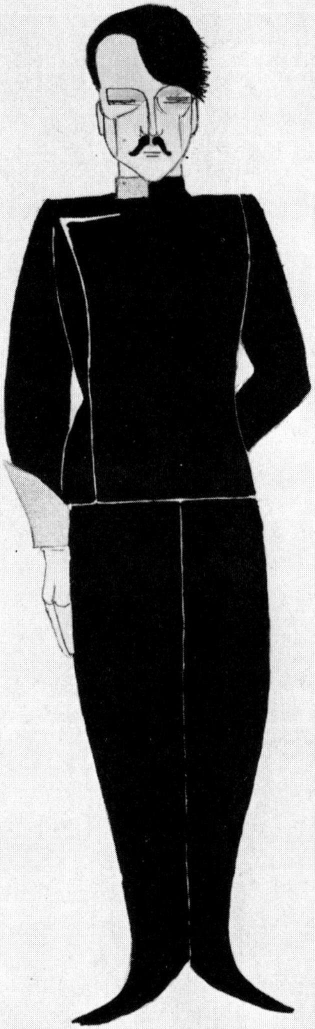

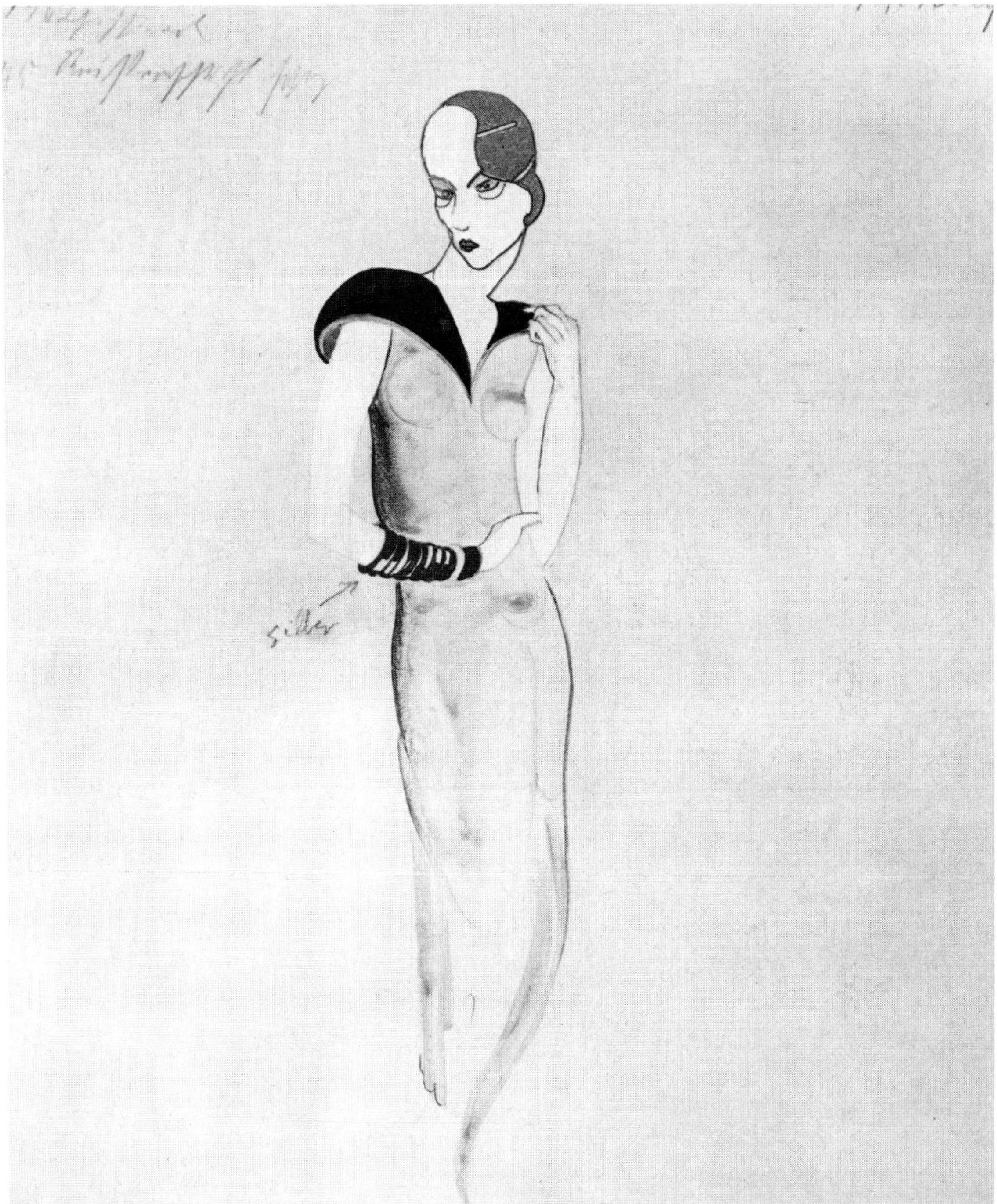

188-189. Projets de costume pour Les Contes d'Hoffmann, 1929

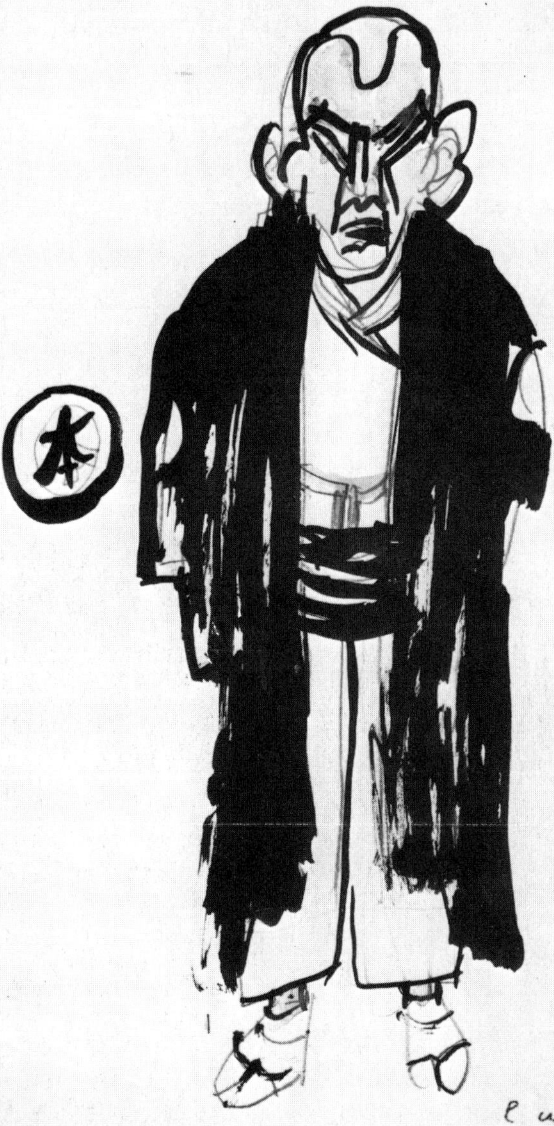

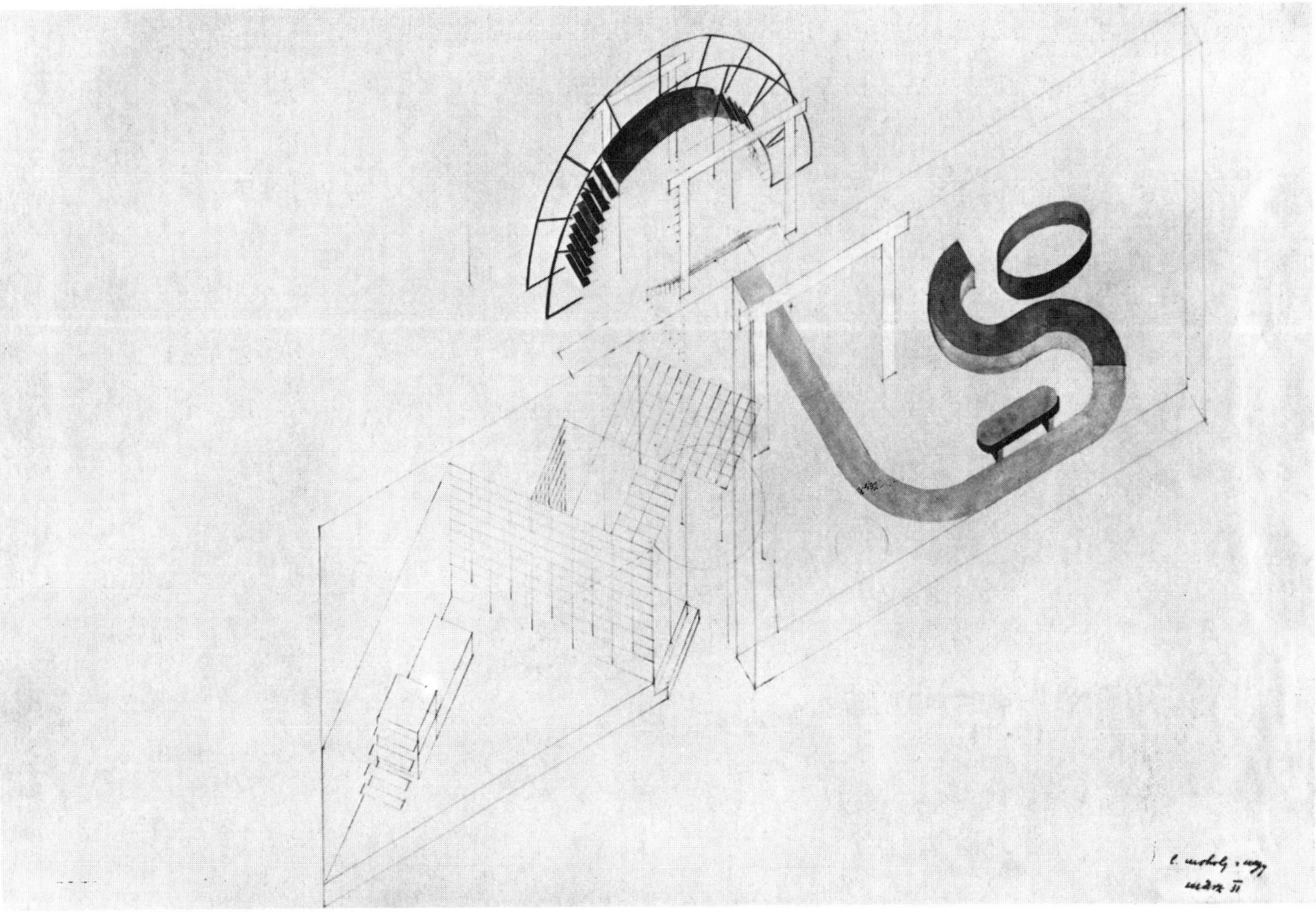

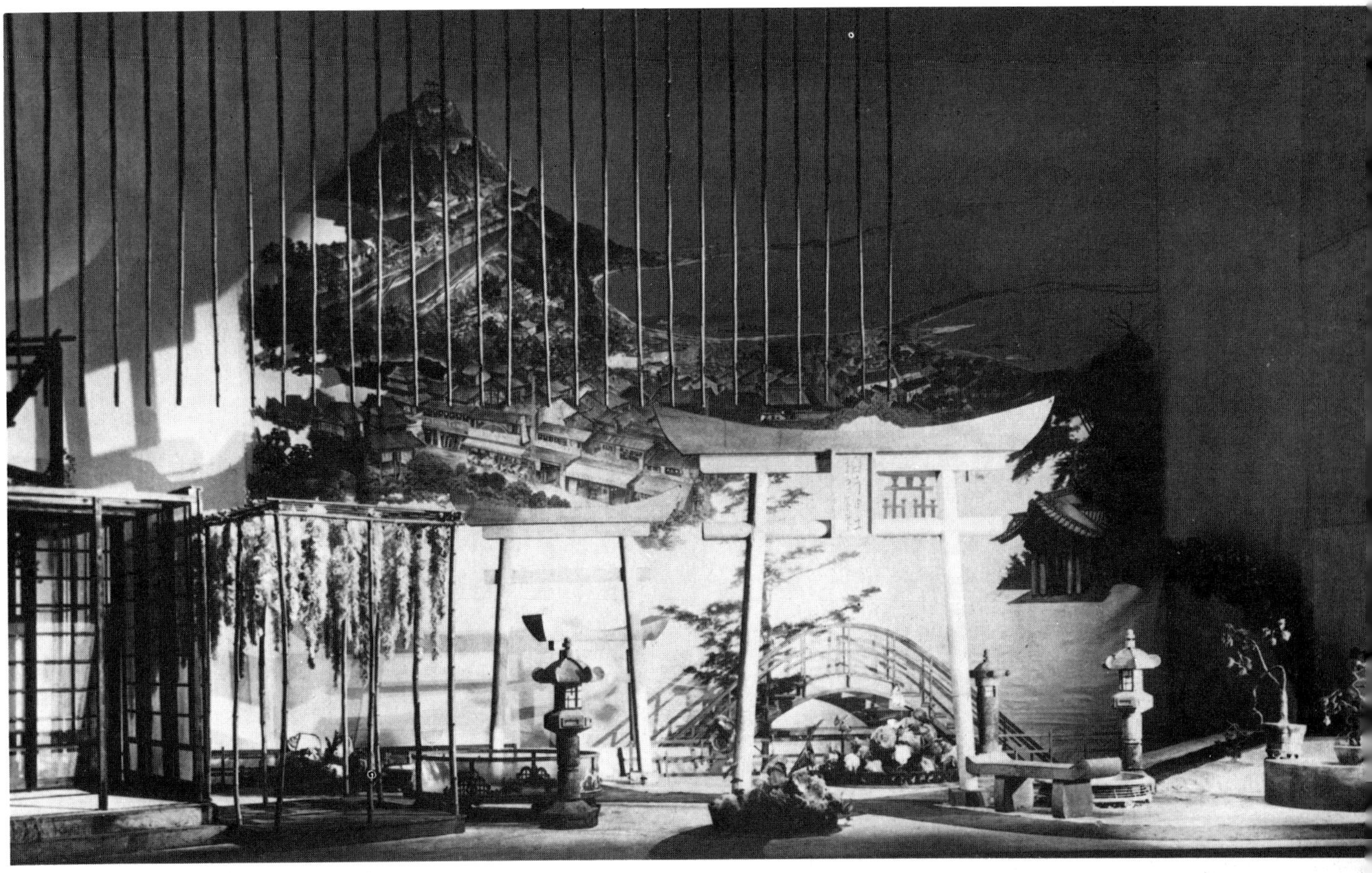

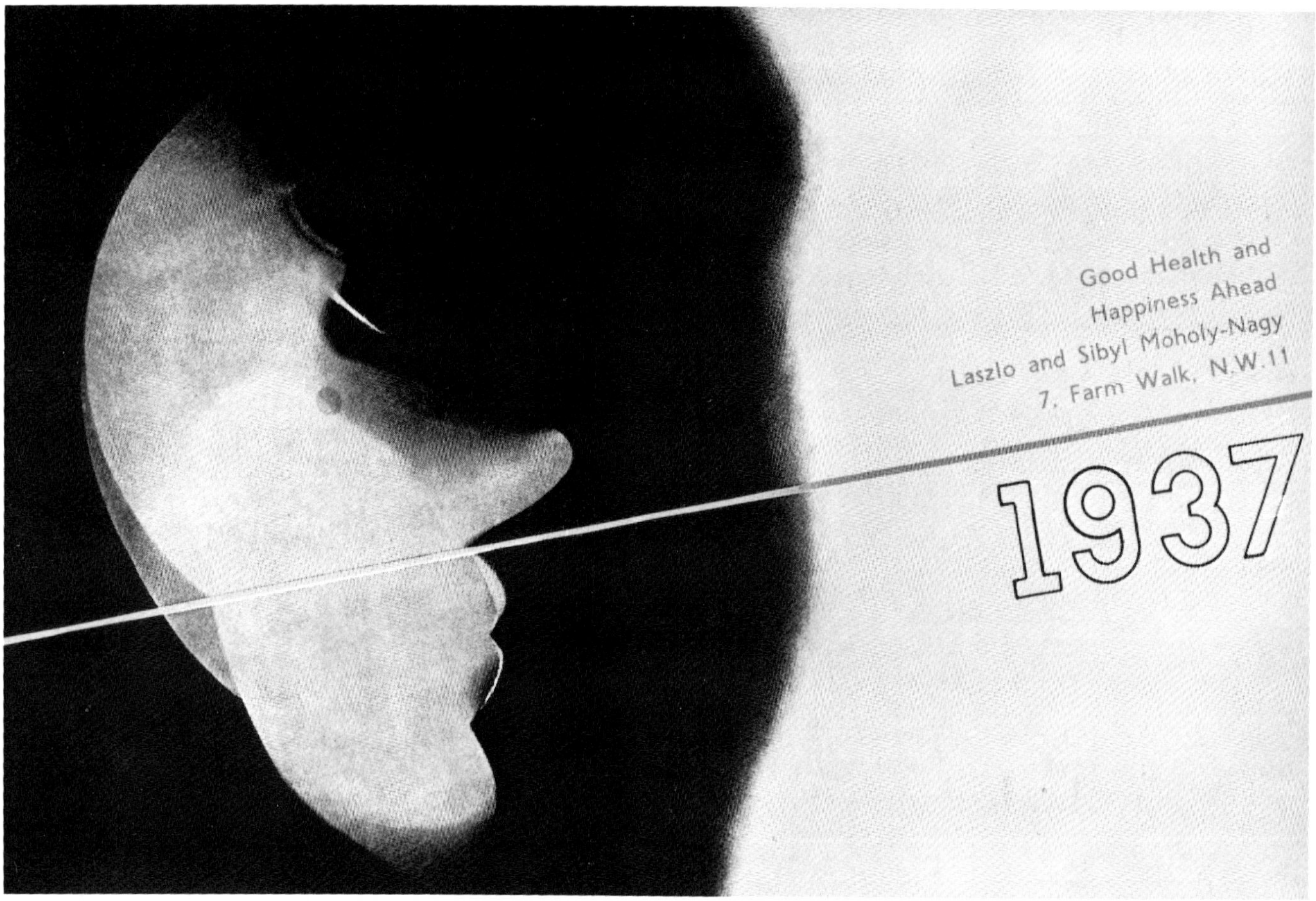

◁ **190.** Projet de costume pour Madame Butterfly, 1931
191. Projet de décor pour Madame Butterfly, 1931
192. Décor pour Madame Butterfly, 1931

193. Carte de vœux, 1937

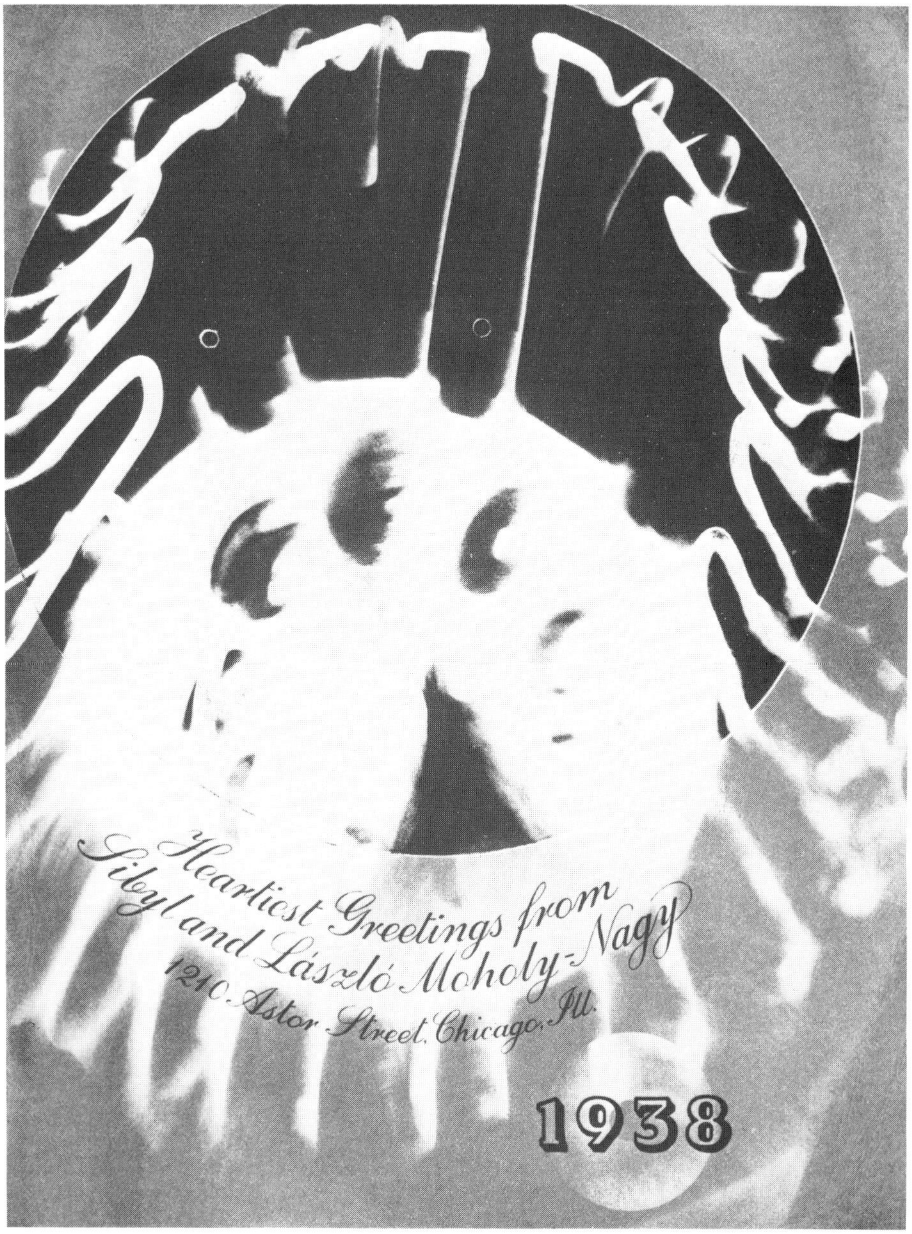

194. Carte de vœux, 1938

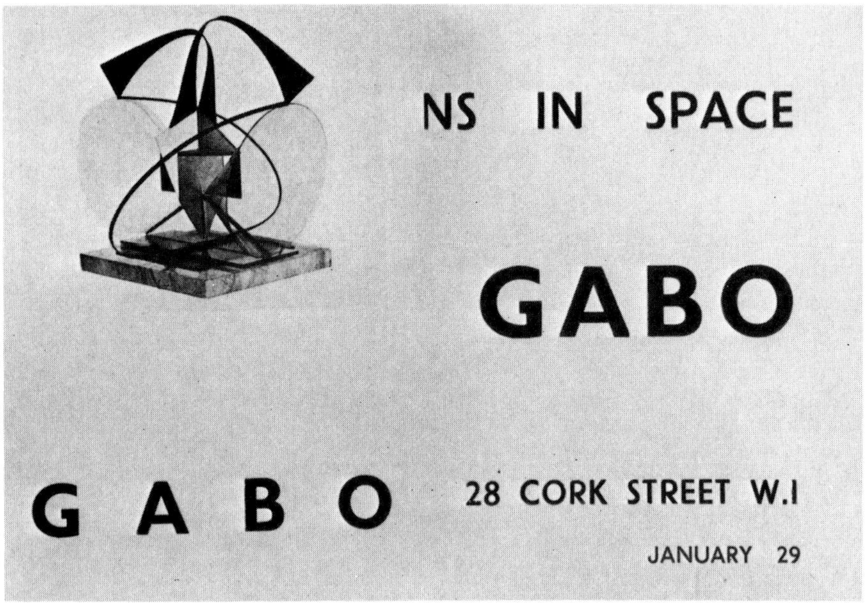

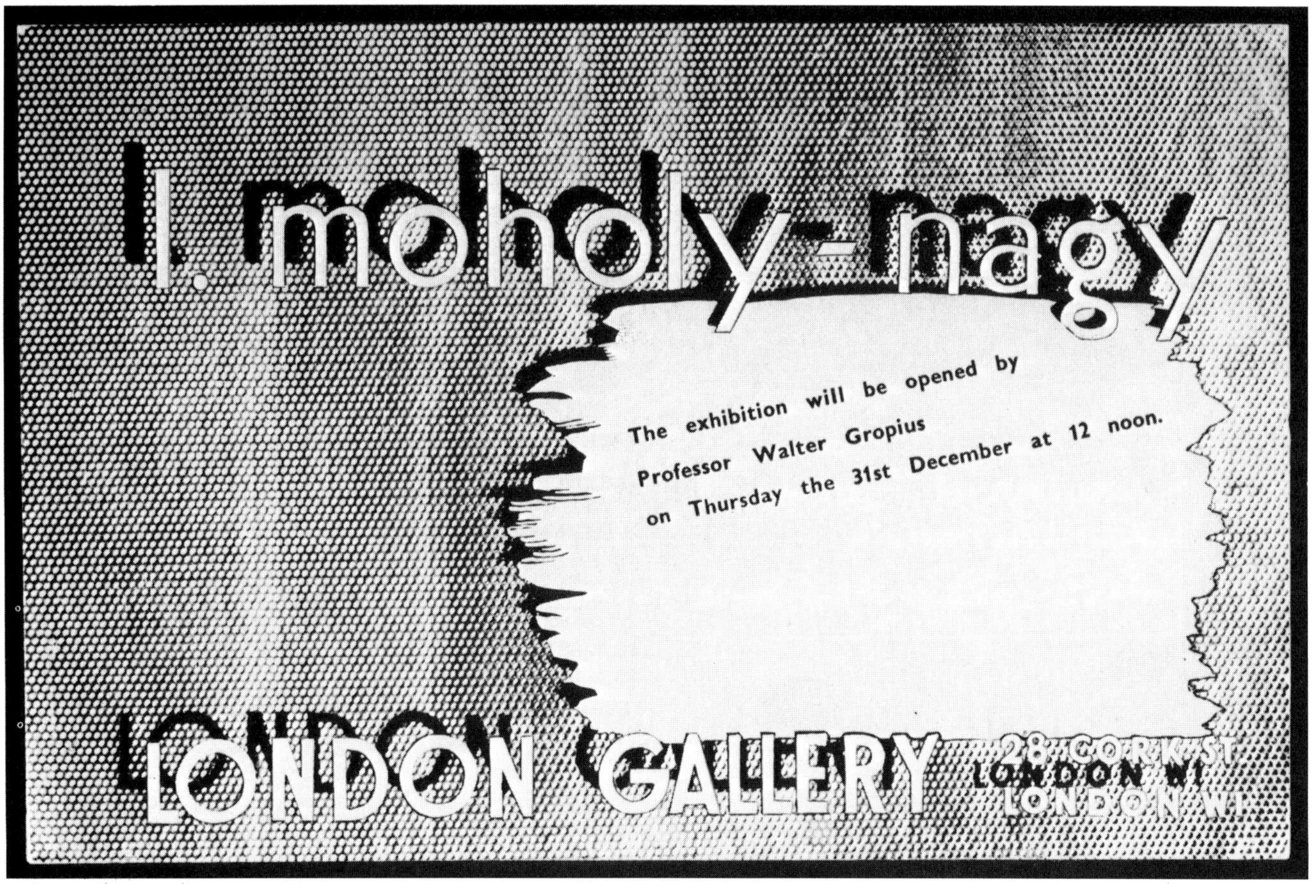

195. Invitation pour l'exposition de Naum Gabo, 1936
196. Invitation pour l'exposition de Moholy-Nagy, 1936

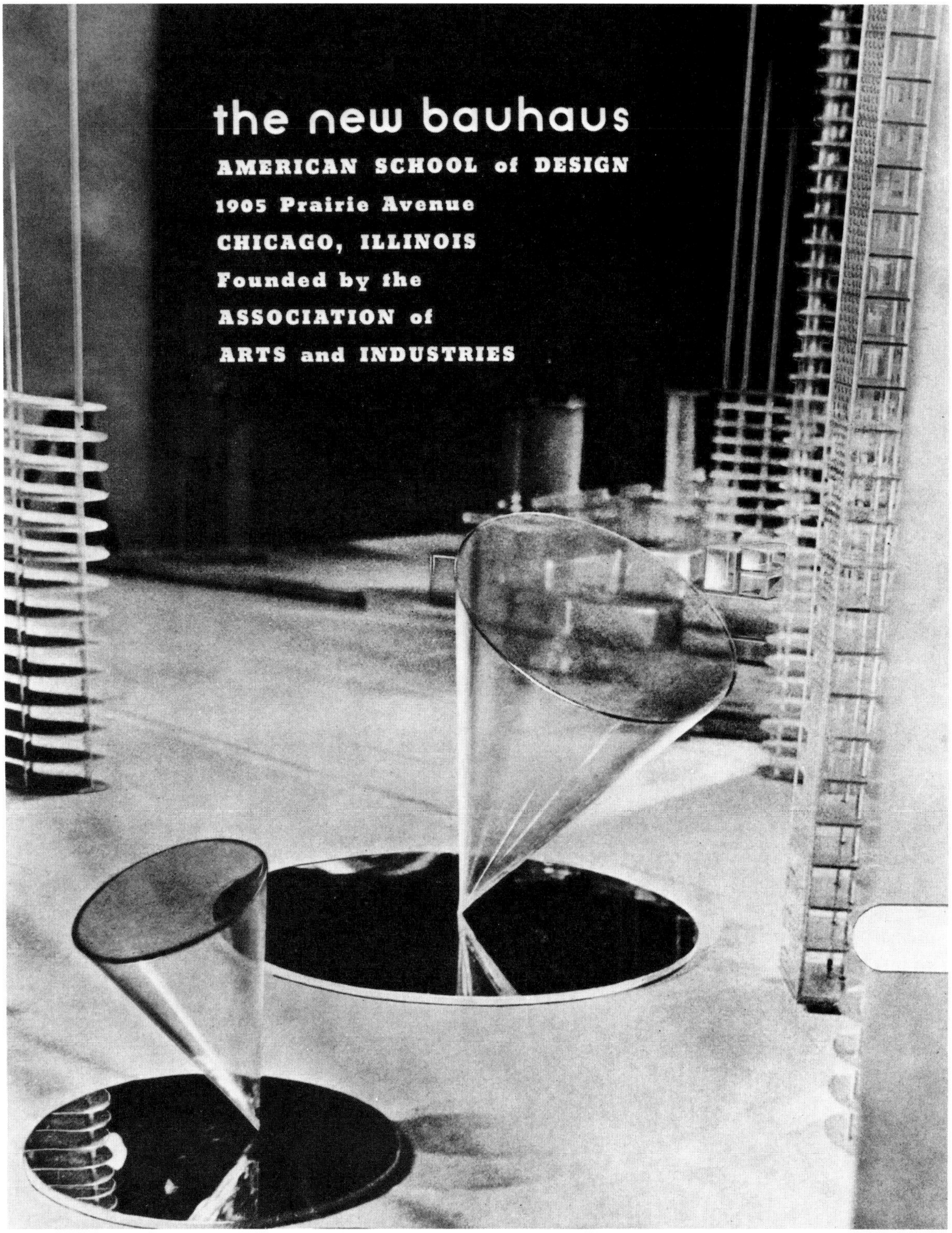

197. Couverture du prospectus du New Bauhaus, 1937

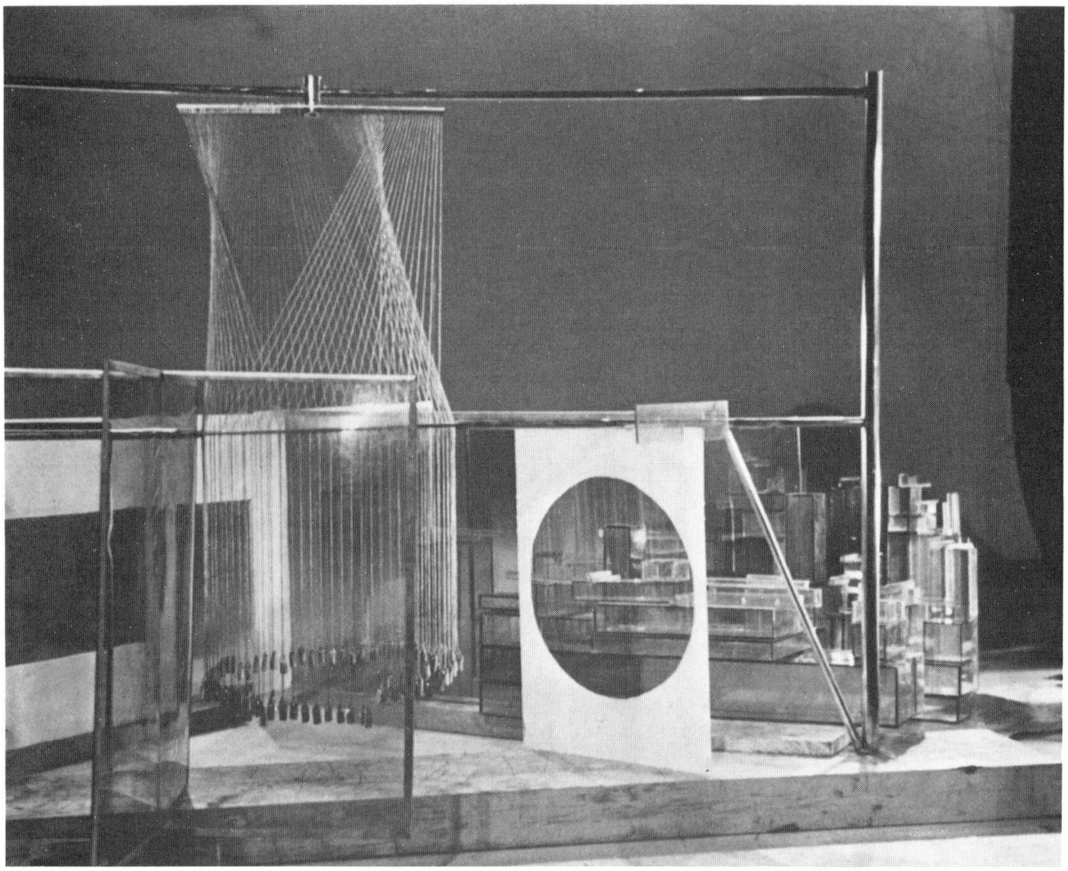

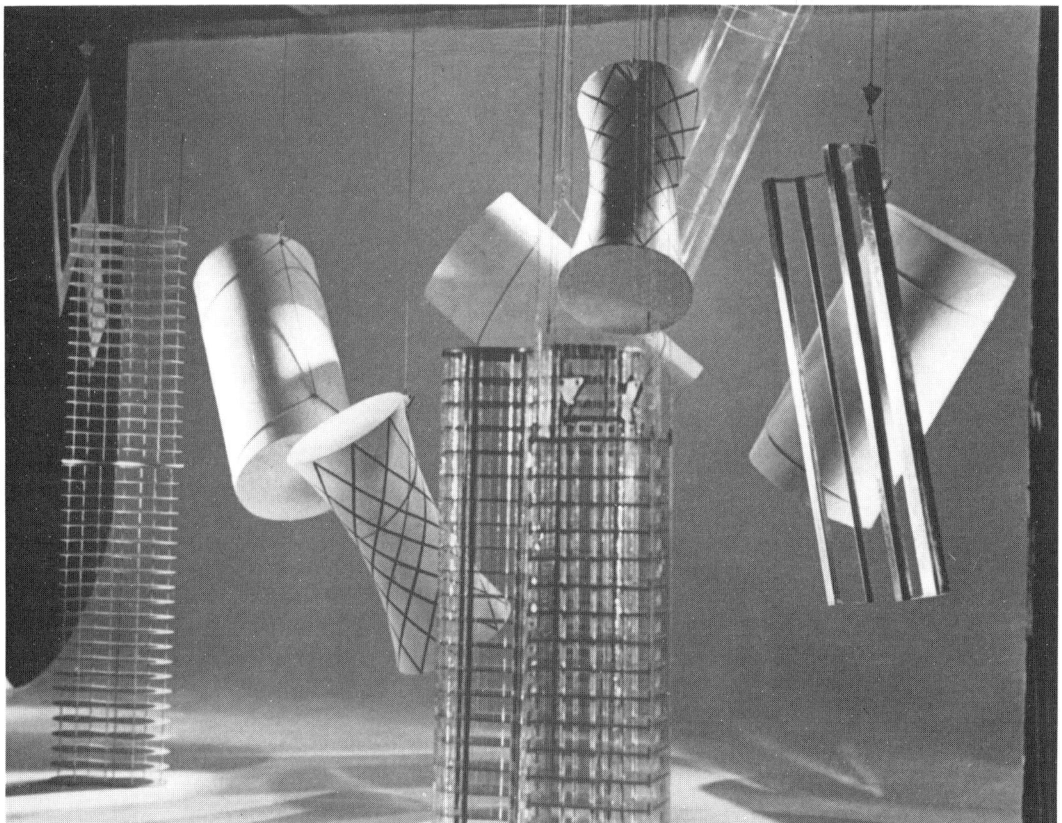

198-199. Projets pour le film de Korda intitulé The Shape of Things to Come, 1936

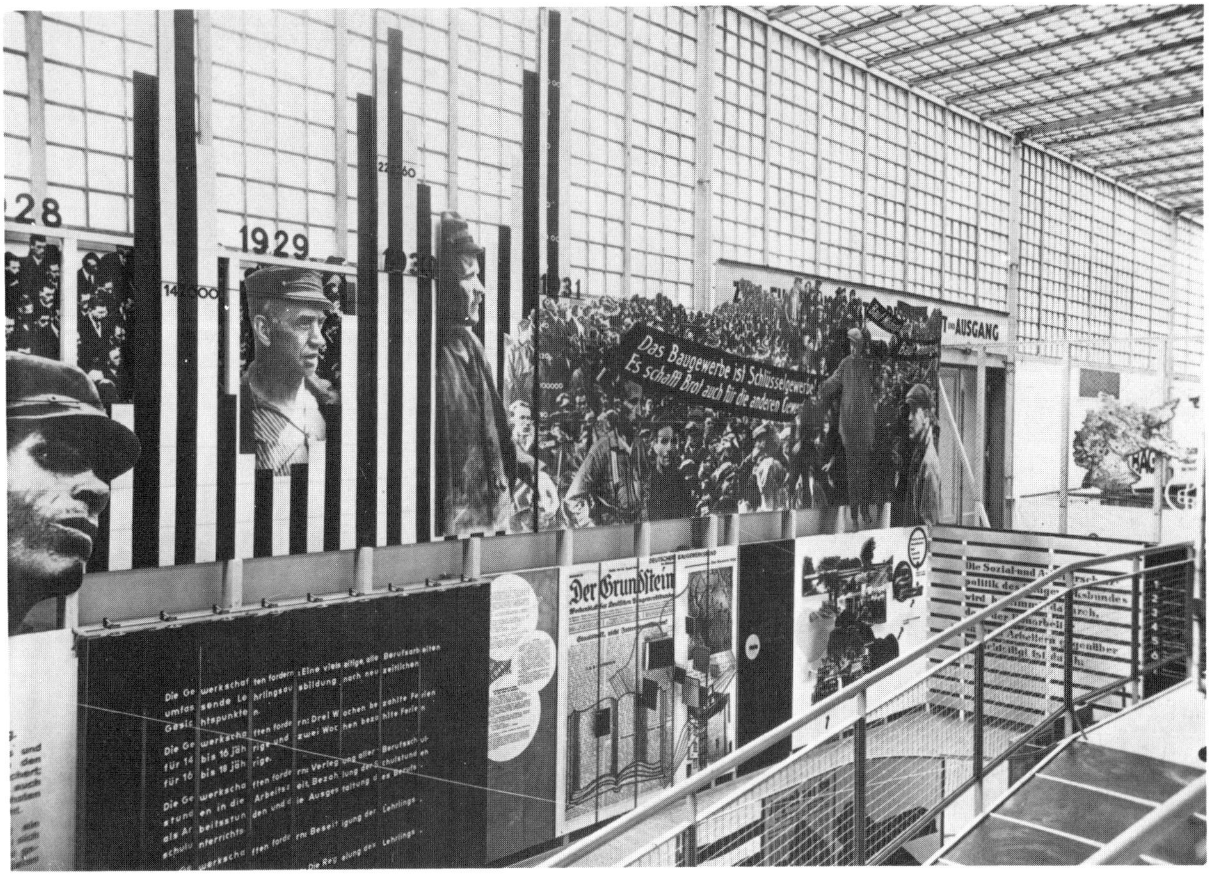

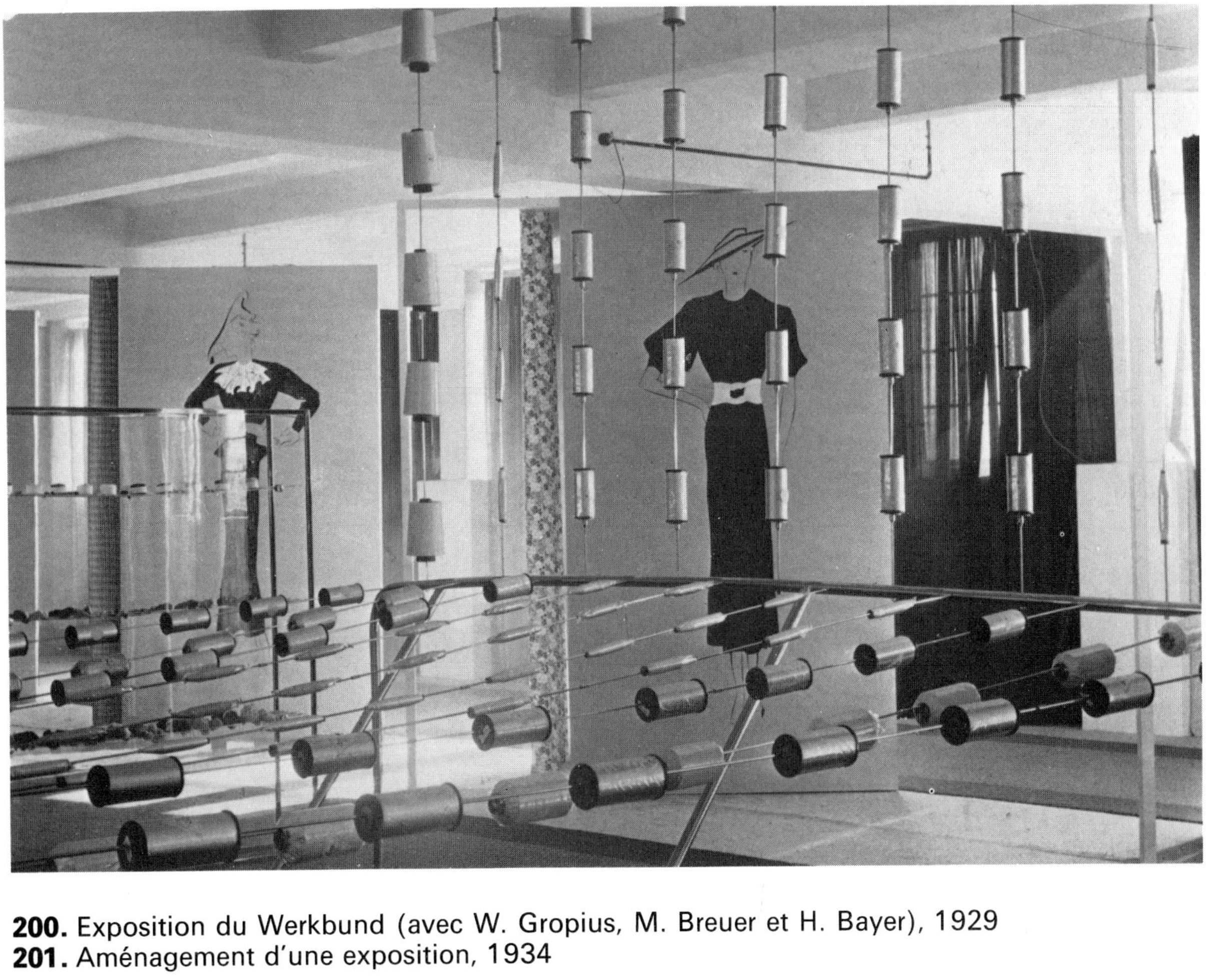

200. Exposition du Werkbund (avec W. Gropius, M. Breuer et H. Bayer), 1929
201. Aménagement d'une exposition, 1934

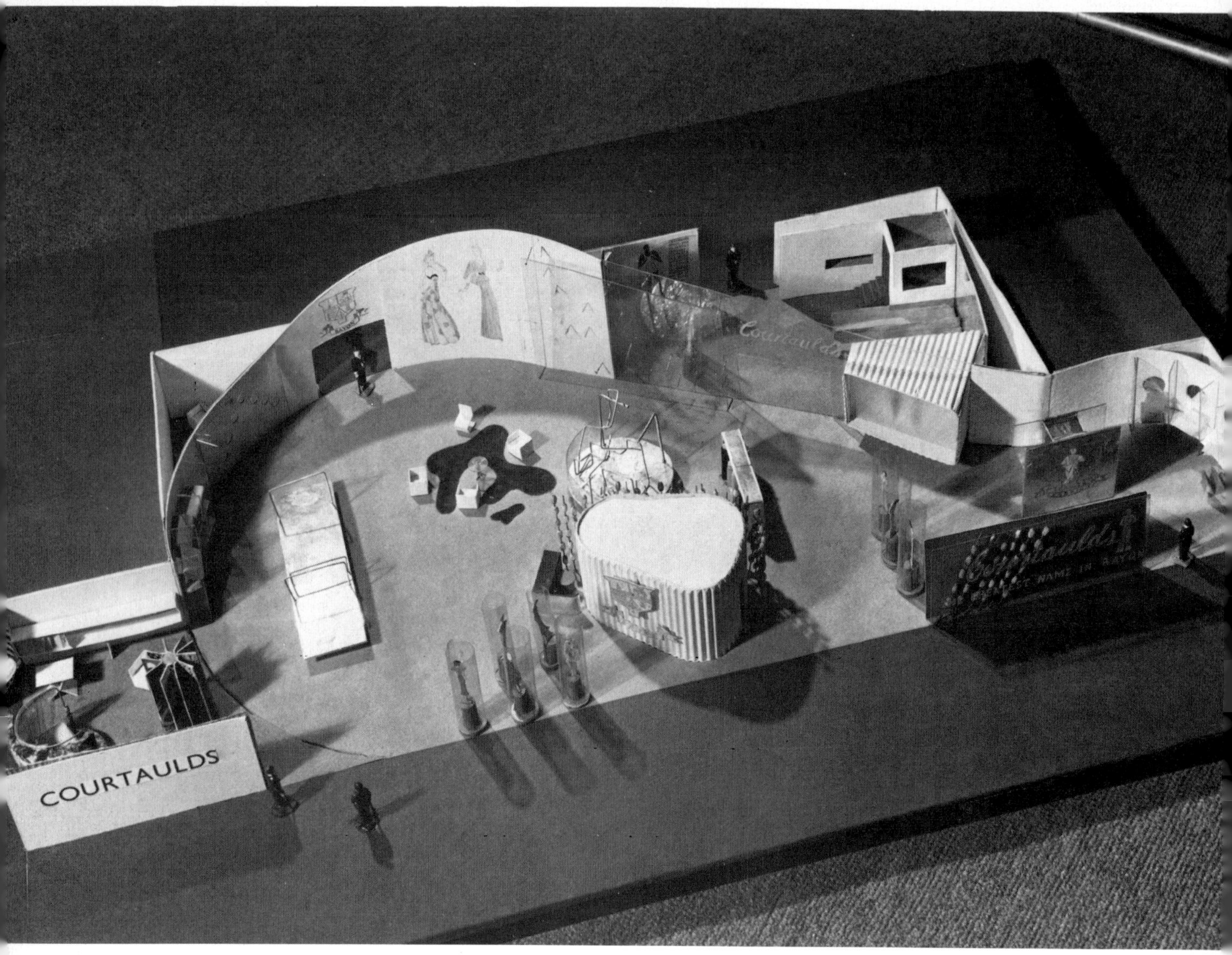

202. Maquette d'une exposition avec M. Breuer, Londres, 1936
203. Aménagement d'une exposition avec R. Rapson, 1945
204. Exposition Empire's Airway, 1937

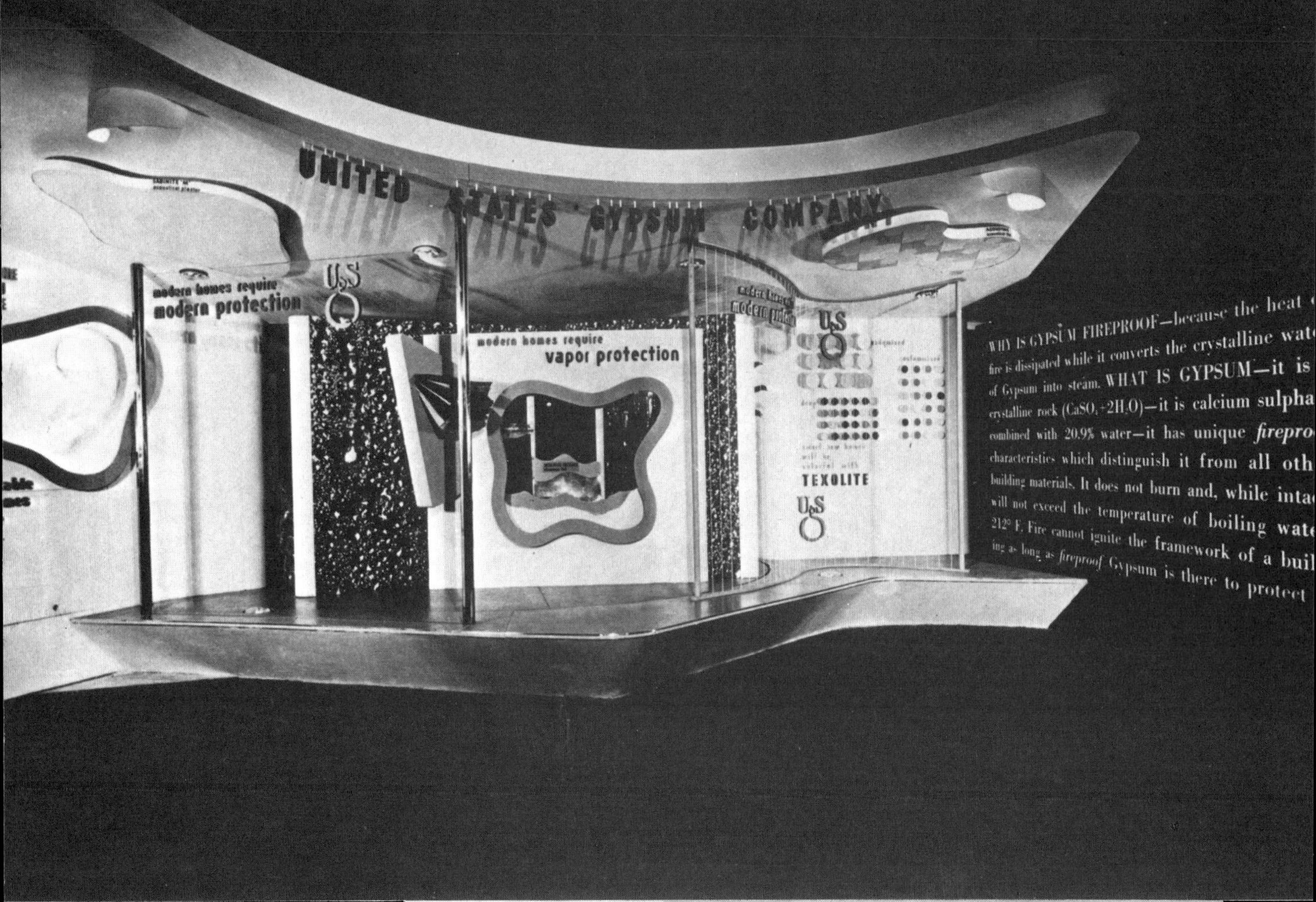
UNITED STATES GYPSUM COMPANY
modern homes require
modern protection
modern homes require
vapor protection
TEXOLITE
WHY IS GYPSUM FIREPROOF—because the heat o
fire is dissipated while it converts the crystalline wat
of Gypsum into steam. WHAT IS GYPSUM—it is
crystalline rock ($CaSO_4+2H_2O$)—it is calcium sulpha
combined with 20.9% water—it has unique fireproo
characteristics which distinguish it from all oth
building materials. It does not burn and, while inta
will not exceed the temperature of boiling wat
212° F. Fire cannot ignite the framework of a buil
ing as long as fireproof Gypsum is there to protect

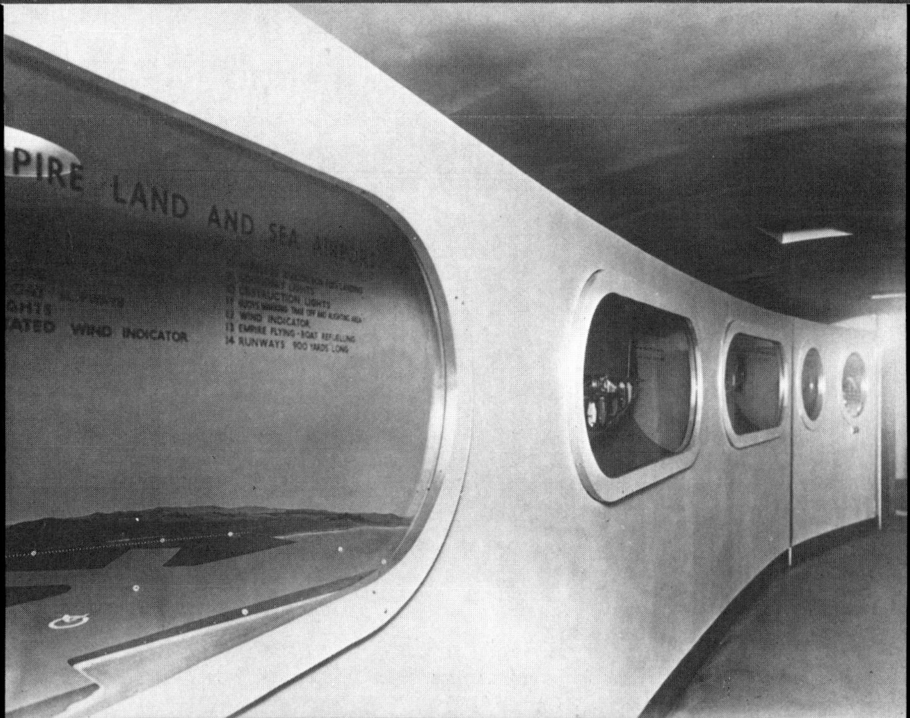
PIRE LAND AND SEA AIRPORT
WIND INDICATOR
12 WIND INDICATOR
13 EMPIRE FLYING-BOAT REFUELLING
14 RUNWAYS 900 YARDS LONG

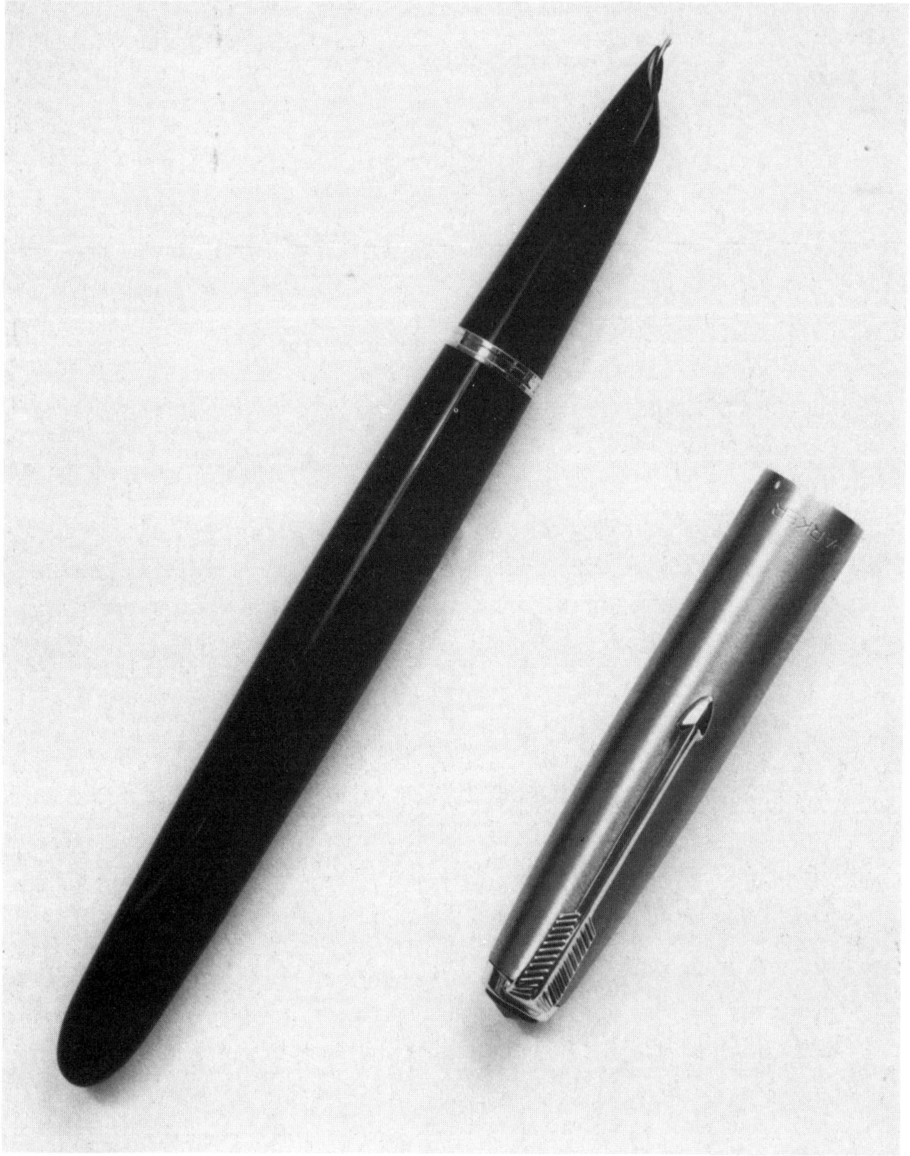

205. Plume Parker Pen 5 j, 1944-1946

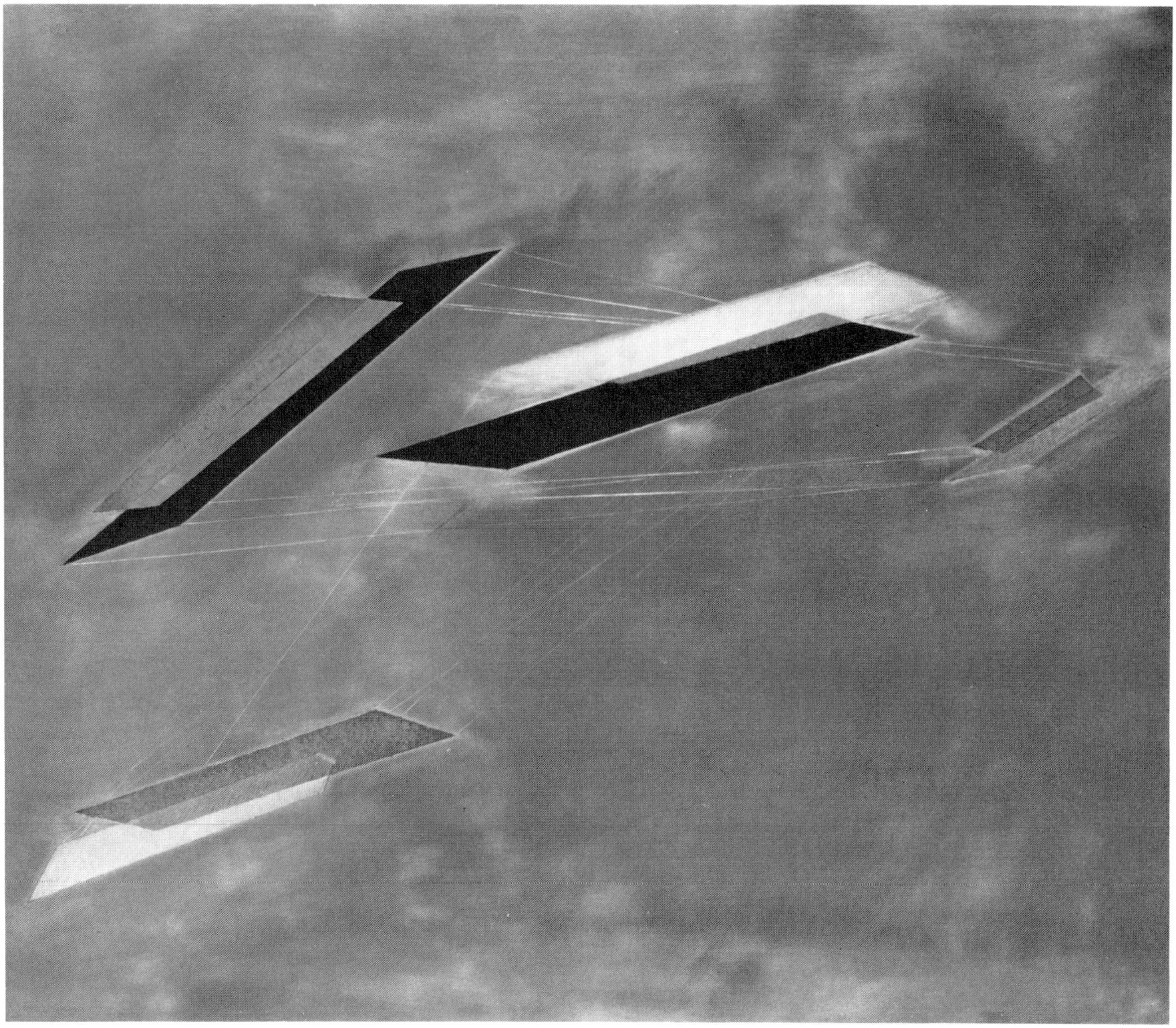

206. SIL 2, 1933

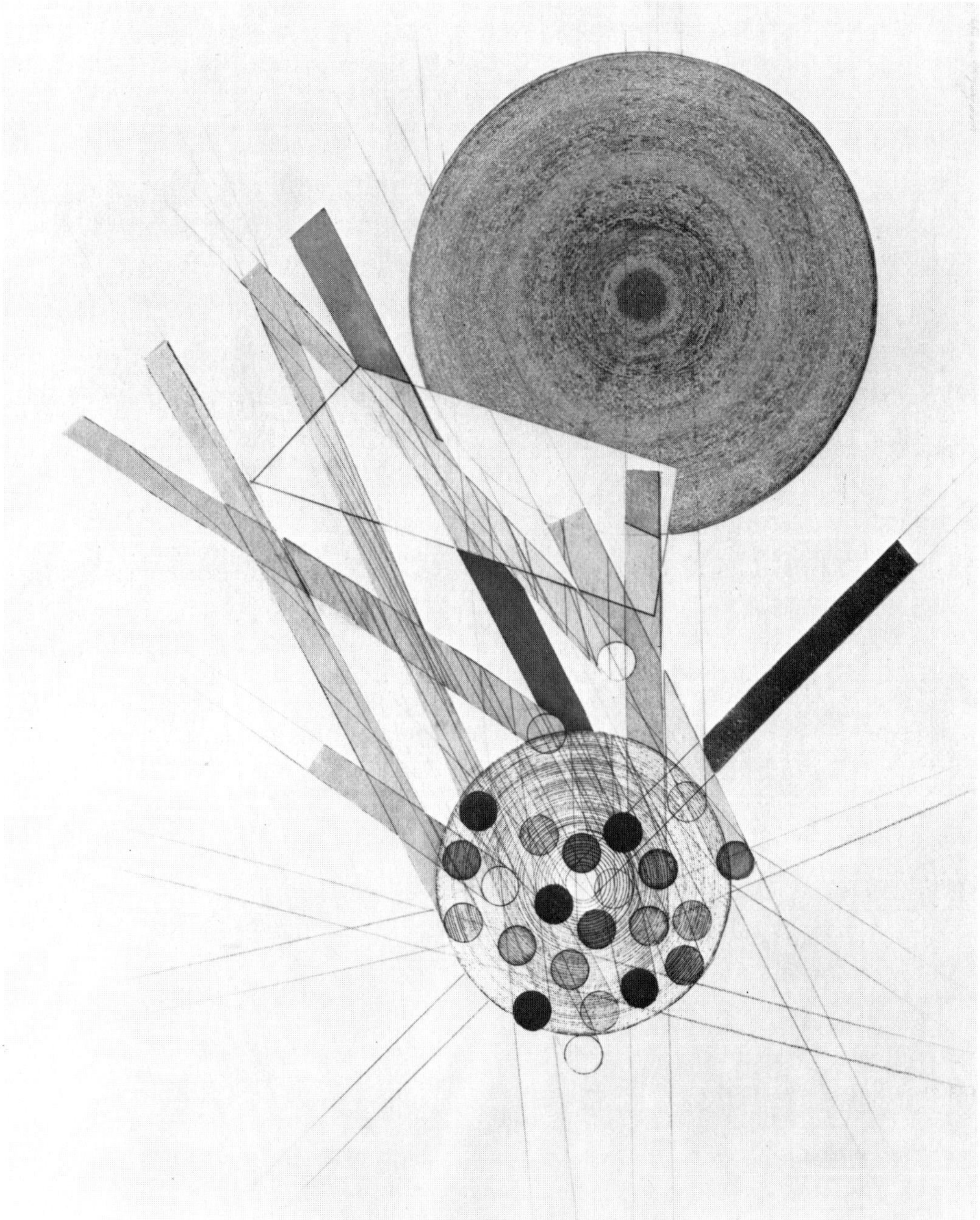

207. Collage, 1920
208. Spirale, 1921

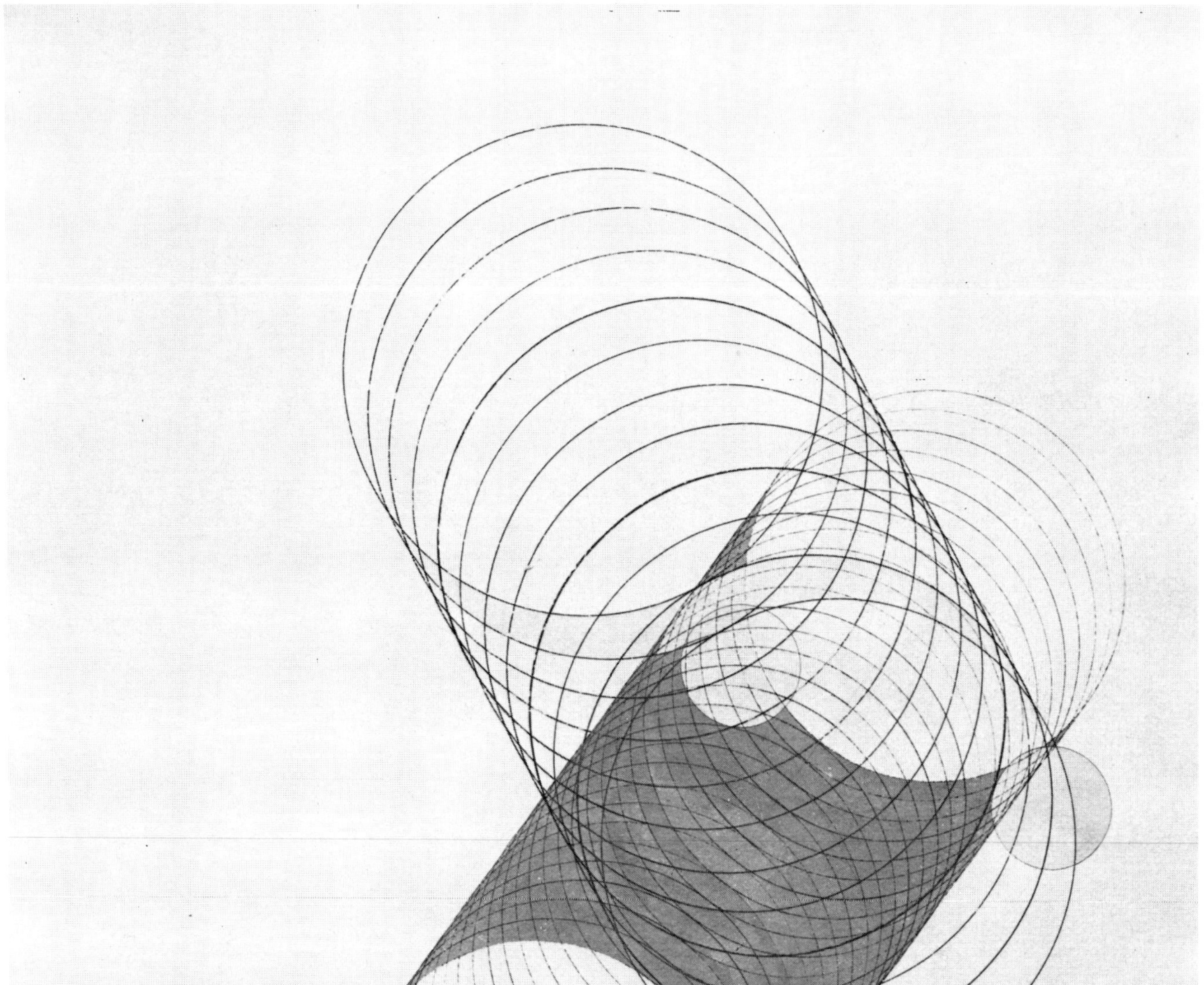

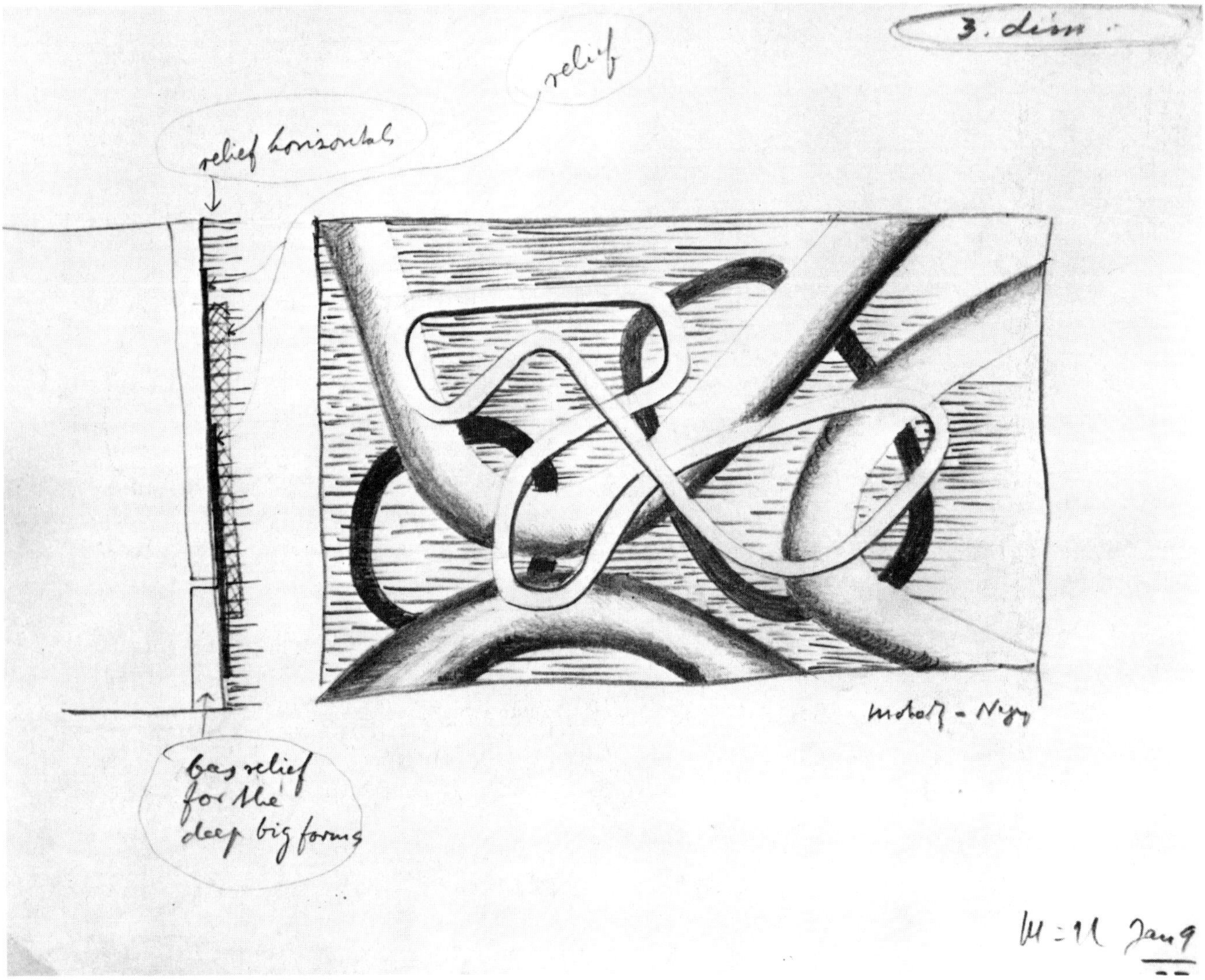

209. Relief à trois dimensions avec de grandes formes profondes, 1937
210. Espace CH 3, 1938
211. Espace CH 4, 1938

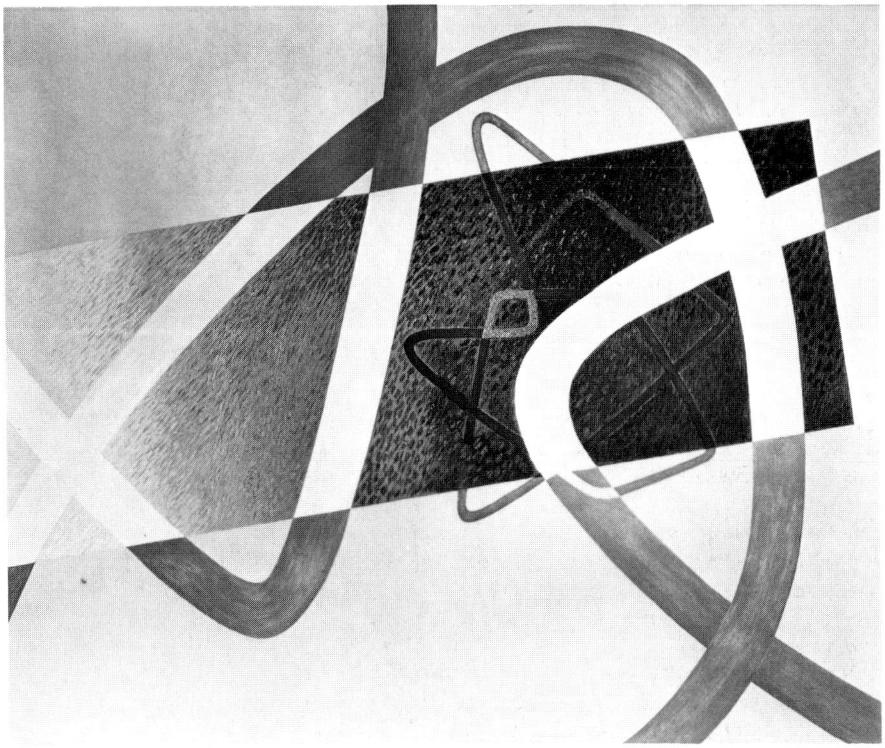

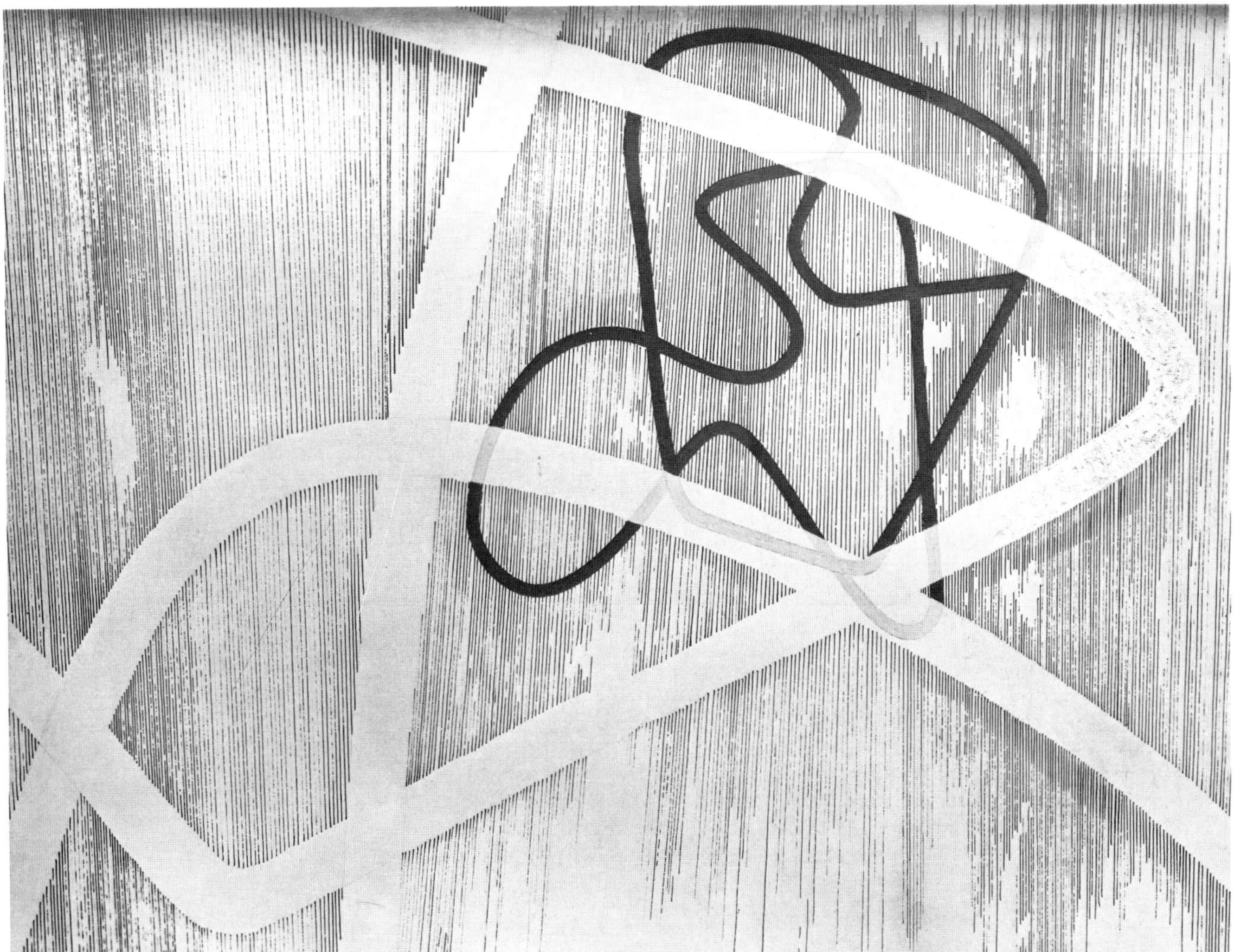

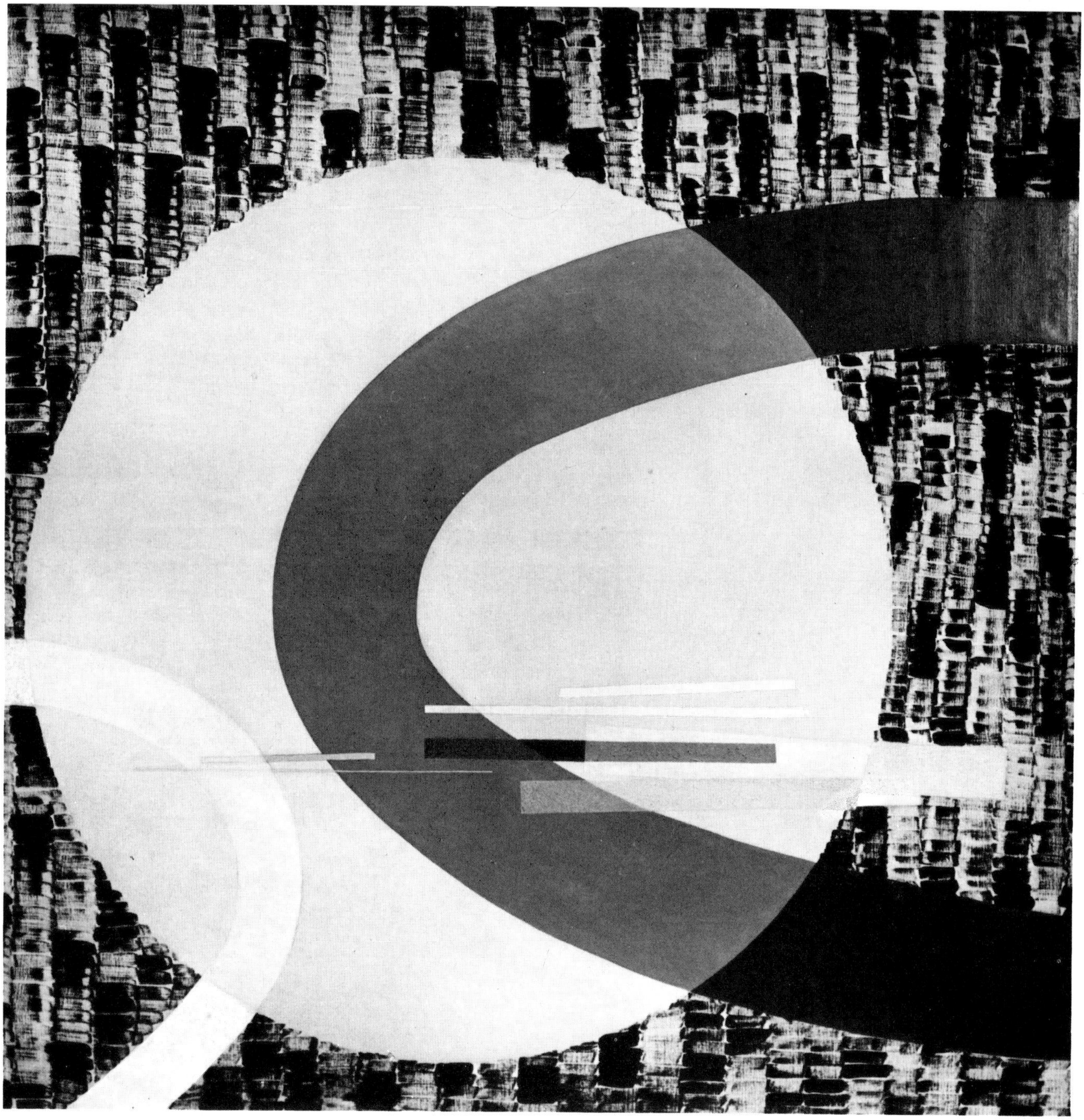

212. CH 14, 1939

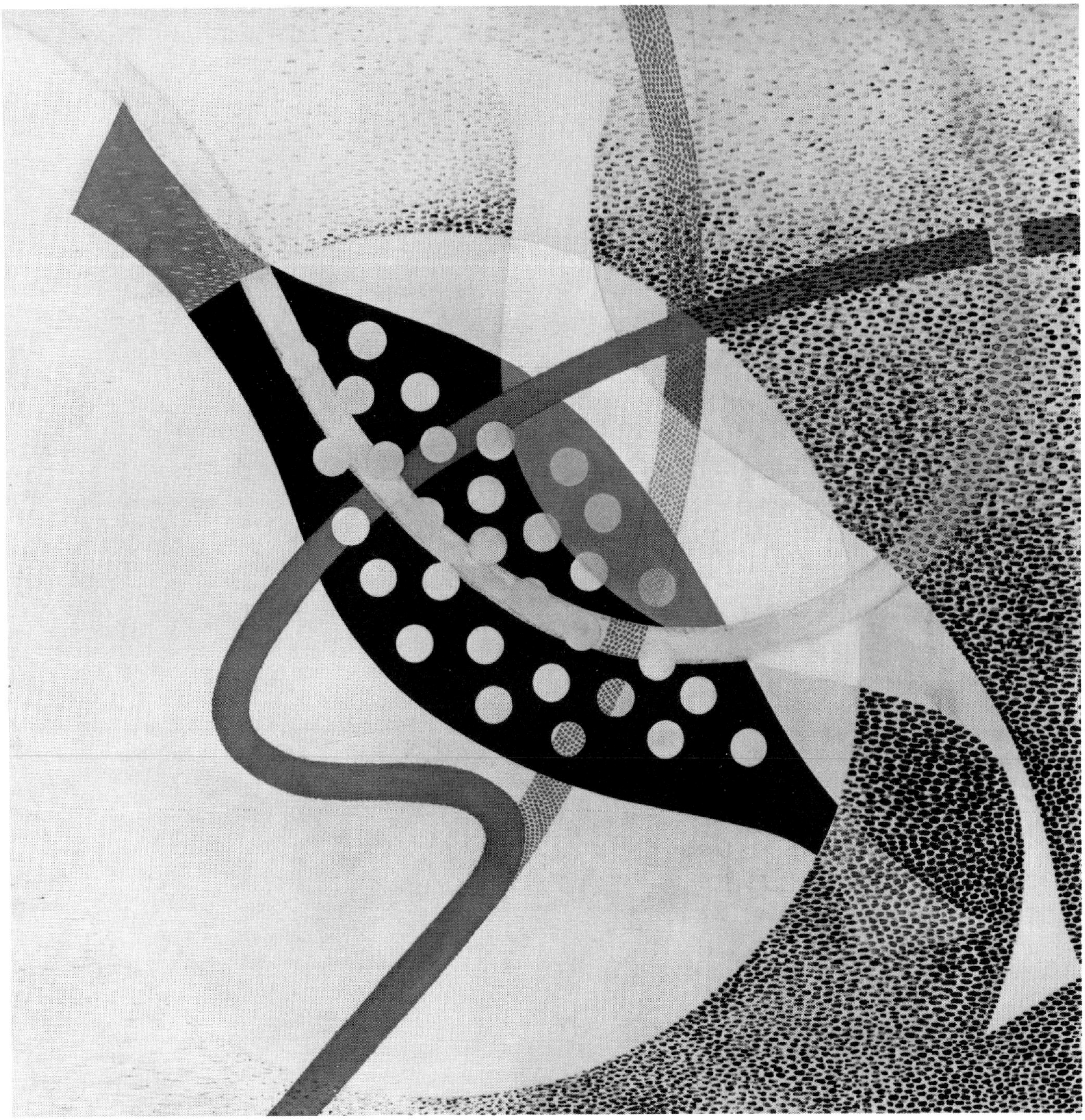

213. CH BEATA I (Chicago), 1939

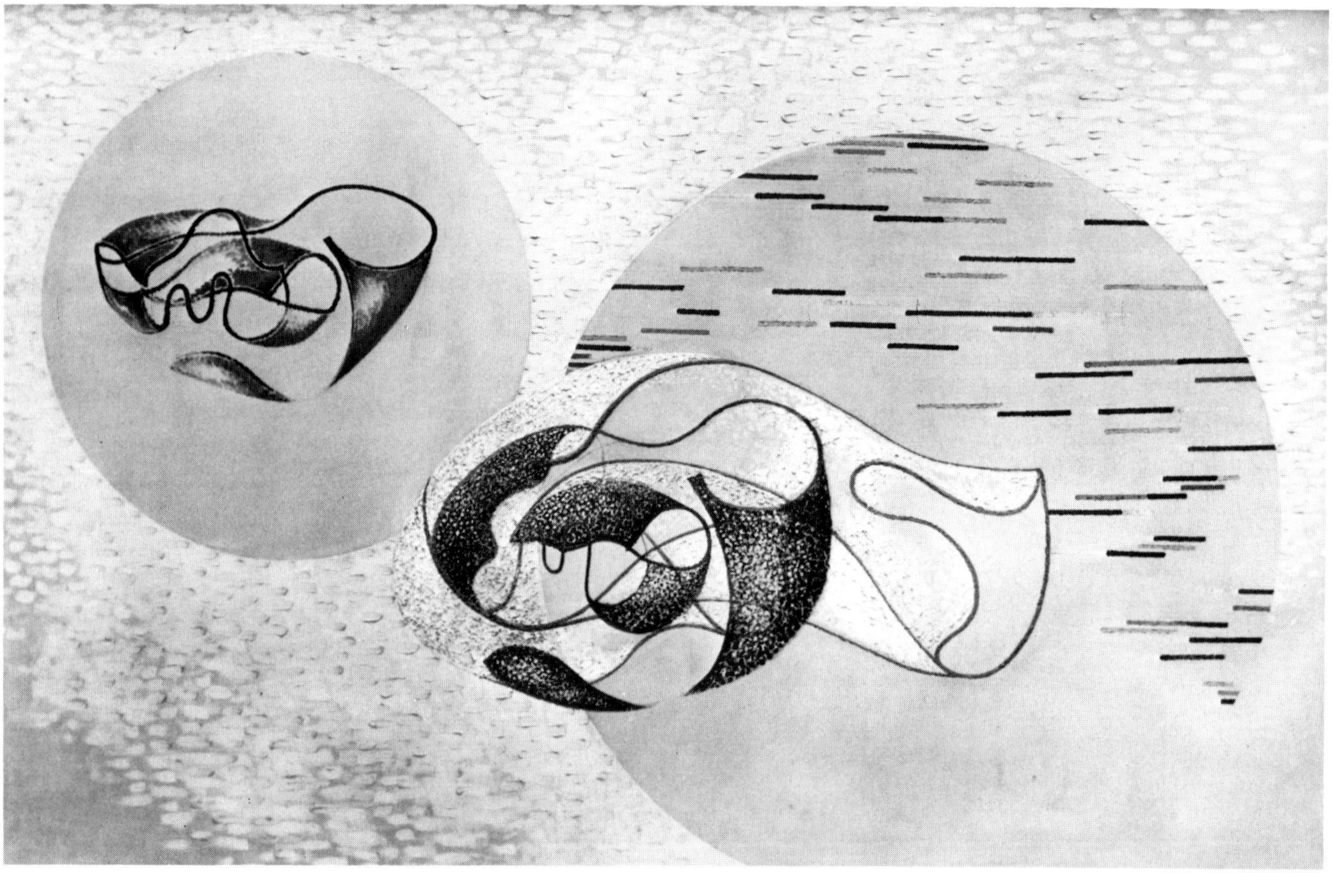

214. Composition CH B3, 1941

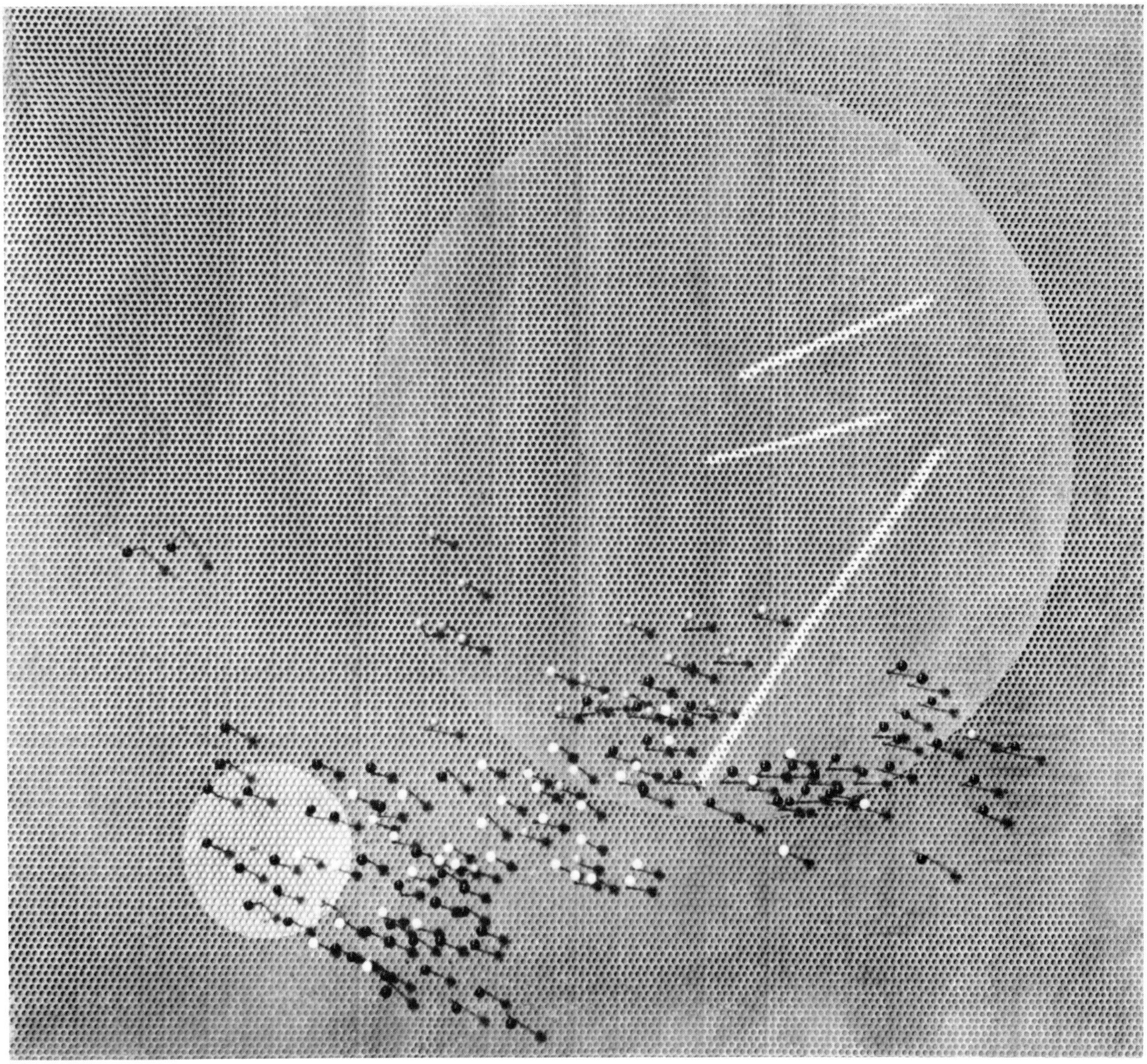

215. Modulateur de l'espace (13), 1935-1938

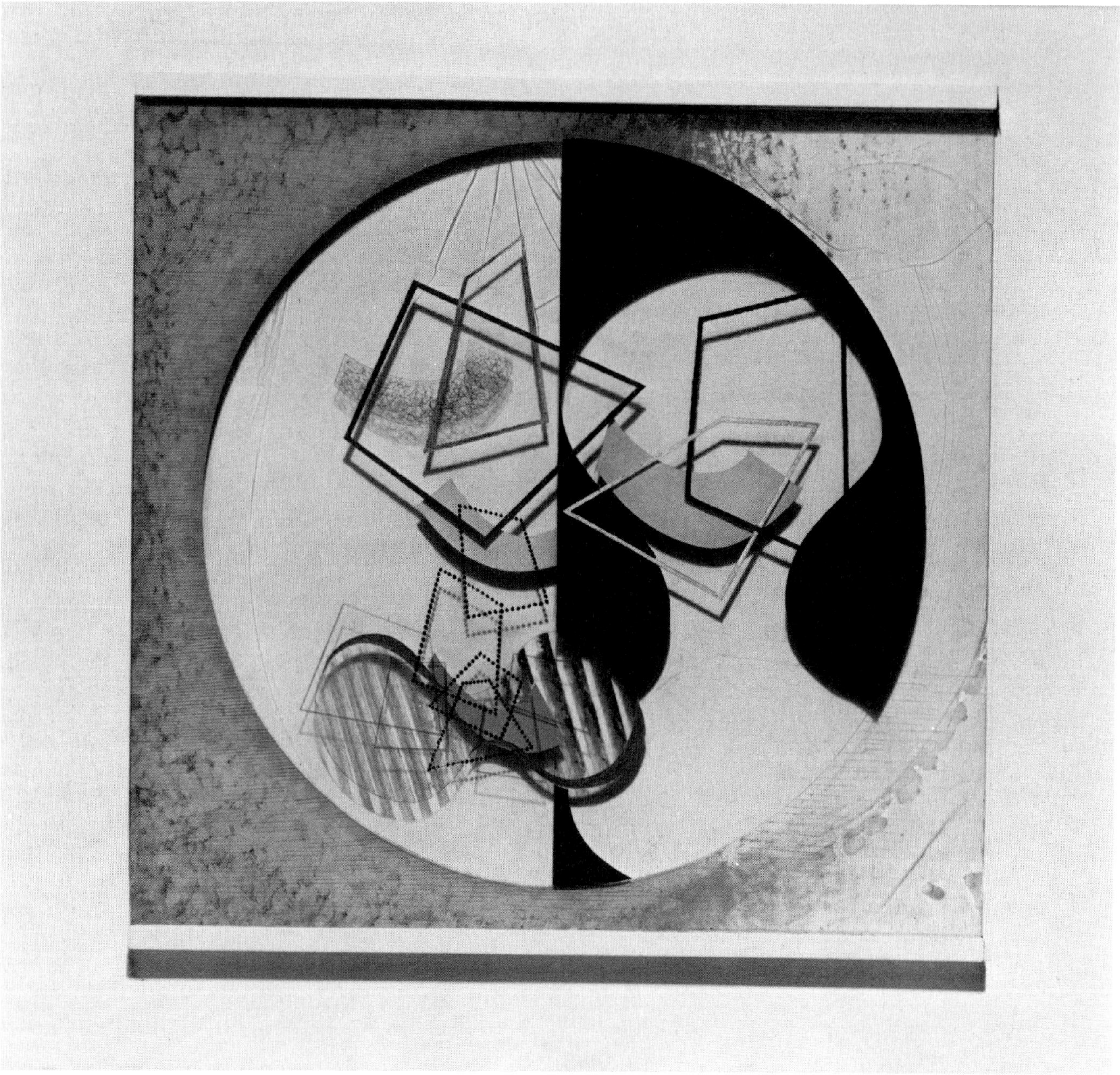

216. Modulateur de l'espace, 1939-1945

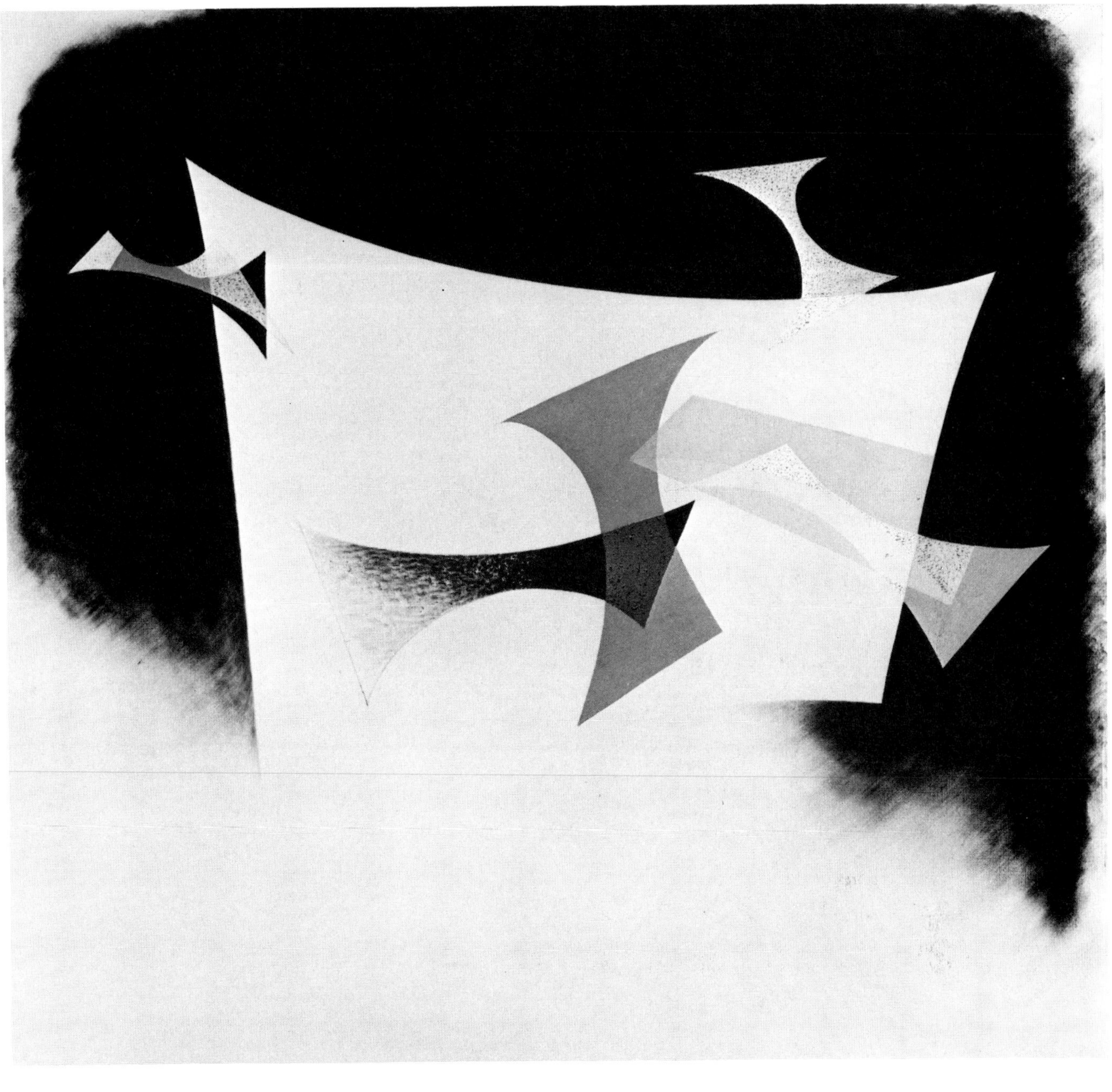

217. Composition CH7, 1941

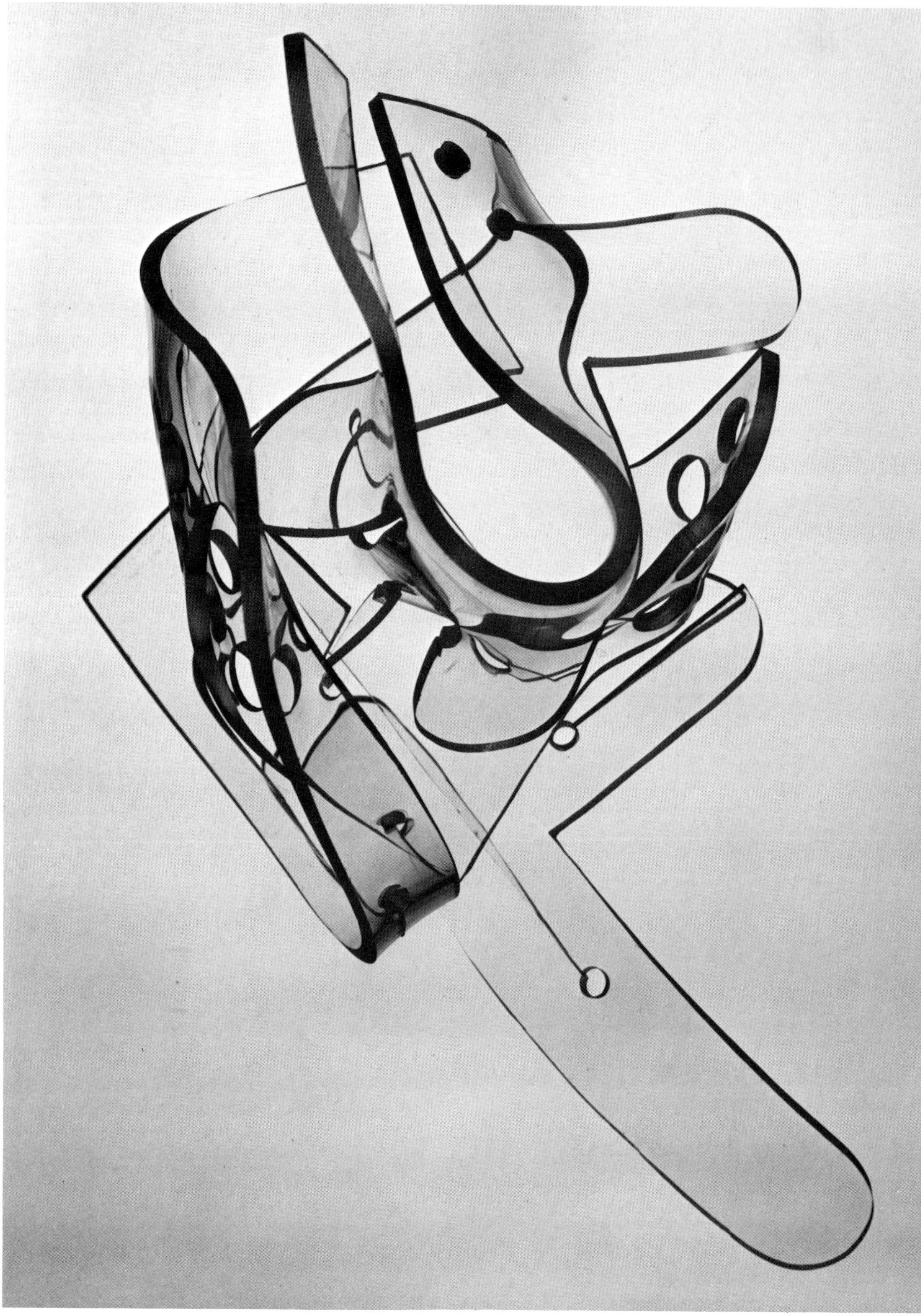

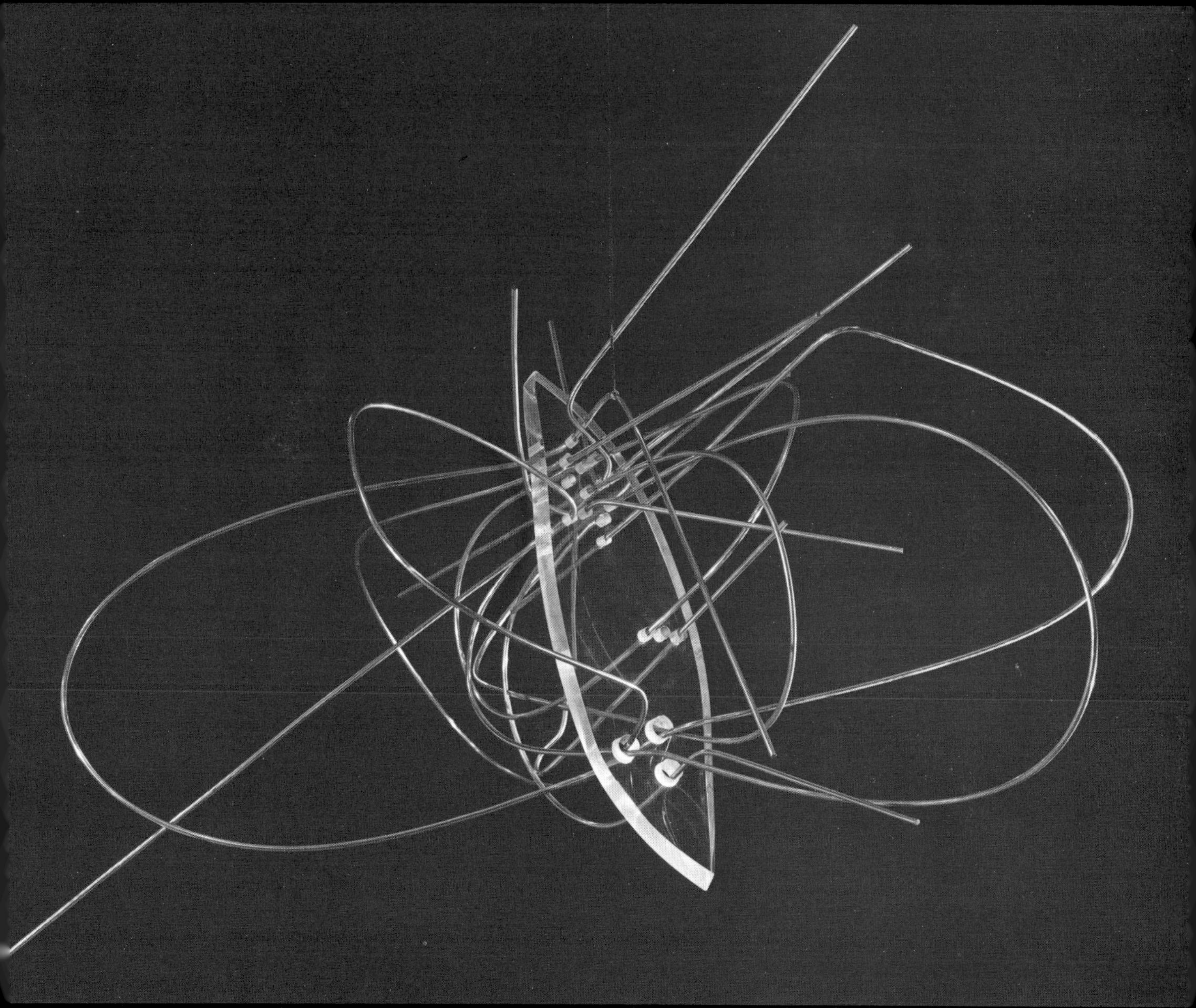

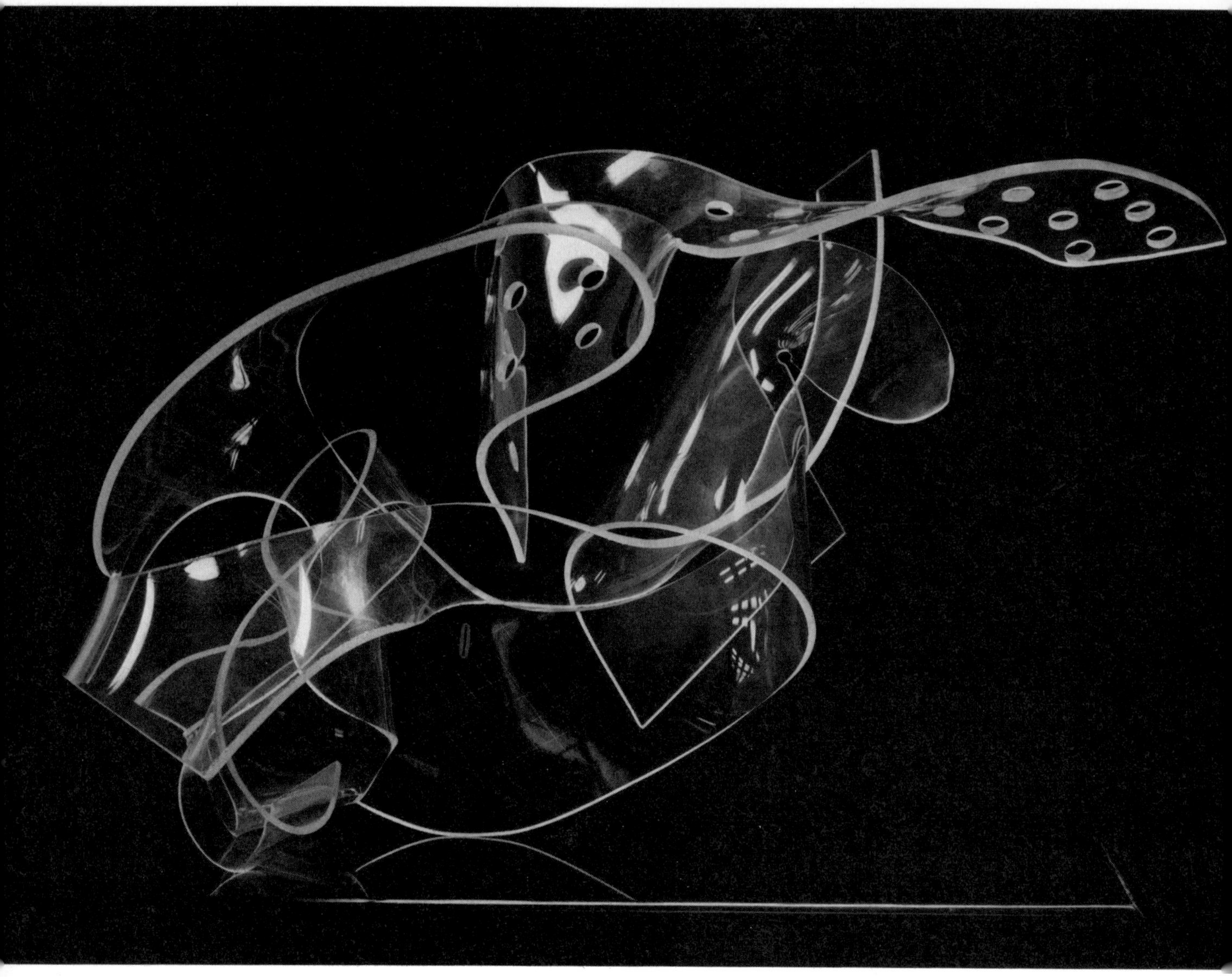

◁ **218.** Léda et le cygne, 1945
219. Forme double avec des barres chromées, 1946

220-221. Spirale, 1945

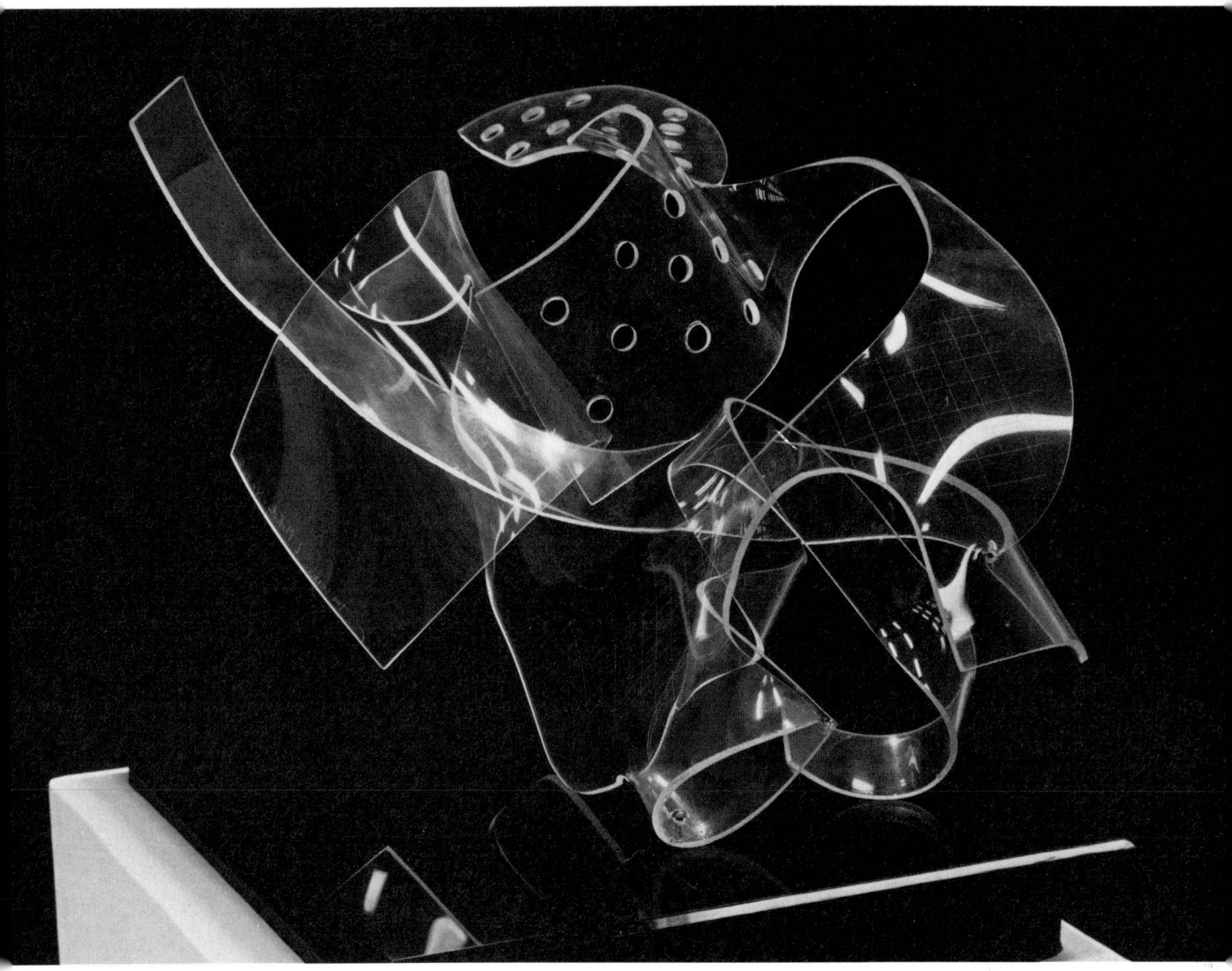

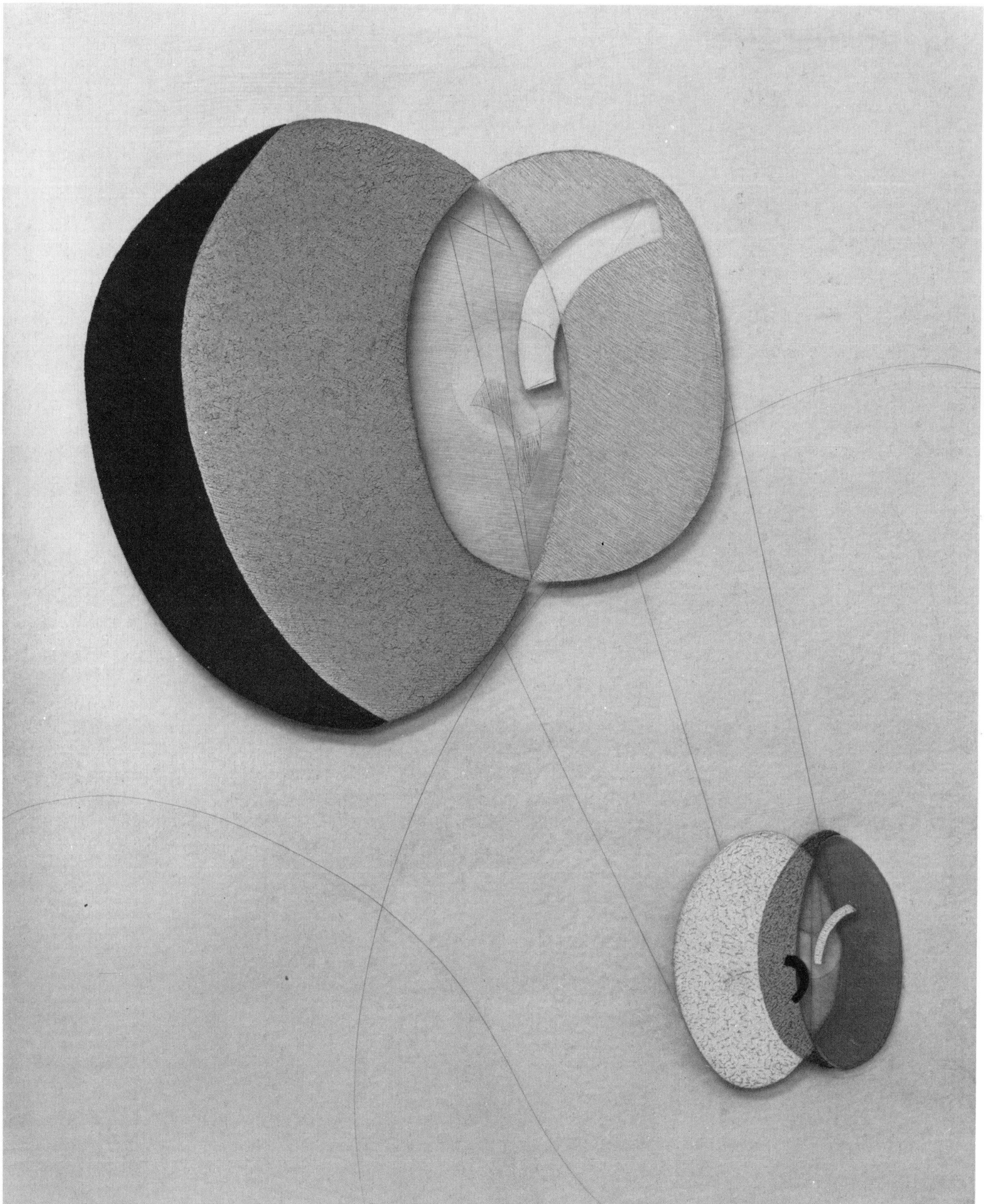

222. Sans titre, 1942

IIIe PARTIE

N. de E.: Pour les articles ayant été publiés directement en français, nous avons gardé la présentation et l'orthographe originales. Notamment les textes parus dans la revue Telehor *se trouvent dans ce cas.*

Les documents que le lecteur trouvera dans cette partie de notre ouvrage ne constituent qu'un choix des nombreux écrits dus à la plume de Moholy-Nagy ou consacrés à lui. Choix, il ne se veut donc point exhaustif, se contentant de contribuer, à l'aide de documents écrits, à rendre plus clair et plus plastique le portrait de cet artiste au talent extrêmement varié. Quant aux critiques, nous avons choisi les plus importantes, surtout celles parues pendant la vie de l'artiste; de même, nous nous sommes bornés à construire, à partir de documents liés à son activité artistique et du «Résumé» de sa vie, une sorte de simple esquisse biographique du créateur. Comme on le sait, Moholy-Nagy a souvent publié ses écrits dans différents organes hongrois ou autres, aussi, chaque fois qu'il existait des variantes françaises parues durant sa vie, avons-nous choisi de les reproduire ici telles quelles, sans y toucher, afin de conserver leur style «Moholy» caractéristique. Pour le reste, les traductions ont été établies à partir des textes originaux, allemands, hongrois, anglais, etc.

1. ARTICLES, ÉTUDES, SCÉNARIOS

Manifeste de l'art élémentariste

Aux artistes du monde entier!
Nous aimons dans l'art l'invention audacieuse, le renouveau. L'art est le résultat de toutes les tensions d'une époque. Nous vivons dans le présent. Pour cette raison, nous exigeons, comme résultat de notre époque, un art qui ne peut partir que de nous-mêmes, qui n'a pas existé avant nous et qui n'existera pas après nous, non pas à cause d'un changement de mode, mais parce que nous savons que l'art se renouvelle toujours et ne s'arrête pas aux déductions du passé. Nous luttons pour l'art élémentariste. L'art est élémentaire s'il ne fait pas de philosophie, mais se construit uniquement à partir de ses propres éléments. Être artiste, c'est se soumettre aux éléments de la création. Seul l'artiste peut découvrir les éléments de l'art. Ces derniers ne sont pas générés par le bon plaisir d'un seul. L'individu n'est pas isolé, l'artiste est seulement le représentant des tensions qui transforment en œuvres les éléments du monde. Artistes, soyez solidaires de l'art! Détournez-vous des styles. Nous exigeons l'abolition des styles pour instaurer **le style!** Le plagiat n'est jamais un style!
A nos yeux, ce manifeste constitue un acte; inspirés par la marche de notre époque, nous annonçons avec l'art élémentariste le renouveau de notre conception et de notre conscience, puisé dans les sources d'énergie qui s'entrecroisent inlassablement, qui façonnent l'esprit de l'époque, sa forme et aussi l'art pur, cet élément de base qui, libéré de l'utilité et de la beauté, jaillit de l'individu.
Nous exigeons l'art élémentariste! Contre la réaction dans l'art!

Berlin, 21 octobre, 1921.
Raoul Hausmann, Hans Arp, Ivan Puni, Moholy-Nagy.
De Stijl, *Leyde, 1921, n° 10.*

Discussion sur le problème du contenu et de la forme nouvelle

Après la publication dans le premier numéro d'Akasztott Ember[1] d'articles sur l'art, on a, de plusieurs côtés, exprimé le désir d'en discuter; nous avons décidé d'ouvrir une discussion dans notre revue, pour débattre des problèmes et pour clarifier les malentendus. Nous répondrons plus tard, dans un article global, aux avis exposés dans ce numéro et dans les numéros suivants. Nous commençons à publier les textes dans l'ordre où ils nous sont parvenus.

MOHOLY-NAGY:
Je salue Akasztott Ember parce que c'est un mouvement courageux et frondeur, mais, malgré ma sympathie, je dois réfuter un certain nombre de ses opinions qui risquent d'entraver le progrès et qui me semblent dangereuses.
Pourquoi cette grande discussion pour décider si on a le droit de s'exprimer par la parole, la couleur, la forme ou la lumière? L'homme s'exprime par chacun de ses gestes, par toutes ses manifestations. A la rigueur, on pourrait se demander si un peintre a la même valeur qu'un poète, qu'un technicien, qu'un sculpteur ou qu'un savant. Qui oserait en douter? Si aujourd'hui un homme a compris que tous les hommes ont le même droit de profiter des biens qui l'entourent et qui sont produits autour de lui – ce qui est une évidence indiscutable – s'il sait que, de nos jours, on ne peut l'obtenir que par la seule aide de la lutte des classes par exemple, et s'il ne se contente pas de savoir cette vérité mais s'il tente de l'imposer, alors cet homme parlera de toute façon au nom de l'humanité à travers les manifestations de son talent de créateur (comme peintre, ingénieur, artisan ou savant).
Mais son travail ne rehausse pas le créateur car il ne peut dégager de lui-même que ce qu'il avait déjà en lui. Le besoin de créer est justement éthique parce que le créateur ne veut pas garder pour lui les valeurs qui se sont accumulées en lui, parce qu'il a envie de les

transmettre aux autres hommes. (Le créateur travaille et lutte pour exprimer dans leur totalité les impulsions qui viennent des profondeurs de l'intuition, mais il ne réussit à le faire qu'approximativement.) Et comme on ne peut saisir qu'intuitivement les créations dues à l'intuition, qui pourrait prétendre que le «verbe» est un moyen d'expression supérieur à la couleur ou à la forme?
Nous, qui sommes convaincus de la nécessité de la lutte des classes et de son existence, nous ne trouvons pas essentiel qu'on se délecte à regarder un tableau, à écouter de la musique ou un poème. Le but principal de nos travaux est de hisser le plus tôt possible au niveau actuel* de l'humanité celui qui ne l'a pas encore atteint. Comme la compréhension intuitive n'est pas uniforme, certains hommes étant davantage touchés par les choses exprimées par la couleur et d'autres par celles communiquées par les paroles, nous avons le devoir d'ouvrir toutes les sources intuitives pour élargir le plus possible notre champ d'action.
Le fait que la société capitaliste profite souvent de notre travail dû à une instigation parfaitement morale, et que cette société l'utilise parfois contre le prolétariat, ce fait donc ne peut faire de nous les ennemis des créations (comme les destructeurs de machines anglais). Vouloir éliminer, à cause des gratte-ciel et des navires de guerre, les machines extraordinaires qui nous permettent de dominer la nature, c'est faire preuve d'une myopie dangereuse. Nous avons besoin de la machine, je le dis sans faire de romantisme mécanique. En effet, les gratte-ciel sont insalubres, cette forme d'architecture ne doit pas être un modèle, mais nous pouvons assumer les funiculaires, les grues ou les réservoirs d'eau qui sont les résultats géniaux du même esprit constructif. Les abus d'une société donnée ne peuvent entamer la valeur absolue des créations. Il ne faut pas incriminer la machine, c'est l'organisation de la société actuelle qui est mauvaise. Par conséquent, les créations seront accompagnées d'une propagande politique qui fera comprendre au prolétariat que toutes les créations sont à son service **mais seulement** s'il prend en main la direction de son destin.
Nos problèmes spécifiques (pour ma part, je peins et je réalise des constructions spatiales) ne peuvent pas être résolus en posant obstinément la question «de la forme et du contenu». Dans un travail, «la forme et le contenu» sont interdépendants. D'ailleurs, cette interdépendance n'est qu'une fiction, à mon avis on ne peut pas séparer «la forme et le contenu». L'homme d'aujourd'hui** refuse la question «de la forme et du contenu» posée par la culture dominante: il a commencé par rejeter les entraves héritées du passé (l'impressionnisme), puis il a essayé de former une nouvelle unité avec les bribes éparpillées (cubisme, futurisme, expressionnisme). Il s'est rendu compte que les débris ne pouvaient pas servir à construire quelque chose de nouveau; avec un éclat de rire impuissant et désespéré, il les a jetés au vent (dadaïsme). Il fallait recommencer le travail pour le nouvel ordre d'une nouvelle vie; il fallait s'approprier à nouveau les éléments les plus simples de l'expression, la couleur, la forme, la matière et l'espace. Nous qui aspirons à une vie nouvelle, nous ne pouvons pas nous contenter des dogmes des sociétés actuelles; pareillement, il nous a fallu définir à nouveau les rapports entre les couleurs, les formes et les tensions (suprématisme, constructivisme). Ainsi, nous sommes arrivés, par exemple en peinture, aux problèmes les plus simples et les plus compliqués à la fois: la structuration d'une surface régie plutôt par les exigences objectives des couleurs que par l'incitation subjective. C'est l'explication de l'utilisation du carré dont on s'est tant moqué. Un triangle ou un trapèze ou une figure géométrique irrégulière exercent une forte influence psychique rien que par leur forme; tandis qu'un carré, la forme la plus neutre, se contente de véhiculer la couleur et ne dérange pas les rapports des couleurs. Il en est de même pour ce qui concerne les constructions spatiales: cherchons la solution la plus simple qui nous permettra le mieux de travailler la matière, de dégager les tensions spatiales et de les intégrer à l'environnement pour augmenter sa vitalité. En vain déclarons-nous que le tableau de chevalet est mort, que la couleur n'est plus qu'un facteur de l'effort architectural, si nous ne pouvons pas définir avec assez de précision l'essence de cette architecture. Certes, en tant que collectif animé d'un même esprit, nous avançons lentement vers l'architecture mais nous ne possédons pas encore tous les éléments nécessaires et nous ne savons même pas nous servir des moyens qui sont à notre disposition car nous n'avons pas encore pu éliminer la tradition de tous les domaines de la vie. Nous sommes donc chargés de clarifier les composantes des besoins et des nécessités qui peuvent donner naissance à l'architecture (politiques, économiques, pédagogiques, médicales et biologiques, etc.), et nous devons apprendre à utiliser les éléments physiques de l'architecture (matière, espace, forme, couleur). On ne peut pas

* Le niveau de l'humanité est toujours celui des créateurs de la période donnée.
** Et, curieusement, s'il est un créateur, il est souvent intuitivement révolutionnaire, même sans une prise de position politique consciente.

commencer par bâtir et, une fois le toit posé, décider à quoi servira le bâtiment. Le travail créatif de la révolution culturelle sera de se demander où l'homme nouveau voudra habiter, lequel n'a plus rien en commun avec son prédécesseur, de quel matériau sera construite sa chambre, où la situer, quelle couleur et quelle forme lui donner. Tous les créateurs de ces derniers temps ont le pressentiment de ces besoins et se fixent pour but de clarifier les éléments et d'apprendre à les utiliser de façon autonome.
A mon avis, les beaux-arts et les sciences ont avancé plus loin dans cette direction que la littérature qui, si elle l'ose, gesticule en dadaïste et n'avance qu'à tâtons vers sa seule source de lumière, le «verbe». Le rôle de propagande de la «peinture engagée» est un autre problème. L'affiche utilisée jusqu'ici n'est pas la solution la plus efficace, à l'époque des affiches préparées à l'aide du film et de la photographie. Cette question est importante, non pas du point de vue du développement inéluctable de la peinture, mais pour savoir dans quelle mesure l'affiche exerce un effet psychique sur les foules. Une chose est certaine: si nous tous qui luttons pour la réalisation d'un ordre communiste, nous concentrions toutes nos forces pour résoudre ensemble ces problèmes, au lieu de nous combattre mutuellement, nous atteindrions plus rapidement le but.
Je souhaite sincèrement collaborer avec la revue **Akasztott Ember,** mais que Sándor Barta ne commette pas l'erreur de vouloir exclure du travail ceux qu'il ne connaît pas ou dont il ne comprend pas l'attitude!
Personne ne peut prétendre porter tout le poids de la lutte et assumer toutes les responsabilités. Nous aussi, nous travaillons, et notre travail n'est pas un jeu.

Akasztott Ember («L'homme pendu»), *Vienne, 1922, n°s 3-4, p. 3.*

Production – reproduction[2]

Si nous voulons réellement comprendre et développer l'expression et la formulation humaines dans l'art et dans les autres formes de création, il faut étudier les facteurs de son exécution, c'est-à-dire l'homme lui-même et les moyens qu'il a employés pour son activité créatrice.
La structure de l'homme, c'est la synthèse de tous ses organes fonctionnels: l'homme atteint à la perfection lorsque, à un moment de sa vie, il peut utiliser son appareil fonctionnel (les cellules comme les organes les plus complexes) jusqu'à l'extrême limite de ses capacités. Ce perfectionnement est le fait et le devoir de l'art, car l'effet dans son ensemble dépend de la perfection de l'organe récepteur, dans la mesure où l'art s'évertue à susciter de nouveaux **rapports** plus prometteurs entre les phénomènes optiques et acoustiques encore inconnus et d'autres phénomènes fonctionnels, et aussi dans la mesure où il oblige les organes fonctionnels à assimiler ces rapports. L'homme a une particularité: ses organes fonctionnels ne sont jamais saturés mais réagissent à toute nouvelle impulsion par des impressions nouvelles. C'est justement la raison principale de la nécessité constante de se livrer à des expériences pour obtenir des expressions nouvelles. **De ce point de vue, les créations ne sont utiles que si elles suscitent des rapports encore inconnus.**
La reproduction (la répétition de rapports existants) n'est, dans le meilleur des cas, qu'un exercice de virtuosité du point de vue spécifique de la création.
Comme la production (la création productive) sert avant tout la structure humaine, il faut essayer de mettre au service de buts productifs les instruments (les moyens) jusque-là utilisés seulement en vue de la reproduction. Ce postulat exige l'examen approfondi des questions suivantes:
A quoi sert un instrument (une capacité)?
Quelle est sa fonction?
Avons-nous une capacité et vaut-il la peine de développer l'instrument pour qu'il puisse servir à la production?
Examinons ces questions à l'aide de quelques exemples: gramophone; photographie (image fixe); film.
Le gramophone. Il a pour tâche de reproduire les phénomènes acoustiques existants. Une aiguille grave sur la cire les ondes à reproduire et on les transforme en sons à l'aide d'un microphone. Pour que l'appareil soit au service de buts productifs, il faut que, à l'écoute, les sillons gravés dans la cire par le créateur (sans intervention mécanique extérieure) restituent des consonances (sans l'intervention d'instruments nouveaux ou d'un orchestre), sonorités qui représentent un renouveau radical dans le processus de formation de sons (sons nouveaux et rapports de sons encore inexistants), de la composition et de l'imagination musicales.
Les conditions préalables à ce travail de laboratoire ont un caractère expérimental: examen méticuleux des sons différents obtenus à l'aide des divers types de sillons (en ce qui concerne la longueur, la largeur, la profondeur, etc.); examen des sillons et, finalement,

expériences mécano-techniques en vue du perfectionnement de l'écriture par les sillons. (Éventuellement la réduction mécanique de disques aux sillons plus larges.)
La photographie. L'appareil photographique fixe des phénomènes lumineux sur la paroi de bromure d'argent au fond de l'appareil. Jusqu'ici on n'a utilisé cette faculté de l'appareil que dans un sens secondaire, pour fixer (reproduire) la façon dont les objets reflètent ou absorbent la lumière. Si nous voulons mettre cet appareil au service de buts productifs, il faut utiliser la sensibilité à la lumière de la paroi de bromure d'argent de telle sorte qu'elle capte et fixe les phénomènes lumineux (les incidences des jeux lumineux) **produits par nous** à l'aide de miroirs, de systèmes de lentilles, etc. Sur ce plan aussi, il faut faire des expériences multiples. Dans ce domaine, les observations télescopiques des galaxies et les radiographies sont de premiers essais intéressants.
Le film. Rapports de mouvements des projections de lumière. Pour les obtenir, il faut faire défiler des mouvements partiels fixes. Jusqu'ici, le cinéma s'est limité à reproduire des actions dramatiques. Le domaine du film offre sans aucun doute la possibilité d'une série d'expériences importantes; il s'agit, d'une part, de travaux à caractère scientifique (observation de la dynamique des mouvements divers de l'homme, de l'animal, des villes, etc., observations fonctionnelles, chimiques, de journaux lumineux projetés sans fil, etc.). D'autre part, il s'agit d'organiser la reproduction elle-même du point de vue de la créativité, mais la tâche principale, c'est la **formation du mouvement lui-même.** Bien entendu, cette tâche ne peut être accomplie sans **un jeu formel produit par nous** et qui aide à véhiculer les mouvements. Dans ce sens, les films publicitaires, préparés sur la table de truquage, sont des tentatives naïves (publicités). Les œuvres de Ruttmann ont bien plus d'intérêt et aussi le Clavilux* de T. Wilfred pour lequel le mouvement est une action dramatique sans sujet (abstraction ou stylisation d'événements érotiques ou du domaine de la nature). Cette expérimentation vise à inclure aussi les images en couleurs.
Jusqu'à nos jours, l'œuvre la plus achevée est celle d'Eggeling et de Richter où, en remplacement de l'action dramatique, apparaît un jeu formel autonome; mais, pour le moment, celui-ci nuit à la formation du mouvement car le mouvement ne se dégage pas avec pureté, le développement trop accentué de la forme consomme presque toute l'énergie cinétique. Le pas suivant, c'est la formation du mouvement dans l'espace, sans l'intervention du développement direct des formes.

De Stijl, *Leyde, 1922, n° 7.*

Système de forces dynamico-constructif

La «constructivité**» vitale est la forme d'apparition de la vie et le principe de base de tout développement humain et cosmique.
Aujourd'hui, transplanté dans l'art, il signifie la transformation active de l'espace à l'aide du système de forces dynamico-constructif, c'est-à-dire par l'imbrication des forces antagonistes réelles de l'espace et leur insertion dans l'espace physique qui fonctionnera dorénavant comme une force (une tension).
La «constructivité», en tant que principe ordinateur des aspirations humaines, en partant de la technique, dans l'art de ces derniers temps, a abouti à une construction de formes statique qui s'est développée en une espèce de naturalisme technique; celui-ci a mené à des simplifications de la forme, finalement limitées à l'horizontale, à la verticale et à la diagonale. La meilleure solution était encore une construction excentrée (centrifuge) qui fait allusion aux rapports de tensions des formes et de l'espace mais qui ne résout pas la question.
Par conséquent, nous devons remplacer le **principe statique de l'art classique** par la **dynamique de la vie universelle.** En pratique: au lieu d'une construction statique des **matériaux** (rapports de la forme et de la matière), il faut organiser une construction dynamique, une «constructivité» vitale, un rapport de forces où la matière n'est employée qu'en tant que véhicule de l'énergie.
Le développement de la construction individuelle dynamique a pour résultat le **système de forces dynamico-constructif** où l'homme, réceptif à la conception actuelle de la création artistique et décuplant toutes ses capacités, devient le facteur actif des forces en gestation.
Les problèmes de ce système de forces sont liés, d'une part, au problème d'une sculpture mobile et libre dans l'espace et, d'autre part, à celui du film, en tant que projection de

* Il s'agit d'un orgue de couleurs, la lumière étant projetée sur une surface et non dans l'espace.
** En allemand : « Konstruktivität ». (N.d.T.)

mouvements. Les premières esquisses du système de forces dynamico-constructif ne peuvent être que des outils d'expérimentation et de démonstration, prévus pour prouver les rapports entre la matière, l'énergie et l'espace. Par la suite viendra l'utilisation des résultats expérimentaux avec la création d'œuvres d'art qui bougent librement (libérées du mouvement mécanotechnique).

Kemény, Moholy-Nagy.
Der Sturm, *Berlin, décembre 1922.*

Déclaration[3]

Nous avons conscience du fait que le constructivisme est en passe de s'embourgeoiser de plus en plus. L'un des phénomènes qui marquent ce processus est l'esthétisme constructif (mécanisé) du groupe hollandais De Stijl; l'autre, c'est le naturalisme technique auquel ont abouti les constructivistes russes (le groupe Obmohu), avec des structures techniques, des constructions qui sont au service de la représentation.
Tout art qui se hausse au-dessus des organisations sociales, dans le lointain esthétique ou cosmique, se place à un niveau bourgeois, même si ses adeptes se disent constructivistes. Cette remarque vaut aussi pour toutes les formes du naturalisme actuel; peu importe que le sujet de l'art soit la machine ou la nature.
Par conséquent, nous faisons une différence entre l'esthétisme des constructivistes bourgeois et l'art constructiviste qui découle de notre idéologie communiste. Par ses éléments formels, ses matériaux et ses structures, cet art prépare l'architecture collective du futur qui sera la forme artistique centrale de la société communiste. En tant que telle, elle ne sera ni absolue ni dogmatique et aura une conscience claire **du rôle partiel qu'elle remplit dans l'actuel processus de la transformation sociale.** Son contenu architectural, aux possibilités constructives, la hissera au-dessus du constructivisme bourgeois; cette forme artistique est opposée à l'architecture actuelle de la société bourgeoise et ne pourrait finalement être réalisée que dans le cadre d'une société communiste. En revanche, les constructivistes bourgeois offrent une architecture artistique qui ne correspond qu'aux formes de la vie de l'actuelle société capitaliste grande bourgeoise et qui ne peut être réalisée que dans le cadre de cette société. Le constructivisme ainsi révisé (destructif du point de vue bourgeois) qui représente seulement une petite fraction du mouvement artistique actuel, connu sous le nom de constructivisme, conduit, d'une part, dans la vie pratique, à une architecture constructive qui ne peut se réaliser que dans la société communiste*, d'autre part, sur le plan théorique, au système de forces constructif dynamique (en mouvement) qui organise l'espace en mouvement. Ce dernier débouche sur un autre résultat pratique: l'architecture dynamique. Le chemin mène, par des étapes differentes, vers les deux buts.
Les artistes doivent lutter avec le prolétariat pour l'avènement de la société communiste, par conséquent, nous voulons subordonner nos propres intérêts à ceux du prolétariat. Nous pensons ne pouvoir le faire qu'à l'intérieur du parti communiste et en collaborant avec le prolétariat. Pour cette raison, nous croyons indispensable la création d'un **organe Proletkult** qui rendra possible le travail en commun et nous nous joignons à **Egység** qui a commencé à travailler dans ce but**.
Le nouvel organe Proletkult doit combattre la culture bourgeoise (travail de destruction) et chercher le chemin vers une nouvelle culture communiste (travail constructif); de plus, il doit libérer le prolétariat de l'emprise de la culture bourgeoise et lui inspirer, à la place de l'avidité culturelle des intellectuels bourgeois, le désir d'organiser la vie de la façon la plus parfaite. Les artistes de l'organe Proletkult doivent tendre vers un art prolétaire et collectif d'un très haut niveau (adéquat).

Ernő Kállai, Alfréd Kemény, László Moholy-Nagy, László Péri.
Egység, *Vienne-Berlin, 1923, n° 4, p. 51.*

Une nouvelle création dans la musique. Les possibilités du «gramophone»

Parmi les expériences musicales actuelles, les essais réalisés avec des amplificateurs qui ouvrent une nouvelle voie dans la création de phénomènes acoustiques présentent un grand intérêt. Les « bruitistes » italiens se sont efforcés de construire des instruments

* La construction urbaine à la base d'un projet d'ensemble, avec de nouveaux matériaux (non encore utilisés) correspondant aux besoins collectifs de la société communiste et des formes développées à partir des possibilités constructives de ces nouveaux matériaux.
** Nous en prenons bonne note. Nous ne sommes pas d'accord sur l'appréciation excessive du constructivisme; nous y reviendrons dans notre prochain numéro dans un article en forme de débat. Le rédacteur.

nouveaux avec des combinaisons nouvelles de tonalités. Grâce aux expériences réalisées avec un amplificateur, instrument apte à créer des phénomènes acoustiques de toutes sortes, ces tentatives sont couronnées de succès et appelées à se perfectionner. Mais ce n'est pas la seule possibilité en ce qui concerne la nouvelle création musicale. Je voudrais évoquer l'excellent article de **P. Mondrian :** « La nouvelle création dans la musique et les bruitistes italiens » **(De Stijl)** dans lequel il analyse les principes du renouveau de la formation des sons.

Il écrit : « La musique ne peut pas se développer par l'enrichissement, l'accumulation, la diminution ou l'amplification des sons ; il faut résorber la dualité entre ce qui est individuel et universel, naturel ou spirituel : c'est-à-dire qu'atteindre l'équilibre de l'homme est le but de toute création. » Il dit aussi : « Les bruits de la nature sont dus à une fusion perpétuelle. La musique ancienne, qui avait en partie interrompu cette fusion incessante, avait transformé les bruits en tons et les a insérés dans une harmonie donnée. Pour susciter un mode de création plus universel, la nouvelle musique doit oser établir un nouvel ordre des tons et des sons atonaux (certains bruits). Il faut que, pendant la création, nous nous débarrassions de ce qui est 'naturel', 'animal', dont les caractéristiques sont la fusion et la répétition. Si on veut éviter le règne de la fusion, donc le règne de l'individuel, les instruments doivent émettre des sons dont la longueur d'onde et le nombre des oscillations sont aussi réguliers que possible. Il faut construire des instruments permettant l'interruption immédiate des résonances. Une telle création est inimaginable faute d'une technique nouvelle et des instruments nouveaux. »

Ces exigences, qui peuvent être satisfaites **de l'extérieur** à l'aide d'inventions techniques, ne posent plus de problèmes grâce à l'utilisation des amplificateurs. Dans le domaine de la création musicale, j'ai d'autres aspirations qui sont proches des idées de Mondrian. Je ne mentionnerai pas dans ce qui suit les motivations de la nouvelle création musicale, je ne parlerai que d'une des possibilités de son développement grâce à un nouveau moyen d'expression.

Je propose la transformation du « gramophone » : il faut en faire un moyen productif. Les phénomènes acoustiques doivent se graver sur le disque sans existence au préalable.

Comme j'ai déjà détaillé ce procédé pour illustrer une autre suite d'idées, je me bornerai à énumérer brièvement les possibilités qui mèneraient à la transformation de notre conception musicale. Théoriquement, il semble évident que :

1. Par l'établissement d'un alphabet gravé, nous obtenons l'instrument total qui rend superflus tous les instruments connus.
2. Les signes graphiques permettent la formation d'une gamme mécano-graphique*, d'une nouvelle harmonie mécanique, si on examine un à un les signes graphiques et si on systématise leurs rapports. (Évoquons ici une proposition qui paraît encore utopique : la traduction en musique de représentations graphiques, traduction appuyée sur les lois strictes de leurs inter-relations.)
3. Le compositeur peut composer sur le disque une œuvre prête à être reproduite, donc il n'est plus à la merci d'un interprète. En général, l'interprète essayait jusqu'ici de glisser son état d'âme entre les notes de la composition. Les nouvelles possibilités du gramophone poseront aussi sur une base plus saine l'éducation musicale dilettante de nos jours. Au lieu de « talents reproductifs » qui n'ont rien à voir, ni de façon active ni de façon passive, avec la **véritable** formation de sons, nous verrons des gens qui seront de **véritables** consommateurs ou créateurs de musique.
4. L'introduction de ce système faciliterait l'exécution des œuvres musicales : on ne dépendrait plus des entreprises qui gèrent les grands orchestres ; la création originale serait largement diffusée à l'aide d'un moyen simple.

(Dernièrement, des perfectionnements techniques ont amélioré le rendement du phonographe. Dans ce domaine, il faut mentionner deux inventions importantes : l'une utilise le courant électrique, l'autre une nouvelle membrane, et les œuvres enregistrées sont répétées presque sans frottement. Je crois que si nous insistons sur cette exigence, nous posséderons bientôt des appareils techniquement irréprochables.)

Sur le plan de la création musicale, il faut commencer le travail pratique avec le phonographe par les expériences suivantes :

1. Comme les sillons du disque obtenu de façon mécanique sont extrêmement petits, il faut trouver le moyen de réduire, par un procédé mécano-technique, au format du disque actuel un grand disque avec des sillons que l'on peut aisément traiter à la main. Le mieux serait de photographier un disque de phonographe et de préparer un cliché photographique ou

* Notre gamme actuelle a mille ans et nous ne sommes pas obligés de nous limiter à ses modestes possibilités.

autotypique à l'aide du procédé galvanoplastique ou zincographique. Si ce disque est à peu près audible, nous avons une base pour continuer le travail.
2. Il faut étudier les signes graphiques des phénomènes acoustiques divers (simultanés ou isolés). Il faut utiliser les appareils de projection du film. (A ce sujet, il y a des descriptions détaillées dans les manuels de physique.)
3. Il faut examiner les sons mécaniques, métalliques, minéralogiques et essayer d'en faire un langage, pour l'instant graphique. Il faut examiner attentivement les signes suscités par des tons de couleurs différentes.
4. Il faut établir graphiquement les rapports de contrastes les plus importants. (Avant de faire l'expérience sur le disque de cire, il faudrait suivre avec une aiguille sur un tirage du disque les ondes musicales gravées sciemment, pour avoir une idée de leur représentation graphique.)
5. Ensuite, on peut **improviser** sur le disque de cire. On ne peut pas établir théoriquement les résultats sonores mais on peut penser qu'ils seront très stimulants, car ce domaine nous est assez peu connu.

Der Sturm, *Berlin, juillet 1923.*

La lumière – nouveau moyen d'expression de l'art plastique[4]

Depuis la découverte de la photographie, on n'a rien inventé de nouveau en ce qui concerne les principes et la technique du procédé. Toutes les nouveautés datent de l'époque de Daguerre (environ 1830) et le travail des artistes modernes est fondé sur des conceptions esthétiques désuètes selon lesquelles il faut copier la nature à l'aide de la caméra en une reproduction mécanique de la perspective.
Bien que la **sensibilité à la lumière** des surfaces chimiquement traitées (verre, métal, papier, etc.) soit de toute évidence l'élément le plus important du procédé photographique qui a ses propres lois, on a utilisé la plaque sensible selon les règles de la **camera obscura** qui obéit aux lois traditionnelles de la perspective et on n'a jamais expérimenté à fond toutes ses possibilités.
L'utilisation spécifique de la couche sensible révèle des phénomènes que l'œil humain est impuissant à capter. On peut le rendre visible seulement à l'aide de l'appareil de photographie qui perfectionne la vision humaine. Certes, on utilisait cette méthode pour certaines expériences scientifiques, par exemple, pour étudier des mouvements (marche, saut, galop) et pour des recherches zoologiques et minéralogiques, mais il s'agissait d'expériences isolées dont les résultats ne pouvaient être ni comparés ni mis en relation. Ajoutons que notre intellect complète, du point de vue spatial et formel, les phénomènes optiques perçus par l'œil ; l'appareil de photographie se contente de reproduire l'image optique (déformation, raccourci, etc.).
Une possibilité de la recherche est l'examen et l'application des divers mélanges chimiques qui produisent des effets lumineux non perceptibles à l'œil (par exemple, les rayons électro-magnétiques, les rayons X, etc.).
Un autre moyen d'investigation est la mise au point d'appareils nouveaux; d'abord, on améliore la **camera obscura**, puis on élimine la perspective. Dans le premier cas, on emploie un appareil muni de lentilles et d'une série de miroirs qui permettent de photographier l'environnement de tous les côtés; dans le deuxième cas, on utilise un appareil construit selon de nouvelles lois optiques, ce qui mène à la «composition de lumière», dans laquelle la lumière est un nouveau moyen artistique, comme la couleur dans la peinture ou le son dans la musique.
Ce monde tout nouveau de l'expression révèle des horizons inconnus. Les possibilités de ce mode de composition grandiront au fur et à mesure que nous passerons de la représentation statique à l'image mobile du film. Je me suis livré à quelques simples expériences dans ce sens qui permettent d'espérer des découvertes très positives. Et si on vérifiait ces essais dans un laboratoire installé à cet effet, on obtiendrait certainement des résultats encore plus importants. La couche sensible, qui réfléchit ou absorbe la lumière, réagit mécaniquement à son environnement. J'ai essayé d'agir sur ce processus à l'aide de lentilles et de miroirs; j'ai conduit la lumière à travers des matières diverses: eau, huile, acides, cristaux, métal, verre, tissu, etc. Cela veut dire que j'ai **dirigé** sur l'écran la lumière filtrée, reflétée ou brisée et après je l'ai photographiée. Ou bien j'ai projeté directement sur la couche sensible, et non plus sur l'écran, les effets lumineux eux-mêmes (photographie sans caméra). Comme ces effets lumineux se présentent toujours en mouvement, c'est naturellement grâce au film que ce procédé arrivera à se perfectionner.

Broom, *New York, mars 1923.*

La typographie contemporaine: buts, pratique, critique

Une création typographique est moderne si elle se sert de ses propres moyens, en tenant compte de ses propres lois, si elle vibre à l'unisson avec les phénomènes de la vie environnante, si elle maintient des rapports de forces réciproques entre eux.
Au cours des dernières années, on a élucidé un grand nombre de questions sur le comportement humain et sur la création. Les connaissances théoriques et intuitives se sont répandues et leurs effets se manifestent dans beaucoup de domaines. Le développement est devenu souvent tellement rapide (du moins sur le plan de la réflexion), que l'on voudrait réaliser immédiatement les formes du futur déjà discernables, sans passer par les phases intermédiaires indispensables.
Dans ce contexte, il faut envisager les perspectives du développement de nos moyens de communication et d'information qui peuvent avoir comme résultat l'amenuisement sensible du terrain de la communication imprimée, des livres, des affiches, des journaux, etc. La grande diffusion du film, du «gramophone», de la radio entraîne un bouleversement important, et ce n'est pas faire preuve d'utopie que d'envisager le remplacement des bibliothèques actuelles par des collections de disques et de films. Si nous perfectionnons le phonographe et le système d'amplification, et si nous établissons un langage mécanique approprié du point de vue sonore pour ces instruments, nous arriverons sans doute à un point où les futurs auteurs ne diffuseront plus leurs œuvres littéraires d'une façon typographique ou optique, mais par des moyens mécanophonétiques (disques, bandes perforées pour l'amplificateur, radio) ou optophonétiques (le film parlant). Cela nous mènerait trop loin d'examiner les utilisations de ces méthodes en ce qui concerne les catalogues publicitaires, les prospectus, etc. encore imprimés de nos jours. Les journaux sont déjà en partie évincés par la radio. Les orchestres protestent déjà contre la concurrence de ce media et il est possible que demain les imprimeries feront de même. Mais au lieu de protester, il serait plus logique et plus efficace d'essayer de donner à la typographie une force d'expression qu'elle n'a pas encore atteinte, pour qu'elle puisse accomplir des performances maximales.
Si l'on a des doutes sur les possibilités d'existence d'un domaine de la création, il faut examiner les éléments qui le composent. L'utilisation des possibilités mécaniques caractérise la technique typographique actuelle et l'histoire du développement du genre. Si nos travaux d'imprimerie veulent correspondre aux machines les plus modernes, il faut qu'ils soient:

clairs,
ramassés,
précis.

Un chemin long et semé d'embûches a mené de la composition manuelle à la composition mécanique; et si l'on adopte définitivement et exclusivement cette dernière méthode, des tensions encore plus grandes vont naître. La forme future des communications typographiques dépend en grande partie du développement des méthodes mécaniques*; d'un autre côté, la nouvelle conception typographique, qui effectue encore souvent ses expériences à l'aide de la composition manuelle, détermine aussi, de beaucoup de points de vue, le développement des machines d'imprimerie.
Le procédé typographique est fondé sur les relations optiques. Chaque époque a ses formes optiques auxquelles correspond une typographie qui est une création optique et qui doit donc tenir compte des possibilités et des sensibilités psychophysiques de l'œil, notre organe optique. Toutes les sensations optiques reposent sur les contrastes entre les zones claires et sombres ou les contrastes de couleurs. Par un manque total de lumière (le noir), nous ne distinguons pas mieux que sous un éclairage cru (le blanc). Les vieilles chroniques écrites à la main et aussi les premiers travaux d'imprimerie avaient pleinement utilisé les effets des contrastes des couleurs et des formes (initiales, écriture multicolore, illustrations en couleurs). A la suite de la vulgarisation des procédés d'imprimerie, de la forte demande de livres imprimés, du fait de l'utilisation économique et lucrative du papier, des petits formats, des caractères en plomb, de l'impression monochrome, etc., les compositions vivantes et contrastées des anciens ouvrages imprimés ont été remplacées par la grisaille monotone des livres plus récents.
La situation est meilleure en ce qui concerne les journaux, les affiches, les imprimés divers, car le développement typographique s'est exercé uniquement dans ces domaines. Malgré des changements techniques fondamentaux dans le processus de l'exécution, la forme

* Ne pensons pas en premier lieu à la rapidité du processus d'imprimerie. L'industrie non plus ne prépare pas vite ses modèles. De même, pour approfondir le travail d'imprimerie et tirer à plusieurs milliers d'exemplaires, il faut y mettre du temps.

typographique, optique, synoptique de la plupart des livres n'est pas plus développée qu'à l'époque de Gutenberg. Au cours du prochain stade de l'évolution, on prendra conscience de cet état de choses.
La composition mécanique actuelle produit en général une surface grise uniforme. Cette monotonie de nos livres a des inconvénients : malgré la possibilité d'un découpage, l'articulation claire du texte est difficile et le lecteur se fatigue plus vite que s'il regardait une composition formée par des contrastes de couleurs, de valeurs claires et sombres. Toutes les expériences pour le renouvellement de la typographie s'inspirent, consciemment ou inconsciemment, de ces faits. Il faut faire la différence entre les essais conscients et inconscients, car leurs moyens et la façon de les utiliser diffèrent dans les deux cas, et les résultats ne sont pas toujours exemplaires. Certains typographes actuels ont compris instinctivement la monotonie et le manque de contrastes des livres récents, mais ils n'ont réagi à cela que par une démonstration inspirée du passé. Par l'emploi de la composition manuelle, souvent inadéquate du point de vue typographique, ils ont obtenu des effets insolites et ils ont attiré l'attention sur des éléments typographiques au charme encore inconnu comme les alignements, les filets, les cercles, les carrés, les croix, etc. Avec ces éléments, ils ont «construit», «bricolé» à la main des illustrations, des objets, des figures qui avaient de l'intérêt à cause de leur originalité. Mais, dans l'ensemble, ils n'ont pas influencé de façon décisive le développement futur de la typographie. Cette tâche attend les typographes qui comprendront non seulement les possibilités des machines et du matériel d'imprimerie* mais aussi les possibilités optiques plus étendues du présent et de l'avenir.
Les progrès de la photographie, du film, des techniques zincographiques, galvanoplastiques, ont apporté aussi à la typographie une base de création en évolution constante. L'invention de la photographie et son développement, la machine à composer phototypique, l'introduction des publicités lumineuses, la continuité optique des films et les effets simultanés d'événements perceptibles par nos sens (les mouvements des grandes villes) rendent possible et exigent un niveau entièrement différent dans le domaine optico-typique également. Le texte gris se transformera en un livre d'images chatoyantes et sera perçu comme une création optique continue (une suite cohérente de feuilles séparées). Grâce au développement de la technique de la reproduction, de la phototypie, de la phototélégraphie qui permettent la création et l'impression immédiates d'illustrations ponctuelles, toutes les œuvres, même les œuvres philosophiques, seront préparées avec les mêmes moyens illustratifs, sans doute à un niveau plus élevé que les magazines américains actuels. Toutes les imprimeries auront à l'avenir un atelier photochimique, photomécanique et le «bricolage», la composition manuelle, seront éliminés**.
Depuis Gutenberg jusqu'à la première affiche, la typographie n'était qu'un médiateur (indispensable) entre le contenu d'une information et l'homme qui la recevait; avec la première affiche, une nouvelle étape apparaît dans le développement. On a reconnu que le matériel typographique, considéré jusqu'ici comme un simple outil, pouvait avoir une existence propre et produire des effets nouveaux. On a compris que la forme, la taille, la disposition du matériel typographique (caractères, signes) sont aptes à susciter des effets optiques importants. L'organisation de ces effets optiques latents donne une forme, significative également, du point de vue optique, au contenu de l'information. Cela signifie qu'à l'aide du travail typographique le contenu peut avoir un caractère d'image. Soutenir, renforcer, accentuer, propager et représenter ce processus est la tâche véritable de la création optico-typographique. Bien entendu, il faut envisager le danger d'une accentuation excessive.
A côté de ces considérations théoriques, la pratique typographique actuelle semble assez pauvre, malgré le niveau acceptable de l'impression des journaux et des imprimés occasionnels. Mais on peut déjà dégager les principes de base d'une cristallisation de la forme (caractères, signes, couleurs et disposition du texte) qui détermineront la forme future de tous les ouvrages typographiques.
Il faut promouvoir, par exemple, une **écriture unifiée,** sans la distinction majuscule-minuscule, des caractères semblables quant à la **forme** mais non égaux par la taille. Nous n'avons même pas une écriture standard, d'une taille satisfaisante (exempte de particularités, de déformations et de fioritures) et correspondant à une forme de représentation optique fonctionnelle.
Pour les têtes de chapitre et pour les intertitres, nous avons des caractères adéquats dont la forme d'origine géométrique et phonétique, comme le carré ou le cercle, s'impose sans déformations. Ce sont les **Vénus-grotesques et le Lapidar.** Ces caractères sont foncés

* Comme, par exemple, la préparation d'une substance qui durcit rapidement pour renforcer la matière typographique.
** Voir mon article intitulé «Typophoto» dans mon livre **Peinture, photographie, film.**

et, combinés avec les caractères gris des écritures courantes, ils permettent d'obtenir des contrastes clairs et sombres. Mais si on les emploie en grand nombre, ils vibrent.
Les oppositions suivantes suscitent les tensions les plus fortes, grâce à des effets optiques contrastés :

vide – profusion
clair – foncé
multicolore – monochrome
vertical – horizontal
droit – oblique
etc.

Ces oppositions sont obtenues en premier lieu à l'aide des caractères. Pour que la création typographique corresponde au but de la typographie, il peut être indiqué, dans certains cas, de décaler les lignes (de renoncer à l'articulation uniquement horizontale). La nature et le but de l'information (tract, affiche) conditionnent le genre du matériel typographique et le mode de son utilisation. Les signes typographiques peuvent rendre de bons services, mais nous en avons très peu, mis à part les ornements et les cadrages stylisés.
Aujourd'hui, nos efforts tendent à créer le «style» de notre travail, en tenant compte du matériel strictement typographique, en renonçant aux accessoires empruntés. Il y a une série de formes et de modes d'utilisation qui peuvent aider à renforcer l'exactitude, la clarté, la précision de l'image optique : des points, des lignes, des formes géométriques, tout le domaine des techniques zincographiques.
L'articulation harmonieuse de la surface est un élément de base de la disposition typographique : celle-ci offre, en dehors d'une distribution symétrique des valeurs, de nombreuses possibilités d'équilibre. En opposition avec l'équilibre statique et concentrique en usage depuis des siècles, on cherche aujourd'hui à établir un équilibre dynamique et excentré. Dans le premier cas, on peut saisir la disposition typographique du premier regard, car même les détails périphériques sont régis par l'élément central ; dans le deuxième cas, le regard est conduit graduellement d'un point à l'autre, sans que pour autant le lien entre les détails se perde (affiche, titre de livre, prospectus, etc.).
L'équilibre typographique est fortement conditionné par l'époque. De ce point de vue, le typographe doit découvrir les formes optiques qui se développent lentement grâce aux tendances objectives du moment. Le choix des couleurs subit la même influence.
On pourrait indiquer encore beaucoup de possibilités d'une grande actualité qui sont dans la ligne du développement typographique dont nous avons parlé. Mais au lieu de faire cette brève énumération, il vaut mieux mentionner l'optique, la culture de la vision et de l'observation. Par conséquent, chacun comprendra que la typographie n'est pas gratuite : l'information typographique a ses formes définies par le contenu et par des facteurs psychophysiques, et ne doit pas être soumise à une esthétique qui n'est pas la sienne.

Gutenberg Festschrift, *Mayence, 1925.*

Le Bauhaus à Dessau

Depuis le 1er avril 1925, le Bauhaus d'État de Weimar poursuit son activité à Dessau. Le déménagement nous oblige à réviser nos objectifs présents et futurs, nos résultats et les perspectives de notre travail pour nous-mêmes et aussi pour nos collaborateurs. La proposition du rédacteur de l'**Internatio** nous en donne l'occasion.

Histoire préliminaire
La fondation du Bauhaus

En 1919, Walter Gropius avait été nommé directeur de l'école d'arts appliqués de la grande principauté de Weimar, en remplacement du Belge Van de Velde. On lui avait également confié la direction de l'Académie des beaux-arts de la principauté. Ayant réuni les deux institutions, sous le nom de Bauhaus, Gropius avait rassemblé une communauté féconde qui avait instauré en Allemagne une éducation artistique productive. Le programme d'enseignement du Bauhaus résolvait le problème de l'artiste isolé dans son atelier, qui n'a que des rapports très lointains avec la vie pratique et qui ne subit que l'influence des tendances formelles. Tous les élèves du Bauhaus (dans les premiers temps, il s'agissait surtout de peintres) devaient apprendre un métier et passer un examen devant les chambres de commerce, dans les mêmes conditions que des apprentis.
Ceux-là qui avaient pressenti l'avènement d'une époque fertile avec ses nouvelles possibilités de création, ont donc fondé le Bauhaus et son système d'éducation. Le progrès technique, les nouvelles découvertes, l'évolution des méthodes économiques du XIXe et du XXe siècle ont imposé un mode de vie en accord avec ces changements. Les formes de vie

dépassées devaient disparaître. Il fallait les remplacer par un mode de vie régi par le nouvel esprit de production et en harmonie avec ce dernier. Les exigences vitales et les besoins devaient correspondre au nouvel esprit de production. Les transports, la communication, la technique, le travail expérimental ajustaient leurs méthodes aux temps nouveaux mais, dans la construction et l'aménagement des intérieurs, l'ancienne méthode, plutôt insuffisante, tardait à céder la place à la conception nouvelle. La formation et toute l'existence du Bauhaus mirent en évidence cette situation et montrèrent le nouveau chemin qu'il fallait emprunter.

On a fondé des laboratoires et des instituts expérimentaux dans beaucoup de domaines, allant des stations de radio à la réutilisation des déchets. Mais on s'est occupé très peu de l'habitat, des conditions fondamentales de la vie quotidienne ; pourtant la construction et l'aménagement des appartements exigeaient depuis longtemps un institut de recherche spécifique. De nos jours, la division du travail existe dans tous les domaines, mais sur le terrain de l'architecture, on n'a accompli que des travaux théoriques préliminaires en vue du développement des normes et des types. Les idées de Gropius qui proposait de préparer des maisons ou plutôt des parties de maisons préfabriquées, assemblées sans mortier en deux ou trois jours, devaient être développées grâce à des expériences. Il s'imposait également d'encourager la production d'objets standardisés pour l'aménagement de l'habitat, d'objets préparés avec des matières synthétiques ou autres, que l'on utilisait dans les ateliers du Bauhaus. L'emploi économique des matériaux actuellement connus augmenterait d'une façon insoupçonnée les résultats et les rendements. Si l'on traite la matière de façon appropriée, le produit acquiert l'effet le plus intense, sans que l'on ait besoin d'utiliser des ornements qui ne correspondent pas à la fonction de l'objet. L'éducation du Bauhaus avait pour but de clarifier la fonction de l'habitat et des objets usuels, d'adapter leur préparation au processus industriel actuel. Le programme couvrait un champ qui allait de l'objet usuel le plus simple à la maison dans son entier. En pratique, cela signifie que le Bauhaus voulait préparer des modèles pour l'industrie qui les reproduirait mécaniquement. Ainsi, nombre de personnes aurait la possibilité de les acheter. L'«'artisanat» du passé récent prévoyait des appareils qui donnaient un aspect «fait à la main» aux objets fabriqués à la machine ; grâce au nouveau mode de production, on peut produire des objets fonctionnels et bon marché à l'aide de la technique et de la mécanisation actuelles. Évidemment, ces produits susciteront un nouveau style, mais les produits standards de ce style ne se développeront pas dès le départ ; ceux-ci naîtront à la suite des efforts conjugués des esprits créateurs de notre temps. Pendant nos six années de travail au Bauhaus, nous n'avons pas manqué d'établir des rapports directs ou indirects avec ces tendances. Nous avons tenu compte aussi de ce point de vue en constituant le corps professoral.

Depuis le premier instant de son existence, le Bauhaus a subi des attaques. En raison de son idéologie attachée au passé, la ville de Weimar observait avec hostilité les expériences du Bauhaus. En premier lieu, ce sont les ateliers artisanaux qui sentaient leur existence menacée. Pourtant, ils auraient dû se rendre compte que le Bauhaus leur désignait des voies nouvelles. L'éducation du Bauhaus veut non seulement maintenir l'artisanat mais aussi raffermir sa position dans le monde moderne. L'artisanat peut exploiter ses possibilités en préparant des modèles pour l'industrie*.

Le personnel de la production industrielle sera constitué bientôt par un grand nombre d'ouvriers spécialisés, au temps de travail réduit, et par un petit nombre d'artisans, très au fait du processus de fabrication et des propriétés des matériaux. En dépit de l'hostilité que suscitait le Bauhaus, et malgré les conditions difficiles qui absorbaient les trois quarts des énergies, on a réussi à accomplir à Weimar les premiers pas vers une production rationnelle, qu'il s'agisse des ateliers de menuiserie, du métal, de céramique, de tissage, du verre, d'imprimerie, des sections de peinture murale, de décoration théâtrale et d'architecture. Durant l'été 1923, le Bauhaus a organisé une exposition où furent présentés les produits de chaque atelier ainsi qu'une **maison expérimentale,** préparée par l'ensemble des ateliers. Avec cette maison expérimentale et son aménagement, nous préparions le chemin pour l'utilisation des méthodes architecturales modernes et pour le développement d'une culture de l'habitat moderne d'une simplicité convaincante.

Certes, parmi les produits de l'industrie et de la technique modernes, il y a déjà des objets standardisés, à partir desquels, avec un peu de bonne volonté, on peut aménager un appartement d'un style homogène. Mais, en dehors du Bauhaus, il n'y a aucune institution dont le fonctionnement et la production soient modernes en tous points. Sans doute le Bauhaus a-t-il commis des fautes et n'a-t-il pas toujours été à la hauteur de la situation. Mais son activité influence notre époque d'une façon significative et encourage le dévelop-

* Le Bauhaus a quitté Weimar depuis quatre mois et maintenant la chambre de commerce de la ville vante l'excellente formation qu'il dispensait aux apprentis.

pement de nouvelles exigences. Voilà d'ailleurs pourquoi des spécialistes allemands et étrangers ont protesté contre la décision du gouvernement de Thuringe de suspendre le fonctionnement du Bauhaus en 1925.

Le Bauhaus à Dessau

On pouvait se demander, à la suite de l'intervention hostile du gouvernement de Thuringe, s'il fallait recommencer ailleurs le travail interrompu par la force. Mais un événement favorable survint: des propositions pour continuer le travail ont afflué d'un peu partout (Dessau, Francfort-sur-le-Main, Mannheim, Munich, Darmstadt, Krefeld, Hambourg, La Haye, etc.). Ces propositions ont donné l'impression aux intéressés qu'une nouvelle époque fertile se préparait et qu'il ne fallait pas la freiner dans son développement. On a choisi la ville de Dessau, centre minier où l'atmosphère intellectuelle stimulante, due à l'industrie en évolution rapide et à l'administration municipale éclairée, promettait les meilleures conditions de travail.

Les débuts prometteurs à Dessau

La ville de Dessau laissa espérer que l'on construirait un bâtiment commun pour le nouveau Bauhaus et pour l'ancienne école d'artisanat et d'industrie, également passée sous le contrôle du Bauhaus, ainsi que des maisons d'habitation pour les professeurs et des ateliers pour les étudiants. L'avenir de l'institution semblait plein de promesses. Nous avions l'intention de réunir, d'une façon rationnelle, l'école d'artisanat et d'industrie de Dessau et le Bauhaus. Le programme d'enseignement du Bauhaus se composait de trois parties:

1. Cours préliminaire;
2. Travail d'atelier;
3. Enseignement architectural.

Le cours préliminaire

Tout candidat un peu doué sera accepté pour une période d'essai. Le cours préliminaire est obligatoire pour tous et dure pendant deux semestres. Les étudiants du Bauhaus apprennent ici les bases intellectuelles, les principes d'un savoir polyvalent. Leur situation, par rapport au monde qui les entoure, se trouve clarifiée; leurs sens souvent émoussés se ravivent et sont soumis au contrôle de la personnalité. Les matières des cours sont: les sciences naturelles, la géométrie, l'étude des couleurs, des formes, des matières, des fonctions, des proportions et de l'espace. Grâce à des exercices manuels et par la préparation de projets et d'esquisses, l'étudiant se familiarise avec les bases du travail du Bauhaus. A la fin du cours préliminaire, il peut décider dans quel atelier il entrera, à condition qu'il ait passé l'examen de clôture du cours préliminaire.

Le travail d'atelier

On commence par une période d'essai de six mois. Si l'étudiant l'accomplit avec succès, on l'inscrit à la chambre de commerce comme apprenti. La première période de sa formation se termine par un examen qu'il passe devant les représentants de la chambre des métiers. Ensuite il peut rejoindre la section de l'atelier où l'on prépare les modèles.
Actuellement, les ateliers suivants fonctionnent au Bauhaus:

- menuiserie,
- atelier du métal,
- atelier de tissage,
- atelier de peinture murale,
- section d'imprimerie et de publicité,
- atelier de sculpture sur pierre (exécution de modèles en réduction),
- atelier de décoration théâtrale.

Malheureusement, le budget actuel du Bauhaus de Dessau ne permet pas le fonctionnement d'un atelier du verre et de la céramique. C'est à déplorer, car l'atelier de céramique avait beaucoup d'importance auparavant. Les excellents modèles de cet atelier ont obtenu beaucoup de succès; en dehors des travaux à base de glaise, on exécutait aussi des objets de porcelaine. Le Bauhaus espère que l'industrie de céramique, très développée dans ce pays, fournira les moyens matériels qui permettront d'ouvrir cet atelier à Dessau. Si cela n'a pas lieu rapidement, la dispersion des membres de l'atelier de céramique est à craindre; ainsi les riches expériences communes de six années seraient perdues.

L'enseignement architectural

Le travail accompli dans le cadre de l'enseignement architectural occupe une place privilégiée dans l'enseignement spécialisé. L'élève confirmé qui a passé son premier examen, étudie ensuite la synthèse du travail du Bauhaus, c'est-à-dire l'architecture.

La structure de l'enseignement du Bauhaus est prévue de façon à ce que tous les étudiants normalement doués – et pas seulement les étudiants ayant des dons artistiques – puissent trouver des solutions intéressantes grâce à l'utilisation appropriée de leurs connaissances des matériaux et des fonctions.

Atelier expérimental, préparation des modèles

L'activité la plus importante du Bauhaus, du point de vue pratique, est celle des ateliers expérimentaux où l'on prépare des modèles, en utilisant les précieuses connaissances acquises. Ces ateliers travaillent en rapport étroit avec les ateliers de base ; ceux qui ont à la fois des capacités techniques et artistiques sont en mesure de préparer des modèles d'objets standardisés qui correspondent aux besoins. Ce sont eux qui font dans ces ateliers expérimentaux des travaux préparatoires pour l'industrie et pour l'artisanat. Les objets ne peuvent avoir de caractère utopique. En élaborant les projets, il faut tenir compte des méthodes industrielles, des conditions et de la capacité d'absorption du marché. Par son activité, le Bauhaus ne veut pas corriger les anciennes formes de la vie, il ne cherche pas à moderniser la forme traditionnelle des objets ; il essaie de produire des objets beaux et fonctionnels, grâce aux possibilités de la civilisation industrielle et technique de son époque, de créer pour les hommes des objets modernes et une forme de vie appropriée. On vend les modèles aux diverses branches de l'industrie et les objets reproduits en masse industriellement exercent une grande influence. Naturellement, ces tentatives ne peuvent aboutir que si l'industrie entre en rapport avec le Bauhaus. Actuellement, les circonstances sont très favorables, car, malgré des expériences techniques et la préparation de modèles, l'industrie a besoin d'un nouvel essor ; elle ne dispose pas de l'assurance de forces de production organisées.
A notre siècle, la spécialisation et le morcellement dans les différents domaines ont entraîné un sentiment d'insécurité. Pour produire avec succès, il ne suffit pas d'avoir une bonne connaissance technique des matériaux et des fonctions, il faut aussi un sens infaillible des proportions. Ce sens découle, d'une part, du talent, d'autre part, des études qui ont sensibilisé l'artiste à tous points de vue. Ainsi s'établit la synthèse du savoir artistique, scientifique et technique. L'éducation du Bauhaus sert ce but.

La place du Bauhaus dans la vie économique d'aujourd'hui

Le Bauhaus a mis sur pied une organisation commerciale pour faciliter ses rapports avec l'industrie. Cette organisation propose les modèles aux branches industrielles en vue d'une reproduction mécanique. Avec les sommes encaissées sur les brevets, le Bauhaus développe ses ateliers et rémunère les étudiants qui font un travail utile. Ainsi peut-on garder les membres de valeur de la communauté qui, autrement, iraient travailler dans des entreprises sans terminer leurs études au Bauhaus. Le Bauhaus met l'accent sur le travail commun, le rayonnement des énergies, la fluctuation de la main-d'œuvre précieuse qui s'étend de la génération actuelle à la suivante.
Le Bauhaus peut exister et enseigner grâce aux moyens matériels mis à sa disposition par la ville de Dessau. Nous pouvons seulement espérer que l'industrie, à son tour, reconnaîtra l'importance de nos activités expérimentales et les soutiendra. Une étroite collaboration serait souhaitable quant à la préparation technique des modèles nouveaux et aux expérimentations les plus récentes. Nous voudrions que nos ateliers passent des contrats avec les branches industrielles concernées : l'atelier s'engage à offrir chaque modèle d'abord à l'entreprise qui a pris une option ; en contrepartie, l'entreprise verse une somme annuelle pour payer l'option. Si l'entreprise ne veut pas acheter le modèle proposé, on le présentera ailleurs. Nous venons seulement d'entamer une étude sur les perspectives commerciales. Notre succès dépend, en grande partie, du soutien de l'industrie.
Si le Bauhaus obtient que l'économie et l'industrie deviennent ses partenaires dans le travail expérimental des ateliers, en vue de la transformation et de la réalisation d'objets indispensables, si son travail est réellement apprécié par ses partenaires, on peut espérer que, dans un proche avenir, l'importance de l'activité du Bauhaus de Dessau (pratique et non seulement éducative) sera généralement reconnue.

Qualität, *Dessau, 1925, nos 5-6.*

Théâtre, théâtre total de l'avenir

Toutes les créations artistiques, toutes les représentations de l'existence, ont leurs propres prémisses, en plus de leurs propres lois. Il faut tenir compte de ces particularités lors du choix du mode d'expression. Nous pouvons dégager l'essence de la création théâtrale par l'examen de ses moyens dont on a déjà tant discuté. Ces moyens sont : la voix humaine et les autres capacités de l'homme, du créateur théâtral.

L'origine de la musique, en tant que création consciente, réside dans le récit mélodique. Après que l'on eut établi le système d'une telle récitation qui permet seulement l'emploi de sons (dans des intervalles définis) et rejette les bruits, l'utilisation des bruits a pu jouer un rôle dans la poésie. C'est sur ce fait que se sont appuyés les poètes et les hommes de théâtre qui se réclamaient des mouvements expressionniste, futuriste et dadaïste pour composer leurs poèmes vocaux et lettristes. Comme la musique englobe aussi, de nos jours, l'enregistrement de bruits divers, la poésie n'a plus le monopole de l'effet mécanique et sensoriel des bruits mis en relation. L'utilisation des relations entre les sons et les bruits appartient au domaine de la musique, de même que, par exemple, la peinture est chargée de systématiser l'effet primaire des couleurs.
Par conséquent, on se rend compte que l'argumentation des expressionnistes, des futuristes, des dadaïstes, etc. est fausse. Mais il est indéniable que leurs tentatives, leur opposition à la conception littéraire illustrative, représentent un pas en avant vers la résolution du problème de la création théâtrale. Ces artistes ont aboli le règne de l'appréciation uniquement logique et intellectuelle. Cependant, le discours de l'homme et les associations d'idées (bref, l'homme en soi-même) continueront de figurer parmi les moyens de l'art théâtral. Mais l'homme ne se tient plus au centre comme dans le théâtre traditionnel ; il est un des facteurs, au même titre que les autres outils de la création.
L'homme, le phénomène le plus actif de la vie, est indiscutablement l'un des éléments les plus efficaces de la création théâtrale dynamique. L'emploi de ses gestes, de ses paroles, de ses pensées, est fonctionnellement justifié. Son intellect, sa dialectique, sa faculté d'adaptation lui permettent d'utiliser pleinement ses capacités. Du fait qu'il maîtrise ses dons corporels et intellectuels, il peut servir à la concentration de l'action. Si la scène ne permettait pas l'épanouissement de tous ces dons de l'homme, il faudrait leur trouver un autre domaine de la création pour assurer leur développement. Mais la nouvelle utilisation de l'homme ne correspond pas du tout à celle pratiquée sur la scène traditionnelle. Dans le passé, il interprétait un personnage ou un type d'homme inventé par l'auteur. Sur la scène du **théâtre total,** il accomplira un **acte de création** à l'aide de ses capacités corporelles et intellectuelles. Il jouera un **rôle d'initiative** dans le processus actif de création.
Au Moyen Age (et même aujourd'hui), l'acteur avait la charge de représenter les divers types d'hommes (héros, paysans, Arlequin, etc.). L'**acteur** de l'avenir devra suggérer l'**ensemble** des hommes.
Dans le nouveau théâtre, les considérations logiques, traditionnelles, émotionnelles, ne joueront plus le premier rôle. Le jeu théâtral est une **création artistique** et doit s'inspirer de la méthode des arts plastiques. On ne peut pas demander ce que signifie ou représente tel ou tel homme (organe), de même qu'on ne peut poser cette question au sujet d'un tableau abstrait qui est aussi une entité indépendante, un organisme parfait.
Le tableau moderne présente des rapports de couleurs et de surfaces qui sont le signe de la création artistique ; ces rapports découlent, pour une part, d'une conception logique et consciente, pour l'autre part, ils sont impondérables et échappent à l'analyse, du moins pour le moment.
La même observation est valable pour le **théâtre total.** Le résultat de l'ensemble des rapports entre la lumière, les couleurs, les sons, les mouvements, les formes, les surfaces et l'homme, et en outre les variations et les combinaisons possibles des éléments cités ci-dessus constituent une création artistique.
L'homme qui participe à la création théâtrale ne doit pas être chargé de transmettre des considérations morales, scientifiques ou individuelles. Il doit agir sur la scène uniquement en tant que manipulateur de ses moyens fonctionnels et organiques. Bien entendu, tous les autres éléments de la création théâtrale doivent jouer un **rôle équivalent** à celui de l'homme. L'homme, qui est un organisme psychophysique, capable de performances bien plus développées et variées que les autres éléments de l'art théâtral, exige le perfectionnement des facteurs avec lesquels il collabore.

Comment peut-on créer la scène totale ?

Selon une conception intéressante, le théâtre serait la somme des manifestations de la voix, de la lumière (de la couleur), de la forme et du mouvement. Dans ce contexte, la participation de l'homme devient superflue. On peut imaginer des instruments perfectionnés qui rempliraient mieux que l'homme lui-même le **rôle uniquement mécanique** que joue ce dernier. Il y a une autre conception qui ne renonce pas à l'homme, considéré comme le moyen le plus efficace de la création scénique. Mais personne n'a encore réussi à bien utiliser l'homme sur la scène, à en faire un facteur créatif. Pourrait-on impliquer l'homme dans l'action scénique sans recommencer l'erreur de l'imitation de la nature, sans faire surgir une nuance dadaïste ou Merz, composée de bric et de broc, même si elle paraît organisée ? On a réussi à trouver dans les arts plastiques de véritables moyens d'expression, des relations élémentaires entre les couleurs, les masses, les matériaux, etc. Comment

pourrait-on ajouter les processus gestuels et intellectuels de l'homme aux sons, aux couleurs (à la lumière), aux formes, aux mouvements «absolus», aux éléments que nous avons réussi à maîtriser? Sur ce plan, nous devons nous borner à faire des propositions d'ordre général au créateur du théâtre moderne. Par exemple, la **répétition** d'une pensée avec les mêmes mots, avec des accentuations identiques ou variées par plusieurs interprètes en même temps, pourrait être l'un des moyens de la scène synthétique. (Il s'agit d'un chœur, mais ce n'est pas un chœur antique d'accompagnement passif!) On peut aussi imaginer des visages immenses, agrandis par un système de miroirs, l'**exagération** des gestes de l'acteur, comparable à l'amplification des voix par les haut-parleurs. Il y a une présentation mécanique des idées sous forme de phénomènes couleur-optique et couleur-acoustique conjugués (moyens optiques ou phonétiques-mécaniques tels que le cinéma, le gramophone, le haut-parleur), le cheminement des idées étant comparable à des engrenages en mouvement. La littérature de demain (abstraction faite de la recherche de l'effet acoustique-musical) aura recours à ses propres moyens élémentaires pour façonner la langue. (Ses moyens offrent beaucoup de variantes en se combinant.) Cela influencera certainement l'utilisation scénique des mots et des pensées. Donc, les présentations des pulsions de l'inconscient ou des rêves fantastiques et réalistes, qui appartenaient au domaine du théâtre d'art et d'essai, ne joueront plus un rôle important. Même si les conflits sociaux, l'industrialisation, les aspirations pacifistes, utopistes, révolutionnaires, etc., ont une place sur la scène future, leur importance diminuera certainement dans le théâtre de demain. Ces préoccupations appartiennent au domaine de la littérature, de la politique et de la philosophie.
Il faut imaginer l'action scénique comme un processus de création dynamique et rythmique qui réunit dans un ensemble concentré la masse des moyens en interaction, d'une part, et les tensions entre la qualité et la quantité, d'autre part. On peut utiliser aussi, en des contrastes appuyés de petits intermèdes indépendants, à effet comique ou tragique, grotesque ou sérieux, délicat ou monumental, des performances spectaculaires, des farces acoustiques, optiques, etc. Le **cirque,** l'**opérette** et les **spectacles de variétés** actuels, les performances des clowns (Chaplin, Fratellini) ont utilement contribué à l'élimination de la subjectivité, même si c'est d'une façon naïve et superficielle. Ce serait faire preuve d'un jugement hâtif que de condamner les performances et les représentations spectaculaires comme des spectacles kitsch. On peut constater que la foule, malgré son «esprit arriéré, certifié par des jugements académiques», a des désirs et des instincts très sains. Nous avons le devoir de comprendre et de satisfaire les besoins véritables d'une manière créative.

Dokumentum, *Budapest, mars 1927, p. 6-7.*

Commentaire à la discussion autour de l'article d'Ernő Kállai : «Peinture et photographie»[5]

L'objet fini témoigne de son mode d'exécution. Nous appelons **facture** la **façon** dont il se manifeste. Nous aurions tort de considérer sous le terme de facture la seule surface tangible parce que les techniques manuelles antérieures avaient en général des valeurs tactiles.
Justement parce que pour moi la facture ne correspond pas à la valeur tactile, la façon dont Ernő Kállai pose le problème dans son article ne me semble pas valable. J'y vois plutôt une tentative déguisée visant à sauver la peinture figurative **manuelle.**
Je n'ai rien à reprocher à la représentation figurative. Je la considère comme un mode d'information qui s'adresse à des millions de gens. Aujourd'hui, une représentation optique d'une précision inégalée peut être obtenue grâce à la photographie et au film. Les procédés manuels ne peuvent pas rivaliser avec les techniques, pas même par leur facture. Car si la facture ne sert que ses propres buts, elle devient un ornement.
Cela ne signifie pas que la forme actuelle de la peinture abstraite, donc non figurative, doit devenir une base obligatoire pour l'art de toutes les époques. Pour l'instant, ce genre de peinture n'a pas atteint ce stade : cette recherche d'une grande intensité veut trouver les éléments fondés sur la biologie d'une expression optique qui nous refléterait plus sincèrement et de façon moins équivoque que ne le fait une forme d'expression usée et mille fois ressassée.
La situation est la même dans le domaine de la photographie. Il faut également utiliser ce moyen en tenant compte de sa vérité élémentaire, c'est la première exigence. La fièvre fanatique qui nous incite tous à photographier permet de croire que l'illettré de demain sera l'homme qui ne sait pas photographier. Dans l'avenir, la photographie sera enseignée

comme l'est aujourd'hui l'alphabet ou la table de multiplication. Les rêves actuels des photographes raffinés seront demain des performances banales, sinon automatiques.
En dépit de préjugés bien ancrés, la photographie n'est pas seulement un moyen technique de reproduction, puisqu'elle a déjà réussi des performances productives. La photographie nous apprend, à l'aide de ses clairs-obscurs, le raffinement dans l'utilisation des moyens. Par un processus chimique, les graduations les plus délicates des tons se développent sur une couche homogène. La couleur brute disparaît et cède la place à la **facture de lumière.**
Avec les effets noirs et blancs de la couche sensible, on a obtenu des résultats intéressants même sans représentation (photogramme). La photographie en couleurs doit atteindre le même but. Nous abandonnerons nos méthodes picturales du Moyen Age, grâce aux découvertes des chimistes, des physiciens, grâce aux phénomènes de polarisation et d'interférence, et grâce aux mélanges substractifs [sic] de la lumière.
Cela ne signifie pas que nous voulons excommunier à présent ou dans l'avenir la peinture manuelle. Ce qui a enthousiasmé les époques antérieures peut devenir un moyen pédagogique et servir à l'approfondissement intérieur. Mais la reconnaissance ou plutôt la redécouverte d'un mode d'expression évident, suscité par des facteurs biologiques, ne doit pas être considérée comme une performance extraordinaire. Et le chemin du développement personnel d'un individu, qui retrouve toutes les formes de l'expression optique et les utilise à des fins créatives ne doit pas être érigé en exemple universel.
La «question cruciale» à mon avis n'est pas: «Peinture ou film?» Il s'agit de s'emparer de la création optique par tous les moyens à notre disposition aujourd'hui: la photographie, le film, ainsi que la peinture abstraite et les jeux lumineux de couleur.
La génération nouvelle, qui n'est plus entravée comme nous l'étions par les sentiments et les traditions, tirera profit de nos débats si nous posons le problème de cette dernière façon.

i 10, *Amsterdam, 1927, n° 6, p. 233-234.*

La photographie ou la mise en forme de la lumière

Le photographe façonne la lumière; la photographie, c'est la mise en forme de la lumière. Si, dans la photographie, le jeu varié de la lumière, impossible à saisir par d'autres moyens, n'était pas l'essentiel, s'il s'agissait simplement de montrer la forme des objets, on pourrait apprécier n'importe quelle photographie grise, plate, mal éclairée, à condition qu'elle permette de distinguer la forme d'un objet. Mais celui qui a l'habitude de regarder des photographies ne pense pas de la sorte.
Voilà donc la première connaissance de base qu'il faut avoir en tête pour se servir de ce moyen que l'on n'a pas encore exploité à fond. C'est également vrai si l'on veut faire des prises de vues sans caméra, si l'on exploite, dans un but de création, l'essentiel du procédé photographique et les possibilités de la couche sensible à la lumière.
C'est la couche sensible qui est l'outil le plus important du procédé photographique; ce n'est pas l'appareil. On peut déduire les lois spécifiques et les méthodes de la photographie de la façon dont cette couche réagit à des effets lumineux qui sont influencés par des matériaux divers, clairs ou sombres, lisses ou rugueux. Nous pourrons étudier les caractéristiques de la photographie jusqu'ici connue (combinaison de la couche sensible et de la chambre obscure) seulement après avoir examiné ce premier problème. Et nous comprendrons à nouveau qu'il ne faut pas assimiler la photographie à la peinture ou au dessin, car elle possède son propre terrain d'action, ses propres lois en ce qui concerne l'utilisation de ses moyens. Il s'agit donc de développer ces lois et de les mettre à profit.
Au lieu d'entrer dans des considérations théoriques, je vais décrire quelques résultats de recherches pratiques que l'on peut diviser en trois groupes:
1. Préparation de photogrammes, de prises de vues sans caméra, en fixant directement sur la couche sensible des effets lumineux dégradés: noirs, blancs, gris. L'effet produit est sublimé, rayonnant, presque immatériel. Les possibilités de la création avec la lumière apparaissent avec infiniment plus de clarté qu'auparavant dans la peinture. Les rapports contrastés des valeurs graduées, allant des noirs profonds aux blancs éclatants en passant par le gris, suscitent par leur superposition et leur interaction un effet lumineux intense; cette émotion optique, sans aucune signification objective, doit être perceptible par tous.
2. Prises de vues avec une caméra obscure, selon les règles nouvelles et élargies.
3. Préparation de photomontages et de photoplastiques. Superposition; montage et collage; truquages.

1. La prise de vues sans caméra: le photogramme

Si on pose sur le papier un objet à copier dans la lumière du soleil (ou dans la lumière diffuse du jour), on peut observer l'apparition des contours de l'objet et de son ombre. On voit alors des surfaces blanches sur un fond sombre. On peut obtenir le même résultat avec du papier sensible et une source lumineuse artificielle, mais alors nous ne pouvons pas observer la formation de l'image comme c'est le cas pour la lumière du jour. Si, au lieu d'un objet compact, nous choisissons un objet transparent ou translucide (du cristal, du verre, un liquide, un voile, un tamis, etc.) au lieu de silhouettes précises, nous obtiendrons des valeurs claires dégradées. Si nous combinons ces valeurs et ces objets selon certains principes, le résultat sera plus riche et plus clair, surtout si nous maîtrisons à fond le procédé.

Nous ne pouvons établir que les ébauches des règles de ce travail. Car il s'agit d'un domaine de création encore ignoré, d'un aspect nouveau de la formation optique et de la revalorisation du travail photographique antérieur.

L'essentiel c'est d'avoir une sensibilité infaillible envers les phénomènes lumineux (l'activité de la lumière dans la clarté, sa passivité dans l'obscurité), envers la distribution du rayonnement, jusqu'à l'équilibre des tensions les plus faibles et les plus fortes.

Il n'y a pas de comparaison possible avec les matières des autres domaines de création. Les lois de l'organisation doivent surgir du travail pratique, de la rencontre de l'organisme humain avec le nouveau matériau.

Les expériences nous prouvent que les transitions les plus délicates peuvent avoir une grande intensité; en revanche, les contrastes noirs et blancs trop forts diminuent l'impact. Une masse blanche très petite peut, par son rayonnement, équilibrer des surfaces noires, grandes et profondes; il s'agit moins de la forme que de l'intensité, de la direction et de la situation relationnelle du phénomène lumineux.

Le négatif de la prise de vues sans caméra se caractérise par la douceur extraordinaire des valeurs grises confondues, et le positif (que l'on peut obtenir à partir du négatif de papier) donne des valeurs grises plus dures et souvent délavées. Ce genre tout à fait original permettra d'obtenir des effets de plus en plus remarquables.

Les expériences avec les photogrammes sont également importantes pour les photographes et pour les profanes; sur le sens du procédé photographique, elles nous renseignent mieux que les prises de vues avec caméra, souvent effectuées mécaniquement et sans volonté consciente. Ici, l'organisation de l'effet lumineux est menée d'une façon magistrale, selon la volonté du créateur de l'image, indépendamment des limites des objets.

La couche sensible (papier ou disque) est vierge, c'est une feuille blanche sur laquelle on peut inscrire la lumière, comme le peintre recouvre sa toile avec ses propres instruments, le pinceau et les couleurs.

Celui qui, à l'aide du photogramme, a acquis le sens de l'écriture lumineuse saura aussi faire une meilleure utilisation de l'appareil photographique.

2. Prises de vues avec un appareil

L'appareil photographique nous a fourni des possibilités surprenantes, et nous commençons seulement à les exploiter. Souvent les réalisations optiques inattendues du procédé photographique ont été découvertes fortuitement par des amateurs ou révélées à la faveur de prises de vues objectives (non artistiques) de biologistes, d'ethnologues, etc. Nous avons beaucoup appris, grâce à cela, sur la spécificité du procédé photographique et sur les moyens que ce dernier nous offre.

Même l'objectif actuel imparfait étend le champ de la vision au-delà des limites étroites de l'œil. Aucun moyen manuel de création (crayon, pinceau) ne peut fixer les fragments du monde d'une façon semblable. De même, avec un moyen manuel de création ou avec l'œil, on ne peut fixer l'essentiel d'un mouvement. Même les déformations de l'objectif (vue d'en bas, d'en haut, de biais) ont des côtés positifs: cette optique est sans préjugés, tandis que nos yeux sont régis par les lois de l'association.

Notons un autre point de vue: la délicatesse des nuances grises suscite un effet sublimé, leur différenciation rivalise avec les plus subtiles nuances de couleurs.

L'énumération de ces domaines n'indique pas la limite des possibilités. Bien que la photographie ait plus de cent ans, c'est seulement au cours de ces dernières années que les progrès techniques ont permis d'en dépasser les limites spécifiques et d'entrevoir des conséquences créatives. Notre vision n'a mûri que très récemment, et c'est seulement maintenant que nous sommes aptes à comprendre ces rapports.

Si, partant de ces connaissances encore fragmentaires, nous voulons établir un programme de travail pratique, nous devons d'abord prendre en considération les traits spécifiques de la photographie. La matière photographique conditionne bien des choses. Si nous voulons assimiler les lois propres des moyens photographiques, nous devons faire des expériences pratiques.

Par exemple:
a. Des prises de vues de structures, de textures et de factures, afin d'examiner leur comportement vis-à-vis de la lumière (absorption, réflexion, miroitement, diffusion, etc.).
b. Des prises de vues inhabituelles: angles de vue originaux (en biais, d'en bas, d'en haut, déformations), effets d'ombres, tons contrastés, agrandissements, prises microscopiques.
c. Des prises de vues avec de nouveaux systèmes de lentilles, des réflecteurs concaves et convexes, des prises en stéréo sur un disque, etc.
Les limites de la photographie sont indéfinissables. Dans ce domaine, tout est tellement nouveau que la recherche elle-même peut mener à des créations. C'est la technique qui prépare le chemin. L'analphabète de demain ne sera pas celui qui ne sait pas écrire mais celui qui ne connaît pas la photographie.

3. Photoplastique (photomontage)

La photoplastique montre clairement comment on peut transformer le procédé photographique imitatif en un travail conscient de création. La source du photomontage (photoplastique), c'est le procédé naïf mais habile des anciens photographes qui fabriquaient une nouvelle image à partir de plusieurs images séparées. Par exemple, on leur demandait parfois de faire une photographie de groupe avec des hommes que l'on n'avait pu photographier ensemble. Ils copiaient ou collaient les images séparées sur un fond commun, en général une sorte de décor, sans qu'on puisse se rendre compte de ce subterfuge. C'est ainsi qu'on obtint le premier photomontage.
Les dadaïstes lui ont donné un sens plus large. Ils ont collé les uns à côté des autres des fragments de photographies, en partie pour scandaliser, en partie pour faire une démonstration ou pour créer un poème optique. Des fragments réunis se dégageait parfois un sens difficile à découvrir qui avait tout de même un effet troublant. Ces images ne cherchaient pas à donner l'illusion d'une réalité. Le processus, le découpage des images et les coups de ciseaux restaient apparents. Ces photomontages avaient une parenté avec la musique futuriste, bruitiste, composée de bribes de bruits. Ces compositions voulaient transmettre une sensation constituée par des éléments nombreux, comme par exemple le réveil mouvementé d'une grande ville ou quelque phénomène semblable.
En revanche, la photoplastique est une espèce de confusion organisée. Il y a un sens défini et un centre de l'image (souvent dû à des couches optiques superposées et à un mélange d'idées) qui permet de percevoir clairement l'ensemble de la situation. On peut trouver des analogies avec la structure d'une fugue ou d'un orchestre: on a construit l'œuvre avec des éléments plus ou moins nombreux, mais leur ensemble a une signification unique.
L'effet produit par la photoplastique est dû à l'interpénétration, à la fusion des relations pas toujours perceptibles dans la vie, à la compréhension visuelle de la simultanéité des événements. Jusqu'à l'apparition des futuristes, cette simultanéité n'avait qu'une existence virtuelle, elle ne pouvait être perçue par les sens ni rendue consciente. Les futuristes ont abordé ce problème non seulement dans leur musique, mais aussi dans leurs tableaux. (**Le Bruit de la rue pénètre dans la maison** ou **Souvenir d'une nuit de bal,** etc.) Mais la structure des tableaux futuristes est moins dynamique que celle des photomontages. En revanche, les photomontages dadaïstes, impétueux et imprévisibles étaient trop personnels pour pouvoir être vite compris. Ils avaient trop d'ambition: ils voulaient introduire sur la surface plane, dans un état statique, une sorte de cinétique qui annonçait le film. La tâche était démesurée, la vision a abdiqué.
La différence entre le photomontage et la photoplastique devient évidente si on en examine la technique. Comme dans le cas du photomontage, plusieurs photographies montées, collées, retouchées, rassemblées en un ensemble, composent la photoplastique. Mais cette dernière représente la simultanéité avec rigueur. La photoplastique est claire et ordonnée, elle utilise les éléments photographiques épurés de tout effet secondaire gênant. Elle montre des situations concentrées que l'on peut étoffer grâce à des associations. Cette méthode plus économe facilite la compréhension et fait découvrir souvent un sens caché.
Nous faisons confiance à l'objectivité de la photographie qui ne semble pas permettre l'interprétation subjective d'un sujet donné; nous pouvons donc relier les différents éléments de la photographie avec des lignes ou par d'autres moyens; cela provoque des tensions inattendues qui dépassent la signification des parties séparées.
Si l'on représentait les mêmes formes d'une façon graphique ou picturale, on n'obtiendrait pas un effet semblable, car c'est justement par la jonction linéaire des éléments photographiques événementiels et par la superposition des couches simples et complexes que se constitue un ensemble, lequel évolue sur une voie déterminée par les lois de l'optique et avance, en quelque sorte, sur les rails des idées.
L'ensemble peut avoir un effet comique, émouvant, désespérant, satirique, fantomatique, révolutionnaire, etc.

La photoplastique exprime souvent des relations multiples, difficiles à saisir par la pensée; parfois il s'agit d'une farce amère, parfois d'un blasphème. Souvent, on montre le côté méchant de la créature, d'une façon clownesque et spirituelle, ou tragique et sérieuse.
La photoplastique se fonde sur une gymnastique des yeux et du cerveau encore plus véhémente que celle qui est le lot journalier des citadins.
Par exemple, lorsqu'on voyage en tramway, on regarde par la fenêtre. Une voiture suit le tramway, ses fenêtres aussi sont transparentes. On voit à travers ces fenêtres un magasin dont les vitrines sont transparentes. Dans le magasin, il y a des clients et des vendeurs. Un homme ouvre la porte. Des passants se promènent devant le magasin. Un policier arrête un cycliste. On perçoit tout cela en une seconde parce que les vitres sont transparentes et que tout se déroule dans la direction de notre regard.
Un processus semblable se déroule dans la photoplastique mais à un autre niveau: ce n'est pas un résumé mais une synthèse. Les superpositions et les fusions sont entraînées par des associations d'idées et des sensations visuelles. De cette façon, on peut représenter au moyen de la photographie des événements qu'il serait difficile d'exprimer autrement. Pour obtenir l'effet voulu, ce qui est visuel et ce qui relève de l'intellect doivent pouvoir être compris en un instant. Pour cette raison, il faut que la composition soit équilibrée du côté optique et du côté intellectuel. Mais la structure picturale des photoplastiques n'est pas une composition dans le sens ancien du mot; le but n'est pas une solution harmonieuse du point de vue de la forme, il s'agit d'une composition prévue pour exprimer des idées.
La vitesse de la perception optique et des associations peut être extrêmement grande si l'on possède des connaissances sur l'époque actuelle, sur les cultures diverses, sur les événements politiques et les problèmes d'actualité, etc. Pour cette raison, une photoplastique ne peut pas être comprise par un esquimau. Mais une image non figurative peut être comprise par n'importe qui, sans connaissances préalables, car elle n'est pas basée sur des connaissances, mais sur les lois biologiques (communes à tous les hommes) de la sensation purement optique. Il est possible qu'au début même un citadin ait des difficultés à saisir une photoplastique. Ceux dont la présence d'esprit doit être constamment en éveil réagissent mieux (par exemple, ceux qui conduisent souvent une voiture dans des conditions difficiles) que ceux qui n'ont pas l'habitude d'observer avec vigilance la vie autour d'eux, qui ne guettent pas les signes annonçant l'approche de quelque chose.
Il est donc indiqué de commencer la démonstration avec des superpositions simples et de donner une indication grâce à un titre frappant et révélateur. Chaque œuvre a un titre, parfois même plusieurs. Souvent, c'est le public qui trouve le titre le plus juste. Grâce à un bon titre, l'image grotesque ou absurde peut devenir une «vérité convaincante».
On peut utiliser la photoplastique de diverses façons. L'une des nombreuses possibilités est de rassembler, dans une scène, toute une action théâtrale ou cinématographique; sur une seule feuille, on peut résumer un drame ou un scénario dans son entier.
Une autre utilisation est l'illustration d'un concept ou d'un sentiment. (Propagande, publicité, affiche, caricature, etc.)
Les humoristes de l'avenir ne se serviront sans doute plus d'illustrations graphiques, ils utiliseront des travaux photographiques. De même, on établira les affiches de cinéma grâce à des moyens photographiques, photoplastiques; ces affiches conviendront mieux au film que les affiches actuelles, poétiquement colorées, qui copient une scène du film.
Nous commençons seulement à exploiter ces domaines et nous nous apercevrons rapidement que la matière, en apparence rude, deviendra malléable lorsque nous en aurons découvert les caractéristiques.

Bauhaus, *Dessau, 1928, nº 1.*

László Moholy-Nagy: Projets de scénarios de films muets et de films parlants[6]

1. **Révolte des pêcheurs** (en Bretagne), d'après une nouvelle d'Ehrenbourg.
La vie des pêcheurs de sardines dépend de la politique des prix des conserveries de poisson.
Grève.
Pêche.
L'usine n'accepte pas la pêche.
Ils reprennent la mer pour essayer de placer ailleurs le butin.
Tempête. Naufrage.
Les femmes des pêcheurs en péril se révoltent. Elles veulent détruire l'usine. Les gardiens du phare sauvent les pêcheurs.
Explosion de joie. Entre-temps, les gendarmes pénètrent dans l'usine. Le lendemain le travail recommence sous leur surveillance.

Le scénario (pour film muet) est terminé. Les projets de décors et le budget sont préparés. On pourrait commencer à tourner le film tout de suite.
A l'origine, c'est la société Prometheus (Schalito) qui a acheté le manuscrit.
2. **Du samedi au lundi**
La question du repos, de la liberté, des fêtes et des dimanches. Fin de semaine dans la grande ville.
Vains efforts pour contrebalancer le temps de travail.
En général, les gens dépensent leur énergie à trouver comment employer le temps libre. Derrière les coulisses de l'«industrie des distractions» se cache la vie du malheureux prolétaire exploité.
Le but: une semaine équilibrée. Des journées normales, sans tension. Équilibre moral et physique. Le chemin qui y mène. Associations sportives et clubs.
3. **Ciment,** d'après le roman de Gladkov, la construction d'une nouvelle usine avec la participation de toute la population. Malgré les efforts soutenus des hommes, l'entreprise ne fonctionne pas bien. Les spécialistes font défaut; on essaie d'en trouver. Arrivée des ingénieurs engagés.
Spécialistes sans enthousiasme.
Ruses des ouvriers et des ouvrières pour les inciter à travailler avec zèle.
Parallèlement, les difficultés internes de la collectivité. Plusieurs échecs. Découragement. Voyage d'étude d'un comité à l'étranger. Échange d'hommes et d'expériences. Les hommes remplacent leur point de vue étroit par une optique globale.
Le travail marche bien.
. . . .
4. Proposition provisoire pour le film intitulé **Le Ventre de Berlin** ou **Le Ventre de la grande ville.**
a. L'approvisionnement de la grande ville. L'immense écart entre la masse des produits accumulés et le pouvoir d'achat modeste des couches populaires.
b. Le chemin parcouru par les aliments, les quartiers d'un bœuf abattu, du producteur au consommateur.
c. L'opposition entre la ville et le village, le prolétaire et le paysan.
d. La communauté paysanne et la solidarité collective des prolétaires. Comment résoudre le problème de la ville?
Ce thème offre l'occasion de montrer beaucoup de situations non encore traitées dans les films: bêtes en parturition à la campagne, de grands transports d'animaux, arrivée à la ville de légumes et de fruits. Organisation des abattoirs, des halles, des usines de conserves, etc. La présentation de la situation sociale sous l'angle de vue de l'alimentation.
Un projet de scénario a été préparé.
Film parlant.
5. **Film sur le théâtre** (film parlant), la préparation de la représentation d'une pièce, l'explication et la réalisation de la conception, des répétitions, et la représentation. Ce film est conçu pour clarifier le problème des liens entre le film et le théâtre.
6. **La maison fiévreuse.** Une partie d'un grand immeuble. Le milieu social. Les conditions de vie. Les conséquences. Par des négociations adéquates, on envisage les moyens d'y remédier.
7. **Film sur le chômage.**
Zéro-deux-zéro-zéro-sept.
8. **La vie d'une rue,** pendant deux années.
9. **Des peintres en été et ce qu'ils ne voient pas.**
10. Quelques sujets comiques:
Poulet reste poulet, Chacun sa folie, etc.

Le manuscrit appartient à Hattula Moholy-Nagy.
Sans date, après 1928.

László Moholy-Nagy: Marseille

Il fait tellement chaud que l'on a l'impression que même les routes vont fondre. Pourtant, la foule défile sans cesse sur la large avenue de la Cannebière. Les tramways sonnent, les voitures se sont accumulées; au milieu, un convoi funéraire descend lentement vers le vieux port. Six femmes portent le cercueil. Des fleurs artificielles et des objets sacrés ornent le convoi funéraire. Chez nous, on n'en voit plus guère qu'en province, lors des communions ou des fêtes de la Vierge. Dans des vêtements noirs, les gens en deuil se frayent un chemin dans la circulation dense sous le soleil brûlant.
En bas, sur le port, tous ceux qu'un travail urgent n'oblige pas à bouger sont couchés sur des planches dans l'eau ou au bord de l'eau. Les yeux fermés, assommés par le soleil, ils

dorment pendant les heures les plus chaudes. Des centaines de barques circulent. Le célèbre pont Transbordeur scintille au milieu du paysage. Il va et vient infatigablement d'une rive à l'autre. Les étrangers admirent sa beauté. Ce pont suspendu est vraiment un miracle technique d'une précision et d'une finesse exceptionnelles. La construction d'acier élégante, dont les barres d'acier soutiennent le pont mobile, offre un spectacle très attirant ; chaque fois on a plaisir à regarder la plate-forme remplie d'hommes partir vers l'autre côté au-dessus de l'eau, se balançant et flottant légèrement.
A midi, le soleil tape si fort que la tête vous tourne ; on rentre et on s'installe sur une terrasse ombragée. On regarde défiler les gens pendant les heures les plus chaudes. Les Marseillais ne sont pas beaux. Presque tous ont des marques sur le visage. Aux mains, près de l'oreille ou des yeux, la plupart arborent une cicatrice qui témoigne d'un conflit passé. Les ports sont les points de rassemblement de ceux qui ont déjà manqué leur vie ailleurs et qui veulent tenter leur chance encore une fois. Mais les filles ont une belle démarche, leurs hanches sont attirantes. Peut-être la ville montre-t-elle son vrai visage pendant les plus grandes chaleurs car les gens sont trop épuisés pour se dominer.

Le manuscrit appartient à Hattula Moholy-Nagy.
Sans date, vers 1929.

La photographie, ce qu'elle était, ce qu'elle devra être

Il y a cent ans que la photographie est inventée, elle vient seulement d'être vraiment découverte. Elle devrait être le brillant instrument de notre éducation optique ; pendant de nombreuses années, on l'a mal employée, elle a donné l'image de formes rigides au lieu de fixer le jeu, jusqu'ici insaisissable, de l'ombre et de la lumière. (On a fixé une lampe électrique dans la lampe à pétrole.)
L'ancien thème, qui a toujours inspiré les vieux maîtres, reste irréalisé dans l'esprit du photographe. Il s'en tient toujours à l'ancienne forme d'expression, telle que l'a conçue l'artisan. Pour le plus grand nombre, l'appareil photographique n'est qu'une machine à dessiner ou le pinceau mécanique qui la sert. L'« art » supérieur qui doit être réalisé au moyen de la chambre noire est encore à créer à la sueur de notre front. Un appareil spécialement travaillé aidera à l'atteindre. La physique, une connaissance approfondie des lois de l'optique permettent de construire des lentilles qui donnent une image adoucie, émouvante, évoquant les tableaux d'anciens maîtres, et qu'un appareil classique ne pourrait jamais créer.
La jeune génération a compris l'insuffisance de l'ancienne technique et de l'ancien outillage ; elle a étudié les lois propres à la photographie et s'est efforcée de les utiliser. Les premiers essais sont assez primitifs, souvent même brutaux, et, à cause même de leur sincérité, toujours rudimentaires. Mais on possède des notions contrôlables qui orienteront les progrès à réaliser.
1. La photographie est une image lumineuse qui doit répondre au sentiment profond de vie intérieure (photogramme).
2. La photographie est la conception documentaire du monde extérieur, telle que nous la donne le sens de la vue (photographie avec la chambre noire).
Il peut aussi y avoir des recoupements, des complications dans les rapports, des différents plans qui font se toucher étroitement les anciens et les nouveaux domaines des réalisations de l'optique. On conçoit qu'ici apparaissent les premiers symptômes de la relativité des connaissances, une sublimation, une intellectualisation des moyens de puissance créatrice. Le problème de la coloration pigmentaire s'exprimant par un jeu d'ombres et de lumières est étudié d'une part ; de l'autre les jeux de la lumière réfléchie et ceux de la lumière projetée, puis apparaît la possibilité d'exécuter une représentation documentaire plus étendue par le passage de la photographie immobile et froide, à l'image mouvante du film.

Prof. Moholy-Nagy.
Cahiers d'Art, *Paris, 1929, n° 1.*

Le photogramme et les techniques voisines

Le procédé technique du photogramme est connu. On peut en donner la recette rapidement à tout le monde. Mais la même chose est impossible si nous pensons au processus créateur de formes du photogramme : l'effet indicible des surfaces inondées de lumière ou recouvertes d'ombre, les relations entre les parties claires et sombres, la blancheur éclatante qui, en contraste avec le noir le plus profond, se dissout souvent dans de délicates valeurs grises

et inonde l'ensemble, ces phénomènes donc étaient inconnus en peinture et ne peuvent être expliqués au moyen des concepts habituels. Résumons-nous en une phrase: nos désirs d'expression optique sont conditionnés par le degré de connaissance offerte par la lumière.
L'invention de la photographie, l'introduction de sources puissantes de lumière artificielle, les effets lumineux réglables sont les éléments du renouveau de la création optique.
Jusqu'à hier, la peinture était le sommet de la création optique. Le peintre se servait de la capacité de refléter les couleurs. Il utilisait les couleurs selon leur capacité de refléter ou d'absorber la lumière, pour obtenir un résultat optique dont la tâche essentielle consistait à montrer le monde dans le jeu de la lumière. Il est certain qu'avec le rayonnement direct de la lumière, nous pourrions obtenir un effet beaucoup plus intense, à condition de dominer cette méthode aussi bien que les techniques de la peinture. En effet, le problème de la création optique future, c'est **la création au moyen de la lumière elle-même.** Cela ne met pas en cause la valeur pédagogique de la peinture manuelle à l'aide des couleurs, mais cela abolit l'appréciation traditionnelle selon laquelle la peinture est la seule source de l'art. Il semble que la photographie soit le pont vers une nouvelle création optique qui n'utilise plus la toile, les pinceaux et les couleurs, mais qui se sert des jeux des projecteurs, des «fresques lumineuses». Chez le photographe, la formation matérielle et grossière par le biais de la couleur disparaît; la matérialisation jusque-là transposée de la lumière devient plus directe. Le photographe capte le rayonnement fluctuant, l'oscillation de la lumière, presque sans transposition. Et même si les traces de l'effet matériel sont encore perceptibles – sur les photographies, la lumière se transpose en une matière presque immatérielle – grâce à la couche sensible à la lumière, on perçoit le chemin qui mènera, à l'avenir, vers une expression optique plus sublimée.
Cette approche conduit à un perfectionnement des moyens de l'expression optique et en même temps à celui de la création optique dont on ne peut encore prévoir tous les effets salutaires. Les exigences et les résultats se recoupent: la peinture manuelle se transforme en «peinture mécanique», sans que nous ayons à redouter que le travail mécanique impose à la création un niveau médiocre.
En réalité, dans l'élaboration d'une œuvre, à côté du processus de création, il n'est question que de la maîtrise d'exécution. Peu importe que cette dernière se fasse de façon manuelle ou mécanique.
La clarification théorique ne résout pas les problèmes pratiques. Les difficultés sont d'ordre économique. Les expériences en vue d'une nouvelle création optique ne peuvent être individuelles; on ne peut les mener à bien sans gros moyens, sans installations coûteuses comme des projecteurs, des appareils de polarisation et autres instruments optiques. Heureusement, on peut provisoirement tâter le terrain en faisant quelques expériences financées par des capitaux étrangers, mais celles-ci ne peuvent être assimilées à des performances optiques. Par exemple: les travaux accomplis avec des installations lumineuses sur scène, lors de grands rassemblements, à l'occasion d'expositions, pour des publicités lumineuses (la semaine de la lumière), etc.
Mais les vrais organes du renouveau seraient des ateliers de lumière, en remplacement des académies de peinture dépassées, où l'on pourrait étudier les moyens d'expression de notre temps. L'État et les municipalités dépensent encore des millions pour une entreprise artistique vieille; il serait équitable de soutenir aussi les idées qui peuvent être réalisées aujourd'hui, au lieu de les repousser comme des utopies.

i 10, *Amsterdam, 1929, nos 21-22.*

Net ou flou?

I.

Un magasin de photographie de Munich (Schaja, 32 Maximillianstraße) publie une excellente revue professionnelle intitulée **Schaja Foto-Mitteilungen.** L'un des collaborateurs principaux, Hans Windisch – rédacteur de la collection « Das deutsche Lichtbild » (Bruno Schultz Verlag, Berlin, W 9) – informe régulièrement les lecteurs des problèmes techniques et généraux de la photographie ; il signe du nom de « professeur Schaja ».
Dans **Schaja Foto-Mitteilungen** (5e année, nos 9 et 11), a paru l'article suivant du professeur Schaja*:
«Si vous avez des yeux pour voir, vous avez dû parfois remarquer que certaines photogra-

* Pour plus de clarté, j'ai abrégé les textes déjà parus dans **Schaja Foto-Mitteilungen.** C'est moi qui ai choisi les passages soulignés. Si on le désire, on peut consulter les textes originaux. M.-N.

phies diffèrent des vôtres quant à la 'tonalité', aux contours et au mode de 'présentation'. **Votre photographie est une photographie d'identité: elle reproduit avec une fidélité décourageante la géographie du visage, chaque poil, tous les pores et grains de beauté.** Bref, on voit bien le modèle en question, mais pourquoi sa photographie ressemble-t-elle aux photographies des criminels sur les avis de recherche?

Dans certains cas, l'objectif impitoyable produit des images qui sont une véritable vivisection optique. Alors faut-il qu'un portrait soit assez 'vague', quitte même à tricher un peu? Non. **Mais il ne faut pas que la photographie veuille imiter la microscopie.** Du visage d'une personne, nous avons une impression globale, formée par les centaines de visages de cette personne qui se superposent dans notre imagination. **L'objectif** (besogneux, obtus, sans esprit) **note** un seul de ces centaines de visages mais **avec une précision dont notre œil est incapable.**

A cause de sa quête fanatique de précision, l'objectif fige tout dans une stabilité désespérante. C'est un témoin incorruptible, mais il se perd dans les détails, ce qui l'empêche de capter l'ensemble. L'objectif se jette sur chaque grain de beauté, sur chaque coupure de rasoir. L'impression d'ensemble, ce liant que souvent on peut seulement deviner, le laisse indifférent. Certains portraits sont d'une 'ressemblance' tellement désolante que l'on n'a pas envie de les regarder. 'L'objectif ne ment pas?' Objectivement, il ne ment pas (on voit d'une façon objective), mais subjectivement, il ment toujours, car il ne sait pas distinguer l'important de l'accessoire.

Nos yeux voient autrement que l'objectif.

Nous ne pensons pas en premier lieu aux portraits; beaucoup d'autres travaux photographiques sont des échecs en raison de la précision de dilettante de l'objectif moderne d'une correction poussée.

Un jour nous avons compris qu'il faut **simplifier et ramasser,** mais comment?

C'est possible par le procédé optique, sans retoucher, sans manipuler le négatif.

Mais toutes les catégories de prises de vues ne supportent pas la présentation plate et synthétique de notre objectif de haute précision. Nous sommes émerveillés par la netteté absolue de l'objectif quand nous regardons les prises de vues de fleurs, d'insectes, de mousse ou de quelque objet que ce soit. Dans ces derniers cas, un maximum de netteté est souhaitable. **Mais il ne serait pas utile de faire une photographie aussi nette de votre visage, surtout à un moment où vous n'êtes pas encore rasé. Il faut que vous ayez une approche autre que, par exemple, pour une douzaine de hannetons. Notamment, il faut avoir une autre optique. Une netteté exagérée est toujours gênante puisque c'est l'impression d'ensemble qui a de l'importance; par exemple, il ne faut pas examiner une mosaïque de trop près et trop dans le détail.**

Une protestation intérieure s'élève en nous contre la sobriété quasi scientifique de l'image 'anastigmate' et nous préférons une image qui accentue l'essentiel, parce que cette dernière, abstraction faite de la valeur artistique, est plus proche de ce que nos yeux voient. Une photographie nous semble souvent 'sèche' et 'morte' du fait qu'il y a des différences d'ordre physique entre l'œil et l'objectif. Mais en plus du facteur physiologique, nous refusons aussi l'image d'une netteté poussée pour des raisons psychologiques. Quand nous regardons des images, des paysages, des portraits, etc., nous aimons laisser vagabonder notre imagination au-delà de la représentation objective. Nous prenons bonne note de ce qui est définitif et nous avons seulement à deviner et à développer ce que suggère l'image.

Pour cette raison, on cherche depuis longtemps un objectif dont le fonctionnement est le plus proche de celui de l'œil, et qui aurait 'un regard d'ensemble'. Au cours des dernières décennies, on a établi beaucoup d'objectifs faiblement corrigés du point de vue chromatique et sphérique. Le premier objectif, et le plus simple, est l'objectif de visée. Les lentilles de nos lunettes modernes sont fabriquées selon un principe photooptique qui corrige le pire défaut de la vieille lentille simple: la déformation.

D'ailleurs, la lentille simple a tous les défauts optiques, depuis les déformations chromatiques et sphériques jusqu'à l'astigmatisme.

Mais nous voulons profiter justement de ces défauts.

Que voulons-nous?

1. **Exclure ou, du moins, atténuer le caractère de reproduction par trop photographique;** éliminer de l'image ce qu'elle contient de superflu.

2. Une unité de tons, **la modulation douce des contours,** mais sans que l'image soit floue. **Celui qui étudie un peu plus à fond l'optique élémentaire se rend compte que son fonctionnement ressemble à celui de l'œil. L'effet produit est résumé, comme celui d'une affiche, la profondeur de champ est d'une grande netteté.** Le noyau net de l'image est entouré d'images plus faibles et plus floues; ainsi la netteté de l'image cruellement 'anastigmate' est absente. De plus, la lumière 'coule' des surfaces

très éclairées, ce qui donne un caractère lumineux et flottant à l'image; c'est le charme de ce genre d'optique. L'objectif 'anastigmate' éclaire, l'objectif sans correction chromatique et sphérique provoque de la lumière.»

Ma réponse au professeur Schaja dans **Schaja Foto-Mitteilungen,** nº 11:

«Je ne suis pas du même avis que vous au sujet de la photographie 'objective' ou 'réduite à l'essentiel', et je me sens obligé de le déclarer publiquement, car la question soulevée par vous me semble vitale dans l'état actuel de la photographie.
(De plus, vos points de vue pourraient inciter les fabricants de matériel optique, qui auraient prévu la venue d'une telle conjoncture, à incorporer dans les caméras d'amateurs les objectifs hautement corrigés par d'autres lentilles moins piquées.)
Malheureusement, nous nous sommes trop habitués (par manque de temps et aussi par paresse) à voir les individus d'une façon schématique, sans regarder leur visage. Souvent, nous ne percevons que leurs manifestations sociales. Nous devons nous rappeler qu'il existe une façon biologique de regarder les hommes: dans ce cas, on donne de l'importance à chaque pore, à chaque ride ou grain de beauté. L'objectivité de la lentille (de l'objectif), la bonne utilisation de la lumière révèlent mille fois plus sur l'homme qu'une lentille peu piquée qui cherche à fixer 'l'impression globale' des situations diverses.
Il ne faut pas inciter le spectateur 'à développer ce que suggère l'image'; il s'agit de l'encourager à comprendre intuitivement et clairement les véritables relations qui sont la base objective de la représentation des phénomènes de la vie. C'est pour cette raison que j'ai protesté contre les propositions d'inspiration impressionniste que l'on peut facilement mal interpréter. D'autant plus qu'aujourd'hui, les conditions techniques nous permettent d'associer la précision objective avec des effets lumineux extraordinaires, et d'obtenir, grâce à ces éléments, si c'est un homme capable qui se trouve derrière la caméra, la représentation optique du monde.
Oui, j'irai jusqu'à dire que, pour des raisons pédagogiques, je préfère mille fois une objectivité, une netteté, un souci des détails exagérés à un mode de représentation adroit mais non détaillé. La photographie objective doit nous apprendre à voir. Nous ne voulons pas soumettre l'objectif à notre vue et à notre capacité de connaître limitées; au contraire, il faut qu'il nous aide à ouvrir les yeux.»

Le professeur Schaja a publié sa réponse dans le même numéro:

«Vous croirez sûrement que je proteste également contre la photographie brumeuse. Mais je suis, moi aussi, convaincu que la photographie 'objective' peut devenir une falsification. Je suis prêt à photographier votre femme avec précision, à la présenter de telle façon que l'idée ne vous viendrait même pas qu'il s'agit de votre femme. Je peux aussi la photographier d'une façon telle qu'il vous semblera découvrir une vague ressemblance. Je veux dire: je ne veux ni soumettre votre femme à une psychanalyse photographique, ni la surprendre dans un état d'âme exceptionnel, ni l'examiner au microscope: je veux exprimer par une photographie que l'architecture de son visage et la concentration de son être me plaisent. Mais cela n'a aucun rapport avec ses grains de beauté ou d'autres détails. Je m'abstiendrai de faire une fausse psychanalyse avec les moyens insuffisants (et mensongers) de l'objectif.
Les images complémentaires suscitées par notre imagination sont plus révolutionnaires que la description la plus exacte de l'existence. Quand il s'agit de portraits, la photographie 'objective' est grotesque, désolante, et souvent elle falsifie le modèle. Indéniablement, la photographie 'objective' peut procurer des sensations, **mais il ne faut pas abuser des procédés et de la technique.** L'emploi d'un pinceau mince ou fourni n'a jamais déterminé la valeur d'une œuvre. Précisons que l'objectif 'anastigmate' d'aujourd'hui est tout autre chose qu'un instrument du travail objectif. Dans certains cas, son exactitude peut être fascinante, dans d'autres, elle est insignifiante. Parfois l'objectif 'anastigmate' trompe par trop de zèle, parfois il oblige à l'emploi d'écrans de protection.
Moi, je préfère photographier comme je vois, avec mes deux yeux. Votre cerveau dit 'objectivité', c'est-à-dire 'c'est comme ça'. Mais dans votre cas aussi, il ne s'agit pas d'objectivité' : c'est un jeu nouveau et distrayant avec ce qu'on appelle l'optique.
En résumé: à mon avis, c'est le tempérament de chacun qui déterminera toujours son approche du monde et des objets, et les moyens qu'il choisira pour les représenter. Pensez-vous peut-être que la photographie soit un facteur culturel important? Pour qui? Pour ceux qui fabriquent le Celluloïd des films et des matières explosives?»

II.

Je trouve que la question débattue est assez importante pour qu'on la discute devant un public plus large que le cercle purement professionnel des **Schaja Foto-Mitteilungen.** Je vais commenter brièvement la dernière réponse du professeur Schaja:

«Je suis troublé par le fait que Windisch, un homme que je tenais pour un compagnon de lutte, se serve d'arguments aussi désuets. Comment peut-il parler de l'exigence sentimentale, depuis longtemps dépassée, de la signification subjective? Comment peut-il y voir le critère de la qualité artistique? Ne sait-il pas que l'art est une chose achevée et qu'il ne doit pas être interprété mais seulement saisi selon notre état d'âme? Le raisonnement de Windisch encourage nos pauvres contemporains myopes et d'esprit confus à persister dans leurs idées traditionnelles; pourtant il faudrait les réveiller en leur montrant nettement ce qu'ils n'ont jamais vu, jamais remarqué.
Je ne veux pas m'accrocher à des mots. On peut se méprendre sur le sens du mot 'objectivité'. Il ne s'agit pas de discuter de la définition des mots 'objectivité' et 'subjectivité'; l'essentiel, ce sont les possibilités du processus photographique qui dépassent les expériences de notre vue. Il est possible que nos yeux, comme le prétend Windisch-Schaja, voient le monde d'une façon floue et sommaire. **Pourquoi la caméra devrait-elle s'aligner sur l'œil?**
Windisch ne comprend pas que, dans l'art, il s'agit toujours des valeurs que l'énergie humaine peut dégager de la matière, des instruments, en faveur de l'expression.
Si la caméra est capable de travailler d'une façon autre ou plus précise que nos yeux, il faut que nous nous en réjouissions! Celui qui pense qu'elle n'est pas apte à faire des portraits, eh bien, qu'il ne l'utilise pas à cet effet! La photographie n'est pas destinée à adopter les buts de la peinture manuelle. Utilisons la caméra pour obtenir des résultats que nous ne pourrions obtenir par d'autres moyens. Une erreur, semblable à celle de Windisch, avait déjà entraîné un trouble fatal il y a trente ou quarante ans. On voulait que la machine 'aspire' à faire des produits aussi beaux que ceux de l'artisanat. Quelle époque heureuse! Mais ne la pleurons pas, elle revient dans le domaine de la photographie.
On pourrait discuter encore beaucoup de points de l'article de Windisch. Au-delà de l'appréhension intellectuelle (surtout s'il s'agit de nouveautés), il y a l'appréhension instinctive.
Malgré notre vision et l'organisation optique habituelles, nous devons essayer de découvrir les possibilités inexploitées du processus photographique et les mettre au service de l'expression humaine.
Oui, je vois dans la photographie un facteur culturel, même si des gens irresponsables déforment des découvertes et des connaissances de grande valeur.»

i 10, *Amsterdam, 1929, nos 20-21.*

L'homme et sa maison

La terrible pénurie de logements exige des constructions nouvelles. Bientôt, il va falloir construire des centaines de milliers de logements rien qu'en Allemagne, ce qui engendre des problèmes sociaux, économiques, techniques et sanitaires. Probablement, la solution de ce problème influencera non seulement notre sort mais aussi celui de la génération suivante.
Malgré l'urgence et l'importance du problème, on l'envisage rarement de la bonne façon. On implique rarement dans le travail pratique les quelques hommes qui ont des idées et des projets nouveaux. C'est encore en général le promoteur qui a le premier et le dernier mot. De plus, il y a d'autres problèmes que ceux d'ordre social, financier, technique et sanitaire; certes, c'est déjà un grand résultat si on accorde un peu d'attention à l'aspect technique et financier. Mais, en général, on ne parle absolument pas ni des conceptions architectoniques, ni de **l'aménagement de l'espace,** notion étrangère à la plupart des gens, ni de la problématique d'une construction rationnelle.
Pourtant, au-delà de la satisfaction des besoins physiques élémentaires, l'homme doit avoir dans son appartement une sensation d'espace, il doit apprendre à l'éprouver. L'appartement ne doit pas servir à se cacher devant l'espace, mais à vivre dans l'espace, à établir des rapports vrais avec ce dernier. Cela signifie que, lors de la construction des appartements, il ne faut pas penser uniquement au coût et au rythme de la construction, à l'efficacité, au choix de matériaux peu coûteux, toutes notions provenant d'une vision superficielle; il faut surtout penser à la **sensation d'espace,** première condition du bien-être physique et psychique des habitants.
Cette exigence n'est pas une considération mystique sans contenu réel; bientôt, elle exprimera la nécessité d'une conception architectonique; nous ne considérerons plus le bâtiment comme l'ensemble des espaces intérieurs qui protège des intempéries, comme un espace fermé et immuable, mais comme un moyen dynamique qui permet d'enrichir la vie, comme une parcelle organique de la vie elle-même.
L'ultime vocation de la nouvelle architecture sera de faire cesser l'opposition entre ce qui est ouvert et ce qui est fermé, entre la campagne et la ville. L'architecture doit être **positive.**
Nous avons l'habitude de négliger la question fondamentale architectonique pendant la

construction d'une maison, car l'utilité du bâtiment est le souci principal : c'est l'endroit qui sert à se reposer et à reconstituer ses forces. L'architecte de l'avenir devra se mettre à la place de l'habitant, il devra considérer la situation dans son ensemble : les parties de la maison seront les éléments d'un ensemble biologiquement rationnel et ne serviront plus seulement à se reposer et à se régénérer, mais aussi à démultiplier les forces de l'homme et à l'inciter à accomplir des activités harmonieuses. Des chemins divers peuvent conduire vers ce but. Mais l'exigence de la transformation de l'espace, de la modification de l'espace vital s'imposera. Alors, ce n'est ni l'homme individuel ni les besoins individuels d'une certaine catégorie d'hommes qui guideront l'architecte ; il tiendra compte d'un besoin bien plus général, de **la forme d'habitat correspondant à des besoins d'ordre biologique.** Ce schéma de base pourrait être modifié en fonction de besoins individuels tout à fait justifiés.

Naturellement, on ne peut pas présenter des propositions concrètes à l'architecte de demain. Chaque époque a sa propre architecture. Notre époque a le devoir de clarifier des milliers de problèmes techniques, de résoudre des questions diverses et d'en prendre conscience. En même temps, il faut protéger l'instinct de l'homme, surtout celui de l'homme jeune, pour que la prise de conscience ne l'annihile pas. Aujourd'hui, la jeunesse examine, dans des domaines scientifiques divers, les bases biologiques de la vie et ses exigences. Les thèses révolutionnaires de ces sciences semblent fertiles sur tous les plans et ne se contredisent pas.

La nouvelle conception de l'espace et les expériences en vue de la modification de l'espace doivent être considérées, malgré leur grande importance, comme les éléments d'une nouvelle orientation très large. Mais, de nos jours, des slogans techniques dissimulent même les sensations de l'espace les plus élémentaires ; dans une telle situation, l'architecture future et la formation d'un nouvel espace vital de l'homme ne peuvent pas se développer. L'architecture s'approchera de la solution au moment où nous connaîtrons plus profondément la vie humaine dans son ensemble biologique. L'une des étapes les plus importantes de ce parcours est l'insertion de l'homme dans l'espace ; il faut rendre tangible l'espace que l'architecture doit se consacrer à diviser. La problématique de l'espace et les problèmes pratiques de la construction sont à la base de l'architecture.

Korunk, *Kolozsvár (Cluj), 1929, nº 4, p. 298-299.*

Le Modulateur espace-lumière d'une scène à dispositif électrique[7]

A l'aide d'une lumière artificielle réglable, on obtient facilement de riches effets lumineux. Grâce à l'électricité, on peut réaliser des mouvements calculés à l'avance qui se répètent sans modification. La lumière et le mouvement deviendront à nouveau des éléments de création. On peut rénover les jets d'eau, les fontaines et les décors aquatiques de l'époque baroque par des jeux lumineux et des jeux cinétiques électriques. On va sans doute bientôt utiliser ces possibilités pour la publicité, au cours de fêtes populaires ou au théâtre, pour augmenter l'intensité à certains moments. On peut même prédire que l'on transmettra par radio ce genre de jeux lumineux. Il s'agira en partie de projections à distance, en partie de véritables jeux lumineux, car les récepteurs posséderont des appareils que l'on dirigera des centres radiophoniques à l'aide de filtres colorés électriquement réglables. On peut aussi imaginer d'autres procédés : on insérera des cartons découpés dans l'appareil, cartons qui seront joints au programme de radio comme aujourd'hui les suppléments artistiques. Au cours des premiers essais, on se limitera à utiliser la lumière simple et des processus de mouvements simples, car la plupart des gens ne sont pas préparés à percevoir de tels phénomènes et n'ont aucune pratique. Le modulateur espace-lumière d'une scène à dispositif électrique est le premier essai du genre. C'est l'AEG qui l'a financé pour l'exposition parisienne du Werkbund et c'est son groupe théâtral qui l'a exécuté.

Ce modulateur espace-lumière est un appareil qui sert à présenter des phénomènes lumineux et des mouvements. Le modèle se compose d'une boîte cubique de 1,20 m de côté, avec une ouverture circulaire (l'ouverture de la scène) sur l'avant. Autour de l'ouverture, sur la face interne de la boîte, on a placé des ampoules jaunes, vertes, bleues, rouges et blanches (à peu près 70 ampoules de 15 watts et 5 projecteurs de 100 watts). A l'intérieur de la boîte, parallèlement à la face antérieure, se trouve une autre paroi, également percée d'une ouverture circulaire entourée d'ampoules de couleur. Les ampoules s'allument à tour de rôle selon un plan établi. Elles éclairent un mécanisme à mouvement continu, composé de matières transparentes, translucides ou opaques, mais perforées pour que l'on obtienne des ombres, de préférence linéaires, sur le fond de la boîte. (Si on opère dans une pièce sombre, on peut enlever le fond de la boîte et projeter sur un écran disposé derrière l'appareil.)

Le socle du mécanisme est un plateau circulaire qui tourne autour de son axe, sur lequel est fixé un cadre en trois parties. Des plaques de matière synthétique et des grilles de métal servent de parois. Les trois secteurs du cadre sont chargés chacun d'une phase du mouvement. Ils l'exécutent lorsqu'une roue qui tourne sur un cadran apparaît devant l'ouverture circulaire.
– Jeu de mouvements du premier secteur: trois barres oscillent (le support inférieur et le support supérieur sont un peu différents). Des objets divers ont été montés sur les trois barres: des tamis, des barres horizontales et des treillages.
– Jeu de mouvements du deuxième secteur: sur trois plans consécutifs se trouve une grande plaque d'aluminium fixe. Devant elle, une plaque plus petite en laiton chromé et poli, perforée, se déplace de bas en haut et de haut en bas. Entre les deux plaques, une bille parcourt l'espace sur une espèce de piste.
– Jeu de mouvements du troisième secteur: une spirale de verre s'enroule sur une barre de verre. Elle décrit un mouvement conique, opposé à la grande plaque. La pointe de la spirale touche le support qui consiste en une plaque de verre inclinée.
Le modulateur espace-lumière peut servir à beaucoup d'expériences optiques. Il me semble utile de continuer ces essais et de considérer cet appareil comme la voie vers l'expression de la lumière et du mouvement.

Die Form, *Berlin, 1930, nos 11-12.*

L'exposition de la Société des artistes décorateurs

C'est un tragique spectacle de voir combien de fois la tradition, une tradition, dont on ne vérifie ni le contenu ni les droits, est respectée comme le canon immuable du beau ou du vrai. S'il s'agissait simplement d'une période de transition et de tâtonnements, on n'y attacherait pas grande importance; car c'est d'ordinaire par de semblables spectacles que se caractérisent de telles périodes. En de pareilles périodes, la tradition apporte l'assurance que donne une conviction; l'horizon est bien défini et limité. Mais il est inadmissible que ce siècle a inondé l'homme d'inventions nouvelles, de nouveaux matériaux, de constructions et de sciences neuves. Les cadres entre lesquels se maintenaient les spécialistes devinrent trop étroits et se rompirent. On se trouva en face de tâches nouvelles, dont l'accomplissement exigeait des connaissances plus exactes, et à la fois beaucoup plus générales et étendues que ne le supposait le train-train traditionnel et paisible des travaux d'autrefois dont la marche semblait fixée une fois pour toutes. La machine prit le dessus et s'installa partout, réclamant de nous une nouvelle orientation spirituelle; le mot d'ordre devint: clarté, concision, précision.
Cette évolution s'est accomplie en un demi-siècle. En Allemagne, différents groupes s'efforcèrent d'apporter un peu de clarté et d'ordre dans le problème des formes plastiques. Citons: la colonie des artistes de Darmstadt; les promoteurs du Jugendstil; le mouvement des écoles d'arts et métiers; les efforts de Peter Behrens, Josef Olbrich, Van de Velde, et tout particulièrement le Werkbund.
On construisit des colonies, on organisa des expositions, on publia des revues et des annales. Tous poursuivaient un seul et même but: établir des relations organiques entre les esprits créateurs et l'industrie. L'industrie – dans l'ignorance où elle se trouvait elle-même de ses propres possibilités plastiques – continuait à produire selon les formes traditionnelles, et selon les modèles transmis par l'artisanat. Il y a cependant un intérêt historique à remarquer qu'alors, déjà, on pouvait rencontrer ici et là quelques créations de tout premier ordre, qui étaient dues à l'industrie. Mais c'étaient là plutôt des trouvailles nées du hasard et de la nécessité, et favorisées par le fait qu'il s'agissait de créations où la tradition ne pouvait rien apporter et où la fonction seule déterminait la forme. Citons par exemple certains travaux d'ingénieurs-constructeurs, certains instruments optiques, acoustiques, certains outils employés en chimie et en chirurgie, la construction de certaines machines et de véhicules, certains appareils électriques. Cependant, ce ne sont ni les industriels, ni les techniciens qui proclamèrent que «l'œuvre trouve en elle-même sa justification», ce sont des artistes d'avant-garde, et cela en se référant aussi aux produits de l'industrie. C'est ainsi qu'ils créèrent l'atmosphère et qu'ils donnèrent vraiment l'élan qui devait conduire à des formes nouvelles, plus en accord avec les conditions techniques, économiques et sociales, et nées de leur transformation.
De ce besoin de contredire et d'affirmer, de ces recherches et de ces intuitions se dégagea lentement une idée qui pénètre maintenant toute cette époque de l'ère technique et qui s'est cristallisée dans le principe suivant: **ce qu'il importe désormais de mettre au premier plan, ce n'est pas l'œuvre isolée, ce n'est pas le chef-d'œuvre individuel, c'est la création d'un type de valeur générale, c'est le progrès vers la standardisation.**

Pour atteindre ce but, on ne pouvait se contenter de tentatives et de réussites isolées. Au lieu de diviser, il fallait grouper; au lieu de s'attaquer aux détails, il fallait tenter vraiment d'atteindre des essences.
C'est pour obéir à ces injonctions que Walter Gropius fonda à Weimar en 1919 le Bauhaus («maison des architectes»). Le Bauhaus a été transféré en 1925 à Dessau. Il devint très vite le foyer des idées nouvelles, le refuge des énergies avides de créer des formes en les tirant de la technique, le laboratoire d'essai où ces formes nouvelles étaient éprouvées, avec le souci constant des responsabilités sociales, dans le but de produire utilement pour la communauté.
Le Bauhaus était à la fois une école et une communauté de chercheurs. Son programme visait à créer et à développer des modèles allant de l'ustensile d'usage courant jusqu'à la maison d'habitation complète; et cela au moyen de travaux exécutés dans ses propres ateliers et en tenant toujours compte des possibilités et des méthodes de production qu'offre la technique moderne.
Ces modèles devaient être ensuite reproduits et multipliés par les maisons d'industrie avec lesquelles les ateliers du Bauhaus étaient en relation. Tel était le plan du Bauhaus; au cours de dix années de pratique, il a réussi à le réaliser.
Le Bauhaus a créé, en vue de mener sa tâche à bien, un nouveau programme d'enseignement. Ce ne sont pas des qualités exceptionnelles et géniales qu'on a voulu porter à leur perfection, mais on a plutôt voulu cultiver les aptitudes et les dispositions propres à chacun. A cet effet, la méthode préliminaire fournit une base intellectuelle commune sur laquelle sont fondés les cours de spécialisation dans les ateliers du Bauhaus.

Catalogue d'exposition de la **Société des artistes décorateurs.** *Section Werkbund. Grand Palais, Paris, 1930.*

Problèmes du film moderne[8]

La situation actuelle

Ces dernières années, l'idée de la création artistique devant s'adapter aux possibilités techniques spécifiques, offertes par le milieu où elle évolue, est généralement admise, sinon pas toujours en pratique, du moins en théorie.
Pareillement aux autres artistes, les producteurs de films ont, pendant cette dernière décennie, essayé d'appliquer ce principe à leur art, mais, malgré tout, le film d'aujourd'hui demeure encore sous la domination des conceptions dérivées du tableau traditionnel de studio, si bien que, dans la pratique courante, on n'aperçoit que fort vaguement le facteur principal du film qui est la **lumière** et non le pigment. De plus, le film de nos jours se borne à la projection des «fixes» mis en mouvement sur l'écran; à ce qu'il paraît, on ne se rend pas encore bien compte que la projection mobile dans l'espace représente la forme la plus appropriée à ce domaine. On observe le même esprit conservateur dans les films acoustiquement amplifiés tels que les films sonores où l'on continue à copier méticuleusement les procédés du théâtre – modèle qui s'imposait au premier abord. Même en théorie, les tentatives de découvrir des formes indépendantes, particulières à la technique du cinéma, sont excessivement rares.

La responsabilité

Plus l'équipement technique du film et celui des différentes formes de transmission et d'expression qui s'y rapportent (telles que radio-télévision, téléfilms, avec leurs vastes possibilités, etc.) seront perfectionnés, plus grande sera la responsabilité, en ce qui concerne l'élaboration du programme rationnel du travail.
Ce problème est déjà généralement envisagé – et résolu – selon les méthodes traditionnelles. Le technicien accepte sans objecter les formes conventionnelles du film d'à présent, c'est-à-dire l'enregistrement de l'image visuelle et acoustique réelle et sa projection en deux dimensions.
Un point de départ différent conduirait certainement à d'autres fins. La ligne générale des recherches techniques suivrait alors un autre cours et un programme entièrement nouveau d'exploration cinématographique aboutirait à la découverte d'une forme de transmission jusqu'ici inconnue, qui ouvrirait à la création artistique de vastes horizons imprévus auxquels auparavant on ne pouvait même pas rêver*.

* Le distingué savant Theremin, révélateur de la musique par ondes éthérées, nous offre un excellent exemple de fausse interprétation du problème mal posé, lorsqu'il s'efforce de rendre la vieille musique instrumentale au moyen d'un instrument approprié aux ondes éthérées.

Le problème

Afin d'embrasser l'ensemble du problème dans toute sa complexité, il est nécessaire d'étudier les éléments techniques du film les plus importants, relevant des domaines:

sphère optique (vision),

sphère cinétique (mouvement),

sphère acoustique (son),

en les examinant un par un. L'aspect psychologique du problème (psychophysique) – tel, par exemple, qu'il nous apparaît dans les films surréalistes – ne peut, bien entendu, qu'être à peine effleuré dans cette étude.

La sphère optique: peinture ou lumière?

Il est bien possible que la peinture – art manuel par excellence – existera encore des dizaines et des dizaines d'années, maintenue aussi bien pour des considérations pédagogiques qu'en tant que moyen de préparer la voie à la nouvelle culture de la couleur et de la lumière. Toutefois, cette phase préparatoire peut être abrégée, quitte à poser le problème correctement et à procéder aux recherches en conséquence.

On peut dès à présent relever des symptômes du commencement du déclin de la peinture traditionnelle (cela n'a rien à voir avec les difficultés économiques terribles dont les artistes contemporains ont actuellement à souffrir) – symptômes très apparents dans nombre de cas prédominants typiques pour l'histoire. Comme exemple: le «suprématiste» Malevitch (le «suprématisme» est le type de la manière russe de peinture abstraite, affirmée par Malevitch); son dernier tableau: un carré blanc sur le carré blanc de la toile est nettement symbolique pour l'écran, symbole de transition de la peinture-couleur à la peinture-lumière: **la surface blanche servant de réflecteur, à la projection directe de la lumière, et ce qui est encore plus, de la lumière en mouvement.**

L'œuvre de Malevitch est un exemple remarquable du nouveau point de vue culturel. Cette œuvre peut être considérée comme victoire intuitive sur les tâtonnements à l'aveuglette du film de nos jours qui, avec plus ou moins de succès, se borne à imiter la technique surannée de la peinture de chevalet dans ses procédés d'illustration, son manque fréquent de mouvement et son pittoresque du montage. Le suprématisme crée la **tabula rasa** quant à l'application de l'art manuel en peinture. Comment le film pourrait-il retourner à la vieille peinture de chevalet, lorsque les peintres eux-mêmes s'aventurent maintenant sur d'autres voies? **Il est donc nécessaire de faire un nouveau départ,** en prenant pour base cet autre facteur avec ses moyens spécifiques, et non la technique de l'art d'illustration, radicalement étranger au film. Voilà la raison pour laquelle la victoire de ce qu'on appelle la tendance abstraite, représente en même temps la victoire de la culture future de la lumière qui, sûrement, va laisser loin derrière elle, non seulement la vieille peinture de chevalet, mais aussi les expériences les plus osées et les achèvements les plus éclatants de la peinture moderne jusqu'à son point culminant – l'art de Malevitch.

Toutefois, les considérations ci-dessus ne sont pas encore suffisantes pour nous permettre de formuler les principes fondamentaux de la création optique. La «morphose» directe de la lumière, son déploiement cinétique et réfractaire exigent des recherches systématiques. La peinture, la photographie, le film ne sont que parties intégrantes d'un tout complexe.

Le studio de lumière dans l'avenir

Les éléments indispensables à la nouvelle culture de la lumière contrôlée sont avant toute chose les suivants: les sources de provenance sûre de la lumière artificielle d'une intensité variable, les réflecteurs-projecteurs, instruments physiques de polarisation, d'intégration et de réfraction de la lumière, un assortiment d'instruments optiques perfectionnés suffisant à la réception des images, et, par-dessus tout, la grande sensibilité du milieu récepteur (y compris la solution du problème des films de trois dimensions et de couleur)*.

* S'il y a un endroit favorable à la création dans les conditions actuelles de cette sorte de laboratoire provisoire pour les recherches des propriétés de la lumière (pour commencer en dehors de toutes considérations utilitaires), c'est bien la Russie, et cela malgré le fait que la plupart des académies d'art que nous possédons actuellement pourraient, à ce qui me semble, être facilement transformées en «académies de lumière». Toutefois, la Russie est actuellement le seul pays où la production des films n'est pas déterminée par des considérations commerciales, où film et création optique, en général (contrairement à ce qui se passe ici), sont regardés comme une tâche culturelle et non comme une marchandise. En outre, aucun autre pays n'offre de telles facilités pour opérer un changement radical, révolutionnaire, quant à l'interprétation de l'idée même des tâches incombant aux arts. En Russie, la vieille conception du mot «artiste» a maintenant définitivement vécu – l'ancienne mentalité de profession est peu à peu remplacée par la conception nouvelle d'une mentalité d'organisation culturelle et intellectuelle. L'invention n'est plus confinée dans les cadres étroits des travaux manuels; au lieu de concentrer son attention sur les détails topiques, l'artiste russe tâche de créer synthétiquement (en corrélation générale des données).

Le sens et l'avenir du studio de film

Dans notre époque, politiquement et économiquement déchirée, le film enregistreur d'événements et de faits, le film de reportage, devient tout naturellement un facteur d'éducation et de propagande de la plus haute importance. Toutefois, il est nécessaire de se rappeler que, pareillement à toutes les autres formes d'expression, le film, armé de tous ses moyens tels que lumière, mouvement, montage psychologique, a, indépendamment de toute considération d'ordre social, encore une tâche relevant des sources purement biologiques (films abstraits) à remplir. C'est là la raison pour laquelle le studio maintiendra sa place prédominante dans la production des films à venir. C'est encore dans le studio que nous trouvons les meilleures conditions pour le contrôle conscient de nos efforts, dirigés vers ce but. Loin de moi de nier le fait que même les films dont il vient d'être question ne manqueront pas de se rattacher nécessairement à telle ou telle époque définie. Bien au contraire, je suis persuadé que ces rattaches ont beaucoup plus de fond que celles assujetties aux formes conventionnelles momentanément topiques, qu'elles ont leur racine dans le subconscient de notre être et constituent un des moyens les plus efficaces pour la formation idéologique de la société de l'avenir.

Le futur studio pour la manipulation de la lumière ne se préoccupera sûrement pas (comme c'est le fait des studios de film de nos jours) d'imitations et ne mettra pas son point d'honneur à transformer d'un coup de baguette magique des fagots de broussailles en forêts vierges et des projecteurs en soleils éclatants. Le studio futur procédera autrement, en se basant sur les éléments fondamentaux du milieu donné et en développant dans la mesure du possible tous les moyens qu'il offre.

La tâche de l'architecte du film sera de se conformer à ce nouveau point de vue. A part leur fonction d'acoustique, les arrière-plans scéniques seront conçus de manière à devenir des sources de lumière et d'ombre (à la façon de treillages et squelettes) et leur ensemble sera utilisé comme autant de surfaces d'absorption ou de réflexion de lumière dans chaque cas séparé. (Murs distributeurs de la lumière.)

La clé de l'image lumineuse du film est dans le «photogramme» obtenu à l'aide de la photographie sans caméra. Sa richesse de gradation de tons blanc-noir et de gris nuancé (aussi bien que celle des nuances de différentes couleurs dans l'avenir prochain) représente en soi une puissance capitale. Ceci est également vrai en ce qui regarde la superposition voulue des différentes images du film.

Ce n'est que dans un studio non imitateur, que nous pourrions espérer de créer des formes de la lumière dont les possibilités artistiques sont encore inexploitées. La morphose de la lumière n'est pas cependant le seul problème du film, le problème du mouvement et du son demande une solution. Le film renferme toute une série d'éléments additionnels, partiellement empruntés à la photographie et d'autre part dérivés de ses nouveaux aperçus pédagogiques (tels, par exemple, que la tâche de rechercher les moyens d'expression de l'idée du temps-espace).

Utilisation du mouvement

Les méthodes traditionnelles nous manquent quant à l'adaptation et au contrôle du mouvement dans les films, car notre expérience pratique en cette matière remonte à peine à quelques dizaines d'années, de sorte que nous nous voyons forcés à nous attaquer aux notions élémentaires et de tâcher de les développer. C'est là qu'il faut chercher l'explication de la manière rudimentaire dont le mouvement est traité dans la plupart des films.

Nos yeux n'ont pas encore acquis l'habitude de saisir simultanément les phases successives du mouvement; dans la majorité des cas, la multiplicité des phases dans le système du mouvement continu – et cela malgré le contrôle le plus méticuleux – ne manque pas de nous produire l'effet du chaos et non d'une unité organique.

Voici la cause du fait que, de nos jours, les performances de cette sorte (aussi grande que soit leur portée esthétique) ne représentent, pour la plupart des cas, qu'un intérêt technique ou pédagogique. Le montage russe (quoique sujet à caution à certains points de vue) est le seul qui puisse être considéré comme ayant fait un pas en avant dans ce domaine. Quant à la projection simultanée de plusieurs films se complétant l'un l'autre, elle n'est pas encore réalisée, même aucune tentative n'a été faite dans cette direction*.

---

* Les possibilités qui s'offrent pour l'adaptation du mouvement ne se réduisent nullement au montage seul. Mais quant à cela, même au cinéma russe, l'effet du mouvement relève plutôt de l'impression que de la construction. Le montage russe est tout particulièrement réussi en ce qui concerne l'ensemble des impressions associées (qui, cependant, sont intentionnellement et non accidentellement réunies). Au moyen de découpures par des prises souvent distinctes dans l'espace et le temps, se succédant rapidement, on établit le lien nécessaire entre une telle situation individuelle et l'ensemble. Le montage constructif de l'avenir accordera plus d'attention à la valeur intégrale du film – lumière, espace, mouvement, son – qu'à la production tendant à une série d'effets optiques saisissants. Eisenstein **(Ligne générale)**, Vertov **(L'Homme à la caméra)** et Turin **(Turksib)** ont déjà positivement fait des pas en avant dans cette direction.

Réflexion sur le film sonore

Le film sonore est l'invention la plus importante de nos jours. Grâce à elle, non seulement la réceptivité par la vue et l'ouïe de l'homme sera accrue, mais aussi sa sensibilité sonore pourra atteindre à un degré aujourd'hui inconcevable. Toutefois, le film sonore que j'ai en vue n'a rien de commun avec la reproduction des dialogues et la suite des sons qui constituent l'usage traditionnel de la scène. L'enregistrement documentaire des réalités acoustiques ne représente pas non plus son unique fonction qui, en pratique, pourra se réduire au rôle analogue du **photomontage** dans le film muet. Tandis qu'il s'agit ici des tâches du film sonore.
Toutefois, le son serait d'une bien pauvre aide au film muet, s'il se confinait dans la tâche de simplement souligner ou d'appuyer musicalement le montage optique représentant une entité en soi. Les résultats déjà obtenus à l'aide d'un procédé – optique – pourraient s'en ressentir et même diminuer par suite de l'adjonction d'un facteur acoustique parallèle. Ce n'est que dans le cas où ces deux facteurs deviennent mutuellement indispensables, car parties intégrantes d'un tout indivisible, ce n'est qu'alors qu'on obtient un résultat qualitativement plus riche, pouvant se traduire par une nouvelle forme dans l'art d'expression véritablement révolutionnaire. C'est là une économie profitable même pour le cas du film-reportage parlant.

Le problème du film sonore de nos jours

Si nous ne voulons pas que notre film sonore reste à piétiner sur le point mort, nous devons avant tout réviser de fond en comble sa réceptivité acoustique, en même temps qu'élargir considérablement ses possibilités.
Toutefois, aucune tentative n'a encore été faite de la part des «musicaux» de nos jours, ne serait-ce que pour pleinement utiliser les ressources et développer les qualités potentielles enregistreuses du gramophone, sans parler du sans-fil et des instruments des ondes éthérées. Sous ce rapport, toutes leurs habitudes et toute leur mentalité sont à refaire.
Il appartiendra au film sonore de pousser la pratique auditive de façon à lui communiquer un caractère autre que purement documentaire au moyen des entités sonores, actuellement encore inconnues; tout comme le film muet est capable (et jusqu'à un certain degré a déjà réussi) d'enrichir les données de notre perception visuelle.
En fait, il s'agit d'obtenir dans le film sonore la synthèse parfaite optophonétique bien au-delà des exigences momentanées du public qui n'est pas encore revenu de son enthousiasme des premiers jours devant la nouveauté du procédé offert à lui. Une pareille synthèse va en dernier ressort inévitablement aboutir à l'apparition du **film sonore abstrait** et cet achèvement ne manquera pas de servir d'enseignement précieux pour tous les autres types de film. Ces deux extrêmes: le «film sonore documentaire» et le «film sonore abstrait» devront alors être organiquement amplifiés par le «film sonore de montage» – montage, où l'optique et l'acoustique ne seront pas traitées en tant que branches indépendantes l'une de l'autre, mais réunies dans un seul tout intégral. Pour arriver à ce résultat, il faudrait tout d'abord faire passer le film sonore par une phase purement expérimentale, confinée uniquement aux éléments son. Autrement dit, le son devrait tout d'abord être complètement isolé de l'image et devenir momentanément l'objet d'une étude spéciale, basée sur des expériences décisives en tant que son et rien que **son.** Il est évident que toute ingérence d'ordre musical, quelle qu'elle fût, serait dans ce cas aussi déplacée qu'une peinture anecdotique dans la sphère visuelle du film.
Les expériences de l'étape suivante qui pourraient être menées parallèlement à la phase ci-dessus, devraient être dirigées comme suit:
1. Mise en valeur des **réalités** acoustiques telles qu'elles nous sont offertes par la nature, la voix humaine ou l'instrument de musique.
2. Emploi des sons qui, quoique s'adaptant à l'enregistrement optique, ne sont pas produits par des facteurs **indépendants;** cette catégorie de sons doit être tracée sur les bandes du film sonore, suivant un plan établi d'avance, et les sons ne recevront leur expression sonore qu'au cours de la projection du film (le système triergon, par exemple, les rend par des raies tracées parallèlement qui se distinguent l'une de l'autre par leur teinte, plus foncée ou plus claire, et dont on doit préalablement assimiler l'alphabet; étant donné, cependant, que n'importe quel signe tracé sur la bande sonore se traduit en projection, soit comme ton, soit comme bruit, mes essais, quant aux différents dessins – profils, caractères d'alphabet, empreintes digitales, figures géométriques – que j'ébauchais sur cette bande, produisaient de surprenants effets acoustiques).
3. La combinaison de ces deux procédés.
Le point 1. donne lieu à des considérations suivantes:
a. Point n'est besoin que le film parlant contienne une suite ininterrompue de sons. On obtiendra un effet acoustique deux fois plus grand, en ne le produisant que par bribes variées, plus longues ou plus brèves, commençant et finissant, sans que rien l'annonce.

b. Tout comme en optique, un corps peut être aperçu sous ses aspects différents – vu d'en haut, d'en bas, de front, de profil, en toute sa longueur ou en raccourci –, les mêmes possibilités doivent subsister dans la sphère sonore : il doit y avoir plusieurs angles sonores, tout comme il y a plusieurs angles visuels (des différentes combinaisons graduées de musique, de parole ou de bruit seront autant de moyens de produire de pareils effets). En outre, plusieurs procédés nous sont offerts pour des prises acoustiques : le mouvement lent (le son qui se meurt petit à petit) ou en accélération (contraction du son), l'étirement, l'altération, la duplication et tous les autres moyens, propres au montage sonore. A la simultanéité visuelle doit correspondre la simultanéité sonore, autrement dit, on ne doit pas hésiter à amplifier le flot acoustique, voire celui des paroles, en y additionnant simultanément différents motifs sonores, ou se contracter, puis reprendre la ligne qu'on avait suivie tout d'abord, etc.
L'alternance accélérée ou ralentie de sons normaux donne lieu à une netteté d'expression extraordinaire aux tons et tonalités respectifs, dans les sonorités des octaves du haut et du bas.
Les résultats obtenus de cette façon peuvent également donner lieu à d'autres combinaisons encore et nous offrent des possibilités illimitées pour la comédie.
En ce qui concerne le point 2.:
a. Le développement complet des facultés créatives du film parlant ne saurait toutefois être atteint sans qu'on se rende au préalable parfaitement maître de l'alphabet inscriptif du son (relativement aux divers systèmes du son filmé) ou, en d'autres mots, avant que nous ne puissions inscrire sur la bande sonore des séries de sons autres que les sons que nous entendons en réalité. Une fois ce degré atteint, le compositeur du film sonore sera en état de créer une musique constituée des sonorités jamais encore entendues dont on ne pouvait soupçonner l'existence même, et tout cela à l'aide simplement d'annotation opto-phonétique ;
b. le premier film véritablement parlant sera fait par l'artiste qui, d'une façon ou d'une autre, arrivera à découvrir des formes acoustiques appropriées aux différents objets ou événements pris en particulier ou dans leur enchaînement ;
c. une découverte de cette sorte nous mettra en état de produire des sketches acoustiques d'événements ou de choses ;
d. cela nous donnera également le moyen de réaliser des ensembles acoustiques (accentuation, mais non différenciation du son).

La projection

Le rectangle de l'écran de toile ou de métal de nos cinémas n'est pas, à tout prendre, autre chose que la peinture de chevalet mécanisée. Nos idées sur l'espace ou sur la corrélation de l'espace et de la lumière restent encore bien primitives. Elles se réduisent à un phénomène universellement connu : des rayons de lumière pénétrant dans une pièce par l'ouverture pratiquée dans un de ses murs.
Néanmoins, il nous serait facile d'enrichir nos observations spatiales en projetant la lumière à travers une suite de plusieurs écrans, en partie transparents, tels que filets, grillages, etc. (comme, par exemple, dans la série de mes expériences pour le **Marchand de Berlin,** représenté sur la scène du théâtre Piscator, en 1929). On peut facilement s'imaginer qu'à la place de l'écran unique à surface plate, apparaîtront bientôt un ou plusieurs des écrans de différentes dimensions, de forme sphérique ou conique, leurs parties démontables et bien coordonnées en leurs mouvements (sans ou avec découpures) ; grâce au changement de leurs positions respectives, on pourrait arriver à des diversités innombrables de motifs, ne serait-ce que par le procédé que j'avais recommandé pour les films muets – soit de soumettre simultanément tous les murs du théâtre de cinéma au feu croisé des films : le «Simultankino». Des résultats tout à fait remarquables peuvent aussi être obtenus par l'action simultanée de plusieurs projecteurs lumineux sur des substances gazeuses, telles que fumée ou vapeur, ou encore par des images formées à l'endroit de l'intersection des cônes lumineux de différentes formes. Enfin, aussi bien la morphose lumineuse abstraite que la forme objective du film-reportage gagneraient beaucoup toutes les deux, si la projection plastique se développait en celle de la photographie stéréoscopique (l'image à fixer, encerclée par un système synchronisé d'objectifs photographiques et le résultat reproduit ensuite par un procédé de projection similaire).
Le film sonore et ses possibilités acoustiques, encore inexplorées, vont sûrement nous conduire aux découvertes sensationnelles dans cette sphère et dans toutes les autres.

Les buts de la production des films

L'adaptation au travail créatif du film, de ses trois éléments principaux – lumière, mouvement, son – dépend, en fait, de la collaboration d'un grand nombre de savants et de techniciens, tels que:

le photographe*,
le physicien et le chimiste,
l'architecte, l'opérateur et le projectionniste,
le metteur en scène et l'auteur.

Ce travail créatif dépend également des moyens techniques d'enregistrement, de l'outillage optique, du degré de sensibilité du milieu réceptif à la lumière, de l'usage des rayons ultra-violets et infrarouges, de la super-sensitisation (tout comme nos yeux peuvent s'accoutumer à voir dans la nuit, ainsi, dans l'avenir, nous devons nous attendre aux caméras réagissant même dans des conditions de grandes vitesses dans la nuit). Ceci est conditionné par:

le film en couleurs,
le film plastique,
le film sonore,

par les problèmes de la projection en trois dimensions: écrans se succédant dans l'espace, réflecteurs adaptés à la fumée et à la vapeur, écrans sphériques, doubles, multiples, superposition automatique, dessins animés...

aussi bien que dans le problème de l'acoustique et du montage représentant la synthèse de toutes les parties intégrantes du film.

1928-1930

Telehor, *Brno, 1936, nos 1-2.*

(Article paru d'abord dans **Korunk,** Kolozsvár (Cluj), 1930, n° 10, puis, en français, dans **Telehor.**)

Le film jeu de lumière

I.

Pour ce genre de film, il faut se servir de la caméra que l'AEG a présentée en 1930 lors de l'exposition de la chambre de commerce de Paris. J'ai longuement détaillé le sens et les possibilités de cette caméra dans la revue **Die Form,** 1930, numéros 11-12. Au fond, cet appareil fait apparaître la possibilité de la formation de la lumière. Son emploi signifierait un grand progrès dans l'histoire du film. L'analyse des effets lumineux prouverait qu'aujourd'hui, grâce aux connaissances scientifiques et aux moyens techniques (énergie électrique, appareils optiques), on peut et on doit s'occuper de façonner la lumière.

L'énumération des outils élémentaires nécessaires à la formation de la lumière nous familiarise avec la culture optique nouvelle.

II.

Quand on traite les effets nouveaux qui se produisent pendant la formation de la lumière, des problèmes cinématographiques techniques et formels se posent, problèmes qui peuvent influencer, dans une certaine mesure, le développement du film. L'utilisation régulière de la lumière et de l'ombre apporte au film une nouvelle dimension, celle de la lumière. (Pareillement, les expériences photographiques sans caméra, le photogramme, représentent une nouvelle branche de la photographie statique.) La pellicule sensible pourrait être utilisée d'une façon bien plus variée qu'elle ne l'est actuellement. La création de phénomènes lumineux implique, en pratique, une meilleure utilisation de la pellicule et engendre une gamme d'une richesse infinie, allant du blanc éclatant inondé de lumière au noir le plus profond, en passant par les nuances délicates du gris.

---

* Il ne fait point de doute que dans un avenir prochain seront taxés d'ignorants non seulement les illettrés, mais également ceux qui ne sauront pas comment approcher la caméra. Ce point posé, il faut néanmoins reconnaître que nulle part jusqu'à nos jours, on n'a procédé encore à la diffusion et au développement des études systématiques de la photographie. Ainsi, lorsqu'en 1928, le ministre de l'Instruction publique de Prusse voulut par décret officiel introduire l'enseignement de la photographie dans les écoles, il se trouva dans l'impossibilité – et cela malgré le renommé «esprit laborieux» germanique – d'indiquer les directives dont il faudrait se guider dans ces études. Cependant, le programme sommaire d'études et de recherches expérimentales en photographie pourrait être facilement établi sur les lignes générales comme suit:

1. La fixation de la lumière avec ou sans caméra (photographie, photogramme, rayons X et la photographie de nuit).
2. La reproduction de faits:
   a. photographie d'amateur;
   b. photographie scientifique (technique): microphotographie, agrandissement;
   c. documentation.
3. Fixation du mouvement: instantané (reportage).
4. Études des réactions diverses mécaniques, optiques, chimiques, telles que: déformation tout à la fois de l'instrument optique et du milieu réceptif (fusion de l'émulsion), relâchement, prise fausse, etc.
5. Simultanéité.

Le scénario d'un film jeu de lumière

1.

Présentation de la lumière (surtout de la lumière artificielle) sous ses différentes formes.
Sur un disque incandescent, beaucoup d'allumettes éparpillées qui soudain s'enflamment.
Lueur de bougie, lampe à pétrole, gaz, électricité.
Un photogramme et sa préparation.
Projecteurs.
Un appareil modulateur espace-lumière : mouvements en spirale éblouissants, augmentation et diminution de l'ouverture du diaphragme ; lumière partiellement masquée.
Dans la nuit, des faisceaux lumineux balayent le ciel.
Jeu de projecteurs.
Navires dans la nuit.
Avions dans la nuit.
Voiture qui roule sur une route enneigée. Des phares puissants éclairent la route.
Publicité lumineuse dans une rue en pleine nuit. (Signaux lumineux qui délimitent l'espace.) Route bitumée mouillée, nappe d'eau miroitante.

2.

Dans une forge.
Minerai chauffé à blanc.
Étincelles, coulée d'acier.
Feu d'artifice, boule lumineuse, carrousel lumineux dans la nuit.
Aile éclairée d'un moulin à vent qui tourne.
Chute d'eau éclairée en pleine nuit.
Éléments de base : bâton lumineux, des plans en rotation qui forment des figures stéréométriques. Multiplication par la manipulation du prisme, soubresauts ; introduction d'un miroir, quelques-unes des scènes se répètent ; cette fois elles sont dédoublées.

3.

Dans un atelier métallurgique, on fabrique les pièces métalliques du modulateur espace-lumière.
Des phases du travail sur le banc du tour, affûtage et polissage.
On souffle du verre, on prépare les pièces en verre du modulateur espace-lumière.
Une spirale de verre s'étire.
Polissage des parties de verre.
Montage du modulateur espace-lumière.
Moteur, tambour, roue dentée, ampoule.
Défilé des pièces détachées. Aluminium perforé, fil de fer, etc.
Jeu avec des billes. Un instrument compliqué, de petites billes s'écoulent par un trou que l'on a percé dans un disque placé à la verticale.
Des jouets mobiles, on met plutôt l'accent sur le mécanisme du mouvement que sur la forme des objets présentés. (Ces scènes préparent la présentation de la lumière et du mouvement, c'est-à-dire de ce qui est résumé dans la partie 4.)

4.

Ombres portées par le modulateur espace-lumière en mouvement, superposition des ombres et des parties métalliques.
Le modulateur espace-lumière tourne, à vitesse normale, puis, plus vite et plus lentement.
Positif, négatif ; surexpositions.
Prise de vues avec ouverture étroite.
Des caches qui bougent automatiquement.
Truquages ; variations.
Tout bouge très vite et se dissout dans la lumière.

Korunk, *Kolozsvár (Cluj), 1931, nº12, p. 866-867.*

Peinture et photographie

Nous vivons à une époque révolutionnaire. Le processus dialectique du développement (considéré d'après le miroir déformant d'une réaction allant s'accentuant) nous oblige à réviser nos concepts.
Dans le domaine des beaux-arts, la peinture et la photographie figurent parmi les notions que l'on n'a pas encore élucidées. Souvent on les utilise l'une contre l'autre. On dit que seule la peinture peut exprimer la vie intérieure, que la photographie est seulement apte à reproduire mécaniquement la réalité et ne peut être classée parmi les arts.

Un examen plus approfondi permettra de découvrir que les deux genres font partie du domaine de la création optique, donc tout ce qui concerne cette dernière les concerne également.
La création optique est un moyen pédagogique donné qui nous permet d'essayer de façonner la conscience de la société future. Je ne pense pas à ce que l'on appelle l'« art de propagande », auquel les politiciens actifs accordent une importance primordiale et qu'ils soutiennent constamment. Il s'agit surtout de donner une impulsion aux forces de l'inconscient à l'aide de notre organe optique : l'œil.
Les politiciens qualifient les valeurs ainsi transmises d'« esthétique » sans influence, et ils les refusent la plupart du temps. Ils adoptent cette attitude parce que les problèmes d'actualité les plus brûlants les absorbent tellement qu'ils se défendent avec des théories « révolutionnaires » contre toute complication éventuelle. Certains artistes se vexent de ce que des « révolutionnaires professionnels » adoptent une semblable attitude et leur solidarité avec l'action politique s'affaiblit ; ce phénomène est dû au fait que la plupart des artistes – malgré leur bonne volonté – ignorent quels sont leurs devoirs à l'intérieur de la société.
Depuis le développement du socialisme scientifique, nous savons que ce sont surtout les données économiques qui déterminent les conditions sociales et que ces dernières gouvernent nos actions.
Nous savons aussi que toutes les actions artistiques ont une essence commune et que le travail artistique n'a aucune problématique en plus (aucun contenu conscient) par rapport aux autres disciplines créatives. L'homme cherche sans cesse à représenter les forces qui le composent et qui l'incitent à agir.
Aujourd'hui, notre problème crucial est que le capitalisme nous a menés à une étape du développement économique et social qui détruit la possibilité de mener une vie saine et satisfaisante. L'utilisation antibiologique de la technique caractérise le mieux ce stade du capitalisme. Le capitalisme dont le slogan est : « le profit avant tout », utilise la machine contre l'homme. Cet état d'esprit a déjà causé des dommages incalculables : les fonctions biologiques de plusieurs générations s'en trouvent affaiblies.
La lutte des classes est un moyen efficace pour éliminer les erreurs du système capitaliste et pour améliorer les conditions de vie. Mais il y a d'autres moyens, moins rationnels, qui ne s'adressent pas à l'intellect de l'homme mais à ses sens ; ceux-ci peuvent lui apprendre ce dont il aura besoin pour reconstruire sa vie après l'effondrement total ou partiel du système actuel.
L'art, c'est cette préparation inconsciente, c'est l'éducation subconsciente de l'homme.

Korunk, *Kolozsvár (Cluj), 1932, n° 2, p. 104-105.*

Nouvelles expériences cinématographiques*[9]

Nous allons essayer de résumer brièvement la problématique du film, surtout du point de vue du cinéaste amateur. Nous allons aussi rendre compte du travail pratique de cet amateur qui s'est chargé (même si ses efforts semblent sans espoir) de résoudre les problèmes de détail du travail cinématographique, bien que la production soit totalement commercialisée et soumise aux trusts.
Le cinéaste amateur actuel a une grande importance pour nous, car il reprend le rôle du groupe qui, hier, représentait l'avant-garde, le groupe d'élite du film. Aujourd'hui, l'avant-garde est très mal en point : l'industrie a absorbé puis détruit l'avant-garde cinématographique. Il suffit d'évoquer les anciens films de grande envergure dirigés par **Eggeling, René Clair, Picabia, Léger, Cavalcanti, Renoir, Feyder, Buñuel, Ruttmann, Man Ray, Beaumont, Ivens.** Leurs expériences passées sont devenues, entre-temps, la réalité quotidienne de la production, malheureusement plutôt pour la partie technique que pour leur contenu philosophique. Au cours de cette oraison funèbre, nous devons constater que, lors de leur création, la production commerciale officielle n'a pas du tout reconnu les travaux et les expériences des membres de l'avant-garde. Quand l'industrie cinématographique s'est épanouie suffisamment pour pouvoir envisager ces problèmes, on a fait participer les membres de l'avant-garde au travail pratique. Alors, une situation irrévocable s'est instaurée : sous la pression de l'industrie, ceux de l'avant-garde se sont trouvés dans l'obligation de faire un emploi abusif de leurs moyens. Pour cette raison, même le public a rapidement pris l'habitude de tenir compte seulement de l'aspect technique et formel du langage d'avant-garde. A cause

* Notre excellent collaborateur nous a communiqué, sous forme manuscrite, le texte d'une conférence qu'il a prononcée dans plusieurs salles et universités allemandes, conférence qui était accompagnée de projections. Les passages du texte où se situaient ces projections ont fait l'objet de légères corrections stylistiques. (Le rédacteur.)

de l'imitation du jeu théâtral et de l'absence d'un contenu élevé, on a vite oublié que la nouvelle expression cinématographique (destinée à faire sentir l'espace à l'aide de la lumière et du mouvement) et la théorie du montage devaient être accompagnées initialement non seulement par de nouvelles solutions techniques et formelles mais aussi par une prise de position intellectuelle approfondie. Les nouveaux moyens d'expression doivent ouvrir de nouvelles perspectives, à la fois techniques et spirituelles, pour que le nouveau mode d'expression devienne un **élément de la vie.** Peu importe si ce processus se déroule instinctivement ou de façon **consciente.** Compte tenu de la stérilité affligeante de la production cinématographique internationale, il est important de préciser les choses suivantes:
1. L'adoption de procédés d'avant-garde, dans l'espoir d'un succès commercial et pour faire sensation, n'est pas du tout un acte à glorifier; ainsi on a récupéré et annihilé les esprits purs et sans arrière-pensée.
2. L'amateur, pas plus que le réalisateur professionnel qui commence à travailler aujourd'hui, ne doit tenir compte des principes de la production commercialisée; il faut qu'il considère uniquement les buts et le sens de la problématique du film.
Quel est le problème fondamental du film?
Nous vivons indubitablement à une époque de bouleversements spirituels et matériels très importants. Nous ne dominons pas tous les phénomènes de l'ère industrielle. On peut même constater que nous avons une attitude **désuète** face à la plupart des phénomènes actuels; en général, nous ne sommes pas capables de poser les questions adéquates quant à l'origine de ces phénomènes, ni aptes à les modifier. Dans tous les domaines de la création, on doit accomplir un travail pédagogique instinctif, il faut essayer d'élever le niveau culturel général, ce qui permettra de faire connaître les problèmes de notre temps et d'en chercher la solution. Cette éducation préparatoire doit s'exercer dans tous les domaines d'activité. C'est une condition indispensable. On ne peut pas faire surgir une attitude culturelle universelle, un niveau culturel général, en partant exclusivement de la compréhension logique, des sciences ou des arts. Pour établir et répandre une conception réellement universelle, il faut partir, si possible **simultanément,** de la sensation et de la connaissance.
En ce sens, pour nous le film est psychophysique. Reprenons les idées de Goethe: c'est un travail éducatif de l'œil, à la fois moral et sensitif, un travail plus élargi que celui accompli par les autres moyens de la création optique (la peinture et la photographie statique). Dans ce sens, le film est notre moyen futur le plus important pour l'**appréhension de l'espace.** Pour nous, cette orientation est le dénominateur commun des problèmes de détail du film, comme par exemple les questions de prise de vues (vue à vol d'oiseau, d'avion), de manipulation du diaphragme, de lumière, du mouvement et du son; c'est également le dénominateur commun des problèmes purement techniques que posent le film plastique et en couleurs, la projection en trois dimensions, la projection simultanée, etc. Il s'agit d'un domaine très vaste, difficile à parcourir dans le cadre d'une brève conférence. Retenons seulement que, du point de vue optique, la fondation d'une culture spatiale par des expériences cinématographiques est pour l'instant à un stade assez primitif et que chaque réalisateur cinématographique aura pendant longtemps des tâches à accomplir dans ce domaine.
Mais quelle est la situation réelle? Peut-on confier avec bonne conscience un tel programme à un cinéaste amateur? Il est difficile de répondre à cette question par un «oui» sans nuances, même si nous souhaitons le faire. Aujourd'hui, l'industrie du cinéma est tellement développée du point de vue technique – beaucoup de techniciens éminents travaillent dans chaque production commerciale moyenne – que l'amateur, avec ses instruments primitifs et son capital réduit, se trouve dans une situation très désavantageuse. Il faut ajouter que, depuis l'apparition du film parlant, il est très difficile de se procurer les installations nécessaires même pour une production de petite envergure (par exemple un film de 300 m). Mais il ne faut pas se décourager et les amateurs doivent continuer le travail expérimental, malgré des conditions matérielles très difficiles. Sur ce plan, nous espérons que le film en petite largeur, qui coûtera deux à trois fois moins cher que le film normal apportera une grande amélioration. Aujourd'hui, nous n'avons plus à nous demander, avant de commencer le tournage, si le grand public ira ou n'ira pas voir nos films. A cause du système de distribution, à cause de la politique culturelle et de la censure, la plupart de nos expériences sont de toute façon condamnées à mort par avance. De nos jours, les intérêts privés commerciaux se situent bien loin des tentatives artistiques. Il ne faut plus compter sur l'aide financière des milieux nantis. Pourtant, répétons-le sans cesse: amateurs de cinéma, en avant, au travail!
Que peut faire aujourd'hui un cinéaste amateur?
(Il faut exclure, dès le départ, le film d'action, catégorie du point de vues de la création.)
Parlons donc du reportage, des expériences avec les couleurs, les prises de vues et le mouvement, des dessins animés et des films de truquage et, pour chapeauter le tout, du

film de montage. De plus, grâce aux travaux de **Pfenninger** et de **Fischinger,** le cinéaste amateur peut faire des expériences du domaine de l'écriture sonore.
(Après la présentation de son film intitulé **Marseille,** tourné avec une caméra d'amateur, l'auteur continue son exposé.) J'avais à ma disposition une longueur déterminée de pellicule (300 m) et j'ai pensé qu'il ne fallait pas présenter l'ensemble d'une grande ville sur si peu de pellicule. Alors j'ai choisi un quartier de la grande ville, le **vieux port,** partie peu connue du public à cause de sa triste situation sociale, de sa misère et de son insécurité. Je n'ai pas voulu faire un reportage purement impressionniste, mais finalement j'ai dû me contenter d'une esquisse de la situation, je n'ai même pas pu faire des prises de vues plongeantes pour mieux saisir l'ensemble. Quand, dans les quartiers sombres, j'ai pu enfin pénétrer dans un appartement en hauteur, on m'y a reçu avec tant d'hostilité que j'ai dû fuir rapidement et, dans la rue, on m'a souvent sérieusement menacé. Malgré cela, même ce reportage à demi social prouve qu'une production mieux équipée aurait de grandes possibilités à Marseille ou dans une ville semblable.
Naturellement, même le reportage le plus simple se trouve confronté à d'autres difficultés que celles du tournage. «En général, les spectateurs n'aiment pas les reportages sociaux», disent les producteurs et les distributeurs; les propriétaires des salles de cinéma répètent cette affirmation. On ne peut savoir si cela est vrai ou faux, car la censure, qui interdit la présentation de la situation sociale actuelle, empêche toute vérification pratique du problème. La censure ne permet pas que ce genre de reportage soit présenté au public. En Allemagne, on décourage toute étude sociale critique dans les milieux du film, du fait qu'on leur refuse le droit à la détaxation qui affecte d'autres types de film: éducatif, artistique, culturel, etc. De ce point de vue, on ne peut obtenir aucune aide des autorités. La censure est devenue l'outil du pouvoir d'État. C'est une situation illégale, car la censure cinématographique renie la constitution démocratique dont l'un des principes de base est la «liberté d'expression». Mais la censure actuelle est néfaste même si on admet que l'État doit se protéger contre toute cause de désordre et utiliser la censure pour empêcher la révélation de la situation sociale et la prise de pouvoir de l'intellect, car la «défense» de l'État assurée par la censure est devenue le bastion des instincts réactionnaires et d'une morale dépassée. Et comme le film n'appartient pas au domaine de l'éducation mais à celui de l'industrie, l'effet le plus destructif de la censure est d'entraîner l'autocensure préalable des réalisateurs. Pour éviter tout conflit avec la censure, on élimine, dès le tournage, toute prise de position courageuse. (Par exemple, la Paramount a remis à ses auteurs-scénaristes et à ses metteurs en scène la liste des mots que la censure pourrait critiquer.) La censure et l'autocensure effacent donc toute tentative instinctive, naturelle et passionnante, en faveur d'une éducation médiocre, lâche et sournoise.
Quel enseignement en tirer? Comment se défendre? Comment le cinéaste amateur peut-il mettre fin à la censure directe et à celle qui se dissimule?
Il y a deux terrains de lutte: hors du domaine du film et dans la vie professionnelle.
Hors du domaine du film: le souci constant d'une éducation pour la révolution de l'esprit.
Dans la vie professionnelle: la fondation de ligues et de communautés cinématographiques. Dans ces groupes fermés, on pourra accomplir un travail sain et faire des projections qui échapperont au contrôle de la censure.
Mais il faut éduquer le public pour qu'il puisse apprécier le film de reportage et aussi nous éduquer nous-mêmes pour que nous comprenions de quoi il s'agit. Compte tenu de la censure actuelle, on ne pourrait pas présenter, je crois, la troisième partie du film de **Victor Albrecht Blum** intitulé **Quer durch den Sport** («A travers le sport»). Il s'agit d'une œuvre du temps du cinéma muet. Ce film est composé d'articles de journaux et de prises de vues de la réalité choisis tendancieusement pour ridiculiser les excès sportifs dénués de sens, la course abrutissante que l'on mène pour obtenir un record.
Les films abstraits de **Fischinger,** qui s'est inspiré des travaux de **Viking Eggeling** décédé prématurément, appartiennent à un autre groupe de films d'amateurs. Ses films de 1920 sont inégalés en ce qui concerne la tension des mouvements et la construction formelle. **Ruttmann** et **Richter** suivent la même ligne. En plus des originalités du montage qui peuvent se manifester aussi dans des films naturalistes, le principe de leurs travaux est l'utilisation des différentes phases du mouvement par une confrontation qui accentue les oppositions ou par une différenciation délicate. Ces films ont aussi de l'importance parce qu'ils éduquent l'œil à capter des processus mobiles compliqués, car, même actuellement, nous sommes à peine capables de percevoir plus de trois ou quatre mouvements simultanés. Du point de vue optique, ces films essaient d'établir un langage propre au mouvement, une dimension propre à l'expression cinématographique. On pourrait dire beaucoup d'autres choses des films d'Eggeling, de Fischinger et de Ruttmann, mais puisque nous avons adopté comme dénominateur commun la culture de l'espace (les mouvements se déroulent dans l'espace) nous ne nous occuperons pas des autres éléments structuraux de ces films.

Je voudrais encore rendre compte de l'invention qui permettra de révolutionner tout le processus du film parlant. Jusqu'ici on s'est borné à reproduire la musique, les paroles et les bruits grâce au système lumière-son : on a transformé en signaux lumineux les phénomènes acoustiques réels à l'aide d'un microphone et de la cellule photographique ; dorénavant, l'écriture sonore permettra de faire surgir du néant des phénomènes acoustiques, de la musique, sans intervention préalable d'un instrument. De nos jours, nous pouvons diffuser, grâce à l'appareil du film parlant, une musique notée à la main, sans qu'un orchestre l'ait jouée*. C'est une grande joie pour moi de pouvoir rendre compte de cette invention acoustique, car j'ai analysé cette idée dans mes articles et dans mes conférences d'il y a dix ans et je suis content que mes conceptions, considérées à l'époque comme des énormités, soient enfin réalisées. Je suis parti de l'idée qu'avec un « alphabet gravé » on peut faire des disques, sans jouer la musique ; celle-ci doit naître de l'imagination du compositeur, puis être transcrite sur le disque. Quelques années plus tard, j'ai étendu mes expériences avec le phonographe à la radio, au film parlant et à la vision à longue distance. De nos jours, grâce à l'activité de Rudolph **Pfenninger,** on applique ces idées dans le film parlant. L'écriture sonore de Pfenninger justifie les suppositions théoriques et les expériences pratiques. Il y a peu de temps, on a présenté le film de Pfenninger à la Société cinétique allemande et les techniciens rassemblés ont demandé ironiquement : « Pourquoi tant compliquer ce qu'on peut faire simplement? » Autrement dit, quelle est la raison d'être de l'écriture sonore compte tenu de la perfection de nos appareils optiques et acoustiques? Un éclat de rire a suivi cette remarque. Tout le monde avait l'impression que ce Pfenninger, un type curieux, s'occupait de problèmes inexistants. C'était amusant, cet intermède d'hilarité! Au cours de la conférence, on avait admis que j'avais établi, le premier, la conception théorique de l'invention et j'ai pu, grâce à mon expérience de plusieurs années, expliquer aux sceptiques qui venaient se familiariser avec cette idée les conséquences de l'écriture sonore. Je vais vous en énumérer quelques-unes.
Grâce à l'écriture sonore, on peut, par exemple, rénover la musique et élaborer toute une série de sons encore inconnus. Il est possible de produire une musique constituée de sons purs, sans harmoniques, ainsi que des chants de synthèse. On peut, à l'aide de ce moyen, obtenir par synthèse la voix du ténor idéal ou de la basse idéale : dans la partition, le compositeur utilisera des notes synthétiques. Il suffira de connaître les « composantes » d'une voix, la couleur vocale et le registre d'un chanteur, pour produire synthétiquement sa voix, sa façon de chanter et sa couleur vocale. On pourra faire un excellent chanteur d'un mauvais chanteur, en effaçant les fausses notes sur la bande sonore. Puis il y a les enregistrements de truquages vocaux. Avec cette méthode, on peut ralentir ou accélérer le rythme, réaliser des premiers plans acoustiques, des déformations sonores, etc. Pour illustrer ce qui précède, je voudrais évoquer quelques expériences encore assez élémentaires du laboratoire acoustique du conservatoire de Berlin. Les compositeurs **Hindemith** et **Toch** ont obtenu avec le gramophone, à l'aide du processus mécanique de l'appareil, des résultats curieux : Hindemith a transposé quatre octaves plus bas et quatre octaves plus haut une composition vocale. Toch a enregistré de plus en plus rapidement une fugue purement vocale ; ainsi il a obtenu des effets jusque-là inconnus de la voix humaine. Toch a fait de même avec un chœur à plusieurs parties : il a enregistré de plus en plus vite un texte simple mais difficile à prononcer rapidement (Popokatepetl liegt nicht in Afrika sondern in Mexico) ; le disque accéléré à l'extrême a révélé des aspects insoupçonnés de la voix humaine, qui ne peuvent pas être entendus autrement. C'est le principe de l'étirement du temps vocal.
Les problèmes musicaux mis à part, nous pouvons espérer que l'écriture sonore fera naître une écriture grapho-phonétique directe et scientifique. Nous avons suggéré plusieurs fois qu'il faudrait rationaliser les machines à écrire et à composer : au lieu des lettres normales et majuscules des écritures gothique et latine, nous avons préconisé l'emploi d'un signe pour chaque lettre; les « a » et les « A » des écritures latine et gothique seraient remplacés par un signe et l'ensemble de ces signes constituerait l'écriture unifiée. Pour commencer à répandre l'idée de cette écriture unifiée, nous avons provisoirement adopté une mesure élémentaire au Bauhaus de Dessau : il s'agit de l'écriture sans majuscules. Mais jusqu'ici nous ne sommes pas arrivés à faire comprendre au public les avantages abstraits et concrets de cette simplification. L'un des commissaires de police allemands a « interdit » l'utilisation de l'écriture sans majuscules du Bauhaus. Ce commissaire doit ignorer que la poste allemande utilise depuis des années ce mode d'écriture pour la rédaction des télégrammes.

* C'est-à-dire que les sons sont gravés directement sur un disque. (N. d. T.)

Si l'écriture sonore gagne du terrain, nous obtiendrons sans doute plus vite satisfaction. Mon projet de 1926 (un vieux cheval de bataille!) pourrait également servir ce but. Je pense à la machine à composer optophonétique. Cette machine fonctionnerait comme l'appareil du film parlant. Elle imprime sous la dictée, quelqu'un dicte et le texte imprimé sort de la machine. Ce principe concerne aussi la machine à écrire et la machine à imprimer. Combien de temps faudrait-il attendre la réalisation de cette machine et celle des autres inventions? Pour obtenir rapidement un résultat, il faut que le niveau culturel et technologique de ces inventions s'élève vite. On dit que Pfenninger peut déjà écrire tous les mots et tous les noms, qu'il peut déchiffrer à vue l'écriture sonore. Ce qui, aujourd'hui, n'est connu que d'un petit nombre d'individus, appartiendra bientôt à tout le monde grâce au progrès. C'est une grande joie pour nous qu'en dehors de Pfenninger, Oscar Fischinger et l'ingénieur Berthold Fries s'occupent également de ces problèmes, comme très peu de spécialistes en Allemagne, en Angleterre et en Russie. Leurs travaux nous permettront de faire des expériences encore plus étonnantes. Les expériences de Fischinger avec les ornements sonores font partie du même groupe. En plus des expériences d'écriture sonore semblables à celles de Pfenninger, Fischinger a fait aussi des expériences avec des formes optiques. Il a dessiné des ornements, il les a enregistrés avec la caméra et les a transformés en media acoustiques à l'aide de l'appareil de projection du film parlant. Le fait que, à l'avenir, toute forme optique pourrait se transformer en son n'a plus rien d'étonnant. Depuis de longues années, on procède à ce genre d'expériences graphophonétiques. J'en ai parlé il y a bien des années dans mon livre **Peinture, photographie, film,** au sujet des jeux de projecteurs. Selon Brinkmann, on va pouvoir les entendre. En Amérique, on a procédé à l'expérience suivante : on a dessiné le profil d'un homme sur une bande cinématographique puis on l'a rendu audible. Le profil en question a émis un son semblable à celui d'un hautbois. Chacun peut imaginer les possibilités futures! Nous en avons discuté avec des amis. Le compositeur Toch affirme que lorsque, à l'avenir, quelqu'un prétendra qu'il n'aime pas son nez, il répondra : « Attendez de l'avoir entendu ! »
Un élément très positif de la nouvelle création cinématographique est l'éclairage artificiel réglable et calculé à l'avance. Pour l'instant, nous utilisons en général la lumière d'une façon assez primitive, sans en analyser les effets.
La culture de la lumière en couleurs doit remplacer celle du pigment. L'un des grands problèmes de notre temps sera ainsi résolu grâce aux expériences que nous venons de mentionner. Sur ce plan, le film en couleurs, dont l'utilisation actuelle est maladroite et crispée, jouera un rôle décisif. Mais le film en couleurs est encore davantage soumis à la question des investissements et des équipements que le film en noir et blanc.
(L'auteur projette son **Jeu de lumière noir-blanc-gris.**) Ce film avait été conçu dans l'idée d'être tourné en couleurs car le modulateur espace-lumière utilisé devait produire des jeux de lumière en couleurs. L'appareil a été préparé selon les plans de l'auteur par la section théâtrale de l'AEG, et le modèle exposé à Paris en 1930 l'a été sous les auspices de Gropius. L'appareil est pourvu de quarante ampoules en couleurs qui projettent automatiquement trente sortes de figures lumineuses ; pendant le « jeu de lumière noir-blanc-gris », ce sont les ombres et les autres effets lumineux de l'instrument qui sont au premier plan.
On a entrepris une autre expérience : le prolongement du temps grâce à de lents mouvements flottants. La durée du film, seulement quatre minutes, semble plus longue qu'elle ne l'est en réalité. (On a pu le constater lors de la projection par laquelle s'est terminée la conférence.)

Korunk, *Kolozsvár (Cluj), 1933, VIII, n° 3, p. 231-237.*

Du pigment à la lumière

Les mots en « isme », dès qu'il s'agit d'art, mènent à la confusion. On parle, sans savoir très bien ce que l'on dit, d'impressionnisme, de néo-impressionnisme, de pointillisme, d'expressionnisme, de futurisme, de cubisme, de suprématisme, de néo-plasticisme, de purisme, de constructivisme, de dadaïsme, de surréalisme – à quoi viennent encore s'ajouter la photographie, le film et le cinéma. Les spécialistes mêmes ne se retrouvent plus dans cette apocalyptique confusion.
Notre tâche est de chercher le commun dénominateur. Il existe. Il suffit de tirer les conséquences des enseignements de ce dernier siècle. Il en découle que le développement de la peinture moderne offre les analogies les plus frappantes avec celui des autres arts.

Le commun dénominateur

L'invention de la photographie a fait éclater le canon des arts d'imitation et de représentation de la nature. Depuis le naturalisme, la peinture comme construction colorée cherchait incon-

sciemment à définir la couleur, ses lois, ses possibilités élémentaires. Plus ces problèmes prenaient d'importance, plus les tendances des diverses chapelles s'éloignaient de la représentation de la nature. **Dans le domaine de l'optique, on apprenait à ne travailler qu'avec des moyens purement élémentaires, purement optiques.**
Aussi, toutes les tendances en «isme» ne sont que des méthodes plus ou moins individuelles, plus ou moins conscientes, plus ou moins intentionnelles d'artistes qui, isolés ou en groupes, commencent par la destruction des représentations anciennes pour parvenir à un nouveau savoir, à de nouveaux **enrichissements** des moyens d'expression optiques.

Lignes précurseurs

Dans la destruction germent déjà des éléments de construction. La photographie avec son éclairage presque immatériel, particulièrement le rayonnement de la photographie sans caméra, et l'exubérance lumineuse et mobile du film cherchent à s'épanouir dans la clarté. Des tentatives, des recherches, des expériences sur la couleur, sur la lumière, des films abstraits, encore trop fragmentaires et trop isolés, annoncent ce qui viendra demain, mais ne le précisent pas encore.
Toutefois, une constatation s'impose: à côté du monde des sensations et de leurs relations subjectives existent des sources d'émotion qui jaillissent directement de l'expression optique.

Minimum d'exigences

Ce que nous savons de la lumière, de la clarté, de l'obscurité, de la couleur et de ses harmonies, en résumé des **principes élémentaires de l'expression optique,** est bien peu de chose, malgré le travail considérable des différents «istes». Les recherches faites jusqu'à présent n'aboutissent qu'à un dictionnaire de rimes de la peinture. Elles sont encore tributaires de vieilles exigences traditionnelles. Elles ne satisfont ni nos sentiments ni nos désirs actuels et sont bien loin d'avoir pressenti toute l'étendue du domaine de l'optique.
Dès les éléments, nous sommes dans l'incertain. D'innombrables recherches sur les principes mêmes sont encore nécessaires, même pour les peintres:
Qu'est-ce que la lumière – qu'est-ce que la clarté, l'obscurité, les valeurs, le temps, la mesure, les nouveaux procédés de mesure, le mouvement de la lumière, la réfraction, la couleur (pigment)? Par quel moyen occulte la lumière devient-elle vivante? Qu'est-ce que l'intensité de la couleur, la chimie de la couleur et son activité? Comment la couleur agit-elle sur la forme? Par sa position, par sa quantité de superficie? Les fonctions biologiques, les réactions physiologiques? La statique, la dynamique de la composition? Les appareils d'où jaillit la lumière photographique et cinématographique, l'écran? La technique de la projection? De la coloration? Le rôle de la main? De la machine? etc.
Les investigations, en ce qui concerne l'interdépendance des états physiologique et psychologique dans les arts de représentation matérielle, sont bien en retard sur les études physiques.
C'est à peine si **une pratique** de l'expression mécanique par la lumière et la couleur existe déjà.

La peur du raidissement cadavérique

Quand on passe à l'application des principes découverts, on se heurte souvent à la crainte d'une technification qui, croit-on, pourrait entraîner un dessèchement de l'art. On redoute qu'une réalisation trop consciente, trop intellectuelle, une part trop grande accordée aux moyens mécaniques, n'entraîne la mort de toute inspiration créatrice. Ces craintes sont injustifiées. Ne sera-ce pas toujours une noble ambition que d'arriver à une connaissance profonde de toutes les possibilités d'action? On peut sans aucun doute parvenir à une connaissance exacte des possibilités optiques. Cela n'empêche pas que l'œuvre ne jaillisse des profondeurs du subconscient et de la puissance de l'inspiration. Malgré les règles techniques les plus sévères, la puissance créatrice amène à la création artistique comme un fluide mystérieux. La puissance de l'intuition n'est pas moins indispensable à l'art de l'avenir qu'à celui de notre temps.

Art et technique

Au cours des siècles, l'intensité de nos perceptions colorées a dû s'affaiblir, par suite de la diffusion du mot imprimé, de la prépondérance de la littérature. On a fait appel à l'intellect pour combler cette lacune. Cela ce conçoit. Dans la première période d'industrialisation, le technicien, sa forme d'esprit, se sont imposés. Il devenait symbole de toute création, de toute activité.
Il paraissait capable, en principe tout au moins, de créer sans effort particulier une œuvre d'apparence incontestable et parfaitement échafaudée dans sa structure économique. Cette conception passa dans les théories artistiques jusqu'à ce qu'on se fût aperçu que la prépondérance absolue de l'intellect, de la logique et du déterminisme était, pour l'œuvre

d'art, une compensation exagérée du sentiment. Il n'en reste pas moins nécessaire que **les éléments** de l'expression optique, indépendamment de leur valeur artistique, soient exactement définis et deviennent un langage standard que les hommes vraiment doués pourront élever au niveau de «moyen d'expression artistique». C'est là le but profond de toutes les tentatives artistiques et pédagogiques de ces dernières années dans le domaine de l'optique. Si le sentiment s'y trouve aujourd'hui surcompensé, si le déséquilibre sentimental s'y manifeste, il ne nous reste qu'à attendre que cette agitation pendulaire se soit calmée.

De la peinture au cinéma

Les découvertes actuelles de la création optique doivent servir à l'élaboration de ce langage standard. Ce sont en première ligne **les moyens mécaniques et machinaux devenus auxiliaires de l'art.** Hier encore, on leur opposait l'argument que seuls importaient en art l'œuvre de la main de l'artiste, l'écriture personnelle. Aujourd'hui, on est en pleine bataille. Demain, ils triompheront. Après-demain, leur emploi deviendra si évident qu'on ne se donnera plus la peine d'en parler. Le coup de pinceau, la manière personnelle de l'artiste disparaîtront sans doute, mais, en revanche, la pureté de ces nouvelles conceptions s'élèvera à un état presque immatériel, à une luminosité des interdépendances, une précision suprême, une loyauté triomphante qui feront oublier toutes les équivoques de prétendue originalité.

Il est bien difficile de prévoir quelles seront ces formes nouvelles. Ce n'est pas des talents que dépend seulement le devenir de l'œuvre, sa cristallisation future, mais aussi de l'intensité du combat qui sera mené à l'aide des moyens matériels (outillage, aujourd'hui machine).

Mais on peut dire dès aujourd'hui que l'expression optique de l'avenir ne sera pas une simple transposition des formes d'expression optiques actuelles, parce que des instruments nouveaux et cette matière encore inexplorée, la lumière, conduiront à des résultats encore imprévisibles.

La ligne droite de la pensée – les détours de la technique

Dans le moment intermédiaire où nous nous trouvons, il faut considérer comme cause de ralentissement cette réalité connue.

Des individus isolés découvrent des instruments nouveaux, de nouvelles méthodes d'où résulte une révolution dans les procédés habituels. Mais le plus souvent ce qui est nouveau, retardé par les vieilles habitudes, reste longtemps sans être universellement appliqué. On pressent de nouvelles possibilités mais elles restent tout d'abord prisonnières des vieilles traditions qui, par suite de ces nouveautés, paraissent tout de même périmées. Aussi devons-nous nous contenter en musique, au lieu d'appareils électromécaniques totalement différents de ceux d'hier, d'une bruyante invasion d'orgues et de pianos mécaniques ; en peinture on voit apparaître le pistolet, les surfaces émaillées à l'éclat clinquant et les matières purement artificielles – galalithe, trolite, bakélite, cellon, aluminium –, toutes déjà révolutionnaires. De même, dans le film, on considère comme révolutionnaires des effets qui sont à peine autre chose qu'une peinture classique mise en mouvement.

Cet état de choses est peu satisfaisant et a l'air arriéré, en comparaison d'un avenir qui fait prévoir des compositions lumineuses naissant spontanément, variées dans leur espèce et dans leur durée : lumières ruisselant dans le feu de la projection, vol immatériel et subtil des gerbes transparentes de flammes dans l'espace et dans le film de l'avenir, changements constants dans la rapidité et l'intensité de la lumière, variations de l'espace toujours en mouvement à l'aide de la lumière reflétée sur l'écran brillant, jet d'allumage et extinction de la lumière – clair-obscur –, distance ou rapprochement de la lumière, rayons ultraviolets ou infrarouges pénétrant l'obscurité rendue visible par des expériences d'optique, tout cela provoquera des émotions profondes et variées.

1925-1930.

Telehor, *Brno, 1936, n°s 1-2.*

Photographie, forme objective de notre temps

Un nouvel instrument de la vision

Dans la photographie, nous avons un instrument extraordinaire de reproduction, mais la photographie est bien plus que cela : elle est sur le chemin d'apporter quelque chose de tout nouveau au monde optique : les spécifiques éléments de photographie peuvent être isolés des complications qui y sont attachées ; pas seulement théoriquement, mais d'une manière tangible dans leurs manifestations réelles.

L'unique qualité de la photographie

Le photogramme, la création lumineuse sur la chambre noire, est la clef réelle de la photographie, elle nous permet de recevoir les réactions lumineuses sur une feuille de papier sensible, sans l'aide d'aucun appareil. Le photogramme nous ouvre des perspectives d'un morphosisme jusqu'ici absolument inconnu – gouverné par des lois qui lui sont particulières –, cette nouvelle vision commande des moyens complètement dématérialisés.

Qu'est-ce que la qualité optique?

A travers le développement de la photographie noire-blanche, les lumières et les ombres sont pour la première fois pleinement révélées et, grâce à cela, elles deviennent employées avec quelque chose de plus qu'une connaissance purement théorique – l'impressionnisme dans la peinture peut être considéré comme un achèvement parallèle. Par le développement des sources lumineuses artificielles d'une très haute valeur, plus particulièrement l'électricité, et par le moyen de la régulariser, il en est découlé l'usage plus fréquent de la lumière continue et des ombres richement graduées. Par ce fait, une grande animation des surfaces et une plus délicate intensification optique. Cette grande gradation de valeur est le moyen essentiel et fondamental du formalisme optique créateur, même si l'on apprend à penser et à travailler non seulement en valeurs noires-blanches-grises, mais aussi en valeurs de couleur. Quand la couleur pure est mise à côté de la couleur pure, le ton à côté du ton, cela évoque généralement l'impression décorative, dure de l'affiche. Au contraire, les mêmes couleurs en relations avec leurs tons intermédiaires détruisent l'impression d'affiche et créent une composition plus délicate d'effet coloré. Par la présentation noire-blanche-grise de tous les phénomènes de couleur, la photographie nous a amenés – dans la gamme grise comme dans celle des couleurs – vers la reconnaissance des plus raffinées différences de valeurs. C'est la nouvelle qualité d'expression optique dépassant le standard actuel.
Ce n'est qu'un seul point entre autres; c'est le point dans lequel nous commençons à mépriser les qualités essentielles de la photographie. Dans cela nous avons à gagner davantage avec la fonction artistique de l'expression plutôt que par la fonction reproductive de la représentation.

La technique sublimée

Nous constatons dans la représentation, soit fixation objective d'un fait tout autant de chocs et de modifications fondamentaux de la formation optique en usage jusqu'à ce jour, que nous en rencontrons dans la formation directe de la lumière (photogramme).
Les particularités de ce développement sont bien connues: la vision de l'oiseau dans l'espace, la perspective aérienne, la superposition, le miroitement, la pénétration elliptique, etc.; leur coordination systématique ouvre un nouveau champ de présentation dans lequel encore plus de progrès seront possibles. Le fait que nous sommes capables d'obtenir une fixation précise d'objets dans les cas les plus compliqués, dans le centième ou le millième d'une seconde, représente pour nous une extension essentielle des possibilités de représentation optique; cette extension technique produit presque une transformation physiologique de notre vue – Helmholtz avait l'habitude de dire à ses élèves que, si un opticien arrivait à créer un œil humain et le lui apportait pour son approbation, il serait forcé de dire «beau travail stupide» – par le fait que l'acuité de l'objectif, son exactitude impeccable nous aide à développer nos facultés d'observation, les élevant à un standard de visuelle perception qu'embrasse un instantané d'agrandissement énorme ultra-rapide, employé dans les prises microscopiques.

Progrès de l'exécution

La photographie nous donne aussi loin que nos yeux peuvent l'atteindre, éventuellement la supervision, dans le temps et dans l'espace. Une simple et sèche énumération des éléments spécifiques photographiques (éléments purement techniques et non artistiques) suffisent pour deviner le pouvoir divin latent et pour pronostiquer à quoi il conduit.

Les huit variétés de la vision photographique

1. La vision abstraite par la création lumineuse optique, le photogramme, comme la plus fine gradation des valeurs à la fois clair-obscur et de couleur.
2. La vision exacte, par la fixation normale, des apparences des choses: reportage.
3. La vision rapide, par la fixation, des mouvements de moindre durée: l'instantané.
4. La vision lente, par la fixation, des mouvements d'une plus grande durée, par exemple les traces lumineuses faites par les phares des automobiles sur une route. Temps plus long d'exposition.
5. La vision intensifiée
a. par la microphotographie,
b. par la philtrophotographie, de manière que par les variations de composition de la surface

sensible cela permette aux potentialités photographiques d'être augmentées dans différentes voies – régions très éloignées situées dans la brume ou dans les fumées; même jusqu'à la photographie dans l'obscurité absolue: photographie infrarouge.
6. La supervision par le moyen des rayons X: radiographie.
7. La vision simultanée par moyen de superimposition transparente: le procédé futur du photomontage automatique.
8. La déformation optique ou la «farce optique» qui peut être produite automatiquement
a. pendant la prise de vues par l'objectif, respectivement par le prisme, ou le miroir réflecteur, ou
b. après la prise par une manipulation mécanique et chimique du négatif.

A quoi sert cette énumération?

Qu'est-ce qu'elle nous apprend?
Que les possibilités les plus étonnantes peuvent être découvertes dans la matière photographique. L'analyse détaillée de chacun de ces aspects nous fournit une quantité d'indications de valeur en ce qui concerne leur application, leur ajustement, etc., mais nos recherches nous conduiront dans une autre direction, dans laquelle nous voudrions découvrir quelles sont l'essence et la signification de la photographie.

La vision nouvelle

Toutes les interprétations de la photographie ont été influencées par les conceptions esthétiques et philosophiques qui se trouvaient dans la peinture et étaient pour longtemps également applicables à la pratique de la photographie. Elle travaillait dans la dépendance plutôt rigide des formes traditionnelles de la peinture et parcourait comme celle-ci tous les stades des «ismes» artistiques. Cependant, ce n'était pas à son avantage, parce qu'on ne peut imposer pour toujours les constructions d'esprit et la pratique des périodes passées aux découvertes nouvelles. Quand cela arrive, toute activité productive est arrêtée. Cela a été prouvé nettement dans le cas de la photographie qui n'a apporté aucun résultat de valeur, excepté dans les domaines (travail scientifique, par exemple) où elle a été employée sans aucune ambition artistique. C'est là seulement où elle se montrait un pionnier de développement original en cette connexion qui lui était particulière, on ne peut proclamer assez fort, comme il est indifférent pour nous si la photographie produit l'«art» ou non. Dans ses propres lois (et non dans les opinions des critiques d'art) sera le critère de sa valeur future.

C'est déjà suffisamment sans précédent que cette chose «mécanique» qu'est la photographie puisse être regardée dans le sens artistique et créateur, et se développant à peine en cent années qu'elle ait conquis le pouvoir et soit devenue la forme objective visuelle du temps. Auparavant, le peintre avait imposé la forme de la vision de son époque. Souvenons-nous de la manière dans laquelle nous étions habitués à regarder les paysages et comparons-la à notre vision actuelle. Imaginons-nous aussi les portraits photographiques très nets couverts de pores et fleuris de rides de nos contemporains; ou bien les prises aériennes d'un transatlantique se mouvant dans des vagues immobilisées dans la lumière, ou la photographie agrandie d'un tissu, les délicatesses ciselées d'une simple bûche de bois et tous les détails magnifiques des structures, des textures et des factures de n'importe quel objet que nous choisissons.

La nouvelle expérience de l'espace

A travers la photographie (et plus encore par le film), nous avons acquis aussi de nouvelles expériences de l'espace, avec leur aide et celle des nouvelles écoles d'architecture nous avons atteint à l'élargissement et à la sublimation de notre appréciation de l'espace.
Par la compréhension de la nouvelle culture de l'espace – grâce aux photographes – l'humanité a acquis le pouvoir de percevoir son entourage et sa vraie existence avec des yeux nouveaux.

Le point culminant

Mais tout cela n'est que des traits et des actes isolés, pas tout à fait différents de ceux de la peinture. Cependant, dans la photographie, il ne faut pas chercher «le tableau» ni l'esthétique de la tradition, mais l'**instrument idéal** de l'expression se suffisant à elle-même pour l'éducation.

Séries (la photographie comme succession d'images du même objet)

Il n'y a pas de forme plus surprenante, et cependant plus simple dans son naturel et sa jonction organique, qu'une série photographique. **La photographie culmine tout naturellement;** la série n'est plus un «tableau», aucun des canons de l'esthétique picturale ne peut s'appliquer à elle. Le tableau séparé perd son identité comme tel et devient un détail du montage, un élément structural essentiel du tout, ce qui est la même chose. Compte tenu d'un

certain objectif, dans cet enchaînement de toutes les parties séparées mais inséparables, la série photographique peut devenir à la fois l'arme la plus forte et le poème le plus tendre. La vraie signification du film apparaîtra beaucoup plus tard dans une époque moins confuse et indécise que la nôtre.
L'anticipation de cette révélation est sans doute la réalisation que la connaissance de la photographie devienne aussi importante que celle de l'alphabet. Les illettrés de l'avenir ignoreront l'utilisation de la caméra comme celle de la plume.

Telehor, *Brno, 1936, n°s 1-2.*

Lettre ouverte

à l'industrie du cinéma et à tous ceux qui suivent avec intérêt l'évolution du film de valeur

I.

Allons-nous assister sans réagir à la destruction du film, cet instrument merveilleux, par la stupidité et par le dilettantisme borné?
A son grand regret, l'observateur impartial est obligé de constater que la production mondiale des films devient de plus en plus vulgaire. Les films actuels ne peuvent pas réjouir ceux qui savent regarder et penser.
Cette critique ne se limite pas à l'aspect artistique de la production. Toute l'industrie du cinéma est en danger. Son incapacité grandissante à faire des bénéfices en est la preuve. On investit des sommes fabuleuses dans des expériences désespérantes. On les engloutit pour financer des choses superflues, des décors extravagants, des vedettes en quantité, pour payer des salaires fantastiques à des acteurs qui ne conviennent pas au film. Ces dépenses ne seront jamais récupérées, et il est de plus en plus sûr que le film retombera entre les mains des aventuriers d'où on l'avait sauvé après sa première période purement commerciale.

II.

La source de tout le mal, c'est l'exclusion des réalisateurs d'avant-garde, des producteurs libres et indépendants.

III.

Hier, il y avait encore beaucoup de pionniers de par le monde; aujourd'hui, partout c'est le désert, le vide. Mais l'art ne peut pas se développer sans les artistes, et l'art doit pouvoir choisir librement ses moyens. Chaque œuvre d'art atteint son épanouissement grâce à l'activité de l'artiste qui gagne son but à travers une vision d'ensemble. Cela est vrai pour l'architecture, pour la peinture, pour le théâtre, et naturellement aussi pour le film.

IV.

A cause de la nature du film, l'expérimentation, l'organisation d'une pépinière de bon travail rencontrent des difficultés: le film est lié à une structure de production et de distribution qui doit coordonner toutes les composantes, le scénario, les acteurs, la prise de vues, l'enregistrement sonore, la mise en scène, le montage, la publicité, la distribution et les salles de cinéma. Ce qui fut une simple attraction de foire ne peut se transformer en une industrie internationale qu'à ce prix. Les complications économiques qu'implique cette énorme machinerie font passer à l'arrière-plan l'aspect artistique; on a tendance à tenir compte uniquement du point de vue commercial et à oublier l'importance du créateur. On peut même dire que le réalisateur, par peur des représailles, est obligé de renoncer à faire de l'art. En s'intégrant au système de production actuel, les artistes d'avant-garde les plus audacieux sont obligés, au grand regret de tous ceux qui s'intéressent au film, de descendre au niveau d'un réalisateur moyen. Les producteurs indépendants gênaient l'industrie. Les travaux des pionniers sous-entendaient une condamnation de la production officielle. L'industrie ressentait comme une gifle la vitalité des petites entreprises et leur foi dans l'art cinématographique qui leur permettait d'accomplir des exploits sans beaucoup de moyens. L'industrie a contre-attaqué, sans comprendre la nécessité de ces mouvements d'avant-garde, de leurs efforts pour développer le côté artistique du film. Donc l'industrie a démoli soigneusement tout ce qui pouvait ressembler à une expérimentation. Sa victoire est devenue complète à cause des installations compliquées qui étaient indispensables au tournage des films parlants. Le monde des affaires a monopolisé l'«art cinématographique».

V.

La victoire de l'industrie a été totale; elle a écarté tous les obstacles.
Bien des facteurs ont contribué à cet état de choses: les lois concernant les quotas et restrictions à l'importation, la censure, le système de distribution, les propriétaires des salles de cinéma et les critiques à courte vue. La victoire de l'industrie a coûté cher. On a détruit l'art au profit des intérêts commerciaux, mais le boomerang a frappé en retour ceux qui l'avaient envoyé. Le public ne va pas voir les films ennuyeux malgré les dires des statistiques des magnats du film qui ont calculé que tous les individus **doivent** aller au cinéma deux fois par semaine et y dépenser tant ou tant de cents, de pennies ou de francs.

VI.

Après avoir encaissé tant de coups bas, les artistes doivent-ils venir en aide à l'industrie et apprendre aux commerçants à réfléchir? Doivent-ils reprendre les pourparlers et obtenir, grâce à des arguments économiques, les moyens artistiques qu'on leur avait ravis?

VII.

Bien, nous le ferons.
Maintenant, **nous** commencerons à songer au profit.

VIII.

La culture du film s'est développée grâce aux spectateurs. En matière d'art appliqué, il n'y a, dans l'histoire, aucun autre cas semblable de participation passive générale s'étendant à toutes les nations et à tous les continents. Aller au cinéma joue un rôle si important dans l'existence de tous que même le spectateur le plus fruste est capable de critiquer un film et de constater son manque d'intérêt artistique. Cela signifie qu'il faut se consacrer entièrement au travail créatif. Mais qui le fera si l'artiste est exclu du processus de création?

IX.

Donc l'existence d'un groupe d'artistes d'avant-garde n'est pas seulement une nécessité artistique, c'est aussi une nécessité économique.

X.

Il faut écarter tous les obstacles devant l'effort des pionniers. Le créateur cinématographique indépendant doit être encouragé par les organismes privés, industriels et officiels.

XI.

Nous demandons pour lui:
1. De la part de l'État:
a. l'abolition de la censure;
b. la détaxe pour les créations;
c. des subventions.
2. De la part de l'industrie, conformément au rendement:
a. le studio;
b. les installations sonores;
c. le matériel optique;
d. la distribution automatique des films.
3. L'enseignement préalable à la création des films artistiques doit devancer de beaucoup le travail pratique. Les écoles d'art désuètes doivent être remplacées par:
a. des ateliers pour l'éclairage (sources lumineuses artificielles);
b. des ateliers de photographie (technique de la caméra);
c. des cours d'art dramatique;
d. des départements théoriques, physiques et expérimentaux.

XII.

Il est nécessaire et urgent de formuler ces demandes et de lutter pour les obtenir, car notre génération commence à exploiter sans initiative ni talent l'admirable héritage technique du siècle précédent. On peut espérer que ces réflexions attireront au moins l'attention de quelques individus sur les problèmes intellectuels dont la solution est exigée par la conscience de l'homme pensant.

Sight and Sound, *Londres, 1934, n° 10, p. 56-57.*

Pour une photographie en couleurs libérée

1. Il y a quarante ans déjà que la photographie lutte pour arriver à reproduire en couleurs les phénomènes de la nature d'une manière satisfaisante. A cause des données physiques des couches sensibles à la lumière, des filtres de couleurs et des négatifs autochromes, on ne peut donner qu'une reproduction approximative des couleurs de la nature. On sait que, à partir des trois couleurs de base, le jaune, le rouge et le bleu, l'imprimeur peut obtenir seulement un bleu intense ou un vert intense. Pour obtenir ces deux couleurs à la fois, il doit employer un deuxième bleu. Cette difficulté impose à la photographie en couleurs une tâche importante. Elle doit choisir consciemment la façon dont elle reproduit la nature et rechercher des résultats harmonieux.
Cette remarque est banale et s'attaque simplement à une illusion selon laquelle l'objet représenté et sa reproduction sont entièrement identiques.
2. Il faut détruire une autre illusion : en général, on croit que l'existence de la photographie en couleurs est un grand progrès dans l'histoire de la photographie. Certes, c'est un progrès sur le plan technique mais ce n'en est pas un du point de vue de la photographie. Aujourd'hui, les adeptes de la photographie en couleurs doivent accomplir les mêmes tâches qu'ont accomplies il y a cent ans les inventeurs de la photographie. Il serait temps d'appliquer au domaine de la photographie en couleurs les théories et les principes qui guident la photographie en noir et blanc, bien connus des photographes professionnels et des amateurs. Les caméras nouvelles de **Bernahl, Reckmeyer, Taylor-Hobson, Klein,** et d'autres caméras avec d'autres systèmes, incitent à emprunter cette voie ; ces caméras utilisent successivement trois négatifs. Il y a d'autres progrès : par exemple, le procédé Finlay perfectionné et la sensibilisation accrue des nouveaux négatifs autochromes (Agfacolor, Dufaycolor, etc.). Ces inventions mènent à l'affranchissement de la photographie en couleurs. Elles permettent de faire des instantanés en couleurs, toute une série d'images en couleurs, méthode qu'utilise la photographie en noir et blanc libérée.
3. Ainsi des possibilités de reproduction se présentent à la photographie en couleurs, possibilités auxquelles la peinture (la vue humaine) est obligée de renoncer. Mais cela ne signifie pas encore une problématique spécifique. Pour l'instant, nous savons seulement que tout cela représente la transposition en couleurs de la photographie en noir et blanc. Si nous voulons élaborer les propres lois de la photographie en couleurs, nous devons nous souvenir de l'influence que le film a exercée sur la photographie statique il y a quinze ou vingt ans. On peut supposer que l'utilisation généralisée du film en couleurs donnera un nouvel élan et une problématique autonome à la photographie en couleurs. Aujourd'hui, avant la généralisation de l'emploi de la pellicule en couleurs, nous devons nous borner à noter quelques observations.
4. A mon avis, l'élément le plus important du film en couleurs est la source de lumière artificielle. Pendant la projection, la lumière traverse la pellicule transparente ou l'émulsion en couleurs. Cela signifie que nous pouvons abandonner les tubes de couleurs et « peindre » avec la lumière. A l'époque du déclin de l'art du vitrail, c'est une victoire de l'art des couleurs. La peinture a toujours voulu rendre les effets lumineux en couleurs avec la même intensité lorsqu'ils se présentent dans la nature. Ce n'est pas une découverte pour les connaisseurs de la peinture impressionniste, mais peu de gens savent que le développement de l'impressionnisme contribue de beaucoup de points de vue à la clarification de la problématique du film en couleurs. D'une part, les pointillistes ont devancé la méthode additive de la photographie en couleurs (par exemple Seurat qui a placé des points rouges et verts les uns à côté des autres ; vu d'une certaine distance, ce procédé produit une large raie jaune, comme le négatif autochrome Lumière et le film Dufaycolor) ; d'autre part, l'attitude plus saine des impressionnistes envers l'emploi des couleurs a créé la base d'une coloration nouvelle et d'une nouvelle sensation de l'espace. Les impressionnistes se sont orientés vers des devoirs optiques plus objectifs que leurs prédécesseurs. Ils ont osé, les premiers, favoriser la formation de couleurs au détriment de l'élément anecdotique ; ainsi l'impressionnisme est devenu la base de l'art de Cézanne, le père de toutes les expressions picturales modernes.
5. A mon avis, le développement artistique de Cézanne restera pendant longtemps le point de départ de toutes les tentatives dans les domaines de la photographie et du film en couleurs, donc il est justifié de l'évoquer brièvement. On peut distinguer trois phases dans l'évolution de Cézanne : 1. La phase anecdotique, psychologique ; 2. la phase naturaliste ; 3. la phase abstraite.
Les œuvres de la première phase ne concernent pas les problèmes optiques. Ces tableaux relatent des événements excessifs, du domaine de la psychanalyse (**La Tentation de saint Antoine, Le Meurtre,** etc.). Le véritable développement pictural de Cézanne commence par la deuxième phase. Cézanne avait compris qu'il devait représenter les phénomènes lumineux en couleurs des matières, l'effet le plus intense de la lumière. Les impressionnistes ont établi la riche gamme des moyens de la nouvelle technique picturale. Les tableaux de

Cézanne de la deuxième phase sont constitués par des traits de pinceau brillants, des points et des lignes qui, vus d'une certaine distance, forment des ensembles merveilleusement lumineux et reproduisent la plupart du temps un paysage. Il s'est avéré que la technique analytique, soucieuse des détails, permet une représentation excessivement intense de la nature et de l'espace. Après avoir fait ce pas, Cézanne s'est tourné vers les relations entre les couleurs, vers les problèmes objectifs des couleurs. Sa troisième phase, la phase abstraite, est l'aboutissement de cette conception. Dans les tableaux de cette dernière période, Cézanne se soucie uniquement de la composition des surfaces de couleurs et des tensions entre les couleurs qui suscitent une impression spatiale. Le point de départ reste la nature, mais il s'en éloigne rapidement et en fait un élément secondaire.

6. Nous savons comment s'est poursuivi le développement de la peinture. Le travail de création objectif de Cézanne, en passant par l'expressionnisme et le cubisme, a préparé le chemin de la peinture abstraite. Aujourd'hui, le peintre peut travailler avec la couleur elle-même. Dans ce contexte, je voudrais préciser une chose: je crois que dans le domaine de la photographie en couleurs, on peut continuer à s'inspirer des principes de Cézanne, ceux de son époque abstraite, comme on l'a fait pour la peinture. En revanche, le côté figuratif de Cézanne appartiendra à l'activité cinématographique commerciale qui fait un travail infructueux en utilisant le style historique.

7. Nous avons donc conquis la couleur en tant que moyen d'une expression objective. Mais nous n'avons pas encore atteint le niveau supérieur qui se manifeste dans la nature quand des corps reflètent ou absorbent la lumière. Disons qu'il s'agit d'un problème ancien, de l'intensification de l'effet des couleurs, mais nous ne le posons pas dans le sens des naturalistes.

L'apport véritable de la peinture faite avec de la lumière sera l'emploi du film en couleurs qui, bien utilisé, a aussi l'avantage de donner le mouvement. Mais cela ne doit pas signifier la reproduction mécanique de la nature photographiée, il faut une création de formes, indépendante de la nature.

8. Pour atteindre ses buts, la peinture avec la lumière dispose d'un élément ancien : la lumière mobile, de couleurs variées, et réglables. On peut rendre cette lumière active. Non seulement par la capacité d'absorption ou de différenciation de la matière sur laquelle tombent ses rayons, mais surtout par le désir de créer de l'homme. Ici commence la conquête totale de la lumière, la sublimation de son effet direct. De ce point de vue, la première grande sensation sera la bonne représentation cinétique des valeurs de couleurs, sans doute à l'aide d'un montage d'un genre nouveau dont la structure et la continuité ne dépendront pas de facteurs psychologiques mais de l'optique. Naturellement, dans le film, la couleur mettra du temps à se libérer de sa signification naturaliste, de son rôle d'illusionniste. La vraie création de la lumière en couleurs se transformera pour finir en un jeu de lumière abstrait en couleurs. Son équivalent statique serait le photogramme en couleurs, comme analogie de la prise de vues sans caméra en noir et blanc. J'ai essayé de faire de telles prises de vues, mais, pour les réussir, il faudrait des installations plus développées et plus ingénieuses que celles dont nous disposons.

9. Pour résumer ces problèmes, je voudrais constater plusieurs points : premièrement, celui qui veut faire de la photographie en couleurs doit transposer consciemment les reproductions de la nature en un mode d'expression pictural harmonieux, compte tenu des données chimiques et physiques de la matière photographique d'aujourd'hui ; deuxièmement, le photographe spécialisé dans la couleur doit utiliser la caméra en couleurs selon les points de vue éprouvés de la photographie en noir et blanc libérée ; troisièmement, la clef de la photographie en couleurs, c'est le photogramme en couleurs qui pose un problème non résolu à ce jour.

Korunk, *Kolozsvár (Cluj), 1936, XI. n° 12, p. 1014-1017.*

Lettre à František Kalivoda[10]

Mon cher Kalivoda,

Le nombre grandissant d'expositions dans lesquelles, de nouveau, je montre mes anciennes et récentes toiles, t'étonne. Il y a en effet des années que je n'ai plus exposé, ni même peint de tableaux. Il m'a semblé futile, à une époque qui nous a offert de nouvelles possibilités de création et de technique, de me consacrer à des tâches nouvelles avec des moyens insuffisants.

1.

Depuis l'invention de la photographie, la peinture s'est développée «du pigment à la lumière», autrement dit, en cette dernière période, on aurait pu «peindre», aussi bien qu'avec un pinceau et des couleurs, directement avec la lumière, et transformer ainsi en une architecture lumineuse les surfaces coloriées à deux dimensions. Je rêvais d'appareils qui permettraient, grâce à un dispositif manuel ou automatique-mécanique, de projeter des visions lumineuses dans les airs, dans les vastes espaces, sur des écrans d'une conception inhabituelle, sur des étendues de brume ou de gaz, sur les nuages. J'ai fait d'innombrables projets; seul manquait le mécène qui me commanderait des fresques, des architectures lumineuses: des murs plans et convexes, tapissés de matières artificielles telles que la galalithe et la trolithe, de chrome et de nickel, qu'un seul mouvement du commutateur aurait transformées en lumière radieuse, en de ruisselantes symphonies lumineuses, cependant que les surfaces se déplaceraient pour se fondre en une infinité de détails contenus. J'avais envie d'une pièce nue avec douze appareils de projection, afin que le vide blanc pût être mis en action sous les feux croisés, colorés des gerbes de lumière.

As-tu jamais vu une grande parade de projecteurs aux soubresauts précipités, aux tentacules qui s'étendent toujours plus loin? J'avais imaginé quelque chose de semblable, sans toutefois le rythme haché de l'abc des signaux, mais appuyé sur une composition lumineuse avec une partition exacte. Ce n'était **qu'un** des projets, **qu'une** des possibilités. Or, il y a des milliers de rêves pareils, rêves de mouvement et de lumière, dans lesquels la physique et ses incomparables appareils, comme ceux qui servent aux expériences de polarisation et de spectroscopie, jouaient un rôle essentiel.

Quoi qu'il en soit, on peut dès maintenant établir un système d'architecture lumineuse. Divisons le problème en deux parties:

1. Jeux lumineux en espace libre

a. **Publicité lumineuse.** A l'heure qu'il est, elle n'utilise, le plus souvent, que des effets linéaires sur des surfaces planes. Il est temps de l'entraîner dans la troisième dimension: la profondeur, et de la combiner avec des matières et des reflets, pour créer ainsi des structures réelles dans l'espace.

b. Ajoutons à cela le **canon de projection** (des maisons américaines et la firme allemande Persil se sont déjà servies d'appareils de ce genre).

c. **La projection sur les nuages** et sur des écrans gazéiformes qui pourraient, par exemple, être pénétrés de part en part.

d. La formule de l'avenir: **le spectacle lumineux des villes,** vu et vécu à bord des dirigeables ou des avions, dans l'immense étendue du réseau de lumières, des déplacements et des changements de la surface lumineuse, spectacle qui, sans doute, pourra nous mener vers une forme nouvelle et plus intense de grandes fêtes.

2. Jeux lumineux en lieux clos

a. Le **film** avec ses nouvelles possibilités de projection – plastique, simultanée et en couleurs – à l'aide d'un nombre accru d'appareils dirigés soit sur un seul point, soit sur tous les murs de l'endroit.

b. Le **spectacle réflecteur:** des projecteurs de rayons colorés qui exécutent des variations d'après un patron ou selon un système analogue, comme le fait, par exemple, l'**orgue des couleurs** de László. Ce spectacle peut se présenter sous forme d'un effort isolé ou être émis par un centre de radiodiffusion, au moyen de la télévision.

c. Il convient de citer également à cet endroit le piano à couleurs, muni d'un clavier, qui utilise une rangée de lampes-unités pour éclaircir et éclairer des foyers d'ombres. (C'est l'instrument de l'avenir qui servira de «professeur de dessin» pour bien des démonstrations.)

d. La fresque lumineuse qui composera, avec de la lumière artificielle et d'après un plan préétabli, de grandes unités architecturales, des édifices, des parties d'édifices, des murs. (Il est plus que probable que dans les appartements de l'avenir il sera réservé des endroits pour les réceptions de ces fresques lumineuses, comme on le fait aujourd'hui pour la T. S. F.)

2.

Mon cher Kalivoda, tu connais mon accessoire lumineux et mon «jeu lumineux en noir-blanc-gris». Il m'a été très difficile de réunir tous ces objets. Or, ce n'est là qu'un modeste commencement, qu'un pas à peine perceptible, et même dans ce cadre restreint il ne m'a pas été possible de pousser mes recherches plus loin, comme il l'eût fallu. Tu pourrais, à juste titre, me demander pourquoi je rends les armes, pour quelle raison je recommence à peindre des tableaux et à organiser des expositions, du moment que j'ai découvert les véritables tâches qui se posent devant les «peintres» d'aujourd'hui.

3.

Cette question, abstraction faite de ma situation personnelle, vaut bien l'examen, car elle concerne en même temps toute la jeune génération des peintres.

Nous avons souvent publié des programmes, lancé des manifestes à travers le monde. La jeunesse a le droit de savoir pourquoi nos revendications ont échoué, pourquoi les promesses n'ont pas été tenues. Elle a en même temps le devoir de poursuivre l'édification des idées, la propagation des revendications.

4.

Le plus plausible serait de dire : la dépendance matérielle vis-à-vis du capital, de l'industrie, de l'atelier constitue un obstacle infranchissable pour une architecture lumineuse, laquelle ne présente à l'avance aucune utilité pratique et ne fait que créer des émotions relevant de l'espace et de la couleur. Alors que dans son atelier, le peintre, en possession de quelques tubes de couleurs et de pinceaux, peut être un créateur souverain, l'ordonnateur des jeux lumineux ne devient que trop facilement l'esclave de la technique et des matériaux, le jouet facile des mécènes d'occasion. C'est justement à cette technique que peut revenir le rôle prépondérant et redoutable, surtout là où sévit la peur soigneusement entretenue de la science exacte et de la technique maîtrisée. Une vile légende ne prétend-elle pas que l'expérience intellectuelle est préjudiciable à l'artiste qui n'a besoin que du sentiment et de l'intuition pour pouvoir créer, comme si nous ignorions tout de Léonard, des constructeurs des cathédrales, de Raphaël et de Michel-Ange, dont les connaissances universelles et la maîtrise technique n'ont fait que décupler la puissance créatrice ? Pourtant, même lorsque ces difficultés sont surmontées (et cela peut arriver bientôt, si l'on considère la profondeur de la tâche et l'enthousiasme que celle-ci inspire), on se heurte à cet obstacle paralysant qu'est la projection, la démonstration elle-même. Il n'existe guère d'endroit où l'œuvre pourrait être popularisée. Le rêve réalisé sera donc enfermé dans un frigidaire où il demeurera jusqu'à ce qu'il s'évapore dans la solitude. Il est particulièrement pénible de lutter pour la réalisation de tels projets, lorsque le public, à cause surtout de son ignorance, refuse de vous seconder dans vos efforts.

5.

Ce point mérite, d'ailleurs, une attention toute spéciale : de nos jours, le public est desservi par une vaste entreprise d'information, très rapide, qui le bombarde de communications de toutes sortes, entre autres, d'ordre artistique.
Cette entreprise a pour elle son intérêt général et sa rapidité, son défaut est son caractère superficiel, criard et avide de records. Elle néglige tout ce qui se développe, tout ce qui est en gestation, pour bourrer son public de sensations. Cela va si loin que les sensations viennent-elles à manquer, on en fabrique, on les met en scène, et le public, produit d'une éducation mécanisée sans opinions individuelles, finit par être entraîné de plus en plus fort par le courant des journaux, des magazines, des revues. L'intérêt passionné, le désir de se rendre en pèlerinage auprès des forces productives se confondent chez le lecteur des journaux en un vague «intérêt», et ces intérêts artificiels le détournent des vraies sources de l'expérience, en ce qu'ils donnent naissance à une activité spécieuse qui offre l'illusion apaisante d'une occupation intellectuelle. C'est ainsi que l'on se met à négliger tout contact avec les forces et les œuvres créatrices que leur interprétation bon marché semble rendre superflues.
Mais quand même, malgré tous les obstacles, et bien que la vie dans les grandes villes, l'imprimerie, la photographie, le film et la marche rapide et non contrôlée de la civilisation aient réduit notre culte des couleurs à un état de grisaille, un grand effort sera nécessaire à la plupart de nos contemporains pour s'en dégager. Malgré tout cela, il nous faut revenir au culte de la couleur que nous avons déjà possédé une fois. Nous devrons insister davantage et d'une façon plus constructive sur le travail de la matière optique et colorée, au lieu de nous extasier devant un travail fondé par excellence sur le sentiment et difficile à contrôler.

6.

Bien des obstacles s'opposent à une telle guérison. Il y a d'abord le désaccord total entre l'homme et les créations de sa technique. Il y a son conservatisme qui l'attache aux vieilles formes de l'économie dans des rapports de production complètement changés, il y a le développement d'une intellectualité antibiologique qui impose à la vie du travailleur et de l'employeur sa hâte sans répit. L'homme augmente sa capacité de production et, dans son admiration pour les chiffres records, il perd de plus en plus la faculté de reconnaître les besoins élémentaires de la biologie, bien qu'il pourrait satisfaire ces derniers mieux que jamais, s'il avait utilisé avec intelligence sa nouvelle technique.

7.

Il serait primitif de vouloir rechercher les causes de cette situation dans des faits isolés. Cet état des choses est dû à un développement industriel rapide, mal dirigé par le capitalisme,

et que seule la classe dominante a intérêt à conserver dans sa forme actuelle. Il est donc évident que toute tentative de reconstruction socialiste de ce monde mécanisé, mais point maîtrisé, voire tout essai d'éclaircissement, se heurteraient à la résistance consciente ou instinctive de la couche dominante.
C'est ainsi que tout effort productif, que toute œuvre d'art qui aspire à l'harmonie avec un ordre social nouveau, à l'équilibre entre la condition humaine et le monde technique, sera catégoriquement repoussé. L'effet relativement peu considérable des nouvelles expériences artistiques a donc pour cause le système actuel dont les ramifications souterraines s'étendent jusqu'aux milieux qui en devraient fournir les adversaires naturels.

8.
Par des détours remplis de contradictions, par une minimalisation tactique des buts, les prophètes de ces expériences abordent ainsi un public mal orienté, afin de répandre leurs lumières propres à révolutionner la politique de l'art. Or, nous sommes en présence de deux façons d'agir, tels deux tempéraments différents: l'un adapte ses forces créatrices au programme du jour, aux faits stables basés sur les traditions et dont l'existence jusqu'à présent n'a fait de doute pour aucun des contemporains. C'est là, à notre avis, l'œuvre de continuation évolutionniste de notre culture.
L'autre appelle à l'aide de son expression créatrice tout ce qui est en gestation, en devenir, tout ce qui n'est pas encore éprouvé, afin d'accéder à un nouvel état des choses par un bond révolutionnaire.
Bien que cette confrontation ne corresponde nullement à une échelle de valeurs, on peut néanmoins dire que le développement universel de la culture dépend de l'effet en profondeur des idées révolutionnaires qui exercent leur influence jusque sur les problèmes du jour. Mais étant donné que chacun d'entre nous ne dispose que d'un temps d'action limité, il nous faut souvent opter pour le lent chemin de l'évolution, afin de pouvoir transmettre aux autres ne fût-ce qu'une fraction de notre expérience.

9.
Ainsi donc, si, de nos jours, notre désir de création optique ne peut pas encore être réalisé par la voie de sa plus grande exploitation technique – l'architecture lumineuse –, force nous est, en attendant, de nous en tenir à la forme du tableau de chevalet.
Si, par ailleurs, je trouve nécessaire de continuer mes expériences avec des matières artificielles, telles que la galalithe, la trolithe, l'aluminium, le zellon, c'est qu'il est nécessaire d'en généraliser l'emploi, en les faisant passer par le crible des problèmes de l'art.

10.
Sans avoir épuisé toutes les interprétations possibles, voilà la raison pour laquelle – en dehors de mes expériences avec la lumière – je continue à peindre des tableaux.

Ton L.
Moholy-Nagy.
Juin 1934.
Telehor, *Brno, 1936, nos 1-2.*

Poulet reste poulet

Scénario d'après le sketch **Auguste Bolte** de Kurt Schwitters

Un réseau de lignes **parcourt dans tous les sens** l'écran. Plusieurs œufs roulent sur un plan incliné – vers le spectateur –, les premiers sont très grands, les suivants deviennent très petits. Quelques œufs sautent en l'air. Une main attrape les œufs sautant en l'air. Un homme – masqué – jongle avec les œufs.
L'homme prend les œufs de l'air, les rejette, ils disparaissent. Toujours plus d'œufs et d'un mouvement toujours plus rapide.
L'homme ne peut plus se sauver du déluge des œufs qui pleut sur lui.
L'homme s'enfuit.
Les œufs roulent de nouveau comme auparavant sur le plan incliné. Les œufs apparaissent d'abord petits, puis grandissent. Quelques-uns sautent en l'air, retombent, pour sauter de nouveau. Quelques-uns se cassent.
Le plan incliné se transforme en pente d'un toit, sur laquelle les œufs roulent et sautent.
Un autre œuf. Il saute haut dans l'espace et tombe avec **un éclair lumineux** devant la façade de la maison dans la rue.
En bas dans la rue l'œuf fait encore quelques sauts.
Une quantité d'œufs se joignent à lui, quelques-uns se cassent, mais la plupart continue à rouler en sautant.

Une rue très animée de promeneurs.
Entre les **jambes** en marche rapide, les œufs roulent et sautent. Les jambes des gens se meuvent vite, mais les œufs vont encore plus vite. Les jambes des gens **restent en retard,** disparaissent de l'écran. Les œufs roulent entre les roues des voitures, des autos, des tramways et, traversant les rails, ils sautent au-dessus des rigoles.
De petits **jets d'eau** et les œufs sautent en l'air. Leur blancheur brille sur le fond sombre.
Maintenant un homme se promène dans la rue, il marche dans la direction contraire au mouvement des œufs.
(Si les œufs ont roulé de droite à gauche, l'homme va maintenant de gauche à droite. Pour démontrer que les œufs changent maintenant de sens et qu'ils suivent l'homme, quelques œufs commencent, eux aussi, à sauter dans la direction contraire.)
Beaucoup d'œufs roulent en suivant l'homme : petits et grands, il y en a partout dans la rue.
Magasins de voitures d'enfants. Les œufs sautent **à travers par** les portes ouvertes des magasins.
Les œufs sautent dans les voitures d'enfants.
Dix femmes, l'une après l'autre, poussent les voiturettes dans la rue par les portes **d'un** magasin.
De nouveau des promeneurs, des œufs roulant entre leurs jambes.
En avant, un homme court. Il contourne le coin.
Dix élèves d'une pension de jeunes filles, les œufs entre leurs jambes.
Au coin les œufs sautent avec inquiétude : ils ont perdu la trace de l'homme. Un œuf quitte la multitude et continue à rouler. Enfin il vient à la porte d'une maison.
La porte de la maison se ferme doucement derrière lui. La loge du concierge. Le visage ahuri de la grosse concierge. La bouche bée de stupeur.
La porte de la maison s'ouvre de nouveau – très doucement –, une jeune femme – claire et fraîche – sort par la porte. Elle rejette **(rythmiquement)** les coquilles d'œufs de son vêtement.
La grosse concierge court après la jeune femme et lui passe une énorme **bouteille de lait pour les nourrissons.** La jeune fille avec un sourire ironique et supérieur refuse la bouteille. Elle va au café.
De courtes images montrant l'intérieur du café : le garçon balançant **un amas de journaux ;** les chiens en dessous des tables.
La jeune fille entre dans **le jardin en face du café.**
Elle s'assied, jette un coup d'œil attentif autour d'elle. L'expression de son visage est joyeuse.
Au dehors, des passants **pressés. Ou nonchalants.**
La jeune fille regarde sa tasse.
Elle porte la tasse à sa bouche, le contenu en est du **cacao-crème.** (La crème **grand plan.**)
De blanches fleurs menues – myrtes – se forment en couronne.
La tête de la jeune fille en voile de noces et avec la couronne.
Un moment après, un homme masqué.
La jeune fille bondit de sa chaise, au même moment, dix hommes avec le même masque passent en dehors. Neuf d'entre eux ne sont pas assez nets.
La jeune fille bondit de sa chaise.
Se met à courir et regarde les hommes sans faire attention à l'entourage.
Elle revient en hésitant, regarde d'une manière préoccupée autour d'elle, s'assied.
Elle **ressaute** de nouveau.
Elle court vite quelques pas, puis plus lentement, d'un air pensif.
Elle retourne lentement.
En route, elle se décide et court entre **les rangs** des tables. Le garçon se met à suivre la jeune fille avec une quantité immense de vaisselles et de tasses, criant et, malgré son fardeau, gesticulant sauvagement.
L'homme des journaux lève ses yeux de la masse de journaux, il regarde furieusement la jeune fille qui disparaît.
Le garçon avec les tasses heurte la table de l'homme. Les journaux tombent sur l'homme qui disparaît complètement sous leur avalanche.
Le garçon trébuche sur l'homme qui disparaît complètement. Sous leur avalanche le garçon trébuche, mais il tâche de garder son équilibre, la vaisselle, les tasses – tout **jongle,** mais pas une goutte de café des tasses ne se répand.
Les œufs brouillés sautent dans le verre.
La jeune fille est debout en dehors, elle regarde à droite et à gauche.
La jeune fille se dirige vers la gauche où dix hommes marchent dans la rue.
La jeune fille court après les hommes.

Hors d'haleine elle s'approche et s'arrête tout de suite pour pouvoir les dépasser lentement – mais les hommes parviennent au coin de la rue.
Cinq d'entre eux vont à gauche, cinq à droite.
La jeune fille **aussi** arrive **de même** au coin de la rue. Elle s'y arrête toute désespérée et hésitante. Où doit-elle aller?
Elle se décide pour le groupe de cinq à droite qu'elle suit. A moitié de la route elle s'arrête, hésitant et **délibérant.**
Elle retourne en courant après le groupe de gauche.
En route, elle est **surprise par de nouveaux doutes,** elle se met à courir extrêmement vite vers le groupe de droite.
Les cinq hommes marchent plus vite dans la rue.
La jeune fille s'approche de nouveau hors d'haleine, s'arrête net, pour les dépasser lentement,
mais
les cinq hommes sont arrivés à un autre coin, trois tournent à droite, deux à gauche.
La jeune fille a aussi atteint le coin, s'arrête, réfléchit et se décide pour le côté droit.
A moitié de route, elle retourne à gauche.
Hésitation, arrêt, elle tourne à droite,
elle court extrêmement vite après le groupe de droite. Trois hommes marchent dans la rue.
La bouche ouverte, respirant péniblement, et sans chapeau, **les cheveux défrisés,** la jeune fille les suit en courant. S'étant approchée, elle s'arrête brusquement, brosse ses cheveux en arrière, met son chapeau sur sa tête, veut dépasser les hommes – quand
les trois hommes sont arrivés de nouveau au coin, deux vont à gauche, un à droite.
La jeune fille arrive au coin et, sans s'arrêter pour penser, elle tourne **mécaniquement** à droite.
Mais les hommes sont de nouveau arrivés au coin.
La jeune fille s'approche d'eux.
Les hommes se séparent: l'un à droite, l'autre à gauche. Dans une fraction de seconde, le masque de l'homme qui va à droite apparaît.
La jeune fille fatiguée arrive au coin.
Dans sa stupeur, elle court quelques pas à droite.
Tout à coup, la jeune fille s'arrête, se retourne pour voir l'homme qui a pris la gauche.
Mais celui-ci a déjà disparu.
Alors la jeune fille se retourne de nouveau à droite.
Loin en avant dans la rue, l'homme est en train d'entrer dans une maison.
La jeune fille se met à courir après lui.
Complètement hors d'haleine, la jeune fille s'arrête devant la porte qui est immense. La jeune fille est très petite devant elle.
En arrière, il y a encore beaucoup d'autres voûtes qui dépriment la jeune fille comme un cauchemar.
La jeune fille fatiguée s'essuie le front.
La jeune fille monte l'escalier, à mi-route une servante, en train de laver les marches, vide son seau et le déluge d'eau chasse la jeune fille en bas.
La jeune fille lutte en vain contre le flot de l'eau.
Une main féminine tire la cloche de la porte. (Cette scène est répétée plusieurs fois.)
Chaque fois que la jeune fille est chassée de la porte de la maison, elle a ses vêtements de plus en plus endommagés.
D'abord, c'est le chapeau qui manque, ensuite elle apparaît sans manteau.
Enfin, on lui arrache son sac à main **dans une porte.**
D'un seul mouvement, le sac s'ouvre: de la monnaie et des notes tombent à l'intérieur, la porte se ferme vite, l'argent est perdu.
La jeune fille tape sans succès avec les deux poings sur la porte. Fatiguée et abattue, la jeune fille s'en va. Elle frappe **à une autre porte.**
Une femme ouvre et secoue la tête.
Une ombre dans l'intérieur de l'appartement: l'homme au masque.
La jeune fille pousse la femme de côté et court vers l'homme. **(Figure cachée.)**
La propriétaire de l'appartement **vient en courant** après la jeune fille qui, dans sa rage aveugle, commence à démolir la lampe, les chaises, la table, etc.
Les femmes se mettent à se **chamailler.**
Enfin un grand coup pousse la jeune fille à travers la porte. Après avoir ajusté le mieux qu'elle peut ses **habits,** elle poursuit ses recherches.
Ayant perdu les derniers restes de ses forces, elle rencontre un facteur, dans le sac immense duquel elle se met à chercher frénétiquement.
Le facteur saisit la jeune fille et la pousse de côté.

La jeune fille tombe dans **une vitrine** contenant des annonces de mariage, se débattant violemment, elle réussit à se libérer et **à sortir des barreaux.**
En arrière, le grillage **surplombe** une fenêtre de corridor (superposition).
La jeune fille est sur la marche la plus haute de l'escalier. A un demi-étage plus haut se trouve la dernière porte. La jeune fille monte, en reprenant du courage, les dernières marches.
Elle sonne. Le jeune homme au masque ouvre:
la jeune fille veut entrer dans la chambre, mais la porte se ferme devant son nez.
La jeune fille confuse sonne encore une fois.
Elle attend longtemps.
La jeune fille descend lentement quelques marches, elle s'arrête sur le palier.
Elle hésite.
Va encore une fois à la porte et sonne.
Elle attend de nouveau en vain.
Elle descend jusqu'à l'autre palier de l'escalier.
Elle s'arrête et réfléchit, regarde enfin, hésitante et sans espoir, la porte.
Elle sonne,
attend en vain.
Elle descend très lentement deux étages et en plus trois marches.
Ensuite elle se tourne brusquement, remonte les marches et se jette avec véhémence contre la porte qui se casse.
A l'intérieur se trouve l'homme – masqué – qui ne s'intéresse pas à la jeune fille et attrape les œufs de l'espace et **les rejette dehors.** Les œufs sautent et dansent autour de lui. Quelques-uns se cassent.
La jeune fille, qui a démoli la porte avec une grande véhémence, pénètre dans la chambre, s'arrête surprise et salue.
L'homme continue, sans faire attention à elle, son jeu avec les œufs.
La jeune fille hésite et salue encore une fois.
L'homme continue à l'ignorer, alors la jeune fille s'approche résolument, saisit son bras, l'homme tourne le dos à la jeune fille et continue à jouer.
La jeune fille saisit maintenant ses deux épaules et secoue l'homme furieusement.
Soudain, une gigantesque figure **d'enregistreur** de mariage apparaît, il porte un habit **du matin** et un chapeau haut de forme.
A sa main il a une épée flamboyante.
Devant lui: l'homme et la jeune fille claquent **les** talons, font le salut militaire et **se joignent** les mains.
L'épée de l'employé se change **en écharpe.**
Elle forme un cercle autour du couple et les enferme dans un anneau flamboyant.
L'employé disparaît, passant à travers le mur aussi subitement qu'il est arrivé.
L'homme et la jeune fille s'asseyent devant deux tables, l'un en face de l'autre. Ils causent, ils écoutent chacun d'une manière détachée, chacun parle pour soi-même. Ils se font des grimaces.
Tout à coup la jeune fille saute de son siège, l'homme prend son chapeau, embrasse la femme sur le front et quitte la chambre.
La femme va à la fenêtre.
Dans le parc, les enfants jouent **avec des ballons,** les enfants jouent dans le sable; les visages riants des enfants. (Le printemps.)
L'homme va au bureau d'enregistrement.
L'employé inscrit dans un grand livre la naissance d'un enfant annoncé par l'homme.
Le ménage du jeune couple est misérable: les enfants sales, il y en a de tout petits et de plus grands. La femme entre eux, toute désespérée.
L'homme se trouve à la fenêtre, regarde en bas dans la rue.
Des arbres en pleines fleurs, des jeunes filles, des autos sur la chaussée lumineuse.
L'homme prend son chapeau.
Il va au bureau d'enregistrement.
L'employé inscrit dans le livre la naissance d'un nouvel enfant. La femme est à la fenêtre.
En bas, les enfants: ils jouent dans le parc avec des boules de neige, on les voit avec leurs petits traîneaux. Les visages rieurs des enfants. (L'hiver.)
L'homme va au bureau, etc.
Neuf hommes aux masques passent.
La femme court à la porte de l'appartement donnant sur l'escalier. Comme si elle voulait suivre les hommes.
Après, elle rentre dans la chambre, toujours plus pensive et plus lente. Encore le ménage déplorable, les enfants négligés.
L'homme rentre, ne salue pas, jette furieusement son chapeau sur le lit. Les plus petits enfants pleurent.

Le tribunal de divorce.
Le juge **encercle** dans un anneau les deux époux paraissant tout petits et essayant de se détacher l'un de l'autre.
Après un effort inutile, ils se tournent l'un vers l'autre et se mettent à se battre.
Le juge met ses mains entre eux et les sépare.
L'anneau se casse.
La jeune fille se met à courir portant un demi-anneau. La jeune fille court assez vite avec le demi-anneau à travers les rues. L'homme masqué regarde la jeune fille. Il la suit.
Au coin de la rue elle rencontre un autre homme aussi masqué.
L'homme se joint au premier homme.
La jeune fille court encore plus vite.
Toujours plus d'hommes la suivent.
La jeune fille rejette enfin son demi-anneau.
Le demi-anneau se change en coquilles d'œufs.
Les coquilles d'œufs roulent après la jeune fille et la rattrapent.
Les coquilles d'œufs entourent la jeune fille.
L'œuf roule de plus en plus vite.
Beaucoup d'hommes masqués courent, courent.
L'œuf roule en bas d'une colline.
Il roule sous une poule de porcelaine.
Les hommes roulent de même en bas de la colline. Ils se renversent et roulent l'un sur l'autre, quelques-uns restent couchés, d'autres se lèvent.
Les hommes sont debout autour de la poule de porcelaine.
La tête de la poule. Elle clignote de ses paupières de plâtre.

1925-1930

Telehor, *Brno, 1936, nos 1-2.*

L'éducation et le Bauhaus

Les secteurs du développement humain

L'être humain ne trouve son développement que grâce à la cristallisation de la totalité de ses expériences. Notre présent système d'éducation est en contradiction avec cet axiome, car il met l'accent sur un seul domaine du savoir.
Au lieu d'élargir notre champ d'action, comme devait le faire l'homme primitif qui était à la fois chasseur, artisan, bâtisseur, médecin, etc., nous n'avons qu'une seule occupation et nous n'utilisons pas toutes nos facultés.
Aujourd'hui, la tradition et la voix de l'autorité intimident l'homme. Il n'ose plus s'aventurer sur certains terrains d'expérience.
Il ne connaît qu'un seul métier et n'a plus d'expériences de première main dans les autres domaines. En lutte constante contre ses propres instincts, il est subjugué par les connaissances qui le dépassent. Il a perdu son assurance, il ne peut ni n'ose plus se soigner lui-même, ni même voir avec ses propres yeux. Les spécialistes, tels les membres d'une société secrète toute-puissante, barrent la route aux expériences personnelles de tous ordres. Pourtant, les fonctions normales de l'homme lui permettent de les avoir et il les désire du fond de son âme.
Aujourd'hui, on met l'accent sur la détermination la plus étroite possible d'une seule vocation, sur le développement de facultés spécialisées; la «demande du marché» fait autorité. Ainsi un homme devient forgeron, avocat, architecte ou maçon; en tout cas, il exerce ses facultés dans un seul secteur fermé. Dans le meilleur des cas, s'il est une heureuse exception, à la fin de ses études il peut essayer d'élargir son secteur spécifique, pour peu qu'il le désire.
De ce point de vue, tout notre système d'éducation demande à être réformé; malgré l'orientation professionnelle, les tests psychologiques et intellectuels, tout fonctionne uniquement sur la base du présent système de production qui ne connaît qu'une motivation: le profit.
Choisir une «vocation» ne signifie plus de nos jours suivre ses propres inclinations et se sentir solidaire des besoins et des buts de la communauté. La vie personnelle se déroule en dehors du domaine de la «vocation» que les conditions ont souvent imposée et pour laquelle on a souvent de l'aversion.

L'avenir a besoin d'un homme total

A notre époque où la production repose de plus en plus sur des bases scientifiques, on ne peut pas renoncer à la formation spécialisée, mais il ne faudrait pas qu'elle commence trop tôt ni qu'elle rende l'homme borné, même si, par ailleurs, son savoir professionnel est hautement apprécié. Une éducation spécialisée perd tout son sens si elle ne développe pas en l'homme une faculté d'intégration en harmonie avec ses fonctions biologiques. Alors il pourrait établir un équilibre naturel entre ses forces intellectuelles et émotionnelles ; il n'apprendrait pas des détails sortis de leur contexte, selon un principe d'éducation démodé. Sans cette perspective, la formation spécialisée la plus nuancée – le «privilège» de l'homme adulte – ne serait qu'une acquisition quantitative sans apport enrichissant à sa vie et n'élargirait pas son horizon. Seul un homme qui a pris conscience de ses émotions et qui maîtrise son savoir pourra s'adapter à des exigences multiples et dominera complètement sa vie. C'est seulement sur ce principe de base que l'on peut organiser une existence où l'individu trouve la place qu'il mérite à l'intérieur de la communauté.

L'actuel système de production

Tous les systèmes d'éducation sont le résultat de la structure économique. Dans cette course effrénée de la révolution industrielle, les industriels ont ouvert des écoles spécialisées pour former rapidement les spécialistes qui faisaient cruellement défaut. Ces écoles favorisaient le développement des capacités humaines dans des domaines limités et ne leur permettaient pas de pénétrer dans l'essence des choses et de se connaître eux-mêmes. Mais, à vrai dire, personne ne s'en préoccupait, car personne ne prévoyait les résultats désastreux de ce système. Ainsi, aujourd'hui, ni l'éducation ni la production ne sont motivées par un besoin intérieur ou par le désir d'élaborer des produits qui satisfassent les besoins de l'homme et ceux de la communauté sur un mode complémentaire et réciproque. Dans notre système de production moderne, le travail est une obligation. Souvent c'est une course folle avec, pour ressort, la chasse au profit maximal. Dans la plupart des cas, les buts premiers sont annulés et on n'a aucun projet social.

Ce n'est pas seulement la classe ouvrière qui se trouve aujourd'hui dans une telle situation : tous ceux qui sont les prisonniers du présent système économique en subissent les conséquences. Il n'y a que des différences de degrés. La lutte pour les récompenses matérielles et pour le pouvoir conditionne le mode de vie de nos jours, et jusqu'aux sentiments intimes de l'individu. Ce dernier ne songe qu'à la sécurité extérieure au lieu de se soucier de sa satisfaction intérieure. De plus, les citadins sont entassés dans des baraquements sordides. L'espace vital diminue à vue d'œil. L'encombrement de l'espace habitable n'est pas uniquement physique : la vie citadine veut que l'on habite dans des bâtiments tristes, privé de l'espace libre nécessaire à la vie.

Mais que penser du progrès technique ?

On peut aisément déduire de ce qui précède qu'il faut condamner la production industrielle actuelle et surtout le progrès technique. En fait, beaucoup d'écrivains et de politiciens le suggèrent. Ils mélangent l'effet et la cause. Au XIXe siècle, certaines personnalités ont établi un bon diagnostic mais ont prescrit une mauvaise thérapie. Par exemple Gottfried Semper a déclaré vers 1850 que, si jamais on devait utiliser le fer dans la construction, il faudrait l'utiliser (à cause de la nature statique du fer) sous la forme d'une toile d'araignée transparente. Mais, a-t-il continué, l'architecture doit être monumentale, ainsi «nous n'aurons jamais une architecture de fer» (!). Une erreur semblable a été commise par les membres du cercle Ruskin-Morris dans les années 1880. Ils disaient que la production industrielle détruirait la qualité des travaux de l'artisanat. Leur remède était de tuer la machine et de retourner exclusivement à l'artisanat. Ces hommes détestaient tellement les machines que, pour livrer à Londres leurs articles faits à la main, ils se servaient d'une voiture à cheval au lieu du chemin de fer haï. En dépit de cette rébellion contre la machine, le progrès technique est un facteur de la vie qui se développe organiquement, en fonction réciproque de l'augmentation du nombre des êtres humains. C'est sa véritable justification. Bien qu'il soit déformé de maintes façons par les intérêts matériels, par la lutte pour la simple accumulation des biens, nous ne pouvons pas envisager la vie sans un tel progrès. C'est l'un des facteurs indispensables de l'élévation du niveau de vie.

Les possibilités de la machine (avec sa production abondante, sa complexité ingénieuse comme sa capacité de simplifier) ont nécessairement mené à une production de masse qui a sa propre signification. On verra dans l'avenir de plus en plus clairement que la tâche de la machine est la satisfaction des besoins de la masse. La véritable source du conflit entre la vie et le progrès technique se situe là. Non seulement le présent système économique, mais aussi le mode de production doivent être améliorés à la base. A cet effet, il faut consacrer plus d'attention à l'invention, à l'organisation, au planning et aux responsabilités sociales.

On commet généralement l'erreur de poser la question de l'efficacité du point de vue du profit et de la technique, sans tenir compte des considérations organiques. Le système Taylor, le travail à la chaîne, etc., resteront des erreurs tant qu'ils transformeront les hommes en machines, sans penser à leurs besoins biologiques dont font partie le travail, la récréation et le repos.

Besoins biologiques

Dans ce contexte, le mot **biologique** concerne en général les lois de la vie qui garantissent un développement organique. Si les gens prenaient conscience de la signification du mot «biologique», ils renonceraient à des activités ayant une influence néfaste. En général, les enfants agissent en accord avec les lois biologiques: ils refusent la nourriture s'ils sont malades, ils s'endorment s'ils sont fatigués, ils ne sont pas polis s'ils s'ennuient, etc. Si la civilisation actuelle laissait le temps de vivre selon les rythmes biologiques, les gens vivraient d'une façon moins hystérique et connaîtraient moins d'échecs. En réalité, les besoins biologiques fondamentaux sont très simples. Ceux-ci peuvent changer ou se déformer à cause des processus sociaux et techniques. Mais il faut faire attention à ne pas occulter leur signification véritable. Souvent, c'est le luxe mal interprété qui empêche la satisfaction organique des besoins biologiques. La génération montante doit créer une culture qui ne favorise que les fonctions biologiques authentiques.

N'agissons pas contre le progrès technique, soyons avec lui!

Par conséquent, il ne s'agit pas de lutter contre le progrès technique mais de l'exploiter pour le bénéfice de tous. L'homme peut être libéré par la technique s'il en comprend le but: une vie équilibrée grâce à l'utilisation de ses énergies créatives libérées. L'homme va commencer à comprendre la signification du progrès technique quand il aura défini sa place dans la communauté humaine en tant qu'unité productive. Ce ne sont ni la forme ni le processus technique extraordinaire de la production qui doivent nous intéresser; ce qui importe, c'est l'aménagement sain de la vie de l'homme. Nous avons le devoir de reconquérir les bases biologiques de la vie humaine. C'est seulement lorsqu'on les aura reconquises qu'on pourra utiliser au maximum le progrès technique dans les domaines de la culture corporelle, de l'alimentation, du logement et de l'industrie. Il faut que nous transformions entièrement notre mode de vie. Même aujourd'hui, on pense couramment qu'il faut attacher moins d'importance qu'avant aux besoins biologiques, force motrice de la vie car, grâce à la technique, nous pouvons les diriger d'une façon précise. On pense que si l'on dort avec des somnifères, si l'on soulage la douleur avec des calmants, on enraye l'usure et la fatigue de l'organisme. Dans ce sens, les progrès de la civilisation ont souvent masqué les réalités, ce qui est un danger grave. Des apparences d'économie nous tromperont facilement. Le progrès technique ne doit pas être une fin, mais seulement un moyen.

Tentatives de réforme

L'être humain créatif souffre du fait que les valeurs profondes de la vie sont détruites par la soif du gain, la compétition et la mentalité mercantile. Il souffre de l'évaluation purement matérielle de sa vitalité, du dépérissement de ses instincts, de l'atteinte portée à son équilibre biologique.

Bien que la présente structure sociale ne favorise pas l'épanouissement équilibré des capacités humaines dans la vie privée des individus, néanmoins des signes d'une compréhension fonctionnelle sont apparus.

Les progrès intellectuels dans l'art, la littérature, le théâtre, le cinéma et l'éducation signalent ce fait, tout comme l'intérêt manifesté pour la culture corporelle, pour la récréation, pour le repos et aussi l'emploi des méthodes naturelles en remplacement des médications chimiques.

Si on observe l'ensemble de ces efforts, on peut espérer la venue d'un monde dont les contours se dessinent dans plusieurs domaines. Mais il ne faut pas étudier les éléments de ce processus comme des faits isolés. Il faut clarifier constamment les relations et l'intégration des différents facteurs (sciences, art, économie, connaissances techniques, méthodes pédagogiques).

La finalité, ce n'est pas le produit, c'est l'homme

Partant de cette rectification fondamentale, nous pouvons établir le projet d'un mode de vie reposant sur l'auto-analyse. Ce n'est pas l'occupation, l'objet à fabriquer, qui doit jouer le premier rôle; c'est la reconnaissance des fonctions organiques de l'homme qui compte. Après une telle préparation, l'homme peut entrer en action et vivre une vie issue de ses pulsions intérieures. Ainsi nous établirons la base organique d'un système de production dont le centre sera l'homme, au lieu du profit.

Les tâches de l'éducation

Nos éducateurs ont le devoir de coordonner les exigences du développement normal des énergies humaines et de jeter, dès l'école primaire, les bases d'une vie équilibrée.

Depuis Pestalozzi et Fröbel jusqu'aux temps présents, ce problème a occupé le devant de la scène. Le programme s'étend du jardin d'enfants à l'université. Nous avons essayé de

développer les capacités de l'enfant en ce qui concerne le dessin, les travaux manuels, le langage ; toute l'éducation vise ce but. Czizek, Montessori, l'école Lichtwark, Wendekreis, Worpswede, Leitz à Ilsenburg, Wyneken à Wickersdorf, Heinrich Jacoby à Hellerau-Berlin, le système Dalton, les institutions de province, les écoles techniques, les écoles expérimentales, etc., ont œuvré au cours des décennies passées en vue d'une structure organique de l'éducation des enfants.
Pourtant, les générations nouvelles suivent encore un enseignement traditionnel qui donne des informations sans les restituer dans l'environnement et dans la société, ni les relier aux autres matières et au contenu du travail.

Le Bauhaus

Le premier Bauhaus, fondé en 1919 par Walter Gropius, essayait de remédier à cette situation : ce n'était pas le « sujet » de l'enseignement qui jouait le premier rôle, c'était l'homme et sa capacité de saisir la vie dans sa totalité.
Bien que pour des raisons pratiques on ait maintenu la division trimestrielle de l'année scolaire, on a rejeté le vieux concept d'« école » avec son contenu vieilli et on a fondé une communauté de travail. On voulait fondre en une entité collective libre les pouvoirs latents de chaque individu. Il fallait établir le modèle d'une communauté d'études où les élèves apprennent « non pas pour l'école, mais pour la vie », et qui serait le point de rencontre d'une existence organique, bien remplie et capable d'adaptation. Une telle société implique une expérience de l'existence réelle. Ses membres doivent non seulement apprendre à se dominer, eux et leurs propres énergies, mais aussi maîtriser les conditions de vie et de travail de l'environnement. La reconnaissance de cet état de choses constituait la base du programme d'éducation du Bauhaus ou plutôt de son programme de travail.
Pendant la première année, on cherchait à développer et à enrichir les sentiments, les sensations et les pensées des étudiants, surtout de ceux qui, à cause d'une éducation traditionnelle, apportaient avec eux une masse stérile d'informations livresques. C'est seulement après cette première année de développement et d'enrichissement que commençait la période de formation proprement dite, fondée sur un libre choix entre les ateliers du Bauhaus. Pendant cette période de formation, le but ultime restait l'homme total, l'homme qui travaille en tenant compte de ses données biologiques, qui peut se former une opinion avec une assurance instinctive s'il est confronté aux choses matérielles de la vie, qui n'est intimidé ni par l'industrie, ni par le rythme infernal, ni par les signes extérieurs de la « culture de la machine » souvent mal interprétée.
Tels étaient les principes fondamentaux du Bauhaus de Dessau. Nous allons présenter le programme d'enseignement du New Bauhaus qui a fonctionné à Chicago jusqu'à il y a un mois.

Le programme du Bauhaus

Le cours préliminaire était divisé en trois parties :
1. atelier du design élémentaire ;
2. dessin, modelage, photographie analytiques et constructifs ;
3. sujets scientifiques.

L'atelier du design élémentaire

Dans cet atelier, l'étudiant apprenait le maniement constructif des matériaux : bois, contreplaqué, papier, matières synthétiques, caoutchouc, liège, cuir, textiles, métal, verre, glaise, plasticine, plâtre et pierre ; il étudiait leur valeur tactile, leur structure, leur texture, leur effet en surface et leur emploi à plat, en volume et dans l'espace. Ainsi, l'étudiant prenait conscience du volume, de l'espace et de la cinétique. Pour développer son sens auditif, il se livrait à des expériences acoustiques et il construisait des instruments de musique.
L'étudiant apprenait les qualités subjectives et objectives des matériaux, la méthode pour les analyser et l'existence de la quatrième dimension (le temps).

Dessin, modelage, photographie

Tout en faisant ses expériences, l'étudiant construisait, au moyen de petits moteurs ou autres appareils, des jouets, des sculptures mobiles, des constructions spatiales, etc. ; il développait ainsi son sens des proportions et il nourrissait son travail de représentations visuelles variées. Il faisait des esquisses à la main ou avec l'appareil photographique, en noir et blanc ou en couleurs, et il travaillait la glaise. On faisait l'analyse des formes habituelles de la nature, et cette méthode analytique conduisait l'étudiant vers les formes élémentaires et, plus tard, vers les constructions en relation avec ces formes, dans le but d'une composition libre.

Sujets scientifiques

Les cours scientifiques suivants complétaient le travail d'atelier et le dessin :

1. géométrie
2. physique
3. chimie
4. mathématiques

} sciences exactes

5. biologie
6. physiologie
7. anatomie
8. intégration intellectuelle

} sciences humaines

De plus, le programme d'enseignement donnait un bref aperçu des matières suivantes :
a. biotechnique : le système des inventions conscientes (par exemple, Edison) ;
b. psychotechnique (test des capacités) ;
c. musique ;
d. conférences faites par des personnalités invitées sur d'autres sujets ;
e. typographie, écriture (construction de caractères et de signes typographiques) ;
f. la lumière (en tant qu'instrument de création visuelle, l'utilisation de la lumière comme moyen d'expression nouveau) ; photographie, film ;
g. visite d'usines, de bâtiments nouveaux, de musées, d'expositions, de théâtres, etc ;
h. expositions (organisées par les étudiants ou par l'une ou l'autre des sections).

Après les premiers six mois du cours préliminaire, on procédait au premier examen sous la forme d'une exposition expérimentale des travaux des élèves. Après la fin de la deuxième partie du cours préliminaire, une exposition similaire servait d'examen final.

Après avoir passé cet examen, les étudiants entraient dans l'un des ateliers spécialisés.

Deuxième et troisième années :

1. bois, métal ;
2. textiles (tissage, teinture et modélisme) ;
3. couleur (peinture murale, décorations, papier mural) ;
4. lumière (photographie, film, typographie, arts appliqués) ;
5. verre, glaise, pierre, matières synthétiques (modelage) ;
6. décoration (théâtre, agencement d'expositions, étalages).

Le travail d'atelier, l'emploi des outils et des machines, la comptabilité, le calcul des devis, le dessin, les sujets scientifiques et des notions architecturales élémentaires (structure et statique) étaient les sujets de l'examen final pour l'obtention du diplôme.

Quatrième et cinquième années :

Architecture, paysagisme, urbanisme et sujets scientifiques. Les problèmes d'éducation : écoles maternelles, primaires, secondaires et supérieures. L'organisation des services sociaux, des hôpitaux, de la récréation, du repos et des distractions, et une thèse supplémentaire pour le diplôme d'architecture du Bauhaus.

Focus, *Londres, 1938, n° 2.*

L'espace-temps et le photographe

Ceux qui étudient la photographie découvrent avec surprise que la photographie suit exactement les mêmes tendances que les autres branches de la création artistique. La photographie subit l'influence des tendances techniques, scientifiques, sociologiques et celle de leur interaction. Comme ces relations n'apparaissent pas évidentes à tous, il va falloir analyser ce point et l'expliciter à l'aide d'exemples. Alors, on comprendra sans doute que les événements et les actions qui forment le schéma de notre vie sont plus liés qu'on ne le croit généralement et que l'on ferait fausse route, si on prenait en considération uniquement l'aspect mécanique de la photographie, si on n'y voyait qu'un miracle technique. Une telle analyse pourra aussi éliminer la discussion assez passionnée qui vise à déterminer si la photographie est oui ou non un art. Car premièrement si la photographie peut montrer, grâce à ses propres éléments, des événements qui se déroulent dans le temps, alors elle offre plus qu'un aspect mécanique. Deuxièmement, si la thèse des interrelations est valable, la photographie peut non seulement subir l'influence d'autres éléments mais elle a aussi la possibilité de les influencer. Troisièmement, il est possible de prouver que l'on peut donner à la photographie le même contenu qu'aux autres moyens d'expression. Quatrièmement, on peut constater que la qualité de la représentation dépend de la compréhension, de la volonté et de la capacité humaines.

Les aspects mécaniques de la photographie ont déjà modifié la technique employée pour décrire un objet, sa structure, sa texture et sa surface, et ont suscité des relations nouvelles avec la lumière et l'espace. Mais que pouvons-nous faire de ces expériences nouvelles, comment pouvons-nous les inclure dans notre vie? Cela ne pourrait se faire que par le truchement de l'initiative, de la pensée et du sentiment de l'homme reposant sur un principe nouveau : l'intégration. Par l'intégration, on peut éviter le manque de sens de la responsabilité qui affecte une existence étroitement spécialisée. Une spécialisation précoce mène à une perfection mécanique. Il y manque l'expérience vivifiante des choses fondamentales. Notre époque spécialisée est caractérisée par la multiplicité des informations avec laquelle la presse, les magazines, la radio et le film bombardent sans cesse l'individu. Mais d'une façon tragique, plus il ingurgite de savoir superficiel, moins il est en mesure de comprendre, parce qu'il n'a pas appris à mettre en relation et à intégrer ces diverses informations. De même, si la photographie ne coordonne pas ses efforts et ceux des autres domaines, elle n'est qu'un service d'information isolé.

Par photographie, on entend généralement la prise de vues avec un appareil photographique. L'un des résultats évidents est la projection de l'espace sur une surface à l'aide de tonalités noires, blanches et grises. Mais l'espace, qu'est-ce que c'est? La réponse à cette question démontrera que la photographie peut avoir des relations avec des activités nombreuses. L'une des méthodes pour expliquer l'espace est de montrer comment on peut l'articuler. Chaque époque de la culture humaine a développé sa propre conception spatiale. Cette conception n'a pas servi uniquement à se protéger des intempéries, mais s'appliquait aussi aux besoins du jeu, de la danse, de la lutte, en un mot, à la maîtrise de toutes les manifestations de la vie. Les structures et les matériaux nouvellement introduits par la révolution industrielle ont suscité une nouvelle conception spatiale. Mais comme la technologie est due aux nouveaux résultats scientifiques, chimiques, biologiques, physiologiques, sociologiques, etc., il faut tenir compte aussi de ces éléments dans notre nouvelle conception spatiale. Nous pouvons dire que cette nouvelle conception de l'espace est le successeur légitime d'une tradition qui donne présentement de si piètres résultats. Par exemple, l'architecture (je la mentionne ici en tant qu'expression spatiale la plus facile à cerner) s'est contentée souvent de juxtaposer des pièces d'habitation, au lieu d'articuler l'espace.

L'histoire de l'espace articulé est influencée par la compréhension des dimensions : première, deuxième, troisième dimensions et plus encore.

Nous pouvons saisir la grandeur des temples égyptiens en marchant vers la façade le long d'une ligne droite unidimensionnelle, l'allée du Sphinx. Plus tard, l'architecte grec du Parthénon a modifié l'approche du temple : les visiteurs doivent contourner des colonnades pour arriver à l'entrée principale. Ainsi s'est développée une approche bidimensionnelle. Dans la cathédrale gothique, on a articulé l'espace d'une façon déconcertante. On a placé le visiteur entre des cellules d'espace communicantes : nef, chœur, etc., ainsi il peut les saisir du regard rapidement et comprendre leur valeur. L'art de la Renaissance et le baroque ont établi un contact plus direct entre l'homme, et l'extérieur et l'intérieur du bâtiment. L'architecture est devenue une partie du paysage et le paysage a été mis en relation avec l'architecture. La photographie peut enregistrer ces changements avec assez de précision et aider à reconstituer les concepts spatiaux du passé. Au cours de ces cent dernières années, on a fait beaucoup de photographies qui donnent des renseignements précieux et, dans les vingt dernières années, l'enregistrement de l'espace s'est fortement développé, car il est devenu un processus conscient. En plus de ce qui est perçu directement, on essaie de montrer des articulations délicates de l'espace composées d'éléments en perspective à partir du point de fuite ou d'éléments linéaires comme des structures de bâtiments, des arbres sans feuilles, ou encore des premiers plans flous et une division nettement organisée vers le fond.

A l'époque des dirigeables et des avions, l'architecture peut être vue aussi d'en haut. Ainsi, la vue à vol d'oiseau et ses contraires, les perspectives du poisson sous l'eau et du ver à ras de terre deviennent des expériences quotidiennes. Ce fait ajoute quelque chose d'extraordinaire et de presque indescriptible à notre vie. L'architecture n'apparaît plus comme une structure statique et, si nous y pensons par rapport aux avions et aux voitures, elle doit être en relation avec le mouvement. Cela change entièrement son aspect, et une nouvelle correspondance formelle et structurelle avec un élément nouveau, **le temps,** s'impose. Il y a une nette différence de vision entre le piéton et le conducteur d'une voiture quant à la perception des objets : le conducteur est en relation avec des objets lointains que le piéton ne voit pas encore.

Nous savons que l'apparence d'un objet change si nous passons à côté à grande vitesse, ce qui nous empêche de voir les détails insignifiants. Ainsi, un langage nouveau d'orientation dans l'espace et de communication se constitue avec la contribution active de la photographie. Un processus semblable apparaît dans le domaine de la publicité et surtout dans celui des affiches. En 1937, Jean Carlu, l'un des plus éminents affichistes français, a réalisé une expérience. Il avait monté deux affiches sur deux chaînes qui roulaient à des

vitesses différentes. Une affiche de Toulouse-Lautrec, faite vers 1900, avançait à huit miles à l'heure, approximativement la vitesse d'une voiture à cheval. L'autre, une affiche moderne, marchait à cinquante miles à l'heure, donc à la vitesse d'une voiture. A ces vitesses, on distinguait bien les deux affiches. Ensuite, on a augmenté la vitesse de l'affiche de Toulouse-Lautrec à cinquante miles à l'heure et on ne voyait plus qu'une tache floue. La signification de cette expérience est facile à saisir. Le nouveau point de vue de l'art graphique est la conséquence naturelle de l'âge de la vitesse.
La vitesse elle-même peut être le sujet d'une analyse visuelle. Et la caméra entre à nouveau dans le jeu. Nous connaissons beaucoup de prises de vues de mouvements rapides : gestes des sportifs, sauts, etc. D'un autre côté, on peut observer des boutons de fleurs en train d'éclore, des nuages qui filent, grâce à des vues prises à intervalles réguliers; nous pouvons fixer, par de longues poses, des objets en mouvement, des rues et des carrousels. Le professeur Edgerton, du Massachusetts Institute of Technology, a fait un nouveau type de photographies de la vitesse grâce au stroboscope. Les relations entre la vitesse des mouvements partiels lui ont permis de perfectionner la représentation des mouvements des joueurs de golf, des turbines, des roues et de toutes sortes de mécanismes. Ces images sont les enregistrements inhabituels de la juxtaposition des mouvements partiels figés que l'on peut analyser dans chaque unité espace-temps. Ces photographies de la vitesse sont récentes, mais elles ressemblent étrangement aux tableaux futuristes : elles sont même leur exacte réplique. On peut citer en exemple **Vitesse** de Balla de 1913. Le tableau bien connu de Marcel Duchamp, **Nu descendant un escalier** de 1912, montre aussi la juxtaposition de mouvements partiels figés.
En 1900, les futuristes ont commencé à mettre l'accent sur le mouvement. « L'éclat du monde est rehaussé par une nouvelle beauté, celle de la vitesse. Nous chanterons l'homme assis au volant », disaient-ils. Les futuristes voulaient représenter le mouvement, et certaines de leurs déclarations de 1912 semblent encore actuelles et pleines de vitalité. Par exemple : « Qui peut croire à l'opacité des corps au moment où notre sensibilité exacerbée et démultipliée a déjà découvert les manifestations obscures de ce milieu? Pourquoi oublierions-nous dans nos créations le pouvoir dédoublé de notre vision qui est capable de donner des résultats semblables à ceux des rayons X? » Boccioni, dans **Pouvoir de la rue,** a démontré cette double capacité dans une représentation expressive : on y voit la fusion des éléments divers de la rue.
Les radiographies, dont parlaient les futuristes, sont les exemples les plus frappants de l'espace-temps au niveau statique. Elles donnent une image transparente d'un corps solide et dense, l'image extérieure et intérieure de la structure. La passion de la transparence est l'une des caractéristiques les plus évidentes de notre époque. Avec un enthousiasme pardonnable, nous pourrions dire que la structure devient transparente et que la transparence exprime une structure.
Les prises de vues sans caméra sont aussi des diagrammes de la lumière directe qui fixent l'action de la lumière pendant une certaine période, c'est-à-dire le mouvement de la lumière dans l'espace. Le photogramme introduit une forme totalement nouvelle de l'articulation de l'espace, qui n'a plus rien de commun avec l'enregistrement des structures existant dans l'espace (ou dans l'espace-temps). Les photogrammes ont en général une forme architecturale constituée par des éléments que l'on peut décrire par leur masse, leur longueur, leur hauteur et leur épaisseur. Certainement, on pourrait beaucoup simplifier les masses et les poids, et agrandir à l'extrême les ouvertures. Mais on en a besoin comme point de départ de l'enregistrement photographique.
Le photogramme, pour la première fois, génère un espace, sans qu'il existe une structure spatiale. On articule l'espace à l'aide de l'accentuation et de la diminution des demi-tons noirs et gris, du rayonnement de leurs contrastes et de leurs graduations subtiles. Tout à coup, on se rend compte qu'une investigation nouvelle de l'utilisation incohérente de nos riches ressources a commencé. L'ingéniosité technique nous offre des structures gigantesques, des usines et des gratte-ciel, mais nous les utilisons d'une façon révoltante et antibiologique; l'extension sauvage des villes, l'élimination de la végétation, de l'air pur et du soleil en résultent. Et pour couronner le tout, à l'ombre de ces bâtiments modernes, nous tolérons avec insouciance l'existence de bidonvilles et leurs conditions d'habitation. Il semble donc que même les expériences espace-temps les plus abstraites apportent une réalité perceptible, à condition qu'elles soient bien interprétées. Ces expériences peuvent révéler un ordre spatial dans lequel ce ne seront pas les parties structurelles individuelles ou les grands ensembles qui joueront le rôle primordial, mais les relations entre les unités d'habitation voisines, les bâtiments et les terrains libres, le lieu d'habitation et le temps libre, la production et la récréation; ainsi pourrait-on établir, sans doute par le biais d'un aménagement régional adéquat, un mode de vie salutaire du point de vue biologique : cela nous mènerait à la fusion de la ville et de la campagne. Une telle architecture – la nouvelle articulation de l'espace – offrira des solutions encore plus avancées que celles préconisées par les pionniers du présent.

Ces derniers ont déjà humanisé les progrès techniques, même si seule une couche privilégiée en profite. Ils utilisent des matériaux nouveaux (verre, acier, béton, matières synthétiques, contreplaqué) pour construire un habitat plus fonctionnel et plus approprié du point de vue biologique. Si ce type d'architecture contemporaine n'est pas encore accepté dans une large mesure, c'est la faute de l'orientation erronée d'un public fidèle aux traditions et ignorant ses propres besoins. Cela ne peut pas être interprété comme la critique négative de la nouvelle tendance de l'architecture. Le public accepte plus facilement des progrès techniques et des inventions qui concernent seulement les détails du niveau de vie. Accepter de changer radicalement le mode de vie traditionnel est plus difficile. Naturellement, beaucoup d'objets qui se présentent, au début, sous la forme de gadgets ou de petits appareils acquièrent une grande influence en une génération et ne peuvent plus être éliminés.
Nos voitures, nos trains et nos avions, par exemple, peuvent être considérés comme des maisons mobiles, et le fait est que quatre cent mille familles, dans ce pays, vivent dans des maisons roulantes, des caravanes. Ces «maisons» mobiles vont influencer l'architecture future. Nous connaissons déjà des projets de maisons mobiles, par exemple des sanatoriums qui se déplacent selon la position du soleil. L'architecture de Frank Lloyd Wright, notamment la maison Kaufmann à Bear Run, ressemble plus à un avion qu'à une maison traditionnelle. Un autre architecte américain, Paul Nelson, a fait le projet d'une maison «suspendue», dans laquelle la salle de bains, la chambre à coucher et la bibliothèque pendent du plafond. Avec cet aménagement, il a obtenu un grand espace libre sans cloisons, entouré de fenêtres, qui sert de pièce de séjour. Si on vivait dans cette maison, on aurait l'impression d'être en avion et on aurait des relations plus franches avec l'environnement.
Ces propositions pourraient désorienter certaines personnes qui trouveraient encore plus inquiétant le plan utopique du professeur Bernal de Cambridge en Angleterre: il prévoit la construction de maisons dont les murs sont obtenus par de l'air comprimé, par la rotation de courants d'air. Ces murs offrent une isolation parfaite. On se demande pourquoi nous vivons entre des murs de pierre alors que nous pourrions vivre sous le ciel bleu, entre des arbres, tout en profitant des avantages d'une isolation parfaite. Marcel Breuer a déjà construit à Zurich une maison avec des murs de verre, où le jardin pénètre à l'intérieur, à travers les murs. Les tendances de l'architecture vont de plus en plus dans ce sens. Les constructions des architectes contemporains, avec leurs immenses baies vitrées, permettent à la nature de pénétrer dans la maison. Chaque maison de Gropius, de Van der Rohe, de Neutra ou de Keck illustre ce principe. Évidemment, même l'architecture statique la plus moderne n'est qu'une phase de transition menant vers l'architecture future à caractère cinétique. Le concept espace-temps offre une base nouvelle qui va étayer les conceptions et les créations de l'avenir. L'art contemporain, la modification rapide de l'environnement en raison des inventions, la mécanisation, la radio, la télévision, l'électronique, l'enregistrement des phénomènes lumineux nous aident à percevoir l'existence et l'importance de l'édifice du futur.
Si nous relions des niveaux différents de l'espace et du temps, nous allons voir que la réflexion de la circulation sur les glaces des voitures ou des vitrines appartient à la même catégorie. Dans la photographie, on présente ce phénomène à l'aide des superpositions. Le miroitement représente dans ce contexte les angles changeants de la vision et l'identification accrue des pénétrations extérieures et intérieures.
A l'aide de cette méthode de pensée, on peut expliquer beaucoup d'autres phénomènes (par exemple, les rêves) comme une articulation de l'espace-temps. Dans les rêves, les événements indépendants ont tendance à former une unité cohérente.
On peut utiliser les superpositions photographiques, souvent employées dans les films, pour représenter visuellement les rêves; ainsi, ils deviennent synonymes de l'espace-temps.
Le photomontage, méthode souvent employée dans la publicité, utilise une technique semblable. Des parties découpées et assemblées apparaissent sur une surface statique. L'effet, correspondant à une scène réelle, à une synopsis des actions, est produit par la juxtaposition et la fusion des éléments de l'espace-temps, indépendants les uns des autres à l'origine.

La connaissance de ces quelques expériences de représentation visuelle de l'espace-temps nous aidera peut-être à comprendre l'art cinématographique. Le film satisfait, mieux que tout autre mode d'expression, les exigences de l'art visuel espace-temps. On peut dire que, de nos jours, le film peut servir à l'articulation nuancée du concept espace-temps.
Le film, c'est l'assemblage de prises de vues nombreuses. En d'autres mots, une scène de cinéma est «montée», collée, à partir de prises de vues différentes. N'importe quelle séquence de film peut servir d'exemple.

1. Quelqu'un entre au centre Rockefeller de New York.
2. Il parle à un auditoire.
3. Une main lance une bouteille (premier plan).
4. La bouteille vole et tombe à côté du conférencier.
5. Une main gifle un visage (premier plan).
6. Une main frappe un crâne (premier plan).

Cette scène suggère qu'un homme a lancé une bouteille sur une personne qui a parlé au centre Rockefeller. Ensuite, on a giflé et battu l'agresseur. La curiosité de cette séquence réside dans le fait que les six scènes qui la composent ont été tournées dans six endroits différents, certains se trouvant en Europe, et à six moments différents.

Le montage, la rapidité de l'action qui se déroule en apparence d'une façon logique font de la scène une réalité cohérente d'espace-temps; pourtant, tout cela n'a jamais eu lieu.

Il faut beaucoup de temps pour comprendre, par une analyse détaillée, ce miracle de l'illusion. Mais chacun en fait l'expérience au cinéma et l'apprécie comme un stimulant normal des sens.

Un phénomène semblable se produit lorsque nous voyageons. On perçoit les mouvements à des niveaux différents. Par exemple, le train A sort de la gare et rencontre le train B qui marche lentement en sens inverse. De la fenêtre du train A, nous voyons s'éloigner le train B et quand, par hasard, les fenêtres des deux trains sont alignées, nous voyons à travers elles une rue, des voitures et des piétons qui circulent. Grâce à ce genre de mise en relation, nous nous approchons de la représentation cinétique, dynamique du concept espace-temps. Le problème du temps est lié au problème de l'espace et ce sont tous les éléments du savoir actuel qui nous le font découvrir. Nous devons faire appel à toutes nos facultés pour réviser nos conceptions sur la cinétique, la lumière et la vitesse. Les changements constants de la lumière, des matières, des énergies, des tensions et des positions sont en relation sous une forme compréhensible. Cela signifie beaucoup de choses: l'intégration, la pénétration simultanée de l'espace extérieur et intérieur, la victoire de la structure sur la façade.

Nous avons la possibilité de tirer bénéfice de cette conception, et le photographe peut être le principal artisan de cette tâche. Mais il faut qu'il concentre son attention sur les faits qui donnent une image juste des pensées et des actions de notre époque. Pour cela, il doit pleinement participer à la vie; consciemment ou inconsciemment, son domaine spécifique doit s'intégrer à la réalité sociale. Son attitude envers la vie déterminera son choix des images. Cette relation avec la société lui permettra d'atteindre une hauteur de vue objective et d'exprimer le cadre constructif de notre société; il ne se noiera pas dans le chaos de mille détails. Ainsi, le photographe sera en mesure de donner aux masses un mode de vision nouveau et créatif. Ce sera sa raison d'être dans la société. La culture n'est pas le travail de quelques personnalités d'exception. Pour qu'elle soit utile à la société, il faut que les théories pénètrent dans la vie quotidienne de chacun. Le lecteur sera peut-être intéressé par la description des images qui illustrent cet article:

1. **Du haut d'une tour d'émissions radiophoniques. Vue à vol d'oiseau,** 1928. Les tons noirs, blancs et gris plus ou moins accentués et les textures ressemblent beaucoup à celles des photogrammes.
2. **Miroitement.** J. H. Brown, School of Design, Chicago. Les noirs, les blancs et les gris, les divisions spatiales, la dimension et les déformations produisent une articulation de l'espace d'un type nouveau.
3. **Les balcons du Bauhaus,** 1926. Vue d'en bas, perspective de grenouille ou de ver. Une nouvelle expérience de la représentation: on dirait qu'un photographe de l'ancienne école a utilisé des moyens artificiels pour redresser les lignes fortement convergentes.
4. **Printemps,** 1928. Vue à vol d'oiseau d'arbres qui forment une unité avec le motif de la rue. Les lignes qui courent dans toutes les directions et qui sont placées les unes derrière les autres constituent un riche réseau spatial.
5. **Escalier du pavillon Bexhill,** 1936. Sur cette image, ce sont surtout les divisions linéaires qui expriment l'articulation de l'espace et qui suscitent un sentiment spatial très puissant. Mais le motif lumineux constitué par des raies fines saute aux yeux, bien plus que les divisions linéaires.
6. **Rue de la Cannebière, Marseille,** 1929. Nous voyons la rue à travers la balustrade du balcon. La balustrade continue sépare la scène en des cellules individuelles qui accentuent son caractère spatial. Ces fragments ressemblent aux morceaux d'un miroir brisé et on dirait que ces morceaux sont disposés à des niveaux différents.
7. **Leda et le cygne** (photomontage), 1925. Des éléments linéaires, des motifs structurels, des gros plans et des figures isolées sont les éléments de l'articulation de l'espace. Ces éléments collés sur un fond blanc semblent encastrés dans l'espace infini. L'éloignement et le rapprochement sont clairement articulés. L'effet est semblable à celui d'éléments collés sur une plaque de verre horizontale et placés les uns derrière les autres dans une série infinie.

8. **Photogramme,** 1941. C'est le pendant sans caméra de la photographie de la rue de la Cannebière à Marseille. Mais ici les unités spatiales sont davantage reliées.
9. **Photogramme,** 1939. Ce photogramme est une image obtenue sans caméra, sous le simple effet de l'exposition à la lumière de la couche sensible. Les tons gris raffinés, entre les pôles noirs et blancs, et leurs graduations plus ou moins accentuées produisent une articulation de l'espace, impossible à obtenir par d'autres moyens.
10. **Modulateur de l'espace en plexiglas,** 1941. La transparence et ses réflexions forment ici un motif spatial consciemment organisé.

American Annual of Photography, *Boston, 1943, n° 152.*

Les possibilités du design

Le design moderne a commencé dans ce pays il y a cinquante ou soixante ans, avec la déclaration de Louis Sullivan: «La forme découle de la fonction.» Cela veut dire que la fonction, le travail que l'objet doit accomplir, conditionne la définition de sa forme. Malheureusement, on n'a pas apprécié les paroles de Sullivan et son principe est resté lettre morte, sauf dans les travaux de Frank Lloyd Wright.
Mais, grâce aux efforts des artistes du Bauhaus et de leurs nombreux collègues européens, l'idée du «fonctionnel» s'est imposée au cours des années vingt, fertilisant la pensée et les œuvres. Bientôt ce terme est devenu, comme cela arrive souvent, un simple slogan commercial et son sens original est tombé dans l'oubli.
Aujourd'hui il semble nécessaire d'examiner à nouveau le terme «fonctionnel» à la lumière des circonstances présentes. Nous nous apercevons que la définition «la forme découle de la fonction» a un sens profond si nous l'appliquons aux phénomènes de la nature où «chaque processus a sa forme due à une nécessité qui se résout toujours en des formes fonctionnelles. Les processus obéissent à la loi de la distance la plus courte entre deux points; le refroidissement n'a lieu que sur les surfaces exposées au refroidissement; la pression ne s'exerce que sur les points de pression; la tension le long des lignes de tension; le mouvement génère des formes de mouvements et toute énergie a sa forme d'énergie.» (Raoul Francé.)
L'homme a utilisé d'innombrables fois les suggestions fonctionnelles de la nature. Un grand nombre de nos outils, de nos instruments, de nos récipients, de nos appareils résulte de l'observation de la nature. Nonobstant, «la forme découle de la fonction», appliquée à la technologie humaine, ne donne pas des résultats optimaux, si nous établissons une comparaison avec son application dans la nature où les résultats ont subi des contrôles depuis des temps infinis, à l'aide d'essais multiples et de l'élimination des erreurs. L'homme fait de son «mieux», mais ses résultats dépendent de ses connaissances et de sa pratique limitées, de sa capacité à raisonner et à comprendre. Souvent nous nous rendons compte que même si, depuis longtemps, l'homme a conçu les objets pour qu'ils soient fonctionnels, en fait beaucoup d'entre eux étaient lourds, surchargés de matière et de travail, en comparaison avec leur développement ultérieur. Il suffit de comparer la cabane de bois et la maison coloniale; ou un siège de bois primitif et une chaise rococo finement articulée. En ce qui concerne ces modèles, la forme correspondait à la fonction, mais, par la suite, les nouveaux procédés techniques ont imposé des changements. Dans le design destiné à la consommation des hommes, la fonction n'est pas uniquement le travail à accomplir pour exécuter une tâche mécanique délimitée, elle doit aussi répondre à des exigences biologiques, psychologiques, physiques et sociales.

La forme découle de la fonction et aussi des progrès scientifiques et technologiques

Les découvertes nouvelles, les théories et les techniques nouvelles de la recherche scientifique ont entraîné des applications industrielles dans tous les domaines de la production. L'électricité, les moteurs à essence ou Diesel, le film parlant, la photographie en couleurs, la radio, la métallurgie, les alliages nouveaux, la chimie, les matières synthétiques, l'aviation et l'électronique exigent un changement dans le design. L'histoire de la chaise est un exemple très révélateur[11]. La position assise est la justification fonctionnelle de la chaise. Mais sa forme dépend des matériaux, des outils employés et du métier de ses artisans au cours de la période donnée. L'artisan du passé ne pouvait se procurer qu'un seul matériau adéquat: le bois. Avec du bois et quelques outils à main, il faisait du très bon travail. Par exemple, la chaise rococo, avec ses fins pieds sculptés et galbés qui ne nécessitaient aucun renforcement compliqué, fut l'un des chefs-d'œuvre de la construction en bois. Cette chaise avait l'air léger et elle l'était. A présent, notre problème est d'employer les matières

et les machines à notre disposition avec autant de bonheur que nos ancêtres disposant de ces moyens et de ces outils limités.
La révolution industrielle n'a pas seulement découvert des qualités nouvelles du bois et des modes nouveaux de son utilisation, elle a aussi développé des matériaux nouveaux, comme les tubes d'acier sans soudure, le contre-plaqué, les matières synthétiques et de nouvelles méthodes de production qui utilisent des machines en remplacement des outils manuels. Aujourd'hui, on peut produire des chaises d'une forme nouvelle, par exemple des chaises à deux pieds au lieu de quatre et à quatre joints au lieu de quarante ou cinquante. Demain, il n'y aura peut-être plus besoin de pieds : nous allons nous asseoir sur de l'air comprimé*. La recherche scientifique et les expériences justifient une telle proposition et aussi des idées encore plus hardies sur les sciences nouvelles comme l'électronique. L'échauffement par ondes courtes à haute fréquence a déjà révolutionné le procédé traditionnel du collage : le temps d'assemblage s'est raccourci et le nombre des opérations s'est réduit. L'industrie des matières synthétiques aussi implique inévitablement des applications nouvelles.

Les chemins habituels de la pensée

Il semble donc que le designer parfait est celui qui connaît toutes les ressources actuelles et comprend à fond l'orientation de leur développement. On pourrait croire que ce but n'est pas très difficile à atteindre, compte tenu des informations scientifiques et techniques qui en indiquent les applications potentielles. Mais cela ne correspond pas à la réalité. Par exemple, c'est seulement cent ans après l'installation des canalisations d'eau dans les cuisines que le designer de la théière a découvert les larges becs que l'on peut tenir directement sous le robinet, sans enlever le couvercle, en remplacement des becs étroits. Malgré la découverte de la nouvelle source lumineuse qu'est l'électricité, la plupart des gens vissent les ampoules électriques dans des lampes à huile de style colonial, au dessin « nouveau », ou dans des bougeoirs baroques. Le manche thermiquement isolé du fer à repasser a suivi le même chemin. D'abord on a entouré le manche de chiffons, puis on l'a fabriqué en bois : on a commencé par le sculpter à la main puis on l'a préparé sur le banc du tour. Finalement on a fabriqué le **même** manche en matières synthétiques ; on aurait pu sans difficulté dessiner un modèle en tenant compte des qualités du matériau nouveau et de la possibilité d'une production massive, ce qui aurait permis de mettre au point un manche mieux isolé et plus pratique comme on le fit par la suite. La même observation est valable pour les manches d'outil en matière synthétique qui imitent les traditionnels manches en bois tourné.
On utilise encore beaucoup de formes anciennes qui n'ont plus de justification de nos jours, ce qui signifie logiquement qu'il est extrêmement difficile de quitter les chemins habituels de la pensée car, si on profitait des possibilités de la production massive tout en songeant à la fonction, on pourrait fabriquer des produits moins chers, plus beaux et plus pratiques. Il faudrait pour cela un design nouveau et conforme aux standards actuels de la production. Il est triste de voir l'impuissance des designers dans certains domaines traditionnels que la pensée contemporaine n'a pas encore effleurés.
La raison de ce phénomène provient sans doute du fait que, depuis la fin du XIXe siècle, le niveau culturel et la respectabilité des familles se traduisent en des « dépenses excessives », comme, par exemple, l'achat de meubles et de lustres importés des châteaux français et écossais. La production industrielle a suivi cette tendance avec ses imitations bon marché. La stagnation des prix en a résulté, car on ne pouvait pas appliquer les principes de la production de masse à des objets qui voulaient imiter les produits de l'artisanat.

Technologie nouvelle : l'ère de l'assemblage

Les meilleurs résultats du design sont dus en général à des inventions nouvelles ; dans ce cas, la tradition ne nuit pas à la candeur de l'approche ; je pense à la locomotive à vapeur, au moteur électrique, au téléphone, à la radio et à la cellule photographique. Leur fonction et les méthodes techniques dont on disposait en ont déterminé la forme. La technologie de la

* Il se peut que le public accepte difficilement le nouveau projet. Les chaises solides en contre-plaqué robuste, préparées par l'Institute of Design de Chicago, semblaient si légères que les gens hésitaient à les utiliser. Une même réaction du public a retardé l'adoption de la chaise en tubes d'acier de Breuer. Et quand on l'a acceptée, on l'a souvent mal utilisée. L'acier est un bon conducteur de chaleur, Breuer a donc conçu ses chaises de façon à ce que le corps humain ne touche pas au châssis d'acier. Mais les imitateurs, en copiant le modèle, n'ont pas tenu compte de ce détail important.
Je me rappelle une autre histoire. En 1916, à Rotterdam, la police a demandé à un architecte de poser deux colonnes sous son balcon en béton armé « même si elles étaient en carton ». La police prétendait que « le balcon suspendu ferait peur aux passants ».

révolution industrielle a commencé par la division du travail qui, des modes d'assemblage les plus simples, a mené à la chaîne et à d'autres procédés de production de masse.
L'idée de l'assemblage a dominé au début de l'évolution et pendant assez longtemps. C'était l'âge du boulon, du clou et de la vis. Cette méthode a permis la production d'articles les plus divers avec du matériel standard comme, par exemple, le fer coudé, les bandes d'acier, les plaques de cuivre, les barres, les tuyaux, les charnières, les courroies, etc. On pouvait emmagasiner une grande quantité de matériel et de produits semi-finis. Le risque de surproduction des articles finis était minime, car on vendait au fur et à mesure que l'on produisait.

D'autres méthodes

Plus tard, à cause de l'ouverture de marchés nouveaux, on a eu besoin de plus de marchandises, donc on a introduit des méthodes plus rapides de production de masse. L'emploi des boulons, des clous et des vis a cédé la place à la soudure, à la fonte, à la compression, au formage, etc. Au lieu de pièces assemblées, on s'est servi de tuyaux coulés et de tôles ondulées flexibles. Courber une mince plaque est un procédé habituel de renforcement et la plier dans tous les sens, comme une coquille d'œuf, est la manipulation structurelle la plus efficace que nous connaissions. La coquille présente les mêmes avantages qu'une structure en fer.
Ces opérations se sont développées surtout à l'instigation de l'industrie automobile et au moment où, après le dirigeable, l'avion apparut, on a entrepris des études cinétiques et des expériences aérodynamiques dans des tunnels à vent artificiel. Dans la production de masse, on pouvait utiliser cette technique sur une grande échelle car il était possible d'amortir, par le grand nombre d'articles vendus, les installations nouvelles, la transformation des outils, les moules, les machines et les matières premières coûteuses. De nos jours, la carrosserie lisse, l'aérodynamique des voitures, est obtenue à partir de plaques d'acier grâce à une seule opération. C'est une espèce de coquille d'acier, résistante et fiable. Les résultats de ces recherches furent adoptés par les designers de toutes les catégories d'articles, depuis les mixers et les batteurs jusqu'aux locomotives, aux bateaux, aux voitures et aux autoroutes. Vers 1930, la fièvre «aérodynamique» a contaminé tous les travaux de design. Au début, cela a semblé exagéré, spécialement parce que dans la nature la ligne aérodynamique implique une forme arrondie dont la résistance au milieu est pratiquement nulle; il ne persiste qu'une petite friction «épidermique» que l'on peut réduire ou minimiser de multiples façons*. Dans l'industrie, on a adopté au départ la ligne aérodynamique pour améliorer la performance des objets qui se déplacent à grande vitesse et, apparemment, il n'y avait aucune raison de donner aux cendriers et aux autres objets statiques une telle ligne. Pourtant, cette forme nouvelle a envahi tous les domaines du design. Il y avait une bonne raison à cela: la ligne aérodynamique entraînait la suppression des angles et il devenait plus facile de fabriquer les moules et les matrices, de procéder à la finition, de nickeler, de chromer, de polir, de laquer ou de recouvrir avec des matières synthétiques.

Les conditions nouvelles du travail

Ce type de production a d'importants effets sociaux. Le nouveau principe du design, la création **d'objets faits d'une seule pièce,** produits massivement par le travail automatique de la machine, va beaucoup diminuer et même éliminer l'emploi de la chaîne. Cela changera les conditions du travail car, présentement, la fatigue de l'ouvrier et l'utilisation limitée de ses capacités multiples représentent de sérieux handicaps.
La possibilité de limiter une division malsaine du travail peut encourager le designer. Il comprendra sans doute qu'en plus de la capacité et du savoir, il doit introduire un autre élément dans son travail. Pour être un designer, il ne suffit pas de manipuler adroitement les techniques et de savoir analyser les procédés actuels de la production, il faut aussi assumer les obligations sociales qu'entraîne ce travail. Ainsi le designer, en plus de la fonction et des progrès scientifiques et techniques, doit tenir compte des conséquences sociales.

Implications sociales

Les relations entre l'employeur et l'employé, le chômage, le besoin d'un minimum vital, la longévité et une douzaine d'autres facteurs ont modifié nos idées sur la structure sociale et sur notre approche du design.

---

* La créature aérodynamique la plus parfaite est le phoque. Toutes ses courbures sont **continues,** son oreille, ses moustaches, ses nageoires sont appliquées tout contre son corps. (Sir d'Arcy Wentworth Thompson: **On Growth and Form,** Cambridge, Cambridge University Press, 1942.)

La hausse du niveau de vie et l'émancipation des femmes ont fait naître le besoin d'appareils ménagers facilitant le travail, de réfrigérateurs, d'aspirateurs, de machines à laver, etc. Des recherches médicales ont entraîné le développement de l'hygiène: la salle de bains s'est généralisée. L'intensité et la fatigue du travail industriel, les villes encombrées et poussiéreuses ont augmenté l'importance de la récréation et du repos. Le sport, le cinéma, la radio, la télévision, les voyages, les centres culturels, l'idée du week-end relèvent de ces conséquences sociales.

L'économie dans la production

Bien entendu, il faut ajouter beaucoup d'autres facteurs à cette analyse si nous voulons envisager toutes les composantes du design fonctionnel.
L'une des plus importantes, c'est la distribution. L'élargissement de la distribution a entraîné des changements sans précédent. La demande pour le transport, l'emballage, les meubles démontables, les camions citernes, les freezers, les aliments surgelés, la conservation des aliments, les commandes par correspondance, les catalogues, la publicité, les représentants a augmenté et a étendu considérablement le domaine des services. La production massive a fait baisser les prix et a intensifié la concurrence. S'il s'agit de millions d'unités, même des économies minimes peuvent rendre une entreprise plus compétitive. Réduire une dose de solvant de quatorze gouttes à treize, comme cela est arrivé dans une grande entreprise industrielle, a fait économiser 30 000 dollars par an, ce qui montre la nécessité d'une production économique. La même chose est vraie en ce qui concerne la récupération, par exemple celle de l'argent du développement photographique qu'avant on laissait s'écouler, celle du fer-blanc des boîtes de conserve vides, celle de la graisse des poêles des ménagères dont on fait de la glycérine, celle de la sciure qui sert pour les matières synthétiques, etc. Tout cela a incité à la simplification des procédés, à l'organisation, à l'économie, à l'élimination du gaspillage, des déchets, à une meilleure technique d'emballage, à des mesures de sécurité, même à des modes nouveaux de récupération. Dans ce domaine, le système Taylor et l'analyse scientifique des mouvements du travail de Gilbreth sont des tentatives intéressantes.
Tout cela a entraîné le perfectionnement de la production.

Le rôle de l'artiste

Cette analyse détaillée des éléments semble indiquer les nouvelles tendances du design. On pourrait croire que, si l'on est au courant des développements scientifiques et des tendances sociologiques, si on tient compte des exigences de la fonction, si on connaît les techniques de fabrication, on peut élaborer des designs parfaits. En réalité, même si l'on peut définir certains éléments, il reste des impondérables difficiles à cerner. Bien sûr, on peut rationaliser ces impondérables car, après l'exécution du design, il est possible de retrouver tous ses éléments et de les analyser. Mais les difficultés surgissent **avant** la préparation et l'exécution du design, car souvent plusieurs solutions se présentent.
Certains problèmes structurels peuvent être résolus à l'aide de l'un ou l'autre matériau, ou à l'aide d'un seul mais avec des modes d'exécution différents. Par exemple, pour la structure d'un bâtiment, on peut employer une colonne circulaire, hexagonale ou pentagonale ou même carrée. Laquelle choisir? Est-ce qu'une table de salle à manger ronde est plus fonctionnelle qu'une table carrée? Que choisir, une cuisinière à gaz ou une cuisinière électrique? Des tubes fluorescents ou des ampoules? De la porcelaine ou du verre? Des fenêtres divisées verticalement ou horizontalement? Des escaliers en colimaçon ou droits? Des chaises tubulaires de métal avec deux ou quatre pieds? Des avions aux ailes allongées ou superposées? Etc. C'est l'intuition du designer qui fournit la réponse. Son choix ne dépend pas des caractéristiques des éléments interchangeables, mais des relations entre les détails de l'ensemble qui impose la signification nouvelle, la «bonne» solution. L'artiste la découvre, grâce à sa sensibilité et à son intuition qui l'aident à établir la structure, les proportions, la forme, à rejeter ou à réemployer des formes traditionnelles en fonction de leur conformité technique, sociale et biologique. On ne peut pas exprimer par des mots tout ce que nous savons ou sentons, car le langage repose sur la logique et la raison. Beaucoup de certitudes intuitives ne peuvent être exprimées que par l'artiste. Ainsi, son influence devient directe car son langage s'insinue dans les canaux de l'émotion, sans qu'il faille en analyser consciemment le contenu rationnel. Bien des découvertes et des formes nouvelles de la révolution industrielle ont pu s'imposer parce que l'interprétation d'un artiste a fait comprendre leur potentiel esthétique*. Mais les capacités de l'artiste ne sont pas mystiques. On peut retracer sa généalogie.

* En 1870, Édouard Manet, le chef de file des impressionnistes français, a offert de faire des fresques pour l'Hôtel de Ville afin d'illustrer la beauté des gares et des halles de Paris. Selon l'opinion officielle de l'époque, ce thème technique

L'avant-garde

Vers 1920, les artistes modernes ont découvert que la «structure» peut être passionnante. Ils regardaient avec enthousiasme les ponts, les relais-émetteurs, les derricks, les tunnels, les escaliers en colimaçon, les machines, etc. Pour la première fois, ils ont pris conscience des qualités émotionnelles et esthétiques des performances des ingénieurs, prévues pour répondre à des exigences purement fonctionnelles. Cela a engendré une période de simplification, puis d'épuration totale. Les objets, les meubles et les bâtiments ont perdu leurs décorations, leurs ornements. Depuis longtemps, l'ornement (et son application) n'avait plus de signification symbolique; il s'agissait de décorations gratuites, de fausses valeurs. Les impressionnistes et les cubistes ont découvert les qualités sensorielles et émotives des textures, dues à la combinaison ingénieuse d'outils et de matières. C'est cette génération qui a imposé la texture au lieu des ornements et le fait que la machine puisse devenir l'«outil» légitime de l'artiste ou du designer.

Mais la technologie nouvelle était encore du domaine des spécialistes. L'éducation universitaire avec ses critères académiques, l'étude des sciences humaines et une histoire de l'art mal interprétée ont détourné les étudiants des machines, bien qu'ils eussent dû en apprendre les formes caractéristiques, le maniement et les capacités. En même temps, ils avaient besoin d'informations pour se reconnaître dans le bouleversement général qui a suivi l'extension rapide de la technologie nouvelle.

Le travail des deux dernières générations a révélé des connaissances nouvelles et a indiqué le chemin vers une structure nouvelle de la vie. Ensuite, il fallait répandre le savoir et l'utiliser. Le moyen le plus approprié était l'enseignement.

Malheureusement, l'enseignement strictement professionnel s'est limité à former des spécialistes. C'est surtout l'artiste, avec sa capacité de synthétiser, qui était chargé de condenser les idéologies visuellement, ou par un autre transfert sensoriel. En l'exprimant comme un contenu émotionnel, il pouvait introduire dans son œuvre l'esprit de l'époque. Mais l'artiste lui-même n'était pas entièrement convaincu de l'utilité d'une telle expression. Dans le passé, sa force de synthèse était une séquelle automatique de son travail qui allait de l'illustration à l'enregistrement des événements. Pendant des siècles, on n'a jamais mis en question ce que le peintre devait exprimer. Il devait instruire tout le royaume des événements passagers, des phénomènes, des personnes, des incidents, des objets, des paysages. La finalité de ce problème faisait que tout le reste était d'une importance secondaire, même l'organisation des éléments de l'expression que nous considérons comme essentielle de nos jours. Mais quand la photographie s'est emparée de la tâche dévolue à la peinture, quand la machine, d'une précision inégalée, s'est chargée de la documentation, le besoin d'une orientation nouvelle s'est fait sentir: l'artiste devait reconsidérer sa tâche pour établir des relations équilibrées entre ses capacités et les exigences collectives de la société, pour éveiller un sens collectif des responsabilités reposant sur les possibilités humaines, pour ajuster la mécanique des impulsions créatrices et les formes d'expression à la technologie nouvelle. Si l'on examine les œuvres des artistes les plus représentatifs, on y voit l'incarnation de leur extraordinaire savoir professionnel et de la volonté profonde de propager le sens du discernement et de l'équilibre.

Pour l'instant, ils sont peu nombreux et souvent mal compris. Souvent on les attaque et ils sont obligés de se réfugier dans des catacombes pour préserver leur élan d'avant-garde, pour partager leur foi commune et se servir mutuellement d'auditoire.

Éducation

Bien entendu, l'individu doit ajuster son intellect au monde en transformation, et s'il comprenait les avantages qu'il en retire, cela l'aiderait énormément. L'acceptation universelle des tendances nouvelles du design demandera du temps, car les gens qui manquent d'orientation précise sont souvent troublés par une propagande basée sur les sentiments ou sur la «nouveauté». La première opère avec les moyens émotionnels dépassés du «bon vieux temps» et autres motivations semblables. La seconde cherche à imposer des nouveautés gratuites, à éveiller l'illusion de nouvelles exigences organiques, sans satisfaire des besoins véritables. En général, il s'agit de stimuler artificiellement les affaires. Ces opérations publicitaires n'ont qu'un succès de courte durée car celui-ci dépend des changements de la mode qui **simulent** seulement les changements organiques. Notre remède contre

ne convenait pas à un artiste. On n'a pas accepté l'offre de Manet et, quinze ans plus tard, cette même opinion luttait contre la tour Eiffel qui allait enlaidir cette belle ville. Dans son livre **Space, Time and Architecture,** S. Giedion parle de la prescience révolutionnaire de Horta, un architecte belge. Dès 1895, il a placé une structure de fer apparente dans une villa, ce qui, à l'époque, passait pour un sacrilège.

Les dadaïstes, surtout le peintre Marcel Duchamp, ont démontré dès 1916 la beauté des objets ready-made, comme, par exemple, le cintre ou la cuvette des cabinets; pourtant, à l'époque, on méprisait l'artiste qui s'occupait d'objets utilitaires.

cela, c'est la formation sérieuse d'une nouvelle génération de producteurs, de consommateurs et de designers qui comprennent l'importance des relations fondamentales entre «la forme et la fonction». Dans cet esprit, l'Institute of Design de Chicago cherche à éduquer ses élèves par un retour au point de départ et par la reconstruction d'un savoir radicalement nouveau concernant les implications sociales et technologiques du design. Ceux de la nouvelle génération de designers qui auront reçu cette formation, seront invulnérables face aux caprices de la mode et ne chercheront pas à échapper aux responsabilités économiques et sociales.

New Architecture and City Planning Symposium, *New York, 1944, p. 675–687.*

L'art dans l'industrie

1.

Pour dessiner des articles et des projets architecturaux en vue d'une production de masse, il faut non seulement des ingénieurs mais aussi des artistes. L'art, sphère où s'articulent intuitions et sentiments, est indispensable à l'équilibre de la vie et à la réussite d'un design créatif.

Mais il ne s'agit pas de transformer les artistes en designers ou les designers en artistes; il faut plutôt développer tous les dons potentiels des étudiants, en créant une harmonie entre leurs capacités biologiques, les besoins de la société et l'état de l'industrie. Nous ne croyons pas qu'il faille, en l'adaptant, greffer sur l'industrie le traditionnel homme de métier, artisan ou artiste. Il vaut mieux former des individus polyvalents, capables de concilier l'art et l'industrie.

Aujourd'hui, la technologie fait corps avec la vie au même titre que le métabolisme. L'art, les sciences et la technologie font tout bonnement partie de l'univers du designer industriel, tout comme les éléments sociologiques, biologiques et psychologiques. Ainsi, on n'a pas besoin d'un spécialiste du design: on recherche l'homme total, avec sa vitalité intacte et toutes ses potentialités. Par conséquent, bien qu'il ne faille pas sous-estimer l'importance de la formation technologique, le designer moderne réussira, s'il est un individu bien portant au sein d'une communauté, plutôt que comme «artiste» libre. Grâce à l'intégration intellectuelle, il est plus qu'un artiste libre. Il sait qu'en plus des moyens purement esthétiques de l'expression, il doit connaître le maniement des matériaux et des instruments de la production ainsi que les relations entre la fonction future et l'article à concevoir. Il découvre la philosophie du design grâce à l'analyse de l'économie, du système d'achat et des goûts des divers pays. Il a conscience des changements qui transforment l'économie des États-Unis à la suite de l'augmentation importante de la capacité de production. Il constate l'importance accrue du commerce extérieur et a conscience de la nécessité de réévaluer la théorie de «l'article artificiellement périmé»: on remplace fréquemment un article par une nouvelle variante avant que le produit ne soit techniquement périmé. Ce processus a stimulé, au cours des dernières années, le design et la production, mais ne se justifie que dans un pays qui subvient à ses propres besoins et qui veut augmenter sa prospérité. Il faut réviser cette politique par rapport aux autres nations exportatrices qui s'engagent dans la production massive et deviennent de plus en plus compétitives.

Au fur et à mesure que la production de masse se développe, le rôle du designer industriel devient de plus en plus important, car il peut envisager l'article d'une façon objective et s'occuper seulement de la solution qui convient le mieux au but recherché. L'importance de sa contribution augmente en proportion de sa capacité à juger objectivement les processus scientifiques, artistiques et technologiques contemporains, de même que la situation de l'article par rapport au marché. L'artiste «pur» aussi bien que l'industriel ont des difficultés à définir ce dernier point de vue.

Alors, le designer industriel de métier est utile à l'industrie non seulement en tant qu'artiste, créateur de produits attirants, mais aussi en tant que spécialiste de la production de masse. Il s'intéresse à l'aspect du produit (forme et couleur) non seulement d'un point de vue esthétique mais aussi dans l'idée d'une relation aspect-fonction, du rapport entre bas prix de revient et meilleur écoulement, en tenant compte aussi de l'intérêt plus vif des consommateurs pour les tendances nouvelles.

Les considérations esthétiques mises à part, il s'occupe aussi d'éléments comme la forme, l'assemblage, la résistance, la taille, le poids, éléments qui influent sur des facteurs utilitaires comme l'emballage, la distribution, la vente, le coût de l'opération, la durée du produit, sa facilité d'entretien, les services d'après-vente et de réparations, etc.

En un mot, le design industriel est l'association intelligente, efficace et ingénieuse de l'art et de la technologie pour le bien des hommes.

L'approche fonctionnelle, qui a tellement contribué à augmenter notre confort, n'est plus un

principe révolutionnaire, mais une exigence absolue posée au design industriel moderne.
Cette approche ne réussit pleinement que si le designer est habitué à penser à la fois en termes de produit, de fabrication, d'utilisation par l'usager.
Visiter quelques usines où travaillent des designers industriels est peut-être le meilleur moyen de raconter l'histoire de l'art dans l'industrie.
Lorsqu'un produit est conçu en vue de sa fonction par un artiste qui a une formation de designer industriel, il s'ensuit un résultat harmonieux, bien proportionné et équilibré.
Dans le commerce, le design est avant tout au service de la présentation. Les principes de la décoration théâtrale se trouvent de plus en plus à la base des projets pour les expositions, les foires, les salons, les étalages de grands magasins et les vitrines. On met l'accent sur le dynamisme de la présentation, le mouvement accompagnant le son, les paroles, les couleurs, les rythmes et les formes.
Par exemple, la U. S. Gypsum Cie a utilisé pour la présentation un objet que j'avais préparé en tant qu'artiste «libre». Il s'agissait du modulateur espace-lumière sur lequel j'avais travaillé entre 1922 et 1930.
Cette sculpture cinétique était prévue pour projeter automatiquement des effets clairs-obscurs et lumineux. Une rangée d'ombres enchevêtrées et superposées apparaissent au cours d'une séquence sur un rythme oscillant. Des disques de métal poli avec des perforations régulières, des plaques de verre, de Celluloïd et des écrans en matériaux divers constituent les surfaces réfléchissantes de l'appareil. Quinze ans après son exécution, la U. S. Gypsum Cie a exposé cet appareil, ce qui illustre la thèse selon laquelle une œuvre d'art abstraite, qui est le résultat de forces intuitives, peut, par la suite, servir à des fins industrielles. Bien sûr, le plus souvent il s'agit de concevoir l'article de façon qu'il puisse convenir à un but déterminé à l'avance.
Les besoins innombrables de l'industrie ont accru la demande de designers industriels. Nous avons établi une liste de deux cent quarante branches industrielles qui utilisent actuellement des designers, et cette liste n'est pas complète. Ces designers font des projets pour des produits variés allant des avions au papier mural, des stylos au matériel architectural pour les expositions. Ils emploient pour ces travaux des matériaux variés: du bois, du métal, de la pierre, du verre, de l'argile, des résines synthétiques, des dérivés du papier et du tissu. Dans les vingt ans à venir, toutes les grandes entreprises auront un laboratoire de design. Plus personne ne se risquera à fabriquer sans consulter un designer. De même qu'on a déjà admis que la recherche scientifique faisait partie intégrante de l'industrie, de même le design industriel sera bientôt reconnu comme il se doit.
Les institutions pédagogiques et culturelles, comme le Musée d'art moderne de New York et l'Institut du design de Chicago œuvrent dans ce sens. Les expositions d'art contemporain du musée familiarisent le public avec les modes d'expression et les formes de l'âge atomique. L'institut développe continuellement des formes nouvelles par l'utilisation nouvelle des matériaux anciens et par l'emploi de matières nouvelles pour des fonctions anciennes ou modernes. Dans un avenir proche, la pierre, le verre et l'argile, tout comme le contre-plaqué et les matières synthétiques, offriront des possibilités passionnantes.

2.

Si nous essayons de faire correspondre la forme aux qualités physiques de la matière et à la fonction future de l'objet, nous pouvons éviter une grande partie des écueils du passé. Dans certains cas, nous changerons dans ce but les caractéristiques de la matière à l'aide d'un procédé ou d'une combinaison nouvelle: par exemple nous galvaniserons et laminerons le bois, puis nous le couperons et le collerons en le chauffant à haute fréquence.
Dans un passé récent, l'introduction du tube de métal a révolutionné le design de l'ameublement; pareillement, l'utilisation du contre-plaqué suscitera dans un proche avenir de nouvelles formes étonnantes. Nos ateliers de formation et de recherche peuvent résoudre beaucoup de tâches de ce genre, qu'il s'agisse de mise au point d'objets d'usage courant ou d'aménagement complet d'appartements.
Par exemple, depuis que, aux États-Unis, on a modernisé les cuisines au point de les livrer par unités standardisées, on peut fournir de même des éléments préfabriqués en ce qui concerne les chambres à coucher, les salles de bains, les salles à manger, les nurseries, etc. Par la suite, on ajoutera à ces éléments des murs transportables et interchangeables, recouverts de papiers peints ou de couleurs en harmonie avec l'ensemble.
Les possibilités offertes par les nouvelles matières synthétiques stimuleront aussi le design contemporain.
Nos étudiants se sont souvent penchés sur le problème de l'automobile réalisée entièrement en résine synthétique. Ils ont fait le projet de pare-chocs invisibles, d'ailes en caoutchouc, de suspensions pneumatiques, de moteurs à l'arrière, de moteurs à réaction, de conduite assistée, d'un centre de gravité à déplacement automatique, de roues remplies de nitrogène.

Les parois de matière synthétique sont stabilisées et renforcées par une courbure appropriée et intégrale, sans armature.
Dans le domaine des textiles, nous nous occupons du tissage, de la teinture et des textures. L'ornementation est morte et les nouvelles textures promettent bien des possibilités au design en matière de mode. Il ne s'agit plus d'inventer seulement des motifs nouveaux. On peut également produire, avec les matières et les techniques nouvelles, des textiles d'une texture et d'une structure encore inconnues. Réviser les petites unités et les motifs en vue d'une production massive continue permet de faire des expériences intéressantes.
Dans toutes les branches du design, les expériences sur la couleur ont une grande importance. Nous manions les couleurs de maintes façons, sur des surfaces plates ou courbes, en utilisant toutes les techniques d'application, manuelles ou mécaniques (pinceau, peinture murale, décoration, fresque, design de papier mural). Les recherches sur les utilisations de vernis et de laques, de photographies murales et de peinture au pistolet sont nécessaires à l'industrie du meuble et du poste de radio, et à bien d'autres encore.
Les expériences avec les couleurs peuvent stimuler les étudiants et sont d'une grande valeur pour l'industrie.
Le designer moderne doit savoir utiliser non seulement les couleurs mais aussi la lumière. Il apprend à manier les lentilles optiques, les caméras, les déformations de l'image, les effets du soleil et de la réflexion, l'espace, la texture, la ligne et les tons qui ont trait autant à la photographie et au film qu'aux jeux lumineux et à d'autres domaines.
Le manque de place nous empêche de détailler un autre domaine essentiel du design industriel: l'architecture, qui est également l'un des sujets d'études de nos élèves.
Notre époque n'a pas encore mis au point la production industrielle dans l'architecture, laquelle fut la préoccupation dominante de toutes les grandes cultures. L'industrie américaine fabrique en série des voitures, des tracteurs, des réfrigérateurs et des postes de radio, tandis que les maisons, même les petites, sont encore construites une par une. Les procédés modernes de production et les nouvelles tentatives artistiques doivent aider à modifier radicalement notre architecture, à changer notre vision spatiale.
Sans aucun doute, l'urbanisme futur sera conditionné par la réalisation d'un type nouveau de maison préfabriquée; pour l'instant, nous déplorons le manque de collaboration et de synthèse entre les sciences et les technologies concernées par ce problème. Il nous reste encore beaucoup de travail avant de mettre au point un processus logique et bien organisé dans la construction des maisons individuelles et des quartiers urbains.
Le design industriel ne se préoccupe pas uniquement de la façade, de l'apparence extérieure, mais il définit aussi l'essence des produits et des institutions. Il s'agit d'une entité indivisible. Les caractéristiques extérieures et intérieures d'une assiette, d'une chaise, d'une table, d'une machine ou d'une ville ne peuvent pas être séparées. Apprendre le design revient à découvrir l'essence des choses. C'est un processus qui pénètre au fond des choses et qui synthétise. On apprend à manier les matériaux mais on va bien au-delà. Pour affronter les difficultés qui surgissent, le design implique une mentalité flexible et une grande faculté d'adaptation.
Le designer, qui a l'habitude de penser d'une façon profonde et globale, trouvera des solutions non seulement pour les problèmes de routine ou pour le développement de meilleures méthodes de production, mais aussi pour les problèmes généraux de la vie et du travail. Le design sera présent dans la vie de famille, dans les relations de travail, dans les projets d'urbanisme, dans la vie sociale de l'homme civilisé. Tous les problèmes du design s'intègrent dans la grande question du «design de l'existence».
Pour exercer son métier dans le monde moderne, l'artiste doit sentir qu'il en fait partie; il doit avoir le sens de l'intégration sociale et il doit maîtriser les instruments et les matériaux de ce monde. Une telle intégration ne peut pas s'effectuer à l'aide de la seule compréhension intellectuelle mais ne peut non plus s'en passer. Même s'il a aussi d'autres qualités, l'homme est un être pensant et aucune intégration n'est complète du point de vue humain sans l'intervention de l'intellect.
Notre principal souci est l'unité de la vie. Nous croyons que les courants culturels se soutiennent mutuellement même s'ils ignorent souvent que leur front culturel est commun. Nous avons le sentiment que l'intégration et l'interprétation des activités humaines de l'artiste, du savant et du technicien représentent le problème général de toute éducation qui se veut essentielle et actuelle, y compris l'éducation artistique.
Une nouvelle conception ne peut naître que de la bonne compréhension de la machine et de sa fonction par rapport à nos besoins biologiques, instinctifs et psychologiques qui dépassent le besoin du confort purement physique. Ainsi, l'artiste doit se définir par rapport aux autres êtres humains et à la communauté. Le savant, le technicien et l'artiste doivent collaborer pour établir quelle direction doit suivre le design et comment le contrôler, le simplifier ou l'enrichir en accord avec les besoins psychobiologiques de l'individu et de la communauté d'aujourd'hui mais aussi des générations futures.
De nos jours, le designer a des responsabilités politiques et sociologiques qui découlent de

la production de masse. Les choses qu'il dessine et sa façon de les dessiner influenceront la vie de millions de personnes. Un bon designer doit savoir d'où il vient historiquement et où nous allons politiquement. L'époque du spécialiste ignare est révolue. Dans ce monde de valeurs préfabriquées, c'est la tâche des organisations de design industriel de stimuler ce sens des responsabilités croissantes.

Arts and Architecture, *Los Angeles, 1947, n°s 9-10.*

Un artiste en résumé

L'art contemporain déconcerte l'homme moyen. L'enseignement déformé de l'histoire de l'art, qui définit de façon dogmatique ce que doit être l'art, l'empêche souvent de prendre connaissance des nouveaux modes d'expression. Tout ce qu'il trouve difficile à comprendre l'impatiente et l'agace, parfois même éveille son hostilité. Mais il est tout à fait possible de changer cette situation. On peut stimuler l'intérêt émotionnel et intellectuel du spectateur de telle manière que son approche devienne plus positive. On peut lui expliquer que, sans une préparation spéciale, seule une minorité peut suivre les tendances nouvelles, surtout parce que l'artiste professionnel, grâce à son travail quotidien avec les matières, acquiert la connaissance parfaite de ses moyens, ce qui le mène à des formulations de plus en plus nouvelles qui abolissent les normes anciennes. Les découvertes sont le résultat d'un processus organique, d'un savoir, d'une expérience et d'une intuition de plus en plus développés. Un profane peut difficilement atteindre ce stade. Mais les nouvelles solutions formelles peuvent servir de catalyseur aux rares personnes qui réagissent positivement parce qu'elles ont des inclinations semblables à celles de l'artiste. Alors, lentement et presque imperceptiblement, comme par osmose, le travail de l'artiste moderne s'étend et envahit tous les domaines de la vie. Il faut de trente à cinquante ans pour que le processus atteigne le point de saturation. La nouvelle forme d'expression fait alors partie intégrante de la civilisation et un cycle nouveau commence. Le processus de la diffusion peut être accéléré. Une bonne formation intellectuelle et une critique constructive peuvent démolir des dogmes. Bien que l'on soit en droit de se demander s'il est possible d'«expliquer» pleinement l'art, j'espère aider le lecteur en retraçant mon propre itinéraire et en montrant comment mon activité, sur le plan de l'art abstrait, a mûri dans la compréhension graduelle des moyens et des relations.

Le chaos apparent

Je n'ai pas débuté comme peintre abstrait. Intimidé par le chaos apparent qui régnait alors dans la peinture (celle des fauves, des cubistes, des expressionnistes et des futuristes), je me suis tourné vers les valeurs «sûres», vers les peintres de la Renaissance. Je n'ai pas eu de difficultés à les «comprendre». Les écrivains et les biographes ne m'avaient-ils pas préparé à apprécier leur grandeur? Les madones de chair et d'os de Raphaël, le sourire céleste de la Joconde et ses mains délicates, la dignité grave de Michel-Ange, les écrivains les avaient déjà commentés. En général, nous aimons les choses que nous comprenons, nous recherchons celles que nous connaissons par cœur, car elles nous rassurent et témoignent de notre culture. Il ne me venait pas à l'esprit que les tableaux ne devraient pas se contenter d'illustrer des histoires mythologiques et religieuses...

Mes yeux n'avaient pas l'habitude de voir: «j'entendais» la signification littéraire d'un tableau plus que je ne «voyais» sa forme et ses éléments visuels. Je ne connaissais ni les principes fondamentaux ni la technique de l'exécution. Je n'aurais pas pu distinguer l'original d'une copie ou d'un faux. C'est alors que j'ai découvert Rembrandt, surtout par ses dessins qui semblaient surgir d'une force émotionnelle, d'une profondeur psychologique radieuse et d'une grande souffrance intérieure. Impressionné par les découvertes surprenantes de la psychanalyse, j'ai discerné chez Rembrandt l'indication d'une technique témoignant d'un savoir psychologique certain. De plus, malgré mon manque de maîtrise technique, j'avais envie d'obtenir des résultats rapidement et il me semblait que mes dessins avaient des affinités avec les esquisses nerveuses de Rembrandt. L'étape suivante fut Vincent van Gogh. A nouveau, j'étais plus attiré par ses dessins que par ses tableaux. Le caractère analytique de ses encres et leur texture particulière m'ont appris qu'il ne fallait pas ajouter de jeux de nuances aux dessins linéaires, qu'il fallait essayer d'exprimer la qualité dimensionnelle au seul moyen de la ligne. J'ai compris que, pour réussir un bon tableau, on ne devait pas essayer de représenter fidèlement la nature, ni donner l'illusion de la réalité, mais qu'il fallait faire un usage fidèle du moyen chargé d'exprimer les nouvelles relations visuelles. (Depuis, j'ai appris que l'artiste a le droit de mélanger les techniques, qu'en fait, il peut faire ce qu'il veut, à condition qu'il soit maître de ses moyens et qu'il ait quelque chose à dire.)

Le jeune peintre dépasse le dilettantisme, le gribouillage inconscient et la répétition servile des exemples quand il commence à découvrir ses propres problèmes et se met à en chercher la solution. Étudier consciemment ce genre de «problèmes» n'affaiblit ni la capacité d'évoluer ni la spontanéité. De toute façon, l'expression échappe de par sa complexité à la compréhension consciente. La partie consciente est un composant modeste qui aide à faire la synthèse des éléments, indépendamment de la coordination intuitive*. Mon problème, qui était de tout exprimer avec des lignes, m'a fait faire des expériences passionnantes, surtout parce que j'ai trop accentué les lignes. Pour essayer d'exprimer les trois dimensions, j'ai utilisé des lignes secondaires dans des cas où, habituellement, on n'emploie pas de lignes. Un réseau compliqué d'une qualité spatiale particulière en était le résultat qui pouvait servir à résoudre des problèmes nouveaux. Par exemple, j'ai pu exprimer, grâce à ce réseau, la rondeur sphérique du ciel, comparable à l'intérieur d'une balle. De même, j'ai pu représenter un nu avec les courbes complexes du corps qu'il aurait fallu représenter traditionnellement par des ombres subtiles, traduites en demi-tons et chargées de montrer une forme organique plastique. Tout d'un coup j'ai vu que ces expériences avec les lignes apportaient une qualité exceptionnelle au tableau, d'une façon imprévue et inattendue, ce dont je n'avais pas conscience auparavant. J'ai essayé d'analyser des corps, des visages, des paysages avec mes «lignes», mais les résultats m'échappaient et dépassaient mon intention analytique. Les dessins devenaient un réseau de lignes rythmiquement articulées **qui ne montraient pas uniquement les objets, mais témoignaient surtout de l'émotion qu'ils éveillaient en moi.**

Je commençais à voir plus clair dans la jungle des possibilités. J'ai appris que ce sont les relations entre les lignes qui véhiculent le message le plus riche de sens; ce ne sont pas les objets eux-mêmes. J'ai vu Van Gogh sous un éclairage nouveau. J'ai mieux compris le «sens» de ses courbes et de ses formes. Le fait d'avoir eu, au cours du travail, un problème mineur mais personnel m'a incité à vouloir découvrir les problèmes d'autres peintres. J'ai cru pouvoir déchiffrer les travaux du peintre norvégien Edvard Munch, du Hongrois Lajos Tihanyi, d'Oscar Kokoschka, d'Egon Schiele, de Franz Marc. J'ai découvert avec émotion que, pour eux, la nature n'était qu'un point de départ, qu'ils mettaient l'accent sur leur force d'interprétation. Maintenant, je comprenais pourquoi ils utilisaient des combinaisons inhabituelles de lignes courbes, droites et en zigzag. Cela faisait partie de leur langage visuel fondé sur des éléments visuels. C'est ainsi qu'ils parlaient de leurs problèmes, de leurs préoccupations sociales, de leurs joies et de leurs craintes. Les lignes sont devenues les diagrammes des forces internes. J'ai fait un dessin dans un état d'extase: plus d'objets, seulement des lignes droites et courbes. Les roues et les ponts dispersés sur la feuille étaient les seules formes dérivées de la nature. J'ai appelé le dessin: **Construis! construis!** («Építs», en hongrois). C'était entre 1917 et 1919.

Par la suite, je me suis rendu compte que les lignes pouvaient devenir indépendantes de moi: si je voulais garder leur contrôle, il ne fallait pas que je les utilise avec excès. Cela m'a aidé à simplifier le travail. Moins de lignes signifie moins de confusion... Alors, comme je venais de sentir la loi secrète de l'emploi généreux des lignes, propre aux cubistes, j'ai osé examiner leurs tableaux. J'ai voulu aussi mieux connaître les futuristes et les expressionnistes.

L'organisation du plan de la toile

Aujourd'hui, j'ai conscience que, dans leurs travaux, j'ai seulement vu les éléments que j'avais déjà utilisés moi-même. Pourtant, c'était une époque favorable à la fermentation et au mûrissement des idées. Ces observations m'ont encouragé. J'ai découvert que la «composition» est guidée par un sens inconscient des relations de couleurs, de formes, de positions, etc., et par l'équivalent géométrique des formes. Par exemple, j'ai peint une nature morte et j'ai posé les objets par terre, sous la toile. J'ai pensé que je les représenterais mieux ainsi, vus d'en haut. En même temps, j'ai voulu les encadrer avec les deux pieds en diagonale de l'établi. Ainsi je les ai disposés sur la toile pour former une espèce de triangle. Après avoir fini le tableau, j'ai compris que non seulement le triangle augmentait la profondeur et dominait la composition en tant que cadre dans le cadre, mais qu'il avait influencé aussi le choix des couleurs et leur emplacement. La mise en place instinctive des couleurs jaunes, bleues, rouges avait engendré de petits triangles. Cette découverte m'a permis de jeter un regard nouveau sur la composition des tableaux anciens et contemporains. Je me suis lassé des thèmes anciens, j'ai cherché de nouveaux sujets. Le verre et le cristal,

* Il faut envisager l'intuition comme une logique inconsciente, accélérée, parallèle à la pensée consciente, mais plus fine, plus flexible qu'elle. Les autres significations données à l'intuition sont en réalité du domaine de la sensation. C'est ce que l'on ne peut pas exprimer par des paroles. Ce genre d'expérience est visuel et non pas verbal, et les autres sens peuvent y participer. Ce qui est intuitif peut être expliqué dans l'univers verbal. Mais par des moyens plastiques, dans tous les arts, même la poésie, l'expression consciente ne peut pas en rendre compte.

des salières, des règles, des radiateurs, des brûleurs, des sémaphores et des structures de fer ont remplacé dans mes tableaux les pommes, les homards et les poires.
Un jour, j'ai eu l'impression qu'une esquisse préalable à une huile n'exprimait pas vraiment mon intention. Trop de formes s'accumulaient dans un ensemble chaotique. J'ai pris des ciseaux. J'ai coupé quelques parties du dessin, je l'ai tourné de 90 degrés et je me suis senti satisfait. Quand j'ai collé les restes sur une nouvelle feuille, le résultat avait peu de ressemblance avec le point de départ, à savoir une nature morte. Les habitués des thèmes naturalistes s'obstinaient à dire que cette «nature morte» mutilée et renversée ressemblait à un cycliste. J'ai protesté mais, au fond, une grande joie m'a envahi, j'avais le sentiment d'une complète autonomie d'action. Il m'est apparu que si je pouvais effectuer de tels changements dans un dessin, je pouvais décider aussi librement des formes et des couleurs. Soudain, j'ai compris les visages et les chevaux **bleus** des expressionnistes. Quelle simplicité divine! Après cette révélation, j'ai changé délibérément la gamme de couleurs de mes «natures mortes» et j'ai même fait un pas de plus: j'ai éliminé la perspective utilisée dans mes peintures antérieures. J'ai tout réduit à des formes géométriques, à des couleurs pures et plates (jaune citron, cinabre, noir, blanc), à des contrastes tranchés.
Cet événement fut un tournant dans ma carrière de peintre. Ce jour-là, j'ai compris, plus clairement que je ne suis capable de l'exprimer actuellement, que j'avais trouvé le chemin qui menait vers la solution de mon problème pictural par des moyens qui m'étaient propres. Mais quel était ce problème? Les jeunes étudiants croient souvent que les problèmes de l'artiste sont des choses savantes et énigmatiques qui échappent aux sentiments et aux idées simples. En réalité, du point de vue du créateur, tout peut être un problème, à partir de l'observation minutieuse d'un événement et d'un de ses infimes détails jusqu'à la compréhension intellectuelle profonde d'un sujet. La tâche consiste en la traduction du problème sous une forme qui puisse être comprise par le spectateur. A l'époque, la couleur est devenue mon problème essentiel. La couleur, dont seules les possibilités illustratives m'avaient intéressé, s'est transformée en une force potentiellement capable d'articuler l'espace et chargée d'émotion. J'ai commencé à découvrir comment les couleurs différentes réagissent si on les met en relation entre elles. J'ai fait des douzaines de **collages** avec des bandes de papier de couleur. Pendant des vacances à la campagne, j'ai vu du haut d'une colline des centaines de bandes de terre et j'ai peint des tableaux avec des bandes colorées juxtaposées. Je les ai appelés des «champs». J'aurais pu les appeler des «compositions de couleurs», mais il était difficile d'échapper au dogme selon lequel le peintre n'est un peintre que s'il représente la nature; sinon, on appelera ses peintures avec mépris des «panneaux décoratifs». Des conventions de ce genre dominaient partout. Personne ne les avait couchées sur le papier; elles existaient seulement comme des lois tacites nées de l'accord commun des professionnels. Ainsi, par exemple, utiliser le noir était interdit. «Le noir pur – disait-on – n'existe pas dans la nature. Il faut le tirer du rouge, du vert ou du bleu.» (Bien sûr, il en résultait seulement une espèce de saleté.) «Il ne faut jamais utiliser un compas ou une règle. Un cercle doit être dessiné à la main, mais il doit donner l'impression qu'on l'a fait avec un compas.» J'ai lutté avec acharnement contre ces préjugés. On risquait l'excommunication.

L'influence de la technique mécanique

En 1919, j'habitais Vienne, perdu au milieu des conformistes déprimés de la période d'après-guerre. Je venais d'un village du centre de la Hongrie, région très agricole. La pompe baroque de la capitale autrichienne m'a moins intéressé que la technologie très développée de l'Allemagne industrielle. Je suis allé à Berlin. Dans beaucoup de mes peintures de cette période, on peut déceler l'influence du «paysage» industriel de Berlin. Ces œuvres n'étaient pas des projections de la réalité rendues par une vision photographique, mais des structures plutôt nouvelles, en fait, ma propre version de la technologie mécanique constituée par l'assemblage de pièces éparses. Bientôt ces pièces apparurent dans mes montages. Au cours de mes promenades, je trouvais des pièces détachées de machines, jetées au rebut, des vis, des boulons, des outils mécaniques. Je les ai fixés, collés, cloués sur des tablettes de bois, je les ai insérés dans des dessins et des peintures*. Il m'a semblé que, de cette façon, je pouvais réellement articuler l'espace (de front et de profil) et produire des effets de couleurs plus intenses. La lumière qui tombait sur les objets inclus dans mes compositions ravivait mieux les couleurs qu'aucun autre procédé pictural. J'ai fait le projet d'assemblages et de constructions en trois dimensions; je les ai exécutés en verre et en métal. Je pensais qu'une fois inondés de lumière, ceux-ci susciteraient des harmonies de couleurs d'une grande force. Pendant que j'esquissais ce genre d'«architecture de verre», j'ai rencontré l'idée de la transparence. Ce problème m'a préoccupé pendant longtemps.

* J'ai commencé à m'occuper des photomontages sous l'influence des collages cubistes, de la peinture Merz de Schwitters et de l'audace insolente du dadaïsme. Ainsi je suis arrivé à la même époque à la redécouverte de la technique du photogramme (photographie sans caméra)[12].

Un homme est rarement capable de se consacrer à plus d'un problème à la fois. Pour cette raison sans doute et depuis ce jour, tout mon travail n'a été que de paraphraser la lumière. Je voulais peindre avec la lumière, pas sur la toile mais directement dans l'espace. J'ai commencé par peindre des transparences. Je peignais comme si je projetais sur un écran de la lumière colorée, des faisceaux lumineux superposés. Je pensais que l'on pouvait perfectionner l'effet si on plaçait les uns derrière les autres des écrans translucides et de taille différente, et si on y projetait des phénomènes lumineux de couleur. A l'époque, je n'avais pas encore une maîtrise suffisante ni assez de moyens, mais avec quelques modifications, cette idée a inspiré par la suite mes expériences avec des décors de théâtre et des matières synthétiques transparentes.

Vers 1921, tout élément évoquant la nature a disparu de mes tableaux «transparents»: je me suis libéré de l'obligation de représenter. Je voulais éliminer tous les facteurs qui auraient pu entacher la pureté des éléments, contrairement par exemple à Kandinsky dont les tableaux m'ont évoqué parfois un monde sous-marin. J'avais envie d'utiliser les caractéristiques des couleurs, leurs relations pures. J'ai choisi des formes géométriques simples pour augmenter l'objectivité. Aujourd'hui, je comprends que cette démarche était la suite logique des peintures cubistes que j'avais admirées et étudiées. Après mes expériences antérieures avec des bandes noires, blanches et colorées, avec des surfaces en relation de taille et de couleur différentes, je me suis rendu compte que les cubistes, dans leurs collages, avaient déjà pensé à ce problème. Cela m'a gêné que les cubistes aient donné des titres comme «Nature morte à la mandoline», «Tête» ou «Nu» à leurs tableaux. Aujourd'hui, je me rends compte que leur attachement à un sujet était inévitable. Premièrement, à cause de la convention selon laquelle l'art devait s'inspirer de la nature; deuxièmement, parce qu'ils n'avançaient que pas à pas après la désintégration de l'ancien stimulus. Les peintres cubistes se sont d'abord détachés de l'ancienne conception visuelle, puis ils ont trouvé les nouveaux moyens pour la représentation et l'articulation de l'espace. Ils espéraient développer une méthode qui permettrait de pénétrer la réalité plus à fond que ne l'avait permis la perspective créatrice d'illusions. Ils avaient le pressentiment du futur monopole visuel du cinéma et ils essayaient d'y remédier à tout prix. Une nouvelle manière de montrer la réalité tridimensionnelle était le principe de base du cinéma. Le film pouvait présenter tout objet en mouvement, de différents côtés, par une rapide succession d'images. Les cubistes ont commencé à représenter ainsi. Ils ont regardé «derrière» l'objet, ils l'ont regardé d'en haut, de tous les côtés, rendant désuète la vision monoculaire des peintures du passé.

D'abord, c'est la déformation des objets reconnaissables qui a beaucoup surpris les spectateurs et aussi l'esprit d'invention avec lequel on a utilisé ces déviations de la représentation habituelle de la nature pour une vision binoculaire de l'objet. En plus du trouble émotionnel causé par la transformation des éléments picturaux traditionnels perçus selon une nouvelle vision, les distorsions et les étranges transformations des sujets bien connus représentaient une attaque contre toutes les traditions picturales issues de la Renaissance. L'analyse de la vision binoculaire en mouvement a conduit les cubistes à représenter les objets avec une multitude de détails et vus de tous les côtés. Pour cela, ils ont divisé l'ensemble en de petites unités géométriques, mais ils ont veillé à ce que les éléments multiples ne détruisent pas l'entité du sujet d'origine. Dans ce but, les cubistes ont employé la méthode suivante: les ombres des petites formes se projetaient sur la grande surface de la forme d'origine. Le petit tableau de Braque de 1910, qui montre des cartes à jouer, illustre cette méthode. Cézanne l'avait déjà employée dans certaines de ses aquarelles. Quand les cartes sont couchées, elles ne portent pas d'ombre; plus les cartes sont verticales plus elles projettent d'ombre.

Ce phénomène a été utilisé au cours de la troisième phase du cubisme: on a pour ainsi dire aplati tous les objets, on les a réduits à leur surface, à leur section et à leur projection. **Pour pouvoir voir les objets de tous les côtés,** comme si on les contournait, on a superposé les différentes visions. Mais on avait des difficultés à démêler ces superpositions. Pour faire la distinction entre les nombreuses petites formes entrecroisées et superposées, les cubistes ont assombri les coins ou les bords des petites formes, sans détruire l'identité du thème général. Cette méthode est devenue rapidement la forme véritable de la construction picturale. Les ombres délicates, semblables aux demi-tons de la photographie, les surfaces claires et sombres ont engendré un rythme nouveau qui a pris le pas sur l'intention analytique d'origine, ayant pour but de mieux représenter la nature par la vision en mouvement. Ces tableaux, et surtout ces collages, ont créé de nouvelles relations rythmiques entre les formes géométriques et les autres formes qui se sont presque complètement débarrassées de leur origine naturaliste et de leur signification antérieure (qui était de constituer les parties d'un tout). Cette phase des tentatives cubistes m'a sans doute donné l'impulsion nécessaire à mes expériences sur les collages.

La fonction de l'artiste

L'art anime les sens et aiguise la vue, l'intellect et les sentiments. L'art a aussi une fonction idéologique d'éducation et de formation car, consciemment et inconsciemment, nous absorbons une atmosphère sociale qui peut se traduire en œuvre d'art. L'artiste interprète les idées et les concepts sous l'influence de son propre milieu. Malgré la transposition, l'œuvre exprime son arrogance ou son humilité, son attachement à quelques-uns ou à tous, au réel ou aux visions. De ce point de vue, il faut qu'il prenne parti, qu'il exprime son opinion. Aucun artiste véritable ne peut échapper à cela. Autrement, son œuvre ne serait qu'un exercice de style. Le contenu de l'art ne diffère pas fondamentalement du contenu de nos autres manifestations, mais l'art produit son effet surtout grâce à l'organisation subconsciente de ses propres moyens. Si cela n'était pas ainsi, on pourrait résoudre tous les problèmes uniquement à l'aide du discours verbal ou de la réflexion.
L'approche dite «apolitique» de l'art est un leurre. Dans le cas présent, le mot politique ne signifie pas l'appartenance à un parti quelconque: c'est une façon de rendre réelles des conceptions pour le profit de la communauté. Dans les arts, les moyens concrets des différents modes d'expression transforment une telle «Weltanschauung» (vision du monde) en une forme organisée, porteuse d'émotions. Ce contenu peut être, en général, perçu par les sens d'une façon subconsciente, sans l'intervention d'un processus de pensée conscient. L'art peut exiger la solution sociobiologique des problèmes aussi énergiquement que le révolutionnaire réclame l'action politique. La difficulté réside dans le fait que peu de gens sont suffisamment sensibles, et en même temps assez éduqués, pour pouvoir comprendre le véritable message de l'art ancien et contemporain. Quand j'étais un jeune peintre, j'ai eu souvent l'impression, en assemblant mes collages et en peignant mes tableaux «abstraits», de jeter à la mer un message enfermé dans une bouteille. Des décennies pourraient s'écouler avant que quelqu'un ne le trouve et ne le lise. Je croyais que l'art abstrait ne se contente pas d'enregistrer les problèmes contemporains mais projette aussi un ordre futur désirable, libéré des sous-entendus qu'entraîne généralement le fait de prendre la nature comme point de départ. J'avais la conviction que l'art abstrait crée de nouveaux types de relations spatiales, des formes nouvelles, des lois visuelles nouvelles, fondamentales et simples, qui sont la correspondance visuelle d'une société humaine coopérative et plus efficace.

Les critères objectifs

Je n'avais pas l'intention de présenter des inventions individuelles, mais plutôt les critères d'une vision nouvelle qui emploierait des formes géométriques «neutres». A l'aide de ces formes, on pourrait mettre l'accent sur la nature des relations, sans l'intervention d'autres éléments. Les traits de pinceau réguliers, impersonnels et la renonciation aux variations de texture* ont également favorisé ce processus.
Ainsi, il fallait exercer une autorestriction ascétique et renoncer volontairement aux avantages qui étaient les privilèges de tous les peintres après l'impressionnisme et surtout après le cubisme. La riche variété de la texture donnait à leurs tableaux la qualité de «peinture», si appréciée de l'amateur d'art. Les textures avaient une double fonction. Elles ont amorcé la révolution qui remplaçait la représentation traditionnelle, créatrice d'illusions, par la «peinture». La nouvelle peinture n'a pas imité la nature mais a traduit ses phénomènes divers en une expérience visuelle directe. Au départ, il s'agissait de définir les éléments de base visuels du travail pictural. Dans les tableaux, on a renoncé aux allusions littéraires en faveur de relations visuelles qui témoignaient de l'imagination du peintre. Après une période d'hésitation (car j'aimais les qualités de la texture), j'ai admis que les textures représentaient des valeurs individuelles, parfois même un égocentrisme maladif; que traduire la nature dans des tableaux composés par des textures était devenu superflu car les peintres abstraits ont trouvé un mode plus direct et plus élémentaire de travail pictural. J'ai donc renoncé à l'utilisation des textures. Maintenant, je vais me permettre de faire une constatation paradoxale: souvent dans l'art contemporain ce n'est pas ce qu'il apporte de nouveau qui est le plus précieux, mais ce qu'il élimine. En d'autres termes, le plaisir du spectateur peut découler en partie de l'effort de l'artiste qui évince les solutions démodées de ses prédécesseurs. Moi, j'avais le désir d'atteindre, au-delà de la vanité, le rayonnement de l'évidence objective, je voulais me mettre au service de la communauté en tant que médiateur anonyme. Avec un pistolet à peinture, on peut traiter la surface mieux qu'à la main, d'une façon régulière et impersonnelle. Je n'ai pas eu peur d'employer de tels instruments pour atteindre une perfection semblable à celle des machines. Je n'ai pas eu peur de renoncer à la «touche personnelle», si appréciée dans la peinture du passé. Au contraire, j'ai même renoncé à signer mes œuvres. Avec des chiffres

* Dans l'ancien Bauhaus, nous appelions cela «facture» ou «traitement de la surface».

et des lettres, j'ai marqué les données indispensables au dos de la toile, comme on le fait pour des voitures, des avions et autres produits industriels. Je n'ai trouvé aucun argument contre la diffusion massive des œuvres d'art, même sous la forme d'une production industrielle. Le désir naïf du collectionneur de posséder un objet unique est difficile à justifier. Il entrave le potentiel culturel de la consommation de masse. Dans les arts visuels, il existe déjà des lithographies, des gravures sur bois, etc., que l'on peut produire à de nombreux exemplaires. Mes expériences photographiques, particulièrement les photogrammes, m'ont conforté dans la conviction que même une technique entièrement mécanisée ne représente pas un danger pour la créativité de l'artiste. Du point de vue du processus créatif, l'exécution ne pose qu'un seul vrai problème : il faut maîtriser la technique adoptée ; qu'elle soit manuelle ou mécanique importe peu. La photographie, le film et les autres techniques de projection le prouvent clairement. Peut-être un jour, le tableau de chevalet devra-t-il céder la place à l'expression visuelle entièrement mécanisée. La peinture manuelle conservera sans doute sa signification historique mais elle perdra, tôt ou tard, son exclusivité. A l'âge industriel, la distinction entre ce qui est de l'art et ce qui n'en est pas, entre l'artisanat et la production mécanisée, n'est plus absolue. On ne peut plus dissocier peinture, photographie, film et jeux lumineux.
En 1922, j'ai commandé par téléphone cinq tableaux en porcelaine émaillée à une usine d'enseignes. J'avais devant moi les échantillons de couleur de l'usine et j'ai esquissé mes peintures sur du papier millimétré. A l'autre bout du fil, le représentant de l'usine avait une feuille semblable sous les yeux et il inscrivait les formes que je dictais dans les cases correspondantes à leur position. (Cela ressemblait à un jeu d'échecs par correspondance.) L'un des tableaux a été livré en trois tailles différentes, pour que je puisse étudier les différences subtiles des relations de couleurs dues à l'agrandissement ou à la réduction. Certes, il manquait à ces tableaux la «touche personnelle» mais je me suis élevé justement contre l'importance excessive qu'on lui accordait. On m'a souvent critiqué en disant qu'à cause de l'absence de «touche personnelle», mes tableaux sont «intellectuels». Ce terme, pris au sens péjoratif, veut signaler un manque d'émotion. Mais, à mon avis, les formes mathématiquement harmonieuses, exécutées avec précision, sont remplies d'émotion et représentent un équilibre parfait entre l'intellect et le sentiment.

Les collègues

En 1922, des artistes russes, El Lissitzky, Ilia Ehrenbourg, et plus tard Gabo, sont arrivés à Berlin. Ils nous ont donné des nouvelles de Malevitch, de Rodtchenko et du mouvement suprématiste. Le peintre hollandais Theo van Doesburg nous parlait de Mondrian et du néo-plasticisme ; Matthew Josephson et Harold Loeb, les éditeurs de **Broom,** et le peintre Lozowick nous renseignaient sur les États-Unis. Par la suite, le sculpteur Archipenko et deux dadaïstes, Tristan Tzara et Jean Arp, sont venus nous voir. Jozef Peeters et Vantongerloo sont arrivés de Belgique, les architectes Knud Lönberg-Holm de Danemark, J. J. Oud et C. van Eesteren de Hollande, Friedrich Kiesler de Vienne et Walter Gropius de Weimar. Pendant un temps, Berlin était le centre des tentatives artistiques européennes. **Der Sturm** de Herwarth Walden exposait les pionniers du cubisme, du futurisme et de l'art abstrait, et publiait les œuvres des poètes nouveaux. George Grosz, Kurt Schwitters et Raoul Hausmann, dadaïstes allemands, vivaient déjà à Berlin ; ce dernier se sentait attiré par le constructivisme. Le réalisateur de cinéma révolutionnaire Viking Eggeling y travaillait avec son collaborateur Hans Richter. Nous nous rencontrions souvent pour discuter de peinture et d'autres problèmes. Inspirés par ces discussions, nous avons organisé le Congrès constructiviste de 1922 à Weimar ; nous avons publié des manifestes dans la revue hongroise **MA** dont j'étais le représentant berlinois et nous avons organisé des expositions. Toutes ces manifestations nous ont encouragés dans notre travail et rassurés au sujet des perspectives artistiques de l'avenir.

Sculptures et mobiles

Entre-temps, j'ai fait des sculptures de bois, de verre, de métal, de nickel et d'autres matières. J'ai commencé à travailler sur un modulateur de lumière, un kaléidoscope de l'espace, qui m'a préoccupé pendant beaucoup d'années. Il s'agissait d'une structure mobile, mise en route par un moteur électrique. Dans cette expérience, j'ai essayé de synthétiser des éléments simples par la superposition constante de leurs mouvements. En vue de ce résultat, la plupart des éléments mobiles étaient transparents. J'ai utilisé des matières synthétiques, du verre, des grillages en fil de fer et des plaques de métal perforées. Par la coordination des éléments en mouvement, j'ai obtenu des résultats visuels d'une grande richesse. J'ai préparé ce mobile et j'ai lutté pour son exécution pendant presque dix ans. Je pensais être au courant de toutes ses manifestations et connaître «par cœur» tous les effets possibles. Mais quand, en 1930, le modulateur espace-lumière s'est mis en mouvement pour la première fois dans un petit atelier de montage, je me suis senti comme un apprenti sorcier. Les mouvements coordonnés et les articulations de l'espace des

séquences de lumière et d'ombres du mobile étaient tellement étonnants que je commençais à croire à la magie. Ce mobile m'a appris beaucoup de choses utiles pour mes travaux dans le domaine de la peinture, de la photographie, du film, de l'architecture et du design industriel. J'avais prévu le mobile pour voir des transparences en mouvement, mais j'ai constaté avec surprise que les ombres projetées sur des écrans transparents ou perforés produisaient des effets imprévus, des espèces de changements fluides dus à l'interpénétration. Les reflets mouvants des formes plastiques sur les surfaces polies, nickelées ou chromées étaient également inattendus. Ces surfaces, en réalité opaques, semblaient transparentes quand elles bougeaient. De plus, de petits drapeaux transparents de mailles métalliques ont été placés entre les surfaces planes du fond et du plafond, et ceux-ci donnaient l'illusion d'un mouvement irrégulier.
Comme j'avais consacré beaucoup de temps à ce travail, j'ai trouvé décourageant le fait que bien des gens ne saisirent pas la beauté de ce mobile ni son impact émotionnel. Presque personne n'a compris l'ingéniosité technique de l'expérience ni les perspectives qu'elle ouvrait. J'ai eu plus de chance avec le film intitulé **Jeu de lumière noir-blanc-gris** que j'ai fait à propos du mobile en 1930. J'ai essayé de traduire son fonctionnement en des valeurs photographiques lumineuses.

Les matières synthétiques
Parallèlement aux sculptures de métal et de verre, j'ai travaillé aussi avec des matières industrielles nouvelles. J'ai commencé à peindre sur de l'aluminium, sur des alliages métalliques polis, sur des matières synthétiques qui fondent ou durcissent à la chaleur. Si je n'avais pas craint que ces matières soient périssables, je n'aurais plus jamais peint sur une toile. Au cours de mon travail avec ces matériaux (des matières synthétiques uniformément couvertes de peinture, transparentes ou opaques), j'ai fait des découvertes qui ont largement contribué à la modification de ma technique en peinture, ce qui a eu obligatoirement des répercussions sur ma conception des problèmes de la lumière. Mon idée de la peinture «objective», la nécessité de susciter des relations élémentaires vraies, n'était qu'une des raisons qui m'ont incité à utiliser des surfaces planes régulières. Par cette méthode, je me suis approché aussi de la transposition de la lumière en couleur et de la couleur en lumière. J'ai trouvé une texture objective pour un médium flexible et délicat. Si nous pouvons produire de véritables effets lumineux en posant des couches de peinture transparentes sur les matières synthétiques ou par d'autres moyens, nous n'avons plus besoin de traduire la lumière en couleur et de peindre avec du pigment. Je suis arrivé à la peinture avec la lumière et le problème de la texture a réapparu.

Peindre avec de la lumière
Dans le passé, il y eut une période où on peignit avec de la lumière : je pense aux vitraux. La lumière directe et reflétée, et l'ombre du cadre formaient un ensemble visuel fascinant. Notre technologie nous offre de nouvelles possibilités, tout aussi impressionnantes, sans que nous ayons à imiter les techniques anciennes. A présent, le problème central de la peinture sur des plaques transparentes c'est la réalité des effets lumineux directs. Mes premières expériences m'ont appris que j'avais besoin d'un écran pour y projeter les effets lumineux de mes peintures. Donc j'ai fixé la surface peinte à quelques centimètres de distance d'un fond blanc ou gris clair. Les formes denses peintes sur les plaques transparentes projetaient des ombres denses. On peut employer plusieurs moyens pour dissoudre et articuler ces ombres pesantes. On peut tracer sur la surface des lignes fines à des distances inégales qui jetteront sur le fond des ombres, des valeurs grises dégradées, semblables aux gris finement gradués des photogrammes. Une autre possibilité consiste à peindre des raies en forme de grillage ou de perforer les surfaces solides. Ces éléments, une fois éclairés, projettent des ombres et des motifs lumineux sur le fond qui se trouve **derrière** la surface peinte. La peinture originale s'y superpose. Si l'éclairage vient de côté, les formes du tableau original et leurs ombres sont décalées et créent des relations nouvelles entre les couleurs et leurs ombres grises. Cela améliore l'effet des peintures sans ombres, produit automatiquement une «texture légère», surtout si l'on emploie des colorants transparents au lieu des couleurs habituelles. Les résultats, bien qu'ils soient plaisants, présentent des inconvénients. La perfection des matières synthétiques, leurs surfaces baignées de lumière incitent facilement à une performance qui produit de l'effet mais qui est purement décorative. J'ai essayé d'éviter cela, je me suis souvenu de mes visites au Louvre et au Vatican au cours desquelles je regardais les «chefs-d'œuvre» des sculpteurs romains de la dernière période, qui rivalisaient quant à l'utilisation des marbres polis coûteux, des bronzes colorés, des pierres précieuses, de l'ébène et de l'or. Bien que les matières synthétiques soient nouvelles et qu'on ne les ait pas encore bien testées, j'avais l'impression qu'il fallait les utiliser, malgré le danger d'effets superficiels. Peut-être nous faudra-t-il des dizaines d'années pour bien connaître ces matières et pour maîtriser la technique de leur maniement. Même les problèmes techniques de la peinture sur

ces nouveaux matériaux ne sont pas résolus. Après des expériences malheureuses avec des laques industrielles qui ne tenaient pas, j'ai essayé de peindre à la peinture à l'huile sur des plaques transparentes. Pour éviter que la peinture ne s'écaille, j'ai gravé des centaines de sillons très fins sur des plaques de matières synthétiques, dans l'espoir qu'ils retiendraient la peinture. J'ai recouvert de peinture à l'huile ces sillons et leurs interstices. Souvent j'ai peint les deux côtés de la plaque; ainsi mes essais d'articuler l'espace par les relations des couleurs en retrait et en évidence ont été favorisés par l'épaisseur de la plaque, par la distance entre les couleurs appliquées des deux côtés de la plaque. Et la même couleur prenait un aspect différent selon qu'on la voyait sur la surface polie ou en transparence. La matière nouvelle exigeait un maniement spécifique du pinceau qui suscitait des textures assez inattendues. Plus tard, au lieu de couvrir de peinture les sillons et la surface d'une façon homogène, je n'ai rempli de peinture que les creux. Les fins sillons colorés et leurs ombres délicates ont créé des effets vibrants et irisés, comme j'en avais admiré sur des ustensiles en verre, trouvés dans des tombes millénaires. Renoir avait le secret de ces effets produits à la peinture à l'huile. J'étais heureux d'obtenir un effet semblable avec des moyens plus simples. Mais on ne peut en saisir le contenu émotionnel et les aspirations spirituelles que si on arrive à oublier leur «nouveauté» et si on étudie sérieusement le problème qu'ils posent.
Le travail n'est pas achevé, les combinaisons et les découvertes possibles (comme l'utilisation des imperfections et des bulles des matières synthétiques) peuvent mener à des résultats encore plus surprenants, à des jeux lumineux cinétiques.
J'ai souvent pensé que mes premières peintures transparentes représentaient la phase statique de ce genre de jeu lumineux. Pour accentuer le caractère cinétique de ces peintures, j'ai répété souvent les motifs centraux, déformés et rapetissés. Il m'a semblé que, grâce à cette répétition, j'atteignais une nouvelle forme d'organisation harmonieuse, assez proche des compositions classiques que j'avais étudiées avec ferveur. Dans le passé, les peintres construisaient sur la base de la symétrie, du nombre d'or et de l'hexagramme. Il m'a semblé que par la répétition des éléments et par la variation de leurs dimensions, j'avais trouvé une façon plus délicate et plus sensible de représenter leur harmonie et leurs relations. Plus tard, je me suis rendu compte que, si je disposais les formes intuitivement sur la toile, j'obtenais des points qui leur correspondaient. J'ai relié ces points par des lignes droites qui semblaient équilibrées du point de vue mathématique et constituaient un réseau spatial, un diagramme inhabituel de tensions. Ce diagramme était aussi le symbole du mouvement. Cela devenait moins visible mais plus convaincant quand je peignais sur des matières synthétiques. En ce cas, avec des rayons de soleil ou un projecteur, je pouvais créer un second tableau derrière l'original, sous la forme d'ombres parallèles ou un peu décalées, ou sous la forme de reflets sur le mur d'en face. Si le tableau était accroché dans un coin et éclairé de côté, le reflet devenait très intense et produisait une image fortement déformée. Une telle image avait de l'intérêt car elle présentait un rapport évident avec la peinture originale; pourtant, elle n'était pas une répétition mécanique mais une image négative. Je pouvais obtenir des images déformées de différentes façons. Par exemple, j'ai posé la plaque en biais par rapport au fond; ainsi j'ai pu modifier l'ombre à volonté, la déplacer dans n'importe quel sens, selon l'angle de la plaque et les déplacements de la source lumineuse. J'ai plié les plaques d'une façon convexe ou concave et je les ai fixées sur un fond. L'ombre de ces plaques était une image déformée de la peinture originale. Des effets semblables se produisaient lorsque le spectateur se déplaçait devant le tableau. J'ai peint sur des plaques de Celluloïd entourées d'une spirale. Grâce à des méthodes simples, des tableaux en mouvement d'un genre nouveau naissaient, avec des ombres et des reflets changeants. Mes projets de décors, mes «diapositifs» en trois dimensions et mes films sont également dus à mon désir de «peindre avec de la lumière». Avant et après cette époque, j'ai eu l'occasion de faire des films abstraits en noir et blanc et en couleurs; je suis convaincu que pour trouver des solutions valables dans ce domaine, il faut tenir compte des expériences picturales avec la lumière et la couleur. Pendant que j'analysais les «déformations», j'ai soudain compris qu'au cours des vingt-cinq dernières années, c'est-à-dire depuis que j'ai commencé à travailler dans le domaine de la peinture abstraite, toutes les formes que j'ai peintes étaient des interprétations de mon point de départ, à savoir les bandes utilisées dans mes premiers collages. Sans en avoir eu conscience, j'ai toujours modifié et légèrement déformé cet élément, et à chaque occasion j'ai cru avoir inventé une chose tout à fait nouvelle.

Le modelage des matières synthétiques
Le dernier pas, c'était la déformation de la surface plate elle-même. On peut façonner aisément les matières synthétiques si on les chauffe. Un jour, je me suis rendu compte que si je peins sur des plaques de matières synthétiques en les laissant à plat, je néglige cette qualité essentielle de la matière. Donc j'ai chauffé, plié, tordu la plaque transparente après avoir peint dessus. Par cette manipulation, j'ai obtenu des formes concaves et convexes, de riches courbes complexes qui suscitaient des relations sans cesse changeantes entre les

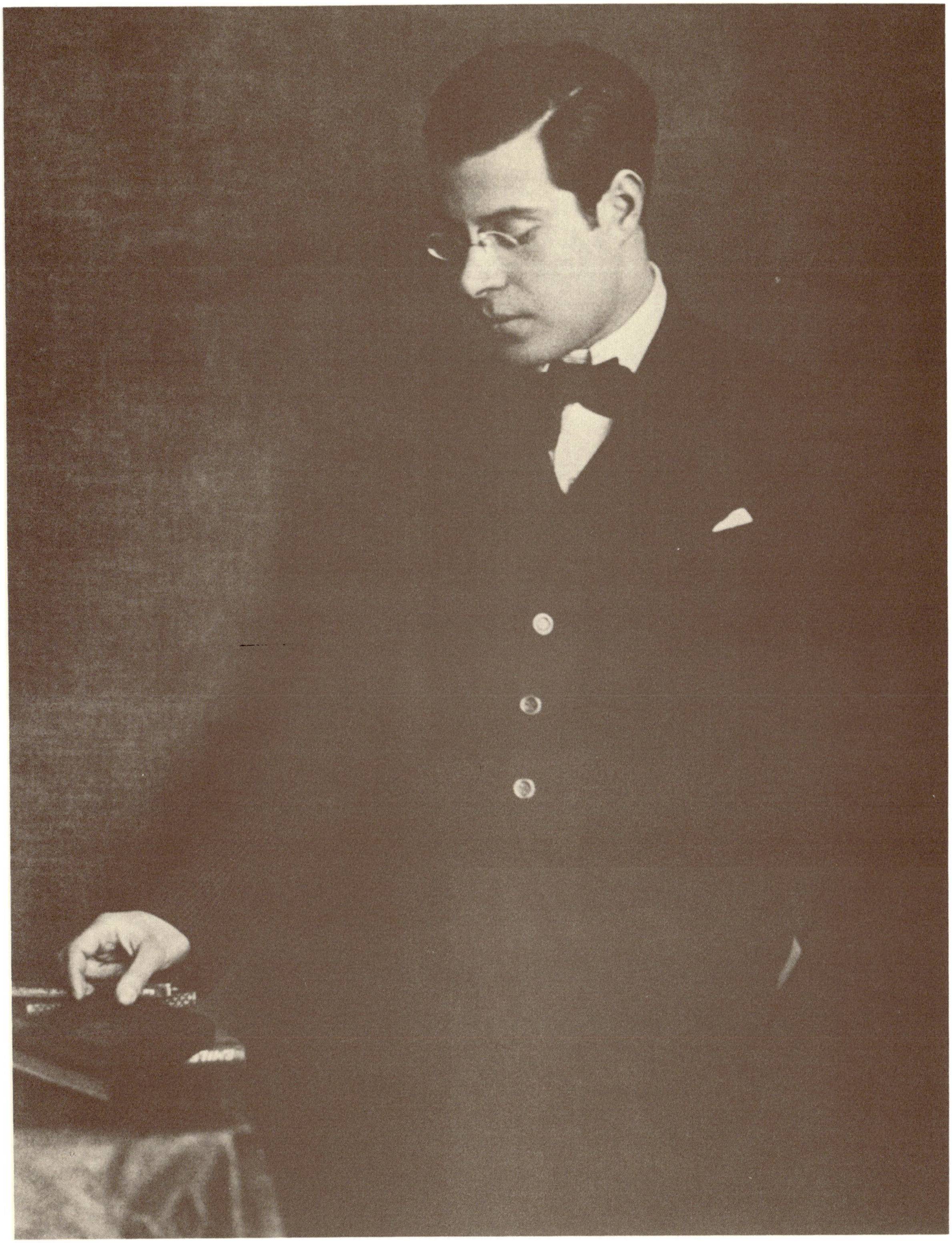

223. Moholy-Nagy en 1919

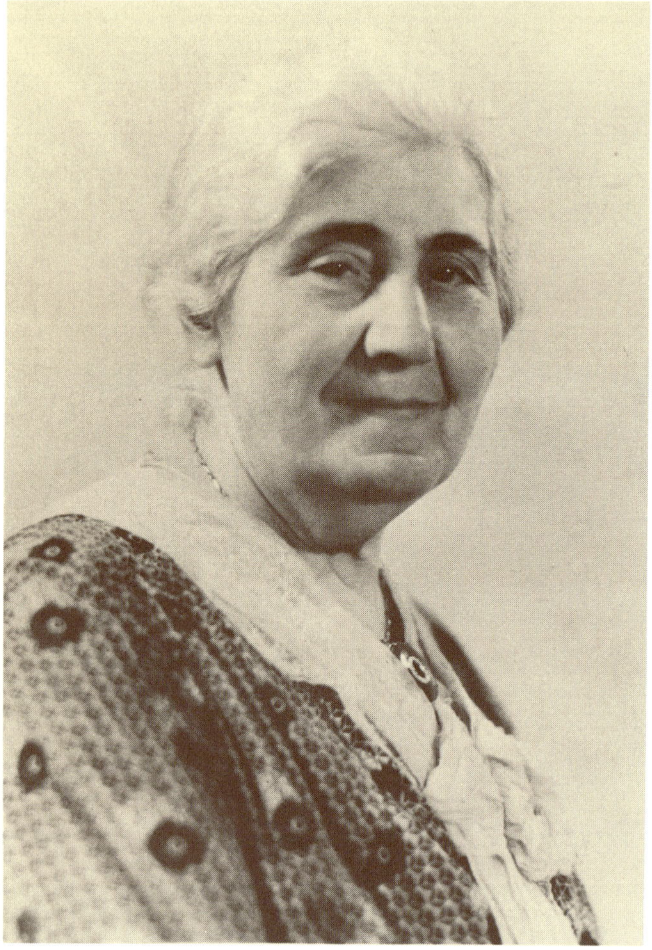

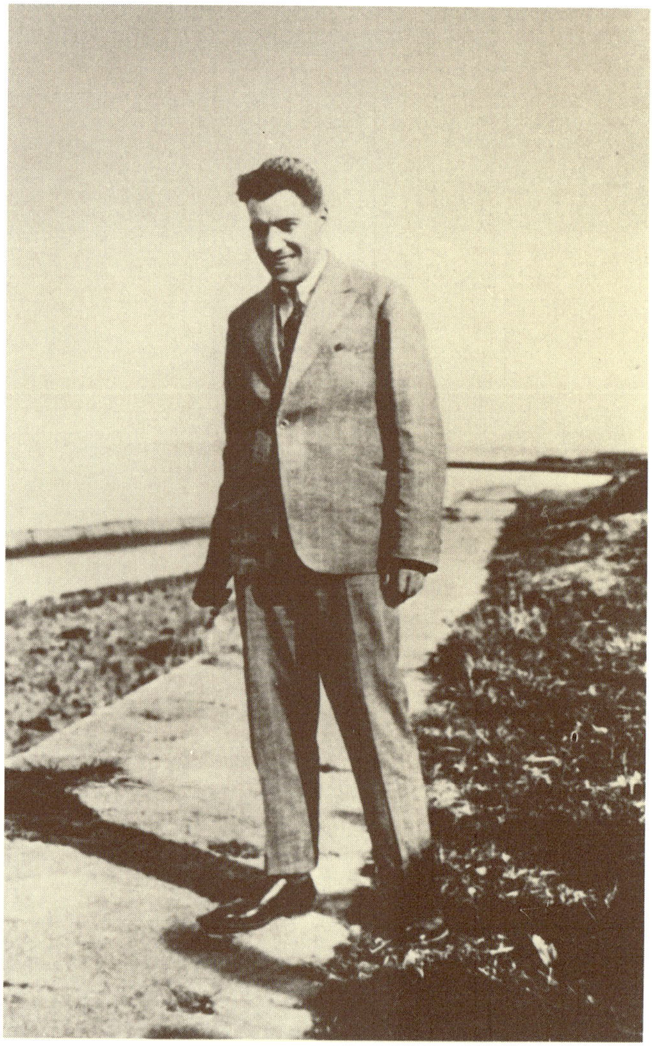

224. Sa mère en 1936 à Paris
225. Son frère Ákos à Shanghai en 1926

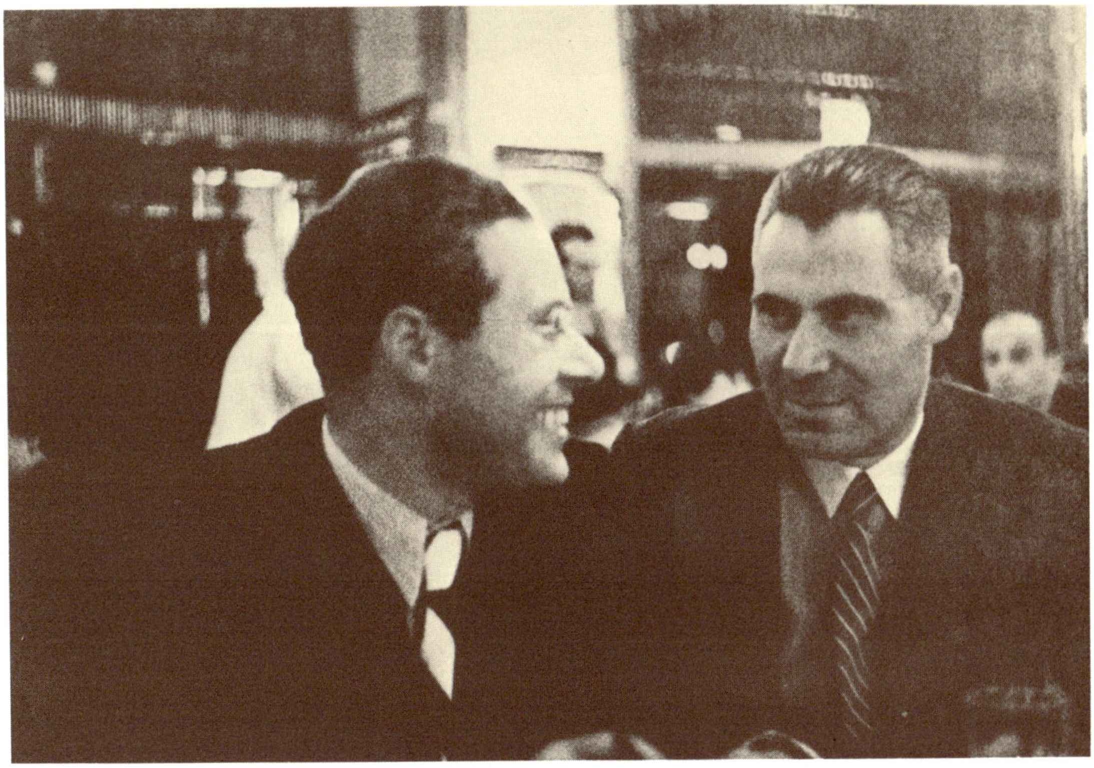

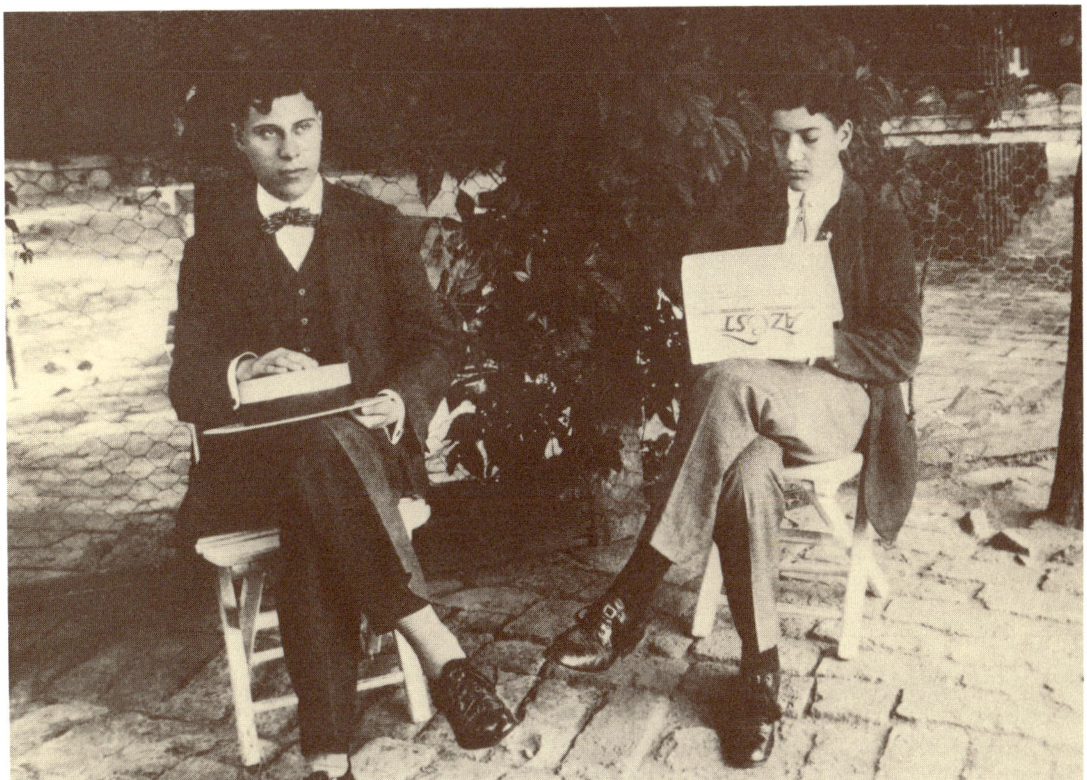

226. Avec Jenő Nagy en 1930 à Budapest
227. Moholy-Nagy et Ákos Nagy avec «Est»

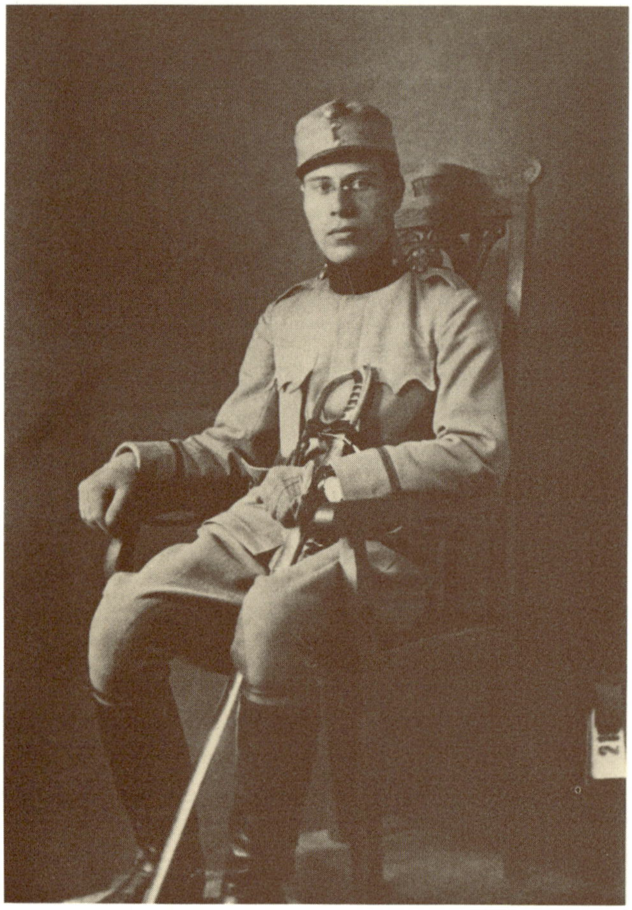

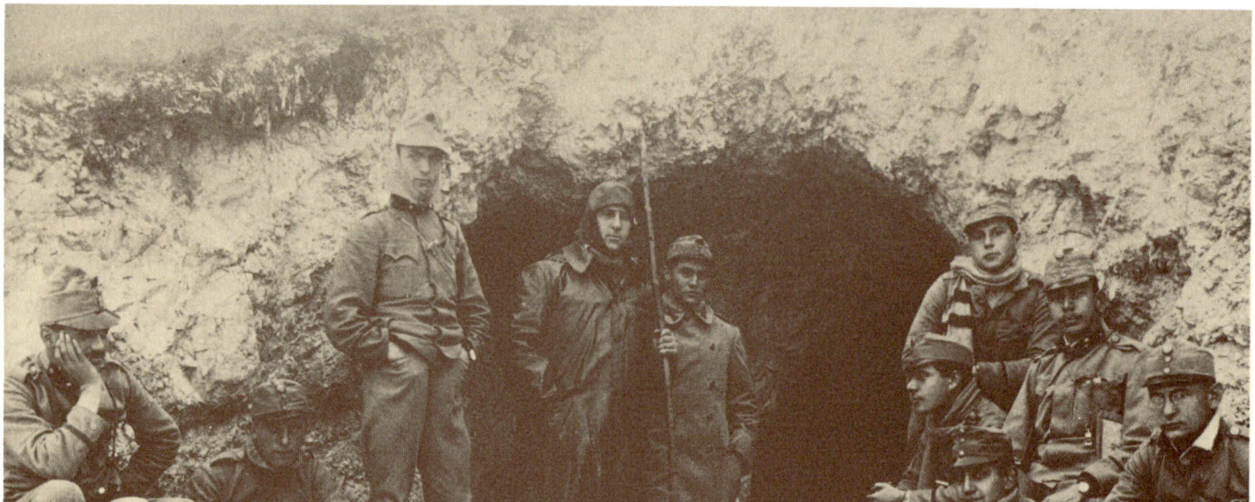

228. A l'époque de la Première Guerre mondiale

229. Sur le front

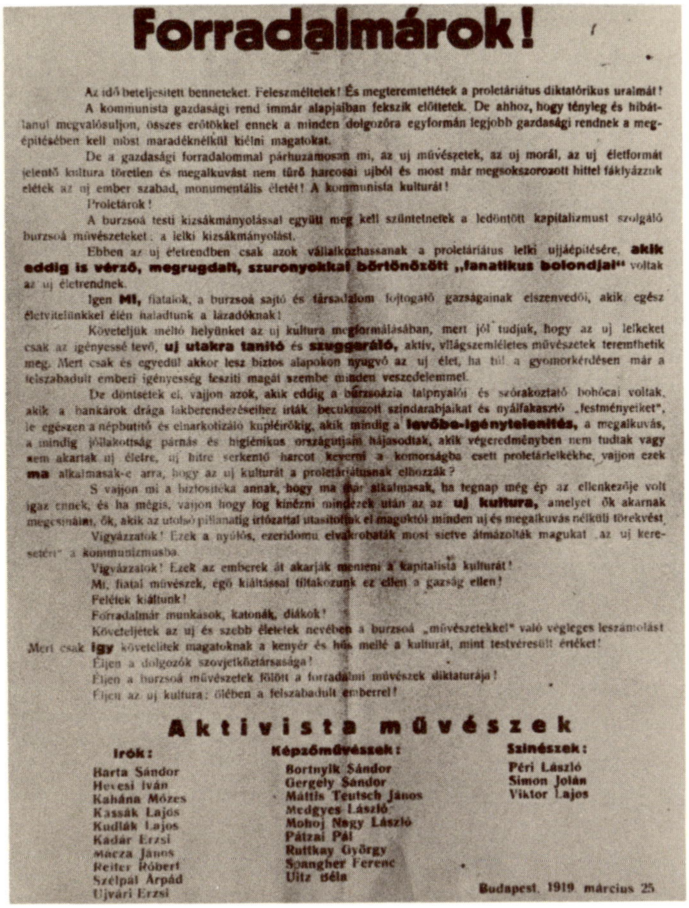

Forradalmárok!

Az idő beteljesitett benneteket. Feleszméltetek! És megteremtettétek a proletáriátus diktatórikus uralmát!

A kommunista gazdasági rend immár alapjaiban fekszik előttetek. De ahhoz, hogy tényleg és hibátlanul megvalósuljon, összes erőtökkel ennek a minden dolgozóra egyformán legjobb gazdasági rendnek a megépitésében kell most maradéknélkül kiélni magatokat.

De a gazdasági forradalommal párhuzamosan mi, az uj művészetek, az uj morál, az uj életformát jelentő kultura töretlen és megalkuvást nem türő harcosai ujból és most már megsokszorozott hittel fáklyázzuk elétek az uj ember szabad, monumentális életét! A kommunista kulturát!

Proletárok!

A burzsoá testi kizsákmányolással együtt meg kell szüntetnetek a ledöntött kapitalizmust szolgáló burzsoá művészeteket, a lelki kizsákmányolást.

Ebben az uj életrendben csak azok vállalkozhassanak a proletáriátus lelki ujjáépitésére, **akik eddig is vérző, megrugdalt, szuronyokkal börtönözött „fanatikus bolondjai"** voltak az uj életrendnek.

Igen **MI,** fiatalok, a burzsoá sajtó és társadalom fojtogató gazságainak elszenvedői, akik egész életvitelünkkel élén haladtunk a lázadóknak!

Követeljük méltó helyünket az uj kultura megformálásában, mert jól tudjuk, hogy az uj lelkeket csak az igényessé tevő, **uj utakra tanitó** és **szuggeráló,** aktiv, világszemléletes művészetek teremthetik meg. Mert csak és egyedül akkor lesz biztos alapokon nyugvó az uj élet, ha túl a gyomorkérdésen már a felszabadult emberi igényesség feszíti magát szembe minden veszedelemmel.

De döntsetek el, vajjon azok, akik eddig a burzsoázia talpnyalói és szórakoztató bohócai voltak, akik a bankárok drága lakberendezéseihez irták becukrozott szindarabjaikat és nyálfakasztó „festményeiket", le egészen a népbutitó és elnarkotizáló kupléirókig, akik mindig a **levőbe-igénytelenités,** a megalkuvás, a mindig jóllakottság párnás és higiénikus országutjain hájasodtak, akik végeredményben nem tudtak vagy nem akartak uj életre, uj hitre serkentő harcot keverni a komorságba esett proletárlelkékbe, vajjon ezek **ma** alkalmasak-e arra, hogy az uj kulturát a proletáriátusnak elhozzák?

S vajjon mi a biztositéka annak, hogy ma már alkalmasak, ha tegnap még ép az ellenkezője volt igaz ennek, és ha mégis, vajjon hogy fog kinézni mindezek után az az **uj kultura,** amelyet ők akarnak megcsinálni, ők, akik az utolsó pillanatig irtózattal utasitották el maguktól minden uj és megalkuvás nélküli törekvést.

Vigyázzatok! Ezek a nyúlós, ezeridomu elvakrobaták most sietve átmázolták magukat „az uj kereseti" a kommunizmusba.

Vigyázzatok! Ezek az emberek át akarják menteni a kapitalista kulturát!

Mi, fiatal művészek, egő kiáltással tiltakozunk ez ellen a gazság ellen!

Felétek kiáltunk!

Forradalmár munkások, katonák, diákok!

Követeljétek az uj és szebb életetek nevében a burzsoá „művészetekkel" való végleges leszámolást. Mert csak **igy** követelitek magatoknak a kenyér és hús mellé a kulturát, mint testvéresült értéket!

Éljen a dolgozók szovjetköztársasága!

Éljen a burzsoá művészetek fölött a forradalmi művészek diktaturája!

Éljen az uj kultura: ölében a felszabadult emberrel!

Aktivista művészek

Irók:	Képzőművészek:	Szinészek:
Barta Sándor	Bortnyik Sándor	Péri László
Hevesi Iván	Gergely Sándor	Simon Jolán
Kahána Mózes	Máttis Teutsch János	Viktor Lajos
Kassák Lajos	Medgyes László	
Kudlák Lajos	Mohoj Nagy László	
Kádár Erzsi	Pátzai Pál	
Macza János	Ruttkay György	
Reiter Róbert	Spangher Ferenc	
Szélpál Árpád	Uitz Béla	
Ujvári Erzsi		

Budapest, 1919. március 25

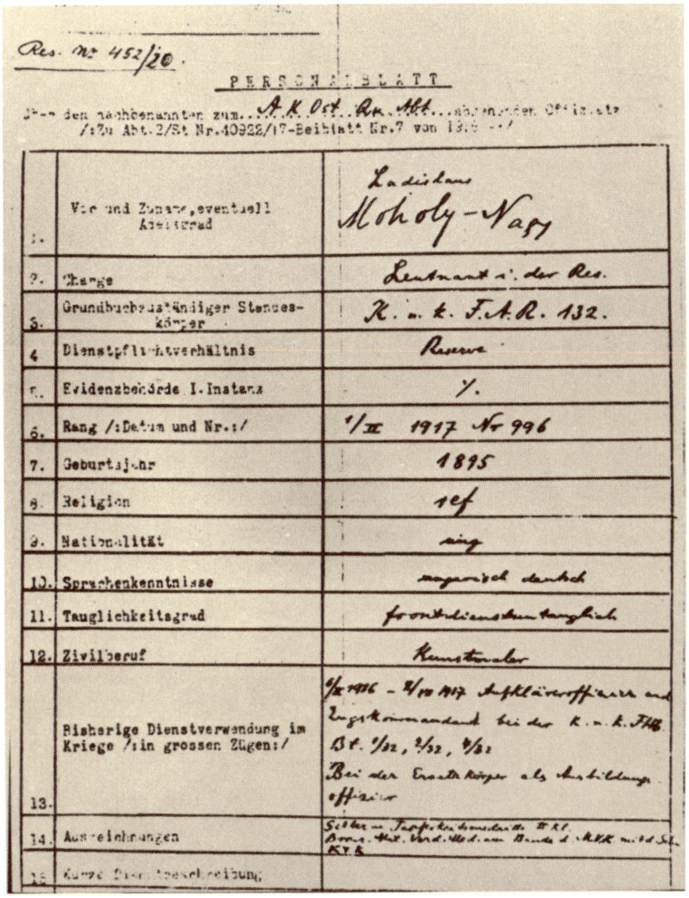

Res. № 452/20.

PERSONALBLATT

[illegible] den nachbenannten zum A.K. Ost. Rw. Abt. [illegible] Offiziere
/:Zu Abt.2/St Nr.40922/17-Beiblatt Nr.7 von 19[illegible]:/

1.	Vor und Zuname, eventuell Adelsgrad	Ladislaus Moholy-Nagy
2.	Charge	Leutnant i. der Res.
3.	Grundbuchzuständiger Stammeskörper	K. u. k. F.A.R. 132.
4	Dienstpflichtverhältnis	Reserve
5.	Evidenzbehörde I. Instanz	./.
6.	Rang /:Datum und Nr.:/	1/IX 1917 Nr 996
7.	Geburtsjahr	1895
8.	Religion	ref
9.	Nationalität	ung
10.	Sprachenkenntnisse	ungarisch deutsch
11.	Tauglichkeitsgrad	frontdiensttauglich
12.	Zivilberuf	Kunstmaler
13.	Bisherige Dienstverwendung im Kriege /:in grossen Zügen:/	[illegible] 1916 – [illegible] 1917 Aufklärer[illegible] und Zugskommandant bei der K. u. k. F[illegible] Bt. [illegible]/32, [illegible]/32, [illegible]/32 Bei der Ersatzkörper als Ausbildungsoffizier
14.	Auszeichnungen	[illegible]
15.	Kurze Dienstbeschreibung	

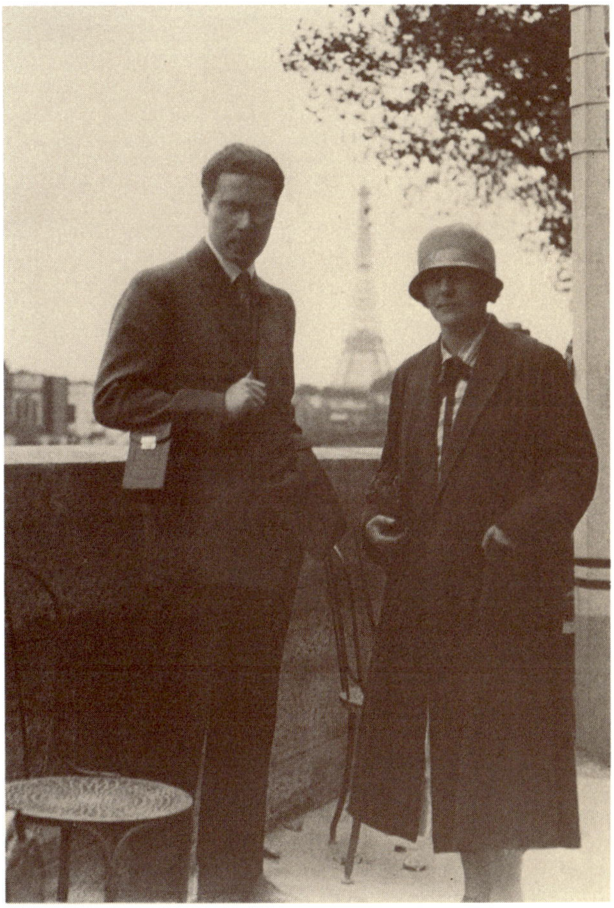

230. Déclaration des artistes activistes, 1919
231. Sa carte d'identité de 1919
232. A Paris, en 1925 avec Franciska Clausen

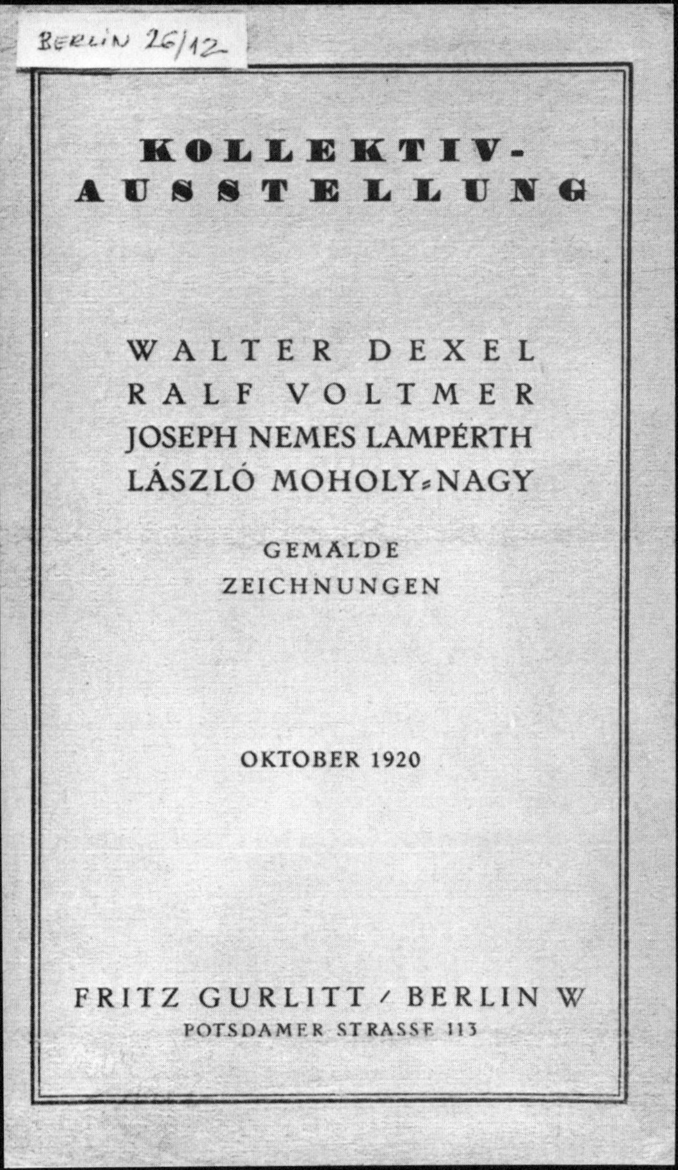

BERLIN 26/12

KOLLEKTIV-
AUSSTELLUNG

WALTER DEXEL
RALF VOLTMER
JOSEPH NEMES LAMPÉRTH
LÁSZLÓ MOHOLY-NAGY

GEMÄLDE
ZEICHNUNGEN

OKTOBER 1920

FRITZ GURLITT / BERLIN W
POTSDAMER STRASSE 113

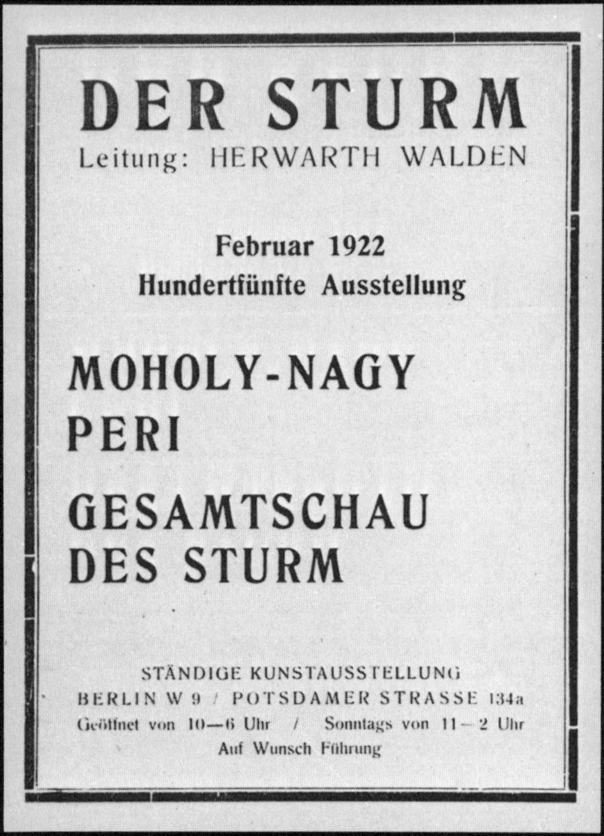

DER STURM
Leitung: HERWARTH WALDEN

Februar 1922
Hundertfünfte Ausstellung

MOHOLY-NAGY
PERI

GESAMTSCHAU
DES STURM

STÄNDIGE KUNSTAUSSTELLUNG
BERLIN W 9 / POTSDAMER STRASSE 134a
Geöffnet von 10—6 Uhr / Sonntags von 11—2 Uhr
Auf Wunsch Führung

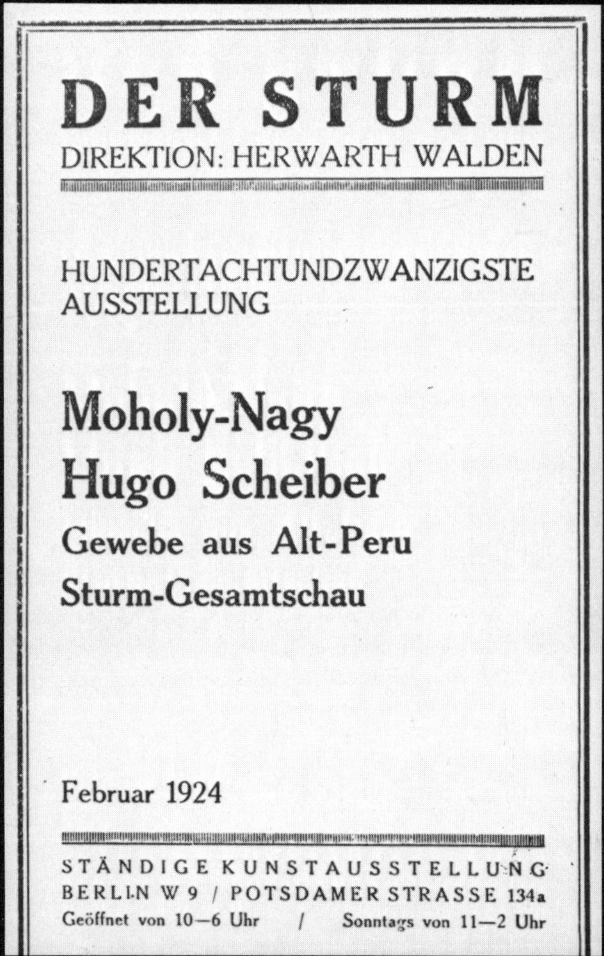

DER STURM
DIREKTION: HERWARTH WALDEN

HUNDERTACHTUNDZWANZIGSTE
AUSSTELLUNG

Moholy-Nagy
Hugo Scheiber
Gewebe aus Alt-Peru
Sturm-Gesamtschau

Februar 1924

STÄNDIGE KUNSTAUSSTELLUNG
BERLIN W 9 / POTSDAMER STRASSE 134a
Geöffnet von 10—6 Uhr / Sonntags von 11—2 Uhr

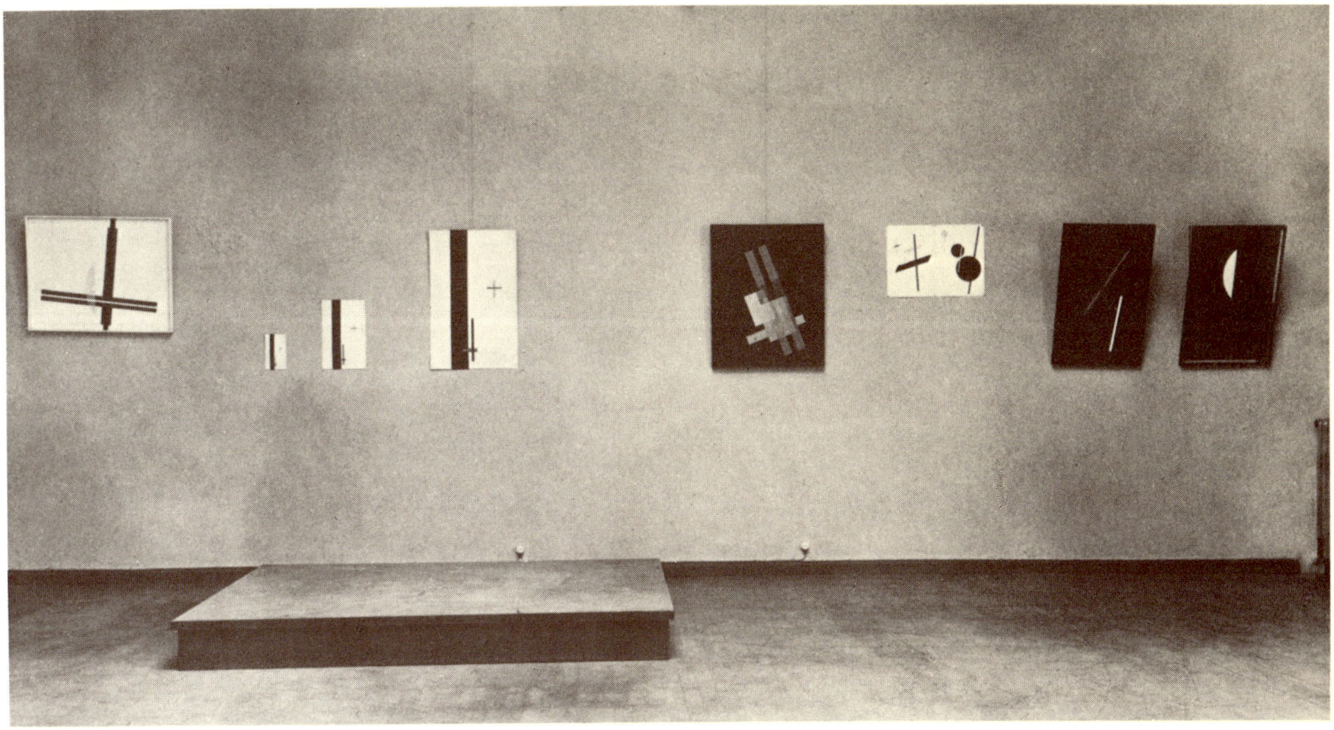

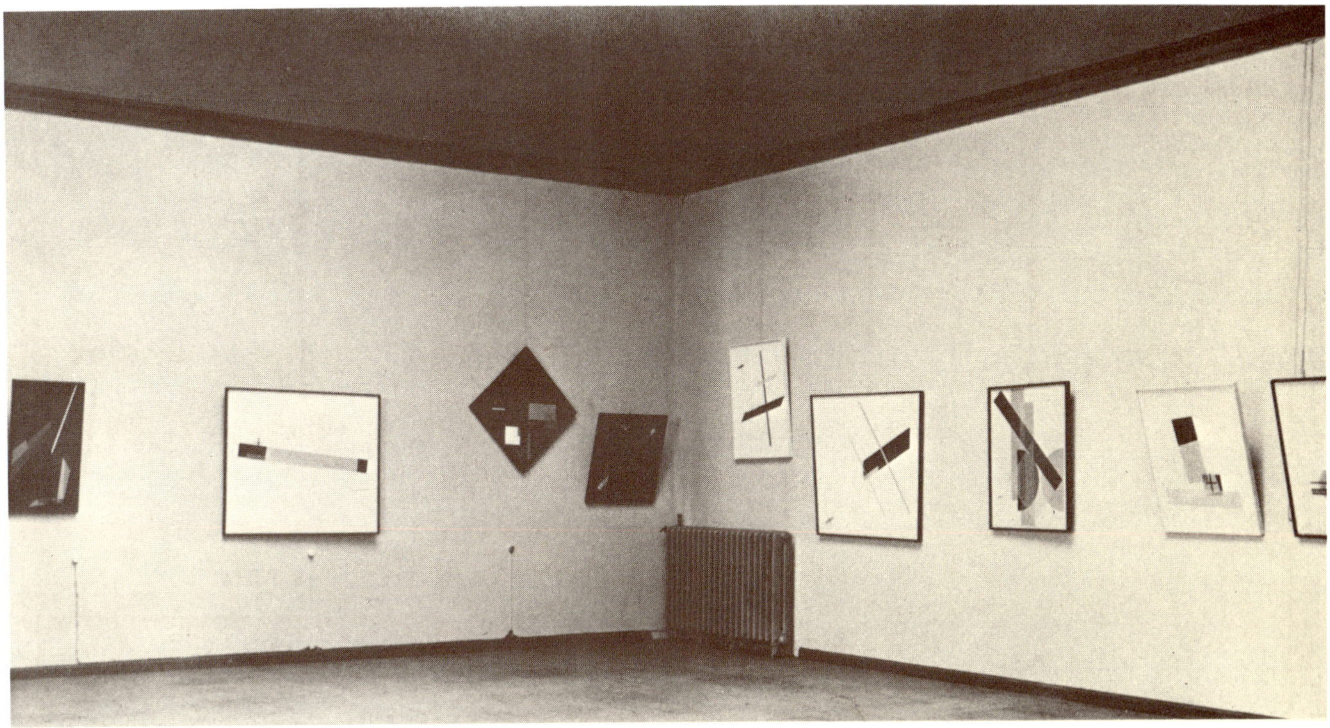

233. Catalogue de son exposition, 1920
234. Catalogue de son exposition, 1922
235. Catalogue de son exposition, 1924
236-237. Deux détails de son exposition berlinoise àla galerie Sturm en 1924

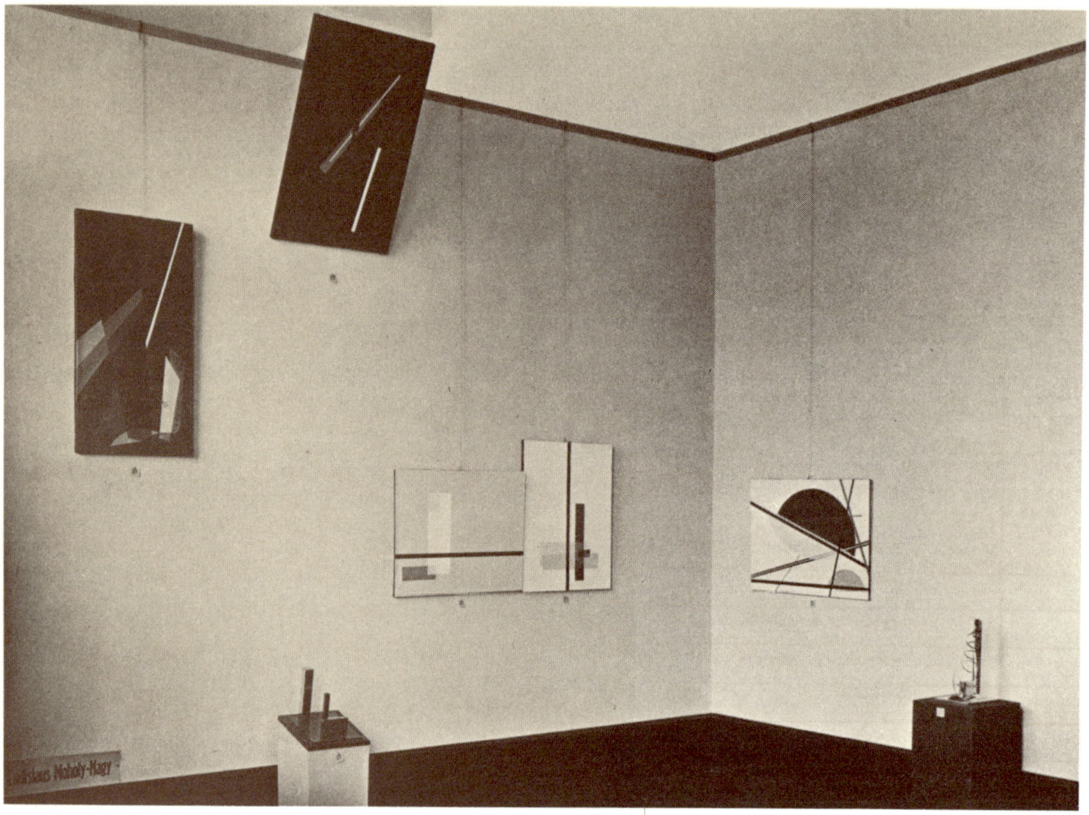
Moholy-Nagy

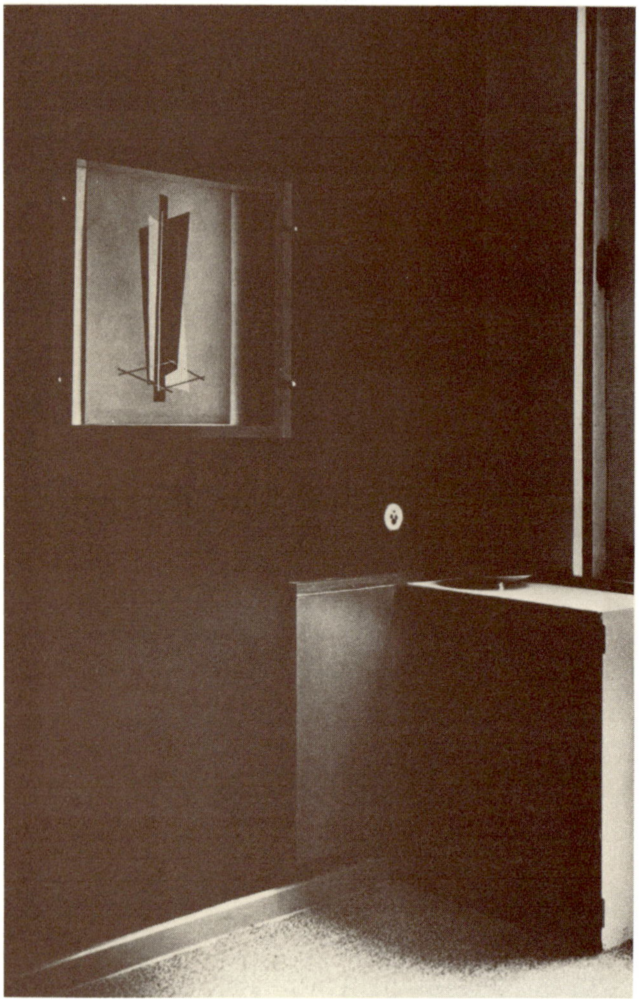

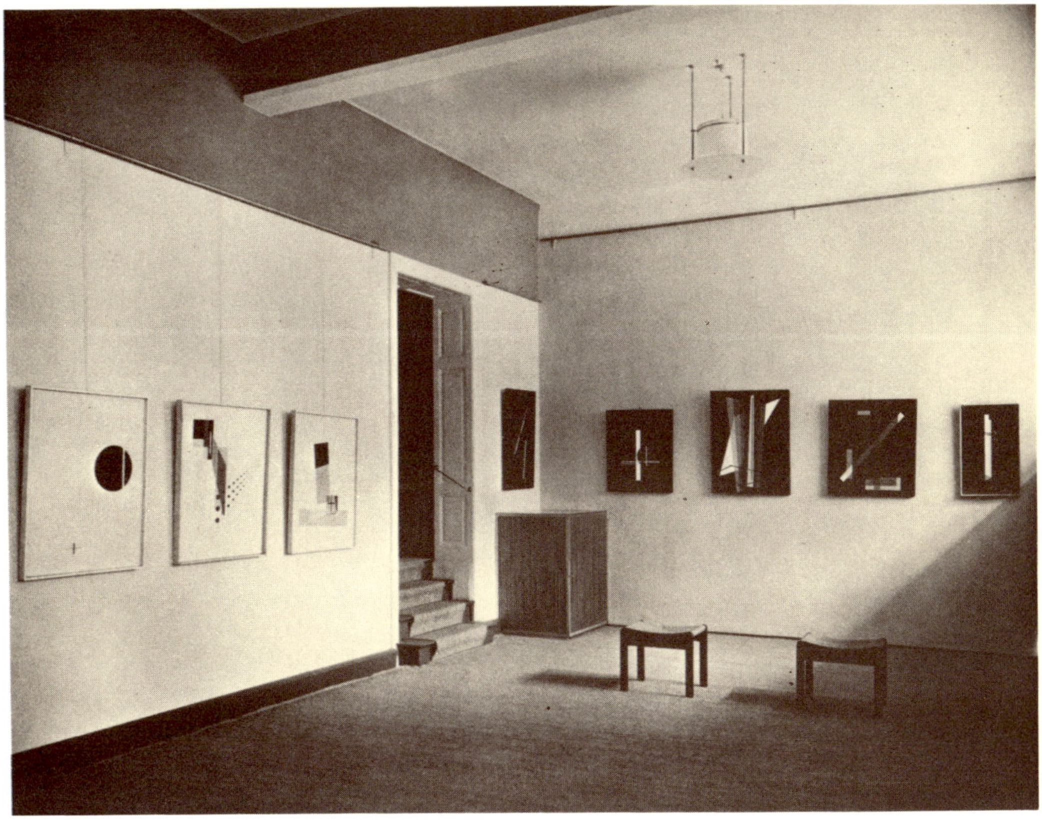

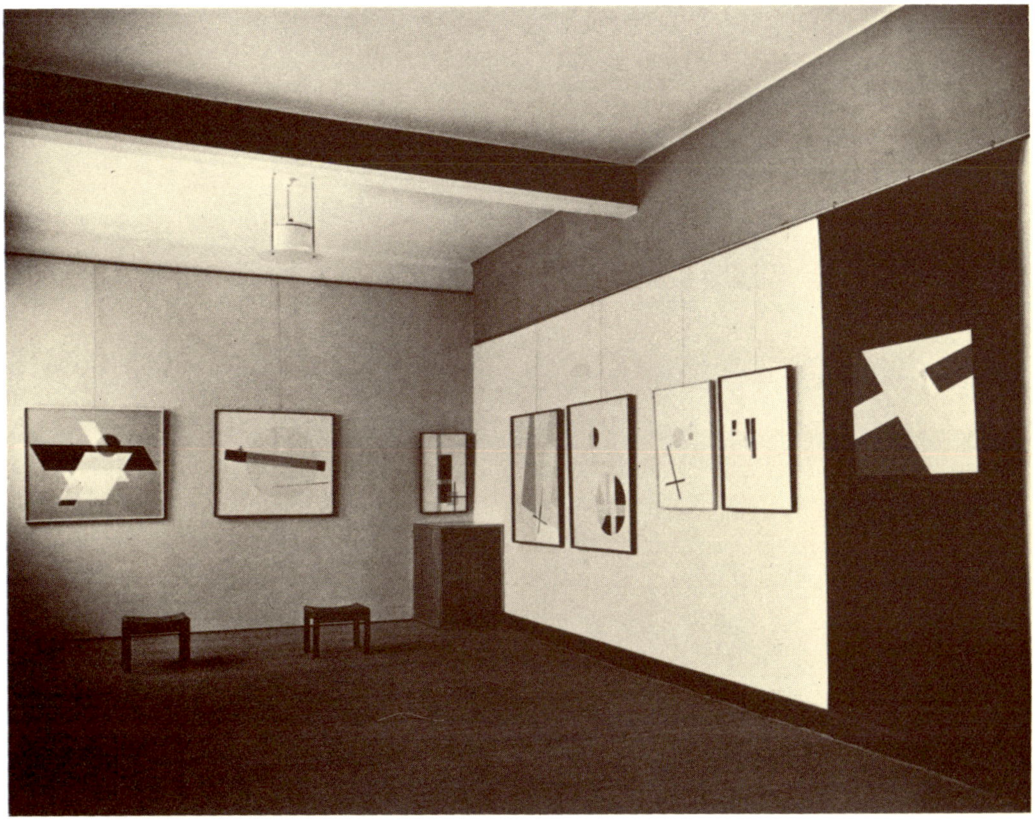

238. Ses œuvres à l'exposition du Bauhaus à Weimar en 1923
239. Ses œuvres à l'exposition du Bauhaus à Dessau en 1926
240-241. Ses tableaux à l'exposition de la galerie Fides à Dresde en 1926

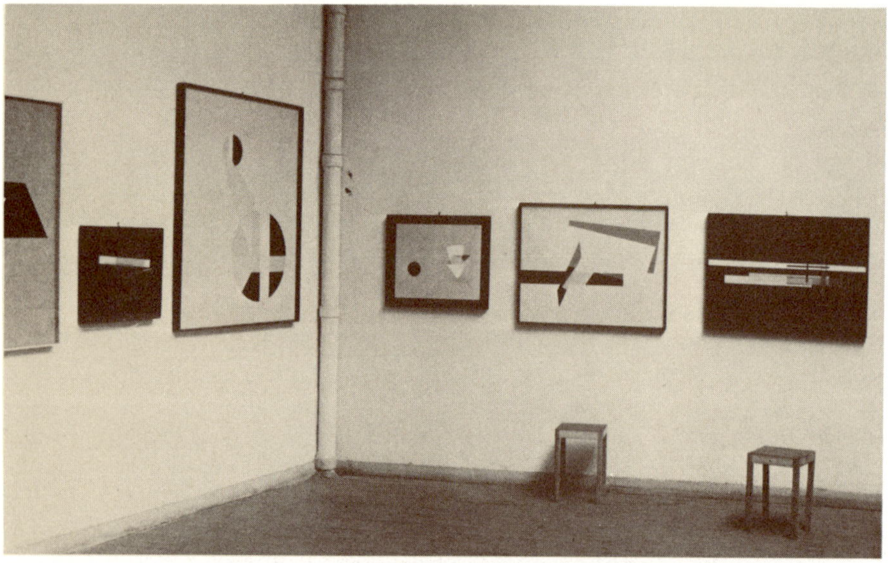

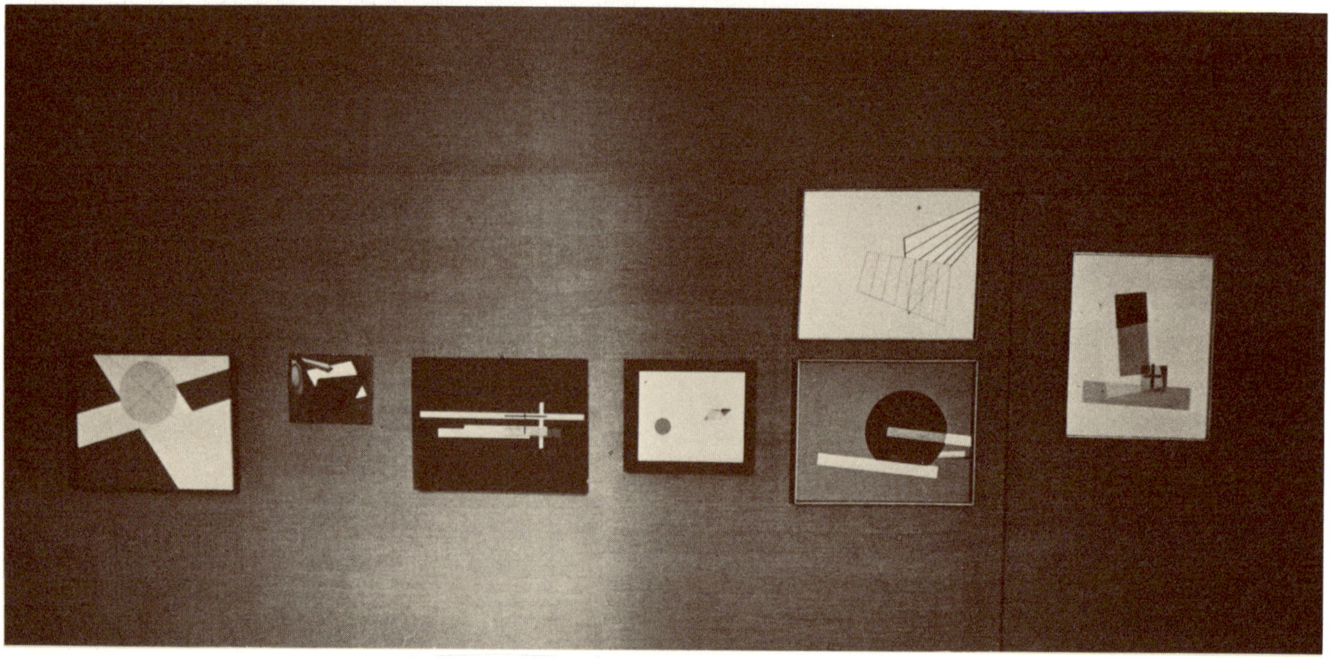

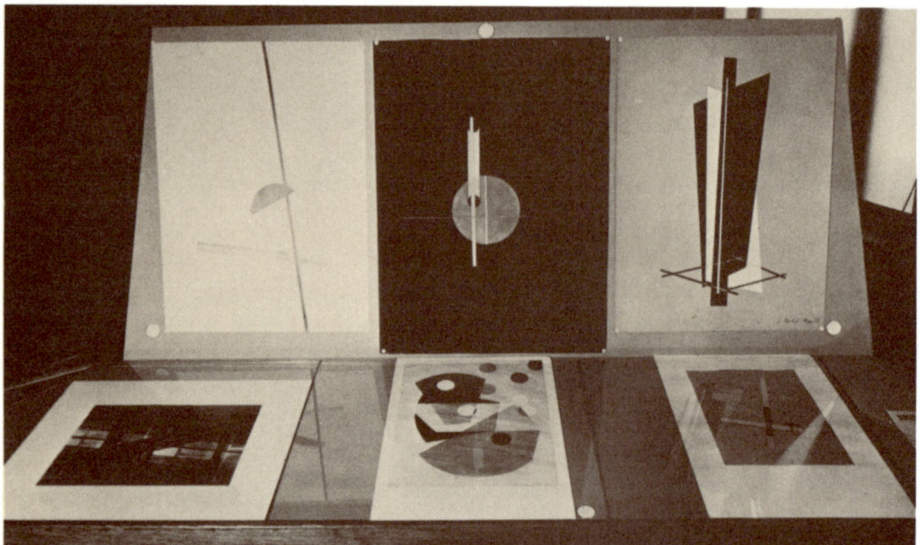

242. Ses œuvres à l'exposition du groupe Abstraction-Création à Paris en 1934
243-244. Deux détails de l'exposition de Brno au Dom Uměni en 1935

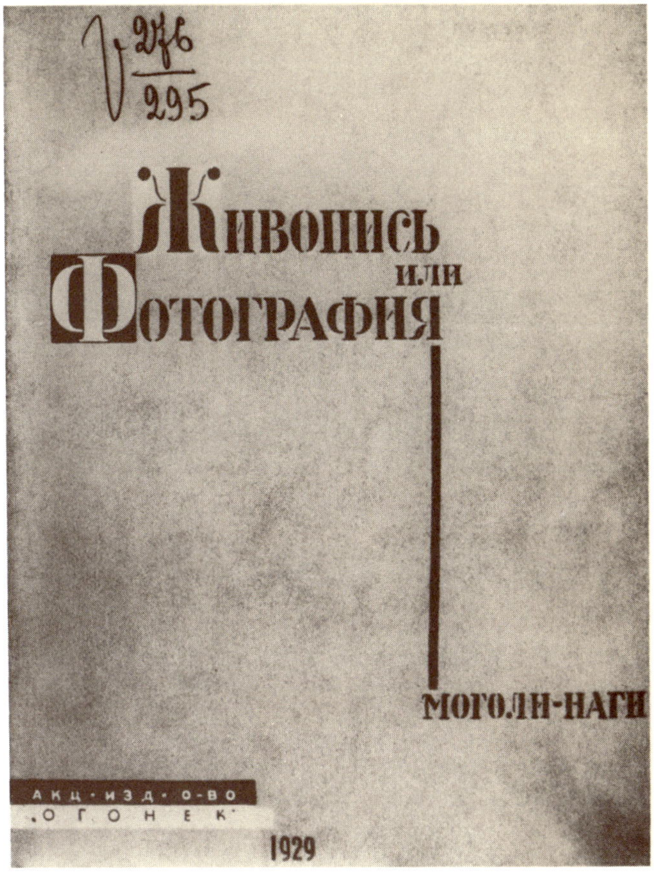

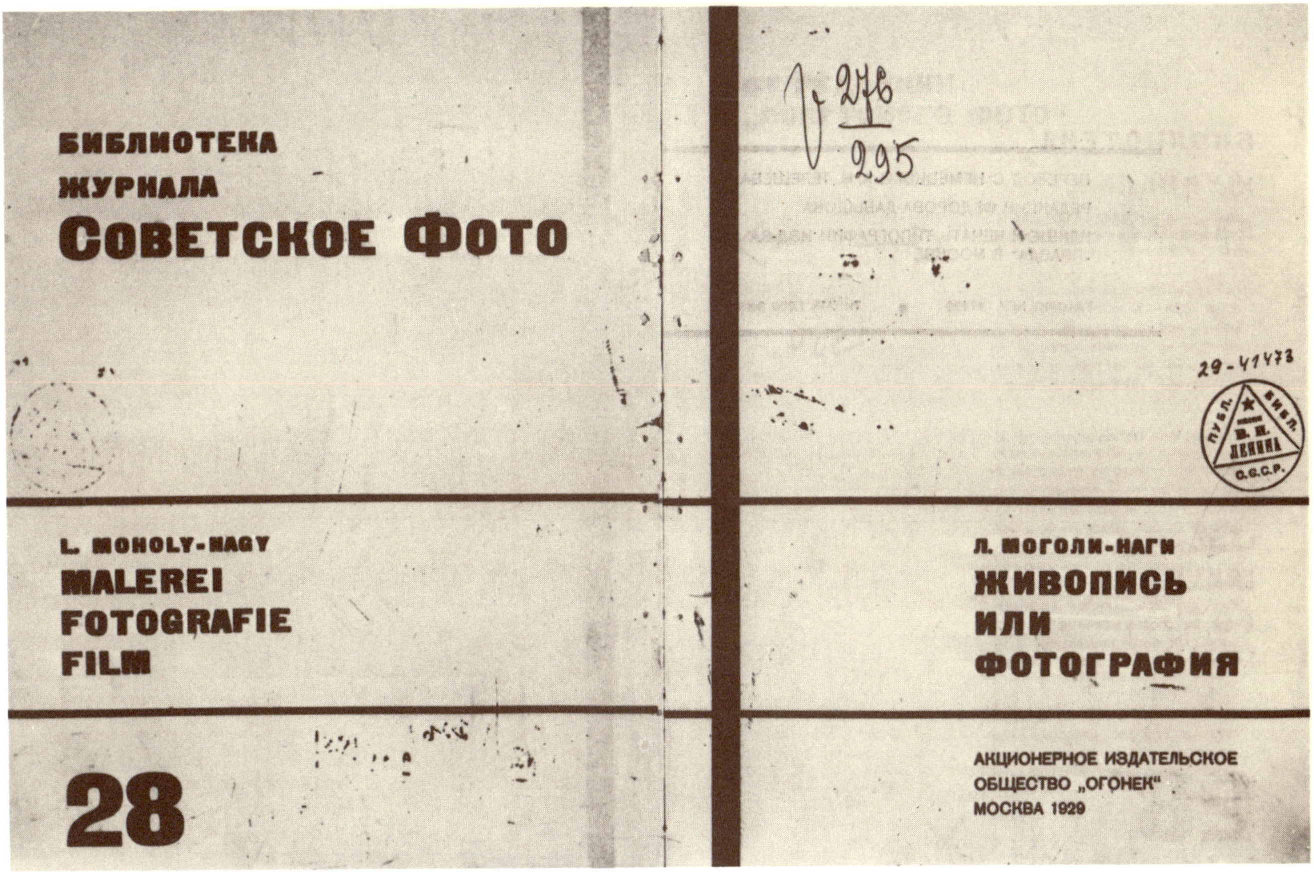

245-246. La couverture et la page de titre de l'édition russe de son livre intitulé Peinture, photographie, film, 1929
247-248. Sa lettre d'Amérique, 27 août 1937 ▷

HOTEL KNICKERBOCKER
WALTON PLACE EAST OF MICHIGAN BOULEVARD
CHICAGO

[illegible]
the new Bauhaus
1905, Prairie Ave
Chicago, Illinois

1937 augusztus 27

Jenőkém, talán hallottátok, hogy mi amerikába kancolkodtunk. (a familia jön szept végén) engem itt ~~[illegible]~~ meghívtak a "the new bauhaus american school of design" igazgatójának. az iskolát oktober 18 án nyitják meg, és persze őrült sok a dolgom, mert tanárokat kell alkalmaznom, a levelezési programmot, katalogust, hirdetéseket, a szervezkedés ezer detailját kell kidolgoznom. de szivesen csinálom, mert értelme lesz. az utóbbi évek meglehetős tépdesett, szaggatott munkái után végre megint csinálhatok egy koncentrált és érdemes históriát. igen, ha sikerül, tényleg "históriát." persze ez nagy szó és jobb, ha nem is így nézzük a dolgot. de mindenesetre nagy az alkalom és én egyelőre rózsásnak érzem és látom a lehetőségeket.

mi a bauhaus könyvsorozatot is tovább
folytatjuk Gropius-szal (engem ajánlott erre
az állásra) ő maga a harvard egyetemen
az architektura tanára. én is ő hozzá
utazom most pár napra, hogy megbeszéljük, hogyan, a vonat zötyög
nagyon, ez az oka olvashatatlan írásom-
nak. ugyanaz is, hogy már pár órája
írok. tömérdek levelet kell megválaszolnom
mert 5 hete éjjel-nappal (úgyszólván)
csak az iskoláért dolgoztam.
most már eleget írtam magamról. nagyon
kiváncsi vagyok, hogy megy a ti soraitok,
még vagy-e elégedve új munkáddal és
tart-e a béke a lakosokkal?
csókolom drága mamácskád kezét és ölellek
csókollak téged Leventével együtt
szerető öcséd
Lajci

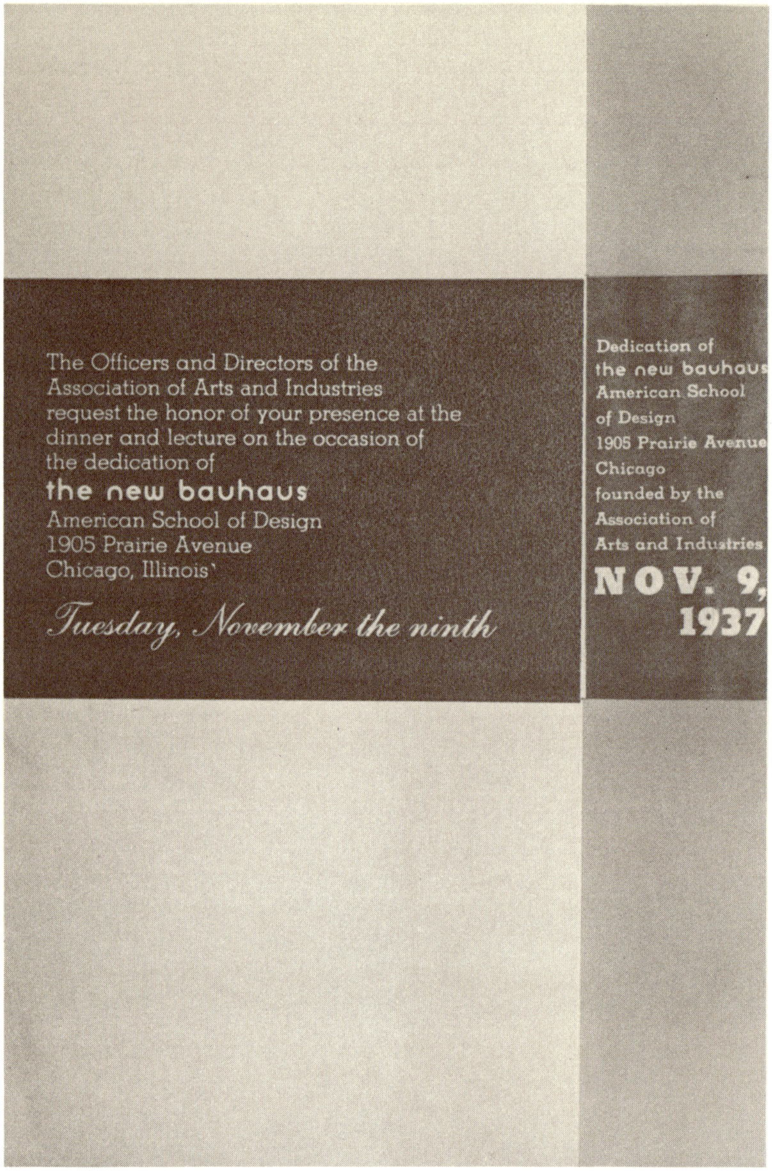
The Officers and Directors of the
Association of Arts and Industries
request the honor of your presence at the
dinner and lecture on the occasion of
the dedication of
the new bauhaus
American School of Design
1905 Prairie Avenue
Chicago, Illinois
Tuesday, November the ninth

Dedication of
the new bauhaus
American School
of Design
1905 Prairie Avenue
Chicago
founded by the
Association of
Arts and Industries
NOV. 9,
1937

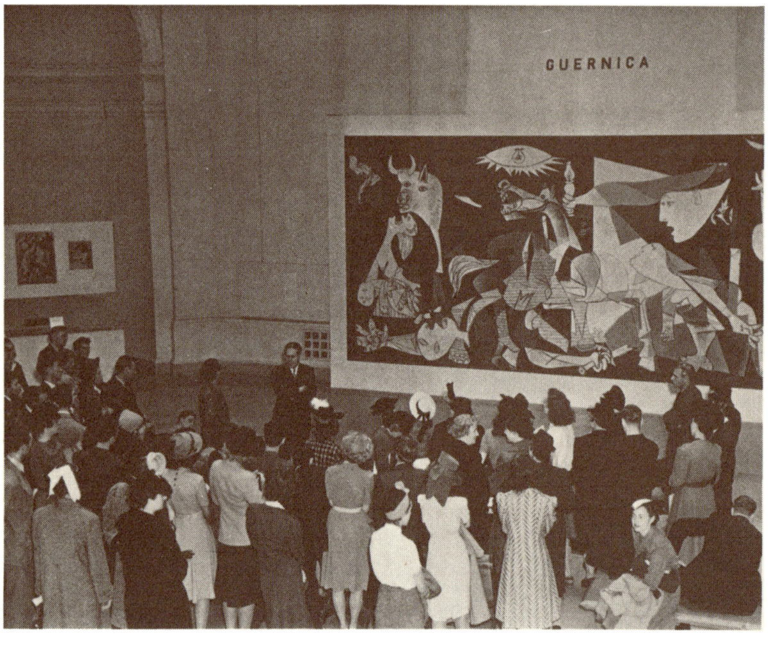

249. Invitation à l'ouverture du New Bauhaus
250. Moholy-Nagy parle de Guernica de Picasso, 1942

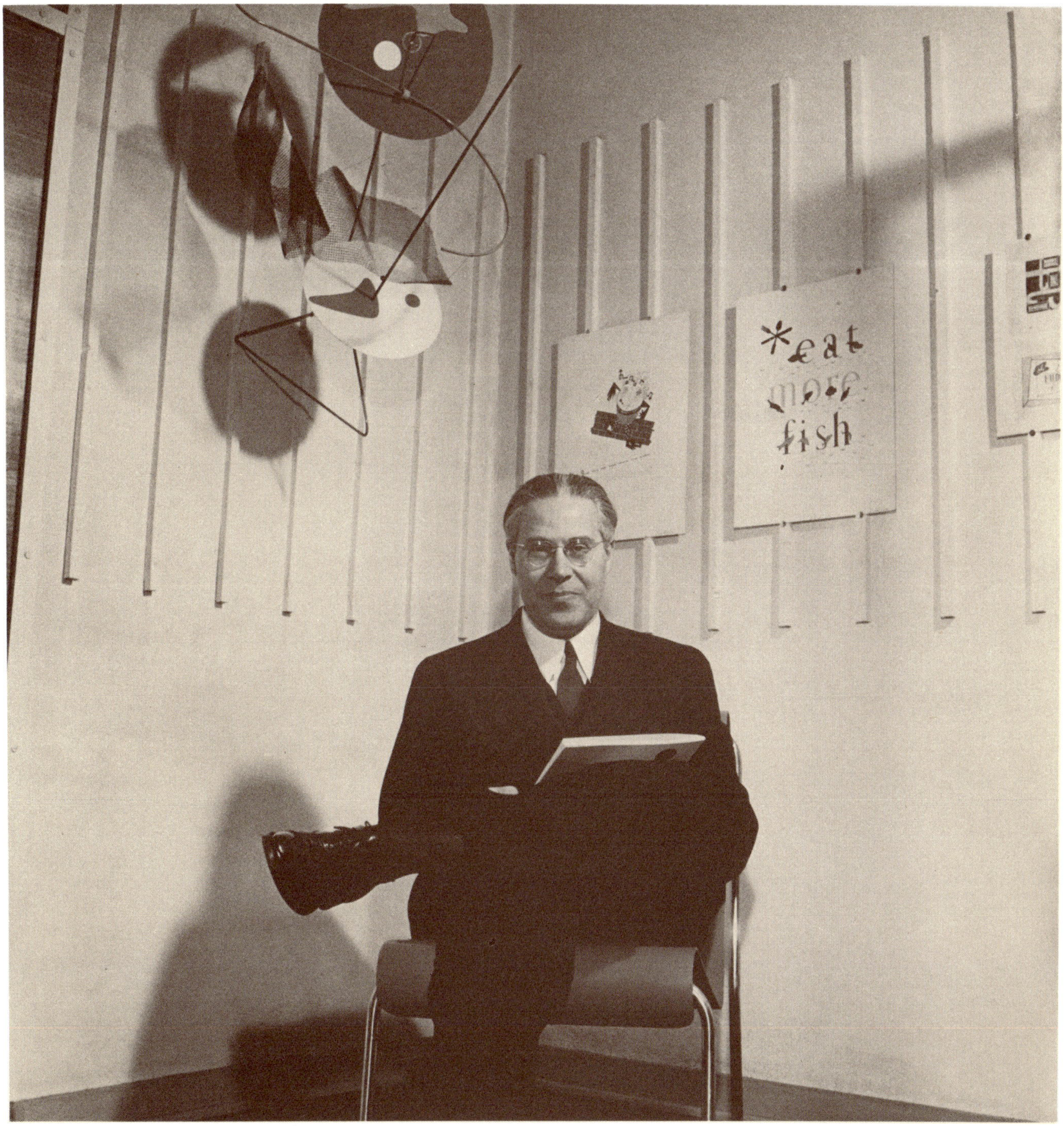

251. Moholy-Nagy, photographie de Vories Fischer, 1946

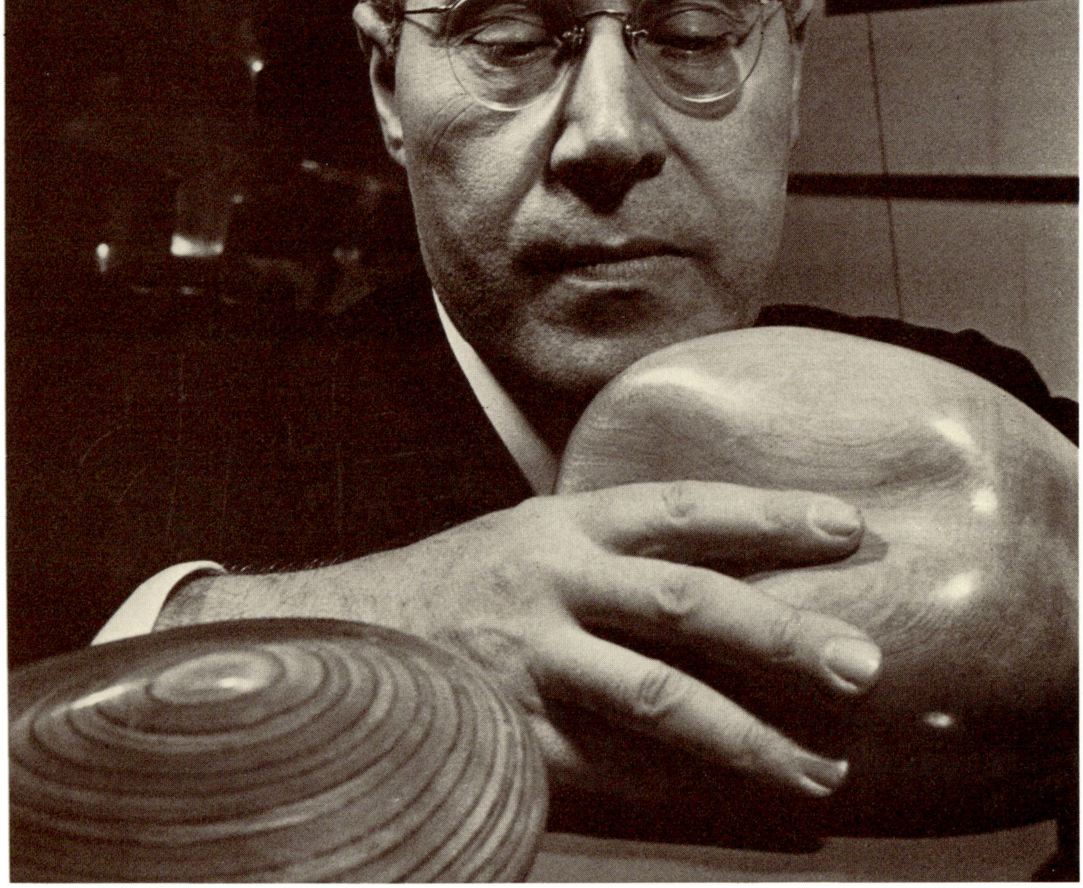

252. Moholy-Nagy, photographie de Vories Fischer, 1945

surfaces peintes ou gravées d'une part et le fond d'autre part; il en résultait un genre nouveau de déformations «en relation» avec elles. Les courbures et les torsions rendaient les matières synthétiques structurellement moins friables. En même temps, les courbures accrochaient la lumière et s'intégraient dans la composition de lumière elle-même. On peut à peine appeler ces œuvres des peintures ou des sculptures. Mais la difficulté de dénomination n'entame pas la valeur de ces formes. Pendant les vingt-cinq dernières années, j'ai souvent été fasciné par des phénomènes difficiles à classer. Ainsi, je ne me suis pas préoccupé de trouver un nom pour cette version inconnue d'une espèce de tableau-sculpture. Pour moi, il s'agissait de modulateurs de l'espace. Les formes distordues de mes «modulateurs» produisaient des effets spatiaux, non seulement à cause des surfaces bombées ou enfoncées, mais aussi à cause des lignes formées par l'épaisseur des plaques qui partaient dans toutes les directions. Les bords des plaques dessinaient des courbes dans l'espace qui, combinées avec des fils de fer également courbés et d'une épaisseur semblable, composaient une série complète d'éléments spatiaux qui formaient une combinaison de matières synthétiques (avec l'accent mis sur les bords) et de «murs» de fils de fer et d'air, «plus transparents» que la transparence elle-même. Ces expériences évoquent la qualité spatiale des meubles tubulaires pliés à l'infini. Ces structures tubulaires m'ont plu et j'avais des idées quant à leur utilisation dans d'autres expériences structurelles et architecturales. J'ai essayé d'obtenir des effets semblables en peignant sur une toile. Ici le libre «mouvement» en avant et en arrière de la couleur préparait une perception de l'espace d'un genre nouveau. C'était une démarche contradictoire par rapport à la méthode de la Renaissance qui avait créé un espace illusoire à l'aide d'une relation conventionnelle des volumes. De ce point de vue, mes espérances semblaient rejoindre les tendances générales des peintures contemporaines. Beaucoup d'entre nous ont renoncé aux canons anciens et aux conventions désuètes, et ont adopté une nouvelle articulation de l'espace pour pouvoir définir intuitivement la vision nouvelle et mieux satisfaire le besoin spécifique à notre époque d'une vision en mouvement.

Chicago, 1944.

The New Vision: From Material to Architecture. Abstract of an Artist.
New York, 1947.

Jenő Nagy, le frère de László Moholy-Nagy, évoque ses souvenirs[13]

Mohol, village important et prospère au bord de la Tisza, comptait sept à huit mille habitants. Le village était divisé en deux parties : l'une habitée par les Serbes et l'autre par les Hongrois. On appelait Gránicz (frontière) la rue qui séparait les deux zones d'habitation. Les Hongrois vivaient du côté de la gare. Dans le centre, la population était mixte ; c'est là que se trouvait la maison de notre oncle Guszti. Comme il était le seul avocat du village, les Serbes et les Hongrois lui faisaient pareillement confiance. Nous avons suivi les cours de l'école élémentaire dans ce village. Quand on m'a inscrit au lycée, j'ai quitté Mohol, ainsi je ne sais rien de la période pendant laquelle Laci* fréquenta l'école élémentaire. Nous habitions chez l'oncle Guszti. Auparavant, il vivait dans une maison plus modeste. Je me souviens bien d'un clerc bossu, Dusán ; c'est lui qui m'a appris quelques mots de serbe. Oncle Guszti parlait bien le serbe. Plus tard, le médecin du village, le docteur Varró, un homme très doué, mourut et sa veuve vendit sa maison à notre oncle. Ce dernier menait grand train. Il y avait des roses dans la cour pavée de la maison et l'entrée des voitures était boisée. Les bureaux se trouvaient à droite, la cuisine et les chambres des domestiques étaient dans un bâtiment annexe. Nos chambres ouvraient sur un couloir en forme de L ; chacun avait sa chambre. Oncle Guszti ne s'est jamais marié. Il devait être malade, mais il n'en a jamais parlé. Il possédait une belle bibliothèque. Nous nous faufilions dans la pièce pour lire les livres qui étaient interdits, parce que l'on y trouvait tout ce dont il ne fallait pas parler (par exemple, le grand lexique Pallas) ; mais il y avait aussi de nombreux livres d'art avec beaucoup d'illustrations.

Oncle Guszti avait beaucoup voyagé. A posteriori, nous avons compris qu'il essayait de se soigner.

A partir de 1907, je me suis installé en Allemagne et je ne suis revenu qu'en 1911 ou 1912, au moment de la mort de notre oncle. Ainsi, pendant notre enfance, Laci et moi, nous fûmes rarement ensemble. Il était encore petit quand je fréquentais l'école élémentaire et, quand il allait au lycée, j'étais à l'étranger.

Laci a déménagé à Budapest fin 1912, au 25 de la rue Károly Keleti. A l'époque, je m'entraînais pour des courses de canotage. Je rentrais du travail tard le soir et le matin je partais très tôt. Une concierge bien brave s'occupait de notre ménage. Pendant plus d'un an, nous avons vécu ensemble, mes deux frères et moi, au 12, rue Mészáros. Ákos avait deux ans de moins que Laci, moi, j'étais son aîné de quatre ans et demi. Nous recevions 150 couronnes par mois, c'est moi qui touchais cet argent, et nous avions contracté un prêt sur notre héritage qui rapportait aussi un peu. Nous nous aimions beaucoup, mais nous n'avions pas les mêmes fréquentations. Laci recherchait surtout la compagnie d'écrivains, il n'exposait pas encore. (. . .)

Beaucoup de jeunes filles lui rendaient visite rue Mészáros ; elles lui servaient de modèles. J'ai vu ces tableaux représentant des femmes habillées et des nus. Ces jeunes filles venaient en général du cercle Galilée et de l'Hôtel Anker, Laci y allait souvent, presque journellement.

J'ai fait la connaissance de ses amis le 1er mai 1919. Béla Zsolt, Iván Hevesy, Kner étaient avec Laci et moi, peut-être aussi Imre Bach. Le 1er mai étant le jour de la paie, j'avais de l'argent. Les écrivains m'ont emprunté vingt couronnes. Nous sommes allés dans un kiosque près de Luna park. C'était l'établissement d'été du Casino de Paris. Nous sommes rentrés à l'aube par l'avenue Andrássy.

Quand nous avions des difficultés financières, je lui disais : pourquoi ne fais-tu pas des tableaux à la manière de Fülöp László ou de tout autre peintre de ce genre, des tableaux

* Diminutif usité de László (N. d. T.).

que l'on puisse vendre? Il disait: je sais que je dessine bien mais je fais des choses que l'on a déjà résolues mieux que moi. Si on m'y obligeait, je pourrais peindre des tableaux vendables. Mais je veux faire quelque chose de nouveau, de jamais vu. Cela se passait après son retour du front, après qu'il eut abandonné ses expériences littéraires. Car nous savons que Hevesy avait fortement critiqué ses capacités littéraires. La conception, la pensée progressiste d'Endre Ady l'ont influencé d'une façon durable. Il entretenait des liens d'amitié avec ce grand poète. Il a versé des larmes quand je lui ai appris qu'Ady avait quitté ce monde. Je crois que le cercle, qui s'était groupé autour de la personnalité magique d'Ady et qui avait adopté ses principes, s'est dissous après sa mort. Les amis d'Ady qui sont encore en vie se souviennent sûrement du jeune homme avide de toute nouveauté. Je pense à Zsófia Dénes et à d'autres aussi. Il faudrait les rechercher.
Laci apprenait à dessiner chez Róbert Berény, avenue Andrássy. Il dépensait tout son argent pour acheter des livres d'art. Il en avait au moins quarante ou cinquante. Certains existent encore (Klassiker der Kunst in Gesamtausgaben, Deutsche Verlags-Anstalt, Stuttgart–Leipzig, 1906). Il aimait surtout Rembrandt, Holbein, Memling et Van Gogh.
Quand il est parti, il avait déjà fait quinze ou vingt grands dessins. Je ne sais pas ce qu'ils sont devenus.
Au Salon national, on avait exposé trois de ses **Paysages,** deux petits et un grand, mais je crois qu'il a aussi vendu des tableaux. Il s'est beaucoup cassé la tête pour décider quel prix en demander. Ces tableaux, il les a peints pour l'exposition du Salon. Plus tard, il a fait cadeau des **Montagnes de Buda** à Ady qui aimait beaucoup ce tableau. En décembre et janvier 1918, il se rendait chez Ady tous les jours. Un jour, il est rentré en disant: je vais décrocher le grand tableau, je ne le donne pas à Márffy (le second mari de la femme d'Ady). Et il l'a rapporté à la maison. J'ai réussi à le sauver, je ne sais plus comment, avec quelques tableaux plus petits.
Laci est parti pour l'étranger. Ákos est resté en Union soviétique, je ne l'ai plus revu. Avant son départ pour le front, j'ai fait une excursion avec lui à Visegrád, Nagymaros, Dömös. Je l'ai photographié dans une grande prairie fleurie mais je ne sais pas où est cette photographie.
Je me suis marié; j'ai abandonné la rue Mészáros. C'est alors que j'ai dû emporter certains tableaux. Beaucoup d'autres tableaux se sont perdus. Je me souviens de certains tableaux qui n'avaient encore rien d'avant-garde mais leur composition était déjà singulière; elle m'a frappé, je me souviens encore de leur disposition. (...)
Après l'assassinat du prince héritier François-Ferdinand, on mena des entretiens diplomatiques pendant environ un mois. On mobilisa fin juillet mais seulement les réservistes déjà entraînés. La guerre éclata. Laci ne fut mobilisé qu'en automne. Il faisait partie de l'artillerie. Il est parti pour le front comme aspirant.
Je dois dire que moi, son frère, je n'ai jamais reçu de Laci une carte postale avec un dessin. Il n'en envoyait qu'à ceux qui s'y connaissaient en art.
A l'armée, Laci s'est fait remarquer parce qu'il dessinait de très belles cartes géographiques; les membres de l'état-major les ayant beaucoup appréciées, elles furent envoyées à l'arsenal de Vienne. En octobre 1918, il était déjà lieutenant d'artillerie. Il avait reçu la médaille de bronze et la croix Charles. Le tableau **Portrait de son frère** me représente et la couverture qui y figure est sa couverture de cheval qu'il a rapportée du front. Nous l'avons gardée longtemps. (...)
Laci connaissait Iván Hevesy depuis l'université. Ils y avaient suivi ensemble le séminaire de László Négyesy. Laci a dédié un poème à la sœur d'Iván Hevesy (ce dernier l'a toujours). Il publiait dans **Jelenkor,** la revue dirigée par Hevesy. Par la suite, ils se sont brouillés. Quand Hevesy et sa femme sont allés à Berlin en 1928, Laci les a reçus assez froidement. Ici, à Budapest en 1930, ils se sont un peu réconciliés. (...)
Du front, il a envoyé à Hevesy à peu près trois cent vingt cartes postales; il exprimait ce qu'il avait à dire par des dessins, ce que Hevesy critiqua précisément.
La réconciliation a dû être sincère. Pendant le séjour à Budapest de Laci, ils se sont rencontrés plusieurs fois. L'envoi des cartes postales avec des dessins prouve que Laci voulait avoir l'avis de Hevesy. Mais sa critique ne l'a pas satisfait. (...)
Je voudrais parler de l'orientation politique de Laci et dire ce que j'en sais. Il était certainement progressiste. Uitz, Bortnyik, Lampérth, Béla Balázs, Kner, Imre Bach étaient ses amis ainsi que tous les jeunes inconnus qu'il rencontrait journellement au cercle Galilée. Plus tard, il eut des liens d'amitié respectueuse avec Ady qui était déjà malade. Ceux qui disent qu'on ne l'a pas admis au parti communiste ne connaissent pas les conditions de l'époque. Après le 21 mars, on accepta dans le Parti tous ceux qui s'y présentaient, pourvu qu'ils n'aient pas été des exploiteurs, des bourgeois. J'en ai fait personnellement l'expérience, même ceux qui n'étaient pas tout à fait communistes le sont devenus. Laci avait des idées de gauche. Il a peint beaucoup de tableaux pendant la Commune. Je ne sais pas où sont ces tableaux ni ce que sont devenus ses précieux livres d'art, de grands albums sur Rembrandt, Michel-Ange,

Raphaël, Cézanne, etc. Il préparait l'exposition du Salon national. Il allait souvent peindre dans la forêt, il a envoyé à l'exposition des tableaux qu'il avait faits dans le vieux Buda et à Csillaghegy.

Entretien du 25 octobre 1975.

Lettre de László Moholy-Nagy à Artur Bach[14]

2 juillet 1918.

Mon cher Artur,
Hier après-midi, j'ai rendu visite à Béla Uitz, chez qui j'ai vu quelques tableaux merveilleux et je me suis renseigné sur leur prix.
J'ai choisi trois tableaux (je t'envoie ci-joint les esquisses de ces tableaux exécutées par moi. Ce n'est pas Uitz qui les a faites). Le nº 1 est une huile qui me plaît énormément. Va la voir, elle te plaira aussi. Il a dit son prix : 800 couronnes. Le nº 2 est peint avec de l'encre de Chine et une couleur brune. (Les esquisses du nº 2 et du nº 3 ne sont pas bonnes : je me suis trop dépêché.) Une femme assise, avec un enfant sur les genoux, qui arrange ses cheveux. Il coûte 500 couronnes. Plus tard, j'ai vu chez l'encadreur un autre tableau, également exécuté à l'encre de Chine, plus beau et plus parfait : une femme en train de coudre. Je le préfère à l'autre. Il coûte 800 couronnes*. Le nº 3 est une huile représentant un petit paysage. C'est le plus beau tableau qu'Uitz ait peint l'année passée. Il coûte 500 couronnes.
Si tu montes chez lui, tu verras beaucoup de tableaux, surtout des encres de Chine et des huiles de couleur brune. C'est sa manière actuelle.
Je crois que s'il vend plusieurs tableaux à la fois, il baissera un peu les prix. Le pauvre a grand besoin d'argent. Je t'embrasse,

Laci.

* Il faudrait absolument que vous l'achetiez. Il fera beaucoup d'effet sur un mur jaune car il est dans les tons bleus. Jaune et bleu sont des couleurs complémentaires.

Tiszatáj, *Szeged, 1971, nº 11, p. 1039-1047.*

Journal de Moholy-Nagy. Extrait[15]

15 mai 1919.

Pendant la guerre, j'ai senti que j'avais une responsabilité sociale et, maintenant, je le sens encore plus fort. Je me demande sans cesse : est-il permis de devenir peintre à une époque de révolution sociale? Ai-je le droit d'exiger un privilège pour l'art au moment où chacun doit résoudre le problème de sa simple survie?
L'art et la réalité n'ont eu aucune relation au cours des cent dernières années. La création artistique, en tant que satisfaction personnelle, n'a en rien contribué au bonheur des masses.
A l'occasion de mes longs voyages en chemin de fer, j'ai souvent parlé avec des hommes et des femmes. J'ai vu ce dont ils avaient besoin en plus de la nourriture. Peu à peu j'ai compris vraiment ce que signifie le bonheur biologique.
Et je sais que je peux développer mes dons les plus valables et les mettre à leur service. Si j'essaie de saisir sincèrement et profondément le sens de la vie, j'ai raison de devenir peintre. Mon talent consiste à projeter ma vitalité, mon don de construire, à l'aide de la lumière, de la couleur et de la forme. En tant que peintre, je peux servir la vie.
Sibyl Moholy-Nagy, **Moholy-Nagy, Experiment in Totality,** *New York, 1950, p. 12.*

Écrits de Gyula Juhász sur Moholy-Nagy à ses débuts à l'occasion de son exposition[16]

Il faut constater que les œuvres qui sont entassées dans le modeste atelier de Szeged sont d'un niveau européen et ont plus de valeur que toutes celles que l'on a pu voir auparavant dans notre ville. On peut admirer ici les résultats courageux et imposants des tentatives artistiques modernes les plus sincères et les plus sérieuses. Celui qui apprécie l'art d'un très haut niveau saluera l'honnêteté artistique, le talent et le courage des exposants.

Szeged és Vidéke, *Szeged, 31 octobre 1919.*

Il est indéniable qu'il faut une âme et un regard neufs pour apprécier ces œuvres d'une forme et d'un esprit nouveaux. Le snobisme ancien ne sert à rien, pas plus que la connaissance des écoles classique et romantique. Les dogmes naturalistes et impressionnistes ont peu d'utilité. Car c'est un art nouveau, dans le sens le plus noble du terme, qui dépasse l'impressionnisme... L'âme du nouveau monde en gestation habite cet art jeune, fort et courageux; ces lignes, ces couleurs, ces structures et ces formes sont apparentées à l'art d'une force vive pas encore définie mais déjà perçue qui se manifeste dans la musique de Béla Bartók et dans les vers libres de Walt Whitman, et qui va sans doute transformer l'aspect artistique du monde aussi profondément que l'avait fait l'époque de Périclès ou celle de la Renaissance.

Délmagyarország, *Szeged, 4 novembre 1919.*

La première lettre de Moholy-Nagy écrite en émigration

8 décembre 1919.

Très cher oncle Bély,
Malheureusement je n'ai pas pu saluer personnellement toute la chère famille à l'occasion du mariage de mon frère Jenő, mais d'ici, de bien loin, je vous adresse à tous mes salutations très affectueuses. J'espère que, dans un avenir proche, je pourrai au cours d'un doux contact personnel vous exprimer mes sentiments chaleureux; en plus de nos liens amicaux, nous voilà maintenant apparentés. D'ici là, cher oncle, ne m'oubliez pas et conservez-moi toute votre affection.
Recevez toutes les salutations d'un parent aimant,

Laci Nagy.

Cette lettre appartient à Levente Nagy.

Moholy-Nagy arrive à Berlin (1920)

Comme il n'avait pas d'argent, il dessine des enseignes et des caractères au cours de sa traversée de l'est de l'Allemagne. Dès qu'il avait assez d'argent pour acheter un billet, il prenait le train pour aller dans la grande ville la plus proche. Pendant le voyage, il a attrapé la grippe qui a décimé la population allemande au cours de l'hiver de 1920. Il est arrivé dans un hôtel de Berlin affaibli par la fièvre; le portier n'a pas voulu le laisser entrer et il s'est effondré dans le hall. C'est Reinhold Schairer, un jeune pédagogue, qui l'a trouvé là-bas. Lui et sa femme se sont occupés de cet étranger malade dans le cadre de leur activité pour la réhabilitation des vétérans de la Première Guerre mondiale. Sans leur aide dévouée, Moholy n'aurait pas survécu à cette crise. Il a exprimé sa reconnaissance par le portrait qu'il a fait du Dr Schairer. C'est son dernier dessin figuratif.
Après sa guérison, il a trouvé une chambre de bonne dans la partie ouest de Berlin et, grâce aux dons des quakers, il s'est installé comme peintre. Il a alors essayé de transposer sur la toile les relations formelles des couches superposées et les transparences des collages et des aquarelles.

Sibyl Moholy-Nagy, **Moholy-Nagy, Experiment in Totality.**
New York, 1950, p. 17-18.

Rencontre avec Lucia (1920)

J'ai fait la connaissance de Moholy-Nagy en avril 1920. Au cours de l'hiver, j'avais effectué un travail épuisant dans une librairie de Hambourg et, à l'appel du printemps, nous avons décidé avec l'une de mes collègues, Lies Fuchs, de faire une excursion à pied vers les prairies de Lüneberg. Mais finalement nous sommes allées à Berlin pour y convier l'un de nos amis, Friedrich Vorwerk. Il était en compagnie d'un jeune Hongrois, László Moholy-Nagy, qui était arrivé au milieu de l'hiver à Berlin. Au début, ce sont Reinhold et Gerda Schairer — tous deux quakers — qui se sont occupés de lui, puis Vorwerk, qui appartenait au même groupe, s'en est chargé; il lui a loué une chambre dans la pension où il habitait lui aussi. (...) Pendant quelques mois, nous avons habité cette pension. Ensuite, nous avons loué une chambre meublée à Charlottenburg, dans la Witzlebenstrasse, chambre située dans l'appartement d'un fonctionnaire et de sa femme. Le 18 janvier 1921 (on mentionne souvent 1922), nous nous sommes mariés à la mairie locale. L'année suivante, nous avons déménagé à Berlin, dans l'atelier de la Lützowstrasse.

Lucia Moholy, **Marginalien zu Moholy-Nagy.**
Krefeld, 1972, p. 7.

Lettre de Moholy-Nagy à Iván Hevesy[17]

Berlin, 5 avril 1920.

Je suis resté à Vienne à peu près six semaines. J'y ai moisi ; je crois que l'on ne peut pas y faire autre chose. Tous les collaborateurs de **MA** sont arrivés là, à leur tour. Ils envisagent sans cesse de faire de l'art en famille, de publier une revue, mais personne ne veut risquer ses propres deniers, alors sans doute l'affaire continuera à traîner... Kemény aussi est arrivé. Ces derniers temps, Kassák me comptait parmi ses amis, mais «timeo Danaos». Je suis heureux d'être ici (à Berlin), loin de lui. A Vienne, Tihanyi a été mon compagnon le plus cher. J'ai passé beaucoup de temps avec lui et j'ai appris à l'aimer profondément. Tu as écrit qu'il fallait rompre avec l'ancienne pourriture, etc. Je crois que le problème essentiel c'est de devenir un homme meilleur que ne l'étaient ceux d'avant. Ainsi l'expression aussi changera. Par exemple, Van Gogh, Kokoschka, Picasso (chez nous, Tihanyi) ont des systèmes à part (ils sont fous), mais qui peut prétendre que leur folie est une folie pire (un système pire) que notre folie collective (notre système)? Ils peuvent agacer, exciter, avec leurs nerfs à fleur de peau, mais ils ne peuvent pas exercer une influence aussi forte que, par exemple, Cézanne. Crois-tu que l'on puisse nier Cézanne? Le faut-il? Est-ce la peine? Les résultats des cubistes et des futuristes (leur refus de tout n'est pas non plus une grande réussite) se sont dégradés en un manque de talent navrant entre les mains des épigones. A l'exposition la plus récente de Sturm, un homme nommé Kurt Schwitters présente des tableaux faits avec des bribes de journaux, des tickets de chemin de fer, des poils et des cercles de fer. Pourquoi faire? Est-ce une préoccupation de peintre? De plus, ce n'est pas nouveau. Il y a dix ou douze ans, on a vu un tas de choses semblables au Salon des indépendants. C'est une dégradation totale, ce n'est pas un renouveau. Oui, je sens, moi aussi, qu'il faut offrir **autre chose** que ce qu'on a fait jusqu'ici, mais ce n'est possible que si, moi aussi, je deviens **différent**...

(...) Ceux (les Hongrois de Vienne) qui travaillent pour la «cause» considèrent leur travail et leur personne comme sacrés, ils en font des tabous. (...) Je crois qu'il (Tihanyi) réussira ici aussi, car en dehors de Kokoschka, qui est déjà une idole, les Allemands n'ont aucun peintre convenable. Et l'expressionnisme, qui est une question de technique et de formule, commence à agir maintenant, après sa faillite. Ici aussi, le monde des beaux-arts est un système de clans. Herwarth Walden est devenu millionnaire. Il a une collection fabuleuse – il a eu les tableaux pour rien – et une allure royale. Pour lui parler, il faut se faire annoncer par un secrétaire! Pendant la visite de sa collection, on annonce votre nom par la voix d'un laquais, etc. Comme dit un journal dadaïste: il pare son génie commercial d'oripeaux spirituels volés, et l'art n'est qu'un prétexte qui lui sert à ramasser de l'argent. Dès qu'il a eu de l'argent, il s'est séparé (sur le plan matériel) de Sturm où on paie moins bien qu'avant. Le niveau des expositions aussi a baissé.

Archives de l'Institut d'histoire de l'art, Budapest.

Lettre de Moholy-Nagy à Iván Hevesy

26 mai, 1921, Berlin, Charlottenburg.

«C'est désespérant de constater à quel point tu es influençable» (...) Sans doute est-ce vrai en ce qui concerne le passé, époque où j'étais encore tout à fait réceptif, où, par exemple, ton influence s'exerçait dans tout ce que je disais ou pensais. Mais, c'est à ce moment-là que je me suis aperçu, à cause de mon immense soif de connaissances, du vide des années précédentes. Pour que je puisse devenir quelqu'un, il fallait éveiller en moi le désir de penser librement et d'une façon indépendante.

Si tu avais, comme moi, reniflé depuis un an un air différent, après cette photographie, tu en réclamerais d'autres, au lieu d'enfouir ta tête dans le sable. (...) En ce qui concerne mes autres travaux, on n'y sent aucune influence étrangère; au contraire, aujourd'hui, en mai 1921, j'occupe une place à part dans la peinture européenne et non plus hongroise. Peut-être t'en rendras-tu compte un jour, toi aussi.

Ce que publie **MA** est ce qui peut paraître de mieux aujourd'hui en langue hongroise. «Peut-on cracher dessus?» As-tu vu le numéro sur Archipenko avec les quinze reproductions? As-tu vu mieux? Ou approuverais-tu plutôt une monographie sur Manet, aujourd'hui, **chez nous,** alors que nous n'avons encore trouvé aucun contact avec ce qui est nouveau? Si oui, j'appellerais ça empoisonner un puits . . . En revanche, «toi aussi, tu vas te débarrasser de ces aspirations», sans que je les qualifie de derniers sursauts de la décadence bourgeoise. Ou de formalisme sans éthique?

A quoi bon faire de grandes phrases?

Iván, Iván, où es-tu?

En ce moment, encore très loin de moi (c'est curieux que je te dise cela, moi qui ai toujours voulu me rapprocher de toi). Mais je dois constater que (de même que je suis si seul en peinture), avec d'autres personnes aussi, j'ai peu de choses en commun.

Archives de l'Institut d'histoire de l'art, Budapest.

Lettre de Moholy-Nagy à Lajos Kassák[18]

22 février 1922.
Berlin, Lützowstrasse

Cher Lajos Kassák,
Je vous envoie quelques photographies russes (six). L'article partira ces jours-ci. D'abord, il faut qu'il soit traduit du russe en hongrois.
C'est Ilia Ehrenbourg qui a écrit l'article. Un livre russe vient de paraître aux éditions Helikon. Il est intéressant; je vous l'enverrai bientôt.
Je n'ai pas encore reçu le numéro sur Puni.
A part cela, rien de neuf. Nous attendons le printemps pour arrêter le chauffage. Les deux derniers albums que vous m'avez envoyés ne peuvent pas être comparés à celui sur la peinture-architecture. Je ne les aime pas; la peinture-architecture était très belle. Que font Uitz et Bortnyik?
J'attends une réponse dans l'affaire Klee.
Et quand paraîtra l'anthologie? C'est le silence total à ce sujet; pourtant, on me tourmente et on me regarde de travers.
Je vous ai aussi demandé au moins 4 ou 5 fois, lesquelles de mes œuvres me représenteront dans l'anthologie.
Je vous envoie à tous mes salutations affectueuses.

Moholy-Nagy.
Il me semble que nous ne pouvons
pas compter sur le cliché de Hausmann.

Cette lettre appartient à Gábor Mezei, Budapest.

El Lissitzky et Moholy-Nagy: les années vingt

Sophie Lissitzky-Küppers

Après le travail, on rencontrait les collègues au **Romanisches Café** ou dans l'atelier de László Moholy-Nagy. Lucia, son intelligente épouse, a beaucoup participé à son travail théorique écrit. Elle l'a considérablement aidé. Raoul Hausmann, Hannah Höch, Hans Richter et Werner Gräff (à l'époque, un jeune mécanicien) se rencontraient chez eux.

Sophie Lissitzky-Küppers, **El Lissitzky.**
Dresde, 1967, p. 22-23.

El Lissitzky à propos de l'exposition Der Sturm

Il y a quelque temps, on pouvait y voir les Hongrois. La révolution russe a fertilisé leur art par notre truchement. Moholy-Nagy a dépassé l'expressionnisme allemand et devient constructiviste. La géométrie pure de Moholy et de Péri domine le manque d'objectivité, torturé et flasque, des Allemands. Des constructions peintes sur toile, ils passent à l'espace et à la matière.

Wechtch, Objet, Gegenstand, *Berlin, 1922/3.*

Hans Richter

MA a fait connaître le nom de deux jeunes artistes hongrois qui voulaient s'établir à Berlin: Péri et Moholy. Bien que leurs œuvres soient moins révolutionnaires que celles de l'exposition russe, elles témoignent quand même en leur faveur et attestent la transformation totale de l'art qui a eu lieu dans cette contrée rurale de la Monarchie danubienne éclatée.

Préface du catalogue de l'exposition **Avantgarde Osteuropa.** *Berlin-Ouest, 1967, p. 21.*

Lettre d'El Lissitzky[19] à Sophie Küppers

Locarno, 2 mars 1924.

Si Moholy n'avait pas tissé des plans au Bauhaus, je proposerais d'ajouter à «Variété, Cirque, Théâtre» le théâtre ecclésiastique. Je ne pense pas uniquement à celui de l'Église catholique. Nous le ferons avec Merz. Mais d'ici-là, il vaudrait mieux ne pas trop en parler.

Sophie Lissitzky-Küppers, **El Lissitzky.**
Dresde, 1967, p. 37.

Lettre d'El Lissitzky à Sophie Küppers
16 mai 1924.

Si tu écris à Moholy, s'il te plaît ne parle pas de moi. Au sujet du petit livre sur la typographie[20], dis-lui que, pour l'instant, je suis préoccupé par des choses tout autres. Mais il se peut qu'au cours de mes travaux je le fasse aussi. Je voudrais connaître le format de la publication, le mieux serait que tu m'envoies l'un des petits livres déjà parus. En tout cas, je rassemblerai les illustrations. Dis à mon cher Kurt (Schwitters) qu'il demande à Moholy de m'envoyer des pages caractéristiques de ses revues, surtout celles qui concernent les débuts de la littérature dadaïste.

Sophie Lissitzky-Küppers, **El Lissitzky,** *Dresde, 1967, p. 47.*

Lettre d'El Lissitzky à Sophie Küppers
16 octobre 1924.

On m'a raconté que Moholy prépare un livre[21] sur la période comprise entre 1914 et 1924; tout ce qui s'est passé avant 1920, il n'en parle que dans la mesure où le Bauhaus s'en est inspiré, car c'est au Bauhaus que toutes les créations ont vu le jour et c'est le couronnement de tout. C'est amusant, n'est-ce pas? Tricherie, tricherie, tricheur!

Sophie Lissitzky-Küppers, **El Lissitzky,** *Dresde, 1967, p. 50.*

Lettre d'El Lissitzky à Sophie Küppers
Moscou, 15 septembre 1925.

Donc... A propos des photographies de **Man Ray.** Je pensais qu'après les remarques de Kemény publiées dans le **Kunstblatt**[22] et dans **G,** Moholy prendrait davantage de précautions et ne trafiquerait qu'avec des choses dérobées «en douce». Mais il devient insolent. Voici les faits:

1. En 1921 ou en 1922, quand je suis venu à Berlin et que j'ai rencontré Hausmann dans l'atelier de Moholy, nous avons décidé de publier une revue. J'ai préparé un programme à la base de travaux **productifs** et non pas **reproductifs.** A l'époque, Moholy **n'avait pas encore de spécialité** et j'ai attiré son attention sur la **photographie.** Il préparait justement sa première exposition au Sturm. Ni Hausmann ni moi ne le prenions au sérieux. Lors de notre rencontre suivante, Hausmann a montré des articles découpés dans des revues américaines sur l'optophonétique. J'ai attiré l'attention de Moholy sur **deux photographies abstraites.** Je ne sais si elles étaient de Man Ray. A l'époque, nous ne connaissions pas encore son nom.
2. Printemps 1922: Conférence Dada à Weimar. Tzara nous a parlé des **Champs délicieux**. Après, à Berlin, il nous en a montré quelques feuilles. Moholy était très intéressé par sa technique et a posé des questions à Tzara.
3. Entre-temps, en 1922 ou 1923, il a fait la connaissance de Loeb et il a appris davantage. Il a vu les photographies de Man Ray chez des personnes qui préparaient un numéro spécial sur lui. Moholy a fait toute une série de «photographies abstraites».
4. Au moment de la mise au point du numéro, Moholy a pris le pas sur Man Ray (celui-ci était loin, à Paris) et il a vite mis dans sa poche Loeb et Josephson. Il a sélectionné les photographies de Man Ray qui ne ressemblaient pas trop aux siennes. Puis il a mis de côté l'article de Man Ray et il a concocté un texte intelligent à partir de nos petites recettes. Ainsi, il faisait semblant d'avoir produit quelque chose. C'est **Losowik** qui, étant traducteur au **Broom,** a traduit aussi l'écrit de Moholy, et me l'a raconté. Ni Loeb, ni Josephson, ni Lozowick, ni moi n'avions imaginé cela : c'est comme si on disait que le film abstrait a été découvert par Richter.
5. Harold Loeb a lu dans **Kunstblatt** (c'est ici qu'il a vu la publication pour la première fois) une étude intitulée «Photographie ohne Kamera» (Photographie sans caméra), avec quatre illustrations; voilà qui rend l'affaire très claire. Les témoins sont: Tzara, Hausmann, Losowik, Lissitzky, Loeb, mais on n'a pas besoin d'eux; le texte et les photographies parlent d'eux-mêmes.

Moholy a voulu nous prouver que Man Ray était un dadaïste : des objets, aucune luminosité, etc., tandis que Moholy utilise la lumière d'une façon abstraite... Or, la **valeur picturale** de l'invention apparaît clairement chez Man Ray. La diminution de la lumière est poussée jusqu'à la perversité. Le motif est d'une excentricité américaine. Il a ses valeurs et ses caractéristiques. Même ses faiblesses sont authentiques. Moholy, qu'a-t-il ajouté à tout cela? La lumière? Elle est restée en l'air. Moholy n'a aucune idée de la peinture. Le motif? D'où le prendrait-il? Pour résumer, on a besoin d'un centre. Son caractère est un masque dérobé. Au fond, c'est idiot de prendre cette histoire tellement au sérieux, mais ce vol est trop éhonté...

Sophie Lissitzky-Küppers, **El Lissitzky,** *Dresde, 1967, p. 64.*

Aurél Bernáth : Lettre de Berlin[23]

Janvier 1923.

Moholy-Nagy m'a reçu amicalement. Ses tableaux, eh bien, mon Dieu ! je ne peux rien en dire de bien ! Architecture de verre ! Imaginez cent toiles – il y en a au moins autant – et, sur tous ces tableaux, on dirait qu'il a peint du verre avec de belles couleurs. Les formes seules varient. Si on regarde les cent tableaux, je vous assure que l'on repart avec une impression de monotonie. Aucun ne se détache de l'ensemble. Bien sûr, il est facile d'inventer une théorie en justification et de dire que ces tableaux recherchent une forme nouvelle. Finalement, ça sombre dans un jeu de routine. Car j'ai vu comment il travaille : il en fait quatre d'un seul trait, il ne s'arrête même pas au cinquième. Alors je suis au désespoir car il danse autour de ses tableaux et dit que ce sont les incarnations du monde communiste. Comme il serait agréable de pouvoir sauver le monde ainsi. (. . .)
Le lendemain, il y avait chez Moholy-Nagy une grande réunion hongroise : Komját, Rosinger, Péri, Kállai, Székely, certains avec leur femme. On a discuté de la résurrection de la revue **Egység** et du constructivisme. Parfois on a entendu des sottises, parfois des choses intéressantes. Important : Komját veut donner à la revue une base plus étendue mais ne veut pas se lier à Moholy dans le domaine pictural. Au cours de la discussion, il s'est avéré que lui comme Rosinger en ont par-dessus la tête des idées de Moholy : ils les rejettent corps et âme.

Aurél Bernáth, **Utak Pannoniából** *(« Les Chemins qui mènent loin de Pannonie »), Budapest, 1960, p. 362-363.*

Un ancien élève, Paul Citroen, se souvient

Moholy-Nagy a pénétré au sein du Bauhaus comme un grand chien avide. Il a détecté avec un instinct sûr les problèmes non résolus, inhérents aux traditions, et il s'y est attaqué. Il différait surtout des professeurs plus âgés par le fait qu'il n'avait pas du tout la dignité allemande ni la volonté de tenir les distances des «maîtres», ainsi qu'on appelait tous les professeurs du Bauhaus. Il ne se préoccupait jamais de l'impression qu'il produisait ni de l'effet que ferait aux autres ce qu'il allait proposer. Il n'avait recours ni à la toge ni aux cothurnes dans ses relations avec ses élèves ; tout au début, on le prenait souvent pour un étudiant et cela le rendait joyeux. Nous qui étions au Bauhaus depuis quelques années, nous avions accueilli le changement avec scepticisme ; nous connaissions toutes les intrigues, les jalousies, les luttes de prestige qui avaient cours et nous ne faisions jamais rien qui aurait pu permettre à quelqu'un d'autre de tirer son épingle du jeu. Ces considérations n'avaient aucune influence sur Moholy. Il se consacrait avec plus de dévouement que quiconque à des tâches objectives. Il n'a pas cessé de croire à l'importance du Bauhaus et s'y est consacré avec tant de ferveur que nous commencions à craindre qu'il ne s'effondre. Mais comme il était un nouveau venu, il n'avait pas de prestige. Beaucoup parmi nous l'exploitaient. Nous le chargions de devoirs que nous aurions dû résoudre par nous-mêmes. Moholy accueillait toutes les demandes avec un enthousiasme enfantin et sa vitalité semblait inépuisable.

Sibyl Moholy-Nagy, **Moholy-Nagy, Experiment in Totality.** *Cambridge, Mass, 1969, p. 39-41.*

Lettre de Moholy-Nagy à Paul Citroen

20 novembre 1937.

... Nous effectuons ici des débuts très prometteurs. Nous avons des étudiants merveilleux, venus des quatre coins du pays, des filles et des garçons qui ont beaucoup de talent. Chicago et le pays entier nous ont merveilleusement bien reçus et j'ai bon espoir que notre école se développe d'une façon positive. Je suis seulement triste de ne pouvoir inviter à enseigner chez nous tous mes amis de grande valeur mais, pour l'instant, notre corps professoral est au complet.

Souvent, je pense que ce serait merveilleux si nous pouvions former ici une communauté, pas seulement pour les professeurs du Bauhaus, mais pour tous les amis du Bauhaus qui travaillent d'une façon créative sur leurs problèmes et qui pourraient enrichir notre action par leurs propres résultats.
J'espère que vous me donnerez bientôt des nouvelles de vous-même et de tous nos amis...

Lettre de Moholy-Nagy à Alexandre Rodtchenko

Weimar, le Bauhaus, 18 décembre 1923.

Cher camarade Rodtchenko.
Nous avons l'intention de publier une série de brochures qui traiteront des questions les plus actuelles.
Le caractère relativement périssable de la brochure nous permet d'établir un programme vivant et dynamique, couvrant tous les domaines de la création, et nous donne la possibilité de faire appel à plusieurs spécialistes pour étudier certains problèmes, ce qui pourrait susciter quelques discussions.
Pour le premier numéro, j'ai pensé à un débat sur le constructivisme. Ces derniers temps, ce terme est fort répandu ici, en Allemagne, mais peu de personnes savent ce que recouvre ce concept. Donc, nous serions très heureux si vous pouviez faire connaître votre point de vue dans un petit article (ou peut-être l'opinion générale russe) à ce sujet.
La collaboration de camarades russes (vivant en Russie) nous fait défaut et nous ne sommes pas tout à fait sûrs que les déclarations et les prises de position de ceux que l'on connaît chez nous, Lissitzky et Gabo, soient celles de tous les artistes russes.
Pour cette raison, nous apprécierions beaucoup si, en plus de nous donner votre avis sur le constructivisme, vous acceptiez de répondre et de prendre position sur certains points du programme provisoire ci-joint.
Si vous pouviez inciter plusieurs collègues de valeur à collaborer avec nous et à écrire des articles, cela nous rapprocherait considérablement de notre but qui est de résumer tout ce qui se passe aujourd'hui.
Ainsi, nous pourrions avoir un panorama caractéristique de la Russie au lieu de nous contenter de quelques rares nouvelles et des récits de voyageurs individuels. Nous aimerions recevoir les articles en allemand et nous vous demandons de nous répondre rapidement.
Avec mes salutations amicales,

bien à vous,
László Moholy-Nagy.

Programme provisoire pour une série de brochures

1. Discussion sur le constructivisme
2. Construction d'une nouvelle forme de vie
3. De la nouvelle création (en particulier)
4. De la nouvelle création (en général)
5. Photographie
   Film, manuscrits nouveaux
6. Publicité nouvelle (typographie et film aussi)
7. Nouveaux problèmes pédagogiques
8. Biologie constructive
   Vers une nouvelle science médicale (telle qu'on la pratique et par les méthodes de soin naturelles)
9. Critiques des revues publiées
   Propositions pour une revue nouvelle, bien faite, bien conçue
10. Rétrospective de l'époque (1908-1923)
11. Problèmes spécifiques de la politique (1908-1923)
12. Problèmes spécifiques de l'économie
13. Problèmes spécifiques de la science
14. Problèmes spécifiques de la technique
15. Problèmes spécifiques de l'art
16. Organisation (l'un des points les plus importants)
17. Art et agitation
18. Architecture et peinture
19. L'Amérique et l'Europe (l'esprit américain, l'esprit européen et les problèmes américains)

20. Les rapports entre les continents
    Géographie constructive
21. Le Moyen-Orient et l'Extrême-Orient (qui recèlent les richesses de la terre)
22. Musique. Mécanismes. Machines parlantes. Jeux mécaniques
    Spectacles de variétés électriques
    Synthèse du son, de la lumière, de la forme, du mouvement et des odeurs
    Théâtre, cirque
23. Architecture (urbanisme, construction privée, navale, etc.)
24. Les problèmes du verre et d'autres matériaux en relation avec la physique et la chimie nouvelles
25. Travaux d'ateliers artistiques:
    peinture, constructions de matériaux
26. Langues et littératures:
    - russes
    - allemandes
    - hongroises
    - françaises
    - américaines, etc.

    Langue universelle
    Philologie constructive (Jespersen, Scheffels)
27. Religion, philosophie, métaphysique
28. Naissance des mouvements artistiques modernes:
    - en Italie,
    - en France,
    - en Russie,
    - en Hollande, etc.
29. Inventions nouvelles (domaine pratique)
30. Utopie

Naturellement, nous attendons les propositions et les travaux de tous ceux qui ont des principes **modernes.**

L. Moholy-Nagy.
Weimar.
Le Bauhaus.

Ars Hungarica, *Budapest, 1977/2.*
Katalin Bakos, « Moholy-Nagy László, 1923-as Alekszander Rodcsenkóhoz írt levele »

Les tableaux téléphonés

En 1920, Richard Huelsenbeck a publié le **Dada Almanach**[24]. Je ne peux dire si Moholy-Nagy, qui venait d'arriver à Berlin, l'a lu ou non. Compte tenu de la situation générale, et surtout de ses difficultés linguistiques, cela me semble peu probable. Il ne connaissait peut-être pas très bien les principes des dadaïstes, selon lesquels un bon peintre doit être capable de commander ses tableaux par téléphone et de les faire exécuter par un ébéniste. Mais peut-être la conception de Moholy-Nagy a-t-elle subi inconsciemment l'influence de cette thèse qui reflétait l'esprit de l'époque. En 1922, peu avant sa nomination au Bauhaus et non pas après, il a commencé à réfléchir sur les méthodes et les principes qui l'ont finalement conduit aux tableaux en émail. Comme le constructivisme représentait sa profession de foi artistique, il avait hâte de découvrir dans quelle mesure l'effet des couleurs dépend de la dimension des tableaux. Il pensait que pour résoudre ce problème, il fallait qu'il étudie un grand nombre de tableaux de différentes dimensions mais identiques quant aux couleurs et à la composition. Ces efforts lui ont tout de suite appris que les méthodes manuelles ne suffisaient pas pour cette expérience, même en utilisant des règles à calcul, des échantillons de couleurs et du papier millimétré. Alors, il a pensé à utiliser les procédés industriels dans un but artistique; il s'est renseigné et il a trouvé une usine d'émail prête à fabriquer les plaques qu'il commanderait. Le contremaître a reçu des instructions précises en ce qui concerne les couleurs, les dimensions et d'autres détails, et il a promis d'exécuter la commande avec beaucoup de soin et de précision. Moholy-Nagy, bien que la confiance et l'optimisme soient les traits dominants de son caractère, vécut pendant des semaines dans l'impatience de l'attente.
Quand, enfin, on a livré les plaques émaillées, de couleur et de composition semblables mais de dimensions différentes, Moholy-Nagy était satisfait. Il était plus qu'enthousiaste, il était enchanté. Ses rêves s'étaient accomplis, ses conceptions se matérialisaient. Il retrouvait une nouvelle assurance. Sa bonne humeur n'avait pas de limites, je ne l'avais pas vu depuis longtemps dans un tel état d'excitation. Quand il a maîtrisé son enthousiasme,

il s'est écrié : « J'aurais pu les commander par téléphone » ; je me rappelle même clairement la couleur de sa voix.

Lucia Moholy, **Marginalien zu Moholy-Nagy.**
Krefeld, 1972, p. 32-34.

Discussion entre Moholy-Nagy et Alfréd Kemény

Dans le numéro de mars de **Kunstblatt**, Paul F. Schmidt écrit dans son article que « c'est surtout Moholy-Nagy qui représente » le suprématisme. Il faut constater que Moholy-Nagy n'a rien de commun avec le suprématisme. Ce mouvement artistique, l'un des plus importants de ceux qui ont animé le passé récent, doit son existence à un artiste russe, Kasimir Malevitch. Le suprématisme atteint dans la création un maximum de force et de nécessité interne. Chez Moholy, on trouve un minimum de puissance créatrice et un maximum d'esthétique stérile et d'artifice sans intensité. D'une façon curieuse, Moholy-Nagy, qui utilisait le constructivisme pour se faire une publicité injustifiée, se présente maintenant, en 1924, comme un suprématiste. Pourtant, le véritable suprématisme a pris fin définitivement en Russie dès 1919. Mais Moholy, un épigone éclectique, a aussi peu contribué aux résultats importants du nouvel art constructif qu'à ceux du suprématisme. Les constructivistes significatifs satisfont aux exigences modernes de l'époque technique, aux exigences d'une époque qui incite à l'économie et à la précision. Moholy ne représente que le fétichisme extérieur de l'organisation d'un intellect médiocre, sans économie ni précision.

Alfréd Kemény, « Bemerkungen », **Kunstblatt,** *Potsdam, 1924, n° 6.*

Lettre de Moholy-Nagy au rédacteur de Kunstblatt, M. Westheim

Berlin, juillet 1924.

Dans le dernier numéro de votre **Kunstblatt,** Alfréd Kemény commente l'article de Paul Schmidt dans lequel l'auteur me définit comme le représentant du suprématisme. Kemény utilise cette définition (Schmidt l'a employée à mon insu) pour m'accuser d'éclectisme, de plagiat, et pour constater que je me place au premier rang à l'aide de faux prétextes. Il analyse ma « stérilité », le manque d'« économie » et de précision de mon travail, et, en général, le manque de valeur de mes efforts artistiques. Mais tout cela n'a pas d'intérêt du point de vue de ce que je veux exposer.
A l'époque du mouvement hongrois MA, Kemény a été l'un de mes meilleurs amis et compagnons de lutte. Uniquement pour des raisons personnelles, il est devenu mon ennemi acharné et il donne libre cours à sa colère en démolissant publiquement ma peinture. En 1922, il y a tout juste deux ans, lors de l'un de ses retours de Russie, il a écrit que, parmi la jeune génération, seuls les travaux de Péri et les miens supportent la comparaison avec les meilleurs résultats de l'art russe.
Mais le fait que Monsieur Kemény mette en cause mon originalité, que lui ou quiconque d'autre m'affuble de l'étiquette suprématiste, constructiviste, fonctionnaliste, etc., me laisse totalement indifférent. Il y a bien des années, au début de ma carrière artistique, quelques amis et moi avions protesté dans un article de **MA** contre de tels slogans. Les classements catégoriels naissent par hasard, à la suite d'une farce journalistique ou d'une insulte bourgeoise. La force vivante du développement artistique transforme le sens de l'expression sans que l'artiste puisse protester contre une fausse assimilation.
Kemény prétend que je n'ai pas du tout contribué à résoudre le problème de l'époque qui est de trouver l'expression visuelle correspondant aux besoins techniques et économiques. Ce n'est pas à moi d'en décider et ce jugement ne m'intéresse pas. Mon travail au Bauhaus consiste à exprimer par des formes et des mots mes conceptions sur la modernité. Cette grande tâche ne me laisse pas de temps pour me soucier des interprétations venues de l'extérieur. En ce qui concerne la qualité de mes huiles et de mes sculptures, je me contente d'avoir le privilège d'être parmi ceux, peu nombreux au demeurant, qui ont réussi à transposer en une réalité matérielle l'esprit révolutionnaire. Comparées à ce travail, les chicaneries de Kemény ou d'autres au sujet des priorités de découverte sont absolument sans intérêt. Dans quelques années, on jugera de nos efforts à la nature du choix influencé par la qualité ; l'évaluation ne subira plus l'effet des slogans et des inimitiés personnelles.

Votre fidèle Moholy-Nagy.

Sibyl Moholy-Nagy. **Moholy-Nagy, Experiment in Totality.**
Cambridge, Mass., 1969, p. 43.

Lettre de Moholy-Nagy à Antal Németh[25]

18 juillet 1924.

Cher Monsieur,

Comme vous le voyez, j'ai répondu docilement à tous les points du questionnaire. Pourtant, je ne peux m'empêcher de penser qu'il sera difficile d'interpréter les réponses, sans connaître personnellement le sujet interrogé.

Et puis certaines questions manquent de profondeur.

Quant à moi, je ne manquerais pas de demander:

Quels sont vos rapports avec les artistes et les périodes du passé?

Avec les artistes contemporains?

Avec le monde actuel?

Je suis né en 1895 dans la Grande Plaine hongroise.

Scolarité: lycée et deux ans d'études à la faculté de droit.

Je dessine depuis l'âge de six ou sept ans. A douze ans, j'ai commencé à écrire des poèmes. Je voulais écrire, et Dostoïevski était à mes yeux «l'écrivain». Au front, j'ai fait des esquisses avec des craies de couleur, en général sur des cartes postales. Elles ont enchanté l'un de mes amis à qui je les ai envoyées. Ses louanges m'ont ravi. Le dessin, d'abord un simple passe-temps, est devenu une occupation régulière. Après ma blessure, je suis rentré et j'ai renoncé à mes projets littéraires. J'ai fréquenté le cours du soir d'une école de dessin et je dessinais fiévreusement pendant la journée: des paysages, des personnages, des portraits. Les expositions et l'esprit du mouvement MA sont devenus mes critères. Mes conversations avec Uitz et Nemes Lampérth ont mis à jour mes défauts et fait éclore mes idées.

J'ai dépensé tout mon argent en achat de livres illustrés et j'étudiais ces illustrations, anciennes et modernes, et tout ce qui me tombait sous la main. Jusqu'en 1920, je mis dans mes œuvres le fruit de mes recherches sous l'influence de **MA**. Par la suite, mes tableaux, sculptures et autres travaux prirent forme de façon autonome.

Mon évolution spirituelle fut influencée fortement par le cercle Nyugat («L'Occident»). Plus tard, sous l'effet de ce double courant, **MA,** d'une part, et la structure culturelle de l'Europe occidentale si révélatrice pour un Hongrois, d'autre part, j'ai évité à la fois le danger d'un retour romantique à la culture ancienne et d'un art cantonné dans un nationalisme réfractaire à toute idée moderne.

Réponse à des questions théoriques:

Je suis incapable de travailler lorsque je suis en proie à de grandes émotions. Mais ma conception de la peinture, de la création, ne saurait plus être influencée facilement... En revanche, à plusieurs reprises, j'ai jugé une couleur «laide» et cela m'a incité à la rendre harmonieuse en la mettant en relation avec d'autres couleurs. La laideur peut être positive. Mais la plupart du temps, je pose les problèmes de mon travail et je les analyse objectivement, sans incitation extérieure.

Parmi les quinze ou vingt facteurs d'un travail, je peux en contrôler et en organiser consciemment au maximum cinq ou dix.

Disons que le travail mène à la solution d'un problème consciemment posé. A la fin du travail, il peut s'avérer que la solution du problème de base entraîne celle d'autres problèmes que l'on n'avait pas posés consciemment.

Le travail de l'artiste ne devient positif que s'il mène à la découverte d'une **nouveauté**. Le problème à résoudre impose, consciemment ou intuitivement, une épreuve de force au créateur. Subjectivement, on peut imaginer que la **nouveauté** jaillit **sans poser aucun problème** mais, objectivement, toute nouvelle possibilité a toujours des ramifications problématiques dans le temps.

Si les lois internes qui se manifestent dans le travail créateur provoquent chez le spectateur (chez l'homme réceptif) l'élaboration de règles actuelles mais fluctuantes, alors l'œuvre d'art a produit son effet.

Mon but: faire un travail moderne à l'époque moderne.

A Művészettörténeti Dokumentációs Központ Közleményei, Bauhaus-szám. Moholy-Nagy.
(Bulletin du Centre de documentation d'histoire de l'art.
Numéro spécial sur le Bauhaus.) Budapest, 1963.

Lettre de Malevitch à Moholy-Nagy[26]

12 avril 1927.

Cher Monsieur Moholy-Nagy,
J'ai reçu votre invitation à participer à la discussion déclenchée par l'article de la revue **i 10.** La lecture de l'article me montre qu'il s'agit surtout de défendre la peinture et non pas d'opposer la photographie à la peinture.
J'ai trouvé dans l'article un passage intéressant qui me concerne et dans lequel on m'accuse plus ou moins de trahison. De plus, on me reproche de prendre position en faveur de l'exécution mécanique d'éléments spatiaux.
Par conséquent, je me hâte de dissiper les malentendus. Je n'ai jamais pris parti pour le jeu photographique objectif, mécanique, mort et je ne peux l'accepter. Je n'ai jamais écrit contre la peinture dans mes études théoriques. Bien au contraire, je lutte pour la peinture en tant qu'un des éléments de l'art dans l'ensemble des perceptions plastiques du monde pictural mais, naturellement, je reste du côté de la peinture abstraite.
Et si l'auteur a le sentiment que mes travaux actuels sont du domaine de la peinture, ou plutôt de l'art, cela prouve aussi que les éléments suprématistes transmettent les perceptions de la même façon que le prisme transmet cet art que nous appelons peinture. Je dois vous rappeler aussi que les éléments suprématistes n'ont rien de commun avec la peinture de Cézanne ou avec le cubisme des débuts. Ces éléments sont tout à fait différents. De plus, il ne s'agit ici même pas de peinture mais des méthodes de l'art; il s'agit de donner une expression organique et spirituelle à telle ou telle perception. Et même si on peut exprimer la même perception également à l'aide de méthodes photographiques, l'appareil de photographie n'est rien d'autre qu'un outil technique, comme le pinceau ou le crayon.
Dans d'autres circonstances, la question soulevée pourrait être intéressante mais, selon toute évidence, l'auteur croit découvrir un mouvement qui est opposé à la peinture et, par conséquent, à l'art. En effet, il n'y a pas de fumée sans feu. La mécanisation, le désir de tout rendre matériel et photographique, la simplification se répandent dans de larges cercles et les constructivistes surtout y sont attachés. Ce fait mérite attention parce qu'une machine ne peut exprimer aucune perception intellectuelle. Le pinceau et le crayon sont des moyens techniques d'un niveau bien plus élevé car ils sont les conduits puissants des perceptions.
Pour un adepte de la photographie, la représentation photographique d'une surface suprématiste (voir la revue **Merz**) peut être satisfaisante. Pour moi, c'est un élément mort. Et si on prépare des photomontages avec ces éléments photographiques, alors, du point de vue de l'art, dont le contenu est la perception abstraite, liée au grand Tout, on obtiendra des choses mortes.
Ainsi, la photographie et le film ne sont que des outils techniques que le peintre doit, certes, utiliser, de même qu'il utilise depuis longtemps la mine de plomb ou les tubes de couleurs.
D'ailleurs, il faut rendre la photographie et le film aptes à communiquer très exactement les perceptions, ce que l'on a réalisé depuis longtemps en ce qui concerne le crayon, le fusain ou le pinceau.
Si vous considérez que cette lettre est une réponse fondamentale à votre question ou si vous y trouvez quelque autre intérêt, vous pouvez la publier en entier ou en partie.

Kasimir Malevitch.

Hannah Weitemeier-Steckel, **László Moholy-Nagy 1895 bis 1946.**
Thèse, Berlin, 1974, p. 368-370.

Rodtchenko parle des photographies de Moholy-Nagy[27]

Sovetskoe Foto m'a demandé de collaborer à la revue. Je suis allé voir les rédacteurs et je leur ai demandé: « M'avez-vous fait cette proposition parce que vous avez vu le livre de Moholy-Nagy ? » « En effet, ont-ils répondu, nous avons même publié de ses photographies, puis nous avons pensé que, nous aussi, nous avions des artistes de gauche. » Ils aiment surtout mes travaux qui ont été publiés dans **Lef.** Si j'apporte des nouveautés, ils se taisent.

Novy Lef, *Moscou, 1927, n° 6, p. 152.*

Lettre de Moholy-Nagy à Ulrich Hösel[28]

11 janvier 1928.

M. Ulrich Hösel
Exposition de la presse internationale
Section T
Cologne

Cher Monsieur Hösel,
Excusez-nous de répondre seulement maintenant à votre lettre du 22 décembre 1927. En raison des vacances et de l'absence des collègues concernés par vos propositions, nous n'avons pu y répondre.
Nous vous remercions de tout cœur de nous proposer de participer à la Pressa avec nos travaux photographiques. Malheureusement, faute de moyens matériels, le Bauhaus n'a pas encore pu constituer une section photographique. Toutes les œuvres photographiques et toutes les créations de ce type sont dues à des initiatives personnelles. Mais comme nous aimerions beaucoup fonder, dans notre institut, un atelier photographique, nous serions prêts à aménager un atelier de présentation photographique moderne à la Pressa, à condition que l'on mette à notre disposition les moyens matériels nécessaires, sous la forme d'espèces ou de cadeaux; à condition aussi que, après la clôture de l'exposition, la Pressa, c'est-à-dire l'industrie, nous fasse cadeau de l'atelier de présentation. Dans le cas où cette proposition ne serait pas acceptée, nous pourrions vous organiser une exposition avec les meilleurs travaux de nos collaborateurs, pour peu que vous soyez en mesure de couvrir nos frais. (Nous pourrions exposer les agrandissements de photographies faites sans caméra, des photoplastiques, des photomontages et des photographies faites avec un appareil de photographie.) Naturellement, nous tenons à installer et à aménager la salle nous-mêmes.
Si, en principe, nos propositions vous semblent acceptables, nous les préciserons avec grand plaisir. Évidemment, il serait préférable de discuter personnellement de cette affaire et, en ce qui nous concerne, nous serions heureux de vous recevoir à Dessau. Sous certaines conditions, on peut envisager aussi que Monsieur Moholy-Nagy aille vous voir.

Respectueusement,
M.-N.

Le projet de lettre tapé à la machine appartient à Hattula Moholy-Nagy.

Moholy-Nagy : Déclaration

Dessau, janvier 1928.

En dépit des difficultés matérielles, le Bauhaus est parvenu à une espèce de stabilisation, du fait, entre autres, de la durée de son existence. C'est précisément en raison de ses moyens matériels réduits que le Bauhaus se doit d'être productif et efficace; c'est plus important que jamais. Bien que les points de vue humains et pédagogiques ne soient pas rejetés, ils auront à souffrir indiscutablement de cette stabilisation. Cette nouvelle orientation est sensible aussi parmi les étudiants: de plus en plus, ils souhaitent recevoir une instruction technique et une formation pratique **qu'ils placent au-dessus de tout.**
En principe, nous ne nous opposons pas à ce que l'énergie humaine veuille se mesurer à l'objet et au métier. Cette exigence fait partie du programme du Bauhaus. Mais nous devons reconnaître le danger d'une rupture d'équilibre. Dès que la création d'un objet devient une spécialité et le travail, un métier, ils perdent toute leur vitalité. Il faut assurer une place aux idées fondamentales qui garantissent l'intégrité de l'essence humaine. Nous avons lutté pour cela et **cette lutte nous a épuisés.** Je ne peux plus lutter contre la tendance de plus en plus forte qui favorise la spécialisation professionnelle.
Nous sommes menacés de devenir ce à quoi nous nous sommes opposés en tant que révolutionnaires, c'est-à-dire une école assurant une formation professionnelle et **ne tenant compte que du rendement,** au détriment de l'évolution globale de l'homme polyvalent. Pour l'être humain, il ne reste ni temps ni place; aucune concession ne lui est faite.
Je ne peux pas continuer mon travail sur des bases aussi spécialisées, préoccupé uniquement d'objectivité et d'efficacité. Pendant cinq ans, je me suis consacré à une branche spécialisée, l'atelier du métal, mais je n'ai pu le faire qu'en y consacrant aussi toutes mes ressources humaines. Comme l'exigence d'une spécialisation semble se renforcer, je dois donner ma démission. Rester entamerait mes forces qui s'avéreraient insuffisantes. L'esprit de construction et d'expérimentation auquel, avec les autres, j'ai voué de plein gré tout mon être, a été remplacé par celui de la formation professionnelle dont les représentants veulent

promouvoir l'application pratique par la technologie et le savoir. Mon domaine a été l'élaboration de l'école et de l'homme. Au stade actuel de la technologie, je ne pourrais continuer mon travail qu'avec l'aide d'un spécialiste de la technique. On ne me l'accordera jamais pour des raisons économiques, puisqu'il n'y a pas de quoi payer deux hommes. Pendant des années, j'ai fait de gros efforts pour m'en passer. Je ne saurais faire plus que ce que j'ai fait dans le passé. Par conséquent, je dois céder ma place à un spécialiste. J'en suis infiniment navré car j'ai peur que ce dernier ne devienne un facteur déterminant. Et cela signifiera un tournant négatif par rapport à la tendance originelle du Bauhaus, même si cela produit quelques résultats positifs. Mais ceux qui subventionnent le Bauhaus le veulent ainsi. Si nous ne cédions pas, ils nous causeraient des ennuis et nous opprimeraient pour nous obliger à cesser la résistance. Nous – tout au moins, moi – avons déjà renoncé à résister.
Kandinsky et Klee peuvent mieux s'opposer à cela car ils ne s'occupent pas des problèmes quotidiens, ils sont chargés d'animer une ambiance. Je ne fais pas de romantisme; je constate des faits pratiques. Ce que j'ai dit sur mon compte concerne aussi certains élèves: nous ne pouvons pas retenir ceux qui ont le plus de talent, car nous ne pouvons pas leur assurer une sécurité intérieure; et nous pouvons encore moins retenir ceux qui ne veulent pas consacrer toute leur énergie à la «productivité». Au nom d'un idéal, on ne peut accepter que pour un temps limité de faire des sacrifices menant à l'autodestruction.
Le problème actuel du Bauhaus est le suivant: on ne va plus à contre-courant, on essaie de nager avec le courant. Cela affaiblit l'union. La communauté se défait. **Une communauté de création ne peut-elle exister que si elle résiste et lutte?** Dans la situation actuelle, l'élément de base le plus important du Bauhaus qu'était la **communauté** est sur son déclin. L'avenir nous dira quels seront les **résultats efficaces.** Peut-être est-ce le début d'une nouvelle époque fertile. Peut-être est-ce le commencement de la fin.

Sibyl Moholy-Nagy, **Moholy-Nagy, Experiment in Totality.**
Cambridge, U.S.A., 1969, p. 46-47[29].

Conversation entre un critique bienveillant et un représentant du Bauhaus de Weimar et de Dessau[30]

1928 (?)

Le critique bienveillant envisage ainsi le développement du Bauhaus:
Dans le passé (au cours de la première époque de Weimar), le Bauhaus avait débuté avec un programme qui semble dépassé aujourd'hui et qui paraissait déjà dépassé avant que d'être appliqué: ce programme visait à restituer et à anoblir l'artisanat, et à instaurer une vie communautaire semblable à celle de la franc-maçonnerie.
L'époque réellement féconde n'est arrivée que plus tard, lorsqu'on s'est mis à étudier la forme et la fonction, les matériaux et leur destination, l'épuration des formes, la construction des objets, des projets de décors, des modes de penser et de vivre.
Le résultat: des formes pures, rationnelles
des méthodes de travail techniquement mises au point
la valorisation des qualités humaines
l'augmentation des valeurs pédagogiques du travail en commun
le début des préoccupations sociales.
Ainsi a débuté la première époque de Weimar et de Dessau.
Dans un certain sens, une époque précieuse s'est terminée avec la construction des maisons et des bâtiments du Bauhaus.
Le Bauhaus a accompli une tâche imposée par l'époque.
Il a contribué de façon décisive au changement des formes d'habitation et de vie. Le travail commençait à exercer une influence aussi en dehors de l'établissement. On pouvait s'en rendre compte dans le domaine des produits industriels et du fait de la modification du goût du public. Le processus était déclenché et aurait continué à progresser, avec ou sans le Bauhaus.
Le Bauhaus a accompli son devoir expérimental: il a encouragé le développement industriel.
Mais un observateur de l'extérieur ne pouvait pas se rendre compte qu'une époque venait de se terminer.
Le Bauhaus a continué son travail habituel. On essayait de «fixer» les résultats antérieurs. (Vouloir jeter l'ancre est toujours dangereux et signale le manque d'impulsions nouvelles.)
Jusque-là, seuls ses ennemis attaquaient le Bauhaus: à cette époque, ses amis aussi commencèrent à le critiquer. En soi, c'est un processus sain. Les critiques des membres du

Bauhaus représentaient aussi une bonne chose. L'exploitation sociale des résultats obtenus en est devenue implicitement ou explicitement une conséquence inéluctable.
La direction du Bauhaus ne prêtait pas l'oreille à ces critiques. Elle ne pouvait s'en occuper car le Bauhaus subissait les contraintes d'un financement public, et elle se désintéressa de l'affaire.
Si on jette un coup d'œil critique sur la situation, on voit qu'il aurait fallu envisager les étapes suivantes : d'une part, arrêter le travail que l'on ne pouvait plus continuer, d'autre part, déclarer : en ce qui concerne la construction des habitations et travaux annexes, nous avons posé les bases d'un certain changement d'orientation. Une institution publique d'un État capitaliste ne peut pas se charger de développer les implications sociales indiscutables de ces résultats.
Le but de notre travail expérimental n'était pas de produire des objets que seuls les riches pouvaient acheter ; pourtant, même aujourd'hui, c'est le cas. Au contraire, nous voulons produire des objets standards, d'un usage général.
Comme des obstacles économiques nous barrent le chemin, nous devons renoncer à continuer le travail, en attendant une nouvelle orientation générale.
Après avoir réfléchi calmement, il aurait fallu dire à l'époque, ce que dit H. M.* aujourd'hui. Actuellement, la conjoncture et les raisons personnelles sont souveraines. A l'époque nous aurions pu agir sur la base de la simple compréhension des faits.
On aurait pu expliquer aussi les résultats réellement positifs du travail du Bauhaus. Aujourd'hui, dans ses déclarations, H. M. escamote, d'une façon un peu démagogique, les années fructueuses, les résultats positifs et l'influence du travail du Bauhaus.
Faute d'avoir fait ces déclarations, les hommes du Bauhaus risquaient l'accusation d'être trop timorés et le reproche d'accorder trop d'importance à leurs relations avec les autorités et les riches ; ils pouvaient passer pour des réactionnaires larvés.
Ce que dit H. M. **n'est pas exact,** mais ce n'est pas une raison pour prétendre que, dans l'ensemble, sa prise de position est fausse. On ne peut donc pas résumer son attitude en quelques mots.
Si nous voulons réagir contre les attaques de H. M., il nous faut laisser de côté les détails et discuter de l'essentiel :
Il faut expliquer que les changements historiques ont plusieurs centres de gravité. Il y a des personnes dont les efforts se limitent à des domaines particuliers. Le Bauhaus aussi a choisi un domaine particulier pour agir et a incité ses collaborateurs à concentrer leurs efforts sur le terrain de la construction d'habitation et de l'élaboration d'objets usuels. Il faut déclarer ce que l'on n'a pas encore osé dire à haute voix : « Nos produits sont devenus des objets de luxe, réservés aux privilégiés, et nous le déplorons. Ce n'était pas notre intention. Mais nous espérons que les tentatives du Bauhaus susciteront des résultats nouveaux qui seront utiles à un nouvel ordre social. Nous espérons que l'énergie intellectuelle, le travail d'organisation et l'effort pédagogique que nous avons investis dans ce domaine particulier, trouveront leur place dans le processus général qui transforme la société.
Nous sommes certains que, à la base de la révolution formaliste, il y a un processus intellectuel dont l'influence dépassera largement l'élément dit « formaliste » lorsqu'on se mettra à utiliser les produits d'une façon satisfaisante. »
Le représentant du Bauhaus de Weimar et de Dessau répond :
C'est une erreur de dire que les débuts du Bauhaus ont été négatifs. Les débuts ne sont pas décisifs en ce qui concerne le développement ultérieur qui peut d'ailleurs emprunter une tout autre direction.
C'est une erreur de dire qu'après la construction des bâtiments de Dessau, le Bauhaus a perdu sa vitalité. Au contraire, c'est à ce moment-là que le Bauhaus s'est épanoui. Des élèves ont été promus professeurs. Il y a eu de grandes discussions au sujet de la section d'architecture, qui ont abouti à l'établissement de cette section sous la direction de Hannes Meyer.
C'est une erreur de dire que la direction du Bauhaus n'a pas été sensible aux critiques. Gropius s'intéressait toujours à toutes les critiques. Il avait même invité des personnalités qui avaient critiqué l'institution.
Gropius était tellement ouvert à toute critique que beaucoup de membres du Bauhaus l'avaient accusé d'être « influençable ».
C'est une erreur d'affirmer qu'il aurait fallu arrêter le travail après une proclamation, alors qu'en réalité on n'avait pas du tout l'impression que le travail du Bauhaus touchait à sa fin, il restait encore beaucoup à faire : nos travaux n'avaient pas encore atteint le but fixé. On n'avait même pas mis tout à fait au point une salle de séjour vraiment bien aménagée ou une pièce aussi standardisée et fonctionnelle qu'une salle de bains ou des toilettes.

* Très probablement Hannes Meyer.

C'est une erreur de croire que l'on trouve dès le départ la forme idéale d'un objet. Au contraire : le processus nécessaire pour trouver la solution parfaite est long. Pour résoudre une telle tâche, dix années ne sont pas un laps de temps trop grand.
Il faut ajouter qu'au Bauhaus on ne faisait pas seulement du travail expérimental, on accomplissait en même temps un travail pédagogique. Le Bauhaus en tant que **type nouveau d'école** avait une grande importance.
Au bout de quelques mois seulement, l'élève du Bauhaus (en tout cas, à l'époque de Weimar) devenait indépendant par rapport à ses parents. Dès qu'il commençait à travailler dans un atelier comme apprenti, il recevait un modeste salaire.
Donc, il étudiait et, au lieu de payer ses leçons, c'est lui que l'on payait. En dépit de sa condition d'élève, il pouvait participer au difficile travail de recherche. Donc, dès le départ, il participait au travail essentiel du Bauhaus. A l'institution, on établissait des modèles surtout avec des élèves que l'on payait et, malgré cela, le Bauhaus avait l'obligation de faire des bénéfices. On travaillait donc dans des conditions très difficiles et au fond contradictoires.
D'autres contradictions s'y ajoutaient : le travail de recherche du Bauhaus avait un but social, on voulait établir des modèles industriels en vue d'une reproduction mécanique, mais ces modèles, pendant la phase préparatoire, étaient trop chers et ne pouvaient être acquis que par quelques riches acheteurs. Nous n'avions l'intention de fabriquer ces «produits de luxe» que pendant une phase intermédiaire. En cours d'exploitation, nous souhaitions les transformer en des objets d'utilité courante.
Réplique du critique :
N'aurait-on pas pu abréger cette phase intermédiaire en envoyant une partie des collaborateurs dans des usines pour y apprendre à fond le processus de fabrication ? N'aurait-il pas été profitable pour les élèves d'apprendre d'abord le processus de fabrication au lieu de commencer par se consacrer à la préparation de modèles ?
Réponse :
Nous avons essayé d'établir un lien avec l'industrie et, malgré de sérieuses difficultés, nous y sommes parvenus à plusieurs reprises. Par exemple, le tissage a connu un grand essor, car certains membres de cet atelier ont travaillé dans des filatures et des usines de teinture, puis ils ont réintégré le Bauhaus.
De plus, on aurait tort de dire que Gropius aurait dû reconnaître que sa tâche était terminée et passer la main à quelqu'un qui aurait mieux su développer le côté social du travail. Car Gropius est plus apte que n'importe qui à accomplir cette tâche : il est souple et en même temps décidé. Il est injuste de le rendre responsable des difficultés rencontrées sur le plan social. Il ne faut pas, comme le fait H. M., se vanter de la fourniture de logements bon marché, puisque, déjà auparavant, on avait réussi à atteindre un seuil très bas.
Question :
Est-ce qu'un ouvrier est en mesure de faire une avance de 1 000 marks ?
Réponse :
Ces 1 000 marks correspondent à un emprunt et les logements sont bon marché.
Question :
Est-ce qu'un ouvrier peut obtenir un prêt ?
Réponse :
Je crois qu'au lieu d'examiner les détails, il faut envisager le fond du problème : H. M. veut éloigner du prolétariat son prédécesseur qui, dans une certaine mesure, est son rival.
Le critique :
Puisque les artistes veulent avoir un lien avec le prolétariat ou pensent en avoir un, et puisque ce lien est contesté par certaines personnes, pourquoi ne pas discuter tous ensemble de la situation ?
Le représentant :
Parce que ceux qui font de la politique ont des préjugés ; ils pensent qu'ils peuvent se passer des «intellectuels» ; ils nient l'importance du travail intellectuel et ils oublient que leur révolution serait impossible sans ce travail. Ceux qui nous attaquent le plus violemment, ceux avec qui il faudrait discuter, sont en majorité d'anciens intellectuels. Ils montrent plus d'incompréhension et plus d'impatience pour ces questions que quiconque. En un mot, à la suite d'une telle discussion, nous constaterions que nous pensons différemment et que nous ne pouvons pas nous comprendre.
Le critique :
C'est impossible : si on a **vraiment** le même but, on **doit** pouvoir se comprendre !

Le manuscrit appartient à Hattula Moholy-Nagy.

Dix questions – dix réponses

1. Qu'aimeriez-vous faire, qu'aimeriez-vous savoir, qui aimeriez-vous être par-dessus tout? (Au cas où vous ne seriez pas satisfait.)
2. Pourquoi n'échangeriez-vous votre place avec personne d'autre?
3. Qu'attendez-vous de l'avenir?
4. Que redoutez-vous le plus de l'avenir?
5. Quel fut l'instant le plus heureux de votre vie? Et le plus malheureux? (Si vous voulez bien le dire.)
6. Quel est votre plus grave défaut? Et votre plus grande qualité? Qu'est-ce qui vous plaît le plus en vous? Qu'est-ce qui vous déplaît le plus?
7. Qu'est-ce que vous aimez vraiment? Qu'est-ce que vous détestez? (La nature, des hommes, des idées, des objets, etc. Vous pouvez répondre en une phrase ou écrire toute une page.)
8. Quelle est votre attitude envers l'art moderne?
9. Quelle est votre conception du monde? (Etes-vous un être rationnel dans un monde rationnel?)
10. Pourquoi tenez-vous à la vie?

A l'école, pendant les cours de latin, nous faisions circuler en secret un «livre des confessions»... Chacun devait répondre sincèrement à des questions. En général, on posait les questions suivantes:
Crois-tu qu'une amitié puisse exister entre un homme et une femme?
Es-tu amoureux?
Où l'as-tu rencontrée?
Tous nous avions choisi un pseudonyme pour répondre: Apollon, Hephaïstos, Nez-de-cuir. Un garçon avait choisi: «Dowegofarther».
Dans ce livre des confessions, nous mentions tous en chœur.
Ce souvenir me réjouit encore. Le monde est une balle et les questions du livre des confessions déferlent à nouveau vers moi. Je serai à la hauteur de cette possibilité de mentir. Mais il y a une chose que je sais aujourd'hui mieux qu'au temps de mes études: si j'ai envie de mentir c'est parce que je ne suis pas encore mûr.

1. Je suis Hongrois, et en plus du hongrois, je ne connais que l'allemand. Je voudrais connaître le français, l'anglais, l'italien et l'espagnol. Alors, je serais partout chez moi.
2. Quand j'étais enfant, je me croyais le fils d'un roi qui aurait été échangé mais qui récupérerait sa place plus tard. Maintenant, je sais que l'on est celui que l'on est... (poulet reste poulet*). Je suis satisfait de mon sort. Je suis heureux d'être comme je suis. Que pourrais-je faire si j'étais meilleur? Mes faiblesses m'incitent à lutter, elles décuplent mes efforts.
3. Qu'est-ce que j'espère? Qu'un jour, je serai capable de comprendre mieux qu'aujourd'hui la société, les relations sociales, les relations des individus avec la masse. Jusqu'ici, ce sont mes sentiments qui m'ont guidé dans ce domaine. Mais mes sentiments sont moins forts qu'à l'époque où j'avais des remords lorsque je buvais un bon alcool ou que je roulais en voiture.
4. Subjectivement: que par gratitude, par fausse bonté, je puisse être amené à faire des concessions. Je sais ce que c'est que d'être bon par faiblesse: on laisse les choses continuer pour ne pas faire de la peine à l'autre, bien que l'on sache que tout est fini.
Objectivement: que les hommes fassent à nouveau la guerre au lieu de se perfectionner.
5. J'étais alors un petit garçon et un ami m'avait remis un journal dans lequel avait paru pour la première fois l'un de mes poèmes. En général, je suis assez heureux; mais s'il me faut choisir un événement, dois-je mentionner la satisfaction de cette ambition enfantine ou un incident de la guerre? C'est tout un roman mais je vais le résumer: pendant une retraite, après une longue marche dans la boue jusqu'aux genoux, le visage fouetté par le vent et la grêle, à demi aveuglé, les pas trébuchants, je ne pouvais plus avancer. Je suis resté seul dans le noir, au milieu d'un champ, à bout de forces. Tout à coup, mon cheval est apparu; j'ai pleuré et je l'ai embrassé, ivre de joie.
A vrai dire, je n'ai jamais été profondément malheureux. Bien sûr, une fois j'ai été très très triste; j'ai réussi à vaincre ma jalousie en prenant conscience que j'en éprouvais.
6. Il m'est difficile de ne pas vouloir faire plaisir à tout le monde. Ce qui me caractérise le plus, c'est mon optimisme.

* Voir plus haut le scénario de film conçu sous ce titre.

Ce que j'aime le plus en moi, c'est que je sais être heureux ; ce que j'aime le moins, c'est ma tendance au fanatisme.
7. Etre propre, intérieurement et extérieurement. Je déteste le plus les gens qui ne peuvent pas me souffrir.
8. Je crois moins à l'art qu'à l'humanité. Chaque homme se révèle – avec beaucoup d'art.
9. Je trouve l'organisation actuelle du monde, en ce qui concerne le système social, très incompréhensible et effrayante. Peu à peu, je suis arrivé à croire qu'à la longue, tout se développe organiquement. Cela ne signifie pas forcément que l'on peut accepter le système présent sans s'y opposer.
10. Je vis parce que vivre me rend infiniment heureux.

Little Review, *New York, mai 1929.*

Lettre de Moholy-Nagy à Sonia Delaunay[31]

Charlottenburg, 27 mars 1930.

Chère Madame Delaunay,
Je n'ai pu répondre avant aujourd'hui à votre aimable lettre car je viens de rentrer d'une tournée de conférences. Merci de m'inviter à participer à votre exposition parisienne ; je le ferais très volontiers si je n'avais pas déjà promis ma participation à Gropius qui est le commissaire général de l'exposition allemande organisée par le Werkbund, sur la demande du ministère des Affaires étrangères. Cette exposition aura lieu au Grand Palais et représentera la section allemande de l'exposition de la Société des artistes décorateurs.
Pendant mon séjour en Suisse, Arp m'a raconté que, dans leur majorité, les artistes modernes de Paris ont déclaré la guerre à cette société. On m'a dit qu'il serait dommage que, compte tenu de cette situation, Gropius organise l'exposition prévue. J'ai répondu ce que je vous écris : Gropius ignore les luttes internes des artistes parisiens et ne peut pas en tenir compte car l'exposition du Werkbund est l'exposition officielle de l'État allemand. L'invitation et l'acceptation ont été faites à travers le ministère des Affaires étrangères. En 1925, on a officiellement invité l'Allemagne à participer à l'exposition internationale de la même année, mais cette invitation a été refusée. Donc, depuis la guerre, la présente exposition est la première que l'Allemagne organise en France à la suite d'une invitation officielle.
J'espère que vous me permettrez de vous rendre visite lors de mon prochain séjour à Paris. Veuillez transmettre aussi à votre mari mes amicales salutations.

Moholy-Nagy
Lettre communiquée par Sonia Delaunay.

Abstraction-Création

Moholy-Nagy:

On croit que le processus de création d'une œuvre d'art et l'exécution manuelle de cette œuvre sont, obligatoirement, essentiellement inséparables.
En vérité, pour le processus spirituel de création de l'œuvre, il est seulement important que l'exécution de cette œuvre soit connue, comprise, voulue, dirigée par l'artiste jusqu'au bout. La façon, qu'elle soit personnelle ou commandée à un tiers, à la main ou à la machine, est indifférente. Il est surprenant que le peintre « génial » d'aujourd'hui par rapport aux techniciens rationnels ait très peu de connaissances scientifiques. Les techniciens travaillent depuis longtemps avec elles : par exemple, ils emploient l'optique, l'interférence et la polarisation, les mélanges soustractifs ou additifs de lumière. Mais que ces moyens soient intelligibles directement dans la composition coloriée, cela semble pour l'instant encore être une utopie ; bien qu'il n'y ait à objecter contre leur emploi qu'une mauvaise estimation du processus artistique.

Abstraction-Création, Art non figuratif, *Paris, cahier de 1932, nº 1.*

Réponses aux questions d'Abstraction-Création

Le comité de l'association Abstraction-Création a posé aux adhérents les questions suivantes :
1. Pourquoi ne peignez-vous pas des nus ?
2. Que pensez-vous de l'influence des arbres sur votre travail ?
3. Est-ce qu'une locomotive est une œuvre d'art ? Pourquoi ? Ou pourquoi pas ?
4. Est-ce que le fait qu'une œuvre a l'apparence d'une machine ou d'une création technique ôte ou ajoute à son efficacité artistique ?

5. Est-ce que le fait qu'une œuvre a une apparence animale ôte ou ajoute à son efficacité artistique?

Les réponses de Moholy-Nagy:
1. Je ne peins pas des nus parce que je peux mieux les photographier.
2. J'estime que c'est très agréable de travailler sous les arbres et je suis sûr que, pour un travail organique, il faut plus de végétation que d'asphalte. Mais c'est l'affaire des communautés de réaliser finalement les plans des architectes et de planter plus d'arbres et de gazon dans nos grandes villes.
3. Une locomotive est aussi bien ou aussi peu une œuvre d'art qu'un canif. Je n'aimerais pas établir une hiérarchie des arts sur la technique et d'autres domaines de la création. Cette troisième question appartient à des conceptions d'hier.
4. Il importe peu qu'une œuvre ressemble à un appareil ou à une machine, ces éléments ne déterminent pas la valeur artistique.
5. Même réponse.

Abstraction-Création, Art non figuratif, *Paris, cahier de 1933, nº 2.*

Lettre de Moholy-Nagy à Herbert Read

Berlin, 24 janvier 1934.

Cher professeur Read,
Hier soir, j'ai découpé dans le journal cette critique sur votre livre et je pense qu'il est grand temps que je vous remercie pour vos vœux de Noël, si chaleureux et aimables. En réponse, je peux seulement vous dire que j'admire infiniment le style épistolaire des Anglais. Les lettres anglaises sont toujours denses et pleines d'informations, ce qui n'empêche pas qu'elles dégagent un charme personnel vous rendant enclin à prendre au sérieux tous les compliments. Votre lettre m'a immédiatement égayé.
Chez nous, ce genre d'humeur a tout à fait disparu. Nous sommes plutôt tristes que gais, et nous avons toutes les raisons de l'être. Autour de nous, la situation des arts est désespérante et stérile. On végète dans un isolement complet et la propagande dans la presse vous convainc qu'ici, en dehors de la phraséologie la plus creuse, aucune forme d'expression n'a sa place. Alors, on a du mal à exercer une influence, même sur un cercle très réduit. On est obligé d'adopter un solipsisme poussé à l'extrême.
Pour cette raison justement, c'est une grande joie de savoir que vous existez, que vous êtes mon ami et que vous partagez l'opinion de notre petit groupe isolé. Je vous remercie pour le renvoi des photographies et pour votre recommandation à la Mayor Gallery. J'espère pouvoir retourner à Londres pour un séjour prolongé vers Pâques. Je vous envoie mes salutations les plus chaleureuses, transmettez-les aussi à votre femme, à Ben Nicholson, à Barbara Hepworth et à Miss Braunfels.

Moholy-Nagy

Richard Kostelanetz, ***Moholy-Nagy,*** *Londres, 1971, p. 18-19.*

Lettre de Moholy-Nagy à Sándor Bortnyik (extrait)

Chicago, 24 janvier 1939.

Les professeurs que nous avons engagés sont arrivés, mais ils sont retenus à New York, et je dois faire appel à toute mon adresse pour renforcer leur position. Après six mois d'énervement et de discussions, nous sommes prêts à ouvrir une école nouvelle, sans garanties. Mes collègues professeurs et moi-même devons assumer les risques matériels (!), ce qui signifie que, probablement, personne ne touchera de salaire.
L'enthousiasme de mes professeurs et de mes élèves m'encourage et j'espère que l'entreprise réussira, mais je suis sûr que, durant cette première année, nous serons tous obligés de faire de grands efforts.

Archives de l'Institut d'histoire de l'art, Budapest.

Lettre de Moholy-Nagy à Gyula Pap*

Chicago, 4 mars 1939.

Cher Pap,

Je regrette de ne pas avoir répondu plus tôt à votre lettre du mois de janvier, mais elle est arrivée juste au moment où il fallait faire démarrer la nouvelle School of Design. Le travail le plus difficile est derrière nous, et je suis maintenant un peu plus libre.

Pendant un an, nous avons fait un excellent travail dans le New Bauhaus, puis une terrible période a suivi. La firme qui soutenait le New Bauhaus a perdu son argent lors d'une faillite et nous ne pouvions pas rouvrir l'école en septembre comme nous l'avions projeté. Maintenant, après un arrêt de six mois, nous avons ouvert une nouvelle école et nous en sommes très heureux. Nous avons quarante-quatre élèves et il semble que leur nombre augmentera au cours du semestre suivant. Malheureusement, pour l'instant, les professeurs ne sont pas payés car nous voulons que l'école soit bien équipée et que les dépenses courantes soient assurées. Pour ces raisons, à mon grand regret, je ne peux pas vous engager, mais, naturellement, je vous donne volontiers une recommandation si vous en avez besoin. Avec mes salutations sincères.

László Moholy-Nagy.

Archives de l'Institut d'histoire de l'art, Budapest.

Lettre de Moholy-Nagy à Nicolas Pevsner (extrait)

1943.

...Nous avons fondé une nouvelle école. Son nom est modeste et sans éclat : « School of Design ». Nous sommes tous très enthousiastes, aussi bien mes collègues que les étudiants qui sont restés avec nous. Pendant une année, personne n'a reçu de salaire et, au bout d'un an, nous pouvons donner une somme modeste à quelques-uns de nos professeurs, grâce à la subvention de la Carnegie Corporation de New York. C'est presque un miracle que nous existions et que notre situation soit bonne.

C'est ainsi parce que tous ceux avec qui nous sommes entrés en rapport sont convaincus que notre activité est utile, car nous nous efforçons d'établir le point de départ de l'enseignement futur. Cette forme d'éducation ne se limite pas à la formation professionnelle spécialisée. Elle concerne tout le monde et tous les métiers, aussi bien les avocats que les médecins, les designers ou les architectes. Nous établissons notre budget très réduit, grâce aux sommes payées par les étudiants, aux subventions (Fondations Rockefeller et Carnegie) et aux dons des amis. Nous recevons aussi une aide sérieuse d'un industriel d'esprit moderne qui s'intéresse à la publicité et aux méthodes de production modernes.

Vous savez sans doute que nous formons dans l'école des designers et des architectes, en effectuant une synthèse de l'enseignement de l'art, des sciences et de la technologie. A mon avis, le plus important dans l'éducation est l'équilibre entre l'intellectualité et l'émotivité. Chez nous, chaque élève a la possibilité de s'occuper de questions artistiques à côté des cours scientifiques et technologiques. Pour des raisons pratiques, nous mettons actuellement l'accent sur l'approche scientifique et technique car, du fait de notre budget très réduit, nous devons constamment prouver que nous méritons d'être aidés. Naturellement, nous faisons tout pour encourager les activités artistiques et les élèves s'occupent beaucoup des arts libres : ils écoutent des conférences, visitent des expositions, etc. Ainsi, ils comprennent bien les problèmes qu'un artiste libre doit surmonter sans avoir de difficultés matérielles. Nous différons, je crois, sur un point, du Bauhaus : la science est incluse dans notre programme, accompagnée d'un peu de philosophie...

L'original se trouve dans les Bauhaus-Archiv, Berlin-Ouest.

Lettre de Moholy-Nagy à son frère

Chicago, 10 décembre 1945.

Mon cher Jenő,

Maintenant que la poste fonctionne, je me hâte de t'écrire. Cela m'est difficile parce que je suis toujours malade. On me soigne depuis quatre semaines ; j'ai passé quinze jours à l'hôpital (pour une leucémie : les globules blancs prolifèrent et font diminuer le nombre des globules rouges nécessaires). J'ai failli crever mais espérons que je viendrai à bout de cette saloperie. On me fait aussi des rayons, oui, la famille a eu peur pendant quelques semaines !

* Peintre hongrois, élève de Moholy-Nagy au Bauhaus.

Je suis content que ce soit Józsi Fischer qui dirige la reconstruction*. C'est un excellent architecte ; j'espère qu'on lui permettra de faire de son mieux, qu'on ne l'obligera pas à faire des sottises.
Nous étions très surpris d'apprendre que (ton fils) Levente suit déjà des cours à l'université technique. Nos filles ont dix et douze ans, elles sont encore loin du baccalauréat. Sibyl a publié un livre il y a un mois : **Children's Children.** C'est l'histoire d'une famille allemande, celle des enfants des enfants, des guerres napoléoniennes à Hitler. Ceux qui ont lu ce livre l'ont beaucoup apprécié. Moi aussi, j'ai écrit des livres au cours des quatre dernières années. **Vision in Motion** ou un titre de ce genre sera publié au début de l'année prochaine. Écris-moi, que fais-tu, quelle profession exerces-tu? Comment se portent Manci, Levente[x], Laci, Frida, enfin, comment se porte ta famille?
Je vous embrasse au nom de nous tous.

Votre Laci.

[x] J'espère qu'il apprend l'anglais avec assiduité.

La lettre appartient à Levente Nagy.

Lettre de Moholy-Nagy à son frère

Chicago, 11 avril 1946.

(...) L'Institute of Design que je dirige, vous le savez, se développe convenablement, mais, comme toutes les bonnes écoles privées du pays, il faut que l'industrie et des mécènes la soutiennent. Ce que payent les élèves ne suffit pas à sa subsistance. Pour cette raison, je ne touche pas de salaire : j'en fais cadeau à l'école. Nous vivons de la vente de tableaux et des travaux de design. Je suis designer chez la Parker Pencil Company (tu as peut-être vu un stylo «5 j») et, il y a deux ans, j'ai fait un projet de wagon moderne.
Une nouvelle édition de mon livre intitulé **New Vision** a paru il y a quelques semaines. Cela me rapportera aussi quelques centaines de dollars et, dans quelques mois, paraîtra **Vision in Motion,** mon nouveau livre important. J'espère qu'il me rapportera aussi quelque chose. Voilà comment nous vivons, comme je l'ai dit, au jour le jour...

La lettre appartient à Levente Nagy.

Lettre de Moholy-Nagy à son frère

Chicago, 21 mai 1946.

Très chers,
J'écris en vitesse pour que la lettre puisse partir à temps. Je travaille sur un livre important : **Vision in Motion.** J'espère qu'il paraîtra dans quelques mois. Je l'écris depuis huit ans et, ces quatre dernières années, avec ténacité. Il aura trois cent soixante-huit pages avec quatre cent cinquante illustrations. Je vous embrasse affectueusement, votre Laci.

La lettre appartient à Levente Nagy.

Lettre de Moholy-Nagy à son frère

23 juin 1946.

Cet été, nous serons dans une petite ferme
que Walter P. Paepcke de la Container Corporation of America nous a prêtée.
Écrivez à l'adresse de Chicago, le courrier suit.

Chère famille, Manci, Jenő, Venti,
Nous avons reçu en une semaine votre lettre, le reportage de Manci et les trois petites photographies de la villa du Balaton qui nous ont fait grand plaisir. Qui est l'architecte? Un type bien et d'esprit moderne a dû s'occuper du travail. A propos, je veux écrire depuis des mois à Józsi Fischer. Je suis avec attention ce qu'il fait même si je n'ai que rarement de ses nouvelles. Comme je n'ai pas le temps d'écrire, va le voir ou téléphone-lui ; transmets-lui mes meilleures pensées et dis-lui qu'il m'écrive s'il a besoin de quelque chose. Dis-lui qu'à l'école, les deux Szyrkus, deux excellents architectes polonais, ont fait ces jours-ci des conférences sur la reconstruction de Varsovie. Ce sont des gens très bien et de merveilleux urbanistes. J'espère qu'il est en rapport avec eux. Cela en vaut la peine. Ils retournent à Varsovie en passant par Londres et la Suisse. Demande aussi à Fischer ce qui

* Moholy-Nagy parle de la reconstruction de Budapest après la guerre.

est arrivé à Farkas Molnár (on m'a dit qu'une bombe l'a tué), à Bierbauer* et aux autres. Ma santé est au même point. Je dois faire attention à ne pas trop me fatiguer. Je vous embrasse,

votre Laci.

La lettre appartient à Levente Nagy.

La dernière lettre de Moholy-Nagy à son frère et à son neveu

Chicago, 5 septembre 1946.

Mon cher Venti,
Ci-joint quelques timbres qui te seront peut-être utiles. Ici, l'automne approche, nous retournerons ces jours-ci à Chicago. L'été a été très beau. Les enfants sont revenus du camp, en bonne santé et bronzés.
Nous vous embrassons,

votre Laci.

Moi, je vais bien**.

La lettre appartient à Levente Nagy.

Lettre de Xanti Schawinsky à Sibyl Moholy-Nagy[32]

15 août 1948.

...Moholy a courageusement vaincu toutes les difficultés linguistiques. Il a acquis une virtuosité remarquable aussi bien en allemand qu'en anglais. Son accent hongrois était légendaire en allemand, en français, en toutes langues. Quand ceux du Bauhaus voulaient plaisanter, ils imitaient Moholy. Un jour, il a montré pendant un cours préliminaire des photographies de sanctuaires égyptiens et il a désigné les différentes entrées. «C'est l'entrée des prêtres et c'est celle des créditeurs***», a-t-il dit au lieu de «croyants****». Une autre fois, au lieu de «Frauenhüte» (chapeaux de femmes), il a dit «Frauenhüter» (gardiens de femmes). Le moment le plus difficile, c'était en 1935, à La Sarraz où Gropius lui donnait des leçons d'anglais mais où à table on parlait français. Quand Moholy voulait dire quelque chose, il traduisait d'abord son idée du hongrois en allemand, chose relativement facile pour lui. Après, il repensait la phrase en anglais (à l'époque, il habitait Londres et cette langue le préoccupait particulièrement), et pour finir, il devait s'exprimer en français. Le résultat était désespérant car, au cours de cette manipulation, l'idée de départ se transformait complètement. Gropius connaît un grand nombre de ses bévues linguistiques. Beaucoup sont devenues légendaires.
En allemand, ses pensées allaient plus vite qu'en anglais. Quelques-uns de ses écrits en allemand sont presque incompréhensibles, il s'y exprime d'une façon très compliquée. «Moholyien» est devenu un nouveau mot dans le dictionnaire, comme p. ex. «faustien». Si on énumérait des matières nouvelles, on adoptait toujours le style de Mo. A Weimar (de 1923 à 1925), on parlait surtout de caoutchouc, de nickel, de verre et de matières synthétiques et lorsqu'on en parlait, on prenait l'accent célèbre de Moholy.
En dépit de ses multiples activités pédagogiques, de son travail publicitaire et de ses occupations diverses, il peignait presque tous les jours. A Weimar et à Dessau, Lucia s'installait souvent dans son atelier. On disait qu'elle veillait à ce qu'il travaille assidûment. Lucia était une personne sérieuse, on la voyait rire rarement. La photographie de Moholy était en partie due à sa collaboration. Elle travaillait à sa place dans la chambre noire et je crois qu'en partie, c'est son mérite si Moholy est devenu un photographe d'une célébrité mondiale. Il a fait la plupart de ses photographies importantes à cette époque.
On n'avait pas le droit de fumer dans la maison de Lucia. Une fois, j'avais du mal à résister à la tentation, je me préparais à fumer. J'avais déjà craqué l'allumette puis j'y ai tout de même renoncé. Quelques minutes plus tard, Lucia est descendue, elle a reniflé et s'est exclamée avec indignation: «Qui a fumé ici?»
A Ascona, Moholy, le sérieux, a révélé son côté bon vivant et gai: il cuisinait du poulet au paprika et du «gulyás» pour toute la clique (Gropius, Pia, Schifra, Bruno, Herbert, Breuer, Giedion, Philippo et les dames qui les accompagnaient). Mais je crois qu'il s'abstenait de

---

* Tous deux architectes hongrois de style moderne. (N. d. T.)
** Lettre écrite quelques jours avant sa mort. (N. d. T.)
*** Gläubiger (en allemand).
**** Gläubige (en allemand).

boire le bon vin qui nous enivrait tous dans les règles. Une ambiance très gaie régnait au cours de ces dîners. Nous faisions aussi des excursions dans les montagnes avec Ellen. Nous mangions dans les grottes et nous improvisions des pièces de théâtre. Moholy jouait à la balle, nageait dans le lac Majeur et participait à toutes les bêtises qui nous aidaient à passer le temps. L'intellectuel s'était vite transformé en un athlète musclé.
Je ne sais pas pourquoi, mais moi je ne l'ai jamais tapé. Pourtant, la générosité de Moholy était de notoriété publique. Le régime nazi lui a donné beaucoup d'occasions de l'exercer. Moholy a aidé les persécutés et, malgré le danger extrême, en a caché dans son atelier de Kaiserdamm. Il a donné des vêtements à ceux qui allaient traverser la frontière clandestinement. Tout le monde savait que l'on pouvait compter sur lui dans toutes les situations.
Ses ennemis le haïssaient surtout par jalousie ou parce qu'ils souffraient de la manie de la persécution et prétendaient que Moholy avait volé leurs idées, surtout Albers qui mettait du temps à présenter ses idées et qui écrivait difficilement: quand il pensait que Moholy avait rendu public ses idées, il lui en voulait. Schmidtchen et Bayer aussi le pensaient et il y a eu des disputes. Il faudrait un biologiste pour déterminer la véritable paternité. Gropius défendait Moholy avec âpreté, il disait que l'important, c'était de faire connaître les idées nouvelles, au lieu de les laisser moisir dans un tiroir. Moholy pensait toujours à l'ensemble du mouvement. Peu importait qui était l'auteur de certains slogans. Je lui ai montré une chaise d'Albers et je lui ai expliqué qu'elle n'avait que huit joints au lieu des trente-cinq points de jonction habituels. Peu après, Moholy a conçu une chaise sans joints. Ma théorie au sujet d'un nouveau théâtre expérimental a vu le jour pour la première fois dans un écrit de Moholy. Bien sûr, j'en étais surpris mais je n'ai pas pu lui en vouloir.
Quand, en 1937, Mo est venu à Marion où Pius, Bayer, Breuer et moi-même passions quelques semaines, nous sommes allés le chercher à la gare en grande pompe. Il nous a montré son nouveau programme, établi à Chicago, et comme nous étions ses amis les plus proches, il nous a demandé de le critiquer et de lui donner des conseils. Après la lecture de ce programme gigantesque, il semblait évident qu'il avait dépassé les limites et que notre pauvre corps professoral ne pourrait pas exécuter ce plan de travail. Silence. Alors Gropius, notre doyen, a pris la parole et a exprimé le sentiment général. Mo a répondu: «Chers amis, on ne peut plus rien y changer, c'est imprimé.»
Mo dansait la «csárdás»: il en connaissait les figures les plus compliquées et dansait chaque fois qu'il trouvait une partenaire hongroise dans un bal du Bauhaus. Je l'ai souvent regardé de l'estrade de l'orchestre danser avec ferveur le «Schuhplatter» tyrolien, mais ses pas devenaient plus hésitants dans le fox-trot, le shimmy ou le lindy-hop. Il ne manquait jamais une fête. Bien qu'il ait eu beaucoup d'imagination dans tous les domaines, il ne l'exerçait pas en ce qui concerne son costume de dimanche qui était simple et sobre.
A cause de ses travaux dans l'atelier du métal, Otto Rittweger avait des rapports étroits avec Mo et racontait des histoires merveilleuses à son sujet. Il l'aimait bien mais il aimait aussi se moquer de lui et il l'imitait à merveille. Marianne Brandt aussi connaissait Mo et avait travaillé avec lui dans les ateliers de Weimar et de Dessau; je suis sûr qu'elle pourrait raconter des choses intéressantes. Comme on le sait, Mo a repris l'atelier de Paul Klee et l'a mené de samovars sublimés aux corps lumineux et à d'autres objets plus fonctionnels. Klee a sans doute pensé qu'il se libérait d'une lourde responsabilité et a dû se réjouir de pouvoir laisser l'atelier à Mo. Gerhardt Marcks a avoué qu'il n'a jamais pu vraiment pardonner à Gropius la nomination de Moholy, et comme il n'a pas pu s'accommoder de l'époque de Moholy, il a disparu et a transporté son atelier de poterie près de Halle.
Un grand mécontentement a suivi la publication du livre sur le théâtre car, en apparence, Mo avait la priorité sur Schlemmer. Les gens tenaient Schlemmer pour un vrai génie théâtral et prenaient très mal qu'on ne lui ait pas réservé les illustrations en couleurs. A part cela, tout le monde regardait avec gratitude et espoir les publications de Mo dans la série du Bauhaus qui n'aurait sans doute jamais existé sans lui.

Chère Sibyl,
Ci-joint quelques souvenirs supplémentaires sur notre grand Mo. Je les ai notés pêle-mêle, comme ils me venaient à l'esprit et ils n'ont pas forcément de valeur pour votre travail. Si vous voulez d'autres histoires vécues, je pense que Rittweger et Marianne Brandt sont de bonnes sources. Mo, d'une grande chaleur humaine sans faille, était un homme de toute confiance et l'un de mes amis les plus proches. Nous n'avons pas pu passer beaucoup de temps ensemble ni parler longuement, mais il m'a toujours semblé que je le connaissais «comme ma poche». Au début j'étais son élève au Bauhaus. Il m'a familiarisé, d'une façon passionnante, avec les problèmes modernes. Je l'ai aimé tout de suite et pour toujours.
Si vous avez besoin de photographies du temps de Dessau, je vous en envoie volontiers; je n'en ai que quelques-unes; c'est toute ma fortune.

Xanti Schawinsky.

La lettre appartient à Hattula Moholy-Nagy.

3. LA FORTUNE CRITIQUE DE MOHOLY-NAGY

Ernő Kállai : Moholy-Nagy

L'art de Moholy-Nagy, par ses formes extrêmes, se rapproche du cubisme et du dadaïsme ; la réunion organique de ces formes dans son œuvre exprime le monde de l'homme d'aujourd'hui, capable de maîtriser les machines.
Du point de vue purement formel, il construit des systèmes de formes centrées et non centrées, où il cherche à concilier ces contradictions.
Dans la monumentalité des masses devenues des nécessités se manifestent des lois et une volonté impérieuse. Avec, comme motifs, des paysages ferroviaires ou par exemple avec l'immense diagonale d'une cheminée d'usine penchée à gauche s'élabore une architecture dense, composée de tensions verticales et d'obliques. Les détails de bâtiments ou de structures de ponts expriment un ordre autonome. Leur utilité pratique ne joue plus de rôle. Sur l'un des tableaux, une forme mince et verticale, avec une vitalité presque organique, s'élance souplement, perpendiculaire à une raie blanche horizontale. On sent une concentration, une conscience et une fierté réelles dans ces manifestations nouvelles et tout à fait originales du style constructif moderne. Les complications spatiales, la mise en question souvent superficielle de la forme et des couleurs, propre au cubisme occidental plus différencié, en sont absentes. Les couleurs se traduisent en formes à l'aide de forts contrastes et de collisions brutales. Les éléments de la forme sont très simples. L'espace fait table rase des détails : un seul mur, large, abstrait est placé derrière la forme. La foi de l'artiste dans l'action de l'homme et dans le pouvoir de la civilisation qui construit le futur y est inscrite d'une façon lapidaire.
Mais Moholy-Nagy n'est pas seulement le maître et l'architecte des formes et de la vie actuelles ; il en est aussi l'admirateur extatique. Il jette sur elles le regard barbare et naïf de l'éternel enfant à la joie éclatante. En de certaines mains, le dadaïsme est devenu l'outil meurtrier des critiques sociales et morales. Dans l'art de Moholy-Nagy, il est au service des innombrables variétés de formes et de mouvements de la grande ville et de la technique moderne. Il est au service de sa joie lors de la découverte subite du monde nouveau, de sa jeunesse rieuse et de ses visions qui s'étendent jusqu'au soleil et à l'univers.
Chaque point de l'espace transmet, comme des signaux de sémaphore, les joies, les formes et les couleurs.
Une multitude de possibilités, de trajectoires et d'effets surprenants jaillit. Des abstractions géométriques et des bribes de réalité, des chiffres, des lettres, des images réalistes d'objets, des détails d'un objet s'accumulent sur les tableaux de Moholy-Nagy et sur ses dessins dépourvus de centre. C'est une anarchie cosmique, sans romantisme futuriste. C'est un système parfaitement clair à partir d'éléments qui, malgré leurs divergences, sont interdépendants.
L'anarchie est visiblement en train de s'ordonner selon une règle unique. Les conglomérats explosés sont remplacés par des assemblages d'éléments, mais qui ne présentent pas encore le caractère centré des structures refermées sur elles-mêmes. Des structures toujours ouvertes, mais régies par des points centraux plus souvent reliés, apparaissent. Ici le mécanisme et le mouvement des machines modernes se transforment en art. Les facteurs centrés et non centrés des principes de création, proches de ceux du cubisme et du dadaïsme, se confondent et se fertilisent.
Cette réunion, sans contradictions internes, des tendances de l'art moderne qui tantôt façonne le style et tantôt le renie, permet à Moholy-Nagy, du point de vue formel, de donner à ses tableaux la valeur dimensionnelle d'une vision. Pourtant, son art reste en rapport direct avec le domaine de la réalité. Mais en ce qui concerne ses relations avec la réalité, il ne se contente pas de révéler le sens plus ou moins caché du chaos effrayant de notre époque.
Les manifestations anarchiques dans l'art de Moholy-Nagy ne signifient pas non plus l'approbation ou le refus des instincts impitoyables de la libre concurrence bourgeoise.

Au-delà de la problématique du présent, Moholy-Nagy annonce la liberté et ses lois lumineuses projetées dans les perspectives illimitées du futur.

Ma, *Vienne, 1921, nº 9, p. 119.*

Gábor Gaál: Le Livre des artistes nouveaux*

Il est plus facile de passer par le chas d'une aiguille que de prendre position dans cette affaire. D'ailleurs, prendre position n'a plus de sens depuis longtemps. Définir Archipenko ou qui que ce soit est dénué de sens, car demain il ne sera plus ce qu'il est aujourd'hui; il change d'un instant à l'autre. Pour qui as-tu pris position, pour quoi? en vain: «La vie est évolutive et révolutionnaire», dit Lajos Kassák et, à la fin de l'introduction, il jette l'ancre sur le constructivisme, mouvement qui prétend «ériger la machine en œuvre d'art», ou dit que «la structure elle-même c'est l'art». Est-ce que Kassák continuera à proclamer cela après-demain? Ce n'est pas sûr. Qui aimes-tu, à quoi appartiens-tu? Si l'on excepte l'être ou la chose qui t'a retenu et que tu as pu assimiler, tout ce qui existe ici-bas est autre: c'est un être ou un objet qui ne t'est pas équivalent. Tu ne peux pas appartenir à tous et à tout, tu ne peux pas changer toujours car tu ne serais rien et tu n'irais nulle part. «Il faut équilibrer le mouvement pour obtenir la forme», dit également Kassák, et cette anthologie prouve qu'il n'y a ni équilibre ni arrêt. Ce recueil englobe à peine la production d'une dizaine d'années et pourtant, des réminiscences de plusieurs siècles semblent errer entre ses pages. Au début du cahier, nous sommes encore sur la terre. L'homme vit, son destin est sombre et mystérieux, son âme est un spectre... A la fin du cahier, l'art a quitté la terre. Seules les lignes géométriques ont droit à la parole et leur discours n'est pas très nourri. Qu'est-il arrivé? Selon Kassák, c'est le progrès. Mais l'élément créatif ne se perd pas avec le progrès. Comment se fait-il que l'art dont on parle au début du volume se soit transformé, à la fin, en un instrument au service d'un but pratique comme, par exemple, l'appareil de projection? Et pourquoi est-ce de l'art? Parce qu'on peut le manufacturer? Comment peut-on parler de progrès? Il s'agit de tout à fait autre chose. Et si la machine correspond à l'ère technique comme la cathédrale a correspondu au Moyen Age, pourquoi la constructivité serait-elle le but ou l'aboutissement du développement artistique, puisque c'est le facteur élémentaire et évident de toute création véritablement artistique? Comment la constructivité et l'architecture peuvent-elles être les critères d'une conception artistique créative? Ne sait-on pas qu'elles accompagnaient toujours et nécessairement l'acte de création? A quoi servent ces cassements de tête continuels, ce fleuve de théories qui mettent chaque fois le monde entier en révision, les dizaines de volumes d'explications qui accompagnent chaque œuvre? L'anthologie s'exprime. Elle ne sert pas toujours ses propres buts, elle est très laconique et ne révèle pas tout, même aux initiés. Certes, on pouvait rééditer l'anthologie en langue allemande sans les notes explicatives. Là-bas, on est sans doute mieux informé. Mais, chez nous, cette anthologie, bien que précieuse, éveillera plus d'hostilité que de désir de compréhension. Encore une chose: cela n'aurait pas nui à l'ouvrage que les artistes hongrois soient représentés plus largement (notamment les travaux récents de Béla Uitz) et d'une façon plus représentative dans cette publication que l'on peut appeler, de beaucoup de points de vue, une collection d'erreurs.

Jövő, *Vienne, 1922, p. 249.*

Eckart von Sydow**: Critique de l'exposition de Hanovre

La riche collection de peintures, aquarelles et travaux graphiques de László Moholy-Nagy, artiste hongrois récemment nommé professeur au Bauhaus de Weimar, est le clou de l'exposition (en avril-mai) de la société Kestner. L'intérêt éveillé par la dernière exposition de Sturm se trouve renforcé par la présente manifestation. Nous avons affaire, sans aucun doute, à l'un des personnages les plus caractéristiques et les plus intéressants du mouvement dénommé constructivisme: aucune hésitation ou incertitude n'entrave la vivacité des couleurs qui sont en elles-mêmes décoratives. Devant un fond sombre ou clair, les assemblages de formes gracieuses mais puissantes flottent librement, sans cadre, et suggèrent la multitude surprenante des relations entre les lignes et les couleurs. Une énergie dynamique ravive et accentue si intensément les couleurs, les sentiments et les pensées, les pénètre

* J. Fischer, éditeur, Vienne, 1922.
** Critique d'art allemand.

à tel point que, malgré l'abstraction apparente et évidente de la création picturale, on peut deviner l'émotion exprimée par la forme qui devient la raison d'être du tableau. Les symboles colorés d'une humanité libre et maîtresse d'elle-même apparaissent devant nos yeux. Leurs couleurs pures et éclatantes diffusent une liberté sublimée. Il serait intéressant d'examiner, comment l'exigence moderne de la totalité adopte paradoxalement le langage de l'art abstrait, mais sans trahir sa propre essence. Est-ce qu'on pourrait éclaircir ce mystère en demandant à l'abstraction une expression et un effet puissants qui ne pourraient être dépassés, sans poser des exigences éthiques en ce qui concerne le contenu? Une théorie de ce genre trouverait chez Moholy-Nagy une justification éclatante et une réalisation spectaculaire. Les travaux en couleurs dominent dans l'exposition. Les gravures sur bois d'un bon niveau ne sont pas aussi puissantes que les très belles peintures et aquarelles. Du point de vue de l'histoire de l'art, la place de Moholy-Nagy se situe entre Kandinsky et El Lissitzky. L'attitude fondamentalement affective de Kandinsky, maître russe plus âgé, se transforme ici en une clarté sereine, et la subjectivité décorative se cristallise en un message sévère et plus général qui renvoie à l'art délibérément rationnel d'El Lissitzky.

Der Cicerone, *Leipzig, 1923, p. 485.*

Erich Wiese: Moholy-Nagy, constructions – 6 lithographies

Chambre paysanne et bureau d'ingénieur – par ces définitions on pourrait faire sentir la distance entre l'art de Martel Schwichtenberg et celui de Moholy-Nagy. Dans la construction, le cœur ne peut jouer de rôle que s'il martèle le rythme de la machine. L'œil perçoit la construction et, de par son sens de l'équilibre, le spectateur l'apprécie d'une façon ou d'une autre. Même s'il ne s'agit pas d'une sculpture constructiviste, ce sens de l'équilibre tient compte des trois dimensions, donc de l'espace (et aussi des valeurs claires ou sombres). Dans le cas de créations constructivistes, il s'agit de juger **exclusivement** les formes constructives (mathématiques, géométriques). Nous avons affaire à des formes simples, à un champ d'expériences limité. On peut examiner d'autres œuvres d'art composées de formes non géométriques en adoptant ce point de vue de l'équilibre mais, dans ce cas, contrairement aux constructions, il s'agit là d'un point de vue parmi tant d'autres. Pourquoi cette limitation? Est-ce que la création constructiviste est purement intellectuelle? N'a-t-elle «plus aucun rapport avec l'art»? Il ne s'agit pas de cela. On peut considérer le constructivisme comme le développement logique du cubisme et peut-être que, à cause de cette restriction, il peut accomplir jusqu'au bout la tâche que le cubisme avait acceptée, c'est-à-dire l'accentuation de la conscience artistique face à la stabilisation de l'objet sur la surface et dans l'espace, l'intensification des lois et des rythmes à partir de la base. Nous ne voulons plus d'une façade qui ne cache que le vide. Il faut rattacher le phénomène à sa fonction, le rendre vivant. Le calme n'est pas synonyme de mort et peut même devenir la vie. A partir des expériences du constructivisme se dégageront peut-être les lois d'un style nouveau. Si nous envisageons sous cet aspect les œuvres de Moholy-Nagy – en admettant qu'une approche directe soit impossible – nous allons certainement les comprendre. Beaucoup de questions ne sont pas encore résolues et le but n'est pas toujours visible: mais des organismes vivants attestent de sa proximité. Nous avons senti leur intensité surtout dans les salles d'exposition du Bauhaus où l'on peut voir les œuvres de Moholy-Nagy.

Der Cicerone, *Leipzig, 1923, p. 891.*

Fedorov-Davidov : Préface à l'édition russe du livre de Moholy-Nagy intitulé «Peinture, photographie, film»[33]

Note de la rédaction de la «Photographie soviétique»

Les brochures publiées dans la série «Bibliothèque de la photographie soviétique» sont destinées aux amateurs débutants ou d'un niveau moyen, tout comme aux professionnels de la photographie.

Le livre de Moholy-Nagy, artiste allemand de gauche, diffère des précédents volumes de cette collection et (un avertissement est nécessaire) n'est accessible qu'à un cercle restreint de photographes amateurs. Néanmoins, pour beaucoup de raisons, la «Photographie soviétique» a jugé utile cette publication. La forme typographique et la maquette de l'édition soviétique sont semblables à celles de l'édition allemande originale.

Le rôle de la représentation photographique gagne de l'importance dans le domaine de la

technique, de l'information, de l'éducation sociale, dans la vie individuelle et collective. Les traits spécifiques de la photographie en tant que moyen de connaissance et d'expression se dessinent de plus en plus clairement. Ainsi, elle se transforme en un genre indépendant et spécifique ayant ses propres lois techniques et esthétiques. Les expérimentations de nombreux chercheurs d'origine et de bord différents mènent toutes à la conviction que la photographie est l'art du présent, contrairement à la peinture qui a été l'art du passé. Ce problème attend sa solution, ce qui n'est possible qu'à l'aide de la science du présent : le matérialisme dialectique. Des travaux du type de ceux de Moholy-Nagy, que nous présentons ici aux lecteurs, doivent être utilisés comme des étapes intermédiaires vers la résolution du problème. Des œuvres de ce genre sont rares dans la littérature mondiale spécialisée. Dans l'Occident capitaliste, peu d'hommes peuvent se résoudre à analyser la photographie comme un art déterminé par l'aspect social et économique ; comme la pensée des artistes occidentaux ne connaît pas le renfort du raisonnement marxiste, elle est condamnée à l'errance et aux déviations expérimentales ; elle se perd dans la jungle de l'utilitarisme vulgaire, des survivances idéalistes et de la surestimation des « causes biologiques originelles ».
Tous les défauts cités existent aussi dans le livre de Moholy-Nagy. Pourtant, sa présentation aux lecteurs soviétiques est justifiée par le fait que, d'une part, Moholy-Nagy essaie de découvrir et d'exprimer en un « langage » l'art photographique et que, d'autre part, il accomplit cela en relation avec l'état de la technique actuelle et en tenant compte de son effet sur le psychisme de l'homme contemporain. Bien qu'éloignés du matérialisme, ces efforts méritent l'attention.
Par la même occasion, le lecteur se familiarisera avec les tendances les plus novatrices de l'Europe occidentale dans le domaine de la photographie. Si l'analyse précise et complexe de cette brochure, facilitée, il est vrai, par l'abondance des illustrations, peut servir de stimulant à l'esprit investigateur du lecteur, alors, l'édition des travaux de Moholy-Nagy se trouve justifiée.

Préface du rédacteur de la traduction

La photographie se répand dans toutes les couches de travailleurs et devient l'une des plus importantes activités artistiques des masses. Les cercles photographiques d'ouvriers se multiplient et se renforcent, la photographie occupe une place importante dans le mouvement des correspondants ouvriers. Ce développement de la photographie éveille un intérêt considérable en ce qui concerne ses possibilités et les résultats atteints en Occident dans ce domaine. D'une part, la photographie doit son développement au fait qu'elle est accessible à tous, qu'elle est près de la vie et qu'il n'y a pas de rupture entre l'inventivité artistique et la documentation pratique (scientifique, reportages, etc.). D'autre part, ses vastes possibilités invitent à en étudier l'essence et à comparer ses possibilités artistiques à celles d'autres disciplines des arts plastiques. Outre cela, le problème de la photographie, en tant que genre artistique, aggrave et intensifie encore la crise actuelle de la peinture. Mais le photographe soviétique n'a trouvé de réponses nulle part à ces questions qui l'intéressent. Les recherches de formes qui tendent à découvrir de nouveaux moyens d'expression, de nouvelles approches envers les objets du monde extérieur ne se contentent pas des conceptions traditionnelles selon lesquelles « faire de l'art » signifie copier les méthodes de la peinture. La littérature spécialisée sur la photographie revêt, en général, un caractère technique et didactique, et n'éclaire pas le problème de l'esthétique de la photographie. De ce point de vue, le présent ouvrage de Moholy-Nagy peut s'avérer utile au lecteur. Ce livre a de multiples défauts tant idéologiques que formels dont nous reparlerons plus tard. Le fait qu'il soit difficile à comprendre fait partie de ses défauts formels. Le traducteur et le rédacteur ont essayé d'alléger le langage de l'auteur, pourtant, même ainsi, la lecture du livre exige une attention soutenue. Mais l'effort déployé pour le comprendre sera récompensé. Moholy-Nagy est un artiste allemand de gauche qui, a l'instar de notre Rodtchenko, est parti du cubofuturisme pour arriver à la photographie et y a transposé ses résultats et sa problématique artistique. Chercheur et inventeur ingénieux, Moholy-Nagy veut rendre actif le travail avec l'appareil photographique, il cherche à briser son caractère mécanique et à faire de l'appareil un instrument docile au service des conceptions créatives du photographe. Ses expériences et ses propositions qui concernent un vaste domaine – il n'examine pas la photographie par rapport au film, il envisage aussi ses résultats et ses possibilités polygraphiques – vont sans aucun doute élargir l'horizon de nos lecteurs et les inciter à développer une ingéniosité fructueuse. Le riche appareil d'illustrations des travaux de Moholy-Nagy facilitera la compréhension et montrera visuellement les expériences et les réalisations qu'il présente.
A part ces questions pratiques d'application, le livre traite aussi des questions théoriques, des principes : le rapport entre la photographie et la peinture, et l'essence de la photographie en tant qu'art. Moholy-Nagy part de la conviction que les possibilités de représenta-

tion de la peinture ne sont plus en mesure de satisfaire les besoins suscités par le progrès technique, l'accélération du rythme de la vie ainsi que l'accroissement du contenu et de l'étendue de la culture. «L'homme qui s'efforce de connaître le monde dans sa totalité a envie de prendre part partout et à chaque instant à tout ce qui existe et à tout ce qui se produit.» Cette exigence, le journal la satisfait avec sa propre technique (télégraphe, radio, rotative, etc.), comme la satisfont les magazines illustrés, le cinéma, également fondés sur la technique. Mais le tableau peint ne peut pas la satisfaire, car il est par nature statique, individualiste et subjectif. «Le peintre génial de notre temps possède étonnamment moins de connaissances scientifiques que le technicien 'terre à terre', pourtant la peinture prétend représenter à elle seule les beaux-arts et déclare que la photographie est mécanique et inerte. Ce n'est pas vrai du tout, car la représentation n'est pas la base de la peinture (au cours de certaines époques, elle était non figurative et peut encore l'être) et la représentation n'est pas non plus limitée à la peinture. Au contraire, les méthodes mécaniques exactes de la photographie et du film sont incomparablement plus aptes à **représenter** que les méthodes manuelles utilisées jusqu'à présent en peinture.» Moholy-Nagy a aussi raison de penser que le caractère mécanique de la photographie n'exclut pas qu'elle soit un art. «A côté du processus personnel de création de l'œuvre d'art, l'exécution ne pose qu'un problème: il faut dominer parfaitement la technique. Mais les méthodes pour y parvenir (travail de l'artiste ou de ses assistants par des moyens manuels ou mécaniques) n'entrent pas en ligne de compte.» Ajoutons que le fait d'exiger une exécution manuelle pour une œuvre d'art est due à une esthétique de classe et à la rupture de l'artiste peintre avec la technique et la production des biens matériels; ces caractéristiques sont celles de la société bourgeoise. Cette rupture est l'œuvre de l'économie de marché, elle disparaîtra en même temps que la société capitaliste. Il faut remarquer qu'à l'aube de la société bourgeoise les artistes n'avaient pas ces conceptions sur l'art. Par exemple, Léonard de Vinci rêvait de reproduire mécaniquement des tableaux. Évidemment, c'est une utopie, d'ailleurs Moholy-Nagy la ressuscite en vain dans le chapitre intitulé «Musée chez soi». Le tableau est un produit individuel, fait à la main, et ne peut pas se concevoir autrement.

De même que le concept d'art ne se limite pas à la notion de tableau, de même la méthode utilisée pour faire des tableaux (le travail manuel) n'est pas obligatoire pour les autres branches de l'art. C'est justement le caractère mécanique de l'exécution, la possibilité de reproduction et de multiplication qui peuvent convenir à l'art de la future société socialiste fondée sur une industrie développée.

L'un des aspects intéressants du livre de Moholy-Nagy est sa façon d'expliquer comment la photographie et le film enrichissent et augmentent le fonctionnement de notre organisme, ravivent la chaîne de nos réactions, nous aident à percevoir le monde et à nous orienter. Il a tout à fait raison de dire que tout «art» crée de nouvelles relations entre les phénomènes optiques, acoustiques ou autres, connus ou inconnus, qu'il oblige les organes humains à les capter, ce qui les enrichit et les développe en retour. Naturellement, le rôle de l'art dans la société ne se limite pas à son importance biologique, d'ailleurs même ce rôle biologique, l'art le remplit à travers sa fonction sociale (tout au moins dans une société développée). L'importance sociale et biologique de l'art est un fait, ce qui explique dans une certaine mesure le sens esthétique de sa structure formelle, donc aussi la structure de la photographie et du film.

Le lecteur attentif apercevra sans doute le plus grave défaut méthodologique du livre de Moholy-Nagy: il ne pose pas ses questions du point de vue sociologique ou de classe. L'absence d'une analyse de classe révèle en soi une idéologie définie. Moholy-Nagy est le représentant de la pensée bourgeoise et cela impose inévitablement des limites à sa façon de raisonner. Il pose les problèmes d'une façon juste, mais il ne peut pas les résoudre correctement, car c'est inimaginable sans une analyse sociologique; seule une telle analyse pourrait le mener à des conclusions révolutionnaires dans le cadre de ce faisceau de questions.

Moholy-Nagy prétend à juste titre que la technique n'est pas le seul facteur de l'évolution de l'art ni le plus important, mais il croit découvrir ce facteur dans la biologie, ce qui l'amène à de fausses conclusions surtout en ce qui concerne le sort du tableau de chevalet.

Moholy-Nagy départage les sphères d'activités de la photographie et de la peinture: il assigne à la première le devoir de représenter et limite la seconde au rôle de constructeur de couleurs. Il développe d'une façon exacte l'essentiel de l'évolution de la peinture: naissance de l'aspect formel, survie de la représentation et sa transformation. La peinture, qui avait favorisé le développement de la «construction de couleurs», l'a ensuite freiné. Mais il n'ose pas tirer la conclusion logique, à savoir la mort du tableau de chevalet. Il se trompe parce que de tous les divers aspects de la peinture, il n'en retient qu'un seul, la construction de couleurs, et l'explique par la raison originelle biologique. Comme la nature biologique de l'homme est plus ou moins immuable, la base de la peinture aussi est constante. Mais il ne se rend pas compte qu'il commet la même faute de logique que celui

qui nie l'importance artistique de la photographie. Lui aussi, il assimile l'une des formes de la construction de couleurs (le tableau) à la construction de couleurs en général. La capacité et la nécessité de percevoir des constructions de couleurs relèvent, en effet, de la nature biologique de l'homme et sont donc éternelles. Mais les formes de satisfaction de ce besoin peuvent se succéder, car elles ne sont pas déterminées biologiquement mais socialement. « C'est sa nature qui permet à l'homme d'avoir des goûts et des conceptions esthétiques. Ce sont les conditions de vie qui lui permettent de mettre en pratique cette possibilité» (Plekhanov). D'une façon caractéristique, Moholy-Nagy, dès qu'il ne pose pas la question en termes biologiques abstraits mais sur un plan pratique d'exécution, en arrive à la conclusion que la photographie relayera la peinture et que le jeu réel des matériaux de couleurs différentes remplacera la représentation des combinaisons de couleurs. L'utilisation fonctionnelle des matériaux de construction (béton, acier, nickel, matières synthétiques, etc.) transformera notre conception de l'espace et toute l'architecture. Bien sûr, peindre les murs d'une chambre n'est pas la même chose que peindre des tableaux.
J'ai déjà mentionné le côté utopique des idées de Moholy-Nagy au sujet de la «création des tableaux à l'aide d'instruments mécaniques et de méthodes techniques» (pistolets à peinture, surfaces émaillées, etc.). A son avis, ces tableaux ne seront pas des œuvres d'art (préparées à la main sur un chevalet). «On les gardera dans les casiers du musée chez soi et on ne les en sortira que si un véritable besoin intérieur se fait sentir.» Ces «tableaux» ne seront pas des tableaux destinés à être pendus au mur et à décorer la chambre. La référence au Japon ne résiste pas à l'analyse car les «kakemono» et les «makimono» japonais sont différents des tableaux européens. De plus, la montée du capitalisme au Japon a entraîné la domination du tableau européen bourgeois au détriment des formes japonaises de la peinture. Moholy-Nagy ne tient pas compte du fait que le tableau de chevalet n'est pas lié uniquement aux conditions de la production artistique, mais aussi à celles de la consommation de l'art. Le tableau est destiné surtout aux appartements des bourgeois et des petits-bourgeois individualistes. Cela explique son caractère intime, fermé, relativement statique, son unicité et son individualisme. Le tableau reste le genre artistique le plus apprécié parce que l'individualisme bourgeois, préoccupé de l'«existence» et de la «conscience» domine, parce que «les gens s'agressent encore, ne comprennent pas encore comment et pourquoi ils vivent. Les politiciens ne voient pas que la terre est un grand ensemble». Dans le meilleur des cas, Moholy-Nagy est un intellectuel radical petit-bourgeois. Il ne sait pas que la société capitaliste doit inévitablement périr et que la revalorisation totale de sa culture est l'un des aspects de l'édification de la société socialiste. Mais il comprend que le progrès technique et l'«art» progressiste technique unissent les hommes et secouent les bases de la société bourgeoise.
L'autre défaut de Moholy-Nagy, le formalisme, est dû à sa conception biologique abstraite qui se manifeste dans son jugement porté sur les phénomènes sociaux. Il veut que la peinture soit non figurative. Or, en même temps que son caractère représentatif, elle a perdu aussi son rôle social, et Moholy-Nagy exige une peinture aux formes pures et «absolues». «Les différences entre les peintures d'époques diverses doivent être considérées comme les changements de formes temporaires d'un phénomène identique.» Il fait une fausse analogie avec la musique (cette dernière est «pure» et uniquement émotionnelle, dit-il); il limite la tâche de la peinture à la satisfaction des émotions pures, comme si les émotions existaient indépendamment de l'attitude sociale et des capacités intellectuelles de l'homme. Dans ses constructions expérimentales, on rencontre ce même formalisme fondé sur sa conception des lois biologiques (prétendues immuables) du goût. Cela se sent surtout dans le chapitre intitulé «Typophoto». Moholy-Nagy signale ici une possibilité très intéressante: «On ne doit pas continuer à utiliser la typographie comme un moyen objectif: il faut avoir recours pour la création aux possibilités subjectives de la typographie grâce auxquelles on peut obtenir des effets nouveaux.» Mais, dans la pratique, il n'est pas en mesure de résoudre ce problème; la raison en est que, sur ce plan, comme sur celui de la nouvelle projection cinématographique, il ne se pose pas un but pratique et fonctionnel; il se contente d'une expérimentation gratuite, de la recherche d'une forme nouvelle pour la forme elle-même, tout au plus pour sa force émotionnelle. Chez lui, il ne s'agit pas de la satisfaction d'un besoin social réel.
Bien entendu, cela ne signifie pas que l'on ne pourrait pas utiliser ces expériences dans la pratique ou que ce ne sont pas les besoins sociaux dont l'artiste n'a pas pris conscience, qui les ont déterminées. Le problème provient de ce que l'artiste n'en prend pas conscience à cause de son idéologie de classe petite-bourgeoise.
Pourtant, Moholy-Nagy indique lui-même que la technique et les nouvelles formes artistiques qu'elle a suscitées sont les résultats des besoins nouveaux. Il remarque que, jusqu'ici, la photographie était la prisonnière de la peinture et qu'elle commence à s'en libérer. Qu'est-ce qui a donc déterminé cet emprisonnement et la libération actuelle?

Moholy-Nagy n'est pas capable de répondre à ces questions, car il n'a pas procédé à

l'analyse sociale et économique des phénomènes artistiques. S'il l'avait fait, il aurait vu que toute forme nouvelle correspond à la représentation artistique la plus fonctionnelle de la solution d'une tâche idéologique donnée (en fonction de la technique et de conditions données). Si c'est ainsi, il faut envisager les expériences dans le domaine de la photographie, du film et de la typophoto, en tenant compte des tâches sociales actuelles de ces genres, des conditions de leur existence actuelle et de leurs devoirs futurs.
On ne peut poser le problème ainsi que si on se base sur notre conception marxiste, on ne peut le résoudre que dans nos conditions de vie. Pour l'instant, la photographie occidentale dépasse, de beaucoup de points de vue, ce que nous faisons, mais seule notre photographie bénéficie de conditions propices à une évolution, à une remise en question révolutionnaire tant de ses propres méthodes de représentation que des méthodes artistiques de représentation en général. Si la forme nouvelle est une question qui consiste non seulement en la nouveauté d'une technique mais aussi en l'assujettissement à de nouveaux besoins, alors il sera fait de cette nouvelle technique une utilisation de classe, d'importance décisive. Pour cette raison, la pratique de la photographie par des masses d'amateurs, les photographies des reporters ouvriers et tous les phénomènes dus au système culturel de la dictature du prolétariat nous permettent de bien comprendre comment doit se développer dans l'avenir la photographie, germe de l'art du présent et du futur. Tous ces problèmes sont posés dans le livre de Moholy-Nagy mais un autre ouvrage doit se charger de les résoudre.

Moscou, 1929.

Franz Roh: Moholy-Nagy et la photographie nouvelle

Moholy, Hongrois vivant depuis des années en Allemagne, joue un rôle décisif dans l'histoire de la photographie nouvelle. Il s'est fait connaître par sa collaboration au «Bauhaus». Il y appartenait déjà à Weimar et a continué ensuite à Dessau. Il a donné des impulsions importantes pour la question des formes de l'avenir, tout particulièrement dans la série des **Livres du Bauhaus (Bauhausbücher)** qu'il a publiés avec Gropius (Albert Langen éditeur, Munich). Comme peintre, Moholy figure parmi les «constructivistes», poussant jusqu'à ses dernières limites le goût abstrait de la peinture actuelle, celle qui n'englobe même plus de façon **fragmentaire** les objets du monde extérieur, ainsi que le voulaient encore l'expressionnisme et le cubisme. Seul doit parler ici le pigment de la couleur dans la construction d'un monde de formes strictement géométriques. Les peintures de ce groupe constituent en même temps des symptômes d'une transformation parallèle dans d'autres domaines. Moholy a essayé de donner à la mise en scène une forme «constructive» (Staatsoper Berlin, sous Klemperer; différents essais chez Piscator); il a agi dans le même sens à propos des expositions (expositions de Zehlendorf en 1928 et du Werkbund à Paris en 1930); il a de même innové en typographie et est intervenu dans la question de l'éducation artistique (voir son livre **Von Material zu Architektur**, Albert Langen éditeur, Munich, 1929). Comme possibilité principale pour la peinture de l'avenir, Moholy envisage surtout la représentation de l'espace avec lumière colorée réfléchie. Il a présenté à l'exposition du Werkbund allemand (Paris, 1930) un appareil d'éclairage électrique donnant la couleur et le mouvement. La multiplicité des formes qui excitent l'intérêt de Moholy montre déjà que le purisme de la peinture abstraite, qui se rencontre souvent chez ce type de l'artiste nouveau, n'est pas synonyme de purisme pour **la totalité de la vie:** l'ensemble de tout ce qui est humain doit être conservé en son entier; certains besoins fondamentaux de l'existence sont simplement déplacés et satisfaits dans d'autres domaines. C'est ainsi qu'on laisse parfaitement subsister la soif d'expression du **monde objectif extérieur**; seulement, on fait pour elle abstraction de la peinture et de la gravure qui lui avaient donné autrefois toute satisfaction: on s'en tient dans ce cas au domaine de la photographie. Moholy croit voir dans l'appareil photographique un moyen (difficile à dépasser manuellement) de satisfaire cette soif de l'objet. L'expérience et la création libre qui, hier encore, se présentaient dans un mélange souvent obscur, sont séparés aujourd'hui de façon beaucoup plus nette: on les oriente vers leurs pôles spécifiques, en créant ainsi entre elles une opposition pleine d'un sens profond. Il est caractéristique de voir comment aujourd'hui, d'une part, les questions de forme passent au premier plan en tant que telles (par exemple les possibilités les plus libres, relevant de la création pure), tandis que, d'autre part, l'idée du reportage surgit avec une acuité nouvelle dans tous les domaines.
Or, la photographie est aussi tout d'abord du reportage. Mais entre celui-ci et la création pure il n'y a, en fin de compte, qu'une différence de degré, mais non absolue. En effet, mon choix parmi les possibilités infinies du monde extérieur constitue déjà une création. Toutefois, la photographie présente en outre des possibilités tout autres. C'est pourquoi il est dangereux, comme le font certains théoriciens de la photographie, de ne vouloir admettre comme spécifiquement photographique que **le rapport objectif portant sur les cho-**

ses, en s'élevant contre toute tentative de création plus libre, se suffisant à elle-même. Moholy n'a jamais abondé dans cette conception étroite. Il a exprimé de très bonne heure ses idées sur la photographie nouvelle dans un livre intitulé **Malerei, Fotografie, Film** (Albert Langen, éditeur, Munich, 1925).

Le choix du sujet, du point de vue de l'effet selon la perspective, de la lumière, de l'ensemble embrassé, du degré de clarté ou de clair-obscur, de la copie, du papier, etc., tout cela combiné fournit déjà une large marge de liberté vis-à-vis du monde extérieur. Mais même la construction des **appareils** est déjà conditionnée par notre sentiment de la vie, malgré toutes les apparences qui voudraient nous faire croire qu'il ne s'agit ici que d'une «fidélité purement technique vis-à-vis de la réalité». En effet, on peut imaginer des dispositions tout autres du système optique. Si l'appareil photographique, par exemple, avait été inventé du temps de l'art gothique, on aurait disposé les lentilles en sorte que leurs données répondissent au sentiment **d'alors** pour le rendu de l'espace et des proportions. C'est que l'idée de «réalisme» (et les gothiques croyaient se trouver dans une période de ce genre) est extrêmement variable. Non seulement l'histoire de l'art, mais celle de l'esprit dans toutes ses sphères, peut le prouver.

Moholy a travaillé de façon féconde dans tous les domaines de la photographie. Il lui importait surtout de tenir en mains **toutes** les ressources photographiques. Moholy a cultivé la **photographie du réel** qui ne veut tout d'abord rien d'autre que la fixation aussi directe que possible d'une tranche de réalité. Mais son originalité fut ici d'introduire des objets nouveaux dans cette sphère de la fixation photographique, ce qui constitue toujours un progrès, parce que l'humanité, dans la routine de sa vie sensible, ne jouit jamais que d'un choix très restreint et conventionnel de toutes les possibilités de la vie. De **vieux** sujets furent vus de façon **nouvelle**, avec une plasticité plus hardie, une nouvelle forme de dégradation pour le clair-obscur, une autre répartition des degrés de netteté, mais surtout grâce à un emploi différent de la perspective. Nous étions habitués à voir les ensembles tirés du réel selon une projection horizontale, tandis qu'on n'avait encore que très peu tiré parti, pour la reproduction comme image, des perspectives hardies vers le haut ou vers le bas que nous présentait la technique nouvelle avec ses soudains changements de niveau (ascenseurs, avions, etc.). Moholy a été l'un des premiers à apprécier ces perspectives montantes ou descendantes. La prise de vues en oblique, donnée par là, d'une verticale (une maison, un mât, une cheminée) acquiert de l'importance en ce sens qu'on ouvre ainsi en quelque sorte des perspectives **astronomiques :** dans cette signification plus étendue, les verticales ne sont rien d'autre que des positions radiales se rapportant à un centre terrestre imaginaire.

Moholy a aussi cultivé de très bonne heure la **copie négative.** Ce renversement des valeurs lumineuses peut donner des effets mystérieux vraiment magiques.

Il en est de même pour le **photogramme** qu'il considère comme la «clef de la photographie». Comme on sait, on travaille dans ce cas sans chambre noire. On dépose simplement certains objets sur du papier sensible. Selon qu'on les y laisse plus ou moins longtemps, qu'on les tient plus ou moins rapprochés, qu'on les expose vivement ou doucement à l'action de la lumière fixe ou mobile, il en résulte des sphères lumineuses fantomatiques avec des pénétrations apparentes d'espace d'une transparence souvent merveilleuse. On peut produire ainsi des dégradations délicieuses allant du blanc le plus clair par mille nuances du gris jusqu'au noir le plus foncé. Par des recoupements, on peut suggérer aussi bien le voisinage immédiat que le lointain le plus fugitif. Comme pour toutes les productions photographiques, on ne doit pas émettre non plus ici de jugement définitif d'après les clichés des livres. Comme dans l'art en général, il faut ici aussi avoir eu les originaux mêmes en main. Même dans les meilleures reproductions, des éléments décisifs se perdent malgré toute leur précision.

Le photogramme remonte aussi loin que la photographie elle-même, mais le mérite d'avoir les premiers appliqué, transformé, élevé la «photographie sans chambre noire» pour en faire une création nouvelle, revient à Man Ray (Paris) et à Moholy (Berlin)*. C'est ici, dans le photogramme, que l'on retrouve encore le mieux le «constructiviste» Moholy, pour lequel, d'ailleurs, la peinture ou la gravure sans sujet n'est pas le moins du monde entamée par la photographie. Pour Moholy, la photographie n'est qu'une des formes de l'application artistique de la lumière, laissant subsister ou naître à côté d'elle d'autres formes parallèles.

Pour le **photomontage** également, Moholy compte parmi les instaurateurs vis-à-vis desquels notre monde oublieux se montre ingrat dès qu'il s'en est approprié les productions. Le photomontage a été aussi, il est vrai, pratiqué déjà par les générations précédentes, mais il n'est devenu que de nos jours un procédé conscient et créateur. Chez Moholy, il

* Pour Moholy, voir **De Stijl,** juillet 1922, et **Broom,** mars 1923.

reçoit d'ordinaire un caractère fantastique et gai (3,25 × 26) bien qu'il comporte aussi des coins mystérieux. La satire de l'avenir (journaux amusants, etc.) tirera parti de ce genre. La **phototypographie,** dans ses créations pour la réclame, se sert déjà largement de ces possibilités suggestives. Cependant, les photomontages ne sont pas seulement de la «photographie appliquée» dans le sens d'une mise en rapport littéraire avec un sujet déterminé ou un but de propagande : quand ils sont bons, ils portent entièrement en eux-mêmes leur sens créateur.
Si la photographie nouvelle semble encore maniérée à maints de nos contemporains, c'est qu'ils n'ont pas encore senti par eux-mêmes les positions nouvelles prises de nos jours vis-à-vis du monde. Les mêmes rejetteront aussi plus ou moins toute peinture, musique ou architecture nouvelle. Puissent-ils étudier nos reproductions avec **persévérance.** Elles pourront contribuer de façon décisive à leur révéler l'image du monde d'aujourd'hui et de demain.

Franz Roh, **60 Fotos,** *Berlin, 1930.*

Siegfried Giedion : László Moholy-Nagy. Préface au numéro spécial de la revue Telehor consacré à Moholy-Nagy

1935

Nous avons laissé derrière nous un tiers de notre siècle. Un regard rétrospectif sur son prédécesseur, le XIXe siècle, nous montre nettement les problèmes de ce dernier, leur développement au cours, à la fin et au-delà de cette période, et leur affirmation.
Vue de cette distance, la situation est complètement modifiée depuis. Néanmoins, il nous serait possible de tracer, d'ores et déjà en leurs grandes lignes, les routes que va suivre le développement ultérieur des problèmes énoncés. Ceci n'est pas une affirmation gratuite, fondée sur le jeu de devinettes ou la marche à tâtons, mais découlant de l'assimilation de l'idée même de l'art et de ses méthodes, mises en lumière par les recherches de ces trois dernières décennies.

Un travail de longue haleine

Malgré la différence des sources et des points de vue individuels d'où parfois jaillirent des mouvements d'une importance capitale pour l'art de nos jours, tous ces mouvements se trouvent unifiés par une tendance générale, nettement marquée : celle de jeter un pont qui franchirait l'abîme malheureusement creusé par le siècle précédent entre ces deux domaines : le sentiment et la réalité.
Le sens des efforts de ces trente années, qui viennent de s'écouler, réside dans la nécessité de faire s'entre-pénétrer la réalité austère, fixée à l'aide des procédés techniques et scientifiques modernes, et le sentiment, pour arriver ainsi à saisir la vie en son entier. Cette tendance fut poussée jusqu'au grotesque et donna lieu à une spécialisation effrénée dans toutes les branches. Les erreurs de l'instant et les arrêts momentanés en route ne peuvent malgré tout nous donner le change et nous laissent entrevoir que nous nous trouvons au seuil d'un travail de longue haleine.
Le trait caractéristique de toutes ces tendances, c'est leurs efforts de s'élever au-dessus du strictement formel. Ces aspirations devraient donc aboutir à la symbolisation du sentiment, à la création des symboles capables de déterminer une perception toute neuve de l'univers, et, par un phénomène réflexe, de revenir à l'image réelle de la vie, puis l'influencer à son tour et ainsi de suite, réciproquement.
De nouvelles lois, relatives au développement du potentiel visuel, furent établies entre 1909-1914 et les années 1918-1923. Cela, toutefois, ne signifie pas que, pendant la guerre de 1914-1918, il n'y eut rien de fait dans ce domaine, toujours est-il que c'est pendant les cinq années précédant et les cinq années clôturant la guerre que l'effort dirigé vers ce but fut le plus prononcé.
Ces tendances se manifestèrent alors presque dans tous les grands centres à la fois. Malgré les quelques divergences dans les détails, elles étaient toutes d'accord sur un point, à savoir que l'idée (restée prédominante depuis l'époque de la Renaissance) des trois dimensions de l'espace (perspective) et de la reproduction de l'image naturelle, enserrée dans ses limites obligatoires ne correspondait plus aux conceptions modernes de l'univers et devrait être détrônée.
Le bond ici joue probablement le même rôle décisif pour les mises au point futures que la métamorphose des opinions à l'époque de la Renaissance.

Le Berlin de 1920

De même que, dans la plupart des autres grands centres, Berlin, aux environs de l'année 1920, eut, lui aussi, ses forces vives qui cherchaient à magnifier l'image optique de l'univers, en la dégageant des cadres étroits où elle était confinée.
Les mouvements d'une grande portée générale surgissent presque toujours de l'obscurité et loin de la presse officielle. Ce sont d'habitude de jeunes gens sans renom ni prestige qui les préparent.
A Berlin, donc, travaillaient à ce moment-là les dadaïstes – Kurt Schwitters, George Grosz, Raoul Hausmann, Hannah Höch –, pour le film, le Suédois Viking Eggeling qui traça les grandes lignes du film abstrait; la Russie donna les constructivistes Lissitzky et Gabo, ainsi que le sculpteur Archipenko; la Hongrie – Moholy-Nagy et Péri; la Hollande – les jeunes architectes Oud van Eesteren et van Doesburg; l'Italie – Prampolini; New York – les rédacteurs de la revue **Broom;** le Danemark – l'architecte Lönberg-Holm.
Pas plus que les villageois du siècle précédent n'étaient capables de saisir le «sentiment» d'un paysage, de même les possibilités expressives du sentiment, celées dans les moyens de la technique moderne et la réalité de la vie, demeuraient lettre morte pour l'habitant des grands centres.
Le pont, le hangar aux avions frapperont beaucoup plus vivement l'imagination par la fantasmagorie qui s'y rattache chez ceux pour qui ils ne font pas la partie du quotidien, qui relève du bon sens.
Ce n'est donc pas par simple coïncidence que les traceurs des routes nouvelles se trouvent être pour la plupart originaires des pays agraires, des pays de peu d'industrie. C'est ainsi que la plupart des «constructivistes» nous arrivent de Russie, de Hongrie ou de quelque autre pays pour lesquels le monde de la technique moderne tient du prodige. Jusqu'à Picasso, ce grand chercheur révolutionnaire, qui nous vint des régions lointaines. Ici, sur le sol parisien, il sut concilier le sens de la culture moderne avec les forces de la glèbe, réminiscences puisées dans les traditions hispano-mauresques. Lui, Picasso, décrivit un grand cercle où il enferma les expériences d'une grande civilisation récente qui sut aborder les valeurs d'ordre sentimental en leur donnant une expression non réaliste.
Les «constructivistes» de Russie et de Hongrie, en tant que porteurs des civilisations limitrophes, furent autant de prémices favorables pour l'entendement intégral de la réalité de nos jours.
Parmi les ateliers connus, le plus important fut incontestablement celui d'un jeune Hongrois, Moholy-Nagy, qui réunissait tous les autres sous son égide.
Les Hongrois occupent le milieu entre la fantaisie foudroyante s'envolant aux étoiles des Russes, tels que Lissitzky, et les tons délicats des couleurs délayées se mariant aux surfaces planes des Hollandais, comme Mondrian. Moholy-Nagy, lui aussi, est un des leurs.
Après avoir fait la guerre où il avait été blessé, le jeune peintre paraît dans le Berlin de 1920. A cette époque, il avait déjà collaboré à une revue hongroise activiste, **MA**, dont ensuite, ensemble avec Cossac (Kassák), ils ont précisé les tendances dans le **Livre des artistes nouveaux** (Vienne, 1922). Pareillement au Corbusier et à Ozenfant qui, dès 1920, avaient dans la revue **Esprit nouveau** établi la corrélation existante entre la peinture, la plastique et la technique moderne, de même, une petite poignée de jeunes Hongrois s'attachèrent à faire ressortir le discernement de l'esprit de nos temps, et cela d'une façon beaucoup plus vive et plus exacte que l'art officiel berlinois, fortement imprégné alors par l'impressionnisme.
Walter Gropius, celui-là même qui, en 1919, avait fondé à Weimar le Bauhaus, admira beaucoup, lors de l'exposition à Berlin, les œuvres d'art et les peintures de Moholy-Nagy. Il s'en suivit que ce dernier, au printemps 1928, fut attaché au Bauhaus, cette occurrence devait avoir une influence décisive sur le développement de la personnalité de l'artiste, car ici Moholy-Nagy put donner libre cours à ses penchants didactiques.
Le mérite éternel du Bauhaus résulte du fait d'avoir non seulement largement accueilli et fait approfondir l'idée et le sens des nouvelles conjectures en peinture, mais encore d'avoir greffé là-dessus une nouvelle discipline sur des bases pédagogiques jusque-là ignorées. Tout ce que l'Allemagne possédait en forces créatrices émanait dès lors du Bauhaus ou s'y rattachait d'une façon ou d'une autre.
Au départ d'Itten, Moholy-Nagy fut chargé du cours préparatoire au Bauhaus et, en raison de ces travaux en métalloplastie, il s'adjoignit également les ateliers des métaux. Les problèmes de la lumière, qui intéressaient Moholy, le conduisirent bien vite aux études de leur application en pratique pour la construction de nouvelles formes de lumière. Comme le Bauhaus s'appuyait surtout sur l'architecture, cette branche de l'art et les divers ateliers du Bauhaus se ralliaient tout naturellement à l'industrie. Ainsi arriva-t-il que depuis les premiers essais pédagogiques fructueux en matière de nouvelles réalisations optiques de

l'aspect du monde, jusqu'à son influence rétroactive sur l'industrie, il n'y eut plus qu'un pas à faire.
Dans les cadres de son activité au Bauhaus, Moholy attachait la plus grande attention au cours préparatoire destiné à servir d'introduction à l'enseignement proprement dit, car de ce cours dépendait l'orientation décisive de l'élève.

Le cours préparatoire du Bauhaus

Le livre de Moholy-Nagy **Du matériel à l'architecture** (Munich, 1929) représente le cycle de conférences faites par Moholy en 1923-1928 sur les doctrines fondamentales du Bauhaus et les méthodes de leur application. C'est bien à Moholy qu'on est redevable de ce que toutes les recherches basées sur des aperçus nouveaux furent les bienvenues au Bauhaus pour les utiliser dans les buts de l'enseignement, pour, par exemple, ouvrir les yeux de l'élève sur les effets matériels, très vrais, cachés dans les collages de Picasso, qui ne demandaient qu'à être tirés au clair. Rarement l'engrenage étroit de la peinture moderne et de ses forces cachées, rayonnant spontanément, sans intermédiaire, fut plus profondément jugé que dans ce livre de Moholy.

Le credo de la peinture

Le fil conducteur de toutes les productions de Moholy, depuis ses premiers écrits parus dans la revue **MA** jusqu'à ses travaux les plus récents, n'est autre chose que l'affirmation de son credo qu'il lui tarde de canaliser lui-même vers les réalisations de la vie pratique de nos jours. Dans cet ordre d'idées il n'existe aucune forme de manifestation de l'art qui ne soit explorée et influencée par Moholy. Expositions, imprimerie, réclames, films, montage théâtral – comme **Les Contes d'Hoffmann** (1929), **Madame Butterfly** (1931) et le **Marchand de Berlin** (1931) – en témoignent.

Photographie, film

Moholy-Nagy a également exercé une influence marquée dans le domaine de la photographie, dont il résuma les résultats et élargit souvent les conceptions. Il débuta par la constatation du fait que la lumière est un moyen en soi, un facteur indépendant, propre à faire surgir l'image, lui tout seul. C'est sous ce point de vue qu'il faut envisager ses travaux, soit en photographie, soit, plus tard, en film. Moholy vit dans la photographie le moyen d'élargir les limites de la reproduction de l'image en nature; il traita l'appareil photographique, tout imparfait qu'il fût, comme un instrument destiné à suppléer à l'insuffisance de notre vue et à augmenter notre faculté d'observation visuelle (perception du mouvement, les vols d'oiseau, les perspectives vues d'en haut, etc.).
Je me souviens d'un court séjour que j'ai fait en commun avec Moholy à Belle-Ile-en-Mer en 1925, où Moholy, au mépris de tous les principes reconnus et professés par les photographes, s'amusait à faire des prises photographiques de bas en haut, et inversement. Ces raccourcis surprenants, cette impétuosité des lignes précipitées l'une dans l'autre, offraient un tel attrait artistique que, peu après, ils devinrent le bien général et furent largement répandus dans le public.
Dans son livre, **Peinture, photographie, film** (Munich, 1925), Moholy élargit ses théories encore davantage, tout en prenant le soin de préciser qu'elles s'appliquent à toute matière sensible à l'influence de la lumière : depuis la photo ordinaire, jusqu'aux prises sans caméra, délayant l'image de l'objet représenté par la dégradation successive de la lumière, pour, ensuite, revenir de nouveau à la lumière réfléchie, au photomontage et au film. (Le manuscrit de **Dynamique de la grande ville** – 1921, les films : **Marseille, vieux port** – 1929, **Jeu de lumière noir-blanc-gris** – 1930, **Tsiganes** – 1932, le **Congrès international de la construction moderne** – Athènes, 1933.)
L'activité multiple de Moholy-Nagy se concentre néanmoins dans sa peinture – ici, pas une déviation de la ligne générale qu'il poursuit depuis ses premières ouvertures à la presse et jusqu'à ce jour. Il est à noter, d'ailleurs, que le besoin de se servir de ce moyen d'inscription spontanée de la vision artistique devient de plus en plus manifeste.
Ces peintures d'un aspect clair, pénétrées d'un esprit optimiste, ouvrent la porte aux efforts de longue haleine de ces quelques centaines d'aspirants qui sont disséminés dans le champ de la culture humaine.

Préface au numéro spécial sur Moholy-Nagy.
Telehor, *Brno, 1936, n°s 1-2.*

František Kalivoda : László Moholy-Nagy. Postface au numéro spécial de la revue Telehor consacré à Moholy-Nagy

En composant le numéro que je présente à nos lecteurs, je me suis fait guider par l'intention d'indiquer la route de l'art visuel à suivre, la ligne de son développement. Là est le programme fondamental de ma revue : elle est destinée à discuter les problèmes des formes modernes de l'art, à montrer les relations exactes entre tous les genres de l'art et à insister spécialement sur les liens qui existent entre la peinture, la photographie et le film.

Pour fournir des documents sur cette unité de l'art, j'ai choisi l'œuvre si riche et si variée d'un artiste seul – L. Moholy-Nagy qui, grâce à sa propre expérience et à sa propre œuvre, avait beaucoup à dire sur le problème en question. L'œuvre de Moholy a une base beaucoup plus large que celle de presque tous les autres artistes du temps présent, mais je tiens à dire dans cet épilogue qu'il ne s'agissait nullement ici d'essayer une monographie de l'artiste (l'exiguïté d'un numéro de revue ne le permettrait pas et la préface de Siegfried Giedion n'a que le but d'informer le lecteur). Ici, on a seulement voulu essayer de faire ressortir de l'œuvre de Moholy un problème spécial : le **problème de la lumière** qui – favorisé par de nouvelles possibilités techniques – sera sans doute le problème artistique prédominant des années prochaines et probablement des siècles à venir. Cette tendance s'exprime déjà nettement dans la peinture du XIXe siècle et dans celui qui commence, et il serait erroné de ne parler que sur les problèmes de l'espace de la nouvelle peinture. En traitant les problèmes de la lumière en général, on a aussi mis sous les yeux la fonction particulière de celle-ci quant à l'espace et au temps. Mais synthétique est et reste la **lumière**. Toute la peinture abstraite est le premier pas vers des formes nouvelles de la formation de la lumière. Ici il faut aller en avant.

La peinture manuelle n'est d'après moi qu'un élément pédagogique important – une étape dans l'éducation et de l'artiste et du spectateur ; sans cet élément nous ne pourrions nous représenter que très difficilement l'avenir de la figuration optique. Voici un exemple : les films actuellement prédominants avec leurs sujets thématiques perdront leur portée, quand les problèmes de l'organisation de la vie qui y sont traités auront trouvé une solution définitive. C'est alors qu'aura la parole – à côté d'autres genres de l'art abstrait – le film abstrait. Après avoir vu dès aujourd'hui ce que les premiers pionniers du film abstrait ont accompli d'une façon si éclatante, nous pouvons prévoir que le film abstrait trouvera des routes nouvelles pour se développer.

Les tableaux et les dessins de Moholy sont des études pour un grand nombre de films abstraits. On peut même les considérer comme des **essais de phases statiques de films abstraits** (quand même le peintre a eu l'intention d'en faire des toiles autonomes). Ce n'est pas par ces tableaux seulement, mais aussi par de nombreuses conquêtes techniques nouvelles que la création du film abstrait trouvera dès maintenant de nouvelles et très importantes inspirations.

La photographie sans caméra, le photogramme, mène également à une forme nouvelle du film abstrait. Les nombreux photogrammes de Moholy doivent être aussi traités comme des parties de films abstraits, lesquels ont pour origine la faculté productive seule de la lumière. A la suite de ces idées, Moholy émet celle du jeu lumineux en espace libre et en lieux clos. On peut regretter que les problèmes de l'art abstrait soient encore aujourd'hui en grande partie méconnus. On a pesé l'art abstrait et sans objet sur la balance du socialisme. C'est entendu : la nécessité d'un art actif et révolutionnaire qui sert le combat pour des formes de vie nouvelles (pour un régime social et économique nouveau) existe. Mais il faut voir clair : cet art actif – si important qu'il soit comme arme – est à l'écart du **développement** de l'art, il n'est qu'une période isolée de l'histoire de l'art. Il ne fait pas avancer ce développement-là dans son ensemble (il ne le fait tout au plus qu'indirectement, en s'efforçant d'accomplir des changements d'ordre social). Dans un avenir pas très lointain, l'art, dans sa totalité, entrera dans la période de l'abstrait. Mais aujourd'hui déjà l'avant-garde lutte pour des formes d'art nouvelles. Elle les réalise sur des routes expérimentales malgré les difficultés énormes.

Mart Stam (Amsterdam) me raconta après son retour d'U. R. S. S. un épisode caractéristique. Je le reproduis avec ses propres mots, parce qu'il démontre l'importance de la réalisation d'un grand genre de l'art abstrait – des jeux lumineux à réflecteur.

Mart Stam avait fait des plans pour la nouvelle ville industrielle de Magnitogorsk. Les ouvriers avaient, comme c'est là-bas la coutume, le dernier mot décisif à dire. « C'est bien comme tu l'as fait », lui dit le plus intelligent d'entre eux après de longs et sérieux débats. « Mais quelque chose manque quand même ! J'étais à Berlin ; or, un soir, je passai par la Friedrichstrasse. Les grandes façades avec leurs ombres et leurs innombrables jeux de réclames multicolores et mouvants, c'était beau ! et cela manque dans ton plan. Je veux à Magnitogorsk une Friedrichstrasse identique ! » Quand Mart Stam raconta cet épisode,

les auditeurs sourirent. On parla des sentiments réactionnaires de l'ouvrier russe; on constata que cet ouvrier voulait malgré le régime socialiste certaines choses qu'il enviait, en les voyant, au voisin capitaliste ennemi. Cela peut être vrai quelquefois – dans le cas présent, l'ouvrier soviétique avait raison. Il voit dans les plans d'une ville nouvelle une organisation réussie de lieux d'habitation, de travail et de récréation; la réalisation de ses besoins vitaux. Mais l'ouvrier socialiste désire au-delà de tout cela une richesse culturelle créatrice qui est en relations réciproques avec la richesse végétative. Quand son attention était fixée par l'embrouillement des réclames lumineuses pleines d'effets, mais sans ordre, il pensait instinctivement à **un jeu lumineux en l'espace libre**. Il s'entend bien qu'un architecte moderne ne voudra pas refaire, dans une construction d'habitation socialiste nouvellement érigée, un panopticon de réclame lumineuse d'une grande ville capitaliste. Mais le besoin pour l'homme libéré de vivre dans un surplus culturel, d'avoir un jeu lumineux en l'espace libre, est parfaitement fondé. Et il faut satisfaire ce désir. Le projet d'un jeu lumineux pour villes de Moholy devient ici de l'actualité.
Tout ce que Moholy a exposé dans cette revue: le besoin de sensations de lumière, de fresques lumineuses, de formes acérées du jeu lumineux à réflecteurs, la nécessité de développer la technique des canons de projection, de la projection sur les nuages, du jeu lumineux en lieu clos et enfin aussi du film abstrait et absolu: tout cela est au centre des intérêts artistiques de l'avenir le plus proche.

Telehor, *Brno, 1936, nos 1-2.*

Walter Gropius: László Moholy-Nagy

Quand, en 1922, j'ai rencontré László Moholy-Nagy pour la première fois, son art m'a si profondément impressionné que je l'ai fait engager comme professeur au Bauhaus, cette école artistique que j'ai fondée et dirigée. Il ne m'a pas déçu. Moholy-Nagy est devenu l'un de mes collaborateurs les plus actifs dans le développement de l'institution et il a eu une part inoubliable dans le travail de création du Bauhaus. Il fallait que j'évoque le Bauhaus car ses vastes possibilités, quant au travail artistique, ont dû attirer Moholy-Nagy et ont fertilisé sa nature réceptive et son esprit aux intérêts multiples. Il fourmillait d'idées nouvelles qui lui permirent de perfectionner son travail dans le cadre de l'institut et d'accomplir aussi ses propres œuvres.
Nous aurions tort de croire que les activités variées de Moholy-Nagy, dans le domaine de la photographie, du théâtre, du film, de la typographie et de la publicité, ont nui à sa peinture. Non! Toutes ces activités fructueuses ne représentaient au fond qu'un détour nécessaire pour qu'il puisse partir à la découverte de la nouvelle conception de l'espace dans la peinture. C'est la grande réussite de Moholy-Nagy. Il a su réunir les multiples ramifications de son intérêt dans le domaine de la peinture et y susciter une nouvelle conception globale. Le problème de l'espace sur le plan de la peinture est peut-être incompréhensible pour des non-initiés; permettez-moi donc de donner quelques mots d'explication sur la signification de l'art abstrait.
On pourrait expliquer la tâche des artistes abstraits les plus importants à l'aide d'un exemple tiré du domaine musical. On sait qu'une œuvre musicale, une composition, tout comme un tableau, a un contenu et une forme. Mais la forme n'est pas entièrement la création de l'artiste, car pour pouvoir transmettre ses idées aux autres, il est obligé d'avoir recours au contrepoint, au consensus selon lequel nous divisons en intervalles régis par des lois le monde des tonalités. Les règles du contrepoint, les gammes, les lois de l'harmonie varient selon les peuples et les époques, mais leur modification se déroule lentement, au cours de processus historiques qui dépassent les individus.
Les arts visuels aussi obéissaient à des lois pour exprimer l'espace. Les académies, au lieu de les conserver et de les développer, ont égaré ces lois et l'art a décliné. Alors sont intervenus les artistes abstraits (parmi eux, Moholy-Nagy est, à mon avis, un pionnier important) pour établir les nouvelles lois de l'espace.
La nouvelle vision qui correspond à un nouveau contrepoint est leur plus grande performance. Dans l'histoire de la peinture, la conception spatiale a pris le pas sur la représentation du contenu. Pensons au long chemin que la peinture avait dû parcourir avant de pouvoir reproduire dans le tableau les perspectives adaptées à notre vue, à notre vision physiologique. Cette conquête artistique est, bien entendu, depuis longtemps dépassée. Des problèmes entièrement nouveaux s'y ajoutent: ceux de la quatrième dimension et de la simultanéité. Ces concepts ne figuraient pas parmi les préoccupations des époques révolues, mais ils enrichissent actuellement notre perception de l'espace. L'artiste a la prescience des découvertes futures. Aujourd'hui, la science aussi parle de la quatrième dimension, de l'introduction dans l'espace du facteur temps. En peinture, déjà avant la guerre, les futuristes avaient essayé d'introduire le mouvement dans le tableau statique,

donc un processus qui se déroule dans le temps. Pensons au tableau célèbre de Delaunay, **La Tour Eiffel**, qui veut rendre en images les sensations, les impressions causées par l'espace à l'homme qui monte en ascenseur à la tour Eiffel.
Un long chemin mène de ce tableau à l'une des œuvres de Moholy-Nagy pour la conquête du phénomène spatial. Moholy-Nagy a très vite compris que nous ne pouvons saisir l'espace qu'à l'aide de la lumière. L'ensemble de son œuvre est une lutte immense pour la préparation de la vision nouvelle. Il cherche à repousser les limites de la peinture et à se servir des nouveaux moyens techniques pour introduire la lumière dans le tableau, la rapprocher des phénomènes lumineux de la nature.
L'observation et la fixation de la lumière, grâce à l'objectif de l'appareil photographique et à la caméra, les angles de vue à vol d'oiseau et d'en bas, tous ces exercices ont aidé le peintre Moholy-Nagy à formuler le nouveau concept de l'espace. Selon ses propres paroles, «la nouvelle création de l'espace signifie l'enchevêtrement de certaines parties de l'espace qui ont des relations définissables. C'est le jeu mouvant et continuel des forces spatiales». Ces lignes illustrent bien les peintures de Moholy-Nagy mais il faut s'en convaincre personnellement. On ne peut pas expliquer par des paroles ce que l'artiste veut dire avec ses tableaux. Pour comprendre la peinture, il faut aborder les œuvres sans préjugés, avec la perméabilité d'un enfant. Celui qui cherche l'anecdote ne la trouvera pas dans les tableaux de Moholy-Nagy. Mais la beauté de la couleur, de la forme et de la lumière nous permet de deviner la vision nouvelle que Moholy-Nagy et quelques-uns de ses contemporains ont offerte au monde.

Korunk, *Kolozsvár (Cluj), 1937, XII, n° 3.*

Herta Wescher:
Moholy-Nagy.
Préface du catalogue d'exposition Moholy-Nagy

Moholy-Nagy est un poète devenu technicien qui maintient le jeu des rêves dans les œuvres les plus constructives. A son retour de l'autre guerre, il se trouva en face d'un monde qui débordait d'idées révolutionnaires. Il se rallia à l'avant-garde qui se préparait à une reconstruction de toutes les formes de la vie, seule tâche qui paraissait valable aux artistes progressistes. Reconnaissant le rôle primordial de l'ingénieur dans la formation d'un nouveau style social, ils se soumirent entièrement à l'influence de la technique dont les moyens précis n'attendaient que d'être introduits dans les œuvres d'art: lignes droites tracées à la règle, angles exécutés à l'aide d'un rapporteur; seuls objets admis, des pièces de machines s'y mêlaient. Pour se garantir aussi contre les reflets d'une émotion subjective, susceptibles de s'infiltrer dans les nuances de couleurs peintes au pinceau, l'artiste préférait souvent les éléments plastiques tout faits: le papier, le carton, le fil, les métaux, etc. C'est là l'origine de collages faits en plans géométriques, dans un but de précision (tout autre que les papiers collés expressifs des cubistes). De même comme forme contemporaine de la sculpture, on imaginait des constructions métalliques à trois dimensions.
Parmi ceux qui se livraient à des recherches similaires, Moholy-Nagy se distinguait par un esprit particulièrement vivant. Ses réalisations infiniment variées attirèrent l'admiration de l'architecte Walter Gropius, innovateur lui-même, qui, en 1923, l'appela au Bauhaus. En peu de temps Moholy-Nagy s'y révéla comme l'un des grands inspirateurs de la jeune génération. Le Bauhaus, auquel appartenaient comme professeurs des personnalités comme Kandinsky, Klee, Feininger, ouvrait à l'éducation artistique une nouvelle perspective. Il accentuait l'accord entre les arts prétendus libres: peinture, sculpture et architecture. En outre, il essayait de fournir à l'industrie des objets qui, destinés à l'usage quotidien, étaient créés selon des principes de pure utilité. Dépouillés de décorations faussement esthétiques, ces objets s'imposaient par leurs formes simples et claires, commandées par les matériaux. Moholy-Nagy se voua spécialement au cours préparatoire qui, obligatoire à tous les élèves, les familiarisait avec une grande quantité de matériaux afin d'en découvrir les qualités propres à l'application pratique, aussi bien que les valeurs de structure et de texture, considérées alors comme facteurs essentiels de l'expression artistique.
Immédiatement, Moholy-Nagy eut en vue le développement d'un art qui s'emparait des données extérieures pour enrichir ses aspects optiques. Il fut le premier à exploiter même les matériaux plastiques artificiels, que l'industrie commençait à sortir à cette époque-là, et à mettre en jeu leur consistance et leur transparence différentes dans les tableaux-reliefs les plus surprenants. De même, son enthousiasme s'étendait aux manifestations du film cinématographique, de la publicité mobile, de l'écriture lumineuse, et ces préoccupations l'amenèrent à un tournant décisif. Le mouvement et la lumière devinrent les deux éléments qui dorénavant dominèrent sa fantaisie. L'«appareil-à-lumière» qu'il construisit et améliora de 1922 à 1930, pour produire une modulation contrôlée d'effets optiques, est seulement

un des innombrables essais qu'il fit pour changer l'art statique en art vivant. Rien de plus hardi que les représentations de «volumes virtuels», œuvres les plus éloignées de tout concrétisme matériel, qu'il réalisera plus tard. Sous cet angle se comprend l'intérêt intense que Moholy-Nagy a apporté aux possibilités de la photographie. L'incomparable champ d'expérimentation qu'est le laboratoire photographique lui permettait d'aborder bien des procédés alors encore inconnus. Dans le domaine du montage et du coupage, de la superposition et de l'inversion négatif-positif, il n'y a guère d'accomplissements dont il ne fut un des précurseurs. Mais son ingéniosité se plaisait surtout dans l'élaboration de «photogrammes» où les formes entrent sans l'intermédiaire de la pellicule et où les objets se soumettent à l'enchantement magique dont Moholy-Nagy était le vrai maître.
Le côté romantique de son imagination, qui s'y donnait libre cours, se dévoile également dans ses tableaux abstraits les plus purs où la sobriété et l'économie des lignes et des formes sont bien souvent démenties par des couleurs éclatantes.

Catalogue d'exposition **Moholy-Nagy,** *Galerie Arnaud, Paris, 1952-1953.*

Gisèle Freund: Photographie et société (extrait)

Le grand théoricien de la photographie, le premier qui comprit les voies nouvelles qu'elle ouvrait dans la création, fut László **Moholy-Nagy.** Dans son livre: **Peinture, photographie, film,** publié en 1925 dans la série éditée par le Bauhaus, il décrit le chemin que prendront la photographie et l'art contemporain. Plus de trente ans en avance sur son temps, il définit les mouvements artistiques qui commenceront à s'épanouir seulement durant la deuxième moitié du xxe siècle. Ses conceptions sur le rôle de la photographie, fondées sur ses expériences pratiques, seront confirmées quelques années plus tard par le philosophe Walter Benjamin dans son essai sur **L'Œuvre d'art à l'ère de sa reproductibilité technique** et dans sa **Petite Histoire de la photographie.**
Moholy-Nagy est né en 1895 en Hongrie. Il fait des études juridiques qu'il abandonne vite pour se consacrer entièrement à la peinture. Il se lie au mouvement artistique d'avant-garde hongrois MA (ce qui veut dire: «Aujourd'hui») qui a des buts similaires au groupe l'«Esprit nouveau» en France dans lequel Le Corbusier et Ozenfant révélèrent l'interdépendance entre la peinture, la sculpture et les techniques de l'industrie moderne. En 1920, Moholy arrive à Berlin et se lie au mouvement dada. C'est à cette époque qu'il crée des photogrammes sans caméra, sans connaître les essais de Man Ray. Mais si, pour ce dernier, ils sont une écriture automatique, pour Moholy la composition du photogramme est mûrement réfléchie. Chaque effet est calculé, rien n'est laissé au hasard. Son intention est d'aboutir à des formes et à des tonalités déterminées, allant du blanc au noir en passant par toutes les gammes des gris intermédiaires. En 1922, il fait une première exposition de ses peintures abstraites et de ses photogrammes dans la galerie d'avant-garde Der Sturm à Berlin. Walter Gropius, fondateur du Bauhaus, visite l'exposition et l'invite à enseigner dans son école d'État à Weimar. A partir du printemps 1923, il sera professeur au Bauhaus, aux côtés de Paul Klee, de Johannes Itten, d'Oskar Schlemmer et d'autres artistes. Ses idées se confondent avec l'esprit de l'école et auront une influence décisive sur l'art moderne.
Moholy est peintre, sculpteur, cinéaste et photographe. Il s'intéresse particulièrement aux problèmes de la lumière et de la couleur. Il fait des films expérimentaux dont le plus connu porte un titre significatif: **Jeu de lumière noir-blanc-gris.** En 1933, après l'avènement du nazisme, il émigre à Amsterdam, puis à Londres où il continue ses expériences avec le film en couleurs, fait des affiches et des films documentaires. Il commence à expérimenter le plexiglas dans des peintures à trois dimensions qu'il appelle modulateurs de l'espace. En 1937, on lui offre la direction du nouveau Bauhaus à Chicago. Son influence sur le mouvement artistique américain est considérable. Il construit des stabiles et des mobiles. Ses expériences avec la lumière continuent à être une de ses plus grandes préoccupations. Il meurt en 1946 à Chicago de leucémie à l'âge de cinquante et un ans.
Après un siècle de discussions pour savoir si la photographie est un art, Moholy la remet à sa place véritable. «La vieille querelle entre artistes et photographes afin de décider si la photographie est un art, est un faux problème. Il ne s'agit pas de remplacer la peinture par la photographie, mais de clarifier les relations entre la photographie et la peinture d'aujourd'hui et de montrer que le développement de moyens techniques, issus de la révolution industrielle, a contribué matériellement à la genèse de formes nouvelles dans la création optique.» Jusqu'alors, les interprétations de la photographie ont été influencées par les conceptions esthétiques et philosophiques concernant la peinture. Il s'agit de reconnaître les lois particulières de la photographie. La lumière en elle-même doit être regardée comme créatrice des formes. C'est sous cet angle qu'il faudrait juger photographie et film. La photographie ouvre des perspectives jusqu'alors inconnues, elle capte les jeux du chiaros-

curo, emprisonne la lumière sur un morceau de papier sans interférence d'un appareil, découvre la beauté de l'image négative, etc.
Dans son livre **La Nouvelle Vision** qui paraît en 1929, Moholy explique sa théorie de la graduation de la lumière, sa découverte d'angles de vues et de perspectives nouvelles qui correspondent à la technique des machines modernes. La photographie produit ses propres lois et ne dépend pas des opinions des critiques d'art ; ses lois seront la seule mesure valide de ses valeurs futures. Ce qui est important est notre participation à des expériences nouvelles sur l'espace. Grâce à la photographie, l'humanité a acquis le pouvoir d'apercevoir son entourage et son existence avec des yeux neufs. Le vrai photographe a une grande responsabilité sociale. Il doit travailler avec les moyens techniques qui sont à sa disposition. Ce travail est la reproduction exacte des faits de tous les jours, sans distorsions ni adultérations. La valeur en photographie ne doit pas être mesurée seulement d'un point de vue esthétique, mais par l'intensité humaine et sociale de sa représentation optique. La photographie n'est pas seulement un moyen de découvrir la réalité. La nature, vue par la caméra, est différente de la nature vue par l'œil humain. La caméra influence notre manière de voir et crée la **nouvelle vision.**
Des théoriciens comme McLuhan se sont largement inspirés des idées de Moholy-Nagy et deux générations de photographes ont été influencées par lui, même s'ils ne connaissent pas son nom. De même que les découvertes de Freud sont entrées dans nos habitudes de juger certaines réactions humaines – l'explication des actes manqués nous semble aujourd'hui naturelle – ainsi les idées de Moholy-Nagy sont devenues inséparables de notre façon de voir. En 1925, ses contemporains prirent sa nouvelle vision pour une utopie. Aujourd'hui son langage et ses idées nous sont familiers et sont réalisés dans les manifestations de l'art contemporain.
Personne ne conteste donc plus à la photographie une place parmi les arts graphiques. Moholy avait constaté avec raison que l'image a sa propre esthétique. Sa déchéance artistique vers la fin du siècle dernier provenait de l'erreur des photographes de vouloir imiter la peinture.

Gisèle Freund, **Photographie et société.**
Paris, 1979, p. 189-191.

NOTES

1. La revue **Akasztott Ember** (« L'homme pendu »), qui s'appela plus tard **Ék** (« Coin »), parut en hongrois à Vienne, entre 1922 et 1923. Moholy-Nagy fait allusion à un article qui a paru dans le deuxième numéro d'**Akasztott Ember.**

2. C'est dans cet écrit que Moholy-Nagy rédige pour la première fois ses conceptions sur l'extension des moyens artistiques, sur l'analogie entre le phonographe et le film, etc. Il fait allusion aux films d'avant-garde de Ruttmann et au Clavilux de Wilfred. (La variante perfectionnée de cette dernière œuvre est l'orgue couleur-lumière de Sándor László dont Moholy-Nagy appréciait la conception. Voir dans ce volume : Nouvelles expériences cinématographiques.)

3. Ernő Kállai [nom original: Ernő Kannengiesser; il a utilisé le pseudonyme Péter Mátyás, puis, à partir de 1922, le pseudonyme d'Ernő Kállai (1890-1954)], théoricien de l'esthétique et critique, avait été le collaborateur du Bauhaus et le porte-parole de l'avant-garde hongroise et internationale.
Alfréd Kemény (dit Durus, 1895-1945), théoricien de l'esthétique et critique d'art, vécut, après la défaite de la République des Conseils, à Vienne et à Berlin puis à Moscou. Entre 1935/37, il devint le secrétaire du Bureau international des artistes révolutionnaires en Union soviétique.
László Péri (1899-1967), sculpteur et peintre, vécut à Berlin à partir de 1921 et, en 1933, il s'installa à Londres. **Egység** parut à Vienne, plus tard à Berlin entre 1923 et 1924, en hongrois. Le poète Aladár Komját et le peintre Béla Uitz étaient les deux rédacteurs en chef. En ce qui concerne sa conception de la politique artistique, cette revue, animée par des communistes hongrois en émigration à Vienne, était en opposition à **MA.** La déclaration en question reflète surtout l'influence des opinions d'Alfréd Kemény.

4. L'originalité des photogrammes de Moholy-Nagy et des idées évoquées dans l'article en question a été fortement mise en question par El Lissitzky (1890-1941), personnage célèbre du constructivisme russe, qui travailla en Allemagne entre 1921 et 1928, et qui se sentit personnellement concerné par cette affaire. (Voir dans ce volume: Lettre d'El Lissitzky à Sophie Küppers.) Même si l'opinion d'El Lissitzky semble exagérée, il est possible que Moholy-Nagy ait trouvé l'idée du photogramme chez Christian Schad. Lucia Moholy y fait allusion **(Marginalien zu Moholy-Nagy, op. cit.)**. Selon une déclaration verbale de Lucia Moholy, Moholy-Nagy n'aimait pas beaucoup le travail de laboratoire et le confiait plutôt à sa femme.

5. Le sujet de l'article concerne les nouvelles relations entre la peinture et la photographie, et la prédominance de l'un ou l'autre genre. Adolf Behne, Kandinsky, Kassák, etc. ont participé à la discussion; on n'a pas publié dans la revue **i 10**, 1927, la réponse de Malevitch. (Voir dans ce volume la lettre de Malevitch à Moholy-Nagy.) La discussion a été rééditée, voir **Bauhaus Fotografie,** Düsseldorf, 1982.

6. Ces projets n'ont pas été réalisés.

7. Moholy-Nagy a conçu le projet de l'appareil en question et, avec l'aide de l'ingénieur István Sebők, c'est l'AEG (Allgemeine Elektrizitätsgesellschaft) qui l'a exécuté. On l'a présenté la première fois en 1930, lors de l'exposition à Paris du Deutscher Werkbund (dans le cadre de l'exposition de la Société des artistes décorateurs, Grand Palais). Moholy-Nagy fait allusion à cette exposition dans sa lettre à Sonia Delaunay, qui figure dans ce volume.

8. L'article fait allusion à la discussion sur la peinture et la photographie publiée dans **i 10.** Ici aussi, il déclare que l'illettré de demain sera l'homme qui ne sait pas photographier.

9. Cet écrit fait allusion aux articles intitulés «Production – reproduction» et «Une nouvelle création dans la musique».

10. František Kalivoda, excellent architecte tchèque, a donné à Moholy-Nagy la possibilité d'exposer à Brno. Sa revue **Telehor** (ce nom trouvé par Moholy-Nagy signifie «appareil pour voir à distance») a publié un numéro spécial consacré à Moholy-Nagy, qui constitue presque une monographie (prévue déjà en 1934) en raison des études, des scénarios, des illustrations qu'il contient. La lettre à Kalivoda rappelle la discussion sur la peinture et la photographie de 1927. En effet, entre 1928 et 1930, Moholy-Nagy n'a pas peint et il n'a exposé qu'après 1934 à Amsterdam, à Paris et à Brno.

11. Il raconte également l'histoire de la chaise dans son livre intitulé **Vision in Motion.**

12. Ce n'est qu'après 1920, lors de son séjour à Berlin, que Moholy-Nagy a pu préparer les collages mentionnés, sans doute sous l'influence de Kurt Schwitters. Antérieurement, il avait fortement critiqué les travaux de Schwitters dans sa lettre à Hevesy. Dans sa lettre à Hevesy, Moholy-Nagy écrit qu'il a passé seulement six semaines à Vienne, sans doute fin 1919, début

1920. C'est également à Berlin qu'il a préparé les assemblages à trois dimensions.

13. A partir de 1919, Moholy-Nagy utilisait le nom du village Mohol, accolé à Nagy. Actuellement, Mohol est sur le territoire de la Yougoslavie. On sait très peu de chose sur les parents de l'artiste : son père, Lipót Weiss, intendant de la propriété des Latinovits, avait émigré en Amérique avant que Moholy-Nagy n'aille à l'école. Sa mère, Karolina Stein, a vécu sans doute assez longtemps ; nous connaissons une photographie de son beau visage ridé. Ákos Nagy est arrivé en Union soviétique au cours de la Première Guerre mondiale. Il n'a plus rencontré sa famille et il est mort là-bas. Sa veuve vit toujours à Moscou.
Iván Hevesy (1893-1966), esthète et critique, fut un grand ami paternel et un soutien spirituel de Moholy-Nagy. Il avait publié dans sa revue **Jelenkor** (Szeged) les premiers écrits (d'un niveau assez faible) de Moholy-Nagy. Son intérêt pour l'avant-garde, ses connaissances étendues sur l'art international et sur le film avaient dû fortement influencer le jeune artiste. Quand celui-ci a émigré, il s'est éloigné de Hevesy. Moholy-Nagy a rapidement adopté les courants les plus modernes, Hevesy n'a pas pu et n'a pas voulu le suivre. En 1928, lors de leur rencontre à Berlin, Moholy-Nagy traversait une phase difficile de sa vie : il venait de quitter le Bauhaus. En 1930, Moholy-Nagy est allé à Budapest, il a été très bien reçu et ses relations avec Hevesy se sont améliorées. La discussion tendue sur l'avant-garde n'était plus à l'ordre du jour.

14. Sur les relations en Hongrie de Moholy-Nagy, qui a quitté l'activisme, et de Béla Uitz (1887-1970), peintre et l'un des chefs de l'activisme, nous n'avons de renseignements que grâce à une seule source : la lettre que Moholy-Nagy a adressée à Artur Bach (1891-1926), employé de banque, qui faisait partie du cercle amical de Szeged. En émigration, les chemins des deux peintres se sont séparés. Uitz critiquait sévèrement l'activité de Moholy-Nagy. Pourtant ce dernier publiait dans **Egység,** dirigée par Béla Uitz et Aladár Komját. (Voir Éva BAJKAY, **Uitz**, Budapest, 1974.)

15. Le journal de Moholy-Nagy était entre les mains de Sibyl Moholy-Nagy. L'extrait publié a été écrit en hongrois, mais comme le texte original est actuellement introuvable, il fallait le traduire de l'anglais. Malheureusement, les documents et les déclarations de Sibyl Moholy-Nagy manquent parfois de précision, surtout s'il s'agit de la période que Moholy-Nagy a passée en Europe.

16. Moholy-Nagy a connu le poète Gyula Juhász (1883-1937) à Szeged et lui a voué un grand respect. Juhász l'a soutenu par ses conseils et a écrit un article élogieux sur son exposition de Szeged. En plus de l'amitié, l'intérêt pour les arts, l'excellent jugement et les conceptions progressistes de Juhász ont contribué à renforcer ces rapports, qui ont sans doute pris fin après 1920. (Voir László Péter, « The Young Years of Moholy-Nagy », **The New Hungarian Quarterly,** 1972, nº 46.)

17. Cette lettre montre qu'à cette époque Moholy-Nagy tient à ses anciennes idées et ne reconnaît pas encore l'importance de Schwitters. Il n'apprécie pas non plus Sturm où il exposera pourtant en 1922. Il garde de bons rapports avec le rédacteur en chef de la revue, Herwarth Walden, même à l'époque du Bauhaus, de nombreuses expositions en témoignent (1923, 1924, 1925).

18. Lajos Kassák (1897-1967) est le chef de l'avant-garde hongroise et le rédacteur de plusieurs revues de réputation internationale.
Kassák a publié dans **MA,** 1922, n°s 2-3, les photographies mentionnées, sauf quatre. La photographie de la « IIIe Internationale » de Tatline a servi d'illustration à l'article de Punin intitulé « La tour de verre de Tatline » et publié dans **MA,** 1922, n°s 5-6.

19. Il s'agit sans doute du livre intitulé **Théâtre du Bauhaus,** écrit par Schlemmer, Farkas Molnár et Moholy-Nagy. Il a été publié dans la série du Bauhaus dirigée par Moholy-Nagy.

20. El Lissitzky fait sans doute allusion à la série du Bauhaus pour laquelle Moholy-Nagy a demandé d'écrire sur la typographie. El Lissitzky, **Proun und Wolkenbügel. Schriften, Briefe, Dokumente,** Verb Verlag der Kunst, Dresde, 1977, p. 179-180.

21. El Lissitzky parle sans doute du livre de Moholy-Nagy intitulé **Peinture, photographie, film,** qui a paru en 1925 dans la série du Bauhaus.

22. L'article de Kemény mentionné par El Lissitzky a paru dans la revue **Kunstblatt,** en 1924, nº 6. (Voir dans ce volume « Discussion entre Moholy-Nagy et Alfréd Kemény ».) El Lissitzky dit qu'entre 1921 et 1923 Moholy-Nagy n'avait pas de métier, mais cela est vrai pour tous les artistes d'avant-garde de l'époque. Lucia Moholy a dû lui apprendre, début 1920, la technique photographique. En 1922 – au moment où il préparait sa première exposition pour la Galerie Der Sturm – il connaissait sans doute les photogrammes de Man Ray, de Christian Schad et d'autres artistes. Ce n'est probablement pas lui qui a découvert la technique des photogrammes mais il était l'un de ceux qui l'utilisaient avec succès dès 1922. La façon dont El Lissitzky critique l'article paru dans **Broom** (voir « La lumière, nouveau moyen d'expression de l'art plastique ») montre qu'il est de parti pris. Mais il est vraisemblable que Moholy-Nagy voulait prendre le pas sur Man Ray.

23. Le peintre hongrois Aurél Bernáth (1895-1982) vivait à Berlin entre 1923 et 1926 et peignait des tableaux expressionnistes.

24. Voir Richard Huelsenbeck, **Dada-Almanach,** Berlin, 1920, p. 89.

25. Antal Németh (1903-1968), journaliste, critique de théâtre et d'art, a envoyé en 1924 le même questionnaire à plusieurs artistes hongrois. Moholy-Nagy y a répondu avec une sincérité que l'on retrouve aussi dans son interview de 1929 publiée dans **Little Review,** et dans son livre intitulé **Un artiste en résumé.**

26. La lettre de Kasimir Malevitch concerne la discussion déclenchée par l'article de Kállai : « Peinture et photographie». A la même époque, ils ont fait connaissance personnellement à Berlin. On peut supposer que la rencontre personnelle et la discussion de **i 10** les a plutôt éloignés l'un de l'autre.

27. Rodtchenko (1891-1956), éminent peintre et photographe russe, connaissait bien l'activité de Moholy-Nagy ; il avait dans sa bibliothèque un exemplaire dédicacé de **Peinture, photographie, film.** En Union soviétique on appréciait – malgré quelques réticences – les travaux de Moholy-Nagy; en 1929, on a publié son livre en russe. (Voir: l'introduction de Fedorov-Davidov à **Peinture, photographie, film.**) C'est pourquoi **Sovetskoe Foto** a pu accuser de plagiat Rodtchenko, pourtant il a été le premier à faire la prise de vues en question.

28. La lettre fait allusion à l'exposition de typographie et de photographie organisée à Cologne nommée **La Pressa.**

29. Les documents originaux appartiennent à Hattula Moholy-Nagy.

30. Dans la conversation imaginaire le «critique bienveillant» est sans doute un personnage fictif. Quant au représentant du Bauhaus de Weimar et de Dessau, c'est probablement Moholy-Nagy ; H. M. doit être Hannes Meyer qui a repris la direction du Bauhaus. Ni Moholy-Nagy, ni Marcel Breuer, ni beaucoup d'autres professeurs ne pouvaient approuver sa conception et son activité. Ce document montre les tensions et les contradictions de l'époque. On ne sait pas exactement dans quel but ce document a été préparé ni qui est son auteur ou ses auteurs. Le document appartient à Hattula Moholy-Nagy.

31. Le **Modulateur espace-lumière** de Moholy-Nagy a été présenté la première fois dans le cadre de l'exposition de la Société des artistes décorateurs au Grand Palais. La lettre de Moholy-Nagy montre bien l'hostilité des artistes français par rapport à l'exposition.

32. Xanti Schawinsky (1904-) avait étudié au Bauhaus et il est resté l'ami de Moholy-Nagy et de Gropius. A la fin des années vingt, les artistes d'avant-garde se rencontraient souvent à Ascona en été. Les personnages cités sont Bruno Taut, Herbert Bayer et Ellen Frank qui, à l'époque, était le grand amour de Moholy-Nagy.

33. A. Fedorov-Davidov, historien d'art soviétique très connu, a écrit la préface à l'édition russe de **Peinture, photographie, film** (en russe : «Живопись или фотография») publiée à Moscou en 1929. A cette époque, il était le directeur de la galerie Tretiakov, il y avait organisé la dernière exposition moscovite de Malevitch, également en 1929. Sa préface au catalogue de cette exposition reflète l'influence de Moholy-Nagy. (Voir Krisztina Passuth : « La dernière exposition en URSS de Malevitch », **Cahiers du Musée national d'art moderne,** Paris n° 4, 1980.)

Ouvrages de Moholy-Nagy

a. Livres

MOHOLY-NAGY, **Képeskönyv** («Livre d'images»), introd. de Péter Mátyás (Ernő Kállai), Vienne, **MA,** série Horizont, 1921.

Lajos KASSÁK, László MOHOLY-NAGY, **Buch neuer Künstler** (Új művészek könyve, «Livre des artistes nouveaux»), Vienne, 1922 (en hongrois et en allemand); réédition en fac-similé, introd. d'Éva Körner, Budapest, Corvina, 1977.

Oskar SCHLEMMER, László MOHOLY-NAGY, Farkas MOLNÁR, **Die Bühne im Bauhaus,** Bauhausbücher 4, Munich, Albert Langen, 1925 ; réédition en fac-similé, préf. de Gropius, Mayence et Berlin, Florian Kupferberg, 1964.

MOHOLY-NAGY, **Malerei, Photographie, Film,** Bauhausbücher 8, Munich, Albert Langen, 1925; deuxième édition, **Malerei, Fotografie, Film,** 1927; réédition de la deuxième édition en fac-similé, postface d'Otto Stelzer, Mayence et Berlin, Florian Kupferberg, 1967.

MOHOLY-NAGY, **Von Material zu Architektur,** Bauhausbücher 14, Munich, Albert Langen, 1929 ; réédition en fac-similé, postface d'Otto Stelzer et de Hans Maria E. Wingler, Mayence et Berlin, Florian Kupferberg, 1968.

MOHOLY-NAGY, **The New Vision : From Material to Architecture. Abstract of an Artist,** New York, Wittenborn, Schultz Inc. 1947.

MOHOLY-NAGY, **Vision in Motion,** Chicago, Paul Theobald, 1947.

b. Manifestes, études et articles

Raoul HAUSMANN, Hans ARP, László MOHOLY-NAGY, Ivan PUNI, «Aufruf zur elementaren Kunst – An die Künstler der Welt», **De Stijl,** Leyde, 1921, n° 10.

«Production – Reproduction», **De Stijl,** V, Leyde, 1922, n° 7. (Voir «Új filmkísérletek», **Korunk,** Kolozsvár, 1933.)

MOHOLY-NAGY – KEMÉNY, «Dynamisch-konstruktives Kraftsystem», **Der Sturm,** Berlin, 1922, n° 12.

«Az új tartalom és az új forma problémájáról» («Sur le problème du contenu et de la forme nouvelle»), **Akasztott Ember,** Vienne, 1922, n°s 3-4.

«Light – a Medium of Plastic Expression», **Broom,** New York, mars 1923.

«Neue Gestaltungen in der Musik. Möglichkeiten des Grammophons», **Der Sturm,** Berlin, juillet 1923.

«Die neue Typographie», **Staatliches Bauhaus in Weimar,** 1919-1923, Munich-Weimar, 1923.

Ernő KÁLLAI, Alfréd KEMÉNY, László MOHOLY-NAGY, László PÉRI, «Nyilatkozat» («Déclaration»), **Egység,** Vienne-Berlin, 1923, n° 4.

«Die Arbeiten der Bauhaus-Werkstätten», **Thüringer Allgemeine Zeitung,** 1924, n° 288.

«A nagyváros dinamikája» («Dynamique de la grande ville»), 1921-1922, **MA,** Vienne, septembre 1924; réédité sous le titre: «Dynamik der Gross-Stadt», **Pasmo,** I, Brno, 1925, n°s 11-12; réédité également in: **Malerei, Photographie, Film,** Munich, 1925.

«Richtlinien für eine synthetische Zeitschrift», **Pasmo,** I, Brno, 1925, n°s 5-6.

«Das Bauhaus in Dessau», **Qualität,** Dessau, 1925, n°s 4-5.

«Zeitgemässe Typographie – Ziele, Praxis, Kritik», **Gutenberg Festschrift,** Gutenberg Gesellschaft, Mayence, 1925; réédité dans **Offset, Buch und Werbekunst,** Leipzig, 1926.

«Geradlinigkeit des Geistes – Umwege der Technik», **Bauhaus,** Dessau, 1926, n° 1; réédité dans **i 10 Internationale Revue,** Amsterdam, 1927, n° 1.

«Typophoto», **Pasmo,** II, Brno, 1926, n° 1.

«Ismus oder Kunst», **Vivos voco,** V, Leipzig, 1926, n°s 8-9.

«Photoplastische Reklame» **Offset, Buch und Werbekunst,** Leipzig, 1926, n° 7; réédité sous le titre « Geradlinigkeit des Geistes. . . », **Bauhaus,** Dessau, n° 1.

«Wie soll das Theater der Totalität verwirklicht werden?» **Bauhaus,** Dessau, 1927, n° 3.

«A jövő színháza a teljes színház» («Théâtre total – Théâtre de l'avenir»), **Dokumentum,** Budapest, mars 1927.

« Die beispiellose Fotografie », **i 10 Internationale Revue,** I, Amsterdam, 1927, n°s 1-3 ; réédité dans **Das deutsche Lichtbild,** 1927.

«Die Photographie in der Reklame», **Photographische Korrespondenz,** Vienne, LXIII, septembre 1927.

«Malerei und Photographie», **i 10 Internationale Revue,** I, Amsterdam, 1927, n° 6.

«Zum sprechenden Film», **i 10 Internationale Revue,** II, Amsterdam, 1928, n° 15.

« Fotografie ist Lichtgestaltung », Bauhaus, Dessau, 1928, n° 1 ; réédité dans **Photographische Korrespondenz,** Vienne, 1928, n° 1.

«A fényképezés megújulása» («Le renouveau de la photographie»), **Munka,** Budapest, 1928, n° 2.

«Neue Wege in der Photographie», **Photographischer Rundschau und Mitteilungen,** LXV, Halle, 1928.

«Zu den Fotografien von Florence Henri», **i 10 Internationale Revue,** Amsterdam, 1928, n°s 17-18.

« Filmkronik: das Kind der anderen, Johanna von Orleans' », **i 10 Internationale Revue,** Amsterdam, 1928, n°s 17-18.
«Scharf oder unscharf?», **i 10 Internationale Revue,** Amsterdam, 1929, n° 20.
«Fotogramm und Grenzgebiete», **Die Form,** Berlin, 1929. (Voir **i 10,** 1929, n° 21.)
«Experimentale Photographie», **Das Neue Frankfurt,** Francfort, 1929, n° 3.
« Filmkronik, das Sturm über Asien», **i 10 Internationale Revue,** Amsterdam, 1929, n° 19.
«This is all there is! no more», **i 10 Internationale Revue,** Amsterdam, 1929, n° 22.
«La photographie, ce qu'elle était, ce qu'elle devrait être», **Cahiers d'Art,** IV, Paris, 1929, n° 1.
«The Future of the Photographic Process», **Transition,** février 1929.
«Jeszcze o elementach», **Praesens,** Varsovie, 1929.
«Die Optik in Tonfilm», **Film und Volk,** III, juillet 1929.
«An Answer to Your Interview», **Little Review,** XII, New York, 1929, n° 2.
«Az ember és a háza» («L'homme et sa maison»), **Korunk,** IV, Kolozsvár, 1929, n° 4.
«Über die Typographie», Bodo et Heinz Rasch, **Gefesselter Blick,** Stuttgart, 1930.
«Lichtrequisit einer elektrischen Bühne», **Die Form,** V, Berlin, 1930, nos 11-12.
«A szelet-embertől az egész emberig» («De l'homme 'en tranches' à l'homme total»), **Korunk,** V, Kolozsvár, 1930, n° 2 ; réédité dans l'introduction de **Von Material zu Architektur**(« Du matériau à l'architecture »); réédité également sous le titre « Einführung zur Malerei und Photographie», **A bis Z,** VII, Cologne, 1932, n° 23.
«Az új film problémái» («Problèmes du film moderne»), **Korunk,** V, Kolozsvár, 1930, n° 10; réédité dans **Telehor,** Brno, 1936, nos 1-2.
Déclaration de Moholy-Nagy dans le catalogue de l'exposition: **Société des artistes décorateurs,** Grand Palais, Paris, 1930.
«Wohin geht die photographische Entwicklung?» **Agfa Photoblätter,** Berlin, 1931-1932, n° 9.
«Fényjáték-film» («Le film jeu de lumière»), **Korunk,** VI, Kolozsvár, 1931, n° 12 ; réédité sous le titre «A film új lehetőségei» («Nouvelles possibilités du cinéma»), **Munka,** V, Budapest, 1932, n° 24; réédité sous le titre «Display, Black and White and Gray», **Moholy-Nagy,** éditeur Kostelanetz, The Penguin Press, Londres, 1971, p. 148-150.
«Réponses aux questions d'Abstraction-Création», **Abstraction-Création,** Paris, 1932-1933, nos 1-2.
«Festészet és fényképészet» («Peinture et photographie»), **Korunk,** Kolozsvár, 1932, n° 2.
« Probleme des neuen Films », **Die Form,** Berlin, 1932, n° 5; réédité dans **Telehor,** Brno, 1936, nos 1-2.
«Problèmes du nouveau film», **Cahiers d'Art,** VI-VII, Paris, 1932, p. 277-280.
«A fotográfia: napjaink objektív látási formája» («La photographie, forme objective de notre temps»), 1932, **Korunk,** VIII, Kolozsvár, 1933, n° 12; réédité dans **Telehor,** Brno, 1936, nos 1-2.
«A festéktől a fényig» («Du pigment à la lumière»), **Korunk,** Kolozsvár, 1933, n° 10; réédité dans **Telehor,** 1936, nos 1-2.
«Természet és technika» («Nature et technique»), **Korunk,** Kolozsvár, 1933, n° 5.
«Új filmkísérletek» («Nouvelles expériences cinématographiques»), **Korunk,** VIII, Kolozsvár, 1933, n° 3.
« Filmové experimenty », **Měsic,** I, Brno, 1933, n° 4.
« Nové Filmové experimenty », **Středisko,** III, Brno, 1933 ;
« Bevezető Molnár Farkas munkáihoz » (« Présentation des travaux de Farkas Molnár »), Budapest, 1933.
«How Photography revolutionizes Vision», **The Listener,** novembre 1933; réédité sous le titre «Photographie, forme objective de notre temps», **Telehor,** Brno, 1936, nos 1-2.
«Offener Brief an die Filmindustrie und alle, die Interesse an der Entwicklung des guten Films haben», **Ekran,** Brno, 1934, n° 1; réédité dans **Středisko** IV, Brno, 1934, n° 1; réédité également sous le titre «An Open Letter», **Sight and Sound,** VIII, Londres, 1934, n° 10 ; réédité enfin sous le titre « Nyílt levél a filmről» («Lettre ouverte sur le cinéma»), **Korunk,** IX, Kolozsvár, 1934, n° 5. **Vision in Motion, op. cit.,** p. 272-275.
«A képtől a fény architektúráig», («Du tableau à l'architecture de lumière»), **Korunk,** X, Kolozsvár, 1935, n° 6.
« Hangosfilm-színesfilm : és azután? » (« Film parlant–film en couleurs : et après ? »), **Korunk,** X, Kolozsvár, 1935, n° 11.
« A felszabadult színfényképezés felé. . .» (« Pour une photographie en couleurs libérée. . .»), **Korunk,** XI, Kolozsvár, 1936, n° 12; réédité sous le titre « Richtlijnen voor een onbelemmerde kleurenfotografie», **Prisma der Kunsten,** Zeist, 1937; réédité également sous le titre: «Paths to the Unleased Colour», **Penrose Annual,** Londres, 1937.
« Lettre à Kalivoda », 1934, **Telehor,** Brno, 1936, nos 1-2.
«Du pigment à la lumière», 1925-1930, **Telehor,** Brno, nos 1-2.
«Photographie, forme objective de notre temps», 1932, **Telehor,** Brno, 1936, nos 1-2.
«Problèmes du film moderne», 1928-1930, **Telehor,** Brno, 1936, nos 1-2.
«Notes supplémentaires sur les derniers cheminements du film sonore et coloré», **Telehor,** Brno, 1936, nos 1-2.
«Poulet reste poulet» 1925-1930, **Telehor,** Brno, 1936, nos 1-2.
«Light Architecture», **Industrial Arts,** I, 1936, n° 1.
«Subject without Art», **The Studio,** Londres, novembre 1936.
« Photographers of today », **The Studio Modern Photography Annual,** Londres, 1935-1936.
«Photography in a Flash», **Industrial Arts,** I, Londres, 1936, n° 4.
«Light Painting», J. L. MARTIN, Ben NICHOLSON, Naum GABO, **Circle: International Survey of Constructive Art,** Londres, 1937.
Introduction Katherine S. DREIER: **1 to 40 Variations,** Springsfield, Mass., 1937.

«Modern Art and Architecture», **Journal of the Royal Institute of British Architects,** XXXXIV, Londres, janvier 1937.

«Why Bauhaus Education?», **Shelter,** New York, 1938, nº 3.

«New Approach to Fundamentals of Design», **More Business,** III, Chicago, 1938, nº 11.

«Education and Bauhaus», **Focus,** Londres, 1938, nº 2.

«From Wine Jugs to Lighting Fixtures», W. GROPIUS, H. BAYER, I. GROPIUS, **Bauhaus 1919-1928,** Museum of Modern Art, New York, 1938.

«Light: a New Medium of Expression», **Architectural Forum,** Chicago, mai 1939.

«Painting with Light: a New Medium of Expression», **The Penrose Annual,** Londres, 1939, nº 41.

«The New Bauhaus: American School of Design», **Design,** Columbus (Ohio), mars 1939.

«Make a Light Modulator», **Minicam,** III, New York, 1940, nº 7.

«Objectives of a Designer Education», **Conference on the Expansion of Industrial Communities with Regard to Housing and City Planning,** Ann Arbor, University of Michigan, College of Architecture and Design, 1940.

«Photography», **A Pageant of Photography,** San Francisco, 1940.

«Education in Various Arts and Media for the Designers», **40th Yearbook,** National Society for the Study of Education, Bloomington, Indiana, 1941.

«Design in Modern Theory and Practice», **California Arts and Architecture,** LVIII, 1941, nº 21.

«New Trends in Design», **Task,** New York, été 1941.

«About the Elements of Motion Picture», **Design,** Bombay, octobre 1942, nº 42.

«Space-Time and the Photographer», **American Annual of Photography,** Boston, 1943, nº 152.

«Design Potentialities», **Plastic Progress,** Chicago, avril 1943. Voir «New Trends in Design».

«Surrealism and the Photographer», **The Complete Photographer,** New York, 1943, nº 52.

«New Trends in Design», **Interiors,** New York, avril 1943; réédité sous le titre «Design Potentialities», **Plastic Progress,** Chicago, avril 1943.

«Better than Before», **Technology Review,** Cambridge, Mass., 1943, nº 1.

«The Coming World of Photography», **Popular Photography,** XIV, New York, 1944, nº 2.

«Design Potentialities, New Architecture and City Planning», **Symposium,** Paul Zucker, Philosophical Library, New York, 1944.

«Photography in the Study of Design», **American Annual of Photography,** Boston, 1944.

«In Defense of Abstract Art», **Journal of Aesthetic and Art Criticism,** Cleveland, 1945, nº 2.

«On Art and Photography», **The Technology Review,** Cambridge, Mass., juin 1945.

«Photography», C. D. RUNES et Harry G. SCHRICKEL, **Encyclopedia of the Arts,** New York, 1946.

«New Education – Organic Approach», **Art and Industry,** Londres, mars 1946.

«Industrial Design», **Parker Pen Shoptalker,** Janesville, Wisc., juin 1946.

«Space-time Problems in Art», **The World of Abstract Art, American Abstract Artists,** New York, 1946.

«Design Education», **Architectural Review,** Londres, 1946, nº 18.

«Task of our Generation», dans le catalogue de l'exposition de Moholy-Nagy en 1947, publié par le Guggenheim Museum, New York.

«Art and Industry», **Arts and Architecture,** Los Angeles, septembre 1947.

c. Publications photographiques

Franz ROH, **Moholy-Nagy, 60 photos,** préface de Franz Roh, «Moholy-Nagy und die neue Photographie», Berlin, 1930; le texte de cette préface est traduit en français.

The Street Markets of London, Texte de Mary Benedetta, Londres, 1936.

An Oxford University Chest, Texte de John Betjeman, Londres, 1936.

Eton Portrait, Texte de Bernard Fergusson, Londres, 1937.

d. Films

Berliner Stilleben, 1926.

Marseille, vieux port, 1929.

Das Wunder. Hoffmanns Erzählungen, 1929.

Lichtspiel Schwarz-Weiss-Grau, 1930-1931.

Street Picture, Finland, 1931-1933.

Tönendes ABC, 1932.

Zigeuner, 1932.

Hattula, 1933-1937.

Architekturkongress Athen, 1933.

Life of a Lobster, 1935-1936.

The New Architecture at the London Zoo, 1936-1937.

Choix d'ouvrages et de textes sur Moholy-Nagy

Ouvrages

Sibyl MOHOLY-NAGY, **Moholy-Nagy, Experiment in Totality,** Préface de Walter Gropius, New York, 1950, Londres, Cambridge, 1969.

Ludvik SOUCEK, **László Moholy-Nagy,** Bratislava, 1965.

Richard KOSTELANETZ, **Moholy-Nagy,** New York, Praeger Publishers, 1970.

Lucia MOHOLY, **Marginalien zu Moholy-Nagy,** Krefeld, Scherpe Verlag, 1972.

Hannah WEITEMEIER, Wulf HERZOGENRATH, Tilman OSTERWOLD, **László Moholy-Nagy,** Stuttgart, Gerd Hatje, 1974 ; édité en français, Paris, centre Pompidou, 1976 (avec l'article de Lloyd ENGELBRECHT, «Moholy à Chicago»).

Gianni RONDOLINO, **László Moholy-Nagy, Pittura, fotografia, film,** préface de Giulio Carlo Argan, Turin, Martano Editore, 1975.

Andreas HAUS, **Moholy-Nagy Photos und Photogramme,** Munich, Schiermer-Mosel, 1978. En français : **Moholy-Nagy, Photos et Photogrammes,** Paris, Chêne, 1979.

Moholy-Nagy László. A festéktől a fényig, textes rassemblés par Erzsébet Sugár, préface de József Mezei, Bucarest, Kriterion, 1979.

László BEKE, **Moholy-Nagy László munkássága** («L'œuvre de László Moholy-Nagy»), Budapest, Corvina, 1980.

Irène-Charlotte LUSK, **Montagen ins Blaue,** Arnabas, Berlin, 1980.

Articles, études, thèses

Péter MÁTYÁS (Ernő Kállai), « Moholy-Nagy », **Horizont,** II, Vienne, 1921.

Gábor GAÁL, «Kassák Lajos, Moholy-Nagy László: Új művészek könyve» («Livre des artistes nouveaux»), **Jövő,** II, Vienne, 1922, n° 249.

Eckart von SYDOW, «Ludwig Kassák und László Moholy-Nagy: Buch neuer Künstler», **Der Cicerone,** Leipzig, janvier 1923; «Hannover. Austellungsrevue», **Der Cicerone,** Leipzig, 1923.

Ernő KÁLLAI, «Káprázat és törvény» («Mirage et loi»), **MA,** Vienne, 1923, n° 1.

Erich WIESE, « Moholy-Nagy. Konstruktionen–6 Lithographie », **Der Cicerone,** Leipzig, 1923.

Willy WOLFRADT, «Berliner Ausstellungen», **Der Cicerone,** Leipzig, janvier 1923.

Alfréd KEMÉNY (Durus), «Bemerkungen», **Das Kunstblatt,** Potsdam, 1924, n° 6.

Ernst KÁLLAI, «Ladislaus Moholy-Nagy», **Jahrbuch der jungen Kunst,** Leipzig, 1924.

Ernő KÁLLAI, « Új magyar piktúra 1900-1925 » («Nouvelle peinture hongroise de 1900 à 1925»), Budapest, 1926, p. 139-146.

Katherine S. DREIER, «Modern Art», Society Anonyme, Museum of Modern Art, New York, 1926, p. 56.

Pál BOR, « A Bauhaus-könyvek » (« Les livres du Bauhaus»), Malerei, Photographie, Film, **Magyar Iparművészet,** Budapest, 1926, p. 41.

A. RODTCHENKO, «Fotografii Moholy-Nagy», **Novy Lef,** Moscou, 1927, n° 6.

Ernst KÁLLAI, «Bildhafte Photographie», **Das Neue Frankfurt,** Francfort, mars 1928.

Menno, TER BRAAK, «Moholy-Nagy's Malerei, Fotografie, Film», **i 10 Internationale Revue,** Amsterdam, 1928, n° 13.

FEDOROV-DAVIDOV, «Vvedenie Knige: Jivopis ili fotografia», **Ogonek,** Moscou, 1929.

Paul GROBLEBEN, «Photographie der Gegenwart und wir!» **Photofreund,** 1929, n° 24.

H. STARKE, «Der Sinn der modernen Photographie. Ein Vortrag von Professor Moholy-Nagy», **Photospiegel,** supplément au Berliner Tagesblatt, Berlin, 1929, n° 44.

Willy WARSTAT, «Die 'entfesselte Kamera' und die 'productive Photographie'. Zu den Ideen Professors Moholy-Nagy», **Deutscher Kamera-Almanach,** 1929.

Carola GIEDION-WELCKER, «Zu Moholy-Nagy: Von Material zu Architektur», 1930, **Carola Giedion-Welcker Schriften 1926-1971,** Cologne, 1973, p. 142-144.

Máriusz RABINOVSZKY, «A fényképező ember» («L'homme qui photographie»), **Magyar Művészet,** Budapest, 1930, p. 641-646.

György BÁLINT, « Beszélgetés a modern német iparművészet magyar apostolával : Ma mindent újra fel kell találni» («Conversations avec l'apôtre hongrois de l'art décoratif allemand moderne: Aujourd'hui il faut tout réinventer»), **Az Est,** Budapest, 1930, octobre 1922.

Imre PÁN, «Moholy-Nadzsi, a modern művészetek és tudományok professzora» («Moholy-Nagy, le professeur des arts et des sciences modernes»), **Lantos Magazin,** Budapest, 1930, p. 123-125.

Compte rendu de la conférence tenue par Moholy-Nagy à Budapest, le 21 octobre 1930, **Magyar Iparművészet,** Budapest, 1930, p. 209.

Gábor GAÁL, «Mindenki tehetséges» («Tout le monde a du talent»), **Keleti Újság,** XIII, Kolozsvár, 1930, n° 23.

Hugo ERFURTH, «Moholy-Nagy», **Qualität, Zeitschrift für Ware und Werbung,** Dessau, 1931, n°s 1-2.

Herbert READ, «The New Humanism», **The Architectural Review,** Londres, octobre 1935.

Siegfried GIEDION, «L. Moholy-Nagy», introduction au numéro spécial de **Telehor** (éditeur František KALIVODA), Brno, 1936, n°s 1-2; František Kalivoda, « László Moholy-Nagy », postface à la revue **Telehor,** 1936, n°s 1-2.

Jr. BARR, **Cubism and Abstract Art,** New York, 1936.

Walter Gropius, «László Moholy-Nagy», **Korunk,** XII, Kolozsvár, 1937, n° 3.

Beaumont NEWHALL, «The Photography of Moholy-Nagy», **The Kenyon Review,** Gambier, Ohio, 1941, n° 4.

Lajos KASSÁK, «Moholy-Nagy», **Alkotás,** Budapest, 1946.

J.-L. MARTIN, «László Moholy-Nagy and the Chicago Institute of Design», **Architectural Review,** Londres, juin 1947.

Sibyl MOHOLY-NAGY, «Documented Seeing», **Art and Photography,** Chicago, 1949.

Steven A. MANSBACH, **Visions of Totality. László Moholy-Nagy, Theo van Doesburg and El Lissitzky,** Ann Arbor, UMI Research Press, 1950.

Walter GROPIUS, **László Moholy-Nagy, 1925-1946,** Collection of the Society Anonyme, Museum of Modern Art, Yale University Art Gallery, New Haven, Conn. 1950.

Sibyl MOHOLY-NAGY, «László Moholy-Nagy», **Art d'aujourd'hui,** Paris, octobre 1951.

Alexander DORNER, «László Moholy-Nagy», **Nueva Visión,** Buenos Aires, 1955, n° 7.

Maria VERDONE, «Lazlo (!) Moholy-Nagy nella Bauhaus», **Bianco e Nero,** Rome, 1962, n° 11.

Antal KAMPIS, «Moholy-Nagy», **Művészettörténeti Dokumentációs Központ Kiadványai,** numéro sur le Bauhaus, Budapest, 1963.

Hans CURJEL, «Moholy-Nagy und das Theater», **Du,** Zurich, novembre 1964.

Ferenc BODRI, «László Moholy-Nagy», **Látóhatár,** Budapest, 1967, n°s 7-8.

Dietrich HELMAS, «Ein Vorläufer der kinetischen Kinokunst», **Frankfurter Allgemeine Zeitung,** Francfort, 1967, n° 3.

István KOVÁCS, «Totality through Light. The work of László Moholy-Nagy» **Form,** Cambridge, 1967 n° 6

Jasia REICHARDT, «Moholy-Nagy and Light Art as an Art to the Future», **Studio International,** Londres, novembre 1967.

Richard KOPPE, «László Moholy-Nagy and His Visions», **Art International,** Lugano, décembre 1969.

György KEPES, «László Moholy-Nagy: The Bauhaus Tradition», **Print,** New York, janvier et février 1969.

Géza PERNECZKY, «Moholy-Nagy kerestetik» («On cherche Moholy-Nagy»), **Kritika,** Budapest, décembre 1969.

Whitney HELSTEAD, «Chicago», **Artforum,** New York, 1969.

László PÉTER, «Moholy-Nagy indulása» («Les débuts de Moholy-Nagy»), **Magyar Hírlap,** Budapest, 20 novembre 1969.

Ida MIHÁLY, «A magyar Bauhauslerek» («Les Hongrois du Bauhaus»), **Művészet,** Budapest, septembre 1970.

Zoltán SZELESI, «Moholy-Nagy emlékezete» («La mémoire de Moholy-Nagy»), **Délmagyarország,** Szeged, 19 juillet 1970.

Douglas DAVID, «Mighty Machine», **Newsweek,** 16 novembre 1970.

Ferenc BODRI, «Moholy-Nagy László», **Nagyvilág,** Budapest, 1971, n° 1.

Guy BRELL, «Moholy-Nagy and the whole man», **The Times,** Londres, 5 juillet 1971.

László PÉTER, «Moholy-Nagy pályakezdése» («Le début de la carrière de Moholy-Nagy»), **Tiszatáj,** Szeged, 1971, n° 11.

János BRENDEL, «László Moholy-Nagy, Tworczość artysty do 1923 roku », **Studia Muzealne Poznan,** Poznan, 1971, n° 9.

Gyula RÓZSA, «A Bauhaus-ember» («L'homme du Bauhaus»), **Népszabadság,** Budapest, 24 novembre 1971.

László PÉTER, «The young years of Moholy-Nagy», **The New Hungarian Quarterly,** Budapest, 1972, n° 46.

Ferenc BODRI, «Moholy-Nagy levelei Babits Mihályhoz», («Les lettres de Moholy-Nagy à Mihály Babits»), **Tiszatáj,** Szeged, 1972, n° 8.

Krisztina PASSUTH, «Debut of László Moholy-Nagy», **Acta Historiae Artium,** Budapest, 1973, tome XIX, nos 1-2.

Gyula RÓZSA, «Moholy-Nagy magyarul» («Moholy-Nagy en hongrois»), **Népszabadság,** Budapest, 30 septembre 1973.

Willy ROTZLER, **Photographie als künstlerisches Experiment von Fox Talbot zu Moholy-Nagy,** Lucerne, Buchner, 1974.

Zsófia DÉNES, «Néhány újabb adat Moholy-Nagy Lászlóról» («Quelques nouvelles données au sujet de László Moholy-Nagy»), **Magyar Nemzet,** Budapest, 4 août 1974.

Hannah STECKEL-WEITERMEIER, **László Moholy-Nagy 1895 bis 1946. Entwurf seiner Wahrnehmungslehre.** Thèse pour l'Université libre de Berlin, manuscrit, 1974.

L. RENÉE, «L. Moholy-Nagy, a portfolio of images never before published by a master who influenced modern design », **Popular Photography,** août 1974.

Caroline FAWKES, «Photography and Moholy-Nagy's do-it-yourself aesthetic», **Studio International,** Londres, juillet, août 1975.

Terence A. SENTER, **Moholy-Nagy in England,** Thèse pour la Nottingham University, 1975.

Gyula RÓZSA, «Parker a Nemzeti Galériában» («Parker dans la Galerie nationale»), **Népszabadság,** Budapest, 4 janvier 1976.

Ferenc BODRI, «Moholy-Nagy László a Nemzeti Galériában» («László Moholy-Nagy à la Galerie nationale»), **Tiszatáj,** Szeged, 1976, n° 1.

Julia SZABÓ, «Piros kollázs Moholy-Nagy László kiállításán» («Collage rouge dans l'exposition de László Moholy-Nagy»), **Művészet,** Budapest, 1976, n° 4.

Krisztina PASSUTH, «Moholy-Nagy László kiállítása» («L'exposition de László Moholy-Nagy»), **Nagyvilág,** Budapest, 1976.

Lajos KÁNTOR, «Moholy-Nagy László és a Korunk kapcsolata» («Les rapports entre László Moholy-Nagy et la revue **Korunk**»), **Valóság,** Budapest, décembre 1976.

Philippe SERS: «Les recherches expérimentales de Moholy-Nagy», **Connaissance des arts,** Paris, 1976, n° 298.

Pál MIKLÓS, «Moholy-Nagy példája» («L'exemple de Moholy-Nagy»), **Kritika,** Budapest, 1976, n° 3.

Éva BAJKAY, «A tyúk az tyúk marad» («Poulet reste poulet»), **Tiszatáj,** Szeged, janvier 1977.

Lucia MOHOLY, «Bauhaus im Rückblick», **Du,** Zurich, mars 1977.

László BEKE, «Moholy-Nagy, the Light-Artist», **Interpressgrafik,** Budapest, 1977, n° 1.

Katalin BAKOS, «Moholy-Nagy László 1923-as, Alekszander Rodcsenkóhoz írt levele» («Lettre de László Moholy-Nagy adressée à Alexandre Rodtchenko en 1923»), **Ars Hungarica,** Budapest, 1977, n° 2.

Jasa DENEGRI, «László Moholy-Nagy», **Umetnost,** Belgrade, 1977, n° 54.

Krisztina PASSUTH, «Un esprit inventif», **L'Activisme hongrois,** Paris, Goutal-Darly, 1979.

Krisztina PASSUTH, «Moholy-Nagy et Walter Benjamin», **Cahiers du Musée national d'art moderne,** Paris, 1980, n° 5.

Paul OVERY, «László Moholy-Nagy was so far ahead...» **International Herald Tribune,** 1er février 1980.

Robin M. PAISEY, «László Moholy-Nagy in Leicester», **Ars Hungarica,** Budapest, 1980, n° 1.

Filiberto MENNA: «Lazlo (sic!) Moholy-Nagy», **Artistes,** Paris, 1980, n° 3.

Joseph Harris CATON, **The Utopian Vision of Moholy-Nagy: Technology, Society, and the Avant-Garde. An Analysis of the Writings of Moholy-Nagy on the Visual.** Thèse, Princeton University, 1980.

József MEZEI, «László Moholy-Nagy într-o revistă din România », **Arta,** Bucarest, 1981, n° 5.

Terence SENTER, « Moholy-Nagy's English Photography », **The Burlington Magazine,** Londres, novembre 1981.

Krisztina PASSUTH, «Moholy-Nagy László Bécsben» («László Moholy-Nagy à Vienne»), **A magyar grafika külföldön. Bécs 1919-1933,** Békéscsaba, Munkácsy Mihály Múzeum, 1982.

Catalogues d'exposition

Walter Dexel, Joseph Nemes Lampérth, László Moholy-Nagy, Ralph Voltmer, Fritz Gurlitt Galerie, Berlin, 1920.
László Moholy-Nagy, László Péri, Gesamtschau, galerie Sturm, Berlin, 1922, 1923.
László Moholy-Nagy, László Péri, Hugo Scheiber, Gesamtschau, galerie Sturm, Berlin, février 1924.
László Moholy-Nagy – Hugo Scheiber, Gesamtschau, galerie Sturm, Berlin, mars 1925.
László Moholy-Nagy, Dom Umĕni, Brno, 1935.
László Moholy-Nagy, New London Gallery, Londres, 1937.
Moholy-Nagy: Paintings, Sculptures, Photograms and Photographs, Institute of Design, Chicago, 1946.
In Memoriam László Moholy-Nagy, Solomon R. Guggenheim Foundation, Museum of Non-Objective Painting, New York, 1947.
László Moholy-Nagy, The Art Institute of Chicago, Chicago, 1947.
Moholy-Nagy, Memorial Exhibition, présenté par la Bradley University, 1949.
The Works of Moholy-Nagy, Fogg Art Museum, Cambridge, 1950.
Moholy-Nagy, galerie Arnaud, Paris, 1952-1953.
The Works of Moholy-Nagy, Kleemann Galleries, New York, 1957.
Moholy-Nagy, Kunsthalle, Mannheim, 1961.
Moholy-Nagy, New London Gallery, Londres, 1961.
Moholy-Nagy, Kunstmuseum, Düsseldorf, 1961.
László Moholy-Nagy, galerie Klihm, Munich, 1962.
Moholy-Nagy, Galleria Blu, Milan, 1962.
Výstava László Moholy-Nagy, Dom Umĕni, Brno 1965.
Moholy-Nagy, galerie Klihm, Munich, 1966.
Moholy-Nagy, Stedelijk van Abbe Museum, Eindhoven, 1967.
Moholy-Nagy, Marlborough Gallery, Londres, 1968.
Moholy-Nagy, Museum of Contemporary Art, Chicago, 1969.
Moholy-Nagy, Farbige Zeichnungen, galerie Klihm, Munich, 1971.
László Moholy-Nagy. Fotogramme, galerie Rudolf Zwirner, Cologne, 1971.
Licht-Visionen. Ein Experiment von Moholy-Nagy, Bauhaus-Archiv, Berlin-Ouest, 1972.
Foto Moholy-Nagy, Bauhaus-Archiv, Berlin-Ouest, 1972.
Photo Moholy-Nagy, galerie Klihm, Munich, 1972.
Farbige Zeichnungen. Moholy-Nagy, Bauhaus-Archiv, Berlin-Ouest, 1972.
Moholy-Nagy első világháborús rajzainak kiállítása («Exposition des dessins de Moholy-Nagy de l'époque de la Première Guerre mondiale»), Hatvani Múzeum, Hatvan, 1974.
László Moholy-Nagy, Württembergischer Kunstverein, Stuttgart, Kölnischer Kunstverein, Cologne, Kunstgewerbemuseum der Stadt Zürich, 1974-1975; Centre de création industrielle, centre Georges-Pompidou, Paris, 1976.
Moholy-Nagy László, Magyar Nemzeti Galéria, Budapest, 1975.
Moholy-Nagy, galerie Martano, Turin, 1975.
Photographs of Moholy-Nagy from the Collection William Larson, ed. by Leland Rice, David W. Steadman, The Galleries of Clermont College, Pomona College, Scripps College, 1975.
Moholy-Nagy, Memorial Art Gallery, University of Rochester, 1978.
Moholy-Nagy művészi pályája («Cheminement artistique de Moholy-Nagy»), Bácsborsodi Művelődési Ház, Bácsborsod, Hongrie, 1979.
Moholy-Nagy, Art's Council, Londres, Leicester, 1980.
Moholy-Nagy Z IX, 1924, Kunsthalle, Mannheim, 1982.

LISTE DES PLANCHES

1. Tête de femme, 1919.
Papier, encre de Chine, encre, 27,8 × 24,5 cm, Magyar Nemzeti Galéria, Budapest.
2. Soldat couché, 1917.
Papier, crayon, 14 × 9 cm, coll. Ákos Vörösváry, Budapest.
3. C'est moi, 1917.
Papier, crayon, 12 × 9 cm, coll. Ákos Vörösváry, Budapest.
4. Blessé écrivant une lettre, 1917.
Papier, crayon, 8,9 × 14,4 cm, coll. Ákos Vörösváry, Budapest.
5. Róna se lavant, 1917.
Papier, craies de couleur, 13,9 × 8,9 cm, coll. Ákos Vörösváry, Budapest.
6. Paysage hongrois, 1918.
Papier, aquarelle, craie, 31,5 × 44,5 cm, Gemeentemuseum, La Haye.
7. Homme lisant, 1919.
Papier, craie, 32,2 × 22 cm, Magyar Nemzeti Galéria, Budapest.
8. Paysage aux barbelés, 1918.
Papier, craie, 47,5 × 61 cm, coll. Hattula Moholy-Nagy.
9. Femme couchée, vers 1919.
Craie, pastel, 15 × 15 cm, coll. Hattula Moholy-Nagy.
10. Paysage, 1917-1919.
Papier, craie, coll. part.
11. Portrait de Vorwerk (Ferenc), 1920.
Charbon, papier, 50 × 37 cm, coll. Hattula Moholy-Nagy.
12. Portrait de Lajos Hatvany (dédicacé: «A Laci Tölgy»), 1919.
Papier, crayon, 33 × 49 cm, Hatvany Múzeum, Hatvan.
13. Portrait de Ferenc Weszelovszky, 1919.
Papier, encre de Chine, encre, 22,2 × 21,2 cm, Magyar Nemzeti Galéria, Budapest.
14. Autoportrait, 1920.
Papier, craie, 39 × 30,5 cm, coll. Hattula Moholy-Nagy.
15. Portrait de Jolán Simon, 1920.
Papier, craie, Museum of Modern Art, New York.
16. Mon frère Ákos, 1919-1920.
Papier, crayon, 50,5 × 34 cm, coll. Hattula Moholy-Nagy.
17. Les Convives, 1919.
Aquarelle et encre de Chine, 48 × 64 cm, coll. Ernst Fischer, Krefeld.
18. Portrait du Dr Reinhold Schairer, 1921.
Papier, craie, 61 × 48 cm, coll. Hattula Moholy-Nagy.
19. Composition avec figure, 1920.
Papier, craie, coll. part.
20. Homme assis, 1919.
Papier, craie, 42,5 × 27,5 cm, coll. Pál Kövesdy, New York.
21. Portrait de Mr. Hamilton, 1920.
Papier, craie, crayon, 48 × 37 cm, coll. Hattula Moholy-Nagy.
22. Femme assise, 1920.
Papier, charbon, 45 × 32 cm, coll. part., Suède.
23. Autoportrait, 1919.
Carton, aquarelle, 42 × 29 cm, coll. Iván Bach, Budapest.
24. Soldat blessé (Prisonnier), 1917.
Papier, encre de Chine, aquarelle, 40 × 28 cm, coll. Levente Nagy, Budapest.
25. Portrait de son frère, 1917.
Papier, encre de Chine, aquarelle, 30 × 40,5 cm, coll. Jenő Nagy, Budapest.
26. Montagnes de Buda, 1918.
Huile, carton, 63 × 94 cm, coll. Levente Nagy, Budapest.
27. Paysage avec maisons, 1919.
Huile, carton, 61 × 86 cm, ancienne galerie Klihm, Munich.
28. Composition avec des raies colorées, 1919-1920.
Aquarelle, 17 × 15 cm, coll. Hattula Moholy-Nagy.
29. Paysage urbain cubiste, 1920-1921.
Papier, aquarelle, 42 × 48,5 cm, Kunstmuseum, Düsseldorf.
30. Ponts (esquisse), 1920-1921.
Papier, aquarelle, encre de Chine, 33,5 × 25,5 cm, Gemeentemuseum, La Haye.
31. Collage (I K 33), 1920-1921.
Collage et aquarelle, 33,5 × 23,5 cm, Nationalgalerie Staatliche Museen Kulturbesitz, Berlin-Ouest.
32. La Voie ferrée, 1920-1921.
Aquarelle, papier, encre de Chine, 38,5 × 31,5 cm, Nationalgalerie Staatliche Museen Kulturbesitz, Berlin-Ouest.
33. La Grande Voie ferrée, 1920-1921.
Huile, toile, 100 × 76 cm, coll. Thyssen-Bornemisza, Castagnola.
34. La Grande Roue (La grande machine des sentiments), 1920-1921.
Huile, toile, 95,5 × 75 cm, Stedelijk van Abbe Museum, Eindhoven.
35. Tableau E, 1921.
Huile, toile, 66 × 51 cm, Kunstmuseum, Hanovre.
36. Architecture de verre III, 1921-1922.
Huile, carton, 84 × 61 cm, Städtische Gemäldegalerie, Wiesbaden.
37. Système de forces dynamico-constructif (Projet pour le théâtre total), 1922.

Collage avec encre de Chine, aquarelle sur papier, 61 × 48 cm, Bauhaus-Archiv, Berlin-Ouest.
38. Composition E IV, 1922.
Huile, toile, 110 × 80 cm, ancienne galerie Klihm, Munich.
39. Composition Dada, 1920.
Papier, encre de Chine, 32 × 25,5 cm, Marlborough Fine Art Ltd., Londres.
40. Grand Champ avec construction, 1920 (égaré). 30 × 25,5 cm.
41. « F » dans un champ, 1920-1921.
Collage et aquarelle, 22 × 17,7 cm, coll. part., New York.
42. Tour, 1921.
Aquarelle, collage, encre de Chine, 49 × 36 cm, Landesmuseum, Hanovre.
43. Composition 19, 1921.
Huile, toile, 111,8 × 92,7 cm, Busch-Reisinger Museum, Harvard University, Cambridge, Mass.
44. Cycliste, 1919-1920.
Encre de Chine, collage, 59,5 × 46,5 cm, Kunstmuseum, Düsseldorf.
45. Cycliste, 1919-1920 (égaré).
Huile, toile (reproduction dans **MA,** septembre 1921).
46. Champs hongrois, 1920-1921.
Huile, toile, 65 × 75 cm, coll. part., Autriche.
47. Croix rouge et sphères blanches, 1921.
Collage et aquarelle, 22 × 29 cm, Kunstmuseum, Düsseldorf.
48. Composition Q VIII, 1922.
Huile, toile, 97 × 95 cm, Museum des XX Jahrhunderts, Vienne.
49. Collage rouge, 1921.
Collage, aquarelle, 24 × 34 cm, coll. Hattula Moholy-Nagy.
50. Construction avec croix transversale, 1922.
Aquarelle, encre de Chine, collage, 31 × 21 cm, coll. Max Bill, Zurich.
51. Composition C VIII, 1922.
Huile, toile, 96 × 66,5 cm, sur l'envers: « C VIII Moholy », Kunstmuseum, Hanovre.
52. Composition C XII, 1924.
Huile, toile, 92 × 71 cm, ancienne galerie Klihm, Munich.
53. Q XXV, 1923.
Huile, toile, 96 × 75 cm, sur l'envers: « Q XXV 1923 Moholy », Museum Folkwang, Essen.
54. Composition A VIII, 1923.
Huile, toile, 95 × 77 cm, sur l'envers: « Moholy A VIII », Museum Folkwang, Essen.
55. Composition Q IV, 1923.
Huile, toile, 76 × 96 cm, coll. Max Bill, Zurich.
56. C XVI, 1923.
Papier, aquarelle, coll. part.
57. Croix jaune (Q VII), 1922.
95,5 × 70,5 cm, Galleria d'Arte Moderna, Rome.
58. G 8, 1926.
Huile, galalithe, 40 × 50 cm, coll. part.
59. Composition Q XX, 1923.
Huile, bois, 97 × 69 cm, Von der Heydt Museum, Wuppertal.
60. G 5, vers 1926.
Huile, galalithe, 40 × 50 cm, Yale University, New Haven.
61. Gris-noir-bleu, 1921-1922.
Collage, 70,5 × 50 cm, Wallraf-Richartz Museum, Cologne.
62. LIS, 1922.
Huile, toile, 131 × 100 cm, Kunsthaus, Zurich.
63. Composition K XVIII, 1923.
Huile, toile, 95 × 75 cm, Kunsthalle, Bielefeld.
64. Sculpture en nickel avec la spirale, 1921.
Nickel et fer, 35,6 cm, Museum of Modern Art, New York.
65. Sculpture de bois, 1920-1921 (égaré).
66. Relief avec « h », 1921 (égaré).
67. Construction en métal, 1921-1922 (égaré).
Verre, nickel, bois, acier.
68. Sculpture cinétique, 1930 (égaré).
Verre, acier.
69. Em 3, tableau émaillé, dit « tableau téléphoné », 1922.
Émail, acier, 24 × 15 cm, Museum of Modern Art, New York.
70. Em 2, tableau émaillé, dit « tableau téléphoné », 1922.
Émail, acier, 47,5 × 30,1 cm. Museum of Modern Art, New York.
71. Peinture à trois dimensions, 1923-1926.
Huile, Celluloïd, coll. Hattula Moholy-Nagy.
72. Femme lavant (Ascona), 1926.
Photographie, coll. Hattula Moholy-Nagy.
73. Portrait d'Ellen Frank, 1929.
Photographie, 30,8 × 40,3 cm, coll. Hattula Moholy-Nagy.
74. Sibyl Moholy-Nagy, 1942.
Photographie, coll. Hattula Moholy-Nagy.
75. Tuyaux de béton, avant 1929 (égaré).
Photographie.
76. Travaux de peinture (Suisse), 1925.
Photographie, 39 × 30 cm, Magyar Fotóművészek Szövetsége, Budapest.
77. Café vu d'en haut (Berlin « Funkturm »), 1928, Bauhaus-Archiv.
Photographie.
78. Parking (Chicago), 1938.
Photographie, 28 × 34,3 cm, Victoria and Albert Museum, Londres.
79. Vue de la tour de radio berlinoise en hiver, 1928.
Photographie, 24,8 × 19 cm, Museum of Modern Art, New York.
80. Toits (Helsinki), 1930.
Photographie, 29,7 × 39,2 cm, ancienne galerie Klihm, Munich.
81-82. Dynamique de la grande ville, 1921-1922.
MA, septembre 1924, Musik und Theater Nummer.
83-84. Dynamique de la grande ville, 1921-1922.
Malerei, Photographie, Film, 1925.
85. Jeu lumineux noir-blanc-gris, 1930-1931.
Montage cinématographique, paru dans le numéro spécial sur Moholy-Nagy, **Telehor,** 1936.
86. Tsiganes, 1932.
Montage cinématographique, paru dans le numéro spécial sur Moholy-Nagy, **Telehor,** 1936.
87. Congrès d'architecture à Athènes, 1933.
Montage cinématographique, paru dans le numéro spécial sur Moholy-Nagy, **Telehor,** 1936.

88. Mère Europe soigne ses colonies, 1926.
Photomontage, 27,5 × 21 cm, Bauhaus-Archiv, Berlin.
89. Entre ciel et terre I, 1926.
Photoplastique, 65 × 50 cm, coll. Max Bill, Zurich.
90. Entre ciel et terre II, 1926.
Photoplastique, 37 × 28,8 cm.
91. Nouvelle organisation dans les musées : chacun peut tirer sur son tableau, 1927.
Photoplastique, 27,4 × 37 cm, ancienne galerie Klihm, Munich.
92. Mort sur les rails, 1925.
Photoplastique, 22,4 × 16,5 cm, ancienne galerie Klihm, Munich.
93. Mariage détruit, 1925.
Photoplastique, 16,4 × 12,3 cm, ancienne galerie Klihm, Munich.
94. Jalousie, 1925-1927.
Photoplastique, 30 × 24,6 cm, Victoria and Albert Museum, Londres.
95. Léda et le cygne, 1925.
Photoplastique, 18 × 13,4 cm, Victoria and Albert Museum, Londres.
96. On m'appelle lapin et je ne sais rien, 1927.
Photoplastique, 50 × 37 cm, ancienne galerie Klihm, Munich.
97. Tango de corsets, 1927.
Photoplastique, 24 × 18 cm, ancienne galerie Klihm, Munich.
98. La Construction du monde, 1925.
Photoplastique, 35,2 × 27,7 cm, Victoria and Albert Museum, Londres.
99. Négatif du bateau, 1927.
Photographie, 38,7 × 29 cm, ancienne galerie Klihm, Munich.
100. Positif du bateau, 1927.
Photographie, 38,7 × 29 cm, ancienne galerie Klihm, Munich.
101. Portrait double d'une vieille dame, 1923-1926.
Photographie, 20 × 25 cm.
102. Deux nus (positif et négatif), 1931.
Photographie, 26 × 39 cm, ancienne galerie Klihm, Munich.
103. Nu négatif et positif, 1929.
Photographie.
104. Taille des arbres (négatif et positif), 1928.
Photographie, Berlin.
105. Photogramme, 1923.
Portrait double, 35 × 26,2 cm, photo-reproduction (László et Lucia), Victoria and Albert Museum, Londres.
106. Masque (autoportrait), 1922.
Photogramme et collage, 30 × 23,5 cm, Bauhaus-Archiv, Berlin-Ouest.
107. Photogramme (autoportrait), 1922-1926.
35 × 26,2 cm, ancienne galerie Klihm, Munich.
108. Photogramme, vers 1925.
39,7 × 30 cm, ancienne galerie Klihm, Munich.
109. Photogramme, vers 1925.
37 × 30 cm, Staatliche Museen Preussischer Kulturbesitz, Nationalgalerie, Berlin-Ouest.
110. Photogramme, 1922.
39,5 × 30 cm, coll. Ludwig, Cologne.
111. Photogramme, positif.
30 × 40 cm. Museum of Modern Art, New York.
112. Photogramme, 1922-1926.
113. Photogramme, 1923-1925.
17,8 × 24 cm, ancienne galerie Klihm, Munich.
114. Photogramme, 1922-1926.
39,7 × 30 cm.
115. Photogramme. Verre de vin, 1926.
25,3 × 20,5 cm.
116. Photogramme, négatif, 1922-1926.
117. Photogramme, positif, 1922-1926.
118. Photogramme, positif, 1922-1926.
119. Photogramme. Disque transparent, vers 1924.
38,7 × 28,6 cm.
120. Photogramme. Triptyque, 1922.
28 × 35 cm, ancienne galerie Klihm, Munich.
121. Degrés, 1924.
Lithographie, 56 × 37 cm, coll. Hattula Moholy-Nagy.
122-127. Six feuilles du Cahier Kestner, 1922-1923.
Lithographies dont une en couleurs, 60,5 × 44,5 cm, paru dans la Kestner Gesellschaft, Hanovre, 1923, Kunsthaus, Zurich.
128. Croix et cercle, 1922.
8,2 × 11,2 cm, gravure, Yale University Art Gallery, New Haven.
129. Cercle et axe, 1922.
Gravure sur bois, 8,2 × 11 cm, Yale University Art Gallery, New Haven.
130. Plans et axes, 1922.
Gravure sur bois, 12,2 × 15 cm, Yale University Art Gallery, New Haven.
131. Intersection de plans, 1922.
Gravure sur bois, 9 × 11 cm, Yale University Art Gallery, New Haven.
132. Segments de cercles et croix, 1922.
Linogravure, 14,8 × 15,1 cm, Yale University Art Gallery, New Haven.
133. Cercle et plans, 1922.
Gravure sur bois, 11 × 8,2 cm, Yale University Art Gallery, New Haven.
134. Q XXI, 1923.
Huile, toile, 37 × 31 cm, Univ. Art Collection, New York.
135. Z IV, 1923.
Huile, toile, 76 × 96 cm, sur l'envers: «Moholy-Nagy Z IV», ancienne galerie Klihm, Munich.
136. Z III, 1922.
Huile, toile, 96 × 75 cm, galerie Gmurzynska, Cologne.
137. Composition A XX, 1924-1926.
Huile, toile, 136 × 115,5 cm, sur l'envers: «A XX (1924)», Musée national d'art moderne, centre Pompidou, Paris.
138. Composition A II, 1924.
Huile, toile, 116 × 136,5 cm, Solomon R. Guggenheim Museum, New York.
139. Composition Z VIII, 1924.
Huile, toile, 114 × 132 cm, Staatliche Museen Preussischer Kulturbesitz, Nationalgalerie, Berlin-Ouest.
140. Composition A 19, 1927.
Huile, toile, 60 × 96 cm, coll. Hattula Moholy-Nagy.
141. Cercle jaune, 1923.
Huile, toile, 135 × 115 cm, coll. Mac Crory, New York.
142. Composition A XXI, 1925.
Huile, toile, 96 × 77 cm, Westphalisches Landesmuseum, Munster.
143. Composition A 18, 1927.
Huile, toile, 95,9 × 75,2 cm. Busch-Reisinger Museum, Harvard University, Cambridge, Mass.

144. K VII, 1922.
Huile, toile, 115 × 136 cm, Tate Gallery, Londres.
145. Grand tableau d'aluminium (AL II), 1926.
Huile, aluminium, 80 × 97,5 cm, coll. part., Munich.
146. Composition TP5, 1930.
Huile, gravure sur galalithe, 28 × 20 cm, coll. Max Bill, Zurich.
147. Construction, 1932.
Encre de Chine, tempera, parchemin, 54,5 × 45 cm, coll. Max Bill, Zurich.
148. Tableau de cuivre, 1937.
Huile sur cuivre, 50,5 × 65,5 cm, Bauhaus-Archiv, Berlin-Ouest.
149. La couverture de MA de septembre 1921.
150. Typocollage, 1922.
38 × 27 cm, coll. Hattula Moholy-Nagy.
151. Signes typographiques, 1924.
Gutenberg Festschrift, Mayence.
152. L'enveloppe des Éditions du Bauhaus, 1924.
Imprimé, 13 × 16,5 cm, Bauhaus-Archiv, Berlin Ouest.
153. Couverture de livre, 1923.
Typographie, 25 × 24,5 cm, Bauhaus-Archiv, Berlin-Ouest.
154. Prospectus, 1924.
Imprimé, 36 × 23 cm, Bauhaus-Archiv, Berlin-Ouest.
155-156. Deux prospectus, 1927.
Imprimés, 23 × 16 cm, Bauhaus-Archiv, Berlin-Ouest.
157. Couverture pour le livre Bauhaus n° 12, 1927.
Imprimé, 23 × 53 cm, Bauhaus-Archiv, Berlin-Ouest.
158. Couverture pour le livre Bauhaus n° 13, 1927.
Imprimé, Bauhaus-Archiv, Berlin-Ouest.
159. Prospectus pour les livres Bauhaus, 1929.
Imprimé, 15 × 21 cm, Bauhaus-Archiv, Berlin-Ouest.
160. Carte postale, nos VII-IX, 1923.
Lithographie colorée, 14,5 × 9,5 cm, Bauhaus-Archiv, Berlin-Ouest.
161. Couverture de la revue Broom, 1923, n° 4.
(Photogramme, 1922.)
162-164. Dépliants pour l'usine Iéna, années trente.
Coll. Levente Nagy, Budapest.
165. Couverture de la revue Photo-Qualität, 1931.
Nos 1-2 (on n'est pas sûr que Moholy-Nagy soit l'auteur du verso), 29 × 42 cm, coll. Hattula Moholy-Nagy.
166-167. Tableaux graphiques, 1932.
Coll. Hattula Moholy-Nagy.
168. Composition Z IX, 1924.
Huile, toile, 135 × 115 cm, Städtische Kunsthalle, Mannheim.
169. Composition, 1927.
Peinture à l'eau et encre, 28,5 × 39,5 cm, Solomon R. Guggenheim Museum, New York.
170. Composition A XI II, 1927.
Huile, toile, 94 × 74 cm, Solomon R. Guggenheim Museum, New York.
171. Construction 1280, 1927.
Peinture à l'eau, crayon et encre de Chine, 34 × 50,5 cm, Solomon R. Guggenheim Museum, New York.
172. TI, 1926.
Huile, trolithe, 139,8 × 61,8 cm, Solomon R. Guggenheim Museum, New York.
173. AM 7, 1926.
Huile, toile, 75,5 × 95 cm, galerie Gmurzynska, Cologne.
174. Composition A m 4, 1926.
Huile, toile, 95 × 74 cm, Hessisches Landesmuseum, Darmstadt.
175. CEL 4, 1926-1935.
Tempera sur matière plastique, base de bois 52,5 × 62 cm, Yale University Art Gallery, New Haven.
176-183. Modulateur espace-lumière, 1922-1930.
Construction mobile, métaux divers, matière synthétique, verre, bois et moteur électrique, 151 × 70 × 70 cm, Busch-Reisinger Museum, Harvard University, Cambridge.
184. Décor pour le Marchand de Berlin, 1929.
Photographie.
185. Décor pour Les Contes d'Hoffmann, 1929.
Papier, encre de Chine, tempera, 30 × 43,5 cm, Museum des XX. Jahrhunderts, Vienne.
186-187. Décor pour Les Contes d'Hoffmann, 1929.
Deux photographies de Lucia Moholy, 20,6 × 38,1 cm et 23,1 × 38,3 cm, coll. Hattula Moholy-Nagy.
188. Projet de costume pour Les Contes d'Hoffmann, 1929.
Papier, aquarelle, 25 × 17,5 cm, coll. Hattula Moholy-Nagy.
189. Projet de costume pour Les Contes d'Hoffmann, 1929.
Papier, aquarelle, 34 × 24 cm, coll. Hattula Moholy-Nagy.
190. Projet de costume pour Madame Butterfly, 1931.
Papier, peinture à l'eau, 34 × 24 cm, coll. Hattula Moholy-Nagy.
191. Projet de décor pour Madame Butterfly, 1931.
Papier, peinture à l'eau, 42,5 × 62,5 cm, coll. Hattula Moholy-Nagy.
192. Décor pour Madame Butterfly, 1931.
Photographie de Lucia Moholy, 12,1 × 19,5 cm, coll. Hattula Moholy-Nagy.
193. Carte de vœux, 1937.
Imprimé, coll. Levente Nagy, Budapest.
194. Carte de vœux, 1938.
Imprimé, coll. Levente Nagy, Budapest.
195. Invitation pour l'exposition de Naum Gabo, 1936.
Imprimé, coll, Levente Nagy, Budapest.
196. Invitation pour l'exposition de Moholy-Nagy, 1936.
Imprimé, coll. Levente Nagy, Budapest.
197. Couverture du prospectus du New Bauhaus, 1937.
Imprimé, Bauhaus-Archiv, Berlin-Ouest.
198-199. Projets pour le film de Korda intitulé The Shape of Things to Come, 1936.
Photographie parue sur la couverture de la revue Shalter.
200. Exposition du Werkbund (avec W. Gropius, M. Breuer et H. Bayer), 1929.
Berlin, photographie, coll. Hattula Moholy-Nagy.
201. Aménagement d'une exposition, 1934.
Utrecht, photographie, coll. Hattula Moholy-Nagy.
202. Maquetta d'une exposition avec M. Breuer, 1936. Londres, photographie, coll. Hattula Moholy-Nagy.
203. Aménagement d'une exposition avec R. Rapson, 1945, photographie, coll. Hattula Moholy-Nagy. Chicago.

204. Exposition Empire's Airway, 1937.
Londres, photographie, collection Hattula Moholy-Nagy.
205. Plume Parker Pen 5 j, 1944-1946.
Bauhaus-Archiv, Berlin-Ouest.
206. SIL 2, 1933.
Huile et gravure sur silverithe, 50,1 × 60,1 cm, Solomon R. Guggenheim Museum, New York.
207. Collage, 1920.
Collage et peinture à l'eau, 62 × 47 cm, Solomon R. Guggenheim Museum, New York.
208. Spirale, 1921.
Peinture à l'eau et encre de Chine, 66,5 × 50 cm, Solomon R. Guggenheim Museum, New York.
209. Relief à trois dimensions avec de grandes formes profondes, 1937.
Papier, crayon, 21 × 27 cm, Bauhaus-Archiv, Berlin-Ouest.
210. Espace CH 3, 1938.
Huile, toile, 100 × 125 cm, coll. Hattula Moholy-Nagy.
211. Espace CH 4, 1938.
Huile, toile, 70 × 90,5 cm, coll. Hattula Moholy-Nagy.
212. CH 14, 1939.
Huile, toile, 92 × 119,5 cm, coll. Hattula Moholy-Nagy.
213. CH BEATA I (Chicago), 1939.
Huile, toile, 118 × 122 cm, Solomon R. Guggenheim Museum, New York.
214. Composition CH B3, 1941.
Huile, toile, 127,5 × 203 cm, galerie Gmurzynska, Cologne.
215. Modulateur de l'espace (13), 1935-1938.
Techniques mélangées, 43,8 × 48,6 cm, Museum of Modern Art, New York.
216. Modulateur de l'espace, 1939-1945.
Huile, matière synthétique, 63 × 65 cm, Solomon R. Guggenheim Museum, New York.
217. Composition CH7, 1941.
Huile, toile, 119 × 119 cm, Solomon R. Guggenheim Museum, New York.
218. Léda et le cygne, 1945.
Plexiglas, 55 × 47,5 × 48,6 cm, Solomon R. Guggenheim Museum, New York.
219. Forme double avec des barres chromées, 1946.
Plexiglas et métal chromé, 91 × 120 × 55 cm, Solomon R. Guggenheim Museum, New York.
220-221. Spirale, 1945.
Plexiglas, 49 × 37,5 × 40 cm, coll. Hattula Moholy-Nagy.
222. Sans titre, 1942.
Huile sur matière synthétique, 57 × 45,5 cm, Museum of Modern Art, New York.
223. Moholy-Nagy en 1919.
Photographie d'Erzsébet Landau, coll. Hattula Moholy-Nagy.
224. Sa mère en 1936 à Paris.
Photographie d'Erzsébet Landau, coll. Hattula Moholy-Nagy.
225. Son frère Ákos à Shanghai en 1926.
Photographie, coll. Levente Nagy, Budapest.
226. Avec Jenő Nagy en 1930 à Budapest.
Photographie, coll. Levente Nagy, Budapest.
227. Moholy-Nagy et Ákos Nagy avec «Est».
Photographie, coll. Levente Nagy, Budapest.
228. A l'époque de la Première Guerre mondiale.
Photographie, coll. Levente Nagy, Budapest.
229. Sur le front.
Photographie, coll. Levente Nagy, Budapest.
230. Déclaration des artistes activistes, 1919.
Imprimé.
231. Sa carte d'identité de 1919.
Coll. Levente Nagy, Budapest.
232. A Paris en 1925 avec Franciska Clausen.
Photographie de Lucia Moholy, coll. Hattula Moholy-Nagy.
233. Catalogue de son exposition, 1920.
234. Catalogue de son exposition, 1922.
235. Catalogue de son exposition, 1924.
236-237. Deux détails de son exposition berlinoise à la galerie Sturm en 1924.
Photographie, coll. Hattula Moholy-Nagy.
238. Ses œuvres à l'exposition du Bauhaus à Weimar en 1923.
239. Ses œuvres à l'exposition du Bauhaus à Dessau en 1926.
Photographie de Lucia Moholy, coll. Hattula Moholy-Nagy.
240-241. Ses tableaux à l'exposition de la galerie Fides à Dresde en 1926.
Photographie de Lucia Moholy, coll. Hattula Moholy-Nagy.
242. Ses œuvres à l'exposition du groupe Abstraction-Création à Paris en 1934.
Photographie, coll. Hattula Moholy-Nagy.
243-244. Deux détails de l'exposition de Brno au Dom Umĕni en 1935.
Photographie de František Kalivoda, coll. Hattula Moholy-Nagy.
245-246. La couverture et la page de titre de l'édition russe de son livre intitulé Peinture, photographie, film, 1929.
247-248. Sa lettre d'Amérique, 27 août 1937.
Coll. Levente Nagy, Budapest.
249. Invitation à l'ouverture du New Bauhaus.
Coll. Levente Nagy, Budapest.
250. Moholy-Nagy parle de Guernica de Picasso, 1942.
Photographie, coll. Hattula Moholy-Nagy.
251. Moholy-Nagy, photographie de Vories Fischer, 1946.
Coll. Hattula Moholy-Nagy.
252. Moholy-Nagy, photographie de Vories Fischer, 1945.
Coll. Hattula Moholy-Nagy.

INDEX DES NOMS DE PERSONNE

Cet ouvrage
a été achevé d'imprimer
sur les presses de l'Imprimerie Kossuth à Budapest
Dépôt légal IIIe trimestre 1984
N^{o} d'édition : 11829
Imprimé en Hongrie